LATVIAN-ENGLISH
ENGLISH-LATVIAN
DICTIONARY

M. SOSĀRE
& I. BORZVALKA

HIPPOCRENE BOOKS, INC.

New York, NY

For information address:
HIPPOCRENE BOOKS, INC.
171 Madison Avenue
New York, NY 10016

ISBN 0-7818-0059-5

Printed in the United States of America.

LATVIAN-ENGLISH
DICTIONARY

VĀRDNĪCAS LIETOTĀJIEM

Latviešu pamatvārdi sakārtoti alfabēta secībā. Vārda daļa, kas atrodas aiz tildes (~), pievienojama pamatvārdam vai tai pamatvārda daļai, kas atrodas zīmes ‖ priekšā, piem.: **acumirk‖lis** móment; ~lī — ínstantly.

Ja pamatvārds piemēros atkārtojas nemainītā veidā, **to saīsina**, rakstot tikai sākuma burtu, piem.:

būtne béing; dzīva b. — líving béing.

Homonīmi apzīmēti ar mazajiem latīņu burtiem **a, b, c utt.**, piem.:

aktsa act;

aktsb *(darbība)* cēlebrátion.

Ar pustrekniem arābu cipariem parādītas vārda atsevišķās nozīmes, piem.:

daba 1. náture ['neitʃə]; ... **2.** *(raksturs)* témper.

Ja latviešu pamatvārds vai kāda no tā nozīmēm vieni paši nav tulkojami, bet lietojami tikai raksturīgos savienojumos, aiz pamatvārda likts kols, kuram seko attiecīgais savienojums ar tulkojumu, piem.:

nomod‖s: būt ~ā — to be awáke.

Idiomatiskie izteicieni doti aiz romba (◇), piem.:

degun‖s nose; ◇ celt ~u gaisā — to turn up one's nose.

Starp tulkojumiem, kas ir tuvi sinonīmi, likts komats; ja nozīmes atšķirība starp tulkojumiem ir lielāka, tie atdalīti cits no cita ar semikolu.

Apaļajās iekavās kursīviem (slīpiem) burtiem iespiestais teksts ir tulkojuma skaidrojums, piem.:

āda *(cilvēka)* skin; *(dzīvnieka)* hïde.

Apaļajās iekavās stāviem burtiem ir parādīti tulkojumu varianti, piem.:

aizsiet to tie; a. mezglu — to tie (make*) a knot.

Kvadrātiekavās ievietotas fakultatīvās vārda daļas vai fakultatīvie vārdi, piem.:

gripa grippe, flu[e].

Atsevišķos gadījumos latviešu vārdiem pievienoti lietošanas sfēras apzīmējumi, piem.:

divdabis *gram* párticiple.

Rekcija (pārvaldījums) angļu vārdiem parādīta tikai tajos gadījumos, kad tā angļu un latviešu valodā nav vienāda, piem.:

mīlēt .... to be fond *(of)*.

Visiem angļu vārdiem, izņemot tos, kas ievietoti tabulā vārdnīcas sākumā, parādīts kā galvenais uzsvars, tā arī palīguzsvars. Uzsvara zīme likta virs attiecīgā patskaņa. Ja ir uzsvērts ar lielo burtu rakstīts patskanis, tad uzsvara zīme likta uzsvērtā patskaņa priekšā. Galvenais uzsvars parādīts ar zīmi ′, palīguzsvars — ar zīmi ˎ, piem.:

dèlegátion, ′African.

Vārdnīcā dota to angļu vārdu fonētiskā transkripcija, kuru izrunu nevar noteikt, balstoties uz angļu patskaņu, līdzskaņu un digrāfu lasīšanas likumiem. Bieži vien fonētiskajā transkripcijā transkribējamā vārda atsevišķas skaņas aizstātas ar svītriņu, piem.:

... excúse [-′kjuːs].

Pamattulkojumos un ilustratīvajos piemēros sastopamie angļu lietvārdi un darbības vārdi, kuru formas ir darināmas nekārtni, ir apzīmēti ar zvaigznīti (*). Zvaigznīte nozīmē, ka šo vārdu formas ir meklējamas vārdnīcas pielikumā.

Vārdnīcā ir šādi pielikumi: vārdnīcas sākumā — bieži lietojamie angļu vārdi, kas vārdnīcā doti bez uzsvariem un bez fonētiskās transkripcijas, kā arī norādījumi par dažu burtu savienojumu izrunu angļu valodā; vārdnīcas beigās — ģeogrāfiskie nosaukumi, angļu lietvārdu daudzskaitļa neregulāro formu saraksts un angļu darbības vārdu neregulāro pamatformu tabula.

Vārdnīcu ar jauniem vārdiem un izstrādājumiem papildinājusi L. Maizīte.

VĀRDNĪCĀ LIETOTĀS
FONĒTISKĀS TRANSKRIPCIJAS ZĪMES*

Patskaņi un divskaņi

æ — m*a*n	ɔ: — p*or*t
ʌ — c*ʌ*t	u: — t*oo*
e — g*e*t	ai — t*i*me
ə — butt*er*	au — h*ow*
i — s*i*t	ei — d*ay*
ɔ — d*o*g	ɛə — c*are*
u — p*u*t	iə — h*ere*
ɑ: — p*a:*k	ɔi — b*oy*
ə: — v*ə:*b	ɔu — g*o*
i: — s*ee*	uə — p*oor*

Līdzskaņi un puspatskaņi

b — *b*ag	s — *s*ee
d — *d*id	t — *t*ime
f — *f*ull	v — *v*ery
g — *g*o	w — *w*hat
h — *h*it	z — *z*one
j — *y*es	ŋ — si*ng*
k — *k*eep	θ — *th*ink
l — *l*ine	ð — *th*e
m — *m*ap	ʃ — *sh*ut
n — *n*ot	ʒ — mea*s*ure
p — *p*ut	tʃ — *ch*in
r — *r*ed	dʒ — *j*am

---

* Fonētiskās zīmes lasāmas tā, kā izrunājami kursīvā iespiestie burti dotajos vārdos.

BIEŽI LIETOJAMIE ANGĻU VĀRDI,
KAS VĀRDNICĀ DOTI BEZ UZSVARIEM*
UN BEZ FONĒTISKĀS TRANSKRIPCIJAS*

about [ə'baut]
above [ə'bʌv]
among [ə'mʌŋ]
another [ə'nʌðə]
any ['eni]
are [aɪ]
as [æz]
away [ə'wei]
become, becomes [bi'kʌm, bi'kʌmz]
begin, begins [bi'gin, bi'ginz]
behind [bi'haind]
between [bi'twiːn]
come [kʌm]
could [kud]
do [duː]
doing ['duːiŋ]
does [dʌz]
don't [dəunt]
down [daun]
every ['evri]
full [ful]
get, gets [get, gets]
getting ['getiŋ]
give, gives [giv, givz]
giving ['giviŋ]
good [gud]
grow [grəu]
has [hæz]
have [hæv]
having ['hæviŋ]
hers [həɪz]

his [hiz]
into ['intə]
is [iz]
many ['meni]
never ['nevə]
nothing ['nʌθiŋ]
of [ɔv]
off [ɔːf]
one [wʌn]
one's [wʌnz]
other, others ['ʌðə, 'ʌðəz]
ours ['auəz]
over ['əuvə]
out [aut]
put, puts [put, puts]
round [raund]
shall [ʃæl]
should [ʃud]
some [sʌm]
than [ðæn]
that [ðæt]
the [ðə]
their, theirs [ðɛə, ðɛəz]
them [ðem]
then [ðen]
there [ðɛə]
these [ðiːz]
they [ðei]
this [ðis]
those [ðəuz]
through [θruː]
to [tə]
towards [tə'wɔːdz]

---

* Tabulā parādīta tikai uzsvērto formu fonētiskā transkripcija.

two [tuː]
upon [əˈpɔn]
very [ˈveri]
was [wɔz]
were [wɛɪ]
where [wɛə]
who [huː]
whom [huːm]

whose [huːz]
with [wið]
within [wiˈðin]
without [wiˈðaut]
would [wud]
you [juː]
your [jɔː], yours [jɔːz]

NORĀDIJUMI PAR DAŽU BURTU UN BURTU SAVIENOJUMU IZRUNU ANGĻU VALODĀ

Patskaņi

Patskani izrunā alfabētiski, ja tas atrodas t. s. vaļējā zilbē, t. i., zilbes beigās pirms cita patskaņa, vai arī ja patskanim seko viens līdzskanis un mēmais *e:*

a = [ei]: make
o = [əu]: go
u = [juː]: due
e = [iː]: he
i, y = [ai]: diamond, my

Patskani izrunā īsi, ja tas atrodas t. s. slēgtā zilbē, t. i., ja zilbi noslēdz viens vai vairāki līdzskaņi:

a = [æ]: can
o = [ɔ]: not
u = [ʌ]: but
e = [e]: desk
i = [i]: sit

Patskani izrunā gari, ja tam seko *r* un līdzskanis:

a = [aː]: farm
o = [ɔː]: form
u = [əː]: burn
e = [əː]: her
i = [əː]: fir

Ja patskanim seko *r* un vēl viens patskanis, to izrunā šādi:

a = [ɛə]: care
u = [juə]: pure
e = [iə]: here
i, y = [aiə]: fire, tyre

Līdzskaņi

ch = [tʃ] : church
ck = [k] : back
kn = [n] : know
ng = [ŋ] : thing
ph = [f] : phótò
sh = [ʃ] : short
th = [θ, ð] : thin, they
wh = [w] : when
wr = [r] : write
x = [ks] : box
c e, i, y priekšā = [s] : céntre
c a, o, u priekšā = [k] : cat
g e, i, y priekšā = [dʒ] : gem
g a, o, u priekšā = [g] : gap
qu patskaņa priekšā = [kw] : quick

Digrāfi

au = [ɔː] : haunt
aw — [ɔː] : jawn
eu = [juː] : èucalýptus
ew = [juː] : few
oo = [uː, u] : boom, book
oi = [oi] : boil
oy = [oi] : boy
ee = [iː] : meet

Dažu izskaņu izruna

-age = [-idʒ] : lánguage
-able = [-əbl] : súitable
-ssion = [-ʃən] : séssion
-tion = [-ʃən, ʃən] :   rèvolútion
-ture = [tə] : líterature

Saīsinājumi

amer — amerikānisms
anat — anatomija
arhit — arhitektūra
astr — astronomija
attr. — used attributively —
  atributīvi lietots vārds
av — aviācija
biol — bioloģija
bot — botānika
dsk. — daudzskaitlis
ek — ekonomika
el — elektrotehnika
fiz — fizika
gram — gramatika
inf. — infinitive, nenoteik-
  sme
īp. v. — īpašības vārds
jur — juridisks termins
ķīm — ķīmija
lauks — lauksaimniecība
lietv. — lietvārds

med — medicīna
mil — militārs termins
mūz — mūzika
ornit — ornitoloģija
pārn — pārnestā nozīmē
pol — politisks termins
predic. — used predicat-
  ively — predikatīvi lietots
  vārds
sais. — saīsinājums
sar — sarunvalodā lietots
  vārds vai izteiciens
sk — skaties
smb. — somebody, kāds
smth. — something, kaut kas
sp — sporta termins
tehn — tehnika
u. c. — un citi
u. tml. — un tamlīdzīgi
vsk. — vienskaitlis
zool — zooloģija

Aa

abažūrs [lámp] shàde
ābece ABC [´eibiɪ´siɪ], ABC book, prímer
ābele ápple-trèe
abi both [bəuθ]; viens no abiem — one of the two; mēs a. — both of us; neviens no abiem — neither [´naiðər] of them
abiturients schóol-lèaver
āboliņš clóver
ābols ápple
abonements 1. *(avīzes, žurnāla)* subscríption *(to, for)*; 2. *(teātra u. tml.)* séason-tícket [´siɪzn-]
abonent‖s subscríber; ~u saraksts — diréctory
abon‖ēt *(avīzi, žurnālu)* to subscríbe *(to, for)*; ~ējamā literatūra — subscríption líterature
aborts *med* abórtion, miscárriage [-´kærid3]
abpusēj‖s 1. dóuble-sīded [´dʌbl-]; 2. bipártite; biláteral; ~a vienošanās — bipártite agréement
abrocīg‖s: ~ā grūšana *sp* — two hands jerk; ~ā raušana *sp* — two hands snatch; ~ā spiešana *sp* — two hands press
absolūt‖s *īp. v.* ábsolùte [´-luɪt]; pérfect; ~ā dzir-

de — pérfect pitch; ~ais čempions — ábsolùte (óverall) chámpion
absolvents *(skolas)* school léaver; *(augstskolas)* gráduate [´grædjuət]
absolvēt *(skolu)* to fínish; *(augstskolu)* to gráduate [´grædjueit] *(from)*
abstrakts ábstràct
absurds *lietv.* absúrdity
absurds *īp. v.* absúrd, prepósterous [-´pɔstərəs]
acīmredzams évident, óbvious
acs eye [ai]; acs ābols — éyeball; paturēt acīs — to keep* an eye *(on)*; saruna zem četrām acīm — cònfidéntial [-´denʃəl] talk [tɔɪk]
acumērs èstimátion by sight [sait]; labs a. — corréct eye [ai]; slikts a. — fáulty eye
acumirk‖lis móment; ínstant; ~lī — ínstantly
ačgārni 1. *(otrādi)* the other way [wei] round [raund]; 2. *(aplam)* in a wrong way
āda *(cilvēka)* skin; *(dzīvnieka)* hide; *(apstrādāta)* léather [´leðə]; *(kažokāda)* fur; ◇ kauli un ā. — bag of bones; viņam ir kaut

‚kas aiz ādas — he has smth. up his sleeve
adāmadata knítting néedle
adapters *tehn* adápter, píck-up
adat‖a néedle; ◇ sēdēt kā uz ~ām — to be on pins and néedles
adīklis knítting
adīt to knit; ~a jaka — cárdigan
adjektīvs *gram* ádjective ['ædʒik-]
adjutants áide-de-cámp ['eidde'kɑːŋ]
administrācija *(teātra, viesnīcas u. tml.)* mánagement ['-idʒ-]
administratīv‖s administrative; ~ā kārtā — by administrative means; ~ais iedalījums — administrative divísion
administrators *(teātra, viesnīcas)* mánager ['-idʒə]
admirālis ádmiral
adoptēt to adópt
adresāts àddressée; ja a. nav zināms... — if undelívered
adre‖se addréss; ~šu birojs — addréss buréau [bju'rəu]
adresēt to addréss *(to)*
adverbs *gram* ádvèrb
advokāts láwyer- ['lɔːjə]; attórney [ə'təːni] *amer*
aerobika àeróbics [ɛə'rəu-biks] *dsk.*
aerodroms áirfield ['ɛəfiːld]
aerosols áerosol ['ɛərəusəl], spray

afēra shády transáction; swíndle
afiša póster ['pəus-], bill
afrikān‖is (~iete), 'African
agrāk 1. éarlier ['əːliə]; 2. *(pirms)* befóre; 3. *(senāk)* fórmerly
agrākais fórmer, prévious ['priːvjəs]
agresija aggréssion
agresīvs aggréssive
agri éarly ['əːli]; ◇ a. vai vēlu — sóoner or láter
agronomija agrónomy
agronoms agrónomist
agrotehnika agrotéchnics; gérming práctices
agr‖s éarly ['əːli]; no ~as bērnības — since éarly chíldhood
aģents ágent
aģentūra ágency ['eidʒənsi]; telegrāfa a. — news [njuːz] ágency
aģitācija pròpagánda; priekšvēlēšanu a. — eléction campáign [kæm'pein]
aģitators pròpagándist; *(vēlēšanās)* cánvasser
aģitēt to make* pròpagánda *(for, against)*; a. par kandidātu — to cánvass *(for)*
aģitpunkts pròpagánda céntre ['sentə]; *(vēlēšanu laikā)* cánvassing céntre
ai! ah [ɑː]!, oh [əu]!
aicinājums 1. *(oficiāls)* súmmons; 2. *(uzsaukums)* appéal [ə'piːl]; 3. *(tieksme)* vocátion, cálling
aijāt to lull (sing*) to sleep
aile cólumn ['kɔləm]

aina 1. sight [sait]; **2.** *teātr* scene [siːn]

ainav‖a lándscàpe; ~u glezniecība — lándscàpe páinting

airēšan‖a rówing ['rəuiŋ]; ~as sacīkstes — rówing match

airēt to row [rəu]

airis oar [ɔː], scull

ait‖a a sheep*; ~as gaļa — mútton; ~u gans — shépherd ['ʃepəd]; ~u suns — cóllie

aitāda shéepskin

aiz 1. *(norādot vietu)* behind; *(otrā pusē)* over, acróss; a. upes — acróss the ríver ['rivə]; **2.** *(norādot secību)* áfter ['aːf-]; cits a. cita — one áfter another; **3.** *(norādot cēloni)* becáuse [-'kɔːz] of; out of; a. bailēm — for fear [fiə]

aiza gorge, ravíne [-'viːn]

aizbaidīt to fríghten ['fraitn] off (away)

aizbāznis *(korķis)* cork; *(stikla)* stópper; *(tapa)* plug

aizbāzt 1. *(aiz)* to push [puʃ] behind; **2.** *(caurumu)* to stop (cork) up; *(ar tapu)* to plug

aizbēgt to run* away, to escápe

aizbīdīt 1. *(projām)* to push [puʃ] away; **2.** *(aizbīdni)* to bolt [bəult]; to bar

aizbīdnis *(durvju, logu)* bolt [bəult]; *(krāsns)* slide, dámper

aizbildinājums excúse [-'kjuːs]; *(iegansts)* prétèxt

aizbildināties to excúse [-'kjuːz] ònesélf

aizbildnis gúardian ['gaːdjən]; *(īpašumam)* trùstée

aizbilst to put* ín a word [wəːd] *(for smb.)*

aizbraukšana depárture

aizbraukt to go* away; to leave* [liːv] *(for)*

aizcirst *(durvis)* to slam [to]

aizdedzināt 1. to light* [lait]; **2.** *(pielaist uguni)* to set* fire *(to)*, to set* on fire

aizdegt to light* [lait]; a. elektrību — to turn on the light

aizdegties to catch* fire

aizdevums loan [ləun]

aizdom‖as suspícion [səs-'piʃən]; turēt ~ās — to suspéct

aizdomīgs 1. suspícious [səs'piʃəs]; **2.** *(kas neuzticas)* distrústful [-ful]

aizdot to lend*

aizdrāzties 1. *(projām)* to rush off (away); **2.** *(garām)* to rush past [paːst] *(by)*

aizdusa short breath [breθ]

aizdzīta to drive* away

aizdzītb *(par brūci)* to heal, to skin over

aizgalds *(cūku)* sty; *(aitu)* pen, fold [fəuld]

aizgriezt *(krānu)* to turn off

aizgulēties to óverslèep*

aiziet 1. *(projām)* to go*
away, to leave* [li:v];
2. *(lidz kādai vietai)* to
go* *(as far as);* **3.** *(pēc
kaut kā)* to fetch
aizkars cúrtain ['kəɪtn]
aizkavēt to detáin [-'tein];
to keep* [off]
aizkavēties to be deláyed
aizkustin‖āt to move [muːv],
to touch [tʌtʃ]; ~ošs —
móving, tóuching
aizlaisties to fly* away
aizliegt to forbíd*; *(oficiāli)*
to prohíbit, to ban; ieeja
~a! — no admíttance!;
smēķēt ~s! — no smóking!
aizliegum‖s pròhibítion
[ˌprəuiˈbiʃən], ban; atcelt
~u — to lift the ban
aizlīmēt to glue [gluː] up;
(aploksni) to seal [siːl]
up
aizmāršība forgétfulness
[-'getful-]
aizmāršīgs forgétful [-'get-
ful]
aizmest 1. *(projām)* to
throw* [θrəu] away;
2. *(aiz kaut kā)* to throw*
(behind)
aizmigt to fall* [fɔːl] asléep
aizmirst to forgét*
aizmugure 1. *mil* rear [riə];
2. *sp* off side
aiznest to carry ['kæri] away
aizņemt to óccupy ['ɔkjupai];
to take* up; a. vietu — to
take up room [rum]
aizņemties to bórrow ['bɔrəu]
aizņemts 1. engáged [in-
'geidʒd]; **2.** *(nodarbināts)*
búsy ['bizi]; telefons ir
a. — the line is engáged

aizņēmums loan [ləun]
aizpogāt to bútton up
aizrādījum‖s 1. *(piezīme)* re-
márk; **2.** *(rājiens)* repróof;
repróach; izteikt ~u — to
repróve
aizrādīt 1. *(izteikt piezīmi)*
to remárk; **2.** *(izteikt rā-
jienu)* to repróve
aizrau‖t 1. to drag away;
2. *pārn* to cárry ['kæri]
away; ~jošs — thrílling
aizrautība enthúsiasm [in-
'θjuːziæzəm]
aizrauties 1. *(ar kaut ko)* to
be keen *(on smth.);* *(ar
kādu)* to take* a fáncy *(to
smb.);* **2.** *(par elpu)* to
take* one's breath [breθ]
away
aizrīties to choke *(with)*
aizrobežu- fóreign ['fɔrin]
aizsardzība 1. protéction;
gúarding; darba a. — lá-
bour ['leibə] protéction;
2. *mil* defénce
aizsargāt to protéct; to
guard
aizsargcepure crásh-hèlmet
aizsargdambis protécting dike
aizsargs 1. *tehn* sáfety de-
více [di'vais]; **2.** *sp* back
aizsargstikls wínd-screen
aizsegs cóver ['kʌvə]; screen;
dūmu a. — smóke-screen
aizsegt to cóver ['kʌvər] up;
to screen
aizsiet to tie [tai] up; a.
mezglu — to tie (make*)
a knot
aizsist 1. *(ar dēļiem)* to
board [bɔːd] up; *(ar nag-*

lām) to nail [neil] up;
2. *(aizcirst, piem., durvis)*
to slam [to]

aizskart 1. *(pieskarties)* to
touch [tʌtʃ]; 2. *(aizvainot)*
to hurt*; to offénd

aizskriet 1. *(projām)* to run*
away; 2. *(pēc kaut kā)* to
run* for

aizslēgt to lock [up]

aizsmacis hoarse [hɔːs]

aizsniegt to reach [riːtʃ]

aizspriedums préjudice ['pre-
dʒudis]

aizsprostot to bar; to block
up

aizsprosts 1. dam; 2. *mil* bár-
ràge ['bærɑɪʒ]

aizstājējs súbstitùte

aizstāt 1. to súbstitùte *(for),*
to change [tʃeindʒ] *(for);*
2. *(amatā)* to act *(for)*

aizstāvēšana defénce; miera
a. — defénce of peace; di-
sertācijas a. — defénce of
a thésis*

aizstāvēt 1. to defénd; a. di-
sertāciju — to defénd
one's thésis*; 2. *jur* to
plead [pliːd] *(for)*

aizstāvēties to defénd ònesélf

aizstāvis 1. protéctor; 2. *jur*
cóunsel ['kaunsəl] for the
defénce

aizsteigties 1. to hásten
['heisn] away, to húrry
['hʌri] off; 2.: a. priekšā —
1) to òutstríp [aut'strip];
2) *(notikumiem u. tml.)* to
ànticipate

aizsūtīt to send* away; a.
vēstuli — to send* a lét-
ter

aizsviest *(projām)* to throw*
[θrəu] away

aiztecēt *(par ūdeni)* to flow*
[fləu] away

aiztikt to touch [tʌtʃ]

aizturēt 1. *(nelaist)* to detáin
[di'tein], to keep* [off];
2. *(apcietināt)* to arrést;
3. *(apspiest)* to suppréss;
a. elpu — to hold* one's
breath [breθ]

aizvainojums offénce; *(dziļš)*
mòrtificátion

aizvainot to offénd, to hurt*

aizvakar the day [dei] befóre
ýesterday ['jestədi]

aizvērt to close, to shut*

aizvest to take* away; a. līdz
kādai vietai — to take* to
a place

aizvilkt 1. *(projām)* to drag
away; 2. *(priekškaru)* to
draw* [drɔː], to pull [pul]

aizzīmogot to seal [siːl] up

ak! oh [əu]!; ak tā! — oh, I
see

aka well; rakt aku — to sink*
a well

akācija acácia [ə'keiʃə]

akadēmija acádemy

akadēmiķis acàdemícian
[ə,kædə'miʃən]

akadēmisks àcadémic

akcents 1. *(uzsvars)* stress;
2. *(izrunas veids)* áccent

akcij‖aª *ek* share; ~u sa-
biedrība — jóint-stock
cómpany

akcijaᵇ *pol* áction

aklimatizēt to acclímatize

aklimatizēties to acclímatize ònesélf

akl‖s blind [blaind]; ∼ā zarna *anat* — blind gut, cáecum* ['siːkəm]

aklums blíndness ['blaind-]

akmens stone

akmeņdārzs rock gárden

akmeņlauztuve stóne-pit, qúarry

akmeņog‖les coal [kəul]; ∼ļu raktuves — cóal-mine, cólliery ['kɔljəri]

akn‖as líver ['li-]: ∼u desa — white púdding ['pud-]

akordalga páyment by the piece [piːs]

akorddarbs píece-work ['piːs-]

akordeons accórdion

akords chord [kɔːd]

akordstrādnieks píece-wòrker ['piːs-]

akreditīvs létter of crédit

akrobātika àcrobátics

akrobāts ácrobàt

akselerators *tehn* accéleràtor

āksts 1. *(klauns)* jéster, fool; 2. *pārn* buffóon; modes ā. — fop

aktierfilma fíction film *(pícture)*

aktieris áctor

aktivitāte àctívity

aktivizēt to stir to àctívity

aktīv‖s *ìp. v.* áctive; ∼ais karadienests — áctive sérvice

aktrise áctress

akt‖sa 1. *(darbība)* act; 2. *(dokuments)* deed; státement; sastādīt ∼u — to

draw* [drɔː] up a státement

aktsᵇ *(svinības)* cèlebrátion; *(skolā)* spéech-day; comméncement *amer*

aktuāls 1. tópical, tímely; 2. *(jautājums, problēma)* búrning, préssing

akumulators *el* accúmulàtor, stórage báttery

akurāts 1. áccuràte; exáct; precíse; *(laika ziņā)* púnctual; 2. *(apģērbā)* neat, tídy

akūts 1. *med* acúte; 2. *pārn* úrgent

akvalangists skín-dìver; *(profesionāls)* frógman

akvalangs scúba, áqualung

akvarelis wáter-còlour ['wɔːtə,kʌlə]

akvārijs aquárium [ə'kwɛəriəm]

āķis hook, crook

ala 1. cave; 2. *(dzīvnieka)* hole; *(liela)* lair [lɛə]

albān‖is (∼iete) Albánian

albums álbum

aleja ávenue ['ævinjuː], álley; *(parkā)* lane, path

alerģija állergy

alfabēt‖s álphabet; pēc ∼a — in àlphabético órder

alg‖a 1. *(strādnieka)* wáges ['weidʒiz] *dsk.; (kalpotāja)* sálary, pay [pei]; ∼as diena — páy-day; ∼as paaugstinājums — wage íncrease, rise in wáges; 2. *(atalgojums)* rewárd ['-'wɔːd]

algot to hire, to engáge ['-'geidʒ]; ∼s darbs — hired lábour

alimenti álimony

āliņģis íce-hòle ['aishəul]

alkoholisks àlcohólic; a. dzē-
riens — strong drink

alkohols álcohòl

alksnis álder ['ɔːldə]

alkt to crave (for), to thirst
(for)

almanahs álmanàc ['ɔːlmə-
næk]

alnis elk

alpīnisms mòuntainéering
[,maunti'niəriŋ]

alpu-: a. vijolīte — cýclamen

altāris áltar ['ɔːltə]

alts 1. (instruments) vióla;
2. (balss) áltò

alumīnijs àlumínium

alus beer [biə]

alusdarītava bréwery
['bruəri]

alva tin

alveja bot áloe

alvot to tin

aļģe álga* ['ælgə]

amatieris ámateur ['æmətəɪ]

amatnieks àrtisán [,ɑːti'zæn]

amatpersona offícial [ə'fiʃəl]

amat‖s 1. trade; 2. (poste-
nis) post, fúnctionary;
iecelt ~ā — to appóint
(to); atbrīvot no ~a —
to dismíss; strādāt, apvie-
nojot ~us — to plúralize

ambulance óut-pàtient ['aut-
,peiʃənt] depártment

amerikān‖is (~iete) Améri-
can

amnestija ámnesty

amorāls amóral; immóral

ampula ámpòule ['æmpuːl]

amputēt to ámputàte

āmurs hámmer

analfabētisms illíteracy

analfabēts illíterate [person]

analīze análysis*

analizēt to análỳse ['-laiz]

analoģisks ànalógic

anarhija ánarchy ['ænəki]

anatomija anátomy

anekdote ánecdòte; fúnny
stóry

angārs hángàr, áirshed

angīna quínsy ['kwinzi]

angliete 'Englishwòman
['iŋgliʃ,wumən]

ang‖lis 'Englishmàn ['iŋgliʃ-
mən]; ~ļu valoda —
'English

angliski 'English ['iŋgliʃ]

anket‖a form, quèstionnáire
[,kwestiə'nɛə]; izpildīt
~u — to fill in a form

anonīms īp. v. anónymous
[ə'nɔniməs]

ansamblis ensémble [āːn-
'sāːmbl]; (dziedātāju) cóm-
pany; (neliels) group

antagonisms àntágonism

antena áerial ['ɛəriəl]

antibiotika ántibiótic

antibiotisks ántibiótic

antifašistisks ánti-fáscist
['-'fæʃ-]

antiimperiālistisks ánti-impér-
ialist

antīks àntíque [æn'tiːk]

antikvariāts sécond-hànd
bóokshop

antipātija dislíke (to, for),
avérsion (to, for)

antireliģisks ánti-relígious

anulēt to annúl; (parādu) to
cáncel

ap 1. (apkārt) [a] róund; ap
stūri — round the córner;
2. (apmēram) about; ap šo
laiku — about this time

apakš‖a bóttom; no augšas
līdz ~ai — from top to
bóttom

apakša 1. belów [bi'ləu];
(apakšējā stāvā) dówn-
stáirs ['daun'stɛəz]; **2.** at
the bóttom *(of)*

apakšbikses pants

apakšējs lówer ['ləuə]; a.
plaukts— bóttom shelf*

apakšstacija substátion

apakšsvārki pétticoat ['-kaut]

apakštase sáucer ['sɔːsə]

apakšve|a únderwear ['-wɛə]

apakšzem‖e: ~es dzelz-
ce|š — métrò *(PSRS);*
tube, únderground
['-graund] *(Anglijā)*

apa|š round

aparāts àpparátus; devíce;
telefona a. — télephòne

apātija ápathy

apav‖i fóotwear ['futwɛə]
vsk.; ~u krēms — shoe
[ʃuː] pólish

apbalvojums awárd [ə'wəːd]

apbalvot to awárd [ə'wɔːd]

apbēdināt to grieve [griːv]

apbedīt to búry ['beri]

apbērt to strew* [struː]

apbraukāt to trável ['trævl]
all over

apbrīnojams ádmirable, már-
vellous

apbrīnot to admíre

apbruņojums ármament

apbruņot to arm

apburošs chárming

apce|ot to trável ['trævl] all
over

apcerējums sketch, éssay
['esei]; *(laikrakstā)* féature
['fiːtʃə] árticle

apciemojums vísit ['vizit],
call

apciemot to vísit ['vizit], to
call on, to go* to see

apcietinājums arrést, confíne-
ment

apcietināt to arrést

apcirpt 1. *(krūmus)* to trim,
to prune; **2.** *(aitas)* to
shear* [ʃiə]; **3.** *(matus)* to
trim

apdare fínish, dècorátion;
iekšējā a. — intérior dèc-
orátion

apdāvināts gífted ['gi-], tál-
ented ['tæ-]

apdegums burn; scold
[skɔːld]

apdomāt to think* over, to
consíder [-'sidə]

apdomīgs delíberate; *(piesar-
dzīgs)* cáutious ['kɔːʃəs]

apdraudēt to impéril, to en-
dánger [-'deindʒə]

apdrošināšan‖a insúrance
[-'ʃuərəns]; ~ as polise —
insúrance pólicy

apdrošināt to insúre [-'ʃuə]

apdullināt to stun

apdzīvot 1. to ìnhábit;
2. *(telpu)* to live [liv] *(in),*
to óccupy ['ɔkjupai]

apelsīns órange ['ɔrindʒ]

apēst to eat* [iːt] up

apetīt‖e áppetite; labu ~i! —
bon appetit ['bɔŋaːpe'ti] !,
enjóy your food!

apgabals région ['riːdʒən];
dístrict

apgādāt to supplý *(with);*
(ar piederumiem) to fúr-
nish *(with),* to equíp
(with)

apgāde supplý

apgādība máintenance
['meintinəns]

apgaismojums light [lait],
líghting ['lait-]

apgaismot to light* [lait]

apgalvojums státement; as-sértion

apgalvot to maintáin [men-'tein]; to assért

apgāzt 1. to upsét*, to òver-túrn; to tópple down; **2.** *(atspēkot)* to refúte

apgāzties to òvertúrn, to tip over

apglabāt to búry ['beri]

apgrieziens turn; rèvolútion

apgriezta *(matus)* to trim; *(nagus)* to pare; *(krūmus u. tml.)* to clip

apgrieztb to turn round; *(otrādi)* to turn úpsìde-dówn ['ʌpsaid'daun]

apgriezties to turn (swing*) [round]

apgrozīb‖a *ek* cìrculátion; laist ~ā — to put* [put] into cìrculátion

apgrūtinājums núisance ['njuːsns], bóther ['bɔðə]

apgrūtināt to bóther ['bɔðə]; to tróuble ['trʌbl]

apgulties to lie* down

apgūt to máster; to assími-làte; a. pieredzi — to as-símilàte the expérience [-'piəriəns]

apgērb‖s clothes [kləuðz] *dsk.;* clóthing ['kləuðiŋ]; gatavi ~i — réady-màde clothes

apģērbt to put* [put] on; to dress

apģērbties to dress [òne-sélf]

apiet 1. *(apkārt)* to round [raund], to go* (walk) round; **2.** *(izvairīties)* to avóid, to eváde; a. jautā-jumu — to eváde the íssue

apieties to treat [triːt]; *(ar lietām)* to hándle

apjautāties to inquíre [-'kwaiə] *(about)*

apjoms vólume ['vɔljum]; darba a. — amóunt (scope) of work

apjukt to get* confúsed; to lose* [luːz] one's head [hed]

apjukums confúsion

apkaisīt to strew* [struː]; a. ar cukuru — to súgar ['ʃugə]; a. ar sāli — to salt [sɔːlt]

apkakle cóllar

apkalpe crew [kruː]

apkalpošana sérvice; medicī-niskā a. — médical (health) sérvice

apkalpot to serve; *(pie galda)* to wait [weit] upon

apkalpotāja 1. wáitress ['weitris]; **2.** *(iestādē)* chárwòman ['-,wumən]

apkampt to embráce; to take* in one's arms

apkarot to strúggle *(with, against)*

apkārt 1. [a] róund [(ə)-'raund]; palūkoties a. — to look [a] róund; 2. about; slaistīties a. — to loaf about

apkārtne 1. *(apkaime)* néigh-bourhood, énvirons ['envi-rənz] *dsk.;* 2. *(vide)* sur-róundings *dsk.*

apkaunot to disgráce; to put* [put] to shame

apklusināt to sílence; *(bēr-nu)* to quíeten ['kwaiətn]

apklust to fall* [fɔːl] sílent; to shut* up *sar*

apkop‖e care; tehniskās ∼es stacija — sérvice státion
apkopēja chárwòman ['-,wumən]
apkopt *(slimnieku, bērnu)* to nurse, to look áfter; *(lopus)* to tend
apkrāpt to decéive [-'siːv], to cheat [tʃiːt]
apkure héating ['hiːt-]
apķērīg‖s quíck-wítted; ∼a atbilde — smart replý
aplam wrong
aplamīb‖a 1. incorréctness; 2. *(muļķiba)* fólly; nónsense; runāt ∼as — to talk nónsense
aplams wrong; incorréct
aplaudēt to appláud [ə'plɔːd], to clap
aplausi appláuse [ə'plɔːz] *vsk.,* clápping *vsk.*
aplenkt to besíege [-'siːdʒ]
aplenkums siege [siːdʒ]
apliecība certíficate; personas a. — idéntity card; dzimšanas a. — birth [bəːθ] certíficate
apliecināt to téstifỳ; *(parakstu)* to wítness
apliet 1. to pour [pɔː] *(over)*; 2. *(aplaistīt)* to wáter ['wɔː-]
aplikt 1. to put* [put] round; 2.: a. ar nodokli — to tax; 3.: ∼a mēle med — furred tongue [tʌŋ]
aplis círcle
aploksne énvelòpe
apmācība tráining ['trein-]
apmācies clóudy ['klaudi], óvercàst ['əuvəkaːst]
apmācīt to train [trein]

apmainīt to exchánge [-'tʃeindʒ] *(for)*
apmainīties to exchánge *(with)*; a. domām — to exchánge [-'tʃeindʒ] views [vjuːz]
apmaiņa exchánge [-'tʃeindʒ]; pieredzes a. — exchánge of expérience [-'piəriəns]; domu a. — exchánge of views [vjuːz]
apmaksāt to pay*; telegramma ar ∼u atbildi — replý-paid télegram
apmaldīties to lose* [luːz] one's way [wei]
apmānīt to decéive [-'siːv], to cheat [tʃiːt]
apmeklējums call [kɔːl], vísit ['vizit]
apmeklēt 1. to call [kɔːl] on, to vísit ['vizit]; 2. *(lekciju)* to atténd
apmeklētāj‖s cáller ['kɔːlə]; ∼u pieņemšanas laiks — recéption hours ['auəz]
apmeklētība atténdance
apmelot to slánder ['slaːndə]
apmēram about, appróximately
apmest 1. *(ap pleciem)* to put* [put] (throw*) [θrəu] round; 2. *(sienas)* to pláster ['plaːs-]
apmesties *(uz dzīvi)* to séttle [down]; *(uz laiku)* to put* up *(at)*
apmetums pláster ['plaːs-]
apmierināt *(prasības)* to sátisfỳ
apmierinoši sàtisfáctorily
apmulsums confúsion
apnēsāts shábby
apnicīgs tíresome
apnikt to become* tíresome

apņēmība résolùteness ['rezə-luːtnis]
apņēmīgs résolùte ['rezəluːt], detérmined
apprecēt to márry ['mæri]
apprecēties to get* márried ['mærid]
aprakstīt (parādību u. tml.) to describe
apraksts descríption
aprakt to búry ['beri]
apreibināt 1. to intóxicàte; 2. (par panākumiem) to turn one's head [hed]
apreibt to get* intóxicated
aprēķināt to cálculàte
aprēķins 1. càlculátion; 2. (izdevīgums) advántage [-'vaːntidʒ]
aprikoze ápricòt ['eiprikɔt]
aprīlis 'April ['eiprəl]
aprindas sócial ['seuʃəl] círcles
apriņķot to círcle
aprīt to devóur [-'vauə], to gulp down
aprobežots 1. límited; 2. (par cilvēku) nárrow-mínded ['nærəu'maindid]
aproce 1. cuff; 2. (rokas-sprādze) brácelet
aprunāt to slánder ['slaːndə]
aprunāties to have a talk [tɔːk]
apsardzība protéction
apsargāt to protéct (from); to guard [gaːd]
apsaukt to call [kɔːl] to órder
apse asp [æsp]
apsegt to cóver ['kʌvə]
apsēsties to sit* down
apsiet to tie [tai] round
āpsis bádger

apskatīt to inspéct; to exámine; a. pilsētu — to go* sightsèeing; to do* the cíty ['siti]
apskats súrvey ['səːvi], revíew [-'vjuː]; preses a. — press review
apskaust to énvy
apsolīt to prómise ['prɔ-]
apspiest to suppréss
apspriede cónference
apspriest to discúss
apspriesties to discúss; to talk [tɔːk] things over
apstādījumi gréenery vsk.
apstāk‖lis círcumstance; dzīves ~li — conditions of life, líving conditions
apstarojums ìrradiátion
apstarot 1. (apspīdēt) to light* [lait] up; 2. to irrádiàte; (ar rentgena stariem) to X-ráy ['eks'rei]
apstāties to stop
apstiprināt to affírm, to confírm
apstrādāt 1. to work [wəːk]; to prócèss; 2. (zemi) to till
apstrīdēt to dispúte; to còntradíct
apsūdzēt to accúse (of), to charge (with)
apsūdzība àccusátion, charge
apsveikt to congrátulàte
apsveikums congràtulátion
apsvērt to consíder [-'sidə]
apsvērums consìderátion [-,sidə'reiʃən]
apšaubāms dóubtful ['dautful]
apšaubīt to doubt [daut]; to quéstion ['kwestʃən]
apšaudīt to fire (at, upon); to shell

aptauj‖a: ~as lapa — quès-
tionnáire [,kwestiə′nɛɔ]
aptieka chémist's shop; drúg-
stòre *amer*
aptīt to twist round
aptumsums *astr* eclípse
aptumšot 1. to dárken;
2. *mil* to black out
apturēt to stop, to check
aptuvens appróxìmate
[ə′prɔksimit]
aptvert 1. *(ar rokām)* to
clasp [klaɪsp]; 2. *(ap-
jēgt)* to grasp [graɪsp]
apūdeņošana ìrrigátion
[,iri′geiʃən]
apūdeņot to irrigàte [′iri-
geit]
apvainojums ínsùlt, offénce
apvainot to insúlt, to offénd
apvainoties to take* offénce
apvāks cóver [′kʌvə]; dúst-
jàcket
apvalks cóver [′kʌvə]
apvārsnis 1. horízon; skýline
[′skailain]; 2.: gara a. —
méntal óutlook (scope)
apvērsums rèvolútion, uphéa-
val; valsts a. — coup d'état
[′kuɪdei′taɪ]
apvidus lòcálity; place; kal-
nains a. — hílly place
apvienība únion
apvienot to ùníte; a. spē-
kus — to combíne éfforts
apvienoties to ùníte
apzīmējums dèsignátion
apzīmētājs *gram* áttribùte
apzināties to be awáre *(of)*,
to be cónscious [′kɔnʃəs]
(of); to réalize [′riəlaiz]
apzināts delíberate
apzinīgs cònsciéntious
[,kɔnʃi′enʃəs]

apziņa cónsciousness [′kɔn-
ʃəs-]; šķiras a. — cláss-
cónsciousness; pienākuma
a. — sense of dúty
apžēlot to párdon
apžēloties to take* píty
[′pi-]
ar 1. with; kafija ar pienu —
cóffee with milk; 2. *(tulko-
jams dažādi):* ar vilcie-
nu — by train [trein]; ar
nolūku — on púrpose; ar
pirmo skatienu — at first
sight [sait]; ar laiku —
in the course [kɔɪs] of
time
ārā 1. *(apzīmē vietu)* out of
doors [dɔɪz]; óutsíde;
2. *(apzīmē virzienu)* out;
iekšā un ā. — in and out
arāb‖s (~iete) 'Arab [′ærəb];
~u cipars — Arábic fígure
arājs plóughmàn [′plau-]
arbūzs wáter-mèlon [′wɔɪtə-
,melən]
ārdīt 1. to unpíck [-′pik];
(vīli) to rip; 2. *(sienu)* to
toss; 3. *(postīt)* to destróy
ārdurvis óuter (street) door
[dɔɪ]
ārēj‖s óutward [′autwəd];
èxtérnal; ~ais izskats —
óutward appéarance
[-′piər-]; ~ā tirdznie-
cība — fóreign [′fɔrin]
trade
arestēt to arrést
arests arrést
argentīn‖ietis (~iete) 'Ar-
gentínian
arguments árgùment
arhitekts árchitèct [′aɪki-]
arhitektūra árchitècture
[′aɪki-]

arhīvs árchives ['ɑːkaivz]
dsk.

arī álsò ['ɔːlsəu], as well,
too [tuː]; *(nolieguma tei-
kumos)* éither ['aiðə];
néither ['naiðə]; mēs a.
neiesim — we shall not
go éither

ārien‖e èxtérior; appéarance
[-'piər-]; looks *dsk.;* sprie-
žot pēc ~es — júdging by
appéarance

ārīg‖s èxtérnal, óutward;
~ai lietošanai — for èx-
térnal use [juːs]

ārija ária ['ɑːriə], air [ɛə]

āriškīgs òstèntátious
[‚-'teiʃəs]

aritmētika aríthmetic

ārkārtējs extraórdinary
[-'trɔːdnri]; ā. gadījums —
emérgency [i'məːdʒənsi]

ārkārtīgs *(neparasts)* èxcép-
tional, èxtréme

arkls plough [plau]

ārlietas fóreign ['fɔrin] af-
fáirs [ə'fɛəz]

armēn‖is (~iete) 'Armé-
nian

armija ármy

arodbiedrība tráde-ùnion

arodkomiteja tráde-ùnion
committee [kə'miti]

arodprakse indústrial (trade)
práctice ['præktis]; prác-
tical tráining

arod‖s proféssion, trade;
pēc ~a — by proféssion

arodslimība indústrial (òc-
cupátional) diséase [-'ziːz]

ārpolitika fóreign ['fɔrin]
pólicy

ārprātigs mad, ínsáne, crázy

ārprāts mádness, insánity

ārpus óutsíde ['aut-]; ā.
kārtas — out of turn; ā.
konkursa — out of còmpe-
tition, not compéting

ārpus‖e óutsíde ['aut-], èx-
térior; no ~es — from the
óutsíde

ārs: uz āru — óutwards
['autwədz]

ārstēšana tréatment ['triːt-];
cure [kjuə]

ārstēt to treat [triːt]

ārstēties to ùndergó* tréat-
ment ['triːt-]; to take* a
cure [kjuə]

ārst‖s physícian [fi'ziʃən],
dóctor; ~a apskate —
médical exàminátion

art to plough [plau]

artērija ártery

artikuls *gram* árticle

artilērija àrtíllery

arvien álways ['ɔːlwəz]; a.
vairāk — more and more;
vēl a. — still; kā a. — as
úsual ['juːʒuəl]

ārzem‖es fóreign ['fɔrin]
cóuntries ['kʌntriz]; braukt
uz ~ēm — to go* abroad
[ə'brɔːd]

ārzemnieks fóreigner
['fɔrinə]

asaka físh-bòne

asambleja assémbly

asar‖a tear [tiə]; liet ~as —
to shed* tears

asaris perch

asfaltēt to ásphàlt

asfalts ásphàlt

asignēt to állocàte ['ælə-]

asins blood [blʌd]

asinsanalīze blóod-test
['blʌd-]

asinsizplūdums háemorrhage
['heməridʒ]

asinspārliešana blood [blʌd] trànsfúsion
asinsrite cìrculátion of the blood [blʌd]
asinssaindēšanās blood [blʌd] póisoning
asinsspiediens blood [blʌd] préssure
asinsvads blóod-vèssel ['blʌd-,vesl]
asiņains blóody ['blʌdi]; *(asinim notraipits)* blóod-stàined ['blʌdsteind]
asiņošan‖a bléeding; apturēt ~u — to stop the bléeding
asiņot to bleed*
asistents assístant
askorbīnskābe àscórbic ácid
asmens blade
asn‖s sprout [spraut]; laist ~us — to sprout
asociācija assòciátion
aspirants póst-gráduate [-'grædjuit]; reséarch [-'səːtʃ] stúdent
aspirantūr‖a póst-gráduate [-'grædjuit] course [kɔːs]; mācīties ~ā — to take* a póst-gráduate course
asprātība wit
asprātīgs wítty
assª *īp. v.* 1. sharp; 2. *(par redzi, dzirdi)* keen; 3. *(par smaržu, garšu)* púngent
assᵇ *lietv.* 1. áxis*; 2. *(riteņa)* áxle
aste tail [teil]
astere áster
astoņdesmit éighty ['eiti]
astoņdesmitais éightieth ['eitiiθ]
astoņi eight [eit]
astoņpadsmit éightéen ['eitiːn]

astoņpadsmitais éightéenth ['eitiːnθ]
astotais eighth [eitθ]
astronomija astrónomy
atalgojums 1. *(samaksa)* pay; 2. *pārn* rewárd [-'wɔːd]
atalgot 1. *(samaksāt)* to pay; 2. *pārn* to rewárd [-'wɔːd]
atbals‖s 1. échò ['ekəu]; 2. *pārn* respónse; rast ~i — to find* a respónse
atbalstīt 1. to prop up; 2. *pārn* to suppórt; to back up
atbalsts 1. prop; 2. *pārn* suppórt
atbilde ánswer ['aːnsə], replý
atbildēt to ánswer ['aːnsə], to replý
atbildīb‖a respònsibílity; uzņemties ~u — to assúme the respònsibílity; saukt pie ~as — to call [kɔːl] to accóunt [ə'kaunt]
atbildīgs respónsible
atbilst to còrrespónd [,kɔris-] *(with, to)*
atbilstošs còrrespónding [,kɔris-]; *(piemērots)* súitable ['sjuːt-]
atbraukt to come*, to arríve *(at, in)*
atbrīvošana liberátion; reléase [-'liːs]; *(no darba)* dismíssal
atbrīvot to líberàte; to set* free; *(no darba)* to dismíss
atbruņošanās disármament; vispārēja un pilnīga a. — géneral and compléte disármament
atbruņot to disárm
atbruņoties to disárm

atcelt 1. to abólish; 2. *(likumu, spriedumu)* to repéal [-'pi:l]

atcerēties to remémber

atdarināt to ímitàte, to cópy ['kɔpi]

atdot to give* back, to retúrn

atdzist to cool [down]

atdzīvināt 1. to reánimate, to resúscitate; 2. *pārn* to enlíven, to bríghten up

ateisms átheism ['eiθiizəm]

ateists átheist ['eiθiist]

ateja lávatory; tóilet *amer*

ateljē *(mākslinieka)* stúdiò; modes a. — fáshion house [haus]; televīzijas a. — TV sérvice [shop]; nomas a. — réntal (hire) sérvice

atelp∥a réspìte; dot ∼u — to grant [gra:nt] a réspìte

atentāts attémpt [ə'tempt] *(on, upon)*

atestāts certíficate

atgadījums evént; íncident, occúrrence

atgādināt to remínd [-'maind]

atgadīties to háppen, to occúr

atgriezt *(krānu)* to turn on

atgriezties to retúrn, to come* back

atgūt to recóver [-'kʌvə]; a. veselību — to recóver one's health [helθ]

atiešana *(vilciena u. tml.)* depárture

atiet *(par vilcienu u. tml.)* to leave* [li:v], to start; *(pēc saraksta)* to depárt

atjaunošana 1. *(līguma u. tml.)* renéwal [-'nju(:)əl]; *(sarunu)* re-

súmption [-'zʌmpʃən]; 2. *(ēku u. tml.)* réconstrúction

atjaunot 1. *(līgumu u. tml.)* to renéw [-'nju:]; *(sarunas)* to resúme [-'zju:m]; 2. *(ēkas u. tml.)* to réconstrúct

atjautība resóurcefulness [-'sɔ:sful-]

atjautīgs resóurceful [-'sɔ:sful]

atkal agáin [ə'gen]; a. un a. — over and agáin

atkāpšanās 1. *mil* retréat [-'tri:t]; 2. *(no temata)* dìgréssion; 3. *(no amata)* retírement

atkāpties 1. *mil* to retréat [-'tri:t]; 2. *(no temata)* to dìgréss; 3. *(no amata)* to retíre

atkarāties to hang* down, to droop

atkarīgs depéndent *(on)*

atkārtojums rèpetítion

atkārtot to repéat [-'pi:t]

atklājums discóvery [-'kʌvəri]

atklāšana 1. *(atrašana)* discóvery [-'kʌvəri]; 2. *(sēdes, izstādes)* ópening; 3. *(nozieguma)* detéction

atklāt 1. *(atrast)* to discóver [-'kʌvə]; 2. *(sēdi, izstādi)* to ópen; 3. *(noziegumu)* to detéct; 4. *(noslēpumu)* to revéal [-'vi:l]

atklāti 1. *(vaļsirdīgi)* fránkly; a. sakot — fránkly spéaking ['spi:k-]; 2. *(publiski)* ópenly, publicly

atklātība 1. *(vaļsirdība)* fránkness; 2. pùblícity [pʌb'lisiti]

atklātne póstcàrd ['pəustˌkɑːd]

atklāt‖s 1. (vaļsirdigs) frank; **2.** (neslēpts) ópen, públic; ~a partijas sapulce — ópen párty méeting

atkorķēt to úncórk, to ópen

atkritumi 1. gárbage ['gɑːbidʒ], réfùse ['refjuːs]; **2.** (rūpniecībā) waste [weist]; remáins

atkritumvads rúbbish chute [tʃuːt]

atkusnis thaw [θɔ:]

atlaist 1. to let* go; a. brīvībā — to set* free; **2.** (no darba) to dismíss, to dischárge [-'tʃɑːdʒ]

atlaisties (atlidot) to come*

atlants átlas

atlas‖e seléction; choice; ~es sacensības — trials

atlasīt to seléct, to choose*

atlētisks àthlétic

atlīdzīb‖a rewárd [-'wɔːd]; récompènse; bez ~as — free of charge [tʃɑːdʒ]

atlīdzināt to récompènse; a. zaudējumu — to make* up for the loss

atliekas léavings ['liːv-]; ēdiena a. — scraps of food; mirstīgās a. — [mórtal] remáins [-'meinz]

atlikta **1.** (atpakaļ) to repláce; **2.** (uz vēlāku laiku) to put* off, to pòstpóne [ˌpəustˌ-]

atliktb (palikt pāri) to remáin [-'mein], to be left

atlikums remáinder [-'meində]; rest

atlocīt 1. to stráighten ['streitən] up; to únbénd*;

2. (piedurknes) to turn (bend*) back, to tuck up

atloks (svārku) lapél; (bikšu) túrn-ùp; (piedurknes) cuff

atlūgum‖s rèsignátion; iesniegt ~u — to hand in one's rèsignátion

at‖auj‖a permíssion; leave [liːv]; bez ~as — without permíssion

at‖aut to allów [ə'lau], to permít; vai ~auts smēķēt? — would you mind my smóking?

at‖auties 1. to affórd; **2.** (iedrošināties) to take* the líberty

atmaks‖a 1. (parāda) páyment; **2.** (atriebiba) rètribútion; ~as stunda — day of réckoning

atmaksāt 1. to pay* off; **2.** (atriebt) to pay* back

atmaksāties to pay*; to be worth [wəːθ] while [wail]

atmaskot to expóse, to únmásk

atmest 1. (plānu, domu u. tml.) to give* up, to rejéct, to dismíss; **2.** (paradumu) to give* up

atmiņa mémory; laba a. — reténtive mémory

atmiņas rècolléction, rèminíscence [-'nisns]

atmosfēra átmosphère

atmosties to wake* up

atnākt to come*; a. ciemos — to call on, to come* to see

atnest to bring*; to fetch

atņemt 1. to take* away; **2.** (tiesības u. tml.) to deprive (of); **3.** mat to subtráct

atombumba atómic bomb [bɔm], 'A-bòmb

atomenerǧija atómic (núclear ['njuː-]) énergy

atomieroči atómic wéapons ['wepənz]

atomledlauzis núclear ['njuː-] íce-brèaker

atomreaktors atómic (núclear) ['njuː-]) rèáctor (pile)

atoms átom ['ætəm]

atpakaļ back; uz priekšu un a. — to and fro, back and forth

atpakaļadrese retúrn addréss

atpakaļceļš retúrn jóurney ['dʒəːni]; biļete ~am — retúrn tícket

atpakaļgaita báckward ['bækwəd] móvement ['muːv-]

atpalicis báckward ['bækwəd]

atpalikt 1. to fall* [fɔːl] (lag) behind; 2. (par pulksteni) to be slow; to lose* time

atpogāt to únbútton

atpūsties to rest, to take* a rest

atpūta rest

atradums find [faind]

atraidīt to refúse

atraisīt to úntíe ['ʌn'tai], to únbínd* ['ʌn'baind]

atraitne wídow ['widəu]

atraitnis wídower ['widəuə]

atraitnīte bot pánsy ['pænzi]

atrakstīt to wríte* [rait] (to); to drop (smb.) a line

atrast to find* [faind]

atrasties 1. (būt) to be; to be sítuated; kur viņš atrodas? — where is he?; 2. (par kaut ko pazudušu)

to be found [faund], to turn up

atraut 1. (noraut) to tear* off; 2. (vaļā) to throw* [θrəu] ópen; 3. (atpakaļ) to jerk back; 4.: a. kādu no darba — to distráct smb. from work [wəːk]

atrauties to come* off

ātrgaitas- hígh-spéed (attr.); fast; ā. lifts — hígh-spéed lift

ātri quíckly ['kwik-], fast [faːst], swíftly

atriebība revénge

atriebties to take* revénge (on smb., for smth.)

atrisinājums 1. (uzdevuma) solútion [-'luː-]; 2. (strīda u. tml.) séttlement

atrisināt 1. (uzdevumu) to solve; 2. (strīdu u. tml.) to séttle

ātrs fast [faːst], swift, rápid; quick [kwik]; ~ā palīdzība — 1) first-aid [-eid]; 2) (automašīna) ámbulance car; ◇ uz ~u roku — óffhánd

ātrslidošana spéed-skàting

ātrums 1. speed, rate; ar ~u 100 km stundā — at the speed (rate) of 100 km per hour ['auə]; uzņemt ~u — to gáther (pick up) speed; 2. fiz velócity

atrunāt to dissuáde [-'sweid] (from)

atrunāties to plead [pliːd] (smth.); a. ar nezināšanu — to plead ígnorance

ātrvilciens fast [faːst] train, éxpress

atsacīšanās 1. refúsal [-'fjuːzəl]; 2. *(no kaut kā)* gíving *(smth.)* up

atsacīties 1. to refúse; 2. *(no kaut kā)* to give* up; a. no saviem vārdiem — to renóunce one's words

atsaucība respónsiveness; sýmpathy

atsaucīgs respónsive; sỳmpathétic

atsauksme opínion; réference; *(recenzija)* revíew [-'vjuː]

atsaukt to recáll [-'kɔːl], to call [kɔːl] back

atsaukties 1. to ánswer ['aːnsə]; to replý; 2. *(uz literāru avotu)* to refér *(to)*; 3. *(ietekmēt)* to afféct; 4. to speak* *(of);* labi a. par kādu — to speak well of smb.

atsegt 1. to úncóver [-'kʌvə], to bare [bɛə]; 2. *(trūkumus)* to expóse, to revéal [-'viːl]

atsevišķs séparate; a. numurs *(viesnīcā)* — síngle room

atsist 1. *(nost)* to break* [breik] off; 2. *(atvairīt)* to repúlse; to beat* off; a. uzbrukumu — to repúlse an attáck

atsisties *(pret kaut ko)* to strike* *(against)*

atskaite accóunt [ə'kaunt]; repórt

atskanēt to be heard [həːd], to resóund [-'zaund]

atskaņa rhyme [raim]

atskaņojums *(skaņdarba)* perfórmance

atskaņot to play [plei], to perfórm

atskaņotājs récordplàyer ['re-]; phónograph

atskriet to come* rúnning

atskrūvēt to únscréw ['ʌn'skruː]

atslēdznieks lócksmìth

atslēga 1. key [kiː]; 2. *pārn* clue [kluː]

atslēgt to únlóck

atspere spring

atspiesties to lean* [liːn] *(on)*

atspirdzinājums refréshment

atspirdzinošs refréshing; a. dzēriens — refrésher

atspirgt to recóver [-'kʌvə]

atspoguļojums refléction

atspoguļot to refléct

atstarpe 1. space; 2. *(laika)* ínterval, périod

atstāstījums rétélling

atstāstīt to rétéll

atstāt 1. to leave* [liːv]; 2. *(pamest)* to forsáke*, to abándon

atstatums dístance

atstumt 1. to push [puʃ] back; 2. *pārn* to repúlse

atsūtīt to send*

atsvars weight [weit]

atsveicināties to say* [sei] gòod-býe [gud'bai]

atšifrēt to decípher [-'saifə]; to make* out

atšķaidīt to dilúte [dai'ljuːt]

atšķirība dífference

atšķirt 1. to séparàte; 2. *(saskatīt atšķirību)* to distínguish [-'tiŋwiʃ] *(between);* 3. *(grāmatu)* to ópen

atšķirties to differ *(from)*

attaisīt to ópen

attaisnojums excúse [-'kjuːs]

attaisnot 1. to jústify; **2.** *jur*
to acquít [ə'kwit]
attaisnoties to jústifỳ òne-
sélf
attālums dístance
attapīgs *sk* atjautīgs
atteikšanās *sk.* atsacīšanās
atteikties *sk.* atsacīties
atteikums refúsal [-'fjuːzəl]
attēlot to depíct; to pòr-
trȧy [-'trei]; *(uz skatuves)*
to rèpresént [,repri'zent]
attēls ímage ['imidʒ], píc-
ture; *(ilustrācija)* íllustrá-
tion; plate
attiecīb‖a relátion; būt labās
~ās — to be on good
terms
attiecīgs còrrespónding
[,koris-]
attieksme áttitùde *(to)*
attiekties to concérn, to re-
fér *(to)*
attīstība devélopment
[-'veləp-]
attīstīt to devélop [-'veləp];
a. ātrumu — to pick up
speed
attīstīties to devélop [-'veləp]
attīstīts 1. *(fiziski)* devéloped
[-'vel-]; **2.** *(garīgi)* intélli-
gent
atturēties to refráin [-'frein]
(from)
atturība 1. resérve; **2.** *(mēre-
nība)* ábstinence
atturīgs resérved
atvad‖as párting, fárewell
['fɛə-]; ~u vārdi — párt-
ing words
atvadīties to take* leave
[liːv] *(of)*
atvainošanās excúse [-'kjuːs],
apólogy
atvainot to excúse [-'kjuːz]

atvaino‖ties to excúse
[-kjuːz] ònesélf, to apólo-
gize; ~jiet! — excúse
me!, sórry ['sori] !
atva‖inājums leave [liːv] [of
ábsence], hóliday ['holədi];
vacátion *amer*
atvars whírlpool ['wəːlpuːl]
atvasara 'Indian súmmer
atvērt to ópen; a. durvis —
(uz klauvējienu) to ánswer
['aːnsə] the door; *(uz
zvanu)* to ánswer ['aːnsə]
the bell
atvese‖oties   to   recóver
[-'kʌvə]
atvest to bring*; to take*
atvieglojum‖s 1. relíef [-'liːf];
just ~u — to be relíeved
[-'liːvd]; **2.** *(priekšrocība)*
prívilege [-lidʒ]; advántage
[-'vaːntidʒ]
atvieglot to facílitàte; *(sāpes,
ciešanas)* to relíeve [-'liːv]
atvienošanās *(kosmosa ku-
ģu)* úndócking [-'dok-]
atvienot 1. to dìsconnéct;
2. *(telefonu, elektrību)* to
cut* off; **3.** *(kosmosa ku-
ģus)* to úndóck [-'dok]
atvienoties 1. to get* discon-
nécted; **2.** *(par kosmosa
kuģiem)* to úndóck [-'dok]
atvilkt 1. to drag up; **2.** *(at-
skaitīt)* to dedúct; ◇ a.
elpu — to get* one's
breath [breθ]
atvilktne dráwer [droː]
atzīme 1. note; remárk;
2. *(vērtējums)* mark
atzīmēt to note, to mark
atzinība rècognítion; acknów-
ledgement [-'nolidʒ-]

atzinums opínion; *(slēdziens)* conclúsion [-'kluːʒən]

atziŋ‖a: nākt pie ~as — to come* to the conclúsion [-'kluːʒən]

atzīšanās conféssion

atzīt to acknówledge [-'nɔlidʒ]; *(vainu)* to admít; a. par labāku — to prefér, to consíder best

atzīties to conféss, to own [əun]

atzveltn‖e: ~es krēsls — éasy ['iːzi] chair [tʃɛə]

audēja wéaver ['wiː-]

audekls 1. línen ['linin]; 2. *(gleznotāja)* cánvas

auditorija 1. *(telpa)* lécture-ròom; 2. *(klausītāji)* áudience

audum‖s cloth, fábric; ~u veikals — drápery shop

audzējs *med* growth [grəuθ], túmour ['tjuː-]

audzēknis púpil

audzēt 1. *(augus)* to cúltivàte, to grow* [grəu]; 2. *(dzīvniekus)* to breed*; 3. *(matus, bārdu)* to grow* [grəu]

audzētava núrsery ['nəːsəri]; dēstu a. — séedbed; zirgu a. — stud farm

audzināšana úpbrìnging; èducátion

audzināt to bring* up; to éducàte

audzināts: labi a. — wéllbred; slikti a. — íll-bred

audzinošs èducátional; éducative

audžubērns fóster-chìld* ['-tʃaild]

audžuvecāki fóster-pàrents ['-pɛərənts]

auglīgs 1. fértile; 2. *pārn* prolífic

aug‖lis fruit [fruːt]; nest ~ļus — to bear* fruit

augonis boil

augs plant [plaːnt]

augseka *lauks* crop rotátion

augsne soil

augstāk‖ais híghest ['hai-], sùpréme; Augstākā Padome — Sùpréme Sóvièt; ~ā labuma- — of sùpérior quálity; tóp-quálity *(attr.);* ~ā izglītība — hígher èducátion

augstceltne hígh-ríser ['hai-'raizə], tówer ['tauə] block [blɔk]

augstlēkšana *sp* high [hai] jump

augstprātība háughtiness ['hɔːti-], árrogance ['ærəgəns]

augstprātīgs háughty ['hɔː-ti], árrogant ['ærəgənt]

augst‖s 1. high [hai]; tall [tɔːl]; 2. *(liels, ievērojams)* high [hai]; ~a raža — high yield [jiːld], big crop, búmper hárvest ['haːvəst]; ~i kvalificēts strādnieks — híghly ['haili] skílled wórker ['wəːkə]

augstsirdīgs génerous ['dʒenərəs]

augstskola hígher ['haiə] school

augstums height [hait], áltitùde

augstvērtīgs high [hai] quálity ['kwɔ-] *(attr.)*

augš‖a top; no ~as — from
above; uz ~u — up, úp-
wards ['ʌpwədz]
augšā *(augšstāvā)* úpstáirs
['ʌp'steəz]; kāpt a. — to
climb [klaim]
augt to grow* [grəu]
augum‖s 1. height [hait],
státure, build [bild]; liela
~a- — tall; 2. *(figūra)*
fígure ['figə]
augusts 'August
aukla string
aukle nurse
auklēt to nurse
aukstasinīb‖a compósure
[-'pəuʒə], présence
['prezns] of mind [maind];
saglabāt ~u — to keep*
one's head [hed]
aukstasinīgs compósed, cool
auksti cold [kəuld]; man ir
a. — I am cold
auksts cold [kəuld]
aukstums cold [kəuld], cóld-
ness
auns ram
auskari éar-rìngs [iə,riŋz]
ausma dawn [dɔːn]
auss ear [iə]
austᵃ *(audumu)* to weave*
[wiːv]
austᵇ to dawn [dɔːn]; diena
a. — day is bréaking
['brei-]
austrāl‖ietis (~iete) Austrál-
ian [ɔs'treiljən]
austr‖ietis (~iete) 'Austrian
austrum‖i east [iːst]; ~os —
in the east
austuve wéaving-mìll ['wiːv-]
aušīgs flíghty ['flaiti]

autobiogrāfija autòbiógraphy
[,ɔːtəubai'ɔgrəfi]
autobus‖s bus; *(maršruta, tū-
ristu)* coach [kəutʃ]; braukt
ar ~u — to go* by bus
automašīn‖a car; kravas
a. — lórry ['lɔri]; truck
amer; vadīt ~u — to
drive* a car
automātika àutomátion
automātisk‖s àutomátic; ~ā
starpplanētu stacija —
space [speis] probe [prəub]
automāts àutomátic machíne
[-'ʃiːn]; slót-machìne; tele-
fona a. — públic télephòne
automobilis *sk* automašīna
autonoms autónomous [ɔ'tɔ-
nəməs]
autoosta bus (coach) státion
autorallijs mótor-ràce ['-reis],
mótor-ràlly
autoritāt‖e authórity; iegūt
~i — to gain authórity
autors áuthor
autorūpnīca mótor works
[wəːks]
autoserviss sérvice ['səːvis]
státion
autostāvvieta car park
autostrāde mótor híghway
['haiwei]
auzas oats [əuts]
avārija 1. *(motora)* bréak-
dòwn ['breikdaun]; 2. *(ku-
ģa)* shípwrèck
avene ráspberry ['raːzbəri]
aviācija áircraft ['eəkraːft];
kara a. — air force
aviobāze áir-bàse ['eəbeis]
aviolīnija áir-ròute ['eəruːt],
áirwày ['eəwei]

aviosabiedrība áirlìne ['ɛə- lain]
avī‖ze néwspàper ['njuːs- ˌpeipə]; ~žu kiosks — néws-stand ['njuːz-]

avots 1. spring; 2. *pārn* source [sɔːs]
azerbaidžān‖is (~iete) `Azèrbaijánian
āzis hé-góat ['hiɪɡəut]

Bb

bacilis bacíllus*
badīt to butt
badoties 1. to starve; 2. *(ievē- rot diētu)* to díet
bads húnger ['hʌŋɡə]
bagātīb‖a wealth [welθ], ríches *dsk.;* dabas ~as — nátural ['nætʃrəl] re- sóurces [-'sɔː-]
bagātīgs abúndant; pléntiful
bagāt‖s rich; ~a raža — rich hárvest, héavy ['hevi] (búmper) crop
bagāž‖a lúggage ['lʌɡidʒ]; bággage ['bæɡidʒ] *amer;* ~as glabātava — clóak- room; chéck-room *amer;* nodot mantas ~ā — to régister one's lúggage
bagāžnieks *(velosipēda, mo- tocikla)* lúggage (bággage) cárrier; *(automašīnas)* lúg- gage compártment; boot [buːt]; *(uz automašīnas jumta)* lúggage rack [ræk]
bagijs *sp* búggy
baidīt to fríghten ['fraitn]
baidīties to fear [fiə], to be afráid [ə'freid] *(of)*
bai‖les fear [fiə], fright [frait]; aiz ~lēm — for fear *(of)*
bailīgs tímorous; cówardly ['kauədli]

bāka líghthòuse ['laithaus]
bakas smállpòx ['smɔːl-]
baktērija bàctérium*
bakterioloģisk‖s bàcterioló- gical; ~ais karš — germ wárfare ['wɔːfɛə]
baķis bale
balēt to fade, to bleach [bliːtʃ]
baletdejotāj‖s (~a) bállet- dàncer ['bæli,dɑːnsə]
balets bállet ['bælei]
balkons bálcony
balle dance [dɑːns], ball [bɔːl]; masku b. — fáncy- bàll ['fænsi-]
ballistisk‖s ballístic; ~ā ra- ķete — ballístic míssile
balodis pígeon ['pidʒin], dove [dʌv]
balongāze bóttle-gàs
balons ballóon; gāzes b. — gás-contàiner, gás-bag
bāls pale
balsene *anat* wíndpìpe ['wind- paip]
balsīgs voiced [vɔist]; b. līdzskanis *gram* — voiced cónsonant
balsināt to whítewàsh ['wait- wɔʃ]
balsot to vote
balss 1. voice [vɔis]; 2. *(bal- sojot)* vote

balsstiesības súffrage [ˈsʌf-
ridʒ]
balstīties 1. to lean* [liːn]
(upon), to rest *(upon)*;
2. *pārn* to base *(on)*
balsts suppórt
baltkriev‖s (~iete) Byèlorús-
sian [ˌbielə'rʌʃən]
baltmaize white bread [bred]
balts white
balva *(apbalvojums)* rewárd
[-ˈwɔːd]; prize; ceļojošā
b. — chállenge [ˈtʃæ-]
prize
baļķis *(neapstrādāts)* log;
(apstrādāts) beam [biːm]
banāls trite, cómmonplàce
banāns banána [-ˈnaɪnə]
banda gang
bandīts brígand [ˈbrigənd],
gángster *amer*
bandroļ‖e prínted mátter; sū-
tīt ~ē — to send* by
bóok-post [ˈ-pəust]
banga bíllow [ˈbiləu]
banka bank
bankrotēt to go* bánkrupt
bankrots bánkruptcy
baņķieris bánker
baraka bárrack [ˈbær-]
bārda beard [biəd]
bārenis órphan
bargs sevére; *(par klimatu)*
rígorous
barība 1. food; **2.** *(lopu)* fód-
der
barjer‖a 1. bárrier; **2.** *sp*
húrdle; pārvarēt ~u — to
clear (jump) a húrdle
barjerskrējiens *sp* húrdle-race
barometrs barómeter
barošana féeding; *(zīdaiņa)*
núrsing; mākslīga b. —
1) *(slimnieka)* àrtifícial

[ˌaɪtiˈfiʃəl] féeding; 2) *(zī-
daiņa)* bóttle-fèeding
barot to feed*; *(zīdaini)* to
nurse
bars *(ļaužu)* crowd [kraud];
(lopu) herd; *(putnu)* flock;
(suņu) pack
bārt to scould [skəuld]
bārties to scold [skəuld]
barvedis rínglèader [ˈriŋˌliːdə]
baseins 1. básin [ˈbeisn];
2. pool; slēgts b. — índoor
(cóvered) pool; atklāts
b. — óutdoor (ópen-air)
pool; 3.: akmeņogļu b. —
cóal-field [ˈ-fiːld]
basketbols básket-bàll [ˈbaːs-
kitbɔːl]
bassª *lietv.* bass
bas‖sᵇ * īp. v.*: ~ām kājām —
bárefóoted [ˈbɛəˈfutid]
baterija báttery; kabatas b. —
eléctric   torch   [tɔːtʃ],
fláshlight [ˈflæʃlait]
batons loaf [ləuf]
bauda delíght [-ˈlait]; rélish
baudīt to enjóy, to take*
delíght *(in)*
baumas rúmour [ˈruːmə];
klīst b. — it is rúmoured
bāze 1. *(pamats)* básis*,
fòundátion [faunˈdeiʃən];
2. *(atbalsta punkts)* base;
raķešu b. — rócket base;
3. *(noliktava)* dépot [ˈde-
pəu]; **4.** *(iestāde)* céntre
[ˈsentə]; tūristu b. — tóur-
ist céntre
baznīca church
bāzt to thrust*, to shove
[ʃʌv]
bažas ànxíety [æŋˈzaiəti],
wórry [ˈwʌri]

bažīties to be ánxious ['æŋk-ʃəs]

bēd‖as grief [gri:f], sórrow ['sɔrəu]; ~ām — of (with) grief

bēdāties to grieve [gri:v]

bēdīgs sad, móurnful ['mɔ:nful]

bedre pit, hole

bēglis fúgitive, rúnaway ['rʌnəwei]

bēgt to run* away, to flee*

beidzam‖ais last [la:st]; ~o reizi — for the last time; ~ā laikā — látely

beidzot at last [la:st], fínally

beig‖as end; fínish; līdz pašām ~ām — to the very last [la:st]; ~ās — in conclúsion; ~u beigās — áfter all

beigt to end, to fínish; (augstskolu) to gráduàte (from)

beigties to come* to an end, to be over

beisbols báseball

be‖ģ‖ietis (~iete) Bélgian

bende hángman

bēniņi áttic

benzīns pétrol ['petrəl]; gásoline, gas amer

bēres fúneral

bērnība chíldhòod ['tʃaildhud]

bērns child* [tʃaild]

bērnudārzs kíndergàrten ['kində‚ga:tn], núrsery school

berzēt to rub

bērzs bírch [-trèe]

bestsellers bést-sèller

bet but

betons cóncrète ['kɔnkri:t]

bez 1. without; b. izņēmuma — without excéption; b. desmit minūtēm pieci — ten mínutes to five; b. šaubām — without doubt [daut], dóubtless, ùndóubtedly; 2. (izņemot) but, excépt, save

bezbailīgs féarless ['fiə-]

bezbēdīgs cárefree

bezcerīgs hópeless

bezdarbnieks únemplóyed

bezdarbs únemplóyment

bezdelīga swállow ['swɔləu]

bezdibenis abýss

bezgalīgs éndless, ínfinite

bezgaumīgs tásteless

bezizejas- hópeless

bezizmēra- stretch [stretʃ]; b. zeķes — stretch socks (stóckings)

bezjēdzīgs sénseless; absúrd

bezkaunība shámelessness; ímpudence ['impjudəns]; cheek sar

bezkaunīgs shámeless; ímpudent ['impjudənt]; chéeky sar

bezmaksas- gratúitous [-'tju(:)itəs], free [of charge]

bezmiegs insómnia, sléeplessness

bezrūpība cárelessness

bezrūpīgs cárefree

bezsamaņa ùncónsciousness [ʌn'kɔnʃəsnis]

bezspēcīgs 1. féeble; 2. pārn pówerless ['pauəlis]

bezsvara-; b. stāvoklis — wéightlessness ['weit-]

biatlons sp wínter bíathlon

bībele the Bíble ['baibl]

bibliotēka líbrary ['laib-]

bibliotekārs lĭbrárian [lai-
'brɛəriən]
bīdīt to move [muːv]
biedrība socíety [-'saiə-]
biedr‖s 1. cómrade, féllow
['feləu]; darba b. —
féllow-wórker [-'wəɪ-]; ro-
taļu b. — pláymàte ['plei-];
ieroču b. — cómrade-in-
árms; skolas b. — schóol-
fèllow; schóolmàte;
2. (biedrības) mémber; par-
tijas b. — párty mémber;
~a karte — mémbership
card [kaːd]; ~u maksa —
dues [djuːz] dsk.
biete beet
biezenis purée, mash; kartu-
peļu b. — mashed potátòes
biezoknis thícket
biezpiens curds dsk.; cóttage
['kɔtidʒ] cheese [tʃiːz]
biezputra pórridge ['pɔridʒ],
grúel ['gruːəl]
biezs thick; dense
biežs fréquent
bifšteks béefstéak [-'steik]
bigbīts mūz big beat [biːt]
bijība awe [ɔː], réverance
bikses tróusers ['trauzəz]
biksītes (bērnu, sieviešu)
pánties
bikšturi bráces; suspénders
amer
bilanc‖e bálance; noslēgt
~i —to strike* the bálance
bil‖de pícture; ~žu grāma-
ta — pícture-book
bildināt to propóse (to)
biljards bílliards dsk.
biļe‖te 1. tícket; ~šu kase —
bóoking-òffice; 2. (pārbau-
dījuma) exàminátion páper

biļetens 1. búlletin; 2. (vēlē-
šanu) bállot-pàper
biogrāfija biógraphy
bioloģija biólogy
bionika biónics
birojs óffice; ziņu b. — in-
quíry óffice
birt to pour [pɔː]; (par koku
lapām) to fall* [fɔːl]
birzs grove
birža [stock] exchánge
[-'tʃeindʒ]
bise gun
biskvīts bíscuit ['biskit]
bīstams dángerous ['deindʒ-
rəs]
biškopība bée-kéeping
bite bee
bize plait [plet]; (īsa) píg-
tail ['-teil]
biznesmenis búsiness ['biz-
nis] man*
bizness búsiness ['biznis]
blakts béd-bùg
blakus 1. next (to); sēdēt
kādam b. — to sit* next to
smb.; 2. (blakus esošs)
next, adjácent; b. istaba —
next room
blakusprodukts bý-pròduct
blakusvāģis síde-car
blāķis heap, pile; ledus b. —
block of ice [ais]; grāmatu
b. — pile of books
blaugznas scurf, dándruff
blāvs dim
blāzma glow [gləu]
blēdība chéating ['tʃiːt-],
decéit [-'siːt]
blēdīgs decéitful [-'siːt-]
blēdis cheat [tʃiːt], swíndler
bleizers blázer
blēņas 1. nónsense; 2. (ne-
darbi) pranks

blēņoties to play [plei] pranks; to be náughty ['nɔːti]

blĩvs compáct

blokāde *mil* siege [siːdʒ]; blockáde

bloksª *(grupējums)* bloc

bloksᵇ block; piezīmju b. — nóte-bòok

bluķis log

blusa flea [fliː]

blūze blouse [blauz]

bļaut to bawl [bɔːl], to yell

bļāviens shout, yell

bļoda dish, bowl [bəul]; *(mazgājamā)* wásh-bàsin

bobslejs *sp* bób-sleigh ['-slei]

bojā: iet b. — to pérish ['periʃ]

bojāeja destrúction; rúin; kuģa b. — shípwreck

bojājums dámage ['dæmidʒ]; flaw [flɔɪ]

bojāt to dámage ['dæmidʒ]; to spoil

bokseris bóxer

bokss bóxing

bolīt: b. acis — to góggle

bortinženieris flight [flait] èngineér [,endʒi'niə]

bortmehāniķis flight [flait] mechánic [-'kænik]

bort‖s board [bɔːd]; uz ~a — ɔn board

botānika bótany

botes high [hai] óvershoes ['ouvəʃuːz]

bradāt to wade

brāķis dámaged ['dæmidʒd] árticle, spóilage ['-idʒ], rejécts *dsk.*

brālēns cóusin ['kʌzn]

brālīg‖s fratérnal; ~ās repúblikas — síster repúblics

brā‖lis bróther ['brʌðə]; ~ļu kapi — cómmon graves

brā‖adēls néphew ['nevju(ː)]

brā‖ameita niece [niːs]

brašs fine, dáshing; b. zēns — fine féllow

braucējs 1. *(vedējs)* dríver; 2. *(pasažieris)* pássenger ['pæsindʒə]

brauciens trip, jóurney ['dʒəɪni]

braukt to go*; b. ar autobusu — to go by bus; b. ar kuģi — to sail [seil]; kurp jūs braucat? — where are you góing?; es braucu rīt — I'm léaving ['liːviņ] tomórrow [-'mɔrəu]

brazil‖ietis (~iete) Brazílian

brāzma gust, blast [blaːst]

brēka hùllabalóo [,hʌləbə'luː]

brēkt to cry; to wail [weil]

bremze brake

bremzēt to applý the brakes

brīdinājums wárning ['wɔɪn-]

brīdināt to warn [wɔːn]

brīd‖is móment; īstajā ~ī — at the right [rait] móment; uz ~i — for a while [wail]; pagaidi ~i! — wait [weit] a mínute ['minit]!

briedis deer*, stag

briesmas dánger ['deindʒə]

briesmīgs dréadful ['dredfʊl]

brigāde team [tiːm]; teicamas apkalpošanas b. — tóp-quálity [-'kwɔ-] team

brigadieris team [tiːm] léader ['liːdə]

briljants díamond

brilles glásses ['glaːsiz]; nēsāt b. — to wear* [wɛə] glásses brīnišķīgs wónderful ['wʌn-dəful]

brīnīties to wónder ['wʌndə] (at); (būt pārsteigtam) to be surprísed (at)

brīnum‖s wónder ['wʌndə], míracle; nav b. — no wónder; kā par ~u — by some míracle

briti the Brítish

brīvdabas- ópen-air; b. teātris — ópen-air théatre ['θiətə]

brīvdien‖a 1. day [dei] off; 2.: ~as (skolēniem) — hólidays ['hɔlədiz]; vacátion vsk.; recéss amer

brīvīb‖a fréedom, líberty; vārda b. — fréedom of speech; atlaist ~ā — to set* free; ~as cīņa — strúggle for líberty

brīvprātigs vóluntary

brīv‖s 1. free; 2. (neaizņemts) vácant; 3. (bezmaksas) free [of charge]; par ~u — grátis

brīvsitiens sp free kick

brīžiem now and then, sómetimes ['sʌmtaimz]

brokastis bréakfast ['brek-]

brokastot to have bréakfast ['brek-]

bronhīts brònchítis [brɔŋ'kai-tis]

bronza bronze

brošūra bóoklet, pámphlet

brūce wound [wuːnd]

brūklene red bílberry

brūns brown [braun]

bruņas ármour

bruņojum‖s ármament; arms dsk.; ~a samazināšana — redúction of arms

bruņošanās ármament; b. drudzis — arms drive

bruņot‖s armed; ~ie spēki — armed fórces; ~a sacelšanās — armed rísing

bruņucepure hélmet

bruņukuģis báttle-ship

bruņurupucis tórtoise ['tɔɪtəs]; (jūras) túrtle

brutāls brútal ['bruːtl]

bruto: b. svars — gross [grəus] weight [weit]

būda hut, cábin

budžets búdget

bufete 1. (mēbele) síde-board ['saidbɔɪd]; 2. (telpa) [snack] bar

buldozers búlldòzer

bulgār‖s (~iete) Bùlgárian

buljons beef tea [tiː], broth

bullis bull [bul]

bulta 1. (šaujamā) árrow ['ærəu]; 2. (aizšaujamā) bolt [bəult]

bulvāris bóulevard ['buːlvaɪ]

bumba 1. (rotaļu) ball [bɔːl]; 2. mil bomb [bɔm]; ūdeņraža b. — 'H-bòmb ['eitʃbɔm]

bumbieris pear [pɛə]

bumbvedējs av bómber ['bɔmə]

bungas drum

bur‖a sail [seil]; uzvilkt ~as — to hoist the sail

burāšana yáchting ['jɔtiŋ]

burbulis búbble

burbuļot to búbble; (par strautu) to rípple

būris cage [keidʒ]

burka jar

burkāns cárrot ['kærət]

burtisk‖s líteral; ~ā nozīmē — líterally

burtnīca éxercise-bòok
burts létter; lielais b. — cápital létter
burukuģis sáiling-shìp, sáiler
burvīgs chárming
burzīties to crúmple, to crease [kriːs]
buržuāzija bòurgeoisíe [ˌbuəʒwaɪˈziː]
buržuāzisks bóurgeois [ˈbuəʒwaɪ]
būt 1. to be; to exíst [igˈzist]; 2. *(piederēt)* to have

būtīb‖a: lietas b. — point of the mátter; pēc ~as — in point of fact
būtisks esséntial [iˈsenʃəl], vítal
būtne béing; dzīva b. — líving [ˈliv-] béing
būve búilding [ˈbild-], strúcture
būvinženieris cívil ènginéer [ˌendʒiˈniə]
būvlaukums búilding [ˈbild-] site
būvstrādnieks búilder [ˈbildə]

Cc

cālis chícken
cauna márten
caur through
caureja *med* dìarrhóea [ˌdaiəˈriə]
cauri 1. through; laist c. — 1) *(šķidrumu)* to leak [liːk]; 2) *(ļaut iet)* to let* pass [paːs]; 2. *(beidzies)* over
caurlaide pass [paːs]
caurmēr‖s áverage [ˈævəridʒ]; ~ā — on the áverage
caur‖s with a hole [in it]; ~a kurpe — bróken shoe [ʃuː]; c. zobs — hóllow [ˈhɔləu] (pérforàted) tooth*; ◇ ~ām dienām — for days [deiz] on end
caurspīdīgs trànspárent [trænsˈpɛərənt]
caurule pipe; tube; kanalizācijas c. — séwer [ˈsjuə]
cauru‖vads pípelìne

caurum‖s 1. hole; gap; atslēgas c. — kéyhòle [ˈkiːhəul]; aizbāzt ~u — to stop a gap
caurvējš draught [draːft]
cehs shop
cēlājs búilder
cēlējs: panikas c. — pánicmònger [ˈpænikˌmʌŋgə]; neslavas c. — calúmniàtor
cēliens *(lugas)* act
celis knee; stāvēt uz celiem — to kneel*
celms stump
cēlonis cause [kɔːz]
cēls nóble
celt 1. to lift, to raise [reiz]; 2. *(būvēt)* to build* [bild]; 3. *(uzlabot)* to impróve [-ˈpruːv]; c. darba ražīgumu — to raise lábour pròductívity; 4.: c. iebildumus — to raise [reiz] objéctions; c. gaismā — to bring* to light [lait]; c.

trauksmi — to raise the alárm

celties 1. to rise*; c. kājās — to rise* to one's feet; 2. *(rasties)* to come* *(from);* 3.: c. pāri *(upei)* — to cross *(the river)*

celtne búilding ['bild-], édifice

celtniecība constrúction, búilding ['bild-]

celtnieks búilder ['bildə]

celtnis 1. crane; 2. *(lifts)* lift, élevàtor

ce|abiedrs féllow-tráveller ['feləu'trævlə]

ce|asoma trávelling-bàg ['trævliŋ-]

ce|azīme àccomodátion tícket ['tikit]; *(uz sanatoriju u. tml.)* vóucher ['vautʃə]; tūrisma c. — tóurist vóucher

ce|mala róadside ['rəudsaid]

ce|ojošs trávelling ['træv-]

ce|ojum||s jóurney ['dʒəːni]; *(neliels)* trip; jūras c. — vóyage ['vɔiidʒ]; c. ar automašīnu — trávelling ['træv-] by car [kaː]; doties ~ā — to set* out on a journey ['dʒəːni]

ce|ot to trável ['trævl], to make* a trip

ce|otājs tráveller ['trævlə]

ce|rādis róad-sign ['rəudsain]

ce|||š way [wei], road [rəud]; īsākais c. — short cut; ~u krustojums — cróssing; pa ~am — in pássing ['paː-]; laimīgu ~u! — háppy jóurney ['dʒəːni]!; uz pareizā ~a

pārn — on the right [rait] track

ce|vedis *(grāmata)* gúide-bòok ['gaidbuk]

cen||a price; *(vērtiba)* cost; ◇ par katru ~u — at any price

cenrādis príce-lìst

censties to endéavour [-'devə]; to try; c. visiem spēkiem — to do* one's best

centība díligence; àpplicá-tion

centīgs díligent

centimetrs céntimètre ['-ˌmiːtə]

centrālapkur||e céntral héating ['hiːt-]; ar ~i — céntrally héated

centrāle: telefona c. — télephòne exchánge [-'tʃeindʒ]

centrālkomiteja Céntral Commíttee

centrāls céntral

centr||s céntre ['sentə]; tirdzniecības c. — shópping céntre; uzmanības ~ā — in the céntre of atténtion; pilsētas ~ā — dówntown; ~a uzbrucējs *sp* — céntre fórward

cepetis roast [rəust] meat [miːt]

cept *(krāsnī)* to roast [rəust]; *(uz pannas)* to fry; *(maizi)* to bake

cepumi bíscuits ['biskits]; cráckers ['krækəz]; cóokies ['kukiz] *amer*

cepure cap; *(platmale)* hat

ceremonij||a céremony; bez ~ām — infórmally

cerēt to hope *(for)*

cerīb‖a hope; ne mazākās ~as — not the fáintest hope

ceriņi lílac

ceturk‖snis 1. quárter ['kwɔːtə]; stundas c. — a quárter of an hour ['auə]; bez ~šņa pieci — a quárter to five; **2.** *(mācību gada)* term [təːm]

ceturtais fourth [fɔːθ]

ceturtda‖fināls *sp* the quárter-fínals *dsk.* ['kwɔːtə-]

ceturtdiena Thúrsday ['θəːzdi]

ciemats séttlement; strādnieku c. — wórkers' ['wəːkəz] séttlement

ciems víllage ['vilidʒ]

cienīgs 1. wórthy ['wəːði]; uzmanības c. — desérving [-'zəːv-] atténtion; **2.** *(piem., izskats)* dígnified ['-faid]

cienījam‖s hónourable ['ɔnərəbl]; ~ie biedril — dear [diə] cómrades ['kɔmridz]!

cienīt to respéct, to estéem

cieņ‖a respéct, estéem; just ~u — to hold* in respéct; iedvest ~u — to commánd respéct; aiz ~as — out of regárd *(to)*

ciest 1. to súffer; c. sakāvi — to súffer defeát [-'fiːt]; **2.** *(panest)* to bear* [bɛə]; to tólerate; es to ņevaru c. — I can't stand it; ◇ c. klusu — to keep* sílent

ciešanas súffering

cieš‖s 1. close [kləus]; tight [tait]; ~i blakus — close by; ~i aizmidzis — fast [faːst] asléep; **2.** *pārn* close [kləus]; firm; c. sakars — close connéction

ciet‖s hard; firm; ~a maize — stale bread [bred]; ◇ c. miegs — sound [saund] sleep

cietsirdīgs hárd-héarted ['haːd'haːtid]

cietums príson ['prizn], jail [dʒeil]

cigarete cìgarétte

cik 1. *(par daudzumu)* how much; how many; tik c. — as much as; as many as; **2.** how; c. ilgi? — how long?; c. pulkstenis? — what time is it?, what's the time?

cikls cýcle; lekciju c. — course [kɔːs] of léctures

cikos at what time

cikreiz how many times

cilāt to raise [reiz]; to lift

cilindrs 1. *tehn, mat* cýlinder; **2.** *(cepure)* top hat

cilpa 1. loop; noose; **2.** *(lamatas)* snare

cilts tribe

cilvēce mànkínd [mæn'kaind], humánity

cilvēcīgs hùmáne

cilvēcisks húman

cilvēk‖s man*, pérson; ~i — péople ['piːpl], men; jauns c. — young [jʌŋ] man*

cimds glove [glʌv]; dūrains c. — mítten

cīnītājs fíghter ['faitə]; chámpion *(of)*; miera c. — fíghter ['faitə] for peace [piːs] cīnīties to strúggle (with, for), to fight* [fait] (with, for)

ciņa 1. strúggle, fight [fait]; šķiru c. — class [klɑːs] strúggle; c. par mieru — strúggle for peace [piːs]; 2. sp wréstling; brīvā c. — frée-style wréstling; klasiskā c. — Gráeco-Róman wréstling

cipars fígure ['figə]

cīpsla sínew ['sinjuɪ]

cirks círcus

cirpt to shear* [ʃiə]

cirst 1. to cut*; to hew [hjuɪ]; (malku) to chop; (kokus) to fell; 2. (ar zobenu) to cut*, to sabre; (ar pātagu) to whip; c. pliķi — to slap (smb.) in the face; c. akmenī — to cut* in stone

cirta curl

cirtējs (koku) wóodcùtter ['wud,kʌtə]

cirtien‖s stroke; ar vienu ~u — at one stroke

cīrulis lark

cirvis axe [æks]

cīsiņš fránkfurter

ciska thigh [θai]

citādi 1. (savādāk) dífferently, in another way

[wei]; 2. (pretējā gadījumā) or, ótherwìse ['ʌðə-]; c. mēs nepagūsim — ótherwìse we won't be in time; ◇ tā vai c. — ányhow

citāds dífferent; of another kind [kaind]

citēt to quote [kwəut]

cītīgs assíduous [ə'sidjuəs], díligent

citrons lémon ['lemən]

cit‖s another; kāds c. — sómebody else; ~ā laikā — some other time; ~u reizi — another time; ~ā vietā — sómewhère else; ~ās domās — of dífferent opínion; tā ir ~a lieta — that's another mátter; ◇ starp ~u — by the way

citur sómewhère else; nekur c. — nówhère else; visur c. — éverywhère else

civilizācija civilizátion

cūka pig, swine

cūkgaļa pork

cūkkopība píg-brèeding

cukurbiete súgar-bèet ['ʃugə-]

cukurgrauds lump of súgar ['ʃugə]

cukurs súgar ['ʃugə]

cukurtrauks súgar-bàsin ['ʃugə-], súgar-bowl

Č č

čabēt to rústle ['rʌsl]

čakls indústrious [-'dʌstriəs], díligent

čāpstināt (ēdot) to champ, to munch

čaukstēt to rústle ['rʌsl]

čaumala shell

čeh‖s (~iete) Czech [tʃek]

ček‖s 1. cheque [tʃek]; check amer; izrakstīt ~u — to

draw* [drɔː] a cheque;
2. (kases) réceipt
čells *mūz* céllo ['tʃeləu]
čemodāns súitcase ['sjuːt-]
čempionāts chámpionship
čempions chámpion; pasaules
č. — world chámpion; ab-
solūtais č. — áll-róund
chámpion
čemurs clúster, bunch
četrdesmit fórty
četrdesmitais fórtieth
četr‖i four [fɔː]; ◇ zem
~ām acīm — in prívate;
cònfidéntially

četrpadsmit fóurtéen ['fɔː-]
četrpadsmitais fóurtéenth
['fɔː-]
četrstūris quádràngle ['kwɔ-
ˌdræŋgl]
čības slíppers
čiekurs cone
čiepstēt to chirp
čigān‖s (~iete) Gípsy
čīkstēt to squeak [skwiːk]
čivināt to twítter
čukstēt to whísper
čūla úlcer
čūska snake

Dd

dab‖a 1. náture ['neitʃə];
~as bagātības — nátural
['nætʃrəl] resóurces
[-'sɔːsiz]; brīvā ~ā — in
the ópen air [ɛə]; 2. (rak-
sturs) témper, dìsposítion;
ātras ~as- — quíck-tém-
pered
dabasgāze nátural ['nætʃrəl]
gas
dabasskats view [vjuː], lánd-
scape
dabaszinātne nátural ['nætʃ-
rəl] scíence ['saiəns]
dabisk‖s 1. nátural ['nætʃ-
rəl]; ~ais zīds — real
[riəl] silk; mirt ~ā nāvē —
to die a nátural ['nætʃrəl]
death [deθ]; 2. (nemāk-
slots) ártless, ingénuous
dabūt to get*; d. zināt — to
learn* [ləːn]; d. iesnas —
to catch* cold [kəuld]; d.
rājienu — to be répri-

mànded ['-ˌmaːnd-]; d. at-
ļauju — to obtáin [-'tein]
permíssion
dadzis thístle
dai‖literatūra fíction
dai‖rade crèátion [kri(ː)-
'eiʃən]; tautas d. — pópu-
lar (folk) art
dai‖slidošana fígure ['figə]
skáting
dai‖š béautiful ['bjuːtəful]
dai‖ums béauty ['bjuːti]
dakšiņa fork
dalīb‖a part; ņemt ~u — to
take* part (in), to pàrtíci-
pate (in)
dalībnieks pàrtícipant; sa-
censību d. — compétitor
dalīt to divíde; d. uz pu-
sēm — to halve
dalīties 1. (daļās) to divíde;
2. (ar kādu) to share
(with); d. iespaidiem — to
share impréssions

daǀǀa 1. part, share; pa ~ai — pártly; 2. (atsevišķs elements) part; rezerves ~as — spare parts, spares; ◇ pa lielākai ~ai — for the gréater part, móstly; kas tev par ~u! — it's none of your búsiness ['biznis]!

daǀskaitlis fráction

dāma lády

dambis dam, dike

dambrete draughts [draːfts] dsk.

dānǀǀis (~iete) Dane

darbaǀauǀǀdis wórkers ['wəːkəz]; ~žu masas — wórking péople ['piːpl]

darbaspēks lábour ['leibə] pówer, mánpower; hands dsk.

darbdiena wórkday ['wəːkdei]

darbībǀǀa áction; sabiedriskā d. — sócial ['səuʃəl] work [wəːk]; ~as vārds gram — verb

darbīgs áctive

darbinieks offícial [ə'fiʃəl], wórker ['wəːkə]; kantora d. — clerk [klaːk]; sabiedrisks d. — públic ['pʌb-] man*; zinātnisks d. — scìentífic wórker

darbmašīna machíne-tool [mə'ʃiːn-]

darbnīca 1. wórkshòp ['wəːk-]; šūšanas d. — dréssmaker's; 2. (mākslinieka) stúdiò; àtelíer

darboties 1. (strādāt) to act, to work [wəːk]; 2. (funkcionēt) to work, to fúnc-

tion; (par mašīnu — arī) to run*

darbǀǀs 1. work [wəːk]; lábour ['leibə], toil; ~a laiks — óffice hours ['auəz]; wórking time; 2. (darba rezultāts) work; mākslas d. — work of art; 3. (rīcība) act, deed; labs d. — good deed

dārdēt to rúmble; (par lielgabalu, pērkonu) to roar [rɔː]; to thúnder

dārgakmens jéwel ['dʒuːəl]

dārglietas jéwelry ['dʒuːəlri]

dārgs 1. dear [diə], expénsive; 2. (mīļš) dear

darījumǀǀs bárgain ['baːgin]; noslēgt ~u — to strike* a bárgain

darīšana búsiness ['biznis]; tā nav mana d. — it is no búsiness of mine

darīt to do*; d. pāri (kādam) — to do (smb.) wrong; d. galu (kam) — to put* an end (to); d. zināmu — to make* known [nəun]; ◇ ko lai daral — nothing dóing; tur nekā nevar d. — it can't be helped

darva tar

dārzeņi greens, végetables

dārzkopība hòrticúlture, gárdening

dārzs gárden; augļu d. — órchard ['ɔːtʃəd]; sakņu d. — kítchen gárden

datǀǀi facts, dáta; spriežot pēc ~iem — accórding to the dáta

datums date; kāds šodien d.? — what date is it todáy?

daudz much; many; a lot of; diezgan d. — a great [greit] deal [diːl] *(of)*; ļoti d. — a great many

daudzcīņa *sp* mùltiáthlon [-'æθlən], áll-róund evénts *dsk.*

daudzkārt many times

daudzmaz more or less

daudznāciju- múltinátional ['mʌlti'næʃənl]

daudzpakāpju- múltistáge ['mʌlti'steidʒ]; d. raķete — múltistáge rócket ['rɔkit]

daudzpunkte dots *dsk.*

daudzpusīgs mány-síded; *(par zināšanām)* exténsive

daudzreiz many times

daudzsēriju- sérial

daudzskaitlis plúral ['pluərəl]

daudzums amóunt [ə'maunt]; liels d. — a great [greit] númber *(of)*

dauzīt to beat* [biːt]; *(kājas)* to stamp; *(pie durvīm)* to bang

dauzīties 1. to beat*; 2. *(palaidņoties)* to knock about; 3.: d. apkārt — to gad about

dāvana présent, gift

dāvināt to presént [-'zent] *(smb. with smth.)*, to give*

dažādīb‖a 1. *(daudzveidība)* varíety [və'raiəti]; 2. *(atšķirība)* dífference; ◇ ~as pēc — for a change

dažāds 1. *(daudzveidīgs)* várious ['vɛəriəs]; 2. *(atšķirīgs)* dífferent

dažreiz sómetimes ['sʌmtaimz], at times

daž‖s some; d. labs — many a; ~i — a few [fjuː]; ~os vārdos — in a few words [wəːdz]

debat‖es discússion; piedalīties ~ēs — to énter into discússion

debes‖s sky; *(reliģiskos priekšstatos)* héaven ['hevn]; zem klajas d. — in the ópen [air]; četras ~s puses — four [fɔː] cárdinal points

debesskrāpis ský-scràper

decembris Decémber [-'sembə]

dedzība árdour, férvour

dedzīgs árdent, férvent

dedzināt 1. to burn*; 2. *(par sauli)* to scorch

defekts deféct, blémish

deficīt‖s 1. *(budžeta)* déficit; 2. *(preču)* shórtage; ~a prece — scarce [skɛəs] commodity

definēt to defíne

degbumba incéndiary bomb [bɔm]

deglis 1. búrner; gāzes d. — gás-bùrner; 2. fuse; prímer

degošs 1. búrning; 2. *(spējigs degt)* combústible

degpunkt‖s fócus*; būt uzmanības ~ā — to be in the céntre ['sentə] of atténtion, to be in the límelight [-lait]

degt to burn*; māja deg — the house [haus] is on fire

degunradzis rhìnóceros [rai'nɔsərəs]

degun‖s nose; ◇ celt ~u
gaisā — to turn up one's
nose; nokārt ~u — to be
crést-fállen;   vazāt aiz
~a — to fool

degviel‖a fúel [fjuəl]; *(ben-
zīns)* pétrol; gas *amer;*
iepildīt ~u — to fill up,
to rēfúel; ~as iepildes sta-
cija — fílling státion; gas
státion *amer*

degvīns vódka

deja dance [dɑːns]

dejot to dance [dɑːns]

dēka advénture

dekanāts dean's [diːnz] óf-
fice

dekāns dean [diːn]

deklamēt to recíte

deklarācija státement

dekorācija 1. *(skatloga)*
wíndow-dréssing; 2. *(ska-
tuves)* stage set; scénery
['siːnəri]

dekorēt to décoràte

dekrēt‖s decrée; izdot ~u —
to íssùe a decrée

deldēt 1. *(nolietot)* to wear*
[wɛər] out; 2. *(parādu)*
to pay* [pei] off

delegācija dèlegátion

delegāts délegate ['deligit]

dēlis board [bɔːd]

delna palm

dēls son [sʌn]

dēļ 1. *(norādot iemeslu)* be-
cáuse [bi'kɔz] of, on ac-
cóunt [ə'kaunt] of, ówing
['əuiŋ] to; 2. *(labā)* for
[the sake of]; ◇ manis
d.! — for all I care!

demilitarizācija disármament

demobilizēt to dèmóbilize
[diː'məubilaiz], to demób
sar

demokrātij‖a démócracy; tau-
tas ~as valstis — the Péo-
ple's Demócracies

demokrātisks dèmocrátic

demonstrācija 1. dèmonstrá-
tion;   2. displáy;   show
[ʃəu]; filmas d. — fílm-
show

demonstrēt to démonstràte;
to displáy

deniņi témple

depo dépòt ['depəu]

deputāts députy ['depju-]

derēta 1. *(atbilst)* to suit
[sjuːt]; to fit; 2. *(būt vē-
lamam)* to be worth
[wəːθ]; šo filmu der no-
skatīties — this film is
worth sééing; ◇ tas ne-
kam neder! — that won't
do at all!

derētb *(slēgt derības)* to
bet*, to wáger ['weidʒə]

derības bet, wáger ['weidʒə];
noslēgt d. — to make* a
bet

derīgs 1. *(atbilstošs)* súit-
able ['sjuːtəbl]; fit; d. ka-
radienestam — fit for
mílitary sérvice ['səːvis];
áble-bódied; 2. *(par biļeti)*
válid *(for)*

desa sáusage ['sɔsidʒ]; žāvē-
ta d. — smoked sáusage

desants *mil* lánding

deserts dessért [di'zəːt]

desmit ten

desmitais tenth

desmitcīņa *sp* decáthlon

destilēt to distíl

dēsts séedling; plant

dēt to lay* [lei] [eggs]
deta|a 1. détail ['diːteil];
2. *(mašīnas)* part
detektīvfilma detéctive film
deva 1. rátion; 2. *(zāļu)*
dose [dəus], dósage
devīgs génerous ['dʒenərəs]
deviņdesmit nínety
deviņdesmitais nínetieth
deviņi nine
deviņpadsmit níneteen
deviņpadsmitais níneteenth
devītais ninth [nainθ]
dezinfekcija dìsinféction
dezinfic||ēt to dìsinféct;
~ējošs līdzeklis — dìsin-
féctant
dežūra dúty
dežurants pérson on dúty
dežurēt to be on dúty
diafilma slide film
diagnoz||e diagnósis*
[,daiəg'nəusis];   noteikt
~i — to diagnòse
diagramma díagràm, chart
dialektika dìaléctics
dialektisks dìaléctical
dialekts díalect
dialogs díalògue ['daiələg]
diametrs dìámeter [dai-
'æmitə]
diapozitīvs slide
dibens 1. bóttom; 2. *(sēžam-
vieta)* pòstérior, búttocks
dsk., seat
dibinãt to found [faund]
dieg||s thread [θred], cót-
ton; *(vilnas)* yarn; ievērt
adatā ~u — to thread a
néedle
diemžēl ùnfórtunately
[-'fɔːtʃnit-]
dien||a day [dei]; atpūtas
d. — rést-day, day off;

darba d. — wórking day;
izstrādes d. — wórkday;
dzimšanas d. — bírthday
['bəːθdei]; Uzvaras d. —
Víctory Day; katru ~u —
dáily ['dei-]; pa ~u —
dúring the day; ◇ gaišā
~as laikā — in broad
[brɔːd] dáylight ['deilait]
dienasgrāmata díary ['daiəri]
dienest||s sérvice; ~a stā-
voklis — offícial posítion;
~a pienākumi — offícial
dúties ['djuːtiz]
diennakts twénty-fòur
['-fɔːr] hours ['auəz]
dienvid||i south [sauθ];
~u- — sóuthern ['sʌðən]
diēt||a díet ['daiət]; ievērot
~u — to be on a díet
dievināt to wórship ['wəː-
ʃip]
diev||s god; ◇ ~a dēļ —
for góodness' ['gudnis]
sake
diezgan 1. *(pietiekami)*
enóugh [i'nʌf]; 2. *(samērā)*
ráther ['rɑːðə]; d. labs —
ráther good
difterija *med* diphthéria
dīg||lis 1. *bot* germ; 2. ém-
bryo; ◇ iznīcināt ~lī —
to nip in the bud
dīgt to gérminàte
dīkā: stāvēt d. — to stand*
ídle ['aidl]
dīkdienis ídler ['aidlə]
dīkstāve ídle ['aidl] stánd-
ing, stóppage
dīkt to hum, to buzz
diktāts dictátion
diktatūra dictátorship
diktēt to dictáte

diktofons díctophòne, dictát-
ing machíne [-'ʃiːn]
diktors annóuncer [ə'naunsə],
bróadcàster ['brɔːd-] *amer*
dīķis pond
diletants ámatèur ['æmətəɪ]
dilt 1. *(par drēbēm)* to wear*
[wɛər] out; 2. *(par mēne-
si)* to wane
dimants díamond
dimdēt to resóund [-'zaund]
(with)
diplomātisks dìplomátic
diplomāts díplomàt
diplomdarbs diplóma (gràdu-
átion) thésis* ['θiːsis]
diplomprojekts diplóma
(gràduátion) desígn
[di'zain]
diploms diplóma
direkcija 1. mánagement
['mænidʒ-]; 2. *(telpas)*
mánager's óffice
direktore head [hed] mís-
tress ['mistris]
direktors diréctor, mánager;
(skolas) príncipal, head
[hed] máster ['maːs-]
diriģents condúctor
diriģēt to condúct
disciplīna díscipline; darba
d. — lábour ['leibə] dís-
cipline
disertācij‖a thésis* ['θiːsis];
aizstāvēt ~u — to defénd
one's thésis
diskotēka díscothèque, díscò
sar
disk‖s 1. disc; 2. *sp* díscus*;
~a mešana — díscus-
thrówing ['-'θrəuiŋ]
diskusija discússion, debáte
diskutēt to discúss, to de-
báte

diskvalificēt to dìsquálify
diskvalifikācija dìsqualificá-
tion
dispansers pròphyláctic [,prɔ-
fi'læktik] céntre ['sentə]
dispečers dispátcher
dispozīcija prèdisposítion *(to)*
disput‖s debáte; organizēt
~u — to spónsor a de-
báte
distan‖ce dístance; garo ~ču
skrējējs — lóng-dístance
rúnner; īso ~ču skrējējs —
sprínter
dīvains strange [streindʒ],
queer [kwiə], odd
dīvāngulta sófa bed, convért-
ible [-'vəːtibl] sófa
dīvāns sófa; *(neliels)* sèttée
divatā: mēs d. — the two of
us
divcīņa *sp* biáthlon
divdabis *gram* párticiple
divdesmit twénty
divdesmitais twéntieth
divdomīgs àmbíguous [æm-
'bigjuəs]
divējāds of two kinds
[kaindz]
div‖i two; abi d. — both
[bəuθ] of them; pa
~iem — by twos
divīzija *mil* divísion
divkāršs dóuble ['dʌbl]
divkauja síngle cómbat
divkosīgs dóuble-fàced
['dʌblfeist]
divnieks 1. *(cipars)* two;
2. *(atzīme)* two, «poor»
divpadsmit twelve
divpadsmitais twelfth
divreiz twice [twais]
divritenis bícycle ['baisikl],
bike [baik] *sar*

divsēriju- twó-part *(attr.)*
divvirzienu- twó-way *(attr.);*
d. satiksme — twó-way tráffic
dizainers desígner [-ˈzainə]
dizains desígn [-ˈzain]
dīze|kuģis díesel-eléctric [ˈdiːzəliˈlektrik] ship
dīze|vilciens díesel-èngīne [ˈdiːzəlˌendʒin] train [trein]
dižciltīgs of nóble [ˈnəubl] birth, hígh-born [ˈhaibɔːn]
dižens státely
dižoties to show* [ʃəu] off; d. ar kaut ko — to flaunt [flɔːnt] smth.
dobe: puķu d. — flówer [ˈflauə] bed
dobjš hóllow
dobums 1. hóllow; 2. *anat* cávity
docents réader [ˈriːdə]; lécturer; dócent *amer*
doks dock
doktors dóctor; zinātņu d. — Dóctor of Scíence [ˈsaiəns]
dokumentāl‖s dòcuméntary [ˌdɔkjuˈmentəri]; ~a filma — dòcuméntary film
dokuments dócument [ˈdɔkju-], páper
dolārs dóllar
dom‖a 1. thought [θɔːt]; idéa [aiˈdiə]; 2. *(uzskats)* opínion; sabiedriskā d. — públic opínion; pēc manām ~ām —in my opínion
dom‖āt 1. to think*; 2. to mean* [miːn]; ko jūs ar to ~ājat? — what do you mean by it?
domīgs thóughtful [ˈθɔːtfʊl]

domstarpīb‖a dífference of opínion; novērst ~as — to séttle dífferences
domuzīme dash
dopings dope [dəup]
dot to give*; d. piekrišanu — to consént; d. solījumu — to give* a prómise; d. ceļu — to make* way [wei]; d. mājienu — to drop a hint; d. priekšroku — to preférr [-ˈfəɪ]; d. vārdu — 1) *(apsolīt)* to give* one's word; 2) *(runātājam)* to give* the floor; d. vietu — to give* up one's place *(to)*; ◇ ~s pret ~u — tit for tat
dotības abílities, mákings
doties to make* *(for)*; *(ceļā)* to set* out
draiskoties to romp, to play [plei] pranks
draiskulīgs ímpish, frólicsome
drāma drama [ˈdraːmə]
dramatisks dramátic
dramaturgs pláywrìght [ˈpleirait]
draudēt to thréaten [ˈθretn]
draudoš‖s impéndent; ~as briesmas — ímminent dánger [ˈdeindʒə]
draudzene [gírl-]friend [ˈgəɪlfrend]
draudzēties to be friends [frendz] *(with)*
draudzība fríendship [ˈfrend-]
draudzīgs fríendly [ˈfrend-]
draugs friend [frend]
drausmīgs dréadful [ˈdred-]

drãzt to cut*; d. zĩmuli — to shárpen (point) a péncil ['pensl]

drãzties to rush, to dash

drẽbe fábric, cloth, matérial

drẽb‖es clothes [kləuðz]; ~ju pakaramais — 1) clóthes-ràck; 2) (pie apgẽrba) tab, hánger; ~ju skapis — wárdrobe ['wɔːdrəub]

drebẽt to trémble, to shake*; (par lũpãm, balsi) to quíver ['kwivə]

drẽbniek‖s táilor ['teilə]; ~a darbnĩca — táilor's shop

drebuļi shíver ['ʃivə], shúdder

drẽgns damp

dresẽt to train [trein]; (plẽsĩgu zvẽru) to tame

dresẽtãjs tráiner ['treinə]; (plẽsĩgu zvẽru) támer

drĩkst‖ẽt to be allówed [ə'laud] (to); may [mei]; vai ~u ienãkt? — may I come in?

driskas tátters, rags

drĩz soon [suːn], shórtly

drĩzãk 1. sóoner ['suːnə]; 2. (labãk) ráther ['raːðə]

drosme cóurage ['kʌridʒ]; brávery

drosmĩgs courágeous [kə'reidʒəs]; brave

droši 1. (bez bailẽm) bóldly; 2. (noteikti) súrely ['ʃuəli]; d. vien — próbably

drošĩb‖a sáfety, secúrity; ~as josta — sáfety-belt; ~as nauda — cáution ['kɔːʃən] móney ['mʌni]; ~as pẽc — to be on the safe side

droš‖s 1. (bezbailĩgs) courágeous [kə'reidʒəs]; brave; bold; 2. (neizbẽgams) cértain ['səːtn], sure [ʃuə]; 3. (neapdraudẽts) safe, secúre [si'kjuə]; 4. (ticams) relíable; no ~iem avotiem — from relíable sóurces ['sɔːsiz]

drošsirdĩgs sk drosmĩgs

drudzis 1. féver; 2.: bruņošanãs d. — ármaments (arms) race (drive)

drudžains féverish

drukns stúrdy

drũms glóomy, súllen

drumstala crumb; (stikla u. tml.) shíver

drupas rúins ['ruinz]

drupinãt to crúmble

drusk‖a scrap; sasist ~ãs — to smash into smìtheréens, to break* [breik] to shívers

drusku a líttle [bit]; sómewhàt ['sʌmwɔt]

druva córnfield ['-fiːld]

drũzma crowd, throng

drũzmẽties to crowd, to throng

dublẽt 1. to dúplicate; d. lomu (teãtri) — to únderstùdy ['ʌndə,stʌdi] a part; 2. (filmu) to dub

dubļains múddy

dubļi mud

dubļusargs múdguard ['mʌdgaːd]

dubults dóuble ['dʌbl]

ducis dózen ['dʌzn]; ◇ velna d. — báker's (dévil's) dózen

dũkt to hum, to buzz

dulls crázy, mad; crácky ['kræki] *sar;* nútty *sar*

duļķains túrbid

dūmenis chímney

dūmi smoke

dumjš fóolish, stúpid ['stjuː-pid], sílly

dumpis rebéllion

dumpoties to rebél

dūmvads flue [fluː]

dūn‖as *(putna)* down [daun]; ~u sega — éider-dòwn ['aidədaun]

duncis dágger

dundurs gád-flỳ ['gædflai]

dunēt to drone; *(par pēr-konu)* to roll

dunk‖a a nudge [nʌdʒ], poke [pəuk]; iegrūst kādam ~u — to cuff smb.

dūņas 1. slime; 2. *(ārstniecis-kas)* mud

dūraiņi míttens

dūre fist

dūriens 1. prick; *(naža)* stab; 2. *(šujot)* stitch

durt to prick; *(ar nazi)* to stab

durvis door [dɔː]

dusmas ánger ['æŋgə]; *(lie-las)* fúry ['fjuːri], rage [reidʒ]; izgāzt savas d. — to vent one's ánger *(on, upon);* aizdot kādam d. — to make* smb. ángry ['æŋgri]

dusmīgs *(uz)* ángry ['æŋgri] *(with, at); (par)* ángry *(about, at)*

dusmoties to be ángry ['æŋgri] *(with smb. about smth.)*

duš‖a shówer ['ʃauə]; **iet zem ~as — to take*** a shówer

dūš‖a: tukšā ~ā — on an émpty stómach ['stʌmək]; man slikta d. — I feel sick [sik]; ◇ zaudēt ~u — to lose* [luːz] heart [haːt]; saņemt ~u — to take* heart

dūšīgs 1. courágeous [kə'reidʒəs], plúcky; 2. *(spēcīgs)* strápping

dvēsele soul [səul]

dvielis tówel ['tauəl]

dvie‖turis tówel-hòrse ['tauəl-hɔːs]; tówel-ràck ['tauəl-ræk]

dvīņi twins

dzeguze cúckòo ['kukuː]

dzeja póetry ['pəuitri]

dzejnieks póet ['pəuit]

dzejolis póem ['pəuim]

dzejot to write* póetry ['pəuitri]

dzēliens sting

dzēlīgs stínging; *(par pie-zīmi)* cáustic

dzeltens yéllow

dzelzce‖nieks ráilwayman ['reilwei-]

dzelzce‖‖š ráilway ['reilwei]; ráilroad ['reilrəud] *amer;* ~a satiksme — train [trein] sérvice

dzelzs íron ['aiən]

dzelzsbetons rèinfórced cóncrète ['kɔnkriːt]

dzemdēt to give* birth *(to),* to bear* [bɛə]

dzemdīb‖as chíldbirth ['tʃaildbəːθ], delívery; ~u nams — lýing-ín hóspital

dzenis wóodpècker ['wud-pekə]
dzērājs drúnkard
dzēriens drink
dzert 1. to drink*; 2. (*žū-pot*) to booze
dzērve crane
dzērvene cránberry
dzēst to extínguish [iks-'tingwiʃ], to put* [put] out
dzēšgumija eráser [i'reizə], rúbber
dzēšlapa blótting-pàper
dzidrs clear [kliə]
dziedāt to sing*
dziedātājs sínger
dziedēt to heal [hiːl], to cure
dziedzeris gland
dziesma song; tautas dz. — fólksòng ['fəuk-]
dzija wool [wul], yarn
dziļš deep; profóund [-'faund]; dz. miegs — sound [saund] sleep
dziļum‖s depth; profúndity; ◇ no sirds ~iem — from the bóttom of one's heart [haːt]
dzimstīb‖a bírth-ràte; ~as regulēšana — bírth-contról
dzimšan‖a birth; ~as diena — bírthday ['-dei]; ~as vieta — bírthplàce; daudz laimes ~as dienāl — many háppy retúrns of the day!
dzimt to be born
dzimte *gram* génder
dzimtene nátive cóuntry ['kʌntri], mótherland ['mʌðə-], hómeland

dzimt‖s nátive; ~ā valoda — móther ['mʌðə] tongue [tʌŋ]; ~ā zeme — nátive land
dzimums sex
dzinējs *tehn* mótor, éngine ['endʒin]
dzintars ámber
dzirdams áudible
dzirde ear [iə], héaring ['hiəriŋ]; laba dz. — good ear [iə]
dzirdēt to hear* [hiə]
dzīres feast [fiːst]
dzirkstele spark
dzirkstīt to spárkle
dzirnavas mill
dzīrot to feast [fiːst]
dzīsla vein
dzist 1. (*par uguni*) to go* out; 2. (*atdzist*) to cool
dzīt[a] to drive*
dzīt[b] (*par brūci*) to heal [hiːl]
dzīties 1. (*pakaļ*) to pursúe [pə'sjuː]; 2. (*tiekties*) to strive* (*for*)
dzīv‖e life [laif]; ~es apstākļi — líving ['liv-] condítions; ~es līmenis — stándard of líving; ~es pieredze — life expérience
dzīvespriecīgs jóyful ['dʒɔiful]
dzīvesvieta résidence ['rezidəns]
dzīvīb‖a life [laif]; ~as apdrošināšana — life-insúrance [-in'ʃuərəns]
dzīvniek‖s ánimal; ~u valsts — ánimal kíngdom
dzīvojam‖s: ~ā ēka — dwélling-hòuse ['dweliŋ-

haus]; ~ā platība — flóorspace
dzīvok‖lis flat; apártment; ~ļu celtniecība — hóusing, hóuse-búilding ['-'bildiɳ]; ~ļa maksa — rent
dzīv‖ot to live [liv]; ◇ lai ~o ...! — long live ...!; reiz ~oja ... — once upon a time there lived ...
dzīv‖s 1. alíve, líving ['liviɳ]; ~a būtne — líving créature ['kriːtʃə]; 2. *pārn* lívely, ánimated;

~a satiksme — héavy ['hevi] tráffic
dzīvsudrabs mércùry ['məːkjuri]
dzīvžogs hedge
džemperis júmper, jérsey
džems jam [dʒæm]
džentlmenis géntleman
džersijs *tekst* jérsey ['dʒəːzi]
džezs jazz
džinsi jeans
džinss *(audums)* jean
džinkstēt to whiz [z]
džungļi júngle ['dʒʌɳgl]

Ee

ebrejiete Jéwess ['dʒu(ı)is]
ebrejs Jew [dʒuː]
ecēt to hárrow ['hærəu]
ēdamais food; eats *dsk., sar;* grub *sar*
ēdamistaba díning-ròom
ēdams éatable ['iːtəbl]
ēdienkart‖e ménu ['menjuː], bill of fare; dodiet man, lūdzu, ~i! — may I have the [ménu] card, please [pliːz]?
ēdienreize méaltime ['miːltaim]
ēdiens *(uzturs)* food; *(maltīte)* meal [miːl]; *(maltītes sastāvdaļa)* course]kɔːs], dish
ēdināšana féeding ['fiː-]; sabiedriskā ē. — públic cátering
ēdnīca càntéen
efektīgs efféctive; stríking; shówy ['ʃəui]

efektīv‖s efféctive; effícient; ~a metode — efféctive méthod
egle fír [-trèe]
egoists sélfish pérson
ēģipt‖ietis (~iete) Egýptian [iː'dʒipʃən]
eirop‖ietis (~iete) 'Európéan [,juərə'pi(ı)ən]
eja pássage ['pæsidʒ]
ēka búilding ['bildiɳ]
ekonomika 1. *(saimniecība)* èconómic [,iːkə'nɔmik] strúcture; 2. *(zinātne)* èconómics
ekranizējums screen vérsion
ekranizēt to film, to screen
ekrāns screen
eksāmen‖s exàminátion [ig-,zæmi'nei-]; exám *sar.;* kārtot ~u — to take* an exàminátion; nokārtot ~u — to pass [paːs] an exàminátion; izkrist ~ā —

to fail [feil] at an exàmi-
nátion, to flunk it
eksaminēt to exámine [ig-
'zæmin]
eksemplārs 1. cópy ['kɔpi];
2. *(paraugs)* spécimen,
sámple
eksistenc‖e exístence; ~es
līdzek‖i — means of
exístence; ~es mini-
mums — líving-wàge
eksistēt to exíst
ekskavators éxcavàtor
ekskursij‖a 1. excúrsion
[iks'kə:ʃən], trip; ~u bi-
rojs — excúrsion (tóurist)
céntre ['sentə]; ~u vadī-
tājs — guide [gaid];
2. *(grupa)* excúrsion párty,
tóurist group
ekspedīcija 1. èxpedítion
[‚ekspi'di-]; **2.** *(iestādē)*
dispátch [-'pætʃ] óffice
eksperimentāl‖s expèrimén-
tal; ~a programma — pí-
lot próject ['prəudʒikt]
eksperiments expériment
[iks'peri-]
eksplodēt to burst*, to blow*
up
eksplozija explósion, blast
ekspluatācija èxploitátion
[‚eksplɔi'tei-]
ekspluatēt to explóit
[iks'plɔit]
eksponāts exhíbit [ig'zibit]
eksportēt to èxpórt [eks'pɔ:t]
eksports éxpòrt ['ekspɔ:t]
ekspozīcija 1. èxposítion;
2. *(foto)* expósure
[-'pəuʒə]
ekspresis 1. pórter; **2.** ex-
préss
ekstrakts éxtràct ['ekstrækt]

ekvators equátor [i'kweitə]
elastīgs elástic; resílient
[-'ziliənt]
elegants élegant; smart
elektrīb‖a elèctrícity [ilek-
'tri-]; eléctric light [lait];
iedegt ~u — to switch on
the light; nodzēst ~u —
to switch off the light
elektrisks eléctric
elektronisk‖s elèctrónic; ~ā
skait‖ošanas mašīna —
elèctrónic compúter
elektrostacija pówer ['pauə]
státion
elektrovilciens eléctric train
[trein]
elementārs èleméntary
[‚eli'mentəri]
elements élement ['elimənt]
elkonis élbow ['elbəu]
elle hell
elp‖a breath [breθ]; atvilkt
~u — to catch* [kætʃ]
one's breath; bez ~as —
out of breath
elpināšana: mākslīgā e. —
àrtifícial bréathing ['bri:-]
elpot to breathe [bri:ð]
elsot to sob
el‖‖a oil; ~as glezna —
óil-pàinting
el‖ot to oil
emalja enámel [i'næmәl]
emigrants émigrant
emigrēt to émigràte
ēna shádow ['ʃædəu]; shade
ēnains shády
enciklopēdija èncyclòp[a]édia
[en‚saiklәu'pi:djə]
enerģija énergy
enerģisks ènergétic
enkur‖s ánchor ['æŋkə]; iz-
mest ~u — to cast*

ánchor; pacelt ~u — to weigh [wei] ánchor

entuziasts enthúsiast [in-'θjuːziæst]; fan *sar*

eņģelis ángel ['eindʒəl]

epidēmija èpidémic

ēra éra ['iərə]

ērglis éagle ['iːgl]

ērģeles órgan

ērkšķis thorn

ērkšķoga góoseberry ['guzbəri]

ērtīb‖a cómfort ['kʌmfət]; dzīvoklis ar visām ~ām — flat with every convénience, flat with all accòmodátion [ə,kəmə-'dei-]

ērts 1. cómfortable ['kʌmfətəbl]; 2. (*piemērots*) convénient [kən'viːnjənt]

es I [ai]; es pats — I mỳsélf [mai'self]

esamība exístence [ig'zistəns]

eskalators éscalàtor, móving ['muː-] stáircase

ēsma bait [beit]

ēst to eat* [iːt]; ē. pusdienas — to have (take*)

dínner; man gribas ē. — I am húngry

estētisks àesthétic [iːs'θetik]

ēstgriba áppetìte ['æpitait]

estrād‖e 1. (*paaugstinājums*) plátfòrm; 2. (*mākslas veids*) varíety [və'raiəti] art; ~es koncerts — varíety show [ʃou]

ēšana éating ['iːtiņ]

etaps stage

ēteris éther ['iːθə]

ēter‖s (*izplatījums*) éther; raidīt ~ā — to bróadcàst*; ~ā — on the rádio

etīde 1. (*zīmējums*) sketch [sketʃ]; 2. (*šahā*) etúde [ei'tjuːd]; éxercise

etiķete lábel

etiķis vínegar

etvija: cigarešu e. — cìgarétte-càse

evakuācija evàcuátion [i,vækju'eiʃən]

ēvele plane

ēvelēt to plane

ēzelis dónkey ['doņki], ass

ezers lake

ezis hédgehòg ['hedʒhɔg]

Ff

fabrika fáctory, mill

faktisk‖s real [riəl], áctual ['æktjuəl]; ~i — in fact, áctually

fakt‖s fact; minēt ~us — to addúce facts

fakultāte fáculty, depártment

fakultatīvs óptional ['ɔpʃənəl]; eléctive

familiār‖s úncèremónious ['ʌn,seri'məunjəs]; izturēties ~i — to take* líberties (*u ith*)

fanātisks fanátic [al]

fantastika fántasy, máke-belíeve [-'liːv]; zinātniskā f. — scíence ['saiəns] fíction ['fikʃən]

fantastisks fàntástic [al]
fantāzija fáncy; imàginátion
farmaceits phàrmacéutist
fasons fáshion, style
fašisms fáscism ['fæʃizəm]
fašists fáscist ['fæʃist]
fāze stage; phase [feiz]
februāris Fébruary
federācija fèderátion
feļetons tópical sátìre
feodālisms féudalism
ferma farm; piena f. — dáiry
   ['dəəri]; lopkopības f. —
   stóck-brèeding farm; putnu
   f. — póultry-fàrm
fermeris fármer
festivāls féstival
figūra   1.   fígure ['figə];
   2. *(šahā)* chéss-man, piece
   [piːs]
fiksēt to fix
filcs felt
fileja *kul* fíllet; zivju f. —
   boned (fílleted) fish
filharmonija Phìlhàrmónic
   [ˌfilɑːˈmɔnik]
filiāle branch [braːntʃ]; bib-
   liotēkas f. — branch líbr-
   ary
filigrāns fíligree
film‖a film; móvie ['muːvi]
   amer; mākslas f. — féature
   ['fiːtʃə] film; uzņemt
   ~u — to shoot* a film
filmēt to film, to shoot* a
   film
filologs philólogist
filoloģij‖a philólogy; ~as
   fakultāte — philológical
   depártment
filozofija philósophy
filtrs fílter
fināls   1.   *mūz* finále [fi-
   ˈnɑːli]; 2. *sp* fínal ['fainl]

finālsacensības fínals
finālspēle fínal
finans‖es   finánces;   ~u
   gads — físcal year [jəː]
finieris venéer [vi'niə]
finišs fínish
firma firm; cómpany
fizika phýsics ['fiziks]
fiziķis phýsicist ['fizisist]
fizisks phýsical ['fizikəl]; f.
   darbs — mánual lábour
fizkultūra phýsical ['fizikəl]
   cúlture
fizkultūrietis áthlète
flanelis *(vilnas)* flánnel;
   (kokvilnas) flànnelétte
flauta flute
flokši phlox
flomāsters félt-tìpped pen,
   félt-tip márker, félt-pòint
   pen
flote fleet; jūras kara f. —
   návy; gaisa kara f. — air
   [əə] force
folklora fólk-lòre ['fəuklɔː]
fonds fund, stock
fonotēka récord líbrary
fons báckgròund ['bæk-
   graund]
form‖a   1.   *(veids)* shape;
   2.   *(tērps)* úniform;   ◇
   ~as pēc — for the sake
   of form
formalitāte fòrmálity
formāls fórmal
formāts size
formula fórmula* ['fɔːmjulə]
formulēt to defíne; *(vārdos)*
   to word [wəːd]
fosfors phósphorus
fotoaparāts cámera
fotografēt to phótogràph, to
   take* a pícture (snápshòt)

fotogrāfija photógraphy; krā-
sainā f. — téchnicòlor;
(uzņēmums) phótò; *(mo-
mentuzņēmums)* snápshòt
fotogrāfs photógrapher
fotokorespondents press pho-
tógrapher
fototelegramma pícture téle-
gram, wírephòto
fragments frágment
francūziete Frénchwòman
['frentʃ,wumən]
francūzis Frénchman
['frentʃmən]
frāz‖e phrase; tukšas ~es —
mere [miə] words [wəːdz],
émpty talk

freska fréscò
frizētava háirdrèsser's
['hɛə,dresəz]
frizieris háirdrèsser ['hɛə-
,dresə]
frizūra *(sieviešu)* hair [hɛə]
style, háir-dò; *(vīriešu)*
háir-cùt ['hɛəkʌt]
fronte front [frʌnt]
funkcija fúnction
futbolists fóotbàll-pláyer
['futbɔːl,pleiə], sóccer-
pláyer *sar*
futbolmačs fóotbàll ['futbɔːl]
match
futbols fóotbàll ['futbɔːl],
sóccer *sar*

Gg

gabals piece [piːs]; *(maizes)*
hunk; slice; *(cukura)* lump;
(ziepju) cake; *(zemes)* plot
gadadiena ánnivérsary
gadalaiks séason ['siːzn]
gādāt 1. *(rūpēties)* to see*
(to); to take* care *(of);*
2. *(sagādāt)* to províde
gadatirgus fair [fɛə]
gādība care, solícitùde, con-
cérn
gādīgs solícitous *(about, for)*
gadījum‖s 1. *(notikums)* ín-
cident ['insidənt]; nelai-
mes g. — áccident
['æksidənt]; 2. *(parādība,
fakts)* case; nāves g. —
fátal case; 3. *(izdevība)*
òpportúnity; chance, occá-
sion; izmantot ~u — to
seize [siːz] an òpportún-
ity; ◊ labākajā ~ā —

at [the] best; ļaunākajā
~ā — at [the] worst; ne-
pieciešamības ~ā — in
case of need; jebkurā
~ā — at all evénts, in
any case; pretējā ~ā —
ótherwise
gadīties to chance [tʃaːns];
to háppen; to occúr
gad‖s year [jəɪ]; nākošajā
~ā — next year; pagāju-
šajā ~ā — last year; pēc
~a — in a year; pirms
~a — a year agó; ~u
no ~a — year by year;
viņa ~os — at his age
[eidʒ]; ~a ienākumi —
ánnual ['ænjuəl] íncome
['inkʌm]
gadsimts céntury ['sentʃuri]
gaid‖īt to wait [weit] *(for);*
to expéct; kuru jūs ~āt? —

whom are you wáiting for?

gailis cock

gaism‖a light [lait]; ~as stars — ray of light; dienas g. — dáylight; saules g. — súnlight, súnshine; ~ai austot — at dáybreak ['deibreik]; ◇ celt ~ā — to bring* to light; nākt ~ā — to come* to light

gaismeklis líghting ['laitiŋ] applíance

gais‖s air [εə]; svaigā ~ā — in the ópen; ~a satiksme — air sérvice; ~a līnija — áirline; ◇ no ~a grābts — spun out of thin air

gaišmatains fair [fεə], fáirháired ['fεə'hεəd]

gaiš‖s 1. light [lait]; ~ā dienas laikā — in broad [broːd] dáylight ['deilait]; 2. *pārn* bright [brait]; ~a galva — bright head [hed]

gait‖a 1. gait [geit], pace; ātra g. — rápid pace; 2. *pārn* course [koːs]; attīstības g. — course of devélopment; domu g. — train [trein] of thought [θoːt]; ◇ pilnā ~ā — at full speed

gaitenis pássage

gājējs 1. wálker; 2. *(pretstatā braucējam)* pedéstrian

gājiens 1. procéssion; 2. *(attālums)* walk [woːk]; 3. *(šahā)* move [muːv]

gājputns bird of pássage

galantērija háberdàshery; fáncy goods *dsk.*

galapunkts the last stop

galastacija términal, términus*

galdauts táble-clòth

galdnieks jóiner

gald‖s táble; klāt ~u — to lay* [lei] the táble; pie ~a — at the táble

galējīb‖a extréme; nonākt ~ās — to go* to extrémes

galerija gállery; gleznu g. — pícture gállery

galīg‖s 1. fínal; compléte; ~a uzvara — compléte víctory; 2. *(pilnīgs)* útter; ~a nezināšana — útter ígnorance

galošas rúbbers *(tikai dsk.)*

galotne 1. top; *(kalna)* súmmit; 2. *gram* énding

gal‖s 1. end; 2. *(nāve)* end; ◇ bez ~a — éndless [ly]; ~u ~ā — áfter ['aːfter] all [oːl]; tikt ~ā — to mánage ['mænidʒ]; darīt ~u — to put* [put] an end *(to)*

galv‖a 1. head [hed]; 2. *pārn* brains [breinz] *dsk.;* gudra g. — cléver ['klevə] brains; ◇ lauzīt ~u — to rack one's brains; no ~as līdz kājām — from top to toe [təu]; pa ~u pa kaklu — head over heels; no ~as — by heart [haːt]

galvaspilsēta cápital

galvassāpes héadàche ['hedeik]

galven‖ais chief [tʃiːf], main [mein]; ~ā pārvalde — céntral board [bɔːd]; g. pasts — Céntral Póst-ˋOffice

galvenokārt chíefly [ˈtʃiːfli], máinly [ˈmeinli]

galvot to vouch (for); (par kādu) to ánswer [ˈɑːnsə] (for); (par kaut ko) to guàrantée [ˌgærənˈtiː]; es galvoju, ka... — I ensúre you that ...; es par to negalvoju — I can't guàrantée it

gaļ‖a meat [miːt]; cūkas g. — pork; teļa g. — veal [viːl]; vērša g. — beef; ~as ēdiens — meat dish; ~as buljons — beef tea; ~as veikals — bútcher's [ˈbutʃəz] shop

gaļasmašīna míncing-machíne, méat-chòpper [ˈmiːt,tʃɔpə]; méat-grìnder [ˈmiːt,graində] amer

gan: g. jau viņš zinās — he is sure [ʃuə] to know [nəu]; g. jau būs labi — it will be all [ɔːl] right [rait]; g. ..., g. ... — both [bəuθ] ... and ...; g. šā, g. tā — now [nau] one way [wei], now the other

ganāmpulks herd

gandarījums sàtisfáction

gandrīz álmòst [ˈɔːlməust], néarly [ˈniəli]

gangsteris gángster, ràcketéer [ˌrækiˈtiə]

ganības pásture [ˈpaːstʃə]

ganīt to shépherd [ˈʃepəd], to tend

gans hérdsman

gar alóng, past [paːst]

garaiņi vápour

garām 1. past [paːst], by; iet g. — to go* past; 2. (pāri) past [paːst], over; ziema ir g. — wínter is over

garāmejot in pássing [ˈpaɪ-]; cásually [ˈkæzjuəli]

garantēt to wárrant; to guàrantée [ˌgæ-]

garantija wárranty; guáranty [ˈgæ-]

garastāvoklis mood, frame of mind [maind]

garāža garáge [-ˈraːʒ]

garderobe clóak-ròom [ˈkləuk-]; chéck-ròom amer

gards delícious [-ˈliʃəs], tásty

garīgs méntal; g. darbs — méntal work [wəːk], bráinwork [ˈbreinwəːk]

garlaicīgs tédious, dull, bóring

garlaikoties to be bored

garnizons gárrison

garoza crust

gar‖s 1. (apziņa) mind [maind], íntellèct; ~a spējas — méntal capácity; 2. (pārdabiska būtne) spírit; ghost [gəust]; ◇ lēnā ~ā — cálmly [ˈkaːm-]

gar‖š 1. long; 2. (augumā) tall [tɔːl]; ◇ aiz ~a laika — of sheer [ʃiə] ídleness

garša taste

garšīgs delícious [-ˈliʃəs], tásty

garš‖ot 1. to like; vai jums tas ~o? — do you like it?; 2. *(nogaršot)* to taste [teist], to try

garum‖s 1. length; 2. *(auguma)* height [hait]; ◇ vilkt ~ā — to keep* pútting off, to shelve [ʃelv]

gastronomij‖a: ~as veikals — food store; dèlicatéssen *amer*

gatavot 1. to prepáre; to make* réady ['re-]; 2. *(ēdienu)* to cook

gatavoties 1. to prepáre; to get* réady ['re-]; 2. *(par notikumiem)* to be ahéad; to be in the óffing

gatav‖s 1. réady ['re-]; 2. *(nobriedis)* ripe; 3. fínished; ~i apǵérbi — réady-máde clothes [kləuðz]

gaudot to howl [haul]

gaum‖e taste [teist]; ar ~i — in good taste

gaumīgs tásteful ['teistful]

gauss slow [sləu]

gavilēt to exúlt *(at)*

gāz‖e gas; ~es balons — gás-bàg; ~es plīts — gás-ránge ['-'reindʒ]; ◇ piedot ~i — to step on the gas

gāzesvads gás-màin ['-mein]

gāzēt: ~s ūdens — áeràted ['eiəreitid] (sóda) wáter ['wɔ:-]

gāzmaska gás-mask, réspirátor

gāznecaurlaidīgs gás-tight ['gæstait], gás-proof

gāzt 1. *(apgāzt)* to throw* down, to knock [nɔk]

down; 2. *(valdìbu)* to òverthrów* [-'θrəu]

gāzties to fall* [fɔ:l], to túmble; g. virsū — to come* down *(upon)*

gigantisks gigántic

glabāt to keep*

glabātava stórehouse, wárehouse; dārgumu g. — tréasure-hòuse ['treʒəhaus]; bagāžas g. — clóak-room; chéck-room *amer*

glabāties to be kept

glābšan‖a sáving, réscuing ['-kju:-]; ~as josta —lífe-belt; ~as laiva — lífe-boat; ~as darbi — réscue work

glābt to save, to réscue ['-kju:]; ◇ g. situāciju — to save the day

glābties to escápe

glaimi fláttery

glaimot to flátter

glāstīt to caréss

glaudīt to stroke

glāze glass [glɑ:s]

glezna pícture, páinting ['peint-]

gleznains pìcturésque [ˌ-tʃə'resk]

gleznìecība páinting ['peint-]

gleznot to paint [peint]

gleznotājs páinter ['peintə]

gliemezis snail [sneil]

gliemežnīca shell

gliseris spéed-bòat ['spi:d-bəut]

glīts prétty ['pri-], hándsome ['hænsəm]

globuss globe

gludeklis íron ['aiən]

gludināt to íron ['aiən]

gluds smooth; éven ['i:vn]

gluži quite; g. pareizi — quite right [rait]

g|ēvs cówardly ['kauəd-]

g|ēvulība cówardice ['kauəd-]

g|otas múcus

godalg‖a prize; iegūt ~u — to win* a prize

godalgot to awárd [ə'wɔːd] a prize

godāt to hónour ['ɔnə]

godavārds word [wəɪd] of hónour ['ɔnə]; g.! — upon my word [wəɪd] !; hónour bright [brait] !

godbijīgs rèveréntial

godīgs hónest ['ɔnist]

godināt to pay* [pei] hómage (to)

godkārīgs àmbítious [-'biʃəs]

god‖s hónour ['ɔnə]; par ~u — in hónour (of); darīt ~u — to do* crédit

gokarts sp gó-kart ['gəukaɪt]

govs cow [kau]

gozēties to bask [baɪsk]

grabažas lúmber vsk.

grābeklis rake

grabēt to ráttle

grābstīties to fúmble; (pa tumsu) to grope

grābt 1. (tvert) to grab; 2. (sienu) to rake

graciozs gráceful

grād‖s degrée; zinātnisks g. — àcadémic degrée; piešķirt zinātnisku ~u — to confér a degrée

grafika gráphic arts dsk., bláck-and-white art

grafik‖s schédule ['ʃedjuːl]; pēc ~a — accórding to schédule

grāfiste (Anglijā) cóunty ['kaun-]

graizīt (mazos gabalos) to mince; (strēmelēs) to shred*

grāmata book; mācību g. — téxtbòok; sūdzību g. — compláints [-'pleints] book

gramatika grámmar

grāmatiņa bóoklet; aprēķinu g. — páy-bòok; čeku g. — chéque-bòok ['tʃek-]; darba g. — wórk-rècord card [kaɪd]; pensijas g. — pénsion card; piezīmju g. — nótebòok

grāmatnīca bóokshòp

grāmatplaukts bóokshèlf

grāmatskapis bóokcàse

grāmatvedība 1. bóok-kèeping; 2. (telpa) accóunts depártment

grāmatvedis bóok-kèeper, accóuntant [ə'kaunt-]

grāmatveikals bóokshòp

grāmatzīme 1. èx-líbris [eks-'laibris]; 2. (grāmatā ieliekamā) bóok-màrk

gramba rut

grams gram

granāta grenáde

grandioz‖s grand; ~i plāni — fár-réaching ['-'riːtʃ-] plans

grants grável ['grævəl]

graudaugi gráin-cròps ['greinkrɔps]

grauds grain [grein]

graudzāles céreals ['siəriəlz]

graujoš‖s 1. destrúctive; 2. pārn subvérsive; ~a darbība — subvérsive actívity

graut 1. to destróy; 2. (*piem., autoritāti*) to ùndermíne

grauzdēt to toast [təust]

grauzdiņš toast [təust]

grauzt to gnaw [nɔː], to níbble; g. kaulu — to pick a bone

grava ravíne [-'viːn]

gravīra engráving, print

grāvis ditch

gražīgs caprícious [-'priʃəs]

grēda 1. pile; malkas g. — stack of fírewòod ['faiə-]; 2. (*kalnu*) range [reindʒ]

gredzens ring; laulības g. — wédding-rìng

greizs cróoked; bent

greizsirdība jéalousy ['dʒeləsi]

greizsirdīgs jéalous ['dʒeləs]

grēkot to sin

grēks sin

gremdēt to immérse

gremošan‖a digéstion [-'dʒestʃən]; ~as traucējumi — ìndigéstion [ˌ-'dʒestʃən]

gremot to digést

greznība lúxury ['lʌkʃəri]

greznot to adórn

grezns spléndid, lùxúriant [lʌgˈzjuəriənt]

grib‖a a will; no labas ~as — of one's will

gribasspēks wíll-pòwer ['-ˌpauə]

grib‖ēt to want [wɔnt]; dariet, kā ~at — do as you like; ◇ ~ot negribot — wílly nílly

gribēties to want; to like; man gribētos… — I would like to…; man negribas

turp iet — I don't feel like góing there

grīda floor [flɔː]

grīdsega cárpet, rug

griek‖is (~iete) Greek

griesti céiling ['siːl-]

griezīgs píercing ['piəsiŋ], shrill

griezta to cut*

grieztb to turn; g. riņķī — to turn round

griezties 1. to turn round; to revólve; 2. (*pie kāda*) to applý (*to*); g. pie ārsta — to consúlt a dóctor

griķi búckwhèat ['-wiːt]

grī‖oties to reel, to sway [swei]

grims máke-up

grimt to sink*

gripa, grippe, flu[e] [fluː] *sar*

grozījums change [tʃeindʒ], àlterátion [ˌɔːltə'reiʃn]

grozīt 1. (*mainīt*) to change [tʃeindʒ], to álter ['ɔːl-]; 2. (*griezt*) to turn

grozīties 1. (*mainīties*) to change [tʃeindʒ], to álter ['ɔːl-]; 2. (*kustēties*) to fidget

grozs básket ['baːs-]

grož‖i reins; ◇ turēt stingri ~os — to keep* a tight [tait] reign (*on*)

grūdiens push [puʃ]

grumb‖a wrínkle, line; savilkt pieri ~ās — to knit* one's brows

grupa group [gruːp]

grūst to push [puʃ], to shove [ʃʌv]

grūstīties to push [puʃ], to jóstle

grūti dífficult, hard; g. strā-
dāt — to work [wəːk]
hard; g. saprotams — dif-
ficult to ùnderstánd

grūtības hárdships, difficult-
ies

grūtniecība prégnancy

grūts hard, dífficult

grūtsirdīgs mélancholy
['melənkəli], dówncast
['daunkaɪst]

gruveši rúbble; *(drupas)*
ruins [ruinz]

gruzdēt to smóulder
['sməul-]

gruzīn‖s (∼iete) Géorgian
['dʒɔːdʒjən]

guba heap [hiːp]; siena g. —
háyrick ['hei-]

gudrība wísdom ['wiz-],
cléverness

gudrs wise, cléver

gulbis swan [swɔn]

gulēt 1. to sleep*, to be
asléep; iet g. — to go* to
bed; likt g. — to put* to
bed; 2. *(atrasties)* to be,
to lie* [lai]; grāmata gu‖

uz galda — the book is on
the táble

gulta bed; *(bez gultas drē-
bēm)* bédstead ['-sted]

gulties to lie* [lai] [down]

gultnis *tehn* béaring ['bɛər-];
lodīšu g. — báll-bèaring
['bɔːlbɛəriŋ]

gu‖amistaba bédròom

gu‖ammaiss sléeping-bàg

gumija rúbber; ieveramā g. —
elástic

gundega búttercùp

gurdens wéary ['wiə-]

gurķis cúcumber

gurns hip

gūsteknis prísoner ['priznə]

gūst‖s càptívity; krist ∼ā —
to be táken prísoner
['priznə]; saņemt ∼ā — to
take* prísoner

gūt to get*, to gain [gein];
g. panākumus — to gain a
succéss [sək'ses]; g. la-
bumu — to prófit; g.
virsroku — to get* the
úpper hand

gūža haunch [hɔːntʃ]

gvarde guards [gaɪdz] *dsk.*

Ģ ģ

ģenerālis géneral

ģenerators *tehn* ģeneràtor

ģeniāls of génius; ģ. cil-
vēks — man of génius;
(par darbu) great [greit]

ģenitīvs *gram* posséssive
[pə'zesiv] (génitive) case

ģeogrāfija geógraphy

ģeoloģija geólogy

ģeometrija geómetry

ģerbonis coat [kəut] of arms

ģērbt to dress; ģ. virsū — to
put* [put] on; ģ. nost —
to take* off

ģērbties to dress [ònesélf]

ģībt to faint [feint]

ģimene fámily

ģīmetne pórtrait ['-trit]

ģipsis 1. gýps[um]; 2. *med*
pláster ['plaːstə] [of Pá-
ris]

ģitāra guitár [gi'taɪ]

Hh

haizivs shark [ʃɑık]
halāts dréssing-gòwn ['-gaun]; *(ārsta)* smock
halle hall
hallo! halló!; helló! *amer*
hantele *sp* dúmb-bell
haoss cháòs ['keıəs], hávoc, mess
harmonēt to hármonìze *(with)*, to be in kéeping *(with)*; *(par krāsām)* to go* *(with)*, to match [mætʃ]
harmonija hármony
harmonikas accórdion, còncertína [,-'tiːnə]
helikopters hélicòpter ['heli-]
hercogs duke
hiēna hỳéna [hai'iːnə]
higiēna hýgìene ['-dʒiːn]
higiēnisk‖s hýgíenic; ~ā salvete — sánitary nápkin
himna hymn; valsts h. — nátional ['næʃənl] ánthem

hipijs híppie
hipodroms híppodròme
histērija hystérics
histērisks hystéric [al]
hobijs hóbby
hokej‖s hóckey; ~a nūja — hóckey-stìck
holandiete Dútchwòman ['-ˌwumən]
holandietis Dútchman
hospitālis hóspital
hronika 1. chrónicle; 2. *(laikrakstā u. tml.)* news [njuːz]; 3. *(kino)* néwsrèel ['njuːzriːl]
hronisks chrónic
huligāns hóoligan; rúffian
humāns hùmáne
humoristisks húmorous, cómic
humor‖s húmour; ~a izjūta — sense of húmour

Ii

ideālsa *lietv.* ìdéal [ai'diəl]
ideālsb *īp. v.* ìdéal [ai'diəl], pérfect
ideja ìdéa [ai'diə]
idejisks ìdeológical [,aidiə-]
identisks ìdéntic [al] [ai'den-]
ideoloģisks ìdeológical [,aidiə-]
idiots ídiot ['idiət]
iebaidīt to intímidàte
iebāzt to thrust* *(into)*

iebērt to pour [pɔːr] in
iebildum‖s objéction; celt ~us — to raise [reiz] objéctions *(to, against)*; vai jums nav ~u? — do you mind [maind]?
iebilst 1. *(protestēt)* to objéct; 2. *(piebilst)* to obsérve [əb'zəɪv]
iebirt to get* *(into)*
iebraucējs néwcómer ['njuː-ˈkʌmə]

iebraukšan‖a éntry; arríval; éntrance; ~as at|auja — éntrance permíssion; ~as vīza — éntrance vísa
iebraukt to arríve, to come*
iebrucējs inváder
iebrukt^a to cave in; to collápse
iebrukt^b *mil* to inváde
iecelt 1. *(ratos)* to lift in; 2. *(amatā)* to appóint
iece|ot to come*; *(no ārzemēm)* to ímmigràte
iecere 1. *(nodoms)* inténtion; 2. *(mākslas darba)* idéa; concéption
iecienīt to take* a fáncy *(to)*
iecienīts fávourite ['-vərit]
iecietīgs tólerant
iecirknis dístrict; vēlēšanu ie. — póoling-dístrict
iecirst *(aizcirst)* to cut*; ◊ ie. kādam pliķi — to smack smb.'s face
iedalījums divísion
iedalīt 1. to divíde; ie. laiku — to arránge [ə'reindʒ] one's time; 2. *(ierādīt)* to állocate
ieda|a point
iedarbība ínfluence *(on, upon)*; zā|u ie. — efféct of médicine
iedarbīgs efféctive
iedarbināt to put* [put] in mótion, to set* góing, to start
iedegt *(gaismu)* to light* [lait]
iedegties to light* [lait] up
iedegums súnbùrn, tan
iederēties to fit in
iedoma 1. imàginátion; fáncy; 2. *(iegriba)* whiṃ

iedomāties to imágine; to fáncy
iedomīgs concéited [-'siːtid]
iedot to give*
iedragāt *pārn* to ùndermíne; ie. veselību — to ùndermíne one's health [helθ]
iedrošināties to dare, to vénture
iedurt to prick
iedvesma ìnspirátion
iedvesmot to inspíre
iedzelt to sting*
iedzert to drink*; ie. glāzi tējas — to have a cup of tea [tiː]
iedzimts ínborn, ínnate; inhérent
iedzīt *(naglu)* to drive* in
iedzīve things *dsk.*, belóngings *dsk.;* visa ie. — goods and cháttels
iedzīvotājs inhábitant
ieej‖a éntrance; ~as maksa — admíssion fee; ie. brīva — admíssion free; ie. aizliegta — no admíttance
ieelpot to inhále, to breath [briːð] in
iegādāties to get*, to obtáin
iegalvot to assúre [ə'ʃuə]
iegansts prétèxt
iegaumēt to fix* in mind [maind]
iegāzt 1. *(iesviest)* to throw* *(into)*, to túmble *(into)*; 2. *pārn* to let* down
iegāzties 1. to fall* [fɔːl] in; 2. *pārn* to fail
iegriba whim, fáncy
iegriezt to cut*

iegriezties *(apciemot)* to drop in; to call [kɔːl] round *(at)*

iegrimt 1. to sink* [in]; 2.: ie. domās — to immérse [-'məɪs] into thought [θɔːt]

iegrūst to push [puʃ] in (into)

ieguldījums 1. *ek* invéstment; 2. *pārn* còntribútion

iegūšana gétting, obtáining [-'tein-]

iegūt to get*, to obtáin [-'tein]

ieguve 1. *(ogļu u. tml.)* èxtráction; 2. *(iegūtais)* óutpùt ['autput]

ieguvums àcquisítion [ˌækwi'ziʃ-]

ieiet to énter, to go* in; ie. istabā — to énter the room

ieilgt to drag on

ieinteresēts concérned; ínterested *(in)*

iejaukšanās ìnterférence

iejaukt 1. to mix in; 2. *pārn* to invólve *(in)*

iejaukties to ìnterfére; to méddle *(in)*

iejūgt to hárness

iejusties to fit in; ie. situácijā — to fit ònesélf into the situátion

iekaisis *med* inflámed

iekaisums *med* ìnflammátion

iekāms befóre

iekāpt to get* in

iekarot to cónquer ['kɔŋkə]

iekarotājs cónqueror ['kɔŋkərə]

iekārta 1. sýstem, órder; sabiedriskā ie. — sócial órder; 2. *(dzīvokļa)* fúrniture; 3. *(fabrikas u. tml.)* equípment [i'kwip-]

iekārtot 1. to arránge [ə'reindʒ]; ie. dzīvokli — to fúrnish one's flat; 2. *(darbā)* to set* up

iekārtoties to séttle [down]

iekasēt to cash in

iekavas bráckets

ieklausīties to lísten ['lisn] atténtively

iekliegties to cry out, to give* a cry

iekļūt to get* in; ie. nepatikšanās — to get* into tróuble

iekniebt to pinch

iekost 1. to bite*; 2. *(ieēst)* to have a snack

iekrāt to save up

iekraut to load [ləud]

iekrist 1. to fall* in; 2. *pārn* to get* caught [kɔːt]; ◆ ie. prātā — to occúr, to cross one's mind

iekš‖**a** ínsíde; ~ā — withín; *(telpās)* índóors ['in'dɔːz]; ~āǃ — come inǃ

iekšas intérnal órgans, ínsíde *vsk.;* guts *sar*

iekšējs ínner, intérnal

iekšlietas home affáirs [ə'fɛəz]

iekšpus‖**e** ínsíde; *(ēkas)* intérior; no ~es — from withín

iekurt: ie. uguni — to make* a fire

iekustināt to set* in mótion

ieķerties to catch* hold [həuld] *(of)*

iel‖**a** street; pa ~u — alóng the street; uz ~as — in the street

ielaist 1. to let* in; 2.: ie.
ūdeni vannā — to fill a
bath with wáter; 3. (pa-
mest novārtā) to negléct
ielaistiesa (ielidot) to fly*
in
ielaistiesb pārn to have* to
do (with)
ielāps patch
ielauzties to break* [breik]
in
ieleja válley
ielēkt to jump in
ielenkt 1. to surróund; 2. mil
to encírcle [-'səɪkl]
ielenkums mil encírclement
ieliekts fiz cóncáve
ieliet to pour [pɔɪr] in; ie.
tēju — to pour out tea
[tiː]
ielikt to put* [put] in
ielīmēt to stick* in
ielīst to craw [krɔɪl] (creep*)
in
ieloce fold [fəuld], pleat
[pliːt]
ielūgt to invíte
ielūgums 1. invitátion; 2. ìn-
vitátion card
iemācīt to teach* [tiˑtʃ]
iemācīties to learn* [ləɪn];
ie. no galvas — to learn*
by heart [haɪt]
iemaks∥a páyment; kārtējā
ie. — instálment [-'stɔɪl-];
~u kase — páy-òffice
iemaņa skill, knack [næk]
iemesl∥s réason ['riːzn],
cause [kɔɪz]; kāda ~a
dēļ? — for what réason?
iemest to throw* [θrəu] in
iemigt to fall* [fɔɪl] asléep
iemīlēties to fall* [fɔɪl] in
love [lʌv] (with)

iemī∥ot to becóme* attáched
(to)
iemī∥ots fávourite, pópular
iemutis: cigarešu ie. —
cìgarétte-hòlder ['-ˌhəuldə]
ienaidnieks énemy
ienaids hate, hátred
ienākt to come* in; to énter;
◇ ie. prātā — to occúr
ienākum∥s íncome; ~a no-
doklis — íncome-tàx
ienesīgs prófitable
ienest to cárry (bring*) in
ienīst to hate
ieņemt 1. (vietu) to óccupỳ,
to take* [up]; 2.: ie. zā-
les — to take* médicine
iepatikties to take* a fáncy
(to)
iepazīstināt 1. (ar kādu) to
introdúce (to); 2. (ar ko)
to acquáint [ə'kweint]
(with)
iepazīties 1. (ar kādu) to
get* acquáinted [ə'kwein-
tid] (with), to make* the
acquáintance (of); 2. (ar
ko) to acquáint ònesélf
(with)
iepirkties to shop; iet ie. —
to go* shópping
iepirkums púrchase ['pəɪtʃəs]
ieplest: ie. acis — to stare
(at); ie. muti — to gape
ieplēst to tear*
ieplīsis (par trauku) cracked;
(par drānu) torn
ieplūst to flow [fləu] in
iepretī ópposite ['ɔpəzit]
iepriecināt to give* pléasure
['pleʒə], to please [pliːz],
to delíght [-'lait]
iepriekš befórehànd; in ad-
vánce [-'vaɪns]

iepriekšējs 1. prelíminary; 2. *(agrāks)* fórmer
iepriekšminētais the abóve-méntioned
iepuvis rótten
ierādītāja: vietu ie. *(teātrī u. tml.)* — úsher
ieradum‖s hábit; ~a pēc — out of hábit
ierakstīt 1. to put* [put] down; *(sarakstā)* to énter *(in, on)*; 3. *(vēstuli)* to régister
ieraksts éntry; ie. magnetofona lentē — tápe-recórding
ierakums entrénchment, dúg-out
ierāmēt to frame
ierasties to arríve; to turn up *sar*
ierasts habítual [-ˈbitjuəl]
ierašanās arríval; ie. obligāta — atténdance compúlsory
ieraudzīt to catch* sight [sait] *(of)*
ieraut 1. to pull [pul] in; 2. *(naudu)* to grab
ierāvējs grábber
ieraža cústom; hábit; way
ierēdnis clerk [klɑːk], officíal
ieredzēt to like
ieredzēts pópular
iereibis típsy
ierīce devíce; gádget
ierīkot to fix up
ierīkoties to estáblish ònesélf, to set* ònesélf up
ierind‖a *mil* formátion, line; nostāties ~ā — to form up; ~as mācība — line tráining [ˈtrein-]; ◇ izsist no ~as — to put* out of

áction; stāties ~ā *(par uzņēmumu)* — to be put [put] into òperátion
ierindniek‖s prívate [ˈprai-]; ~i — rank and file
ierindot to rank *(among)*
ierindoties: ie. pirmajā vietā — to move [muːv] up into first place [pleis]; to númber *(among)*
ierīvēt to rub [in]
ierobežojums restríction, limitátion; ātruma ie. — spéed-limit
ierobežot to restríct, to límit
ierobežot‖s 1. restrícted, límited; ~ā daudzumā — in límited quántities [ˈkwɔn-]; ~as iespējas — límited òpportúnities; 2. *(par lidzekļiem)* ìnsufficient
iero‖cis wéapon [ˈwepən]; arms *dsk.;* masu iznīcināšanas ~či — wéapons of mass distrúction; ◇ nolikt ~čus — to lay down arms
ierosinājum‖s suggéstion [-ˈdʒestʃ-], propósal [-ˈpəuz-]; *(sapulce)* mótion [ˈməuʃən]; pēc viņa ~a — on his inítiative; sūdzību un ~u grāmata — compláints book
ierosināt to suggést, to propóse
ierosm‖e inítiative [iˈniʃiə-tiv]; pēc paša ~es — of one's own accórd
ierun‖a objéction; celt ~as — to raise [reiz] objéctions
iesācējs begínner [-ˈginə]
iesaiņot to pack (wrap) up

iesaistīt to invólve *(in)*, to draw* [drɔː] *(in)*

iesaistīties to join *(in)*, to take* part *(in)*

iesākt to begín*, to start; ie. strīdu — to pick a quárrel

iesālīt to salt; *(gaļu)* to corn; *(siļķes)* to píckle

iesauka níckname ['nikneim]

iesaukt 1. to call [kɔːl] in; 2. *(karadienestā)* to call up; 3. *(nosaukt)* to name

iesaukties to call [kɔːl] out, to excláim

iesaukums cáll-up ['kɔːlʌp]

iesēdināt 1. to seat [siːt]; ie. kādu vilcienā — to put* [put] smb. on the train [trein]; 2. *(cietumā)* to imprison [-'prizn]

iesējums *(grāmatas)* bínding ['baind-]

iesildīšanās *sp* wárming-up ['wɔːmiŋ-]

iesilt to get* warm [wɔːm]

iesist to strike*

ieskaidrot to make* únderstánd, to bring* home *(to)*

ieskait‖e test; nokārtot ~i — to pass a test; ieskaišu grāmatiņa — stúdent's récord book

ieskaitīt to inclúde [-'kluːd]

ieskatīties to look *(into)*

ieskat‖s opínion; pēc mana ~a — to my mind [maind]

ieskrāpēt to scratch

ieskriešan‖ās *sp* rúnning start; lēciens ar ~os — rúnning jump

ieskriet to run* in

ieskrieties to take* a run

ieskrūvēt to screw [skruː] in

ieslēgt 1. to lock in; *(skapī)* to lock up; 2. *(elektrību, radio)* to switch on; *(motoru)* to start

ieslodzījums imprísonment, confínement

ieslodzīt 1. to lock up; 2. *(cietumā)* to imprison, to confíne

iesmaržoties to scent ònesélf

iesmelt *(ar karoti)* to spoon up; *(ar zupas kausu)* to ládle ['leidl] out

iesnas cold [kəuld], cold in the head [hed]; dabūt ie. — to catch* cold

iesniegt to hand in; ie. sūdzību — to lodge a compláint [-'pleint] *(against)*; ie. lūgumu — to submít a petítion; ie. priekšlikumu — to move a propósal

iesniegum‖s àpplicátion; iesniegt ~u — to submít an àpplicátion

iespaidīgs impréssive; *(par cilvēku)* ìnfluéntial

iespaids impréssion

iespēj‖a 1. pòssibílity; 2. *(izdevíba)* òpportúnity; dot ~u — to give* a chance [tʃɑːns]

iespējams póssible

iespēlēt *(platē, magnetofona lentē)* to recórd

iespert to kick

iespiedk‖ļūda mìsprínt

iespiestᵃ to press in

iespiestᵇ *poligr* to print

iespiesties to squeeze [skwiːz] in; ie. atmiņā —

to impréss in one's mém-
ory
iespītēties to get* stúbborn
iesp|aut to spit* *(into)*
iespraust to stick* in
iestāde óffice; instìtútion,
estáblishment
iestādīt to plant [plɑɪnt]
iestājeksāmens éntrance
exàminátion [ig,zæmi'nei-]
iestāstīt to make* ùnder-
stánd; to bring* home *(to)*
iestāšanās 1. éntrance;
2. *(sākums)* sétting in,
ónset
iestāties 1. to énter; to join;
2. *(sākties)* to set* in
iestiklot to glaze
iestudēt *(lomu)* to rehéarse
[-'həɪs]; *(lugu)* to stage
iesūdzēt: ie. tiesā — to
bring* an áction *(against)*
iesviest to throw* [θrəu] in
iešana wálking ['wɔɪk-]
ieš|ircināt to inject
iet 1. to walk [wɔɪk]; to
go*; 2. *(darboties)* to work
[wəɪk]; ◇ ej nu! — come,
now [nau] !; lai ietl —
all right [rait] !
ietaupījums 1. *(naudas)* sáv-
ings *dsk.;* 2. *(laika)* ècón-
omy
ietaupīt to save up; to put*
[put] asíde
ietecēt to flow [fləu] *(into)*
ieteicams advísable [-'vaiz-];
rècomméndable
ieteikt to advíse, to rècom-
ménd
ietekme ínfluence *(on, upon)*
ietekmēt to ínfluence
ietērpt to clothe [kləuð]
ietiepīgs óbstinate, stúbborn

ietiepties to be óbstinate
(stúbborn)
ietilpība capácity
ietilpīgs capácious
ietinam‖s: ~ais papīrs —
wrápping páper
ietīt to wrap up
ietriekt to drive* in; *(nazi)*
to stick* *(into)*
ieturēt[a] *(no algas)* to de-
dúct
ieturēt[b]: ie. brokastis — to
have bréakfast ['brekfəst]
ietvars frame; móunting
['maunt-]; *(briļļu)* rim
ietve pávement
ietvert 1. to inclúde
[-'kluɪd]; to contáin;
2. *(iekļaut)* to surróund,
to enclóse [-'kləuz]
ieva bírd-chèrry tree
ievadīt to ìntrodúce
ievadraksts léading ['liːd-]
árticle, léader
ievads ìntrodúction; *(grā-
matas)* préface ['prefis]
ievainojums wound [wuːnd],
ínjury
ievainot to wound [wuːnd],
to ínjure
ievākt 1. *(ražu)* to reap
[riːp], to hárvest; 2. *(no-
dokļus)* to colléct
ievārījums jam; presérves
dsk.
ieveidot *(matus)* to set*
ievēlēt to eléct
ievērīb‖a: ~as cienīgs —
nóteworthy ['-,wəɪði]; at-
stāt bez ~as — to dísre-
gárd
ievērojams remárkable, nóte-
wòrthy ['-,wəɪði]

ievērot 1. *(pamanīt)* to nó-
tice; **2.** *(ņemt vērā)* to
take* into considerátion;
ie. likumus — to obsérve
(keep*) the rules
ievērt: ie. diegu adatā — to
thread [θred] a néedle
ievest 1. to lead* (take*) in;
2. *(importēt)* to impórt
ieviest to introdúce; ie. prak-
sē — to introdúce in prác-
tice
ievies‖ties to spread*; to ta-
ke* root; plaši ~ies
(piem., par metodi) — to
be práctised on a wide
scale
ievietot to put* [put] in;
(rakstu) to insért
ievilkt 1. to drag (pull
[pul]) in; **2.** *(elektrību
u. tml.)* to install [in'stɔːl]
ievingrināties to acquíre
[ə'kwaiə] skill *(in);* to
get* the knack [næk] *(of)*
ieziepēt to láther ['laːðə]
ieziest to grease [griːz], to
lúbricàte ['luː-]
ezīme féature ['fiː-]; trait
[treit]
iezis rock
iezēloties to feel* píty ['piti]
(for), to feel sórry *(for)*
iežogojums fence; hóarding
['hɔːd-]
iežogot to fence in
igaun‖is (~iete) 'Estónian
ignorēt to dísregárd
īgns péevish, súllen
ik every; ik dienas — dáily
['deili]; every day [dei];
ik nedēļas — wéekly, every
week; ik gadus — án-

nually ['ænjuəli], yéarly
['jəːli]
ikdien‖a wéek-dày [-dei];
~as drēbes — everydày
clothes [kləuðz]; ~as
darbs — dáily work; ~as
vajadzības — dáily needs
ikdienišķs éverydày; cóm-
monplàce
ikria *(kāju)* calf [kaːf]
ikrib *(ēšanai)* cáviàr[e]
['kæviaː]
īkšķ‖is thumb [θʌm]; ◇ tu-
rēt ~i — to keep one's
fíngers crossed
īlens awl [ɔːl]
ilgas lónging; i. pēc dzim-
tenes — hóme-síckness
['-'siknis]
ilggadējs of many years
[jəːz] stánding, of long
stánding
ilgi long, for a long time
ilgoties to long *(for)*
ilgs long; i. mūžs — longév-
ity
ilgspēlējoš‖s lóng-plàying;
~a plate — lóng-plàying
récord, lóng-plàyer
ilgstoš‖s lásting ['laːst-];
~ie laiki *gram* — contínu-
ous ténses
ilgt to last [laːst]
ilgums length, durátion
[djuə'reiʃ-]
ilgviļņ‖i pérmanent wave,
perm *sar;* ielikt ~us —
to have one's hair [hɛə]
permed
ilknis *(ziloņa)* tusk; *(vilka)*
fang

ilustrācija ìllustrátion, pícture

ilustrēt to íllustràte; ~s žurnāls — pictórial, íllustràted màgazíne [ˌmægə'ziːn]

ilūzij‖a illúsion [i'luːʒən]; radīt ~as — to crèáte illúsions

imitācija ìmitátion; ādas i. — lèatherétte [ˌləðə'ret]

imperiālisms impérialism

impērija émpìre

importēt to impórt

imports ímpòrt

impulss ímpulse

incidents íncident

inde póison ['poizn]

indiān‖is (~iete) 'Indian

ind‖ietis (~iete) 'Indian

indīgs póisonous ['poiznəs]

individuāls indivídual

indonēz‖ietis (~iete) 'Indònésian [ˌindəu'niːzjən]

industrija índustry

infekcij‖a inféction; ~as slimība — inféctious diséase

inficēt to inféct

infinitīvs *gram* infínitive

informācij‖a ìnformátion; ~as birojs — ìnformátion bùreáu [bjuə'rəu]

informēt to infórm (*of*)

iniciatīv‖a inítiative [i'niʃiətiv]; pēc savas ~as — of one's own [əun] accórd

injekcija injéction

injicēt to injéct

inscenējums stage vérsion

inscenētājs prodúcer

inscenēt to prodúce for the stage, to stage

insekts ínsect

inspektors inspéctor

instinktīv‖s instínctive; ~i — by ínstinct

instinkts ínstinct

institūts ínstitute; cóllege

instrukcija instrúctions *dsk.*

instruktors instrúctor

instrument instrument; (*darbarīks*) tool

intelektuāls intélléctual [ˌ-'lektjuəl]

inteliģence ìntélléctuals [ˌ-'lektjuəlz] *dsk.*

inteliģents *ip. v.* cúltured

intensīvs inténse

interesant‖s ínteresting; ~i zināt ... — I wónder ['wʌn-] ...

interese ínterest

interesēt to be of ínterest (*to*)

interesēties to be ínterested (*in*)

interjers intérior

internacionāls intérnátional [ˌintə(ː)'næsənl]

internātskola bóarding-schòol ['bɔːd-]

intervij‖a ínterview ['-vjuː]; sniegt ~u — to grant an ínterview

intīms íntimate

intrig‖a intrígue [in'triːg]; scheme [ʃiːm]; plot; nodarboties ar ~ām — to scheme

intuīcija intuítion [ˌintju(ː)'iʃ-]

invalīds ínvalid ['invəliːd]; kara i. — disábled sóldier ['səuldʒə]

inventarizācija stóck-tàking

inventārs stock

inženieris èngináer [ˌendʒi'niə]; i. celtnieks — cívil

èngineer; i. mehāniķis — mechánical èngineer

īpašīb‖a quálity ['kwɔ-]; próperty; raksturīga ī. — chàracterístic féature ['fiː-]; ∼as vārds *gram* — ádjective

īpašnieks ówner ['əunə]

īpašs spécial ['speʃəl]; partícular

īpašums próperty

īpatnējs pecúliar, specífic

īpatnība pecùliárity [-ˌkjuːli'æri-]

irbe pártridge

irdens loose [luːs]

īre rénting; īres maksa — rent

īrēt to hire; to rent

īriete 'Irishwòman ['aiəriʃ-]

īrnieks ténant ['ten-]; lódger

ironija írony ['aiərəni]

ironisks ìrónic [al] [ai'rɔnik(əl)]

īrs 'Irishman ['aiəriʃ-]

irt *(plīst)* to fall* to píeces ['piːsiz]

īsi 1. shórtly; ī. sakot — to put* it bríefly

īslaicīgs short; brief; of short durátion [djuə-'reiʃən]; ī. apciemojums — short stay

īss short; brief; īsā laikā — in a short time

istaba room; dzīvojamā i. — líving-ròom

īstenīb‖a reálity [ri(ı)'æliti]; ∼ā — in fact

īstenot to réalize, to cárry out

īst‖s real [riəl], génuine; ī. draugs — true friend; ∼ajā brīdī — just in time

īsum‖s: ∼ā — in brief

itāl‖ietis (∼iete) Itálian

izaicināt to chállenge; to defý

izaicinošs defíant

izārdīt *(šuvi)* to únpíck, to únríp

izārstēt to cure

izaudzēt *(dzīvniekus)* to raise [reiz], to breed*; *(augus)* to grow*

izaudzināt to bring* up

izaugt to grow* [grəu] up

izbadējies húngry, fámished

izbailes scare, fright [frait]

izbalējis fáded

izbalēt to fade

izbaudīt *(pārdzīvot)* to expérience

izbāzt 1. to put* [put] out; 2. *(dzīvniekus)* to stuff*

izbēgt 1. to run* away, to escápe; 2. *(izvairīties)* to escápe

izbeigt to stop, to end

izbeigties to end

izbērt to pour [pɔːr] out; *(nejauši)* to spill*

izbirt to spill*; to scátter

izbīties to take* fright [frait], to get* fríghtened ['frai-]

izbraucies trip, óuting

izbraukt to go* away

izbrīnījies surprísed

izbrīnīties to be surprísed

izbrīns surpríse

izcelšanās 1. órigin; 2. *(ugunsgrēka, kara)* óutbrèak ['autbreik]

izcelt 1. to take* out; 2. *(izvirzīt)* to distínguish

izcelties 1. to come* *(from)*, to rise* *(from)*; 2. *(par* *ugunsgrēku, karu)* to break* [breik] out; 3. *(iz-virzīties)* to be distín-guished *(by)*

izce|ot to émigràte

izcept *(maizi)* to bake; *(ga-ļu)* to roast [rəust]; *(zi-vis)* to fry

izciest 1. to bear*, to súffer; 2.: i. sodu — to serve one's time

izcils próminent, òutstánding

izcīnīt to win*; *(sportā — ari)* to cárry off

izcīņa còmpetítion; cóntèst; mátches *(for); kausa i.* futbolā — fóotbàll cup còmpetítion

izcirst to cut* (hew*) out

izcirtums cléaring ['kliər-]

izdai|ot to adórn, to décor-àte

izdalīt to distríbùte *(among)*

izdarīgs effícient [i'fiʃənt]

izdarīt to do*; to cárry out; i. noziegumu — to commít a crime; i. pakalpojumu — to rénder a sérvice ['səː-]

izdauzīt 1. to beat* [biːt] out; 2. *(stiklu)* to break* [breik]

izdēdējis wásted; emáciàted [i'meiʃieitid]

izdedži slag

izdegt to burn* out

izdēt to lay* [lei]

izdevējs públisher

izdevība chance [tʃaːns], òpportúnity

izdevīgs àdvantágeous [ˌ-'teidʒəs]; convénient; i. gadījums — òpportúnity

izdevniecība públishing house [haus]

izdevumi expénse[s]; expén-diture; ražošanas i. — pro-dúction costs; lieli i. — héavy ['hevi] expénses

izdevums *(grāmatas)* edítion

izdibināt to find* [faind] out

izdilis *(par drēbēm)* worn out, thréadbàre ['θredbəə]

izdilt to wear* out

izdom‖a imàginátion; ∼as spējas — invéntive fáculty

izdomāt 1. to think* of; 2. *(nepatiesību)* to make* up; to invént

izdošanās good luck, succéss [sək'ses]

izdot 1. to hand out; 2. *(nau-du)* to spend*; 3. *(likumu)* to íssue; i. dekrētu — to pass [paːs] a decrée; 4. *(izīrēt)* to let*; 5. *(grā-matu)* to públish

izdoties 1. to be a succéss [sə'kses]; 2.: man neizde-vās — I failed; viņam iz-devās — he mánaged ['mænidʒd]

izdurt to prick

izdzert to drink* up, to émpty

izdzēst 1. *(gaismu)* to switch off, to turn out; 2. *(uguni)* to put* [put] out; 3. *(uzrakstīto)* to eráse; to rub out

izdzist *(par gaismu u. tml.)* to go* out

izdzīt to drive* out, to turn out

izeja 1. éxit; 2. *pārn* way [wei] out

izejviela raw matérial

izgaist to vánish

izgarot to eváporàte

izgatavot to make*; *(rūpniecíski)* to mànufácture [‚mænju'fæktʃə]

izgāzt 1. to throw* [θrəu] out; 2.: i. dusmas — to vent one's ánger

izglābt to save; i. dzīvību kādam — to save smb.'s life

izglābties to escápe

izglītīb‖a èducátion; vispārējā obligātā vidējā i. — ùnivérsal compúlsory sécondary èducátion; iegūt ~u — to be éducated

izglītot to éducate

izglītots éducàted

izgludināt to íron ['aiən]

izgreznot to décorate

izgriezt to cut* out

izgrūst to push [puʃ] out

izgudrojums invéntion

izgudrot to invént

izgudrotājs invéntor

izguléties to have a good sleep

izǵērbties to undréss

iziet to go* out; i. uz ielas — to go* out into the street; i. pie vīra — to márry

izīrēt to let*

izirt to rip ópen, to come* úndóne ['-'dʌn]

izjaukt 1. *(mašīnu u. tml.)* to dismántle, to dismóunt [-'maunt]; 2. *(plānu u. tml.)* to deránge [-'reindʒ]

izjokot to make* fun *(of)*

izjukt 1. to get* into disórder; 2. *(par plānu u. tml.)* to fail [feil]

izjūta sense, féeling

izkaisīt to scátter

izkāpt to get* out (off)

izkapts scythe [saið]

izkārt 1. to hang* out; 2. *(apskatei)* to displáy [-'plei]; i. paziņojumu — to displáy a nótice

izkārtne sígnbòard ['sainbɔːd]

izkausēt *(metālu)* to melt; *(sniegu)* to thaw

izklaidēties to amúse (enjóy) ònesélf

izklaidība ábsent-míndedness ['-'maindid-]

izklaidīgs ábsent-mínded ['-'maindid]

izklāt to spread* [spred] out

izklīdināt 1. to dispérse [-'pəːs]; to break* up; 2. *(aizdomas u. tml.)* to dispél

izklīst to dispérse; to break* up

izkļūt to get* out

izkopt to cúltivàte, to devélop

izkrāsot to paint [peint]

izkratīt to shake* out; ◇ i. sirdi — to ùnbúrden one's heart [haːt]

izkraut to únlóad ['-'ləud]

izkravāt to únpáck

izkrist 1. to fall* out; 2. *(eksāmenā)* to fail [feil]

izkust *(par metālu)* to melt; *(par sniegu)* to thaw

izkustēties 1. *(par naglu)* to get* loose; 2. *(izvingrināties)* to stretch one's legs

izkustināt to move [muːv]

izķemmēt to comb [kəum]

izlabot 1. to repáir; to mend; 2. *(kļūdas)* to corréct

izlaidīgs díssolùte ['-luɪt]

izlaidums 1. *(naudas u. tml.)* íssùe ['iʃuɪ]; emíssion; marku i. — íssùe of stamps; 2. *(skolēnu)* léavers; *(studentu)* gráduates; 3. *(tekstā)* omíssion

izlaist 1. *(ārā)* to let* out; 2. *(naudu u. tml.)* to emít; 3. *(vārdus u. tml.)* to omít; 4. *(produkciju)* to turn out

izlas‖e seléction, choice; rakstu i. — selécted works; dabiskā i. *biol* — nátural seléction; ~es komanda *sp* — combíned team [tiːm]

izlasīt a *(tekstu)* to read* [riːd]

izlasīt b *(atlasīt)* to choose* [tʃuːz], to seléct, to pick out

izlaupīt to plúnder

izlauzt to break* [breik]

izlēkt to jump out

izlemt to decíde

izlepis fàstídious

izlīdzināt to smooth out

izliekt to bend*, to curve

izliekties 1. to bend*, to curve; 2. *(pa logu)* to lean [liːn] out

izliet to pour [pɔɪr] out; to spill*

izlietne sink

izlietot to use [juːz]

izlīgt to make* it up

izlikšanās preténce

izlikt 1. to put* [put] out; 2. *(apskatei)* to displáy [-'plei]; 3. *(no dzīvokļa)* to turn out

izlikties 1. to preténd, to sham; 2. *(šķist)* to appéar [ə'piə], to seem

izlīst to creep out

izlīt to pour [pɔɪr] out; to spill*

izlocīties 1. *(par čūsku)* to coil; 2. *pārn* to eváde, to dodge [dɔdʒ]

izl'oksne díalect

izloz‖e *(loterijas)* dráwing, draw; laimestu ~es tabula — príze-list

izlūgties to beg (ask [aɪsk]) *(for)*

izlūkdienests intélligence sérvice

izlūkošana recónnaissance [ri'kɔnisəns]

izlūks 1. scout [skaut]; 2. *(izlūkdienesta agents)* sécret sérvice man*

izlutināt to spoil*, to pámper

izmaks‖a 1. *(algas)* páyment ['pei-]; 2.: ~as ek — óutlày ['autlei] *vsk.*

izmaksāt 1. to pay* [pei]; 2. *(par vērtību)* to cost*

izmantot to útilize; to máke* use [juːs] *(of);* i. gadījumu — to take* the òpportúnity

izmazgāt to wash [wɔʃ]

izmēģinājum‖s test; tríal; ~u stacija — èxperiméntal státion; ~a brauciens — tríal run; ~a lidojums — tríal flight [flait]

izmēģināt to test; to try

izmeklēšana *jur* invèstigátion

izmeklēt 1. *(slimnieku)* to exámine; 2. *jur* to invéstigàte

izmērīt to méasure ['meʒə]; i.
temperatūru — to take* the
témperature
izmērs méasure ['meʒə]; size
izmest to throw* [θrəu] out
izmētāt to scátter
izmežģīt to díslocàte
izmirkt to get* drenched
izmisis despáired [-'pɛəd],
désperate ['despərit]
izmisum‖s despáir [dis'pɛə];
novest ~ā — to drive* to
despáir [dis'pɛə]
izmu|ķot to fool, to make* a
fool (of)
iznākt 1. to come* out;
2. (par grāmatu u. tml.)
to appéar [ə'piə], to be
públished
iznākums resúlt [ri'zʌlt], óut-
còme ['autkʌm]
iznēsāt (pastu) to delíver
[-'livə]
iznīcināšan‖a destrúction;
masu ~as ieroči — wéap-
ons ['wepənz] of mass
destrúction
iznīcināt to destróy [-'trɔi]
iznīkt to pérish
iznomāt 1. to let*; 2. (man-
tas) to híre ['haiə]
izņemot excépt, save
izņemt 1. to take* out; i.
no apgrozības — to with-
dráw* [-'drɔ:] from cìr-
culátion; 2. (mācību vielu)
to work [wə:k] through
izņēmum‖s excéption; ~a
kārtā — as an excéption
izolācija 1. ìsolátion [ˌaisə-
'leiʃən]; 2. el ìnsulátion
izpalīdzēt to help out
izpārdošana sale; sélling off
izpārdots sold out

izpatikt to please [pli:z]; vi-
ņam grūti i. — he is hard
[ha:d] to please
izpausme mànifèstátion
izpausties to mánifèst itsélf
(in)
izpe|ņa (kalpotāja) éarnings
['ə:niŋz] dsk.; (strādnie-
ka) wáges dsk.
izpilde fulfílment
izpildījums perfórmance
izpildīt to fulfíl; i. anketu —
to fill* in a form; i. solī-
jumu — to keep* one's
prómise
izpildkomiteja exécutive [ig-
'zekjutiv] commíttee
izpirkt 1. to buy* [bai] out;
2. (vainu) to atóne (for)
izplānot to plan out
izplatījums space
izplatīt to spread* [spred]; i.
baumas — to spread* rú-
mours
izplatīties to spread* [spred]
izplatīts wídespread ['waid-
spred]; i. uzskats — wíde-
spread opínion
izplaukt to blóssom
izplest to wíden, to expánd;
(spārnus, rokas) to
spread* [spred] out, to
stretch
izplēst to tear* [tɛə] out
izplesties 1. to wíden, to
stretch; 2. fiz to dìláte
izpletnis párachùte ['pærə-
ʃu:t]
izpletņlēcējs páratròoper
['pærə-]
izplūst 1. to flow [fləu] out;
2. (par krāsu, tinti) to run*
izp|āpāt to let* out

izpostīt to wreck [rek], to rúin [ruin]

izprast to ùnderstánd*, to make* *(smth.)* out

izprieca pléasure [´pleʒə]

izrāde perfórmance; dienas i. — mátinee [´mætinei]

izrādīt to show* [ʃəu], to displáy [-´plei]

izrādīties to prove [pruːv]; to turn out [to be]

izraidīt 1. to turn out, to expél; 2. *(trimdā)* to éxile [´eksail]

izraisīt *pārn* to cause; to provóke; i. karu — to únléash [´ʌn´liːʃ] war [wɔːl]

izrakstīt 1. *(rēķinu u. tml.)* to make* out; 2. *(no slimnīcas)* to dischárge; *(no dzīvesvietas)* to strike* off the list; 3. *(periodiskus izdevumus)* to subscríbe *(to)*

izrakt to dig*; i. aku — to sink* a well

izrakteņi mínerals

izraut to pull [pul] out, to extráct

izredzes próspèct, chance [tʃaːns]

izrēķināt to fígure out; i. uzdevumu — to do* a sum

izremontēt to repáir [-´pɛə]

izrietēt to fóllow; no tā izriet, ka... — it fóllows that ...

izrotāt to décoràte

izruna pronùnciátion

izrunāt to pronóunce

izsalcis húngry

izsalkums húnger

izsaucējs *gram* èxclamátion mark

izsaukt to call [kɔːl]; *(skolā)* to ask [aɪsk]

izsaukties to excláim [-´kleim]

izsēdināt 1. *(pasažieri)* to drop; 2. *(krastā)* to land, to dìsembárk; i. desantu — to land troops

izsekot to track; to trail; to trace

izsīkt 1. *(par avotu)* to dry up; 2. *(par spēkiem)* to be exháusted; *(par līdzekļiem)* to run* short

izsist to knock out; *(logu)* to break* [breik]

izsitumi *med* rash

izskaidrojums èxplanátion

izskaidrot to expláin [-´plein]

izskaitīt to count [kaunt]

izskalot 1. to rinse; i. kaklu — to gárgle; 2. *(krastu)* to wash [wɔʃ] out

izskatīgs góod-lóoking

izskatīt 1. *(grāmatu)* to look through; 2. *jur* to try a case

izskat‖īties to look [like]; kā viņš ∼ās? — what does he look like?

izskat‖s appéarance [ə´piər-]; pazīt pēc ∼a — to know* by sight [sait]

izskaust to èxtérminate

izslāpis thírsty

izslaucīt to wipe; *(ar slotu)* to sweep*

izslaukt to milk

izslēgt 1. *(strāvu)* to switch off; 2. *(no skolas)* to expél *(from)*; ◇ tas ir pilnīgi ∼s — it is out of the quéstion [´kwestʃən]

izslieties to stráighten [´streitn] ònesélf

izsludināt to ádvertìse
izsmalcināts refíned, súbtle ['sʌtl]
izsme|ošs exháustive
izsmiekl‖s derísion; kļūt par ~u — to become* a láughing-stòck ['laɪfɪŋ-]
izsmiet to mock, to laugh [laɪf] *(at)*
izsniegt to hand out
izspiest 1. to squeeze out; 2. *(naudu)* to bláckmàil
izspiesties 1. *(izdalīties)* to appéar [ə'piə]; to come* out; 2. *(izspraukties)* to make* (force) one's way
izspļaut to spit* out
izspūris tóusled ['tauzld]
izstāde èxhibítion [ˌeksi-'biʃən]; show [ʃəu]
izstādīt to exhíbit [ig'zibit]; to displáy
izstaipīties to stretch ònesélf
izstarot to rádiàte
izstāstīt to tell*; to reláte
izstīdzējis lánky
izstiept to stretch
izstiepties to stretch òneself
izstrādājum‖s árticle; goods *dsk.;* dzelzs ~i — hárdwàre
izstrādāt to work [wəːk] out
izstrād‖e óutpùt ['autput]; ~es norma — planned rate of óutpùt, óutpùt stándard; dienas i. — dáily quóta; ~es diena — wórk-day ['wəːkdei]
izstumt 1. to push [puʃ] out; 2. *(no sabiedrības)* to bánish
izsūkt to suck out
izsūtāmais érrand-bòy ['erənd-], cáll-bòy

izsūtīt 1. to send*; 2. *(trimdā)* to éxìle ['eksail]
izsviest to throw* [θrəu] out
izsvītrot to cross out, to strike* off
izšķērdīgs extrávagant, wásteful ['weistful]
izšķiest *(naudu)* to waste [weist], to squánder
izšķiroš‖s decísive [-'saisiv]; ~a kauja — decísive báttle; ~ā brīdī — at the decísive (crúcial) móment
izšķirties 1. to part; *(par viru un sievu)* to divórce; 2. *(izlemt)* to decíde, to make* up one's mind [maind]
izšķīst to dissólve [-'zɔlv]
izšņaukt: i. degunu — to blow* [bləu] one's nose
izšūt to embróider
iztaisīt to make*
iztapīgs oblíging, sérvìle
iztapt to oblíge, to please [pliːz]
izteicējs *gram* prédicate
izteiciens expréssion
izteiksme 1. expréssion; 2. *gram* mood
izteiksmīgs expréssive
izteikt to expréss, to útter
izteikties to speak* [spiːk] out; īsi izsakoties — to be brief [briːf]
iztērēt to spend*
iztiesāt to try *(a case)*
iztik‖a lívìng ['liviŋ]; nopelnīt sev ~u — to earn [əːn] one's lívìng; ~as minimums — lívìng wage
iztikt 1. to live [liv] *(on)*; 2. *(apmierināties)* to mán-

age ['mænidʒ] *(with)*, to do* *(with)*

iztīrīt to clean [kliːn]

iztirzāt to análÿse, to dìscúss

iztīt to únwráp

iztraucēt to distúrb

iztrūkt *(par pogu)* to come* off

iztrūkums déficit

iztukšot to émpty ['empti]

iztulkot to intérpret; nepareìzi i. — to mísintérpret

izturēšanās beháviour [bi-'heivjə]

izturēt 1. to stand*, to bear* [beə]; 2. *(eksāmenu)* to pass [paːs]

izturēties 1. to treat [triːt]; slikti i. — to maltréat; 2. *(uzvesties)* to beháve

izturība 1. *(cilvēka)* hárdiness; 2. *(materiāla)* dùrability

izturīgs 1. *(par cilvēku)* hárdy; 2. *(par materiālu)* dúrable

iztvaikot to eváporate

izvadāt 1. *(preces)* to delíver; 2. *(izrādot)* to show* [ʃəu] round [raund]

izvaicāt to quéstion ['kwestʃən]

izvairīties 1. to dodge, to sídestep; 2. *(no kā)* to shun; to avóid

izvākt to remóve [-'muːv]

izvārīt to boil, to cook

izvārī‖ties to be boiled; to be cooked; gaļa ~jusies — the meat [miːt] is done

izvēdināt to air [eə]

izveicība skill

izveicīgs skílful, déxterous

izveidot 1. to form; 2. *(organizēt)* to órganize

izveidoties 1. to take* shape; 2. *(organizēties)* to be órganized

izvēl‖e choice; seléction; pēc ~es — at (by) choice

izvēlēties to choose*

izvēlīgs fastídious

izvese‖oties to recóver [-'kʌvə]

izvest 1. to take* out; 2. *(eksportēt)* to expórt

izvietot to place, to distríbùte

izvilkt to draw* (pull [pul]) out

izvilkums éxtràct

izvirzīt 1. *(par kandidātu)* to nóminàte; 2. *(darbā)* to promóte, to advánce

izziņ‖a réference

izzobot to mock *(at)*

izžāvēt to dry

izžūt to dry [up]

Jj

ja if; in case; gadījumā, ja tu viņu redzi — in case you see him

jā yes

jahta yacht [jɔt]

jaka *(adīta)* cárdigan; *(drēbes, ādas)* jácket

janvāris Jánuary

jāņogas cúrrants
japān‖is (~iete) Jàpanése
jards yard
jāt to ride*
jātnieks ríder
jau àlréady [ɔɪl'redi]
jaud‖a *fiz, tehn* capácity; ar pilnu ~u — at full [ful] capácity
jauks prétty ['priti]; nice [nais]
jaukt 1. to mix; 2. *(kārtību)* to disórganìze; ◇ j. gaisu — to stir up tróuble ['trʌbl]; j. plānus — to upsét* the plans
jaukties to interfére *(with);* to méddle *(in)*
jaunāk‖ais 1. *(par cilvēku)* yóungest ['jʌŋ-]; *(par priekšmetu)* néwest ['nju:-]; 2. *(pēdējais)* látest; *(mūsdienu)* récent; ~ā mode — the látest fáshion; ~ās ziņas — the látest news [nju:z] *vsk.*
jaunatne youth [ju:θ]
jaunattīstīb‖a: ~as valstis — devéloping cóuntries ['kʌntriz]
jauneklis youth [ju:θ], young [jʌŋ] man*
Jaungad‖s New Year [jəɪ]; laimīgu ~u! — háppy New Year!
jaunība youth [ju:θ]
jauns *(par cilvēku)* young [jʌŋ]; *(par priekšmetu)* new
jaunum‖s nóvelty; ~ i — news [nju:z] *vsk.*
jausm‖a: man nav ne ~as — I have no idéa [ai'diə]

jautājum‖s quéstion ['kwestʃən]; uzdot kādam ~u — to ask smb. a quéstion
jautāt to ask [ɑ:sk]
jautrs mérry, gay [gei]
jeb or
jēdziens nótion, idéa [ai'diə]
jēg‖a 1. sense; tam nav ~as — it makes no sense; 2. *(priekšstats)* nótion, idéa [ai'diə]
jēls 1. raw; 2. *(noberzts)* sore
jēr‖s lamb; ~a gaļa — mútton
jo becáuse [-'kɔz]
jocīgs fúnny
jods *ķīm* íodìne ['aiədi:n]
jokot to joke; to make* fun
jok‖s joke; pa ~am — for fun; tas nav j. — it is not a láughing ['lɑ:fiŋ] mátter
joprojām still; un tā j. — and so on
josla zone
josta belt
jubileja ànnivérsary
jucekl‖is múddle, confúsion; radīt ~i — to play hávoc
jucis crázy
jūdze mile
jūgs yoke
jūgt to hárness
jūlijs Jùlý [dʒu(ı)'lai]
jumts roof
jūnijs June [dʒu:n]
jūr‖a sea [si:]; ~as krasts — séashore; ~as šaurums — strait; doties ~ā — to put* [put] to sea; ~as slimība — séasickness
juridisk‖s légal; ~ā fakultāte — law [lɔ:] depártment

jurists láwyer ['lɔːjə]
jūrmala séasíde ['siːˈsaid]
jūrnieks sáilor ['seilə]
jūrskola nával cóllege
   ['kɔlidʒ]
jūs you [juː]
jūsmot to admíre

just to feel*
justies to feel*
jūtas féelings, emótions
jutīgs írritable
jūtīgs sénsitive
juvelieris jéweller ['dʒuːələ]

Kk

ka that; tādēļ ka — becáuse
  [-ˈkɔz]
kā 1. how; kā klājas? —
  how are you?; 2. what;
  kā jūs sauc? — what is
  your name?; 3. as; kā,
  piemēram — as for ín-
  stance
kabat‖a pócket; iebāzt ~ā —
  to pócket; ◇ ~as nauda —
  pócket-mòney
kabatlakatiņš hándkerchief
  ['hæŋkətʃif], hánky sar
kabatnazis pócket-knìfe
kabelis cáble
kabīne booth [buːð]
kabinets 1. óffice; (mājās)
  stúdy ['stʌ-]; 2. (speciāls)
  room; ārsta k. — consúlt-
  ing-ròom
kad when
kādēļ why [wai]
kādreiz 1. once [wʌns];
  2. (dažreiz) now and then
kadr‖i pèrsonnél; ~u daļa —
  pèrsonnél depártment
kāds 1. what; what kind
  [kaind] (of); 2. sómebody
  ['sʌm-], ánybody ['eni-]
kafejnīca cáfe ['kæfei]
kafetērija cèfetéria

kafij‖a cóffee ['kɔfi]; ~as
  pupiņas — cóffee-bèans;
  ~as dzirnaviņas — cófee-
  mill
kafijkanna cóffee-pot
kaija séa-gull ['siːgʌl]
kail‖s náked, bare; ~ām kā-
  jām — bárefóoted ['bɛə-
  ˈfutid]
kaimiņš néighbour ['neibə]
kairināt to írritate
kaisīt to scátter
kaislība pássion ['pæʃn]
kaislīgs pássionate ['pæ-
  ʃənit]
kaite áilment ['eil-]
kaitēk‖lis pest; vérmin ['vəː-
  min]; cīņa ar ~ļiem —
  pest contról [-ˈtrəul]
kaitēt to harm; kas jums
  kaiš? — what is the mátter
  with you?
kaitīgs hármful; k. íera-
  dums — bad hábit
kaitināt to tease [tiːz]
kāj‖a leg; (pēda) foot*;
  ~as pirksts — toe [təu]
kājām on foot; iet k. — to
  walk [wɔːk]
kājāmgājējs pedéstrian
kajīte cábin
kakao cócoa ['kəukəu]

kaklasaite tie [tai]
kaklauts múffler; *(pioniera)* tie [tai]
kakls neck; man sāp k. — I have a sore throat [θrəut]
kakts córner
kaktuss cáctus
kaķēns kítten
kaķis cat
kalējs blácksmìth
kalendārs cálendar
kalnains hílly
kalngals *pārn* súmmit
kalnracis míner
kaln‖s móuntain ['mauntin]; *(neliels)* hill; ~u grēda — móuntain chain [tʃein]
kalpone maid [meid]
kalpot to serve
kalpotājs èmployée
kalps sérvant
kalsnējs lean [liːn]
kalst to dry up; *(par augiem)* to wíther
kalt 1. to forge; 2. *(naudu)* to coin; 3. *(par dzeni)* to peck
kaltēt to dry
kalts chísel ['tʃizl]
kalve forge
kaļķakmens límestòne
kaļķi lime
kaman‖as sledge, sleigh; braukt ar ~ām — to drive* in a sledge
kamēr 1. *(pa to laiku)* while; 2. *(līdz tam laikam)* till
kamera 1. *(cietuma)* cell; 2. *(riepas)* ínner tube; *(bumbas)* bládder
kamerkoncerts chámber cóncert

kamermūzika chámber músic ['mjuːzik]
kamielis cámel ['kæməl]
kamīns fíre-plàce
kamols ball [bɔːl]
kampaņa càmpáign [kəm'pein]
kanād‖ietis (~iete) Canádian
kanalizācija séwerage ['sjuəridʒ]
kanāls chánnel; *(mākslīgs)* canál
kancelej‖a óffice; ~as piederumi — státionery ['steiʃnəri] *vsk.*
kancerogēns càrcinogénic
kanclers cháncellor
kandidāts cándidate; zinātņu k. — cándidate of scíence
kandidatūra cándidatùre
kandidēt to stand* *(for)*
kankari tátters
kanna jug
kantor‖is óffice; ~a darbinieks — clerk
kaņepes hemp
kāpa dune
kapāt to hack, to chop
kāpēc why [wai]
kapeika cópèck
kapi cémetery; brāļu k. — cómmon graves
kāpināt to raise [reiz]; k. darba ražīgumu — to raise lábour próductívity
kapitālceltniecība cápital constrúction
kapitālisms cápitalism
kapitālistisks càpitalístic; cápitalist *(attr.)*
kapitālists cápitalist
kapitāls cápital
kaplēt to hoe [həu]
kaplis hoe [həu]

kāpnes stairs [steəz]; *(pie-slienamās)* ládder
kāpostgalva cábbage-hèad
kāposti cábbage; ziedu k. — cáuliflòwer; skābi k. — sáuerkràut ['sauəkraut]
kaprīzs caprícious [-'priʃəs]
kaprons cápron
kap‖s grave; ~a kopiņa — mound [maund]
kapsēta gráveyàrd
kāpslis step
kāpt 1. to climb [klaim]; k. augšā pa kāpnēm — to go* úpstáirs; k. lejā pa kāpnēm — to go* dównstáirs; 2. *(pieaugt)* to incréase [-'kriːs]; to rise*
kapteinis cáptain
kāpurs cáterpìllar
karadienests mílitary sérvice
karagūsteknis prísoner ['priznər] of war [wɔː]
karaliene queen [kwiːn]
karalis king
karaliste kíngdom
karaspēks troops *dsk.*
karāties to hang*
karavīrs sóldier ['səuldʒə]
kārba box; *(skārda)* tin
karbonāde *(cūkas)* pork chop
kārdinājums tèmptátion
kārdināt to tempt
kāre *(vēlēšanās)* cráving, desíre
kareivis *(dienesta pakāpe)* prívate ['praivit]
karikatūra càrtóon; càricatúre [,kærikə'tjuə]
karjer‖a caréer [kə'riə]; taisīt ~u — to make* up one's caréer

kārkls ósier ['əuʒə]
karnevāls cárnival
karogs bánner, flag; ceļojošais k. — prize bánner
karot to wage [weidʒ] war [wɔː]; to be at war *(with)*
karote spoon
karpa carp
kārs gréedy *(of);* viņš ir k. uz saldumiem — he has a sweet tooth*
karsēt to heat [hiːt]
karsonis féver; plaušu k. — pnèumónia [nju(ː)'məunjə]
karsts hot
karstums heat [hiːt]
karš war [wɔː]; Lielais Tēvijas k. — the Great Pàtriótic War; pasaules k. — world [wəːld] war
kārt to hang*
kārt‖a 1. láyer ['leiə]; 2. *(secība)* turn; pēc ~as — by turns; 3. *gram* voice
karte 1. *(ģeogrāfiskā)* map; 2. card; biedra k. — mémbership card
kārtēj‖s régular, órdinary; ~ais remonts — rúnning repáirs [-'pɛəz] *dsk.*
kārtīb‖a 1. órder; ievērot ~u — to keep* órder; saukt pie ~as — to call [kɔːl] to órder; 2. *(secība)* séquence ['siːkwəns]; darba k. — agénda
kārtīgs *(darbā)* áccurate; *(apģērbā)* tídy
kārtīte card
kartons cárdbòard ['-bɔːd]
kārtot 1. to put* [put] in órder; 2. to séttle ['setl]; k. eksāmenu — to take* ex-

àmínátion; k. parādus —
to pay* debts [dets]

kārts[a] pole

kārts[b] (spēļu) card

kārtslēkšana sp póle-jùmping

kartupe‖lis potátò; mizot
~ļus — to peel potátòes

kas 1. (par cilvēkiem) who;
(par priekšmetiem) what;
2. (attieksmes vietniek-
vārds) that

kase (biļešu) bóoking-òffice;
(veikalā) cáshbòx

kase‖te (filmai) casétte; ~šu
magnetofons — casétte re-
córder

kasieris càshíer

kasīt to scratch

kastanis chéstnut ['tʃesnʌt]

kaste chest, box

kastrolis sáucepàn

katalogs cátalògue ['kætələɡ]

katastrofa catástrophe [kə-
'tæstrəfi]; áccident

katedra chair [tʃɛə]; vēs-
tures k. — chair of hís-
tory

katedrāle cathédral

kategorij‖a 1. cátegory;
2. grade; otrās ~as vir-
potājs — thírd-gráde
túrner ['təɪnə]

kategorisks explícit; flat; k.
noraidījums — flat refús-
al

katls 1. pot; kéttle; 2. tehn
bóiler

katods fiz cáthode

katr‖s every, each [iːtʃ];
(vienalga kāds) any; ~ā
ziņā — by all means
[miːnz]

kāts 1. (auga) stalk [stɔːk];
2. (rīka) hándle

katūns cótton; (apdrukāts)
print

kaudze heap [hiːp], pile

kauj‖a báttle; fight [fait];
~as gatavībā — in fíght-
ing trim; ~as lauks —
báttlefìeld ['bætlfiːld]

kaukt to howl [haul]

kauls bone

kaunēties to be (feel*)
ashámed; kaunies! — for
shame!

kaun‖s shame; darīt ~u —
to dìsgráce; man k. — I
am ashámed; kā tev nav
~a! — aren't you ashám-
ed!

kausēt 1. to melt; 2. (snie-
gu) to thaw [θɔɪ]

kauslis búlly ['bu-]

kauss 1. bowl [bəul]; sme-
ļamais k. — ládle ['leidl];
2. (godalga) cup; ceļojo-
šais k. — chállenge
['tʃæ-] cup

kaut 1. (izsaka vēlējumu) if
ónly; 2.: k. gan — ál-
thóugh [ɔɪl'ðəu]; k. kā —
sómehow ['sʌmhau]; k.
kāds — some; any; k.
kur — sómewhère
['sʌmwɛə]

kauties to fight* [fait]

kautiņš brawl [brɔːl], fight
[fait]

kautrēties to feel* shy

kautrība shýness

kautrīgs shy, tímid

kavalieris 1. (dejā) pártner;
2.: ordeņa k. — béarer
['bɛərər] of the órder

kavēklis 1. óbstacle; hín-
drance; 2.: laika k. —
pástime

kavēt 1. to hínder; to pre-
vént; 2. *(nodarbĩbas)* to
miss; k. skolu — to play
the trúant
kavēties 1. to be deláyed
[-'leid]; 2. *pārn* to línger
['liŋgə] *(on, over)*
kaviārs cáviàr[e] ['kæ-];
graudainais k. — soft cá-
viàr[e]; presētais k. —
pressed cáviàr[e]
kaza goat [gəut]
kazah‖s (∼iete) Kazákh
[kaɪ'za:k]
kāzas wédding
kažokāda fur
kažoks fur coat [kəut]
kedas rúbber-sòled sports
boots
kefīrs kéfir
kempings cámping-sìte
keramik‖a cerámics [si'ræ-];
∼as izstrādājumi — pót-
tery, éarthenware ['əɪθ-]
kibernētika cỳbernétics
[‚saibə-]
kilograms kílogràm
kilometrs kílomètre
kino cínema ['si-]; móvies
['muːviz] *dsk. amer*
kinoaktieris film (screen)
áctor
kinoaktrise film (screen) ác-
tress
kinofestivāls film féstival
kinofilma film, picture;
móvie ['muːvi] *amer*
kinohronika néws-reel
['njuːzriːl]
kinokomēdija cómedy film
kinooperators cámeraman
kinorežisors prodúcer
kinoscenārijs scenário
[si'naːriəu], script

kinoseanss cínema show
[ʃəu]
kinostudija film stúdiò
kinoteātris cínema, pícture
house; móvie house *amer*
kinouzņemšana shóoting,
fílming
kinozvaigzne film star
kinožurnāls film màgazíne
[‚-'ziːn]
kiosks booth [buːð]; laik-
rakstu k. — néws-stànd;
grāmatu k. — bóok-stall
kirgīz‖s (∼iete) Kírghiz
['kəɪgiz]
klaidonis tramp
klaips loaf [ləuf]
klajā: nākt k. *(par grāma-
tu)* — to come* out; to ap-
péar [ə'piə]; laist k. — to
públish
klājs deck
klas‖e 1. *(skolā)* class, form;
grade *amer;* *(telpa)* cláss-
ròom ['klaɪs-]; ∼es
biedrs — cláss-màte, cláss-
féllow; ∼es audzinātājs —
fórm-màster; ∼es vecā-
kais — mónitor; form
cáptain; 2. *sp* class
[klaːs]; pasaules ∼es
sportists — wórld-rànking
['wəːld-] spórtsman
klasisks clássic[al]
klātᵃ: klāt galdu — to lay*
[lei] the táble
klātᵇ: iet k. — to go* up
(to); būt k. — to be prés-
ent ['preznt]
klātbūtne présence ['prezns]
klāties: kā klājas? — how
are you?; labi k. — to do*
well

klausît to obéy; k. kāda padomam — to fóllow (take*) smb.'s advíce [əd'vais]

klausītāj‖s lístener ['lisnə]; ~i — áudience *usk.*

klaus‖īties to lísten ['lisn]; ~ies! — look here!

klausul‖e *(telefona)* recéiver [ri'siːvə]; nocelt (pakārt) ~i — to pick (hang*) up the recéiver

klauvēt to knock [nɔk]

klavieres piánò ['pjænəu]

kleita dress, frock

klejot to wánder ['wɔndə]

klēpis lap

klepot to cough [kɔf]

klepus cough [kɔf]

klibot to limp

klibs lame

kliedziens cry; shout; ◇ pēdējais modes k. — last cry

kliegt to cry

klients clíent ['klaiənt]; cústomer

klimats clímate ['klaimit]

klīnika clíni= ['klinik]

klints rock

klīst to wánder ['wɔndə]; ◇ klīst baumas, ka ... — there are rúmours ['ruːməz] about that ...

klubs club

klup‖t to stúmble; ◇ ~dams krizdams — héadlong

klusām sílently, quíetly ['kwaiətli]; runāt k. — to speak* [spiːk] in a low [ləu] voice

klusēt to keep* sílent; *(neatbildēt)* to be sílent

kluss sílent; quíet ['kwaiət]; *(par balsi)* low [ləu]

klusums sílence

k‖ava máple ['meipl]

k‖ūda mistáke; *(rupja)* blúnder

k‖ūdīties to be mistáken; to make* a mistáke

k‖ūt to becóme*; to grow* [grəu], to get*

knābis beak [biːk]

kniebt to pinch

kņada bústle

ko what

kodiens bite

kodolieroči núclear wéapons ['wepənz]

kodolrakete núclear míssile

kodolreakcija núclear rèáction

kodolreaktors núclear rèáctor

kodols 1. kérnel; 2. *(šūnas)* núcleus*; atoma k. — atómic núcleus

kodoltermisk‖s thérmonúclear; ~ie ieroči — thérmonúclear wéapons

koks 1. tree; 2. *(materiāls)* wood

kokteilis cócktail ['-teil]

kokvilna cótton

koledža cóllege

kolēģis cólleague ['kɔliːg]

kolekcija colléction

kolektīvs colléctive

kolhoznieks colléctive fármer

kolhozs colléctive farm

kolonija cólony

kolonizācija còlonizátion

kolonna 1. cólumn; 2. *arhit* píllar

komand‖a 1. commánd [-'maːnd]; pēc ~as — at the commánd; 2. *sp* team [tiːm]; 3. *(kuģa)* crew [kruː]

komandējums míssion, búsiness ['biznis] trip
komandēt 1. to commánd; 2. *(nosūtit komandējumā)* to send* on a míssion
komandieris commánder [-'maːndə]
komats cómma
kombains cómbine; ražas novākšanas k. — cómbine hárvester
kombināts works; plant; sadzīves pakalpojumu k. — everydày ['evri-] sérvice céntre
kombinē slip
kombinēt to combíne
kombinezons óveràlls *dsk.*
komēdija cómedy
komentārs cómmentary; sporta k. — sports róundup
komentēt to cómment *(upon)*
komikss cómic; *(zīmējumu sērija)* cómic strip
komisija commíttèe [kɔ-'miti]; rajona k. — dístrict commíttèe; pastāvīga k. — stánding commíttèe
komisks cómic [al], fúnny
komjaunatne Young [jʌŋ] Commùnist League [liːg] *(saīs.* Y.C.L.)
komjaunietis mémber of the Young [jʌŋ] Cómmùnist League [liːg]
kompānija cómpany ['kʌmpəni]
kompass cómpass ['kʌmpəs]
komplekss[a] *lietv.* cómplex
kompleks[sb] *ip. v.* cómplex; íntegràted; ~ā brigāde — combíned team; ~ā meha-

nizācija — íntegràted mèchanìzátion
komplekts *lietv.* set
komplicēts cómplicàted
kompliments cómpliment
komponēt to compóse
komponists compóser
kompostrs ticket-stámping machíne [mə'ʃiːn]
kompots stewed [stjuːd] fruit [frutː]
kompres[e] cómpress; uzlikt ~i — to make* a cómpress
komunāl[s] cómmunal; ~ie pakalpojumi — sérvices ['səː-]
komunisms cómmunism
komunistisks cómmunist
komunists cómmunist
komutators swítchbòard ['-bɔːd]
koncentrācij[a] còncèntrátion; ~as nometne — còncèntrátion camp
koncertēt to give* cóncerts
koncerts 1. cóncert; *(viena atskaņotājmākslinieka)* recítal; simfoniskais k. — sýmphony cóncert; 2. *(skaņdarbs)* concértò [-'tʃəːtəu]
koncertzāle cóncert hall
kondicionēšana: gaisa k. — áir-condítioning ['ɛə-]
kondicionētājs áir-condítioner ['ɛə-]
konditorej[a] conféctionery [-'fekʃnəri]; ~as izstrādājumi — conféctionery *vsk.*
konduktors condúctor; *(vilciena)* guard [gaːd]

konfek‖te sweet; cándy
amer; ~šu kārba — sweet
(cándy) box
konferansjē máster ['maɪs-]
of céremonies ['seri-]
konference cónference; k. vis-
augstākajā līmenī — súm-
mit (top lével) cónference
konflikt‖s cónflict; ~u komi-
sija — dísputes commíttèe
kongress cóngrèss; miera
piekritēju k. — Peace
[piːs] Cóngrèss
konjaks cógnàc ['kəunjæk];
brándy
konkrēts cóncrete; specífic
konkurence còmpetítion
konkurēt to compéte
konkurss còmpetítion
konsekvents consístent
konservatīvs consérvative
konservatorija consérvatòire
[-'səɪvətwaɪ], consérvatory
amer
konservēt to presérve, to
make* presérves
konserv‖i tinned (canned)
food; gaļas k. — tinned
(canned) meat; ~u kār-
ba — tin, can; ~u na-
zis — tín-ópener
konstatēt to state
konstitūcija cònstitútion
konstrukcija strúcture; de-
sígn [-'zain]
konstruktors 1. desígner
[-'zainə]; 2. (*rotaļlieta*)
meccáno [mi'kænəu]
konsuls cónsul
konsultācija 1. (*speciālista
padoms*) éxpert opínion;
2. (*iestāde*): bērnu k. —
infant wélfare ['welfɛə]

céntre; sieviešu k. — ma-
térnity céntre
kontakt‖s cóntàct; ciešs k. —
close cóntàct; nākt ~ā —
to get* into touch [tʌtʃ]
(*with*)
konteiners contáiner
kontinents cóntinent
kontrabass cóntrabáss
['-'beis]
kontrakt‖s cóntràct; agrée-
ment; noslēgt ~u — to
make* a cóntràct
kontrasts cóntràst
kontrole inspéction; tautas
k. — péople's ['piː-] in-
spéction; valsts k. — state
inspéction
kontrolēt to inspéct; to check
up
kontrolieris 1. inspéctor;
2. (*biļešu*) tícket-colléctor
kontrolskait‖i éstimàted
(schéduled) fígures
konveijers convéyor, prodúc-
tion line
kooperācija cò-òperátion
kooperatīvs 1. (*organizā-
cija*) cò-óperàtive socíety;
2. (*veikals*) cò-óperàtive
store
kopā togéther
kopēj‖s *īp. v.* cómmon;
~as intereses — cómmon
ínterests
kopīg‖s cómmon, joint;
~iem spēkiem — by joint
éfforts
kopij‖a cópy ['kɔpi]; (*glez-
nas*) réplica; izgatavot
~u — to make* a cópy
(*of*)
kopmītne hóstel
kopš since

kopšana 1. *(slimnieka, bērna)* núrsing; 2. *(zemes)* cùltivátion; 3. *(lopu)* ténding
kopt 1. *(slimnieku, bērnu)* to nurse; 2. *(zemi)* to cúltivàte; 3. *(lopus)* to tend
korej‖ietis (∼iete) Koréan [kə'riən]
korespondence còrrespóndence
korespondents còrrespóndent
kor‖is choir ['kwaiə], chórus ['kɔɪ-]; ∼ī — in chórus
korķis cork
korķviļķis córk-scrèw ['-skruɪ]
korpulents stout [staut]
korpuss 1. *(ēka)* búilding ['bild-]; 2. *(kuģa)* hull
kosmētik‖a cosmétics; ∼as kabinets — béauty ['bjuɪ-] párlour
kosmētisks cosmétic; k. līdzeklis — cosmétic
kosmisk‖s space [speis]; cósmic; ∼ie stari — cósmic rays; ∼ā telpa — óuter space; ∼ais aparāts — space véhicle ['viɪikl]
kosmodroms spácedròme, láunching ['lɔɪntʃiŋ] site [sait]
kosmonautika space [speis] èxplorátion, àstronáutics
kosmonauts spáceman, ástronàut ['-nɔɪt]
kosmos‖s space, cósmos ['kɔzməs]; ∼a kuģis — spáceship
kost to bite*
kostīms cóstume, suit [sjuɪt]

koš‖ā‖t to chew [tʃuɪ]; ∼jamā gumija — chéwing-gùm ['tʃuɪ-]
košs bright [brait]
kotlete ríssòle ['risəul]
kovārnis jáckdàw ['-dɔɪ]
kovbojsców-bòy ['kau-]
krāce rápid
krājkas‖e sávings-bànk; ∼es grāmatiņa — sávings-bòok
krājum‖s colléction; *(pārtikas)* store; rakstu k. — sympósium; dzejoļu k. — seléction of poems; ∼ā — in store
krākt to snore
krān‖s tap; atgriezt ∼u to turn on a tap; aizgriezt ∼u — to turn off a tap
krāpnieks cheat [tʃiɪt]; impóstor
krāpt to cheat [tʃiɪt]
krāsa cólour ['kʌlə]; *(krāsviela)* paint [peint]; dye [dai]
krāsain‖s cóloured ['kʌləd]; ∼ā filma — cólour film; ∼ā televīzija — cólour télevísion
krāsns stove
krāsot to paint [peint]; *(audumus)* to dye [dai]; k. lūpas — to put* on lípstick
krāsotājs páinter ['peintə]
krass súdden; sharp
krastmala embánkment
krasts *(jūras)* shore, coast [kəust]; *(upes)* bank
krāšņs spléndid
krāt to save; *(markas)* to colléct; k. pieredzi — to gain expérience
krātiņš cage

kratīt to shake*
krauklis ráven
kraukšķīg‖s crisp, crúnchy; ~i kartupeļi *(paciņās)* — crisps
kraut *(kaudzē)* to pile; *(ratos)* to load [ləud]
krav‖a load [ləud]; *(kuģa)* freight [freit], cárgò; ~as automašīna — lórry [ˈlɔri]; truck
krāvējs lóader [ˈlɔu-]; *(ostā)* stévedòre [ˈstiːvidɔi], dócker
kredīt‖s crédit; uz ~a — on crédit
kreis‖ais left; ~ā puse — 1) left side; 2) *(auduma)* wrong side; pa ~i — to the left
krējums *(salds)* cream [kriːm]; *(skābs)* sóured [ˈsauəd] cream
krekls *(vīriešu)* shirt; *(sieviešu)* chemíse [ʃiˈmiːz]
krelles beads [biːdz]
krēms cream [kriːm]; apavu k. — shóe-pòlish [ˈʃuːˌpɔliʃ]
krēsla twílight [ˈtwailait]
krēsls chair [tʃɛə]; atzveltnes k. — ármcháir
krietns 1. *(par cilvēku)* úpright [ˈ-rait]; 2. *(pamatīgs)* consíderable
krievisk‖s Rússian [ˈrʌʃən]; runāt ~i — to speak* Rússian
kriev‖s *(~iete)* Rússian [ˈrʌʃən]; ~u valoda — Rússian
krikets crícket
krimināllieta *jur* críminal case

kriminālmeklēšana *jur* críminal invèstigátion
kriminālromāns detéctive (crime) nóvel
krimināls críminal
kripata crumb [krʌm], bit
krist to fall* [fɔil], to drop; k. kaujā — to fall* in áction
kristāl‖s cut glass; ~a trauki — cútglàss ware
kristies to fall* [fɔil]; to decréase [-ˈkriːs]
kritiens fall [fɔil]
kritika críticism [ˈkri-]
kritizēt to críticìze [ˈkritisaiz]
krīts chalk [tʃɔːk]
krīze crísis* [ˈkraisis]
krogs pub, távern [ˈtævən]
krokodils crócodìle [ˈkrɔ-]
kronis crown [kraun]
kroplis crípple
kropls críppled; mútilàted
kross cróss-cóuntry [ˈ-ˈkʌntri] race
kruķ‖is 1. crutch; staigāt ar ~iem — to walk [wɔik] on crútches; 2. *(krāsns)* póker
krūms bush [buʃ], shrub
krunka wrínkle
krunkains wrínkled
krusa hail [heil]; birst k. — it is háiling
krustām crósswìse; k. šķērsām — crísscròss
krustceļš cross-ròad [ˈ-rəud]
krustdēls néphew [ˈnevjuː]
krustmāte aunt [aint]
krustmeita niece [niːs]
krustojums 1. cróssing; 2. *biol* cróss-breed

krusts cross
krusttēvs úncle
krūškurvis *anat* thórax
krūšutēls bust
krūts breast [brest]
krūze jug, pítcher
kub‖ietis (~iete) Cúban
kucēns púppy
kūdīt to set* on
kūdra peat [piːt]
kuģis ship, boat [bəut];
  (okeāna) líner
kuģot to návigàte
kuilis boar [bɔː]
kūka pástry ['peis-], cake
kukainis ínsect
kukulis loaf [ləuf]
kukurūza maize [meiz]; corn
  amer
kūle‖nis sómersàult ['sʌmə-
  sɔːlt]; mest ~ņus — to
  turn sómersàults
kūlis sheaf [ʃiːf]
kult 1. to thresh; 2. *(svies-
  tu)* to churn
kultūra cúlture
kulturāls cúltured
ku‖mašīna thréshing-machìne
  ['-mə‚ʃiːn]
kume‖š colt
kumoss mórsel
kundze lády; *(uzrunā)*
  mádam ['mædəm]; *(pie uz-
  vārda)* Mrs. ['misiz]
kungs géntleman; *(uzrunā)*
  Sir; *(pie uzvārda)* Mr.
  ['mistə]
kuņģis stómach ['stʌmək]
kupeja compártment
kupena heap [hiːp] of snow
  [snəu]
kūpēt to smoke
kupls *(par krūmu)* léafy
  ['liː-]; *(par uzacim, bār-*

du) búshy ['bu-]; *(par tēr-
  pu)* full [ful]
kupris hunch
kur where; kaut k. — sóme-
  whère; k. jūs bijāt? —
  where have you been?
kurināt to heat [hiːt]
kurls deaf [def]
kurmis mole
kurnēt to grúmble *(at)*
kūrorts health [helθ] resórt
  [-'zɔːt]; spa [spaː]
kurs‖i cóurses ['kɔːs-]; mā-
  cīties angļu valodas
  ~os — to atténd the
  'English clásses
kurs‖s 1. *(virziens)* course
  [kɔːs]; 2. *(apmācības
  gads)* year [jəː]; pirmā ~a
  students — fírst-yèar stú-
  dent, fréshman; 3. *(lekciju
  u. tml.)* course [kɔːs]; ◇
  būt lietas ~ā — to be in
  the know [nəu]
kurš *(jautājamais un attiek-
  smes vietniekvārds)* who
  (par cilvēku); which *(par
  dzīvniekiem un priekšme-
  tiem); that (tikai attiek-
  smes vietniekvārds)*
kurvis básket ['baːs-]
kust *(par sniegu)* to thaw
  [θɔː]; *(par metālu)* to
  melt
kustēties to move [muːv]
kustība 1. móvement
  ['muːv-]; mótion; 2. *(sa-
  biedriska)* móvement; re-
  volucionārā k. — rèvolút-
  ionary móvement
kustināt to move [muːv]
kustonis ánimal
kušete couch [kautʃ]

kutināt to tíckle
kūtrs ídle ['aidl]
kūts cáttle-shèd
kvadrāts square [skwɛə]
kvalificēts quálified ['kwɔlifaid]; skílled
kvalifikācij‖a quàlificátion [ˌkwɔlifi'keiʃən]; ~**as** celšanas kursi — refrésher cóurses ['kɔːsiz]

kvalitāte quálity ['kwɔ-]
kvartāls 1. *(gada ceturksnis)* quárter ['kwɔː-]; 2. *(pilsētas daļa)* block
kvartets *mūz* quàrtét[te]
kvēlot to glow [gləu]
kvēpi soot [sut]
kvieši wheat [wiːt]
kvīts recéipt [-'siːt]

Ķķ

ķeblis stool
ķēd‖e chain [tʃein]; ~**es** suns — wátchdòg ['wɔtʃ-]; ~**es** reakcija *fiz* — chain rèáction
ķeizars émperor
ķekars clúster; bunch; vīnogu ķ. — bunch of grapes
ķemme comb [kəum]
ķemmēt to comb [kəum]
ķengāties to gibe [dʒaib] *(at)*
ķengurs kàngaróo
ķepa paw [pɔː]
ķepuroties to wríggle, to strúggle
ķērkt to caw [kɔː]
ķermenis bódy ['bɔdi]
ķerra whéelbàrrow ['wiːlˌbærəu]
ķert to catch*; ķ. zivis — to fish
ķerties 1. *(tvert)* to catch* hold [həuld] *(of)*; 2. *(uzsākt)* to set* *(to)*; ķ. pie darba — to set* to work

[wəːk]; ◇ ķ. pie sirds — to cut* to the quick [kwik]
ķēve mare
ķez‖a scrape; fix; iekļūt ~**ā** — to get* into a scrape
ķieģelis brick
ķīla 1. depósit [-'pɔzit]; *(nauda)* secúrity; 2. *(rotaļā)* fórfeit ['-fit]
ķilava sprat
ķilda quárrel ['kwɔrəl]
ķildoties to quárrel ['kwɔrəl]
ķīlis wedge
ķīmija chémistry ['ke-]
ķīmisk‖s chémical ['kemikəl]; ~**ais** zīmulis — indélible péncil; ~**ā** tīrīšana — drý-cléaning ['-'kliːn-]
ķīn‖ietis (~**iete**) Chínése ['tʃai'niːz]
ķirbis púmpkin
ķircināt to tease [tiːz]
ķirsis chérry ['tʃeri]
ķirurgs súrgeon ['-dʒən]
ķīselis [thin] jélly

LI

labā for the sake of; jūsu pašu l. — for your own [əun] sake; vispārības l. — for cómmon good

lab‖ais right [rait]; ~ā roka — right hand; ~ā puse — 1) right [-hand] side; 2) *(auduma)* right side

labāk bétter; jo l. — so much the bétter; es l. iešu — I would ráther ['raɪðə] go

labdien! how do you do ['haudju'duː] !

labi well; good; ḷoti l. — very well; man klājas l. — I'm all [ɔːl] right [rait]; tas ir l.! — that's finel

labība *(graudi)* corn; *(neplauta)* crop

labierīcības convéniences [-'viːnjənsiz]; facílities

labklājība wélfàre, pròspérity

labojums corréction

laborants labóratory assístant

laboratorija labóratory, lab *sar*

labot 1. *(kḷūdu)* to corréct; 2. *(priekšmetu)* to repáir [-'pɛə]

laboties to refórm

labprāt with pléasure ['pleʒə], gládly

labrīt! good mórning!

lab‖s good; ~a slava — good rèputátion; l. padoms — ṣound advíçe; vē-lēt kādam ~u — to wish smb. well; esi tik l.! — be so good!; visu ~u! — gòod-býe [gud'bai] !; ar ~u naktil — good night!

labsirdīgs góod-nátured ['gud'neitʃəd]; kínd-héarted ['kaind'haɪtid]

labum‖s bénefit; good; kāds no tā l.? — what good is it?; gūt ~u — to bénefit *(by)*

labvakar! good évening ['iːvniŋ] !

labvēlīgs fávourable; *(par cilvēku)* kíndly ['kaindli] dispósed

lācis bear [bɛə]

lāde chest

lādēt *(ieroci)* to load [ləud], to charge [tʃaɪdʒ]

lādiņš charge [tʃaɪdʒ]

lādzīgs góod-nátured ['gud'neitʃəd]

lāgaᵃ 1. zēṇs — nice [nais] féllow

lāgaᵇ es l. nezinu — I don't quite [kwait] know [nəu] it

lai 1. let; l. tā notiek! — let it be so!; l. tev labi veicas! — good luck [lʌk] to you!; l. dzīvo! — long live!; 2. *(apzīmē nolūku)* in órder; so that; 3.: l. gan — àlthóugh [ɔːl'ðəu]

laikā 1. in time; 2.: būt l. *(par apģērbu u. tml.)* — to fit

laikabiedrs contémporary

laĩkam próbably ['prɔ-]; viŋi l. atnãks — they are líkely to come

laĩkmets age [eidʒ]; épòch ['iɪpɔk]

laĩkraksts néwspàper ['njuɪs,peipə]

laĩk‖s 1. time; pa to ~u — méanwhíle ['miːnˈwail]; pēdējā ~ā — látely; ir l. — it is time; ~a gaitā — in the course of time; kopš kura ~a? — since when?; 2. (meteoroloģiskais) wéather ['weðə]; jauks (vai slikts) l. — fine (or bad) wéather; ~a ziŋas — wéather-repórt ['weðə-]; 3. gram tense

laĩm‖e 1. háppiness; vēlēt ~es — to congrátulàte; daudz ~es dzimšanas dienāl — many háppy retúrns of the day!; 2. (laimīgs gadījums) luck, fórtune ['fɔːtʃən]; ◊ par ~i — fórtunately ['fɔːtʃnitli]; uz labu ~i — at rándom; on the óff-chànce; ~es spēle — mátter of chance

laĩmīg‖s háppy; lúcky; ~as beigas — háppy end

laĩneris líner

laĩpnība kíndness ['kaind-]

laĩpn‖s kind [kaind]; esiet tik ~i! — be so kind (as to)!; ~i lūdzam! — wélcome!

laĩst to let*; l. vaļā — to let* go; l. iekšā — to let* in; l. klajā (grāmatu) — to públish

laĩsties to fly*

laĩstīt to wáter ['wɔː-]

laĩv‖a boat [bəut]; braukt ar ~u — to go* bóating; ~u stacija — bóating-stàtion

laizīt to lick

laka várnish; matu l. — hair [hɛə] spray

lakāda pátent léather ['leðə]

lakats (galvas) kérchief ['kəːtʃif]; (ap kaklu) néckerchief ['nekətʃif]

lakstīgala níghtingàle ['naitiŋgeil]

laksts top

lamatas trap

lamāties to swear* [swɛə]; to call [kɔːl] names

lampa lamp

lap‖a 1. leaf [liːf]; ~u koks — fóliage ['fəulidʒ] tree; 2. (papīra) sheet; darba nespējas l. — médical certíficàte; síck-list ['siklist]; ◊ laisties ~ās — to show* a clean pair [pɛə] of heels

lāpa torch

lāpīt to mend; (zeķes) to darn

lappuse page [peidʒ]

lapsa fox

lapsene wasp [wɔsp]

lāpsta spade

lasāmgrāmata réader ['riɪdə]

lās‖e drop; lietus ~es — ráindrops; sviedru ~es — beads [biːdz] of sweat [swet]

lasis sálmon* ['sæmən]

lasīšanaa réading ['riɪd-]

lasīšanab (vākšana) gáthering, pícking

lasīta to read* [riːd]; l. lekciju — to lécture; to delíver [-'livər] a lécture

lasītb *(vākt)* to gáther, to pick

lasītājs réader ['riːdə]

lasītnepratējs illíterate pérson

lāsteka ícicle ['aisikl]

lāsts curse

latv‖ietis (~iete) Látvian

latvisk‖s Látvian; runāt ~i — to speak* [spiːk] Látvian

laucinieks cóuntryman ['kʌntrimən], péasant ['pezənt]

laukā out of doors [dɔːz]; iet l. — to go* out

lauk‖i *(pretstatā pilsētai)* cóuntry ['kʌntri]; ~u māˌjas — fármstead; ~u puˌķes — field [fiːld] flówers

lauks 1. field [fiːld]; 2. *(zinātnes)* sphere, line

lauksaimniecība ágricùlture ['-kʌltʃə]; fárming

laukums square [skwɛə], plaˌce; sporta l. — sports ground [graund]; rotaļu l. — pláygròund

laulīb‖a márriage ['mæridʒ]; ~as gredzens — wéddingˌring

laupīt to rob

laupītājs róbber

laureāts láureate ['lɔːriit]; prize wínner

laur‖i láurels ['lɔrəlz]; ✧ atdusēties uz ~iem — to rest on one's láurels

lauva líon ['laiən]

lauzt to break* [breik]; ✧ l. vārdu — to break* one's word

lazda házel [-trèe]

lāzerierоči láser wéapons ['wepənz]

lāzers láser

lēciens jump, leap [liːp]

lēdija lády

ledlauzis íce-brèaker ['aisˌbreikə]

led‖us ice [ais]; ~us gaˌbals — block of ice

ledusjahta íce-bòat ['aisbəut]

ledusskapis íce-box ['aisˌbɔks], íce-sàfe ['aisseif]; *(lielāks)* refrígeràtor

lefkoja gíllyflòwer ['-ˌflauə]

legāls légal

leģenda légend

leģendārs légendary

leiborist‖s lábourist; ~u partija — Lábour Párty

leitnants lieuténant [lef'tenənt]

lejā 1. *(lejup)* down; iet l. — to go* down; 2. *(apakšstāvā)* dównstáirs ['daun'stɛəz]

lejkanna wátering-càn ['wɔːtəriŋkæn]

lēkāt to jump, to skíp

lekcij‖a lécture; apmeklēt ~u — to atténd a lécture

lēkme fit, attáck

lēkt 1. to jump, to leap* [liːp]; 2. *(par sauli un mēnesi)* to ríse*; saulei lecot — at súnrise

lelle doll; leļļu teātris — púppet-shòw ['-ʃəu]

lempīgs clúmsy ['klʌmzi]

lemt to decíde [-'said]

lēmums decísion [-'siʒən], rèsolútion [ˌrezə'luːʃən]

lēnām slówly ['sləu-]

lēn‖s slow [sləu]; ~a nolaišanāş — şoft lánding

lent‖e 1. ríbbon; **2.** *tehn* tape; ierakstīt magnetofona **~ē** — to recórd
leņķis ángle
leopards léopard ['lepəd]
lepnība háughtiness ['hɔːti-]
lepns proud [praud]; *(iedomīgs)* háughty ['hɔːti]
lepnums pride
lepoties to be proud [praud] *(of)*
lete cóunter ['kauntə]
lēts cheap [tʃiːp]
lēzens flat, shállow ['ʃæləu]
liberāls líberal
līcis gulf, bay [bei]
līdaka pike
lidmašīna áeroplàne ['ɛərəplein], áircraft ['ɛəkraːft]; áirplane *amer*
lidojums flight [flait]; l. kosmosā — space [speis] flight
lidosta áirport ['ɛəpɔːt]
lidot to fly*
lidotājs pílot, flíer
līdums cléarance ['kliərəns]
līdzᵃ **1.** *(norādot laiku)* till, untíl; **2.** *(norādot vietu)* as far as
līdzᵇ with; ņem viņu l.! — take him with you!
līdzāspastāvēšana còexístence; mierīga l. — péaceful ['piːsful] còexístence
līdzdalība pàrtìcipátion
līdzeklis means [miːnz]; eksistences l. — lívelihood
līdzenums plain [plein]
līdzība resémblance [-'zembl-], likeness
līdzīgs alíke; símilar
līdzināties to resémble [-'zembl]

līdzjūtīgs compássionate, sýmpathétic
līdzskanis cónsonant
līdzstrādnieks *(žurnāla, laikraksta)* contríbutor, còrrespóndent; zinātniskais l. — reséarch [-'səːtʃ] assóciate [ə'səuʃiit]
līdzsvar‖s bálance; zaudēt **~u** — to lose* [luːz] one's bálance
liecība 1. évidence; **2.** *(skolēna)* term's repórt
liecināt to give* évidence
liecinieks wítness
liegties to dený
liekēdis párasìte, spónger
lieks 1. sùpérfluous [sju(ː)-'pəːfluəs], odd; **2.** *(pārpalicis)* spare
liekt to bend*, to bow [bau]
liekties to bend*, to bow [bau]
liekulība hypócrisy [hi'pɔkrəsi]
liekulis hýpocrite ['hipəkrit]
lielce‖š híghway ['haiwei]
lielgabals gun
lielīgs bóastful ['bəustful]
lielisk‖s éxcellent, spléndid; **~i!** — well done!
lielīties to boast [bəust]; to brag
liellopi cáttle
lielpaneļu- lárge-pánel *(attr.)*; l. celtniecība — lárge-pánel cònstrúction
liels big; large; great [greit]
lielvalsts pówer ['pauə]
liepa líme [-trēe]
liesma flame
liesmot to flame
lies‖s lean [liːn]; **~a** gaļa — ļean meat [miːt]

liet 1. (*šķidrumu*) to pour [pɔ:]; **2.** (*metālu*) to found [faund], to cast*

liet‖a 1. thing; **2.** *jur* case; ierosināt ~u pret kādu — to bring* an áction agáinst smb.; ◊ ~as būtība — heart [hɑːt] of the mátter

lietains ráiny ['rei-]

lietišķ‖s 1. mátter-of-fáct; runāt ~i — to talk [tɔːk] to the point; **2.:** ~ā māksla — applíed art

lietošana use [juːs]

lietot to use [juːz]

lietus rain [rein]; līst l. — it is ráining

lietusmētelis ráincòat ['reinkəut]

lietussargs ùmbrélla, brólly *sar*

lietuv‖ietis (~iete) Lithu-ánian

lietvārds *gram* noun [naun]

lifts lift; élevàtor *amer*

līgava bride

līgavainis brídegròom

līgoties to sway [swei], to swing*

līgum‖s agréement; tréaty ['triː-]; miera l. — peace [piːs] tréaty; savstarpējās palīdzības l. — mútual as-sístance pact; noslēgt ~u — to conclúde a tréaty

ligzda nest

līkne curve

līks cróoked

līksms jóyous ['dʒɔiəs]

liksta tróuble ['trʌbl]

likt‖a to put* [put], to place; ◊ l. mierā — to leave* [liːv] alóne; l. priekšā — to propóse

likt‖b (*pavēlēt*) to órder; to make*; l. kādam gaidīt — to keep* smb. wáiting ['weit-]

liktenis fate, déstiny

likties to seem, to appéar [ə'piə]; tas tikai tā lie-kas — it ónly seems so

likumīgs láwful ['lɔːful]

likums 1. law; **2.** (*noteikums*) rule [ruːl]

līkums 1. curve; **2.** (*apkārt-ceļš*) détòur ['deituə]

likvidēt to abólish

liķieris liquéur [li'kjuə]

līķis corpse

lilija líly ['li-]

līme glue [gluː], paste [peist]

līme‖nis lével ['levl]; dzīves l. — líving stándard; apspriede visaugstākajā ~nī — súmmit cónference (talks)

līmēt to glue [gluː], to paste [peist]

limonāde lèmonáde

lineāls rúler ['ruːlə]

lini flax

līnija line

lipīgs 1. stícky; **2.** (*par sli-mību*) contágious, cátching *sar*

lipt to stick* (*to*)

lirika lýrics

līst to creep*, to crawl [krɔːl]

lišķīgs ingrátiàting [-'greiʃieit-]

līt 1. to flow [fləu], to pour [pɔː]; **2.** (*par lietu*) to rain [rein]

literatūra líterature ['litə-ritʃə]

litrs litre ['liːtə]
loceklis 1. (ķermeņa) limb
[lim]; 2. (sabiedrības)
mémber
locījums *gram* case
locīt to bend*, to fold [fəuld]
locītava joint
lod‖e 1. ball [bɔːl]; 2. (ie-
ročU) búllet ['bulit]; 3. *sp*
shot; grūst ~i — to put*
the shot
lodīt‖e bead; ~šu gultnis
tehn — báll-bèaring; ~šu
pildspalva — báll-pòint
[pen], bírò ['baiərəu]
logs window
loģisks lógical
lokans fléxible
loki spring ónions ['ʌnjənz]
lokomotīve éngine ['endʒin]
loks bow [bəu]; arch
loksne sheet
loma part, role
loms catch
lopkopība cáttle-brèeding
lopkop‖is (~e) cáttle-
brēeder
lops beast [biːst], ánimal
lords lord

Ļ ļ

ļaudis péople ['piːpl]
ļaundabīgs *med* malígnant;
ļ. audzējs — malígnant tú-
mour ['tjuːmə]
ļaunprātīgs malícious
[-'liʃəs]
ļaun‖s évil ['iːvl], wícked;
vícious ['viʃəs]; ņemt
~ā — to take* offénce
ļaunums harm, évil ['iːvl]

loterija lóttery, ráffle
loz‖e lot; lóttery tícket;
vilkt ~es — to draw*
lots
ložmetējs machíne-gùn
[-'ʃiːn-]
lūdzu! please [pliːz] !; (pa-
sniedzot) here you are!
luga play [plei]
lūgt to ask [aːsk], to beg;
l. atļauju — to ask permís-
sion; l. padomu — to ask
for advíce
lūgums reqúest [-'kwest]
lūkoties to look (at)
luksofors tráffic lights *dsk.*
luncināt: l. asti — to wag
[wæg] one's tail [teil]
lūp‖a lip; ~u zīmulis — líp-
stick
lupata rag; putekļu l. —
dúster
lutināt to spoil*, to pámper
lūzt to break* [breik]
lūzums breach [briːtʃ]; (kau-
la) frácture
lūžņi scraps; dzelzs l. —
scráp-ìron ['-aiən] *vsk.*

ļaut to allów, to let*; ļ.
vaļu (kaut kam) — to
give* vent (to)
ļeņinisms Léņinism
ļipa scut
ļodzīties to sway; (par mē-
belēm) to be ríckety
ļoti very, gréatly ['greitli];
very much; ļ. pateicos —
thank you very much;
man ļ. žēl — I am áwfully
sórry

Mm

māceklis apprêntice

mācēt to know* [nəu] how [hau]; can; viņš māk rakstīt — he can write

mācīb‖a 1. *(teorija)* téaching ['tiːtʃ-]; dóctrine; 2.: ~as *(augstskolā u. tml.)* — stúdies ['stʌdiz]; ~u plāns — currículum*; ~u gads — 1) *(skolā)* schóol-yèar ['skuːljəː]; 2) *(augstskolā)* àcadémic year; ~u līdzek‖i — téaching aids

mācīšana téaching ['tiːtʃ-]

mācīt to teach* [tiːtʃ]; to train [trein]

mācīties to learn* [ləːn]; to stúdy ['stʌdi]; m. no galvas — to learn by heart [haːt]

magnetofon‖s tápe-recòrder; ieraksts ~a lentē — táperecórding; ierakstīt ~a lentē — to recórd; ~a lente — recórding tape

magnēts mágnet

magone póppy

maģistrāle híghway ['haiwei]; dzelzce‖a m. — main [mein] line

maigs gêntle, ténder

maijs May [mei]

mainīgs chángeable ['tʃeindʒəbl]

mainīt to change [tʃeindʒ]; *(grozīt)* to álter ['ɔːltə]; m. uzskatus — to change one's opínion

mainīties 1. *(apmainīties)* to exchánge [iks'tʃeindʒ]; 2. *(grozīties)* to álter ['ɔːltə]

maiņ‖a 1. exchánge [iks-'tʃeindʒ]; 2. *(darbā)* shift; strādāt divās ~ās — to work [wəːk] in two shifts

maisījums míxture ['mikstʃə]

maisīt *(sajaukt)* to mix; *(apmaisīt)* to stir

maiss sack; bag

maize bread [bred]; svaiga m. — néwly-bàked ['njuːli-] bread

maizīte bun, roll

maiznīca báker's [shop], bákery

māj‖a house [haus]; *(ģimenes mītne)* home; būt ~ās — to be at home, to be in *sar;* nebūt ~ās — not to be at home, to be out *sar;* palikt ~ās — to stay at home

mājien‖s wink; galvas m. — nod; dot ~u — to drop a hint

mājīgs cósy ['kəuzi]

majonēze màyonnáise [-'neiz]

mājsaimniece hóusewife ['hauswaif]

mājsaimniecīb‖a hóusehold, hóusekeeping; ~as izdevumi — hóusehold expénses

māka knówledge ['nɔlidʒ], skill; knów-hòw ['nəuhau] *sar*

makaroni màcaróni [ˌmækə'rəuni]

makets módel; móck-up ['mɔkʌp] *sar*

mākonis cloud [klaud]

maks purse

maksa pay [pei]; fee; braukšanas m. — fare; ieejas m. — admíssion (éntrance) fee; īres m. — rent

maksājums páyment ['pei-]

maks∥āt 1. to pay [pei]; 2. *(par cenu)* to cost*; cik tas ~ā? — how much is it?

maksimāl∥s máximum; ~ais ātrums — top speed

maksimumstundas rush [rʌʃ] hours ['auəz]

māksl∥a art; ~as darbs — work of art

mākslīg∥s àrtifícial [ˌɑɪti-'fiʃəl]; ~ā šķiedra — synthétic (mán-màde) fibre; ~ie zobi — false teeth; ~ais Zemes pavadonis — àrtifícial Earth [əɪθ] sátellite

māksliniecisks àrtístic

mākslinieks ártist

mākslots àrtifícial [ˌɑɪti-'fiʃəl]; *(par izturēšanos)* affécted

makšķere físhing-ròd

makšķerēt to ángle ['æŋgl]; to fish

makulatūra spóilage, wáste-pàper

mala 1. edge [edʒ]; *(meža)* bórder; *(trauka u. tml.)* rim; 2. *(lappuses)* márgin

maldīgs erróneous [i'rəunjəs], false [fɔːls]

maldināt to decéive [-'siːv]

mald∥īties 1. *(nezinot ceļu)* to get* lost, to lose* one's way; 2. *pārn* to be mistáken; jūs ~āties — you are mistáken

malk∥a fírewòod ['faiəwud]; skaldīt ~u — to chop wood

malk∥s sip; gulp; ar vienu ~u — at a draught [drɑɪft]

māl∥s clay [klei]; ~a trauki — cróckery

malt to grind* [graind]; *(gaļu)* to mince

maltīte meal [miːl]

mandarīns tàngeríne [ˌ-dʒə'riːn]

mandāts mándàte

mandele 1. *bot* álmond ['ɑɪmənd]; 2. *anat* tónsil

manier∥e mánner; style; viņam ir labas ~es — he has good mánners

manifests màniféstò

manikīr∥s mánicùre; taisīt ~u — to do* one's nails

manīt to nótice ['nəutis]

mānīt to decéive [-'siːv]; to cheat [tʃiːt]

manna sèmolína [ˌsemə-'liːnə]

mans my; mine

mant∥a 1. *(īpašums)* próperty; valsts m. — state próperty; 2. *(bagātība)* fórtune ['fɔːtʃən]; 3.: ~as — belóngings

mantinieks heir [ɛə]

mantkārīgs gréedy

mantojum∥s inhéritance; *pārn* héritage; saņemt ~ā — to inhérit

mantot to inhérit

manufaktūra téxtiles *dsk.;* drápery

manuskripts mánuscript

māņticīgs sùperstítious [ˌ-'stiʃəs]

mape fólder; *(dokumentu)* case

maratonskrējiens *sp* Márathon [race]

mārciņa pound [paund]

margarīns màrgaríne [,maɪdʒə'riːn], marge *sar*

margas ráiling ['reil-]; *(kāpņu)* bánisters

margrietiņa dáisy

marihuāna màrijuána; pot *sar*

marinēt to píckle

marka 1. stamp; 2. *(šķirne)* brand

marksisms Márxism

marksisms-[eņinisms Márxism-Léninism

marle gauze

marmelāde cándied fruit [fruɪt] jélly, mármalàde

marmors márble

maršals márshal

maršrut‖s route [ruɪt]; ~a taksometrs — fíxed-ròute táxi

marts March

masa mass; *(mīksta)* pulp

māsa 1. síster; 2. *(medicīnas)* trained [treind] nurse

masalas méasles ['miːzlz]

mas‖as the másses; darbaļaužu m. — the másses of wórking péople ['piːpl]; ~u literatūra — pópular líterature; ~u informācijas līdzekļi — mass média ['miːdjə]; ~u produkcija — lárge-scàle prodúction

māsasdēls néphew ['nevju(ɪ)]

māsasmeita niece [niːs]

masāža mássàge ['mæsaɪʒ]

māsīca cóusin ['kʌzn]

masīvs *īp. v.* búlky, mássive

mask‖a mask; ~u balle — fáncy-drèss ball

maskēt to disgúise [dis'gaiz]

masts mast

masveida- mass *(attr.);* m. ražošana — mass prodúction

mašīn‖a 1. machíne [mə-'ʃiːn]; éngine ['endʒin]; 2. *sar* car; vadīt ~u — to mótor, to drive*

mašīnists éngine-drìver ['endʒiń-]

mašīnrakstītāja týpist

māt *(ar roku)* to wave; *(ar galvu)* to nod

māte móther ['mʌðə]

matemātika màthemátics, math *sar*

materiālisms matérialism

materiālsᵃ *lietv.* 1. matérial; stuff; 2. *(audums)* fábric, cloth

materiāl‖sᵇ *īp. v.* matérial; ~ais stāvoklis — fináncial posítion; ~ā ieinteresētība — matérial incéntives *dsk.*

matracis máttress

matrozis sáilor ['seilə]

mat‖s hair [heə]; ~i — hair; ~u suka — háirbrùsh; ◇ uz ~a — exáctly

maut to béllow, to moo

mauzolejs màusoléum [,mɔːsə'liəm]

maz *(ar lietvārdu vienskaitlī)* líttle; *(ar lietvārdu daudzskaitlī)* few

mazākais 1. *(no diviem)* the smáller ['smɔːlə]; *(no vai-*

rākiem) the smállest; the
least [liːst]; **2.** *(vismaz)*
at least [liːst]
mazākum‖s minórity [mai-
'nɔ-]; būt ~ā — to be out-
númbered
mazbērn‖s 1. báby; ~u no-
vietne — dáy-nùrsery
['dei-]; **2.** grándchild
['græntʃaild]
mazdēls grándsòn ['grænsʌn]
mazgājam‖s wáshable; veļas
~ā mašīna — wáshing-
machíne
mazgāšan‖a wáshing; *(ve-
ļas)* láundering; ~as lī-
dzeklis — detérgent
mazgāt to wash [wɔʃ]; *(ve-
ļu)* to láunder; *(traukus)*
to wash up
mazgātav‖a *(veļas)* láundry;
nodot veļu ~ā — to give*
out one's láundry
mazgāties to wash [ònesélf]
mazliet a líttle, a bit
mazmeita gránddàughter
['græn,dɔːtə]
mazotn‖e chíldhòod ['tʃaild-
hud]; no ~es — from
chíldhòod
mazrunīgs táciturn
mazs líttle, small [smɔil]
mazulis líttle one; báby
mazum‖s: ne m. pūļu — not
a líttle lábour; iztikt ar
~u — to live [liv] in a
small [smɔil] way [wei]
mazumtirdzniecība rétàil
['riːteil] trade
mazvērtīgs of líttle válue
['vælju]
mēbele piece [piːs] of fúrni-
ture ['fəːnitʃə]
mēbelēt to fúrnish

medaļa médal ['medl]
medības húnting
medicīna médicine ['medsin]
medicīnisk‖s médical; ~ā
palīdzība — médical aid
[eid]; ~ā pārbaude —
médical chéck-up ['tʃekʌp]
medījums game
medikaments drug
medīt to hunt
mednieks húnter
medus hóney ['hʌni]; ◇ m.
mēnesis — hóneymoon
mēgt to be used *(to);* to be
in the hábit *(of)*
mēģinājums 1. expériment,
test; **2.** tríal ['traiəl],
attémpt; **3.** *teātr* rehéarsal
[-'həːsəl]
mēģināt 1. to expériment;
2. to try, to attémpt;
3. *teātr* to rehéarse [-'həːs]
mehānika mechánics [-'kæ-
niks]
mehānisms méchanism ['me-
kənizəm]
mehanizācija mèchanizátion
[,mekənai'zeiʃən]
mehanizators machíne-óper-
àtor [mə'ʃiːn-]
mehanizēt to méchanize
['mekənaiz]
meistarīb‖a 1. skill; mástery
['maːstə-]; *(darbā)* máster-
ship; **2.** *(sportā)* chám-
pionship; ~as izcīņa fut-
bolā — fóotbàll chámpion-
ship
meistars 1. *(rūpnīcā)* fóre-
man; **2.** *(lietpratējs)* éx-
pert, máster ['maːstə];
3.: sporta m. — Máster of
Sports

meistarsacīkstes chámpion-
ship
meita dáughter ['dɔːtə]
meitene girl
meklēt to search [səɪtʃ]
(for); to look *(for)*
meksikān‖is (~iete) Méxican
meldri búlrùsh ['bulrʌʃ] *vsk.*
mēle tongue [tʌŋ]
meli lie [laɪ]
melīgs false [fɔːls]
melns black
melodija mélody, tune
melone mélon ['melən]
melot to lie [laɪ], to tell*
lies
melst: m. niekus — to talk
[tɔːk] nónsense ['nɔnsəns]
mēms dumb [dʌm]
menca cod
mēne‖sis month [mʌnθ]; pa-
gājušais m. — last month;
nākamais m. — next
month; pēc ~ša — a
month todáy
mēnesnīca móonshìne
mēness moon
mēnešalga mónthly pay (sál-
ary)
mēnešraksts mónthly [màga-
zíne (ˌmægə'ziːn)]
mērce grávy
mērcēt to soak [səuk]
mērens móderate, témperate
mērīt to méasure ['meʒə];
m. temperatūru — to take*
the témperature
mērkaķis mónkey ['mʌŋki]
mērķēt to aim [eim] *(at)*
mērķ‖is 1. *(šaušanā)* tárget
['-git]; trāpīt ~ī — to
hit* the mark; 2. aim
[eim]; goal [gəul]; *(no-*

lūks) púrpose; 3. *sp* fínish,
goal
mērķtiecīgs púrposeful
['-pəsful]
mērog‖s scale; lielā ~ā —
on a large scale
mēr‖s 1. méasure ['meʒə];
2. *pārn* límit; ievērot
~u — to keep* within lím-
its; 3. méasurements
dsk.; šūts pēc ~a — made
to méasure
mēs we
mēsli 1. manúre; *(mākslīgie)*
fértilìzer; 2. *(atkritumi)*
réfùse ['refjuːs]
mest to throw* [θrəu]; to
cast* [kɑːst]; m. šķēpu —
to throw* the jávelin
['dʒævlin]
mesties to throw* [θrəu]
ònesélf *(at, upon);* m.
virsū — to rush *(at)*
metāllūžņi scráp-ìron
metāls métal ['metl]
metalurģija mètállurgy; mel-
nā m. — férrous mètál-
lurgy; krāsainā m. — nón-
férrous mètállurgy
mētāt to toss
mētelis óvercòat ['-kəut]
meteoroloģisk‖s mèteòroló-
gic[al]; ~ās ziņas —
wéather-repórt ['weðə-];
~ā stacija — mèteòroló-
gic[al] státion, wéather-
státion
meteors méteor ['miːtjə]
metināt to weld
metode méthod ['meθəd]
metro úndergròund; súbway
amer; (Londonā) tube
[tjuːb] *sar; (Maskavā)*
métrò ['metrəu]

metrs métre ['miːtə]
mezgl‖s 1. knot; sasiet
~u — to tie [tai] a knot;
2. *(dzelzceļa u. tml.)*
júnction
mežģīnes lace
mežkopība fórestry ['fɔris-]
mežonīgs wild [waild], sáv-
age ['sævidʒ]
mežrags *mūz* French horn
mež‖s wood; fórest ['fɔrist];
~a zvērs — wild [waild]
beast [biːst]
mežsargs fórester ['fɔristə]
mīdīt to trámple
midzenis den, lair [leə]
miegains sléepy, drówsy
['drauzi]
mieg‖s sleep; ~a zāles —
sopórific [-'ri-], sléeping
drug
mieloties to feast [fiːst]
mierīgs quíet ['kwaiət],
calm [kaːm]
mierinājums cómfort ['kʌm-
fət], cònsolátion
mierināt to cómfort ['kʌm-
fət], to consóle
miermīlīgs péaceful ['piːs-],
pacífic
mier‖s peace [piːs]; cīņa par
~u — strúggle for peace;
~a līgums — peace tréaty;
~a politika — peace pól-
icy; ◇ likt ~ā — to
leave* [liːv] alóne
miesa flesh; bódy ['bɔdi]
miesassods córporal púnish-
ment
miesnieks bútcher ['butʃə]
miets pole
mieži bárley
migla fog; mist

miglains fóggy; místy; *pārn*
vague [veig]
mīklaª *kul* dough [dəu]
mīklab ríddle, púzzle
mīklains mystérious
mikroautobuss mínibus
mikrobs mícròbe ['maik-]
mikrofons mícrophòne
['maik-]
mikrorajons rèsidéntial cóm-
plex
mikroskops mícroscòpe
['maik-]
mikseris míxer
mīkst‖s soft; ~ais krēsls —
éasy ['iːzi] chair [tʃeə];
m. ūdens — soft wáter
['wɔː-]
mīlestība love [lʌv]; dzim-
tenes m. — love for
one's [wʌnz] cóuntry
['kʌntri]
mīlēt to love [lʌv]
milicija milítia [-'liʃə]
milicis milítiaman [-'liʃə-]
milimetrs mílimètre
militārs mílitary
miljards mílliard; bíllion
amer
miljonārs mìllionáire [,miljə-
'neə]
miljons míllion ['miljən]
milti flour ['flauə]
mīlulis dárling; pet
milzīgs huge [hjuːdʒ]; im-
ménse
milzis gíant ['dʒaiənt]
mīļ‖š dear [diə]; ~ākais
rakstnieks — fávourite
wríter; m. sveiciens! —
kind [kaind] regárds!
mīna mine
minerāls míneral

minēt 1. (*miklu*) to guess [ges]; **2.** (*pieminēt*) to mention

ministrija mínistry ['min-]; depártment *amer;* Ārlietu m. — (*Anglijā*) Fóreign ['fɔrin] 'Office; (*ASV*) State Depártment; Tirdzniecības m. — (*Anglijā*) Board [bɔːd] of Trade; Finansu m. — (*Anglijā un ASV*) Tréasury ['treʒəri]

ministrs Mínister ['min-]; Sécretary

minūt‖e mínute ['minit]; bez divdesmit ~ēm pieci — twénty to five; desmit ~es pāri trijiem — ten mínutes past three

mirdzēt to glítter; to spárkle

mirdzošs glíttering; spárkling

miris dead [ded]

mirklis móment

mirt to die [dai]

misiņš brass [braɪs]

mīt to tread* [tred]

mitēties to stop, to leave* [liːv] off

mītiņš méeting; (*masu*) rálly

mitrs moist, damp

miz‖a (*koka*) bark; (*augļa*) peel, skin; (*nolobitas*) ~as — párings

mizot (*augļus*) to peel, to pare

mobilizācija mòbilìzátion [ˌməubilaiˈzeiʃən]

mocība tórmènt

mocīt 1. to tòrmént; **2.** *pārn* to wórry ['wʌri]

mocīties to súffer pain (tórmènt)

mod‖e fáshion; ~es žurnāls — fáshion-plàte; būt ~ē — to be in fáshion; ~es skate — fáshion show [ʃəu]

modelis módel ['mɔdl]

moderns 1. módern ['mɔdn]; advánced; úp-to-dàte; **2.** fáshionable

modināt 1. to wake*; **2.** *pārn* to awáken, to aróuse [əˈrauz]

modrība vígilance

mok‖as tórmènt; ágony; ar ~ām — with great [greit] pains [peinz]

moldāv‖ietis (~iete) Mòldávian

moments móment

monarhija mónarchy ['mɔnəki]

monēta coin

mongol‖is (~iete) Móngòl, Mòngólian

monologs mónològue ['mɔnəlɔg]

monopols monópoly

montāža 1. assémbling, móunting ['maunt-]; **2.** (*filmas*) cútting

montēt to assémble, to mount [maunt]

morāle morálity

morāls móral ['mɔrəl]

mosties to wake* up

motocikls mótor-cýcle [-'saikl]

motokross scrámble

motorollers scóoter

motor‖s éngine ['endʒin], mótor; iedarbināt ~u — to start a mótor

možs alért

muca bárrel ['bærəl]
mudināt to urge [əɪdʒ]
mugur‖a back; pagriezt ~u — to turn one's back; vilkt ~ā — to put* [put] on
mugurkauls spine
mugurpus‖e bácksíde; no ~es — from behind
muita cústoms *dsk.;* dúty
muito‖t to tax; kas jums ~jams? — what have you to decláre?
muiža estáte
muižnieks lándlòrd, squire ['skwaiə]
muklājs bog
mūks monk [mʌŋk]
mūķene nun
mulsināt to bewílder [-'wildə]
multiplikācij‖a: ~as filma — ánimàted càrtóon
mul‖ķīb‖a fólly; runāt ~as — to talk [tɔːk] nónsense; ~as! — rúbbish!, rot!
mul‖ķīgs fóolish, stúpid, sílly
mul‖ķis fool

mundrs lívely, brisk
mūrēt to build* [bild] in bricks
murgot to rave
mūris brick (stone) wall [wɔːl]
murmināt to múrmur
mūrnieks máson, brícklàyer ['-,leiə]
mūsdienu- contémporary
musināt to ínstigàte, to egg on
muskulis múscle ['mʌsl]
mūsu our; ours; m. vidū — among us
muša fly
mut‖e mouth [mauθ]; ◆ tu-rēt ~i — to hold* one's tongue [tʌŋ]
mutisks óral ['ɔɪrəl]
muzejs mùséum [mju(ː)-'ziəm]
mūzika músic ['mjuːzik]
mūziķis mùsícian [mju(ː)-'ziʃən]
mūžīg‖s etérnal; uz ~iem laikiem — foréver
mūž‖s life; age [eidʒ]; visu ~u — all life long

Nn

nabadzība póverty
nabags *ip. v.* poor [puə]
nācija nátion
nacionāls nátional ['næʃənl]
naft‖a oil; ~as avots — óil-spring
naftasvads óil-pípelìne
nagl‖a nail [neil]; iedzīt ~u — to drive* in a nail

nags (*cilvēka*) nail [neil]; (*zirga*) hoof; (*putna*) tál-on
naidīgs hóstíle
naids hate, hátred
nākamais next
nākotn‖e fúture ['fjuːtʃə]; ~ē — in the fúture
nākt to come*; nāc līdzi! — come alóng!

nakt‖s night [nait]; pa
~i — by night; ar labu
~il — good nightl
naktsgaldiņš béd-sìde táble
naktskrekls níght-gòwn
naktsmaiņa níght-shìft
naktsmājas shélter for the
night [nait]
namamāte hóstess ['həust-]
namatēvs host [həust]
nams house [haus]; atpūtas
n. — rest home
narcise nàrcíssus
narkoze ànaesthésia
[ˌænisˈθiːzjə]
nāss nóstril
nasta búrden; weight [weit]
nātre néttle
naud‖a móney ['mʌni];
skaidra n. — cash; ◇ ne
par kādu ~u — not for
ánything
naudassods fine
nav no, not; man n. laika —
I have no time; viņa n.
mājās — he is not at home
nāv‖e death [deθ]; ~es bai-
les — mórtal fear [fiə];
bāls kā n. — déadly
['ded-] pale
nāvessods cápital púnish-
ment
nāvīgs fátal
nazis knife [naif]; galda
n. — táble-knìfe
ne not; ne ..., ne ... — néi-
ther ['naiðə] ... nor; ne-
maz ne — not at all; vēl
ne — not yet; vai ne? —
isn't it so?
nē no
neaizmirstule *bot* forgét-me-
nòt

neapdāvināts not tálented;
(*mācìbās*) dull
neapdomīgs thóughtless
['θɔit-], rash
neapdzīvots úninhábited; (*pa-
mests*) désert ['dezət]
neapmierināts díssátisfìed
neaprakstāms beyónd de-
scríption
neaprobežots ùnlímited; (*par
varu*) ábsolùte
neapstrādāts 1. (*par zemi*)
untílled; 2. (*par vielu*) raw
[rɔi]
neapšaubāms indúbitable
neapzināties to be únawáre
(*of*)
neapzinīgs ìrrespónsible
neārstējams incúrable
neass blunt
neatkarība ìndepéndence
neatkarīgs ìndepéndent
neatlaidīgs persístent
neatliekams úrgent
neatrisināts únsólved
neauglīgs 1. bárren; 2. *pārn*
frúitless ['fruit-]
nebēdnīgs mischievous
['mistʃivəs], náughty
nebeidzams éndless
nebūt 1. not to be; viņa nav
mājās — he is not at
home; 2. not to have; vi-
ņam nav laika — he has
no time

necaurlaidīgs impérvious;
skaņas n. — sóundpròof;
gaisa n. — áirpròof
necaurredzams impénetrable
necienīgs ùnwórthy [-'wəiði]
(*of*); ùndígnifìed
neciešams intólerable
nedabisks ùnnátural [-'nætʃ-
rəl]; àrtifícial

nedarbs mischief ['mistʃif]
nedaudz a little
nedēļ‖a week; ~as laikā —
within a week; divas
~as — fórtnìght [-,nait]
nederīgs úseless ['juːs-], ún-
fít
nedroŠs únsáfe; *(nestabils)*
únstéady ['-'stedi]
nedzirdēts ùnhéard-òf [ʌn-
'həːdɔv]
nedzīvs lifeless; inánimate
neērt‖s 1. ùncómfortable
[-'kʌmf-]; 2. *(neveikls)*
áwkward ['ɔːkwəd]; justies
~i — to feel* áwkward
negaidīts únexpécted
negaiss thúnderstòrm
negaršīgs únsávoury
['-'seivəri]
negatīvs *īp. v.* négative
neglīts úgly ['ʌgli]
negodīgs dishónest; únfáir
['-'fɛə]
negods dishónour
negrozāms *(lēmums)* irrévo-
cable
nēģeriete Négrò wóman*
nēģeris Négrò
neierašanās ábsence; n. dar-
bā — ábsence from work
[wəːk]
neieredzēt to hate
neierobežots ùnlímited;
bóundless ['baund-]
neiespējams impóssible
neievērojams ìnsigníficant
neievērot 1. to ignóre, to
take* no nótice ['nəutis]
(of); 2. *(nepamanīt)* to
miss
neilon‖s nýlon; ~a zeķes —
nýlon stóckings; nýlons
sar

neīsts 1. false [fɔːls]; 2. *(lie-
kuļots)* preténded, símu-
làted
neitrāls néutral
neizbēgams inévitable
neizdevies *(plāns u. tml.)*
abórtive
neizdevīgs dìsàdvàntágeous
[,disædvɑːn'teidʒəs]
neizd‖oties to fail [feill];
man ~evās to izdarīt — I
failed to do it
neizglītots únéducàted
neizpratn‖e incòmprehénsion
[-'henʃn]; ~ē — in per-
pléxity
neizskatīgs plain [plein]
neizšķirti: nospēlēt n. — to
draw* [drɔː]; spēle beidzās
n. — the game énded in
a draw
neizšķirts úndecíded; *(par
jautājumu)* ópen
neizturams *sk* neciešams
neizturīgs not sólid; *(par au-
dumu)* flímsy ['flimzi]
nejauks násty ['nɑːs-]
nejaušība áccident; còìnci-
dence
nejauš‖s àccidéntal; chance
[tʃɑːns]; ~i — àccidén-
tally, by chance
nejēdzīgs absúrd
nekā than; labāk n. ... —
bétter than ...
nekad néver
nekād‖s no; none; ~ā zi-
ņā — by no means
[miːnz]
nekaitīgs hármless
nekārtīb‖a disórder; būt
~ā — to be out of órder
nekārtīgs disórderly; *(nevī-
žīgs)* ùntídy

nekārtns *gram* irrégular
nek‖as nothing; tas n.l — it does not mátterl, never mind [maind]l; ∼o darītl — it can't [kɑɪnt] be helped
nekaunība ímpudence, cheek *sar*
nekaunīgs ímpudent, chéeky *sar*
nekautrīgs immódest
nekavējoties without deláy [di'lei]
neklātiene còrrespóndence cóurses ['kɔːsiz]
neklātnieks éxtra-múral stúdent
nekopts neglécted; úncáredfòr
nekrietns base [beis], mean [miːn]
nekur nówhère; n. nederīgs — góod-for-nòthing
nekustīgs immóbile
neķītrs òbscéne
nelabojams 1. incórrigible; 2. *(par kļūdu u. tml.)* fátal
nelaiķis the late *(attr.)*
nelaim‖e misfórtune [-'fɔːtʃən]; ∼es gadījums — áccident ['æksi-]; par ∼ī — unfórtunately [-'fɔːtʃnitli]
nelaimīgs ùnháppy; ùnlúcky
nelaipns ùnkínd [-'kaind]
nelegāls illégal [i'liːgəl]
nelīdzens únéven
neliels small [smɔːl]
nelietis scóundrel ['skaun-]
nelikumīgs únláwful ['-'lɔːful]
neļaut not to allów [ə'lau]
neļķe carnátion
nemainīgs inváriable

nemākulīgs ìnéffícient [‚inì'fiʃənt], clúmsy ['klʌmzi]
nemanāms ìmpercéptible
nemaz not at all [ɔːl]
nemierīg‖s réstless; ∼a jūra — rough [rʌf] sea [siː]
nemiers únrést; *(rūpes)* ànxíety [æŋ'zaiəti]
nemirstīgs immórtal
nemitīgs contínuous, incéssant
nemoderns únfáshionable [-'fæʃ-], óut-of-dáte
nenormāls àbnórmal; *(psihiski)* insáne
nenoteikts indéfinite; *(neskaidrs)* vague [veig]
nenovēlīgs grúdging
nenovēršams inévitable
nenozīmīgs ìnsigníficant, trífling ['traif-]
neobjektīvs pártial ['paɪʃəl], bías[s]ed
neomulīg‖s cómfortless ['kʌmfət-]; justies ∼i — to feel* únéasy [-'iːzi]
nepacietīgs impátient [-'peiʃənt]
nepaklausīgs dìsobédient; *(par bērnu — arī)* náughty ['nɔːti]
nepamatots gróundless ['graund-]
neparasts ùncómmon, ùnúsual [-'juːʒuəl]
neparedzēt‖s únforeséen; ∼a aizkavēšanās — únforeséen deláy
nepareizs wrong
nepārskaitlis odd númber
nepārspēts únsurpássed

nepārtraukts contínuous; n.
lidojums— nón-stòp flight
[flait]

nepārvarams *(par šķērsli,
grūtībām)* únsurpássable

nepastāvīgs *(par laiku)*
chángeable ['tʃeindʒ-]; *(par
raksturu)* fíckle

nepateicīgs ùngráteful

nepatiesība fálsehòod
['fɔːlshud]

nepatiess false [fɔːls]

nepatika dislíke *(to, for)*

nepatīkam‖s ùnpléasant
[-'pleznt]; cik ~i! — what
a núisance ['njuːsns]!

nepatikšan‖as tróuble
['trʌbl]; sagādāt ~as —
to bring* tróuble *(upon)*

nepazīstams strange
[streindʒ] *(to)*, ùnfamíl-
iar *(to)*; n. cilvēks —
stránger

nepelnīts úndesérved

nepieciešamīb‖a necéssity;
pirmās ~as preces — ár-
ticles of prime necéssity

nepieciešams nécessary

nepiedodams ìnexcúsable
[ˌ-'kjuːzəbl]

nepiekāpīgs óbstinate

nepieklājīgs ìmpolíte; *(par
uzvešanos)* impróper

nepiekrist to disagrée *(with)*

nepiemērots ùnsúitable
['-'sjuːt-], inádequate

nepierasts ùnúsual [ˌ-'juːʒuəl]

nepietiekams ìnsufficient
[-'fiʃənt], scánty

nepietikt to be short *(of)*, to
lack

nepilnīgs ìncompléte

neprātīgs ùnréasonable
[-'riːzn-], irrátional

neprecējies síngle, únmárried

neprecīzs ináccurate

nerātns náughty ['nɔːti]

neraža bad hárvest

nereāls únréal ['-'riəl]

nerunīgs tácitùrn ['tæsi-]

nervozēt to feel* nérvous

nervozs nérvous; írritable

nerv‖s nerve; ◇ krist kā-
dam uz ~iem — to get*
on smb.'s nerves

nesakarīgs ìncòhérent

nesalīdzinām‖s incómparable;
◇ ~i labāk — far bétter

nesaman‖a ùncónsciousness
[ʌn'kɔnʃəsnis]; krist ~ā —
to lose* [luːz] cónscious-
ness ['kɔnʃəsnis], to faint

nesamērīgs dìspropórtionate

nesaprotams ìncòmprehén-
sible

nesaskaņa díscòrd

nēsāt 1. to cárry [about];
2. *(valkāt)* to wear*
[wɛə]; n. brilles — to
wear* glásses

nesaticīgs quárrelsome
['kwɔrəlsəm]

nesatricinām‖s ìmpertúrbable;
ùnshákable; ~a pārlie-
cība — ùnshákable convíc-
tion

nesaudzīgs rúthless ['ruːθlis]

nesējs pórter

nesekmīgs *(mācībās)* báck-
ward

nesen récently

neskaidrs ìndistínct; *(rok-
raksts)* illégible; *(attēls)*
dim; *(priekšstats)* vague
[veig]

neskaitāms cóuntless
['kaunt-]

neslav‖a ill fame; celt ~u —
to slánder ['slaːn-]

neslēpts úndisguísed
['-'gaizd]
nesmēķētāj‖s nón-smóker
[-'sməukə]; ~u vagons —
nón-smóker, nón-smóking
cárriage
nespēcīgs féeble, weak [wiːk]
nespēj‖a incàpabílity; incà-
pácity; darba ~as lapa —
médical cèrtíficáte
nespēks féebleness, wéakness
['wiːk-]
nest to cárry ['kæri]; to
bear* [bɛə]; n. labu peļ-
ņu — to bring* good re-
túrns; ◇ n. labumu — to
be of bénefit
nesvarīgs únimpórtant
nešķirams inséparable
netaisnīb‖a injústice; noda-
rīt kādam ~u — to
wrong smb.
netaisns unjúst [-'dʒʌst]
netālu not far (from)
neticams incrédible
netiešs ìndiréct
netikums vice [vais]
netīrība úncléanliness
['-'klen-]
netīrs dírty
netīrumi dirt, filth
netīšām (nejauši) by ácci-
dent ['æksi-]; (bez iepriek-
šēja nodoma) úninténtion-
ally
neuzkrītošs símple, módest
['mɔd-]
neuzmanīgs ìnatténtive; cáre-
less
neuzticams únrelíable
['-ri'lai-]
neuzticība 1. fáithlessness
['feiθ-]; dislóyalty; 2. (ne-
uzticēšanās) distrúst

neuzticīgs 1. únfáithful
['-'feiθ-], dislóyal; 2. (ne-
paļāvīgs) distrústful
neuzvarams invíncible
nevainīgs ínnocent
nevajadzīgs ùnnécessary;
néedless
nevarīgs hélpless
neveikls clúmsy ['klʌmzi]
neveiksm‖e fáilure ['feiljə];
ciest ~i — to fail, to be a
fáilure
nevērīgs cáreless, négligent
neveselīgs ùnhéalthy
[,-'helθi]
nevien‖s nóbody; not a síngle
~a diena — not a síngle
day [dei]
nevietā out of place; pie-
zīme n. — únápt remárk
nevīžīgs (par darbu u. tml.)
cáreless, slípshòd; (ap-
ģērbā) slóvenly ['slʌvnli]
nezāle weed
nezināms únknówn ['-'nəun]
nezināšana ígnorance
nežēlastīb‖a disgráce; krist
~ā — to fall* [fɔːl] into
disgráce
nežēlīgs mérciless; cruel
[kruəl]
nicināt to despíse [-'paiz], to
scorn
nicinošs contémptuous
[-'temptjuəs], scórnful
niecīgs trífling ['traif-]
niedre reed
niek‖s trífle ['traifl]; melst
~us — to talk nónsense;
~i! — fíddlestìcks!
niere kídney ['kidni]
niezēt to itch
nikns fúrious ['fjuəriəs],
fierçe [fiəs]

niknums fúry ['fjuəri], rage [reidʒ]
niķelis níckel
niķīgs caprícious [-'priʃəs]
niķis whim
nirt to dive
no 1. from; no sākuma — from the begínning; 2. *(izsakot cēloni)* from; out of; no bailēm — out of fear [fiə]; 3. *(norādot materiālu)* out of; no koka — [out] of wood
nobālēt to turn pale
nobeigt to fínish, to end
noberzt 1. to rub off; 2. *(jēlu)* to chafe
nobiedēt to fríghten ['fraitn], to scare
nobirt to fall* [fɔːl] off
nobīties to get* fríghtened ['fraitnd]
nobriedis ripe; *pārn* matúre
nocelt to take* (lift) off
nocenot *(pazemināt cenu)* to redúce in price
nocenot‖s cút-príce *(attr.);* ~ās preces — goods at redúced príces
nociesties to keep* *(from);* viņš nevarēja n. to nedarījis — he could not help dóing it
nocirst to cut* off
nodalījums *(telpā)* compártment; séction
nodaļa 1. depártment; 2. *(grāmatā)* chápter
nodarbības clásses; stúdies; pulciņa n. — círcle ['səːkl] work
nodarbināt to emplóy
nodarbošanās òccupátion, trade

nodarbo‖ties to do*; to go* in *(for);* ar ko jūs ~jaties? *(runājot par profesiju)* — what are you?
nodarīt to cause [kɔːz]; n. zaudējumus — to cause dámage *(to)*
noderēt to come* in úseful (hándy)
noderīgs úseful ['juːsful]
nodevība tréason ['triːzn]
nodibināt to found [faund], to estáblish
nodilis thréadbare ['θredbɛə]
nodoklis tax; muitas n. — cústoms dúties
nodomāt to inténd
nodom‖s inténtion; ar iepriekšēju ~u — delíberately
nodot 1. to hand over, to give*; 2. *(par nodevēju)* to betráy [-'trei]; to give* away; n. tiesai — to bring* to tríal
nodoties to devóte ònesélf *(to);* to go* in *(for)*
nodrebēt to shúdder
nodriskāts rágged
nodrose *(vietas u. tml.)* rèservátion; *(dokuments — arī)* wárrant ['wɔ-]
nodrosēt to resérve; n. vietu — to resérve a seat
nodrošināt 1. to ensúre [-'ʃuə]; 2. *(materiāli)* to províde *(for)*
nodzēst 1. *(elektrību)* to switch off; 2. *(uzrakstīto)* to wipe off; *(ar dzēšgumiju)* to eráse
nodzīvot 1. to live [liv]; 2. *(uzturēties)* to stay
noēst to eat* [iːt] up

nogādāt to delíver [-'livə]
nogaidīt to wait [weit]
nogaid‖ošs wáiting; expéc-
tant; ~oša politika —
témporizing pólicy; wáit-
-and-sée pólicy; ieņemt
~ošu pozīciju — to bíde
one's time
nogale: nedēļas n. — wéek-
énd
nogalināt to kill, to múrder
nogaršot to taste
nogāzt to cast* [kaɪst] down
nogriezt to cut* off; n. na-
gus — to pare (cut*) one's
nails
nogriezties (sānis) to turn
asíde; n. pa kreisi — to
turn to the left
nogrimt to sink*; n. do-
mās — to be lost in
thought [θɔːt]
nogrūst to push [puʃ] off
(down)
noguldījums depósit; (uz
cita vārda) endówment
noguldīt 1. (gultā) to put*
[put] to bed; 2. (naudu)
to depósit [-'pɔzit]
nogulsnes grounds [graundz]
nogurdināt to wear* [weər]
out
nogurt to get* tired
nogurums tíredness, fatígue
[-'tiːg]
noģērbt to úndréss; to take*
off
noģērbties to úndréss, to
take* off one's things
noiet 1. to walk [wɔːk], to
cóver ['kʌvə]; 2. (lejā)
to go* down; ◇ n. no ce-
ļa — to go* to the bad

noindēt to póison ['pɔizn]
nojaukt to pull [pul] down
nojaust to fòresée*, to
suspéct
nojauta (ļauna) fòrebóding
nokāpt to come* down; to
descénd
nokārāties to hang* down,
to droop
nokārt to hang*
nokārtot to séttle; n. eksā-
menu — to pass [paɪs] an
exàminátion
nokavēt to be late (for); to
miss; n. vilcienu — to
miss one's train
nokavēties to be late (for)
noklausīties 1. to lísten
['lisn] (to); 2. (slepus) to
éavesdròp ['iːvz-]
nokļūt to get* (to); kā es
tur varu n.? — how do I
get there?
nokrāsot to paint [peint];
(audumu) to dye [dai]
nokratīt to shake* off
nokrist to fall* [fɔːl] down
nokrišņi precìpitátions
nokust (par sniegu) to thaw
[θɔː]
noķert to catch*
nolādēt to curse; ~s! —
damn it!
nolaidība cárelessness, négli-
gence
nolaidīgs cáreless, négligent
nolaist to let* down; n.
priekškaru — to drop the
cúrtain; n. buras — to
take* in sail; n. acis — to
cast* [kaɪst] down one's
eyes [aiz]
nolaisties (par lidmašīnu) to
ļand; (par putnu) to fly*

down; n. uz Mēness — to land on the Moon

nolaišanās *(lidmašīnas)* lánding; n. uz Mēness — lánding on the Moon, Moon (lúnar) lánding

nolasīt *(stāstu)* to read* [riːd]; *(dzejoli)* to recíte

nolaupīt to steal; *(cilvēku)* to kídnap; *(lidmašīnu)* to híjack

nolauzt to break* [breik] off

nolemt to decíde [-'said], to detérmine

noliegt 1. to dený; 2. *(aizliegt)* to forbíd*

noliekt to bend* [down]

noliesējis emáciàted [i'meiʃieitid]

nolietot to wear* [wɛər] out, to use up

nolikt to put* [put] down; n. atpakaļ — to put* back

noliktava stórehòuse ['stɔːhaus]

nolobīt to peel

nolūk‖**s** púrpose ['pəːpəs]; ar ~u — on púrpose; ~ā — with a view [vjuː] *(to)*

nolūzt to break* [breik] off

nomaks‖**a**: uz ~u — by instálments [-'stɔːl-]; preču pārdošana uz ~u — hírepúrchase ['haiə'pəːtʃəs]

nomākt 1. *(apspiest)* to suppréss, to oppréss; 2. to depréss

nomākts 1. *(apspiests)* suppréssed; 2. depréssed, lówspírited

nomale óutskìrts ['autskəːts] *dsk.*

noma‖**š** remóte, óut-of-thewáy

nomāt to híre ['haiə], to take* on híre

nomazgāt to wash [wɔʃ]; n. traukus — to wash up

nomazgāties to wash [wɔʃ] ònesélf; *(vannā)* to take* a bath [baːθ]

nomest to throw* [θrəu] down (off)

nometne camp

nomierināt to calm [kaːm]

nomierin‖**āties** to calm [kaːm] down; ~ies! — compóse yóursélf!; ~ošs līdzeklis — sédative, tránquillizer

nomirt to die [dai]

nomocīties to wear* [wɛər] ònesélf out

nomod‖**s**: būt ~ā — to be awáke

nonākt to come* (get*) *(to)*, to arríve *(at, in)*

nonāvēt to kill, to múrder

nonēsāt to wear* [wɛər] out

nonīkt *(par augiem)* to wíther away

noņemt to take* away; *(no augšas)* to take* down; n. cepuri *(sveicinot)* — to raise [reiz] one's hat

nopelnīt to earn [əːn]; n. iztiku — to earn one's líving ['liv-]

nopeln‖**s** mérit; pēc ~iem — accórding to the déserts; ~iem bagātais mākslas darbinieks — Mérited Art Wórker; ~iem bagātais sporta meistars — Hónoured Máster of Sports

nopelt to condémn; to find* fault [fɔːlt] *(with)*
nopietns sérious ['siəriəs], éarnest ['əːn-]
nopirkt to buy* [bai]
noplēst 1. to tear* [tɛər] off; 2. *(valkājot)* to wear* [wɛər] out
noplīsis worn; rágged
noplūkt to pick
nopratināt to quéstion ['kwestʃən]
nopurināt to shake* off
nopūsties to give* a sigh [sai]
nopūta sigh [sai]
norādījums diréction, instrúction
norādīt 1. *(virzienu)* to show* [ʃəu], to point *(to, at)*; 2. *(aizrādīt)* to point out, to índicàte
noraidīt 1. to refúse; to rejéct; to turn down; 2. *(pa telegrāfu, radio)* to bróadcast ['brɔːd-]
norakstīt to cópy ['kɔpi]
noraksts cópy ['kɔpi]; dúplicate
noraut to tear* [tɛər] off
norēķināties to séttle accóunts [ə'kaunts]
norimt 1. *(par troksni)* to cease [siːs]; 2. *(par satraukumu)* to abáte, to subsíde
norise procédure [-'siːdʒə]
norisināties to take* place, to háppen
norīt to swállow
noritēt to procéed, to go* on
norm∥a 1. rate, quóta; dienas n. — dáily ['dei-]

work [wəːk] quóta; 2. *pārn* stándard, norm; uzvedības ~as — rule of cónduct
normāls nórmal
norūdīties to hárden [òne-sélf]
norun∥a agréement; ar ~u, ka ... — on condítion that ...
norunāt to agrée; n. satikšanos — to make* an appóintment; ~s! — agréed!
norvēģ∥is (~iete) Nòrwégian [nɔː'wiːdʒən]
nosacījums condítion
nosalis 1. cold [kəuld], frózen; 2. *(par augu)* fróstbìtten
nosargāt to sáfeguàrd ['-gaːd] *(from)*; n. mieru — to presérve [-'zəːv] peace [piːs]
nosarkt to blush; to flush
nosaukt 1. to call [kɔːl]; 2. *(dot vārdu)* to name
nosaukums name; *(grāmatas)* títle ['taitl]; goda n. — hónorary títle
nosēdēt to sit*
nosēdināt to seat [siːt]
nosist 1. to kill; 2. *(par pulksteni)* to strike*; ◇ n. laiku — to kill the time
noskaidrot to clear [kliər] up, to find* out
noskaņojum∥s mood, témper; labā ~ā — in high [hai] spírits; sliktā ~ā — in low [ləu] spírits
noskaņot 1. *(instrumentu)* to tune [up]; 2. *(cilvēku)* to dispóse; n. pret sevi — to antágonìze

noskatīties *(filmu, lugu)* to see*, to watch [wɔtʃ]

noskumis sad

noskūpstīt to kiss

noskūties to shave*

noslāpt to choke

noslaucīt to sweep*; to wipe; *(putekļus)* to dust

noslaucīties to dry ònesélf

noslēgt 1. to lock [up]; 2. *(elektrību u. tml.)* to cut* off; 3. *(līgumu)* to conclúde [-'kluːd]; n. darī- jumu — to strike* a bár- gain; n. derības — to bet

noslēgum‖s conclúsion [-'kluːʒən]; ~ā — in con- clúsion

noslepkavot to múrder, to kill

noslēpumains mystérious; sécret

noslēpums mýstery; sécret

noslīkt to get* drowned [draund]

nosmērēt *(notašķit)* to soil, to dírty

nosmērēties to get* dírty

nosodīt to blame, to condémn

nospēlēt to play [plei]; *(lugu)* to perfórm

nospiedum‖s ímprint, mark; pēdas n. — fóotprint; pirk- stu ~i — fíngerprìnts

nospiest 1. *(saspiest)* to crush; 2. *(piespiest)* to press; 3. *(nomākt)* to depréss

nost away, off

nostādīt 1. to place; to stand; 2. *(noregulēt)* to adjúst; to set*

nostāja áttitùde, point of view [vjuː]

nostāties to státion ònesélf; n. ierindā *mil* — to draw* up; n. kāda pusē — to side with smb.

nostāvēt to stand*

nostiprināt 1. to fásten; 2. *pārn* to stréngthen

nosūtīt to send*; to post [pəust]; *(preces)* to con- sígn [-'sain]

nosvērt to weigh [wei]

nosvērts *(raksturs)* stéady ['stedi], compósed

nosviest *(zemē)* to throw* [θrəu] down; to drop

nosvinēt to célebràte

nosvītrot to cross out

nošaut to shoot* down

nošķirt to séparàte; to ísolate ['aisəleit]

noš‖akstīt to splash

nota *pol* note

notārs nótary ['nəutəri]

noteikt 1. to detérmine; n. diagnozi — to díagnòse; 2. *(cenu, termiņu)* to fix

noteikti 1. définitely, for cér- tain; 2. *(stingri)* résolù- tely ['rezəluːtli]

noteikts définite; fixed

noteikum‖s 1. rule [ruːl]; pēc ~iem — accórding to the rules; satiksmes ~i — tráffic règulátions; 2. con- dítion; bez ~iem — ún- condítionally; ar ~u, ka ... — on condítion that ...

noteka drain [drein]; *(ielas)* gútter

notiesāt to condémn, to sén- tence

noti‖kt 1. to háppen; to occúr; kas viņam ~cis? — what has háppened to him?; 2. (norisināties) to take* place; lai notiekl — all [ɔːl] right [rait]l

notikum‖s evént; pēdējie ~i — látest devélopments; ~u gaita — course [kɔːs] of evénts

notīrīt to clean [kliːn]

notraipīt to stain [stein]

notriekt to knock (bring*) down

not‖s note; ~is — músic

noturēt 1. to hold* [həuld]; 2. (par ko) to take* for

noturē‖ties 1. to hold* at; n. kājās — to keep* one's fóoting; 2. (savaldīties) to check [tʃek] ònesélf; es tikko ~jos nesmējies — I could not help láughing ['laːfiŋ]

notvert to catch*, to seize [siːz], to grasp [graːsp]

novadpētniecīb‖a régional ['riː-] stúdies; ~as muzejs — Muséum of Régional Stúdies

novads région ['riːdʒən]; dístrict

novājējis thin, wásted ['weis-]

novājēt to grow* thin, to become* wásted

novājināt to wéaken ['wiːk-]

novākt 1. to clear [kliər] away; 2. (ražu) to hárvest, to gáther in

novalkāt to wear* [wɛər] out

novārīt to boil

novārtā: pamest n. — to negléct

novators ínnovátor

novecojis óut-of-dáte; ántiquàted

novecot 1. (par cilvēku) to become* (grow*) old; 2. (par uzskatiem) to become* óld-fáshioned

novele short stóry

novēlēt to wish; n. laimes — to congrátulàte

novembris Nòvémber

novērojums òbservátion [,ɔbzə(ː)'veiʃən]

novērot to watch [wɔtʃ], to obsérve

novērst 1. (skatienu) to turn off, to avért; 2. (uzmanību) to divért; n. aizdomas — to remóve suspícion

novērtēt to éstimàte; n. pozitīvi — to válue ['vælju]; n. par zemu — to únderválue ['-'vælju]

novest 1. (lejā) to lead* [liːd] down; 2. (līdz kādam stāvoklim) to bring* (to)

novietne 1. stand; 2.: bagāžas n. (automašīnā) — boot

novietot to place; to put* [put]

novilkt 1. to pull [pull] down; 2. (drēbes) to take* off

novirzīties to déviàte, to dìvérge; n. no temata — to digréss from the súbject

novīst to fade, to wíther

nozāĝēt to saw* [sɔː] [off, down]

nozare branch [braːntʃ], field [fiːld]
nozarojums branch [braːntʃ]
noziedznieks críminal
noziegum‖s crime; izdarīt ~u — to commít a crime
nozīm‖e méaning ['miːn-], sense; *(svarīgums)* impórtance; tam nav nekādas ~es — it does not mátter
nozīm‖ēt to mean [miːn]; ko tas ~ē? — what does it mean?
nozīmīgs signíficant
nozust to disappéar [-'piə]
nožēla regrét; remórse
nožēlojams míserable ['mizərəbl]
nožēlot to regrét

nožņaugt to strángle
nožūt to dry
nu well, now [nau]; nu labil — very well, all [ɔːl] right [rait]
nūja stick
nulle zérò, nought [nɔːt]
numur‖s 1. númber; 2. *(lielums)* size; 3. *(viesnīcas)* room, apártment; vai jums ir brīvi ~i? — have you any vácant rooms?; kādā ~ā jūs dzīvojat? — in what room do you stay?; 4. *(programmas)* ítem; ◇ izspēlēt ~u — to play a trick
nupat just [dʒʌst] now [nau]

Ņņ

ņemt to take*; ņ. dalību — to take part; ◇ ņ. ļaunā — to take to heart [haːt]; ņ. piemēru — to fóllow the exámple [ig'zaːmpl]
ņiprs brisk

ņirgāties to jeer [dʒiə] *(at)*, to scoff *(at)*
ņirgt to grin
ņurcīt to crúmple
ņurdēt to growl [graul]

Oo

objektīvs *īp. v.* òbjéctive
objekts óbject
obligāts compúlsory
odekolons 'Eau-de-Cológne ['əudəkə'ləun]
oder‖e líning; ielikt ~i — to line
ods gnat [næt]
odze víper

ociāls offícial [ə'fiʃəl]; fórmal
oficiante wáitress ['weit-]
oficiants wáiter ['weitə]
oga bérry ['beri]
ogl‖e coal [kəul]; ~es zīmējums — chárcòal dráwing
ogleklis cárbon
og|racis cóllier, míner

og|raktuve cóal-mìne ['kəul-]

ogot to pick bérries ['beriz]

okeān‖s ócean ['əuʃən]; ～a tvaikonis — ócean líner

okšķerēt to nose about

oktobris 'Octóber

okupēt to óccupý

ola egg; olas baltums — white; olas dzeltenums — yolk [jəuk]; cieti vārīta o. — hárd-bóiled egg; mīksti vārīta o. — sóft-bóiled egg

olbaltumviela prótein ['prəuti:n]; álbùmen ['ælbjumin]

olimpiāde 'Olýmpiàd

olimpisk‖s: ～ās spēles — 'Olýmpic games, 'Olýmpics

oma mood, húmour ['hju:mə]; būt sliktā omā — to be out of húmour

omulīgs 1. cósy ['kəuzi], smug; 2. (jautrs) chéerful

opera 1. ópera; 2. (ēka) ópera-hòuse ['ɔpərəhaus]

operācij‖a òperátion; pārciest ～u — to ùndergó* an òperátion

operatīv‖s 1. (ķirurģisks) óperàtive; 2. mil òperátional

operēt to óperàte (on)

operete òperétta

optimistisks òptimístic

orbīt‖a órbit; ievadīt kosmosa kuģi ～ā — to put* a spáceship into órbit

orbitāl‖s órbital; ～ie lidojumi — órbital flights

[flaits]; ～ā stacija — órbital státion

orden‖is órder; apbalvot ar ～i — to décoratè with an órder; ar ～i apbalvotais — órder-béarer ['-'beərə]

organisms órganism

organizācija òrganìzátion

organizēt to órganìze; to arránge [ə'reindʒ]

orgān‖s 1. órgan; 2. pārn bódy; vietējie varas ～i — lócal àuthórities

orientēties to find* [faind] one's béarings ['beər-]

oriģināls ip. v. oríginal

orķestris órchestra ['ɔ:kistrə]; džeza o. — jazz band

osa hándle, ear

osis ásh-trèe

ost to smell*

osta port, hárbour; jūras o. — séapòrt ['si:-]

ota brush

otrādi 1. the wrong side out; 2. (pretēji) the other way round

otrais sécond ['sekənd]; o. kurss — sécond year [jə:]; o. ēdiens — sécond course [kɔ:s]

otrdiena Túesday ['tju:zdi]

otr‖s (cits) another; viens ～u — one another; ne viens, ne o. — néither ['naiðə]

ovāls ip. v. óval

ozols oak [əuk]

oža smell

Pp

pa 1. alóng; oɳ; iet pa ielu — to walk [wɔːk] alóng the street; 2. through; pa durvīm — through the door [dɔː]; 3. dúring; in; pa vasaru — dúring the súmmer; 4. by; pa pastu — by post [pəust]; 5.: pa vienam — one by one; ◇ pa jokam — in jest; pa vecam — in the old [əuld] way [wei]

paātrināt to hásten ['heisn]; to speed up

paaudze gènerátion

paaugstinājums 1. èlevátion; plátfòrm; 2. (cenu) rise; 3. (amatā) promótion

paaugstināt 1. to élevàte; to raise [reiz]; 2. (cenu) to raise; 3. (amatā) to promóte

pabalst∥s 1. (atbalsts) suppórt; 2. allówance [ə'lau-]; pay; bezdarbnieku p. — únemplóyment pay (bénefit); slimības p. — síckness bénefit; piešķirt ~u — to grant an allówance

pabarot to feed*

pabāzt to push [puʃ] (under)

pabeigt to fínish; to complète; p. skolu — to fínish school; p. studijas — to gráduate

pabīdīt to move [muːv], to push [puʃ]; p. sāɳus — to move asíde

pacelt to raise [reiz], to lift; (kaut ko nokrituśu) to pick up

pacelties to rise*; (par lidmaśinu) to take* off

paciest to bear* [bɛə], to stand*

paciesties to have pátience ['peiʃəns]

pacietīb∥a pátience ['peiʃəns]; zaudēt ~u — to lose* pátience

pacietīgs pátient ['peiʃənt]

pacilāt∥s elátéd; p. garastāvoklis — elátion; būt ~ā garastāvoklī — to be in high [hai] spírits

paciɳa pácket

padarīt to do; to make*; p. darbu — to complète one's work [wəːk]

padevīgs submíssive (to)

padomāt to think* over

padomdevējs advíser

padome 1. cóuncil ['kaunsl]; Ministru Padome — Cóuncil of Mínisters; 2. (valsts pārvaldes orgāns PSRS) Sóvièt; PSRS Augstākā Padome — Sùprème Sóvièt of the U.S.S.R.

padomju- Sóvièt; Padomju Savienība — the Sóvièt 'Union; p. vara — Sóvièt pówer

padom∥s advíce [əd'vais]; dot ~u — to advíse [əd'vaiz]

padot to pass [paːs], to hand

padoties 1. to surrénder, to yield [jiːld]; 2. (pakļauties) to submít; p. liktenīm — to resígn [-'zain] ònesélf to fate; 3. (sekmēties) to come* éasy ['iːzi]

padus‖e árm-pìt; ~ē — únder one's arm

padzert: p. tēju (kafiju) — to have tea [tiː] (cóffèe)

padzīt to drive* away

paēdis: esmu p. — I have had enough [i'nʌf], I am full up

paēst to eat* [iːt], to have a meal [miːl]

pagaidām for the time béing, for the présent

pagaid‖īt to wait [weit] (for); ~i! — wait a móment!

pagājuš‖ais past [pɑːst]; (pēdējais) last [lɑːst]; ~ajā nedēļā — last week; ~ā mēneša 7. datumā — on the 10th últimò ['ʌltiməu]

pagale log

pagalms yard

pagalvis píllow

pagarināt 1. to léngthen; 2. (termiņu) to prolóng; ~ās dienas grupa — exténded-dáy group [gruːp]

pagatavot 1. to make*; 2. (ēdienu) to prepáre

pagātne 1. the past [pɑːst]; 2. gram past [tense]

pagrabs céllar

pagrīde úndergròund ['-graund]

pagrieziens túrning; bend

pagriezt to turn; p. muguru — to turn one's back (on)

pagriezties to turn (swing*) round

pagrimt to decáy [-'kei], to declíne; (morāli) to go* to seed

pagrimums decáy [-'kei], declíne

pagrūst to push [puʃ], to give* a push

pagūt to mánage ['mænidʒ]

paiet 1. to go*; 2. (par laiku) to pass [pɑːs]; 3. (beigties) to be over

pajautāt to ask [ɑːsk]; to inquíre [-'kwaiə]

pajūgs cart

pajumte shélter

paka páckage ['-idʒ]; párcel

pakalpīgs oblíging [ə'blaidʒ-]

pakalpojum‖s sérvice; izdarīt ~u — to rénder a sérvice

pakaļ áfter; iet p. — to fóllow; dzīties p. — to pursúe [-'sjuː], to chase [tʃeis]

pakaļējs back, rear [riə]

pakāp‖e 1. degrée; extént; līdz zināmai ~ei — to a cértain extént; 2. gram degrée

pakāpeniski grádually, by degrées

pakāpiens step

pakaramais: drēbju p. — 1) clóthes-ráck ['kləuðzræk]; 2) (pie apģērba) tab; hánger

pakārt to hang*

pakausis back of the head [hed]

pakavēties 1. (pabūt) to stay; 2. (pie kā) to línger ['liŋgə] (on, upon)

pakavs hórseshòe ['hɔːʃʃuː]

paklājs cárpet, rug

paklanīties to bow [bau] *(to)*

paklausīgs obédient [ə'biːdjənt]

paklausīt to obéy

pak|aut to subórdinàte; p. savai ietekmei — to gain an ínfluence *(over)*

pak|auties to submít *(to)*

pakot to pack [up]

pakrist to fall* [fɔːl] [down]

pāksts pod

pākšaugi légùmes

pakts pact; ńeuzbrukšanas p. — nón-aggréssion pact; miera p. — peace [piːs] tréaty ['triːti]

pakustēties to move [muːv], to stir

pakustināt to move [muːv], to stir

palags sheet

palaidnīgs náughty ['nɔːti]

palaist to let*; p. va|ā — to let go; p. garām — 1) *(at|aut paiet garām)* to let* pass; 2) *(neievērot)* to miss; p. mākslīgo Zemes pavadoni — to launch ['lɔːntʃ] an àrtifícial Earth [əːθ] sátellìte; ◇ p. baumas — to set* a rúmour ['ruːmə] aflóat [ə'fləut]; p. muti — to blab out

palam|a nícknàme; dot ~u — to nícknàme

palāta 1. *(slimnīcā)* ward; 2. *(augstākais likumdošanas orgāns)* chámber ['tʃeim-]; lordu p. — House [haus] of Lords

paldies thank you!; liels p.! — many thanks!; ◇ p. dievam — thank góodness

palēnināt to slácken, to slow [sləu] down

pal||i flood; ~u laiks — flóod-tìme

palīdzēt to help

palīdzīb||a help, aid [eid]; ātrā p. — first aid; ātrās ~as automašīna — ámbulànce car

paliekas rémnants; léft-òvers

palielināt to incréase [-'kriːs]

palīgs assístant, help

palikt to remáin [-'mein], to stay [stei]

palma palm [paːlm]

palodze wíndow-sìll

palūgt to ask [aːsk] *(for)*

pa|auties to relý *(upon)*

pamācība instrúction; lietošanas p. — diréctions for use [juːs]

pamācīt to teach*

pamanīt to nótice ['nəutis]

pamāt *(ar galvu)* to nod; *(ar roku)* to wave

pamāte stépmòther ['-ˌmʌðə]

pamatīgi thóroughly ['θʌrəli]

pamatīgs thórough ['θʌrə]

pamatlicējs fóunder ['faun-]

pamatot to base [beis] *(on)*

pamatoties to be based [beist] *(on)*

pamatots wéll-fóunded, wéll-gróunded

pamat||s 1. *(ēkas)* foundátion [faun-], base [beis]; 2. *(galvenais)* básis*; príaciple; 3. *(iemesls)* réason; grounds *dsk.*; uz kāda ~a? — on what grounds?; 4.: ~i — prínciples

pamatskola èleméntary (prímary) school

pamazām líttle by líttle

pamēģināt to try, to attémpt

pameklēt to look *(for)*

pamest to abándon, to forsáke*; p. novārtā — to negléct

pamiers ármistice, truce [truːs]

pamodināt to wake*, to call [kɔːl]

pamosties to wake* up

pampt to swell*

pamudināt to urge [əːdʒ]

panākta 1. to catch* up *(with); (nokavēto)* to make* up *(for);* 2. *(sasniegt)* to achíeve, to attáin

panāktb to come*; panāc līdz! — come alóng!; panāc šurp! — come here!

panākum‖s succéss; gūt ~us — to be a succéss; vēlu ~us! — I wish You every succéss!

panest 1. to cárry ['kæri]; 2. *(paciest)* to stand*, to bear*

panik‖a pánic; sacelt ~u — to raise [reiz] a pánic

panīkt to decáy [-'kei]

pankūka páncàke

panna frýing-pàn ['frai-]

panorām‖a: ~as kino — cìneráma [ˌsinə'raːmə]

pansija bóarding-hòuse ['bɔːdiŋhaus]

pant‖s 1. *lit* verse; 2.: sejas ~i — féatures ['fiːtʃəz]

paņēmien‖s méthod, way [wei]; ◇ vienā ~ā — at one go

paņemt to take*

papagailis párrot

paparde fern

pape tár-pàper

papē‖dis heel; kurpes ar zemiem ~žiem — lów-héeled ['ləu'hiːld] shoes [ʃuːz]; ◇ no galvas līdz ~žiem — from top to toe

papele póplar ['pɔplə]

papildinājums súpplement

papildināt to súpplemènt *(with)*

papildinātājs *gram* óbject

papildizdevums impréssion

papildizeja emérgency éxit

papildmetiens éxtra impréssion

papildus in addítion

papilnam in plénty

papīrgrozs wáste-páper-bàsket

papīrnauda páper cúrrency

papīrnazis páper-knìfe

papiross cìgarétte

papīrs páper; ietinamais p. — brown [braun] páper

paplašināt 1. to enlárge, to bróaden ['brɔːdn]; 2. *(apjomā)* to incréase; to exténd; p. sortimentu — to incréase the varíety; 3. *(padarīt plašāku)* to bróaden; to exténd; p. ietekmju sfēru — to exténd the sphere [sfiə] of ínfluence

paplašināties to bróaden ['brɔːdn]

paplāte tray [trei]

paprasīt to ask

papuve fállow
par 1. of; about; p. ko jūs runājat? — what are you spéaking ['spɪːk-] about?; **2.** than; vairāk p. — more than; **3.** too; p. daudz — too much; ◇ p. brīvu — free of charge; p. laimi — fórtunately ['fɔːtʃnitli]; p. godu — in hónour ['ɔnər] (of); p. pieminu — in mémory (of); p. spīti — in spite (of)
pār over
parāde paráde; *mil* revíew [ri'vjuː]
parādība 1. fact, thing; phe-nómenon*; **2.** ghost [gəust]
parādīt to show* [ʃəu]
parādīties to appéar [ə'piə]
parād‖s debt [det]; būt ~ā — to owe [əu]; uz ~a — on crédit; iekļūt ~os — to run* into debt
paradum‖s hábit; cústom; iegūt ~u — to get* into the hábit
pārāk too; p. daudz — too much
pārāks supérior [sju(ɪ)-'piəriə]
parakstīt 1. to sign [sain]; **2.** (*zāles*) to prescríbe
parakstīties 1. to sign [sain] one's name; **2.** (*piem., uz laikrakstiem*) to subscríbe (*to, for*)
paraksts sígnature ['signitʃə]
paralēle párallèl
parasti úsually ['juːʒuəli]; kā p. — as úsual ['juːʒuəl]
parast‖s úsual ['juːʒuəl]; órdinary; cómmon; ~a pa-

rādība — éverydáy occúrrence
paraug‖s 1. (*preču*) sámple ['saːmpl]; (*auduma*) páttern; **2.** (*priekšzīme*) exámple [ig'zaːmpl]; módel ['mɔdl]; rādīt ~u — to set* an exámple
paraža hábit; cústom
pārbaud‖e 1. contról [-'trəul], chécking, vèrificátion; pasu p. — exàminátion of pássports; **2.** (*izmēģinājums*) tésting; motora p. — tésting of an éngine ['endʒin]; ~es laiks — périod of probátion
pārbaudījums 1. tríal; **2.** (*eksámens*) exàminátion
pārbaudīt 1. to contról [-'trəul]; to check up; to vérifỳ; **2.** (*izmēģināt*) to test
pārbiedēt to fríghten ['fraitn], to scare [skɛə]
pārbraukt (*mājās*) to come* [home]; to retúrn [home]
pārbrauktuve cróssing; dzelzceļa p. — lével cróssing
pārciest to endúre, to súffer; p. operāciju — to ùndergó* an òperátion
pārdevēja sáleswòman, shópgìrl
pārdevējs sálesman, shópassìstant
pārdomas refléction, còntemplátion
pārdom‖āt 1. to think* over; to refléct (*on, upon*); ~āts — wéll-consídered; **2.** (*mainīt domas*) to change one's mind

pārdošan‖a sale; nākt ~ā — to come* on the márket
pārd‖ot to sell*; ~odams — for sale; on sale
pārdrošība àudácity, dáring
pārdrošs àudácious, dáring
pārdzīvot 1. to expérience [iks'piəriəns]; 2. *(dzīvot ilgāk par kādu)* to survíve, to outlíve
paredzēt 1. to àntícipate, to fòresée*; 2. *(plānā)* to envísage
pareizi right [rait]; corréctly; tas nav p. — it is wrong; p.! — that's right!, exáctly!
pareizrakstīb‖a spélling; ~as klūda — spélling mistáke
pareizs right [rait]; corréct; p. laiks — exáct time
pāreja pássage ['pæsidʒ]; ielas p. — cróssing
pārēj‖ais 1. the rest; 2.: ~ie — the others
pārejošs 1. tránsient ['trænziənt]; *(islaicīgs)* témporary; 2. *gram* tránsitive ['traɪn-]
pārestīb‖a wrong, ínjury; nodarīt kādam ~u — to do smb. wrong
pārgalvīgs réckless
pārgriezt to cut* [through]
pārģērbties to change [tʃeindʒ] one's clothes [kləuðz]
pāri 1. over; *(aiz)* beyónd; 2. past [paɪst]; piecas minūtes p. diviem — five mínutes past two; ◇ palikt p. — to be left over; p. spēkiem — beyónd one's pówer ['pauə]; darīt kādam p. — to wrong smb.

pāriet 1. to get* *(across)*, to cross; 2. *(mitēties)* to cease [siɪs]
pāris pair [pɛə], cóuple ['kʌpl]
parīt the day [dei] áfter tomórrow
pārkāpt 1. *(pāri)* to climb [klaim] *(over)*; 2. *(likumu, noteikumu)* to tréspass *(against)*
pārkāpums tréspass; offénce
pārkārtot to réarránge ['riːə'reindʒ]
pārklājs cóver ['kʌvə]
pārklāt to cóver ['kʌvə] *(with)*
pārklāties to get* cóvered ['kʌvəd] *(with)*
parks park
parlaments párliament ['paɪləmənt]
pārlauzt to break* [breik]
pārliecība convíction
pārliecināt to convínce *(of)*; to persuáde [pə'sweid]
pārliecināties to make* cértain ['səɪtn] *(sure)*
pārliecinošs convíncing
pārliet 1. to pour [pɔɪ]; 2. *(asinis)* to trànsfúse
pārmācīt to teach* a lésson
pārmainīt to change [tʃeindʒ]; p. automašīnai riepas — to rètýre a car
pārmaiṇ‖a change [tʃeindʒ]; ~ai — for a change
pārmeklēt to search [səɪtʃ], to ránsáck
pārmērīgi excéssively; too; p. grūts — too dífficult
pārmērīgs excéssive
pārmest to repróach [-'prəutʃ]

pārmetum‖s repróach [-'prəutʃ]; sirdsapziņas ~i — pricks [priks] of cónscience ['kɔnʃəns]

pārņemt 1. to take*; to adópt; 2. *(par jūtām)* to seize [siːz], to òvercóme*

pārpalikums rest; *(auduma)* rémnant

pārpildīts crówded ['kraudid]

pārpilnība abúndance, plénty

pārplīst 1. *(par drēbēm)* to tear* [teə]; 2. *(par traukiem)* to break* [breik]

pārplūst to òverflów

pārprast to mísùnderstánd*

pārpratums mísùnderstánding

pārpūlēties to óverstráin ['-'strein] ònesélf

pārraid‖e bróadcàst; trànsmíssion [-'miʃən]; televízijas p. — télecást; klausīties ~i — to lísten in

pārraidīt to bróadcàst; to trànsmít; *(pa televīziju)* to télevìze

pārrakstīt to réwríte*

pārrunas discússion

pārrunāt to discúss

pārsēj‖s bándage ['bændidʒ]; *(brūces)* dréssing; uzlikt ~u — to applý a dréssing

pārsēsties to change [tʃeindʒ] *(for)*

pārsēšan‖ās *(ceļā)* change; bez ~ās — without chánging

pārsiet to bándage ['bændidʒ]; *(brūci)* to dress

pārskatīties 1. to make* a mistáke; 2. *(noturēt par kādu citu)* to mistáke* *(for smb. else)*

pārskat‖s 1. *(apskats)* súrvey ['səːvi], revíew, róund-up; 2. *(atskaite)* accóunt; ~a ziņojums — súmmary repórt; sniegt ~u — to give* an accóunt; ~a un vēlēšanu sapulce — eléction méeting

pārsl‖a 1. flake; 2. auzu ~as — rolled oats [əuts]

pārslēgt to switch; *(ātrumu)* to shift

pārslodze óverlòad; *(darbā)* óverwòrk

pārslogot to òverlóad; *(darbā)* to óverwórk

pārsniegt 1. to sùrpáss; 2. *(plānu)* to óverfulfíl, to excéed; p. normu — to excéed one's quóta

pārspēt *(darbā)* to outwórk; *(sportā)* to outmátch

pārspīlēt to exággeràte [ig'zædʒəreit]

pārsprāgt to burst*

pārstādīt to trànsplánt [-'plaːnt]

pārstāvēt to rèpresént [ˌrepri'zent]

pārstāvis rèpreséntative [ˌrepri'zentətiv]; *(firmas)* ágent

pārsteidzīgs rash, réckless ['reklis]

pārsteidzošs surprísing, astónishing

pārsteigt to surpríse, to astónish

pārsteigums surpríse, astónishment

pārstrādāt *(izejvielas)* to pròcèss; p. naftu — to refíne oil

pārsvar‖s predóminance; būt ~ā — to predóminàte; gūt ~u — to outwéigh [aut'wei]

pārtaisīt 1. to rémáke*; 2. (drēbes) to rémáke; to álter ['ɔːl-]; (atdodot drēbniekam) to have áltered

pārteikties to make* a slip

pārticīb‖a pròspérity; dzīvot ~ā — to be well off

partij‖a párty; ~aş biedrs — Párty mémber

pārtik‖a food, víctuals ['vitlz] dsk.; ~as vei-kals — grócery ['grəusəri], food shop

pārtikt to live [liv] (on)

partizāns gue[r]rílla

partneris pártner

pārtraukt to ìnterrúpt; (ap-stādināt) to stop; (runu) to cut* short

pārtraukum‖s 1. ìnterrúption; (apstāšanās) pause, stop, break [breik]; bez ~a — without ìnterrúption; 2. ín-terval, break [breik]

pārtulkot to trànsláte; (mu-tiski) to ìntérpret

paruna sáying ['seiiŋ]

parunāt to speak* [spiːk]; to talk [tɔːk] (with)

pārvadāt to trànspórt

pārvalde admìnistrátion; board [bɔːd]

pārvaldīt to admínister; (uz-ņēmumu) to run*, to mán-age ['mænidʒ]

pārvaldnieks mánager ['mænidʒə]

pārvarēt to òvercóme*, to get* over; p. šķērsli sp — to clear the húrdle ['həːdl]

pārvedums: naudas p. — re-míttance; pasta p. — póstal órder

pārveidot to álter ['ɔːl-]; to módifỳ

pārvērst to change [tʃeindʒ] (into); to convért (into)

pārvērsties to turn (into)

pārvietot to move [muːv]; to shift; to displáce

pārvilkt (ar drānu) to cóver ['kʌvə] (with)

pārzināt to mánage ['mæ-nidʒ], to be in charge [tʃɑːdʒ] (of)

pārziņ‖a: būt kāda ~ā — to be únder authórity of smb.

pasaka [fáiry-]tàle

pasākum‖s énterprìse; ārpus-skolas ~i — óut-of-schóol actívities

pasargāt to protéct (guard [gɑːd]) (against, from)

pasaukt to call [kɔːl]

pasaul‖e world [wəːld]; vīsā ~ē — throughóut the world, all over the world

pasaulslavens wórld-fámous ['wəːld-]

pasažieris pássenger ['pæsindʒə]

pase pássport ['pɑːs-]

pasīvs ip. v. pássive

paskaidrojums èxplanátion

paskaidrot to expláin [-'plein]

paskatīties to have (take*) a look (at)

paslēpt to hide*

paslēpties to hide* ònesélf

pasliktināties to grow* [grəu] worse [wəːs]

pasludināt to procláim [-ˈkleim]

pasniedzējs lécturer [ˈlektʃərə]

pasniegt 1. to hand*; (pie galda) to pass [paːs]; p. roku — to hold* [həuld] out one°s hand; p. kādam mēteli — to help smb. on with his coat [kəut]; 2. (mācīt) to teach* [tiːtʃ]; p. stundas — to give* léssons

paspēlēt (zaudēt) to lose* [luːz]

paspēt 1. to mánage [ˈmænidʒ]; 2. (tikt laikā) to be in time

pastaiga walk [wɔːk]

pastaigāties to go* for a walk [wɔːk], to take* a walk

pastāstīt to tell*

pastāvēt 1. (eksistēt) to be, to exist; (ilgstoši) to last [laːst]; 2. (uz ko) to insíst (on, upon)

pastāvīgi cónstantly

pastāvīg‖s cónstant; pérmanent; ~a adrese — pérmanent addréss

pasteigties to make* haste [heist]

pastelis pástel

pastiprināt to stréngthen; to inténsifý

pastkarte póstcàrd [ˈpəust-]

pastkastīte létter-bòx; máilbòx amer

pastmarka stamp

pastnieks póstman

past‖s post [pəust]; mail [meil]; ~a nodaļa — póstòffice; ~a sūtījums — párcel; ~a pārvedums — remíttance; ~a indekss — póstcòde; sūtīt pa ~u — to send* by post

pasūtījum‖s órder; izgatavots pēc ~a — made to órder; cústom-màde; ~u nodaļa — delívery-órder depártment

pasūtīt 1. to órder; 2. (laikrakstus) to subscríbe (to, for)

pasveicin‖āt to greet; (nodot sveicienu) to give* (send*) one's regárds (to); ~iet savu māsu — kind regárds to your síster, give my love to your síster

pasvītrot to ùnderlíne

paša- own [əun]; tas ir manis p. — it is my own; pēc p. vēlēšanās — at one's own will

pašaizliedzīgs sélfless

pašapkalp‖e sélf-sérvice; ~es veikals — sélf-sérvice shop, súpermàrket; ~es veļas mazgātava — làunderétte, láundromat

pašapzinīgs sélf-cónfident

pašcieņa sélf-respéct

pašdarbīb‖a ámateur [ˈæmətəɪ] perfórmances; ~as pulciņš — ámateur group

pašdarināts sélf-máde, hómemáde

pašlaik just [dʒʌst] now [nau], at présent

pašmācīb‖a sélf-instrúction; ~as grāmata — hándbook

for sélf-instrúction, téach-yoursélf book

pašnāvīb‖a súicìde ['sjui-said]; izdarīt ~u — to commít súicìde

pašportrets sélf-pórtrait

pašreizējs présent ['preznt]

pašūt to sew* [səu]; labi ~s — wéll-máde

pašvaldība sélf-góvernment; pilsētas p. — mùnìcipálity

pat éven ['iɪvən]; p. ja — éven though [ðəu]

pātaga whip

pateicīb‖a grátitùde; būt ~u parādā — to be oblíged [ə'blaidʒd]

pateicīgs gráteful *(to)*, thánkful

pateikt to tell*, to say*

pateikties to thank; patei-cos! — thank you!, thanks!

patentēt to pátent; ~s līdzeklis — pátent médicine

patents pátent

patēriŋ‖š 1. consúmption; plaša ~a preces — con-súmer goods; 2. *(strāvas, ūdens u. tml.)* expénditure

patēvs stépfàther ['-ˌfaɪðə]

patiesīb‖a truth [truɪθ]; ◇ ~ā — in reálity, in fact; ~u sakot — to tell the truth

patiess true [truɪ], real [riəl]

patiešām indéed, réally ['riəli]

patik‖a pléasure ['pleʒə]; pēc sirds ~as — to one's heart's [haɪts] contént

patīkams pléasant ['pleznt], agréeable [ə'griəbl]

patikt to like; dariet, kā jums patīk — do as you like

patmīlīgs sélfish

patriotisks pàtriótic

patriots pátriot

patrona cártridge

patru‖a patról [-'trəul]

pats 1. mỳsélf; yoursélf; hìmsélf, hersélf; ìtsélf; our-sélves [-'selvz]; yoursél-ves; themsélves; es p. — I mỳsélf; 2. very; p. sā-kums — the very be-gínning; ◇ p. par sevi sa-protams — it goes [gəuz] without sáying ['seiiŋ]

patskanis *gram* vówel ['vauəl]

patstāvība ìndepéndence

patstāvīgs ìndepéndent

paturēt to keep*; ◇ p. prā-tā — to keep* in mind [maind]

patvaļīgs árbitrary

patvertne shélter

patvērum‖s réfùge; meklēt ~u — to seek* réfùge

paugurs hill

paukošana féncing

pauze pause [pɔɪz], ínterval

pavadīb‖a accómpaniment [ə'kʌmpənimənt[; *(kāda)* ~ā — accómpanied [ə'kʌmpənid] *(by)*

pavadīt 1. to accómpany [ə'kʌmpəni]; to see* [off]; 2. *(laiku)* to pass, to spend*

pavadonis 1. *(vilcienā)* guard [gaɪd]; condúctor *amer;* 2. *(gids)* guide [gaid]; 3. *astr* sátellìte; mākslīgais

Zemes p. — àrtifícial Earth [əːθ] sátellìte

pavadoņpilsēta sátellìte-tówn

pavalstniecīb‖a cítizenship; pieņemt ~u — to take* out cítizenship

pavalstnieks súbject ['sʌb-dʒikt], cítizen

pavārgrāmata cóokery-bòok

pavārs cook

pavasaris spring

pavediens thread [θred]

pavedināt to entíce *(to)*; p. uz domām — to suggést [-'dʒest] an ìdéa [ai'diə]

paveikt to accómplish

pavēl‖e órder, commánd [-'maːnd]; ~es izteiksme *gram* — impérative mood

pavēlēt to órder, to commánd [-'maːnd]

pavērt 1. to ópen slíghtly ['slaitli]; 2. *pārn* to ópen; to clear [kliə]; p. ceļu — to clear the way

pavēste súmmons

paviršs sùperfícial [ˌsjuːpə-'fiʃəl]; *(nolaidīgs)* cáreless

pavisam quite [kwait], entírely

pāvs péacòck

pazaudēt to lose* [luːz]

pazemīgs húmble

pazeminājums fall [fɔːl]; redúction; cenu p. — prícecùt; algu p. — wáge-cùt ['weidʒ-]

pazemināt to lówer ['ləuə]; to redúce; p. produkcijas pašizmaksu — to lówer prodúction costs

pazemojošs hùmíliàting

pazemojum‖s hùmìliátion; ciest ~u — to bear* [bɛə] hùmìliátion

pazemot to hùmíliàte

pazīme sign [sain]; mark; *(slimības)* sýmptom

paziņa acquáintance [ə'kwein-]

paziņojum‖s annóuncement [ə'nauns-]; nótice ['nəu-tis]; izlikt ~u — to put* [put] up a nótice

paziņo‖t to annóunce [ə'nauns]; es jums ~šu — I shall let you know [nəu]

pazīstams 1. *(ar kādu)* acquáinted [ə'kwein-] *(with)*; 2. *(populārs)* wéll-knówn ['-'nəun]; pópular

pazīt 1. *(kādu)* to be acquáinted [ə'kwein-] *(with)*; 2. *(pēc balss, pēc izskata u. c.)* to récognìze

pazole sole [səul]

pazust to get* lost

pēc 1. áfter ['aːftə]; viens p. otra — one áfter another; p. kārtas — by turns; 2. in; p. stundas — in an hour [auə]; 3. for; jautāt p. kāda — to ask [aːsk] for smb.; ◇ p. manām domām — in my opínion; to my mind; manis p.! — all right [rait]!

pēcnācējs descéndant

pēcpusdiena áfternóon

pēd‖a 1. foot*; 2.: ~as 1) fóot-màrks ['futmaːks]; iet kādam pa ~ām — to fóllow in smb.'s tracks; nākt uz ~ām — to get* on the track; ◇ iet kāda

~**ās** — to fóllow in smb.'s steps; uz karstām ~**ām** — on the spur of the móment

pedagogs téacher ['tiːtʃə]

pedagoģisks pèdagógic[al]

pedāl‖is pédal ['pedl]; no-spiest ~**i** — to pédal

pēdēj‖ais 1. fínal, last [laːst]; ~**o reizi** — for the last time; ~**ā brīdī** — at the last móment; ~**ā laikā** — látely, récently; 2. (pats jaunākais) the látest; ~**ās ziņas** — the látest news [njuːz] vsk.

pēkšņi súddenly; p. apstā-ties — to stop short

pēkšņ‖s súdden; ~**a nāve** — súdden death

peldbaseins swímming-pòol

peldbikses swímming-trùnks

peldcepure báthing-càp

pelde (vannā) bath [baːθ]; (jūrā u. tml.) bathe [beið]

peldēšana swímming

peldēt to swim*; (par priekš-metu) to float [fləut]; iet p. — to go* for a swim

peldēties to bathe [beið]

peldkostīms báthing-sùit ['beiðiŋsjuːt], swímsùit

pele mouse* [maus]

pelēks grey [grei]

pelēt to grow* [grəu] móuldy ['məul-]

peln‖i áshes; ~**u trauks** — áshtrày

pelnīt to earn [əːn]

pelt to find* [faind] fault [fɔːlt] (with)

pelķe púddle

peļņ‖a 1. éarnings ['əːniŋz] dsk.; 2. prófit; dot ~**u** — to bring* prófit

pensij‖a pénsion; personālā p. — pérsonal capácity pénsion; vecuma p. — re-tírement pénsion; invalidi-tātes p. — dísability pén-sion; aiziet ~**ā** — to retíre on pénsion; piešķirt ~**u** — to grant a pénsion, to pén-sion

pensionārs pénsioner

perfokarte punched card

perfolente punched tape

pēriens thráshing; strápping

periodisks pèriódic[al]

periods périod; spell

pērkon‖s thúnder; ~**a grā-viens** — clap of thúnder; ~**a negaiss** — thúnder-stòrm; p. rūc — it thúnders

pērle pearl [pəːl]

perons plátform

persiks peach

person‖a pérson; ~**as aplie-cība** — ìdéntity card

personālizstāde óne-màn show [ʃəu]

personiski pérsonally; in pér-son

personisk‖s prívate ['praivit], pérsonal; ~**ā lieta** — pér-sonal récords, pérsonal file

perspektīv‖a 1. perspéctive; 2. pārn próspèct, oútlòok

perspektīv‖s 1. perspéctive; 2. lóng-tèrm (attr.); ~**ais plāns** — lóng-térm plan

pērt to thrash; to strap

pērtiķis mónkey ['mʌŋki]

pesimists péssimist

pētījums ìnvèstigátion, re-séarch [-'səːtʃ]

pētīt to invéstigate

pētniecīb‖a ìnvèstigátion, re-séarch [-'səːtʃ]; zinātnis-

kās ~as institūts — re-
séarch ínstitute
pētnieks reséarch [-'səɪtʃ]
wórker ['wəɪkə]
petroleja kérosène
pianists piánist ['pjæ-]
pidžama pyjámas [pə'dʒaɪ-
məz] *dsk.*
pie 1. at; with; p. galda —
at [the] táble; dzīvot p.
kāda — to live with smb.;
2. to; pienākt p. durvīm —
to come* [kʌm] to the door
[dɔɪ]
pieaugt to incréase [-'kriːs]
pieaugums íncrease ['inkriːs];
growth [grəuθ]
pieaugušais ádùlt, grówn-ùp
['grəunʌp]
piebāzt to stuff (fill) (*with*)
piebraukt to drive* up (*to*)
piecciņa *sp* pentáthlon
piecdesmit fífty
piecdesmitais fíftieth
piecgad‖e fíve-yéar périod;
~u plāns — fíve-yéar plan
piecelties to rise*; to stand*
up
pieci five
piecpadsmit fíftéen
piecpadsmitais fíftéenth
piedalīties to take* part
(*in*), to pàrtícipàte (*in*)
piedāvājums óffer
piedāvāt to óffer
piederēt to belóng (*to*); kam
pieder šī grāmata? —
whose book is it?
piederīgie rélatives
piederumi àccéssories [ək-
'se-]; fíttings; gultas p. —
bédding; skūšanas p. —
sháving-sèt; zvejas p. —
físhing-tàckle

piedošan‖a forgíveness; lūgt
~u — to ask (beg) párdon
piedo‖t   to   forgíve*;
~dietl — I beg your pár-
donl, excúse mel
piedurkn‖e   sleeve;   bez
~ēm — sléeveless
piedzēries drunk, típsy
piedzerties to get* drunk
piedzimt to be born
piedzīvojums advénture
[-'ventʃə]
pieeja appróach [ə'prəutʃ];
marksistiska p. — Márxist
appróach
piegādāt (*preces, vēstules*)
to delíver [-'livə] (*to*); to
supplý (*with*); (*ziņas*) to
fúrnish (*with*)
piegād‖e delívery; ar ~i
mājās — home delívery
piegrūst 1. to move [muːv]
(*to*); 2. (*piebikstīt*) to
nudge
pieiet to go* up (*to*)
piejaukt to add, to admíx
piekabe tráiler
piekāpīgs yíelding ['jiːld-],
complíant
piekāpties to give* in, to
yield [jiːld] (*to*)
piekaram‖s: ~ā slēdzene —
pádlock
piekarce‖š cábleway
piekaut to beat* [biːt]; to
give* a lícking
pieklājība políteness; décency
['diːsnsi]; propríety
pieklājīgs políte; décent;
próper ['prɔpə]
pieklā‖ties to becóme*, to
befít; kā ~jas — as be-
cómes
pieklauvēt to knock (*at*)

piek|ūt to get* at, to reach [riːtʃ]

piekodināt to admónish

piekrāpt to cheat [tʃiːt], to decéive [di'siːv]

piekrist to agrée *(with, to);* to consént *(to);* es pilnīgi piekrītu — I quite agrée

piekrišan‖a 1. agréement; consént; 2. *(panākumi)* succéss; gūt ~u — to be a succéss

piekritējs suppórter

piektais fifth

piektdiena Fríday ['fraidi]

pieķerties 1. to catch* hold [həuld] *(of);* 2. *pārn* to becóme* attáched *(to)*

pielādēt to load [ləud], to charge [tʃɑɪdʒ]

pielāgoties to adápt ònesélf *(to)*

pielaist to admít *(to);* p. pie eksāmeniem — to admít to the exàminátions

pieliekamais lárder, pántry

pieliekties to stoop

pielikt to add; ◇ p. pūles — to take* pains [peinz]

pielikums *(grāmatai)* súpplement

pielīmēt to glue [gluɪ] *(to),* to paste [peist] *(to)*

pielipt 1. to stick* *(to);* to cling* *(to);* 2. *(par slimību)* to contráct

pie|aut to tóleràte

piemērots súitable ['sjuːtəbl], fit

piemēr‖s exámple [ig-'zɑɪmpl]; ~am — for exámple

piemīlīgs sweet

pieminekl‖is mónument; uzcelt ~i — to eréct a mónument

pieminēt 1. to méntion; 2. *(atcerēties)* to remémber

piemiŋ‖a mémory; ~as plāksne — memórial plate

piemiŋlieta kéepsàke

pienācīgs due [djuɪ]; próper

pienākt 1. *(klāt)* to come* up *(to);* 2. *(par vilcienu)* to arríve; 3. *(iegriezties)* to drop in

pienāk‖ties to be due [djuɪ] *(to);* ◇ kā ~as — próperly

pienākum‖s dúty; izpildīt savu ~u — to do one's dúty

pienene dándelion ['-laiən]

pienotava dáiry ['deəri]

pien‖s milk; ~a produkti — dáiry ['deəri] pródùce ['prɔdjuːs]

pieŋemams accéptable

pieŋemšan‖a 1. recéption; ~as stundas — recéption hours ['auəz]; *(ārstam)* consúlting hours; 2. *(priekšlikuma u. tml.)* accéptance

pieŋemt 1. to recéive [-'siːv]; 2. *(priekšlikumu u. tml.)* to accépt; 3. *pārn* to assúme, to suppóse

pieŋemts accépted; adópted

piepildīties to come* true [truɪ]

piepilsēt‖a súburb; ~as rajons — subúrban dístrict; ~as satiksme — shúttle sérvice; ~as vilciens — lócal train

pieplūdums flow [fləu]

pieprasījum‖s 1. demánd [-'maɪnd], requést [-'kwest]; pēc kāda ~a — at smb.'s requést; pietura pēc ~a — requést stop; **2.** *ek* demánd; requirement [-'kwaiə-]; apmierināt ~u — to meet* the requirement

pieprasīt to demánd [-'maɪnd], to requíre [-'kwaiə]

piepūl‖e éffort; tas prasa ~i — it requíres [-'kwaiəz] éffort

piepūšam‖s inflátable; ~ā laiva — rúbber boat [bəut]

pierādījums proof, évidence

pieradināt 1. to accústom *(to);* **2.** *(dzivnieku)* to tame

pieradis used [juːst] *(to)*

pierādīt to prove [pruːv]

pierakstīt to take* down; to recórd

pierast to get* used [juːst] *(to)*

piere fórehead ['fɔrid]

pieredze expérience [-'piəriəns]

pieredzējis expérienced [-'piəriənst]

pierunāt to persuáde [pə-'sweid]

piesardzīb‖a precáution [-'kɔːʃən]; ~as soļi — precáutionary méasures

piesardzīgs cáutious ['kɔːʃəs]; wáry

piesarg‖āties to bewáre *(of);* ~ies! — look out!

piesārņošana pollútion

piesavināties to apprópriàte [ə'prəuprieit]; to ùsúrp [juː'zəɪp]

piesēdētājs *jur* asséssor; tautas p. — péople's asséssor

piesiet to tie [tai] *(to)*

piesist 1. to knock *(at);* **2.** *(ar naglām)* to nail *(to)*

pieskaitīt to add *(to)*

pieskāriens touch [tʌtʃ]

pieskarties to touch [tʌtʃ]

piespiest 1. to press; p. *(zvana)* pogu — to push [puʃ] a bútton; **2.** *pārn* to force

piespraude dráwing-pìn ['drɔɪ-]

piespriest *(sodu)* to fine; to séntence

piestāt to stop

piestātne stop; kuģa p. — pier

piestāvēt to suit [sjuːt], to becóme*

piestiprināt to attách *(to),* to fásten ['faːsn] *(to)*

piešķirt 1. to assígn [ə'sain]; *(pabalstu)* to grant [graːnt]; **2.** *(nosaukumu, apbalvojumu)* to awárd; **3.** *(nozīmi)* to attách *(to)*

piešūt to sew* [səu] on

pieteikt to annóunce [ə'nauns]

pieteikties to applý *(for);* *(brivprātigi)* to vòluntéer [,vɔlən'tiə]

pieticīgs módest

pietiekams suffícient [sə'fiʃənt]

pietikt to be suffícient [sə'fiʃənt], to be enóugh [i'nʌf]; pietiks! — that will do!

pietrūkt to lack; to be short *(of)*

pietura stop

pieturēt 1. to stop; *(automašīnu)* to pull up; 2. *(atbalstīt)* to suppórt

pieturēties to hold* [həuld] on *(to)*

pievērst to turn *(to)*; p. skatienu — to turn one's eyes *(on)*; p. uzmanību — to turn atténtion *(to)*

pievienot to add

pievienoties 1. to join; 2. *(domām, uzskatiem)* to subscríbe *(to)*; to assóciate *(with)*

pievilcīgs attráctive, chárming

piezīm‖e 1. remárk; 2. *(rakstiska)* note; ceļojuma ∼es — trável notes; 3. *(pārmetums)* repróof

piezīmēt 1. to remárk; 2. *(pierakstīt)* to note

piezvanīt 1. *(pie durvīm)* to ring*; 2. *(pa telefonu)* to ring* (call) up, to phone [fəun]

piķis pitch

pīlādzis móuntain ['mauntin] ash

pildīt 1. to fill; 2. *(pavēli)* to fulfíl [ful-]; p. solījumu — to keep* a prómise

pildspalva fóuntain-pèn ['fauntin-]

pīle duck

pilēt to drop

piliens drop

pilngadīb‖a majórity [-'dʒɔ-]; sasniegt ∼u — to come* of age [eidʒ]

pilngadīgs of age [eidʒ]

pilnīb‖a perféction; sasniegt ∼u — to attáin [ə'tein] perféction

pilnīgi ábsolùtely, complétely; p. pareizi — quite so; man p. vienalga — it is all the same to me

pilnīgs ábsolùte; compléte; tótal

piln‖s full [ful]; ◆ ∼ā gaitā — at full speed; ∼ā balsī — outríght; ∼ā mērā — in full méasure ['meʒə]

pilntiesīgs enjóying full [ful] rights [raits]

pilnvar‖a wárrant ['wɔrənt]; pēc ∼as — by wárrant

pilnvarot to áuthorìze

pilotāža píloting; augstākā p. — àerobátics

pilotējams manned; p. kosmosa kuģis — manned spáceship

pilots pílot

pils pálace; cástle ['kaɪsl]

pilsēta town [taun]; cíty ['siti]

pilsētnieks tównsman ['taunzmən]

pilsonis cítizen

pilsoņkarš cívil war [wɔɪ]

pingvīns pénguin

pionieris pìonéer [,paiə'niə]

pipari pépper

pīpe pipe

pīrāgs pie [pai]

pircējs cústomer

pirksts fínger ['fiŋgə]; *(kājas)* toe [təu]

pirkt to buy* [bai]

pirm‖ais first; ∼o reizi — for the first time; ∼ā pa-

līdzība — first aid; p.
stāvs — ground floor
pirmdiena Mónday ['mʌndi]
pirmizrāde fírst-nìght ['-nait]
pirmkārt first, first of all
pirmorganizācija: partijas
p. — lócal Párty òrganiz-
átion
pirmrindas- fóremost; ad-
vánced; p. pieredze — ad-
vánced expérience [-'piəri-
əns]
pirms befóre; agó; p. nedē-
ļas — a week agó; p. ter-
miņa — ahéad [ə'hed] of
schédule ['ʃedjuɪl]
pirmšķirīgs fírst-ràte; hígh-
quálity ['hai'kwɔliti]
(attr.), tóp-quálity (attr.)
pirts báth-hòuse ['baɪθhaus]
pīšļi dust, earth [əɪθ]
pīt to braid [breid], to plait
[plæt]
pīts bráided ['breidid],
pláited ['plætid]; p.
krēsls — wícker chair
[tʃɛə]
plaisa split; chink
plaisāt to split*
plakans flat
plakāts póster ['pəustə]
plāksne plate; slab; goda
p. — hónour ['ɔnə] roll
plakstiņš éyelid ['ai-]
plandīties to flútter
planēta plánet ['plænit]
plankums spot
plānot to plan out
plānsa plan
plānsb ip. v. thin
plānveidīgs plánned
plastilīns plásticine
plastmasa plástic [matérial]

plaši wide; wídely; p. izpla-
tīts — wídespread ['waid-
spred]
plašs wide; broad [brɔːd]
plate 1. plate; 2. (skaņu)
récòrd ['rekɔːd], disc
platekrāna- wíde-scrèen
(attr.); p. filma — wíde-
scrèen film
platība space; dzīvojamā
p. — flóorspace
platmale hat
plats wide, broad [brɔːd]
platums width, breadth
[bredθ]
plauksta palm [paɪm]
plaukt to blóssom, to bloom
plaukts shelf
plauš‖a lung; ~u karsonis —
pnèumónia
plecīgs bróad-shóuldered
['brɔːd'ʃəuldəd]
plec‖s shóulder ['ʃəuldə];
raustīt ~us — to shrug
one's shóulders
plēsīg‖s prédatory; ~i zvē-
ri — beasts of prey
plēst to tear* [tɛə]; (trau-
kus) to break* [breik];
(zeķes) to wear* [wɛər]
out
plēve anat mémbràne, film
pliekans flat, insípid
pliks náked; nude
plīst to burst*; (par audumu)
to tear* [tɛə]; ◇ vai p.
aiz dusmām — to burst
with ánger; lai tur lūst
vai p. ⁀ at any price
[prais]
plīsums tear [tɛə], rent
plītiņa: elektriskā p. — eléc-
tric cóoker
plīts stove

plīvot to flútter, to fly
plīvurs veil
plosīties *(par vētru)* to rage
plosts raft [rɑːft]
plūdi flood [flʌd]
plūdlīnija stréamlìne
pludmale beach [biːtʃ]
plūkt to pick; *(spalvas)* to pluck
plūme plum; *(koks)* plúm-trèe; žāvēta p. — prune
plūsm‖a stream [striːm]; *(gaisa)* flow [fləu]; ļaužu p. — stream of péople; ~as ražošana — flów-prodùction
pluss plus
plūst to flow [fləu], to stream [striːm]
p‖āpāt to chat; to góssip
p‖āpīgs tálkative ['tɔːkə-]
p‖auja *(labības)* hárvest; *(siena)* mówing ['məuiŋ]
p‖aujmašīna *(labības)* hárvester; *(zāles)* móver ['məuə]
p‖auka box on the ear [iə]
p‖aut *(labìbu)* to cut*; *(zāli)* to mow* [məu]
p‖ava méadow ['medəu]
pods pot
poga bútton; aproču p. — cúff-lìnk; zvana p. — béll-bùtton
pogāt to bútton
pogcaurums búttonhòle
polār‖s pólar; ~ais loks — pólar círcle ['səːkl]
policija políce [-'liːs]
policists políceman [-'liːsmən]
poliklīnika outpátients' [-'peiʃənts] clínic ['kli-]
pol‖is (~iete) Pole

politehnikums pòlytéchnical school
politehnisk‖s pòlytéchnical; ~ā apmācība — pòly-téchnical tráining ['trein-]
politekonomija polítical ècónomy [i'kɔnəmi]
politika pólitics; pólicy
politisks polítical
pols pole
populār‖s pópular; būt ~am — to enjóy pòpulárity
populārzinātnisk‖s pópular-science *(attr.);* ~a filma — pópular-science film
porcelāns chína ['tʃainə]
porcija pórtion; *(ēdiena)* hélping
portfelis bríefcàse ['briːfkeis]
portrets pórtrait ['pɔːtrit]
portugāl‖is (~iete) Pòrtu-guése [ˌpɔːtjuˈgiːz]
posms 1. stage [steidʒ]; 2. *(laika)* périod ['piəriəd]; 3. *(ķēdes)* link
postaža waste
postenis post [pəust]
posties to make* réady ['redi]
postīt to dévastàte, to rávage ['rævidʒ]
posts distréss, disáster [-'zɑːstə]
pote váccìne ['væksiːn]
potēt to inóculàte; to vácci-nàte
potīte ánkle ['æŋkl]
pozīcija posítion [-'ziʃən]
pozitīvs *īp. v.* pósitive ['pɔzətiv]
praks‖e práctice ['præktis]; ~ē — in práctice
praktisks práctical

prasīb‖a 1. demánd [-'maɪnd]; requést; atbilst ~ām — to meet* the requírements [-'kwaɪə-]; 2. *jur* claim; áction; iesniegt ~u — to bring* an áction *(against)*

prasīt 1. *(jautāt)* to ask [aɪsk]; 2. *(pieprasīt)* to demánd [-'maɪnd]; to claim [kleim]

prasme skill

prasmīgs skílful

prast to know* [nəu]; viņš prot peldēt — he can swim

prātīgs sénsible, réasonable ['riːznəbl]

prātot to réason ['riːzn]

prāt‖s mind [maind], sense; ◊ izdarīt kādam pa ~am — to please [pliːz] smb.; paturēt ~ā — to bear* [beər] in mind; sajukt ~ā — to go* mad

prāva *jur* trial, légal procéedings

prāvs consíderable

pre‖ce árticle; ~ces — goods [gudz]; pārtikas ~ces — fóod-stùffs; ~ču vilciens — goods train [trein]

precējies márried ['mæ-]

precēties to get* márried ['mæ-], to márry

precīzs exáct; áccurate; púnctual

prēmija bónus; prize

premjerministrs prime mínister

prepozīcija *gram* prèposítion [ˌ-'ziʃən]

pres‖e the press; ~es apskats — press revíew

[-'vjuː]; ~es konference — préss-cónference

pret 1. agáinst; p. jūsu gribu — agáinst your wish; 2. on; p. kvīti — on recéipt [-'siːt]; ◊ par un p. — for and agáinst

pretēj‖s 1. ópposite ['ɔpəzit]; ~ā virzienā — in the ópposite dìréction; ~ā pusē — on the ópposite side; 2. *(atšķirīgs)* cóntrary *(to);* ◊ ~ā gadījumā — ótherwise

pretenzij‖a claim [kleim]; bez ~ām — únpreténtious

pretestīb‖a òpposítion [ˌɔpə-'ziʃən]; izrādīt ~u — to óffer resístance [-'zistəns]

pretī ópposite ['ɔpəzit]; iet p. — to go* to meet smb.; runāt p. — to ánswer back; turēties p. — to resíst [-'zist]; man nav nekas p. — I don't mind [maind]

pretīgs disgústing; repúlsive

pretinieks oppónent; *(ienaidnieks)* énemy

pretizlūkošana cóunter-intélligence, secúrity sérvice; *(Anglijā)* intélligence sérvice

pretkara- ánti-wár ['-wɔː]

pretoties to oppóse, to resíst [-'zist]

pretpadomju- ánti-Sóvièt

pretraķešu- ánti-míssile *(attr.);* p. aizsardzības sistēma — ánti-míssile defénce sýstem

pretrun‖a còntradíction; būt ~ā — to còntradíct; nonākt ~ā — to come* in cónflict

pretstat‖s ópposite ['ɔpəzit];
~ā — cóntrary *(to)*
prezidents président ['prezi-
dənt]
prezidijs presídium
priec‖āties to rejóice *(in,
at);* to be glad; ~ājos ar
jums iepazīties — I am
glad to meet you
priecīgs glad
priede píne[-trèe]
prieks joy, gládness
priekš‖a front [frʌnt]; uz
~u — fórward[s]; tikt uz
~u — to get* on
priekšā in front [frʌnt] *(of);*
ahéad [ə'hed] *(of);* ◇
likt p. — to suggést; stā-
dīt p. — to introdúce *(to)*
priekšauts ápron ['eiprən]
priekškars cúrtain
priekšlikum‖s propósal
[-'pəuzəl]; *(sapulcē)* mó-
tion; iesniegt ~u — to
move a mótion; pieņemt
~u — to cárry ['kæri] a
mótion
priekšmets óbject, thing
priekšnams éntrance hall
[hɔːl]
priekšnieks chief [tʃiːf], head
[hed]
priekšpilsēta súbùrb, óutskìrts
dsk.
priekšrocība advántage
[-'vaːntidʒ]
priekšrok‖a préference; dot
~u — to prefér
priekšsacīkstes *sp* prelím-
inary rounds; *(dalīb-
nieku atlasei)* elìminátion
mátches
priekšsēdētājs cháirman
['tʃɛə-]

priekšstat‖s nótion, idéa
[ai'diə]; nav ne mazākā
~a — not the slíghtest
['slaitist] idéa *(of)*
priekštecis 1. *(sencis)* fóre-
fàther; **2.** *(darbā)* préde-
cèssor ['priːdisesə]
priekšvārds *(grāmatas)* pré-
face
priekšzīm‖e exámple [ig-
'zaːmpl]; rādīt ~i — to
set* an exámple; sekot kā-
da ~ei — to fóllow smb.'s
exámple
primitīvs prímitive
princip‖s príncipe; ~ā —
in príncipe; ~a dēļ — on
príncipe
privāts prívate ['praivit]
problēma próblem
procedūra procédure
[-'siːdʒə]
procent‖s per cent; ~i *(no
kapitāla)* — ínterest
process prócèss
produkcija prodúction, óutpùt
['autput]
produkt‖s próduct ['prɔdəkt];
piena ~i — dáiry próduce
profesija proféssion, trade
profesionāl‖s proféssional;
~ā izglītība — vocátional
tráining; ~ā orientācija —
caréer guídance ['gaidəns]
profesors proféssor
prognoze fórecàst; laika p. —
wéather-fórecàst ['weðə-]
programma prógràm[m]e;
sporta sacīkšu p. — fíxture
list, fíxtures *dsk.*
programmēt‖s prógrammed;
~ā apmācība — pró-
grammed léarning; ~ā
vadība — **prógrammed**

(compúter) contról [-'trəul]
progresēt to make* prógrèss, to advánce [-'vaɪns]
progresīvs progréssive, advánced [-'vaɪnst]
progress prógrèss
projām away; off; ejiet p.! — go away!
projekts prójèct, desígn [di-'zain]; blúeprint; rezolūcijas p. — draft rèsolútion
proletariāts pròlètáriat [,prəulə'teəriət]
proletārie‖tis pròlètárian; visu zemju ~ši, savienojieties! — wórkers ['wəɪkəz] of the world [wəɪld], uníte!
prombūtne ábsence
propaganda pròpagánda
propagandēt to pròpagándize
proporcionāls propórtional; propórtionate
protams cértainly, of course [kɔ:s]; p., nel — cértainly not!
protestēt to prótèst (against)
protest‖s prótèst; izteikt ~u — to voice a prótèst
protokol‖s mínutes ['minits] dsk.; rakstīt ~u — to keep* the mínutes
province próvince
provokācija pròvocátion
proza prose
pseidonīms pséudonym ['(p)sjuɪ-]; (literārs) pénnàme
psihisk‖s méntal; ~a slimība — méntal deséase
publicēt to públish
publika públic; áudience ['ɔɪdjəns]

publisk‖s públic; ~a lekcija — públic lécture ['lektʃə]
pūce owl [aul]
pudele bóttle
pūderēties to pówder ['pau-]
pūderis pówder ['pau-]
pūdernīca pówder-càse ['pau-]
puika boy, lad
puisis féllow, lad, chap; guy amer
pūkains flúffy
puķ‖e flówer ['flauə]; ~u pušķis — bunch of flówers, bóuquet ['bukei]
pulcēties to assémble, to gáther
pulciņš group [gruɪp], círcle; (skolā) hóbby group
pūles tróuble ['trʌbl], éffort; veltas p. — úseless ['juɪslis] éffort; pielikt p. — to take* pains [peinz]; aiztaupīt p. — to save one's pains
pūlēties to toil; to lábour (at); nepūlieties! — don't tróuble ['trʌbl]!
pūlis crowd [kraud]
pulks 1. mil régiment; 2. crowd [kraud]
pulkstenis clock; (rokas) watch [wɔtʃ]; cik p.? — what time is it?, what's the time?
pulksteņdarbnīca wátch-repáir ['wɔtʃri'peə] shop
pulkvedis cólonel ['kəɪnl]
pulovers púllover
pulss pulse [pʌls]
pulveris pówder ['pau-]
pulverizators púlverìzer, spráyer, spray

pumpurs bud
punkt‖s 1. point; 2. (*pieturzime*) full [ful] stop; (*vieta*) point; spot; post; pārsienamais p. — dréssing-stàtion, aid post; 4. *sp* point; ~u skaits — score
pupa bean [biːn]
pupiņas háricot beans [biːnz]
purināt to shake*
purns múzzle
purvs swamp [swɔmp]
pusaudzis àdoléscent; téenàger ['tiːn,eidʒə]
pusdien‖a 1. noon; pēc ~as — in the áfternoon; 2.: ~as (*maltīte*) dínner; ēst ~as — to have dínner; ~as pārtraukums — lúnch-hòur
pus‖e 1. half [haːf]; uz ~ēm — hálf-and-hálf; 2. side; labā p. — the right [rait] side; četras debess ~es — four [fɔː] cárdinal points; ◇ no vienas ~es — on [the] one hand; no otras ~es — on the other hand

puslaiks *sp* hálf-tìme
pūslis bládder
puslode hémisphère
pusmūž‖s: ~a cilvēks — míddle-áged pérson
pusnakts mídnìght ['-nait]
pusstunda half [haːf] an hour ['auə]
pūst to blow* [bləu]
puškis (*puķu*) bunch, bóuquet ['bukei]
pušu 1. asúnder; 2. (*ievainots*) hurt
pūt to rot; to decáy
putas foam [fəum]
putek‖i dust; ~u lupata — dúster
putenis snów-stòrm ['snəu-stɔːm]
putns bird
putot to foam [fəum]
putra (*bieza*) pórridge; (*šķidra*) gruel [gruəl]
putraimi groats [grəuts]
putugumija fóam-rúbber ['fəum-]
putukrējums whipped cream
puve rot; decáy [di'kei]
pūžņot to féster

Rr

racionalizēt to rátionalìze ['ræʃnəlaiz]
radi rélatives
radiators rádiàtor; pipes *dsk.*
radījums créature ['kriːtʃə]

radikāl‖s rádical, drástic; ~i soļi — drástic méasures
radio rádio, wíreless; pa r. — by rádio; ieslēgt r. —

to switch on the radio;
pārraidīt pa r. — to bróad-
càst ['brɔːd-]; klausīties
r. — to lísten ['lisn] in
radioaktivitāte rádio-actívity
radioaktīv‖s rádio-áctive;
~as vielas — rádio-áctive
matérials; ~ie nokrišņi —
rádio-áctive fáll-out; ~ā
saindēšanās — rádio-áctive
contàminátion
radioaparāts rádio (wíreless)
set
radiopārraide bróadcàst
['brɔːd-], trànsmíssion
[trænz'miʃən]
radīt 1. to crèáte [kri(ː)'eit];
2. *(izraisīt)* to cause
[kɔːz]; to aróuse [ə'rauz];
r. aizdomas — to aróuse
suspícion
rādīt to show* [ʃəu]
rādītājs 1. *(bultiņa uz ska-
las)* póinter; índicàtor; āt-
ruma r. — spèedómeter;
2. *(grāmatā)* índex; 3. *ek*
índicàtor
radniecisks kíndred
radošs crèátive [kri(ː)'eitiv]
rafinēts refíned
ragana witch
ragavas sledge
rags horn
raibs mótley; gay [gei]
raidījum‖s *(radio)* bróadcàst
['brɔːd-], trànsmíssion; *(te-
levīzijas)* télecàst; ~u pro-
gramma — bróadcàst pró-
gràm[m]e
raizes wórry ['wʌri]
raizēties to wórry ['wʌri]
(about)

rājien‖s réprimànd ['-maːnd];
izteikt ~u — to répri-
mànd
rajons dístrict
rakete rácket
raketodroms rócket-dròme;
(kosmosa raķešu) spáce-
dròme
rakņāties 1. to dig*; 2. *pārn*
to rúmmage ['rʌmidʒ]
rakstāmgalds wríting-tàble
['rait-]
rakstāmlietas státionery
['steiʃnəri] *vsk.*
rakstāmmašīna týpewrìter
['taipraitə]
rakstisks wrítten
rakstīt to write* [rait]
rakstnieks wríter ['raitə],
áuthor
rakst‖s 1. árticle; ~u
darbs — wrítten work
[wəːk]; 2.: ~i — works
[wəːks]; kopoti ~i — com-
pléte works
raksturīgs chàracterístic
[,kæriktə'ristik]
raksturot to cháracterìze
['kæriktəraiz]
raksturs cháracter ['kæriktə];
slikts r. — bad disposítion;
straujš r. — quick témper
rakt to dig*
raktuv‖e mine, pit; zelta
~es — góldfield ['gəuld-
fiːld]
raķešdzinējs rócket (jet) pro-
púlsion
raķešieroči [rócket] míssiles
raķeškaraspēks rócket troops
raķešnesējs cárrier-rócket,
bóoster
raķeštehnika rócketry, míssi-
lery

raķet‖e rócket; spārnotā r. — winged (cruise) míssile; palaist ~i — to launch [lɔɪntʃ] a rócket

rallijs rálly

rāmis frame

rāms quíet ['kwaiət], calm [kaɪm]

rāpot to crawl [krɔɪl]

rāpties *(augšā)* to climb [klaim] [up]

ras‖a dew [dju]; ~as piliens — déw-drop

rase race [reis]

rasējums draught; draft *amer*

rasēšan‖a dráwing ['drɔɪiŋ]; ~as dēlis — dráwing-board

rasties to aríse*; *(negaidot)* to crop up

rāt to scold [skəuld]

rati cart; *(vieglie)* cárriage ['kæridʒ]

ratiņi: bērnu r. — pram; báby cárriage ['kæridʒ] *amer*

rātns obédient

rats wheel

raudāt to weep*, to cry

raugs yeast [jiːst]

raustīt to pull [pul]; r. plecus — to shrug one's shóulders

raut to pull [pul], to jerk

rāvējslēdzējs zípper

ravēt to weed

rāvien‖s jerk, wrench; ◆ vienā ~ā — at one stroke

raž‖a hárvest; ~as novākšana — hárvesting; dot ~u — to yield [jiːld]

ražīgs 1. *(par šķirni)* high-yielding; 2. prodúctive, effícient

ražojum‖s próduce, próduct; lauksaimniecības ~i — àgricúltural próduce *vsk.*

ražošan‖a prodúction; masveida r. — mass prodúction; ~as līdzekļi — means of prodúction

ražot to prodúce [-ˈdjuːs]

reaģēt to rèáct *(upon);* to respónd *(to)*

reakcija rèáction

reakcionārs *lietv.* rèáctionary

reaktīv‖s *ip. v.* jet; ~ā lidmašīna — jet plane; ~ais dzinējs — jet éngine

reālisms réalism [ˈriəlizəm]

reālistisks realístic

realizēt to cárry out, to fulfil [fulˈfil]

reāls real [riəl]

receklis *(asiņu)* clot

recenzija revíew [riˈvjuː]

recepte prescríption; *(ēdiena u. tml.)* récipe ['resipi]

redakcija 1. èditórial óffice; 2. *(kolektīvs)* èditórial staff [stɑːf]

redaktors éditor; galvenais r. — éditor-in-chíef

redīss rádish

redzams vísible [ˈvizəbl]; acīm r. — óbvíous

redze éyesight [ˈaisait]; vāja r. — weak [wiːk] éyesight

redzēšan‖ās méeting; uz ~os! — gòod-býe [gudˈbai]!

redzēt to see*

referāt‖s lécture; *(rakstisks)* páper; nolasīt ~u — to lécture *(on)*

referents lécturer; spéaker

referēt to lécture *(on)*

reforma refórm

reformēt to refórm

regbijs *sp* rúgby

reglament‖s 1. regùlátions *dsk.;* 2. *(sēdē)* tíme-límit; ievērot ~u — to obsérve the tíme-límit

regulārs régular

regulēt to régulàte, to adjúst

reģistrēt to régister; to file

rehabilitēt to rèhabílitàte [,riːəˈbiliteit]

reibonis dízziness

reibt to get* gíddy [ˈgidi] (dízzy); *(no alkoholiska dzēriena)* to become* intóxicated

reimatisms rheúmatism [ˈruː-]

reiss trip; vóyage

reiz once [wʌns]

reiz‖e time; pēdējo ~i — for the last [laɪst] time

reizē togéther

reizināšana mùltiplicátion

reizināt to múltiplỳ *(by)*

reklāma advértisement

reklamēt to ádvertìse

rekordists récord-hòldeɪ [ˈrekɔɪd-]

rekord‖s récord [ˈrekɔɪd]; sasniegt ~u — to set* up a récord; pārspēt ~" — to beat* the récord

rēkt to roar [rɔɪ]

rektors réctor; *(Anglijā)* cháncellor [ˈtʃaɪn-]

rēķināšana cóunting [ˈkaunt-]

rēķināt to count [kaunt]; *(skolā)* to do sums

rēķināties to consíder [-ˈsidə], to take* into cònsiderátion

rēķin‖s 1. bill; samaksāt ~u — to pay* one's bill; 2. accóunt [əˈkaunt]; tekošais r. — accóunt cúrrent

relatīvs rélative

reliģija relígion

reliģisks relígious

remdens tépid, lúkewarm [ˈluːkwɔːm]

remdēt *(sāpes)* to alléviàte; *(slāpes)* to quench; *(izsalkumu)* to sátisfỳ

remontdarbnīca repáir [-ˈpeə] shop

remontēt to repáir [-ˈpeə]

remont‖s repáir [s] [-ˈpeə(z)]; ~ā — únder repáir

rentgenkabinets X-ráy room

rentgens *(caurskate)* X-ráy photógraphy

repertuārs répertoire [ˈrepətwaɪ]

reportāža repórting; *(spēles laikā)* cómmentary

reportieris repórter

represija représsion

reprezentēt to rèpresént [,repriˈzent]

reprodukcija rèprodúction

reproduktors lóud-spéaker [ˈlaudˈspiːkə]

republika repúblic; savienotā r. — únion repúblic; tautas r. — Péople's [ˈpiːplz] repúblic

resns 1. thick; 2. *(par cilvē-ku)* stout [staut], fat
rest∥es 1. bars [baːz]; 2. *(cepšanai)* grill; cept uz ~ēm — to grill
restorāns réstaurant ['restərɔːŋ]
rēta scar
reti séldom, rárely ['reə-]
rets 1. rare [reə]; ùncómmon; 2. *(pretstatā biezam)* thin, sparse
revīzija inspéction
revolūcija rèvolútion [ˌ-'luːʃən]; Lielā Oktobra sociālistiskā r. — the Great Octóber Sócialist Rèvolútion
revolucionārsa *lietv.* rèvolútionary
revolucionārsb *īp. v.* rèvolútionary
revolveris revólver
rezerv∥e resérve; ~es daļas — spare parts; ~es spēlētājs — súbstitute; ~es izeja — emérgency éxit; ~ē — in store
rezervēt to resérve
rezolūcij∥a rèsolútion [ˌrezə-'luːʃən]; pieņemt ~u — to adópt a rèsolútion
rikšot to trot
rezultāt∥s resúlt; óutcòme ['autkʌm]; izmeklēšanas ~i — fíndings; ~ā — as a resúlt
režīms regíme [rei'ʒiːm]; uztura r. — díet
režisors prodúcer
riba rib
rīcīb∥a áction; deed; *(izturēšanās)* beháviour [bi-'heivjə]; ◇ būt kāda

~ā — to be at smb.'s dispósal
riebīgs disgústing; repúlsive
riebums disgúst, lóathing
rieciens slice [slais]; chunk
rieksts nut
riep∥a tyre; ~as plīsums — púncture
riet to bark
rietēt to set*
riets súnsèt
rietumi west
rieva wrínkle
rijīgs glúttonous
rīkle throat [θrəut]
rīkojums órder
rīkot to órganize, to arránge [ə'reindʒ]
rīkoties 1. to act; 2. *(apieties)* to hándle
rīks ínstrument
rīkste rod
rikšot to trot
rind∥a 1. row [rəu]; 2. queue [kjuː]; line *amer;* stāvēt ~ā — to queue up
riņķis círcle ['səːkl]
riņķot to círcle ['səːkl]
ripa 1. disc; 2. *sp* puck [pʌk]
ripot to roll [rəul]
riskēt to run* the risk; to risk
rīss rice [rais]
rīta to swállow ['swɔləu]
rītb tomórrow [-'mɔrəu]
rītakleita dréssing-gòwn
rītakurpe slípper
rītausma dawn [dɔːn], dáybreak
ritenis wheel
riteņbraucējs cýclist ['saiklist]
ritēt 1. *(par asarām)* to flow [fləu]; 2. *(par laiku)* to pass [paːs]

ritms rhythm ['riðəm]
rīts mórning
rīvēt to grate
robeža 1. bóundary ['baund-]; *(valsts)* fróntier; **2.** *pārn* límit
robežsargs fróntier-gùard
rob‖s 1. notch; **2.** *pārn* gap; aizpildīt ~u — to fill up the gap
rok‖a hand; *(visa roka)* arm; spiest ~u — to shake* hands *(ᴡith)*; iet zem ~as — to walk [wɔːk] arm in arm; ◇ pie ~as — at hand; uz ātru ~u — óffhánd; uz savu ~u — on one's own [əun] accórd
rokasbumba *sp* hándball
rokasgrāmata réference book, hándbook
rokasspiediens hándshake
rokasprādze brácelet
rokdarbs néedlewòrk ['-wəːk]
rokraksts 1. hándwrìting; **2.** mánuscript ['mænjus-]
rokturis hándle
romāns nóvel ['nɔ-]
romantisks romántic
ronis seal [siːl]
rosīgs áctive
rot‖aª órnament; ~as lietas — jéwelry ['dʒuːəlri]
rotaᵇ *mil* cómpany
rota‖a game
rota‖lieta toy
rozā pink
roze rose
rozīne ráisin ['reizn]
rublis róuble ['ruːbl]
rūda ore [ɔː]
rudens áutumn
rūdīts hárdened

rudzi rye [rai]
rudzupuķe córn-flòwer
rūgts bítter
rūkt *(par zvēru)* to roar [rɔː], to growl
rūķis dwarf [dwɔːf]
rumān‖is (~iete) Ròumánian [ru(ː)'meinjən]
run‖a speech; teikt ~u — to make* a speech; par ko ir r.? — what are you tálking ['tɔːk-] about?; par to nevar būt ne ~as — it is out of the quéstion ['kwestʃən]
runāt to speak* [spiːk]; to talk [tɔːk]; r. atklāti — to speak one's mind [maind]; runā, ka... — they say [sei] that...
runīgs tálkative ['tɔːk-]
rūp‖es 1. tróuble ['trʌbl]; sagādāt ~es — to cause [kɔːz] tróuble; bez ~ēm — cárefrèe; **2.** *(gādība)* care *(for)*; concérn *(for)*
rūpēties to take* care *(of)*
rūpīgs 1. *(gādīgs)* cáreful; solícitous; **2.** *(par darbu)* áccurate
rupjmaize rýe-bread ['rai-bred]
rupjš 1. rough [rʌf], coarse [kɔːs]; **2.** *(bezkaunīgs)* rude [ruːd]
rūpnīca works [wəːks]; mill, plant [plaːnt]
rūpniecīb‖a índustry; ~as preces — mànufáctured goods
rūsēt to rust
rūtains checked
rūts *(loga)* pane

Ss

saasināšanās àggravátion

saasināties to become* àggravàted

saaugt to grow* togéther; *(par kauliem)* to knit

saaukstēties to catch* [a] cold [kəuld]

sabaidīt to frighten ['fraitn]

sabāzt to stuff in

sabiedrība 1. society [sə-'saiəti]; 2. *(apvienība)* cómpany

sabiedrisk‖s sócial ['səuʃəl]; públic; ~ā iekārta — sócial órder; ~ā doma — públic opínion; ~ā ēdināšana — públic cátering

sabiedrotais *lietv.* álly

sabīties to get* fríghtened ['fraitnd]

sabojāt to spoil*

sabozties súllen, moróse [mə'rəus]

sabraukt *(kādu)* to run* over

sabrukt to collápse, to fall* [fɔːl] in

sabrukums collápse; bréakdòwn ['breikdaun]

saburzīties to crease [kriːs]

sacelšanās revólt [ri'vəult]; mútiny

sacelties 1. to rise* [raiz]; to revólt; 2. *(par vēju)* to spring* up

sacensība còmpetítion; *(sportā — arī)* cóntest

sacensties to compéte *(with)*, to conténd *(with)*

sacerējums còmposítion [-'ziʃən]; éssay ['esei]

sacerēt to write*; *(skaņdarbu)* to compóse

saciкstes cóntest; match; *(skriešanās)* race [reis]

sacīt to say* [sei]; to tell*; ◇ atklāti sakot — pláinly ['plein-] spéaking ['spiːk-]; tā sakot — so to say; taisnību sakot — to tell* the truth [truːθ]; vārdu sakot — in a word [wəːd]

sadale dìstribútion

sadalīt to divíde *(in, into)*

sadarbība cò-òperátion

sadedzināt to burn*

sadegt to be redúced [ri-'djuːst] to áshes

saderēta to bet*

saderētь *(kopā)* to match

saderīgs wéll-mátched

saderināties to become* engáged [-'geidʒd]

sadursme 1. collísion; 2. *(intrešu)* clash

sadurt to prick; *(ar nazi)* to stab

sadusmoties to become* ángry

sadzirdēt to catch*

sadzīta *(kopā)* to drive* togéther

sadzītь *(par brūci)* to heal [hiːl] up

sādža víllage ['vilidʒ]

sagādāt 1. to procúre, to obtáin [-'tein]; 2. *(radīt)* to cause [kɔːz]; s. rūpes — to cause tróuble ['trʌbl]

sagāde state púrchases *dsk.*

sagaidīt *(kādu)* to meet*; to wélcome; s. Jaungadu — to see* the New Year in

sagatavošan‖a 1. prêparátion; ~as darbs — spade work; 2. (apmācība) tráining ['treiniŋ]

sagatavot 1. to prepáre; 2. (apmācīt) to train [trein]

sagatavoties to get* réady ['redi]

sagrābt 1. to seize [siːz]; to grip; 2. (ar grābekli) to rake up; 3. (varu) to seize, to cápture; (nelikumīgi) to usúrp [juːˈzəːp]

sagraut to rúin ['ruin]; to smash

sagriezt to cut*; (šķēlēs) to slice [slais]

sagrozīt (vārdus u. tml.) to distórt; ◇ s. kādam galvu — to turn smb.'s head [hed]

saguris séedy

sagūstīt to cápture ['kæptʃə]

saīdzis péevish, súlky

saiet to go* in

saieties to assóciàte (with)

saime hóusehòld ['haushəuld]

saimniece 1. hóusekèeper ['haus‚kiːpə]; (namamāte) hóstess ['həust-]; 2. (dzīvokļa) lándlàdy

saimniecība 1. ècónomy; tautas s. — nátional ['næʃənl] ècónomy; 2. farm; padomju s. — state farm; 3. hóusekèeping ['haus‚kiːpiŋ]

saimniecisks èconómic

saimniekot to keep* house [haus]

saimnieks 1. máster ['maːstə]; (namatēvs) host [həust];

2. (dzīvokļa) lándlòrd; (uz laukiem) fármer

saindēšanās póisoning

saindēties to póison ònesélf

sainis párcel, búndle

sairt to disíntegràte

saīsināt to shórten; to abbréviàte [əˈbriːvieit]

saistīb‖a òbligátion, engágement; izpildīt ~as — to meet* one's engágements; nepildīt ~as — to defáult

saistīt to tie [tai], to bind* [baind]; s. uzmanībú — to draw* (attráct) one's atténtion

saistošs 1. (obligāts) compúlsory; 2. (aizraujošs) fáscinàting ['fæsi-]

sait‖e 1. lace, string; (suņa) leash [liːʃ]; 2.: ~es pārn — ties [taiz], bonds

sajaukt 1. to mix [up]; 2. (padarīt nekārtīgu) to díssarránge ['disəˈreindʒ]

sajēga idéa [ai'diə], nótion

sajukums disórder, confúsion [-'fjuːʒən]

sajūsma delíght [-'lait], enthúsiasm [-'θjuːziæzəm]

sajūsmināties to be cárried away (by)

sajust to feel*; s. izsalkumu — to feel húngry

sajūta sènsátion, féeling; atbildības s. — sense of respònsibílity

sakalst to dry up

sakāmvārds sáying, proverb ['prɔvəb]

sakāpt (iekšā) to get* in

sakarība connéction; còhérence

sakarīgs connécted; còhérent

sakar‖s 1. connéction, relátion; stāties ~os — to get* in touch [tʌtʃ] (with); draudzīgi ~i — friendly ['frend-] relátions; 2.: (telegrāfa, dzelzceļa) ~i — commùnicátion; ~u nodaļa — póst-and-télegraph óffice

sakarsēt to heat [hiːt]

sakarst to get* hot

sakārtojums arrángement [ə'reindʒ-]; matu s. — hair [hɛə] style [stail]

sakārtot to arránge [ə'reindʒ]; to put* [put] in órder

sakaut to deféat [-'fiːt]

sakāve deféat [-'fiːt]

sak|aut to fold; s. rindas — to close the ranks

sak‖ne 1. root; izraut ar ~nēm — to upróot; laist ~nes — to take* root; 2.: ~nes (dārzeņi) — végetables ['vedʒitəblz]; ~ņu dārzs — kítchen gárden

sakopot to combíne

sakost 1. to bite*; 2. (barību) to chew [tʃuː]

sakrāt to amáss; (naudu) to save up

sakrāties to accúmulàte

sakraut to pile, to heap [hiːp]; (vezumā) to load [ləud]

sakrist 1. to fall*; 2. (sagadīties) to còincíde (with)

sakrop|ot to crípple; to disfígure

sakrustot to cross

sākt to begín*, to start

sakta brooch [brəutʃ]

sākties to begín*, to start; to set* in

sakult to whip

sākum‖s begínning, start; ~ā — at first; no paša ~a — from the very begínning

saķemmēt to comb [kəum]

saķert to catch*; to catch hold [həuld] (of)

sala ísland ['ailənd]

salabot to mend, to repáir [-'pɛə]

salaka smelt

salāpīt to mend; (zeķes) to darn

salasītᵃ (rokrakstu) to make* out

salasītᵇ to gáther; to colléct

salāti 1. léttuce ['letis]; 2. kul sálad ['sæləd]

salauzt to break* [breik]

saldējums íce-créam ['ais-'kriːm]

saldēt to freeze*

saldētājkuģis refrígeràtor

salds sweet

saldumi sweets; cándies amer

salīcis bent, stóoping

salidojums rálly

salīdzinājum‖s compárison; ~ā ar ... — in compárison with ...

salīdzināt to compáre (with)

saliekam‖s fólding ['fəuld-]; collápsible; ~ais krēsls — fólding-chair; ~ā māja — prefábricàted house

saliekt to bend*

saliekties to bend*; to stoop

salikt to put* [put]; to place [pleis]

salikts cómpound ['-paund]; cómplex

sālīts 1. sálty ['sɔːl-], sálted; 2. (konservēts) píckled ['pikld]

salkans *pārn* sóppy, máwkish
['mɔɪ-]
salms straw [strɔɪ]
salna frost
salocīt to fold [fəuld] up
sals frost
sāls salt [sɔɪlt]; vārāmais
s. — cómmon salt
sālstrauks sált-cèllar
salt to freeze*; man salst —
I am cold [kəuld]
salūzt to break* [breik]
salvete nápkin
sāļš sálty ['sɔɪl-]
samaksa pay [pei], páyment
['pei-]
samaksāt to pay* [pei]
samaŋ‖a cónsciousness ['kɔn-
ʃəsnis]; zaudēt ~u —
to lose* cónsciousness
samazgas slops
samazināt to dimínish, to
dēcréase [-'kriːs]; s. ātru-
mu — to slow [sləu]
down; s. izdevumus — to
cut* down expénses
samērā compáratively
samērīgs propórtionate
[-'pɔɪʃnit]
samest to throw* [θrəu]; s.
kaudzē — to pile
samierināt to réconcìle
['rekənsail]
samierināties to réconcìle
['rekənsail] ònesélf (to);
to put* [put] up (with)
samīt to trámple [down]
samts vélvet
samulsis embárrassed, con-
fúsed [-'fjuːzd]
samulst to get* embárrassed
sanāksme méeting, gáthering
sanākt to come*; s. kopā —
to come* togéther, to as-
sémble

sanatorija sànatórium*
sāncensis ríval; compétitor
sandale sándal
sanest 1. to bring*; 2. (iekšā)
to take* (in), to cárry (in)
saniknots enráged [-'reidʒd],
fúrious
sānis asíde
sanitāre júnior ['dʒuɪnjə]
nurse
sanitārija sànitátion
sanitārs lietv. hóspital atténd-
ant
sankcija appróval [-'ruɪ-]
sān‖s side; no ~iem — from
the side
saņemt 1. to take*; 2. (vie-
sus) to recéive [-'siɪv]; ◆
s. dūšu — to pluck up
one's cóurage ['kʌridʒ]; s.
visus spēkus — to strain
every nerve [nəɪv]
saņemties to pull [pul] òne-
sélf togéther
saost to smell
sapelējis móuldy ['məuldi]
sāp‖es pain [pein]; (ilgsto-
šas) ache [eik]; ~es rem-
dējošs līdzeklis — séda-
tive
sāpēt to hurt*, to ache [eik];
man sāp kakls — I have a
sore throat [θrəut]
sapīcis péevish; grúmpy
sāpīgs páinful ['pein-]
sāpināt to hurt*
saplēst (drānu) to tear*
[tɛə]; (traukus) to break*
[breik]
saplīst (par drānu) to be
torn; (par trauku) to
break* [breik]
saplosīt to tear* [tɛə] to
píeces ['piɪsiz]

sap‖nis dream [driːm]; re-
dzēt ~nī — to dream*
(of)

sapņot to dream* [driːm]

saprast to ùnderstánd*; sa-
protu! — I see!

saprātīgs intélligent, sén-
sible; réasonable ['riːzn-]

saprāts íntellèct, sense; réa-
son ['riːzn]; veselais s. —
cómmon sense

saprotams intélligible; clear
[kliə]; tas ir pats par sevi
s. — it goes without sáy-
ing ['seiiŋ]

sapulc‖e méeting, gáthering;
~es vadītājs — cháirman
['tʃeə-]; vadīt ~i — to be
in the chair [tʃeə]

sapulcēties to gáther, to as-
sémble

sapūt to rot

sapuvis rótten

sarakstīt to write*

sarakstīties to còrrespónd
(with)

sarakst‖s 1. list; roll; ~ā —
on the list; algu s. — páy-
list; páy-roll; abonentu
s. — télephone diréctory;
sastādīt ~u — to draw*
[drɔ:] up a list; 2. (gra-
fiks) tíme-tàble; vilcienu
s. — schédule ['ʃedjuːl];
stundu s. — tíme-tàble;
pēc ~a — accórding to
schédule

saraukt: s. pieri — to frown
[fraun]

saraut to tear* [teə]

sarauties 1. (par drēbi) to
shrink*; 2. (bailēs) to
start; (sāpēs) to wince

sardīne sardíne [saɪ'diːn]

sardz‖e guard [gaɪd],
watch [wɔtʃ]; stāvēt ~ē —
to keep* guard

sarecēt to cúrdle; (par asi-
nīm) to clot

sarežģījums còmplicátion

sarežģīts cómplicàted

sargāt to guard [gaɪd]
(from, against); to watch
[wɔtʃ] (over); to protéct;
s. savu veselību — to
take* care of one's health
[helθ]

sargs wátchman ['wɔtʃ-]

šarīkojums párty; sócial
['səuʃəl]

sarīkot to órganìze; to ar-
ránge [ə'reindʒ]

sarkans red

sarkt to turn red; (aiz kau-
na) to blush

sarma hóarfróst ['hɔ:-]

sārts īp. v. pink, rósy
['rəuzi]

sarūgtinājums embítterment

sarūgtināt to embítter

sarun‖a 1. cònversátion, talk
[tɔːk]; 2.: ~ as — negòtiá-
tions [ni,gəuʃi'eiʃnz],
talks; ~as augstā līmenī —
hígh-lèvel talks; vest
~as — to negótiate [ni-
'gəuʃieit] (with)

sarunāties to talk [tɔːk], to
speak* [spiːk] (with)

sarunvārdnīca cònversátion-
bòok, phráse-bòok ['freiz-]

sasalt to freeze* [up]

sasaukt to call [kɔːl]; (kon-
ferenci u. tml.) to convóke

sasiet to tie [tai] up

sasildīt to warm [wɔːm], to
heat [hiːt]

sasildīties to get* warm [wɔːm]

sasist 1. to smash, to break* [breik]; **2.** (savainot) to hurt*

sasisties to hurt* ònesélf

saskaitīt to count [kaunt] up; to add [up]

saskaldīt (malku) to chop

saskanēt 1. to còrrespónd (with), to còincíde; **2.** to hármonize; (par krāsām) to match; to go* (with)

saskaņ‖a 1. còrrespóndence; ~ā ar ... — accórding (to); **2.** hármony

saskaņot to cò-órdinate

saskar‖e cóntact; nonākt ~ē ar kādu — to come* into cóntact with smb.

saskatīt to discérn; to make* out

saskrāpēt to scratch

saslimt to fall* [fɔːl] ill

sasmacis (par gaisu) stúffy

sasniegt to reach [riːtʃ]; (mērķi) to achíeve [ə'tʃiːv]

sasniegums achíevement [ə'tʃiːvmənt]

saspiest to squeeze [skwiːz]; to press

saspiesties (kopā) to move [muːv] togéther; s. cie-šāk — to make* room (for)

saspīlējum‖s ténsion, strain [strein]; (nervu) stretch; starptautiskā ~a mazinā-šana — rèlaxátion of ìnternátional [-'næʃ-] ténsion, deténte [dei'taːnt]

saspraude (papīra) clip

saspraust to pin up (togéther)

sasprēgāt to chap

sasprindzināt to strain [strein]

sastādīt 1. (kokus) to plant [plaːnt]; **2.** (izveidot) to make*, to compóse; (dokumentu, plānu) to draw* [drɔː] up

sastāvdaļa compónent part

sastāvēt to consíst (of)

sastāv‖s 1. composítion; strúcture; **2.** (ļaužu kolektīvs) staff [staːf]; tēlotāju s. — cast [kaːst]; pilnā ~ā — in a bódy ['bɔ-]

sastindzis (no aukstuma) stiff, numb [nʌm]; (aiz bailēm u. tml.) stúnned

sastingt to stíffen; to becóme* numb [nʌm]

sastrēgums obstrúction; satiksmes s. — tráffic-jàm

sastrīdēties to quárrel ['kwɔ-] (with)

sasukāt to comb [kəum], to brush

sasveicināties to greet; (paspiežot roku) to shake* hands (with)

sasvīdis swéaty ['sweti]; (par rokām) clámmy

sašūt to sew* [səu] up

sašutis indígnant

saticība cóncòrd

saticīgs éasy ['iːzi] to get on with

sātīgs nóurishing ['nʌriʃiŋ], substántial

satiksm‖e commùnicátion; ielu s. — street tráffic; dzelzceļa s. — ráilwày ['reilwei] sérvice; gaisa s. — air [ɛə] sérvice; dzīva s. — héavy ['hevi]

tráffic; ~es līdzek|i —
means [miːnz] of convéy-
ance

satikšan‖ās méeting; *(noru-
nāta)* appóintment, date;
norunāt ~os — to make*
an appóintment

satikt 1. to meet*; *(nejauši)*
to run* into; 2. *(sadzīvot)*
to get* on *(with)*

satīrisks satírical [-'tiri-]

satīt 1. *(rituli)* to roll [rəul]
up; 2. *(ietīt)* to wrap up

satraukt to excíte [ik'sait]

satraukums excítement [ik-
'sait-]

satricinājums shock [ʃɔk];
nervu s. — nérvous shock

satricinošs stúnning; shát-
tering

satriekt to crush, to smash

satumst to grow* [grəu] dark

saturēt *(ietvert)* to contáin
[-'tein], to compríse

satur‖s cóntènt[s]; ~a rādī-
tājs — táble of cóntènts

satvert to seize [siːz]; s. pie
rokas — to take* by the
hand

sauciens call [kɔːl], cry
[krai]

saudzēt to spare; to take*
care *(of)*

saudzīgs consíderate

sauj‖a hóllow of the hand;
◇ sist ~ā — to strike*
hands

saukt 1. to call [kɔːl]; to
shout [ʃaut]; 2. *(vārdā)*
to name; kā jūs sauc? —
what is your name?

saule sun

saulesbrilles sún-glàsses

saulespuķe súnflòwer

sau‖oties to súnbathe, to
bask in the sun

sausiņš rusk

sauss dry

sausums arídity; drought
[draut]

sauszem‖e [dry] land; pa
~i — by land

sautēt to stew [stjuː]

savād‖s strange [streindʒ],
odd, queer [kwiə]; ~i —
strángely enóugh [i'nʌf]

savākt to colléct

savaldīgs sélf-posséssed
['selfpə'zest]

savaldīt to restráin [-'strein];
to check

savaldīties to contról
[-'trəul] ònesélf

savest 1. to bring* to-
géther; 2.: s. kārtībā — to
put* [put] in órder

saviebties to make* a wry
[rai] face

savienība únion

savienojum‖s júnction; tele-
fona s. — connéxion; da-
būt ~u — to get* through

savienot to join, to link

savienoties 1. to join, to con-
néct; 2. to ùníte; 3. *(par
kosmosa kuģiem)* to dock

savienot‖s ùníted; ~ā repub-
lika — ùníted repúblic

savilkt to tíghten ['tait-]

savilkties to tíghten ['tait-]

savi‖ņojums ànimátion

savi‖ņot to move [muːv]

sav‖s my; his; her; its; our;
your; their; es pazaudēju
~u grāmatu — I lost my
book; viņš paņēma ~u ce-
puri — he tòok his hat

savstarpēj‖s mútual ['mjuɪ-
tjuəl]; ~a palīdzība —
mútual aid (help); ~i sa-
kari — intercommùnicátion
savtīgs sélfish
sazāģēt to saw* [up]
sazināties to commúnicàte
sazvērestība conspíracy
[-'spirə-]
scenārijs   scenário   [si-
'naɪriəu], script
scenogrāfija   stage   desígn
[di'zain]
scenogrāfs   stage   desígner
[di'zainə]
seanss (kino) show [ʃəu]
secība succéssion [sək'seʃən]
secinājum‖s conclúsion
[-'kluɪʒən]; izdarīt ~u —
to draw* [drɔɪ] a conclú-
sion
sēde méeting
sēdeklis seat [siːt]
sēdēt to sit*
sega blánket
segli sáddle
segt to cóver ['kʌvə]
seifs safe, stróng-bòx
sej‖a face; ~as iztéiksme —
cóuntenance   ['kaunti-];
~as vaibsti — féatures
['fiːtʃəz]
sēja sówing ['səuiŋ]
sējmašīna   sówing-màchine;
séeder
sējums (grāmatas) vólume
sek‖as cónsequence; atbildēt
par ~ām — to take* the
cónsequences
sēkla seed
sēk‖lis sándbànk; uzskriet
uz ~ļa — to strand

sekls shállow
sekm‖es prógrèss; advánce;
(panākumi) succéss [sək-
'ses]; gūt ~es — to make*
prógrèss;   labas   ~es! —
good luck!
sekmēt to fúrther; to fávour
sekmīgs   succéssful   [sək-
'sesful]
sekojošs   fóllowing;   (nāko-
šais)   succéeding   [sək-
'siˑd-]
sekot 1. to fóllow; s. kādam
pa pēdām — to fóllow in
smb.'s tracks; 2. (nākt pēc
kārtas) to succéed [sək-
'siˑd]
sekretārs sécretary
sektors séctor
sekun‖de sécond ['sekənd];
~žu rādītājs — sécond-
hand
semafors sémaphore
semestris term
seminārs (nodarbība) sémí-
nàr
sen long agó
senatne   áncient   ['einʃənt]
times
senators sénator
sēn‖e múshroom; lasīt ~es —
to gáther ['gæðə] músh-
rooms
sens old [əuld], áncient
['einʃənt]
sensācij‖a sènsátion; radīt
~u — to cause [kɔːz] a
big stir
sentimentāls sèntiméntal
sēņot to gáther ['gæðə]
múshrooms
septembris Septémber
septiņdesmit séventy ['sevn-
ti]

septiņdesmitais séventieth
['sevnti:θ]
septiņi séven ['sevn]
septiņpadsmit séventéen
['sevn'ti:n]
septiņpadsmitais séventéenth
['sevn'ti:nθ]
septītais séventh ['sevnθ]
sēras móurning ['mɔ:n-]
serde core
serenāde sèrenáde
sērfings *sp* súrf-rìding
['sə:f-], súrf-báthing
seriāls sérial
sērīgs móurnful ['mɔ:nful]
sērija sériès* ['siəri:z]; (*fil-
mas*) part
sērijveida-: s. ražošana —
sérial (mass) prodúction
sērkociņ‖š match; ~u kas-
tīte — mátch-bòx; aizde-
dzināt ~u — to strike* a
match
sērot to mourn [mɔ:n]
sērs súlphur
servīze set
seržants sérgeant ['sa:dʒənt]
sesija sítting, séssion
sestais sixth
sestdiena Sáturday ['sætədi]
sēsties to sit* down
sešdesmit síxty
sešdesmitais síxtieth
seši six
sešpadsmit síxtéen
sešpadsmitais síxtéenth
sēt to sow* [səu]; ◇ s. ne-
saticību — to sow* dís-
còrd
sēta 1. fence; 2. (*pagalms*)
yard [ja:d]
sētnieks yárd-kèeper ['ja:d-];
jánitor *amer*

sev [for] mỳsélf; [for] your-
sélf; [for] himsélf; [for]
hèrsélf; [for] ìtsélf; [for]
oursélves; [for] yoursélves;
[for] thèmsélves; es to pa-
ņēmu s. — I took it for
mỳsélf
sevišķi partícularly, espécially
[-'peʃəli]
sevišķ‖s partícular, spécial
['speʃəl]; nekā ~a — no-
thing in partícular
sezon‖a séason ['si:zn]; ~as
biļete — séason-tícket
sfēra sphere [sfiə]; darbības
s. — sphere (field) of ac-
tívity
shēma scheme [ski:m]
siekalas salíva, spútum
sien‖a wall [wɔ:l]; ~as
avīze — wall néwspàper
['nju:s-]
sienāzis grásshòpper
['gra:s-]
sien‖s hay [hei]; ~a kau-
dze — háyrick, háystack;
~a laiks — háymaking
siers cheese [tʃi:z]
siet to bind* [baind], to
tie [tai] up
siets sieve [siv]
sieva 1. (*precēta*) wife;
2. (*sieviete*) wóman*
['wumən]
sieviete wóman* ['wumən]
sievišķīgs féminine
signalizēt to sígnal, to give*
sígnals
signāls sígnal; gaismas
s. — 1) light [lait] síg-
nal; 2) (*satiksmes*) tráffic
lights *dsk.*
sija beam [bi:m]
sijāt to sift

sīknauda small change [tʃeindʒ]

sīk‖s 1. tíny; small; fine; *(par balsi)* thin; *(par augumu)* slight [slait]; 2. *(detalizēts)* détailed ['diːteild], eláborate

siksna strap; *(josta)* belt

sikspārnis bat

sīksts tough [tʌʃ]

sīkt to buzz

sīkum‖s 1. trífle; 2. *(detaļa)* détail ['diːteill]; visos ~os — in every détail

sildīt 1. to warm [wɔːm], to heat [hiːt]; 2. to give* out warmth [wɔːmθ]

sildītājs hót-wàter [-,wɔːtə] bóttle, fóotwàrmer

silt‖s warm [wɔːm]; man ir ~i — I am warm

siltumnīca hóthòuse ['-haus]

siltums 1. warmth [wɔːmθ]; 2. *fiz* heat [hiːt]

siļķe hérring ['her-]; žāvēta s. — red hérring, kípper

simbols sýmbol

simetrisks symmétric [al]

simfonija sýmphony

simfonisk‖s symphónic; ~ā mūzika — symphónic músic; ~ais orķestris — sýmphony órchestra ['ɔːkistrə]

simpātisks pléasant ['pleznt]

simptoms sýmptom

simtais húndredth

simts húndred

sinepes mústard

sinhrons simultáneous; s. tulkojums — simultáneous interprētátion

sinonīms sýnonym ['si-]

sintētisks synthétic [al]

sīpols ónion ['ʌnjən]

sird‖s heart [haːt]; ◇ no visas s. — from the bóttom of one's heart; ņemt pie s. — to take* to heart; pēc ~s patikas — to one's heart's contént

sirdsapziņa cónscience ['kɔnʃəns]

sirdslēkme heart [haːt] attáck

sirdstrieka heart [haːt] fáilure

sirmgalvis old [əuld] man*

sirms grey [grei]

sirpis síckle

sirsnīg‖s héarty ['haːti], córdial; ~i sveicieni — kind [kaind] regárds; s. paldies! — many thanks!

sīrups tréacle ['triːkl]

sist to beat* [biːt]; to strike*

sistēma sýstem

sistemātisks systemátic

sitien‖s blow [bləu], stroke; ar vienu ~u — at one blow (stroke)

sivēn‖s píglet; ~a gaļa — young [jʌŋ] pork

sīv‖s 1. púngent; póignant ['pɔinənt]; 2. *pārn* fierce [fiəs]; ~a kauja — fierce báttle

skabarga splínter

skābbarīb‖a sílage; ~as tvertne — sílo

skābe ácid

skābeklis óxygen

skābenes sórrel

skāb‖s sour [sauə]; ~i kāposti — sáuerkràut ['sauə-kraut]

skafandrs díving-sùit; *(kosmonauta)* fúll-prèssure suit, spáce-sùit

skaid‖a chip; zāģu ~as — sáwdùst ['sɔː-] *vsk.*

skaidrīb‖a clárity ['klæ-];
tikt ∼ā — to get* smth.
right |rait|

skaidr‖s 1. clear [kliə]; pure
[pjuə]; 2. (viegli sapro-
tams) clear [kliə]; plain;
3. (neapmācies) clear,
clóudless; 4.: ∼a nauda —
cash

skaists béautiful ['bjuːtəful];
(par virieti) hándsome
['hænsəm]

skaistule béauty ['bjuː-]
skaistums béauty ['bjuː-]
skaitīt to count [kaunt]
skait‖lis númber, fígure; ∼ļa
vārds gram — númeral

skait|ošan‖a càlculátion, còm-
putátion; ∼as centrs —
còmputátion centre; ∼as
tehnika — compúters dsk.;
elektroniskā ∼as mašīna —
èlectrónic compúter

skait|otājs compúter
skait‖s númber; lielā ∼ā —
númerous; in great núm-
hers; ◇ to ∼ā — inclúd-
ing

skaldīt (malku) to chop
skalot to rinse; (kaklu) to
gárgle

ska|ļi loud [laud]; alóud
[ə'laud]

ska|runis lóud-spéaker
['laud'spiːkə]

ska|š loud [laud]; (trok-
šņains) nóisy ['nɔizi]

skandāl‖s scándal, row
[rau]; sacelt ∼u — to kick
up a row

skanēt 1. to sound [saund];
to ring*; 2. (par tekstu)
to read* [riːd]

skaņa sound [saund]

skaņdarbs còmposítion
skapis cúpboard ['kʌbəd];
(drēbju) wárdròbe ['wɔː-
drəub]; sienas s. — búilt-in
clóset ['klɔzit]; virtuves
s. — drésser

skarbs 1. harsh; 2. (par kli-
matu) sevére

skārds tin

skatien‖s look; (neatlaidīgs)
stare; novērst ∼u — to
turn away one's eyes
[aiz]; uzmest ∼u — to
cast* [kɑːst] a glance
[glɑːns]

skatītāj‖s spèctátor; ∼i —
áudience

skatīties to look (at); (ne-
atlaidīgi) to stare (at)

skatlog‖s shóp-wìndow; ∼u
dekorēšana — wíndow-
drèssing

skat‖s 1. sight [sait]; view
[vjuː]; 2. teātr scene
[siːn]; masu ∼i — crowd
scenes

skatuve stage [steidʒ]; gro-
zāmā s. — revólving stage

skaudīgs énvious
skeptisks scéptic [al]
skice sketch, draft [drɑːft]
skijorings sp skí-jòring
skol‖a school; ∼as direk-
tors — head [hed] máster;
∼as biedrs — schóolfèllow;
iet ∼ā — to atténd school

skoln‖ieks (∼iece) púpil
skolotāj‖s (∼a) téacher
['tiːtʃə]

skops míserly ['maizə-],
stíngy

skotiete Scótchwòman
skots Scótchman
skraidīt to run* [about]

skrandains rágged
skrāpēt to scratch
skrejce|š rúnning track
skrejdēlis skátebòard
skrējējs rúnner; īso distanču
s. — sprínter; garo dis-
tanču s. — stáyer, dístance
rúnner; vidējo distanču
s. — míddle-dìstance rún-
ner
skrējiens run; *(sportā)* race;
lēnais s. — jógging
skrejrats scóoter
skriet to run*
skritu|dēlis skátebòard
skritu|slidas róller-skàtes,
róllers
skropstas éyelàshes [ˈailæʃiz]
skrūve screw [skruː]
skudr||a ant; ~u pūznis —
ánt-hìll
skuj||a néedle; ~u koks —
cónifer [ˈkəu-]
skulptors scúlptor
skulptūra scúlpture
skumjš sad
skumt to be sad, to grieve
[griːv]
skūpstīt to kiss
skūpsts kiss
skurstenis chímney
skuters scóoter
skūties to shave
skuveklis rázor, sháver
skvērs square
slaids slim; slénder
slaists lóafer [ˈləufə]
slalomists slálom rácer
slaloms *sp* slálom
slānis láyer [ˈleiə], strátum*
[ˈstraː-]
slāpeklis ķīm nítrogen

slāp||es thirst; veldzēt ~es —
to quench [kwentʃ] one's
thirst
slapjš wet
slāpt to thirst; man slāpst —
I am thírsty
slaucēja mílkmàid [ˈ-meid]
slaucīt to wipe; to sweep*
slava glóry; fame; slikta
s. — ill fame
slavens fámous
slavēt to praise [preiz]
slazd||s trap; snare; peļu
s. — móuse-tràp; noķert
~ā — to entráp, to
ensnáre
slēdzene lock
slēdzien||s conclúsion [-ˈkluː-
ʒən]; nākt pie ~a — to
come* to a conclúsion
slēdzis *el* switch
slēgt 1. to lock; s. vaļā — to
únlòck; 2. *(veikalu, sa-
pulci)* to close; 3.: s.
mieru — to conclúde
[-ˈkluːd] peace [piːs]; s.
līgumu — to conclúde an
agréement
slēgt||s closed; ~a sēde —
closed méeting; ieeja ~a —
no éntrance; izeja ~a —
no éxit; satiksme ~a — no
tráffic
slēģis shútter
slepeni sécretly [ˈsiː-]; by
stealth [stelθ]
slepen||s sécret [ˈsiː-]; ~ā
aģentūra — sécret áģents
dsk.
slēpes skis [skiːz]
slepkava múrderer
slepkavība múrder
slēpot to ski [skiː]
slēpotājs skíer [ˈskiːə]

slēpt *(arī — pārn)* to hide*, to concéal [-'siːl]

slēpties to hide*, to concéal [-'siːl] ònesélf

slidas skates

slidens slíppery

slīdēt to slide*; *(paslīdēt)* to slip

slīdoš‖s slíding; móving ['muːv-]; ~ās kāpnes — móving stáircàse

slidot to skate

slidotājs skáter

slidotava skáting-rìnk

sliede rail [reil]

slieksnis thréshòld

sliktāk worse

slikti bad, bádly; s. klāties — to get* on bádly; s. uzvesties — to behàve bádly; s. izturēties — to ill-treat, to treat bádly

slikts bad; *(par kvalitāti — arī)* poor [puə]; s. laiks — bad (násty) wéather ['weðə]

slimīb‖a íllness; *(noteikta)* diséase [-'ziːz]; ~as nauda — síck-pay

slimīgs síckly

slimnīca hóspital

slimnieks pátient ['peiʃənt]

slimot to be ill

slims sick; ill *predic.*

slinkot to be lázy, to loaf [ləuf]

slinks lázy, índolent

slīps slánting ['slaːnt-], oblíque [ə'bliːk]

slodze load [ləud]; pilna s. *(darbā)* — full [ful] time job

slogs load [ləud], weight [weit]

slota broom

sludinājums annóuncement [ə'nauns-]; *(avīzē)* advértisement

slūžas sluice, lock

smacīgs stúffy, stífling

smadzenes brain [brein]

smaganas gums

smagatlētika *sp* héavy ['hevi] athlétics

smag‖s 1. héavy ['hevi]; ~ā automašīna — lórry, truck; 2. *pārn* hard, dífficult; s. darbs — hard work [wəːk]

smagums héaviness ['hevi-]; weight [weit]; *(nasta)* búrden; rūpju s. — weight of cares

smaidīt to smile

smaids smile

smaile 1. *(torņa)* spire; 2. *(kalna)* peak [piːk]

smailīte cánoe

smaka stench

smalkjūtīgs táctful, délicate

smalkmaizīte bun

smalk‖s 1. fine; thin; ~as zeķes — thin (fine) stóckings; 2. *pārn* refíned; délicate; ~a gaume — refíned taste; s. darbs — fine work [wəːk]; 3. *(par dzirdi)* keen

smarža smell; ódour

smaržas scent [sent]

smaržot to smell*

smēķēt to smoke; s. aizliegts! — no smóking!

smēķētāj‖s smóker; ~u istaba — smóking-ròom

smelt to draw* [drɔː]; *(ar kausu)* to ládle ['leidl]; *(ar karoti)* to spoon

smērēt to smear [smiə] *(with)*, to spread [spred] *(on)*

smidzināt to drízzle

smiekli láughter ['laɪftə]

smieklīgs ridículous [-'dik-juləs]

smieties to laugh [laɪf]

smiltis sand

smīnēt to smirk; *(nicinoši)* to sneer

smirdēt to stink* *(of)*, to smell foul [faul]

smirdošs stínking

snaust to slúmber, to doze

sniegavīrs snówman ['snəumən]

sniegpārsla snówflake ['snəufleik]

sniegputenis snów-stòrm ['snəu-]; blízzard

sniegs snow [snəu]

sniegt to hand, to óffer; s. roku — to hold* [həuld] out one's hand; s. palīdzību — to rénder assístance; s. informāciju — to fúrnish ìnformátion

sniegties 1. to stretch, to reach [riːtʃ]; 2. *(pēc kaut kā)* to reach out *(for)*

snigt to snow [snəu]; snieg — it is snówing

sociālisms sócialism ['səuʃəlizəm]

sociālists sócialist ['səuʃəlist]

sociāls sócial ['səuʃəl]; ~ā izcelšanās — sócial órigin; ~ā apgāde — sócial secúrity; ~ais stāvoklis — sócial státus

sodīt to púnish ['pʌn-]

sodrēji soot [sut]

sodss púnishment ['pʌn-]; ~a nauda — fine; ~a sitiens *sp* — pénalty kick

solījums prómise ['prɔ-]; turēt ~u — to keep* one's prómise; lauzt ~u — to break* one's prómise

solis step; stride; ātriem ~ļiem — at a quick pace [peis]

solīt to prómise ['prɔ-]

sols bench; skolas s. — form, desk

soot to walk [wɔːk]; to pace [peis]

soma bag; skolas s. — sátchel

soms (~iete) Finn

soprāns sopráno [sə'praɪnəu]

spaidi compúlsion; ~u kārtā — únder compúlsion

spaidīgs: ~os apstāk|os — in straits [streits]

spainis búcket, pail [peil]; atkritumu s. — dústbìn

spalgs shrill

spalva 1. *(putna)* féather ['feðə]; 2. *(dzīvnieka)* hair [hɛə]; 3. *(rakstāmā)* pen; nib

spānietis (~iete) Spániard ['spænjəd]

spārdīties to kick

spārns wing

spars drive, sap; pep *amer*; ◇ pilnā ~ā — in full [ful] swing

spartakiāde sports féstival

speciālists spécialist ['speʃə-] *(in)*

specialitāte spèciálity [ˌspeʃi'æliti]

speciāls spécial ['speʃəl]

spēcīgs vígorous ['vigə-]

spēj‖a 1. abílity; 2.: garīgās ~as — méntal fáculties; ar lielām ~ām — of great [greit] abílities

spējīgs 1. áble ['eibl] *(to);* 2. *(apdāvināts)* cápable ['keip-], gífted

spējš súdden

spēk‖s 1. strength, force; no visa ~a — with all one's might [mait]; tas nav man pa ~am — that is beyónd me; kopīgiem ~iem — with combíned éffort; 2.: stāties ~ā — to take* efféct; zaudēt ~u — to lose* [luːz] valídity

spēkstacija pówer státion

spekulēt to spéculàte *(in)*

speķis bácon; lard

spē‖le play [plei]; game; *(aktiera)* ácting; neizšķirta s. *sp* — draw [drɔː]; zaudēta s. *sp* — lost game; ~les rezultāts *sp* — score; ◇ laimes s. — play of chance [tʃaːns]

spēlēt to play [plei]; *(par aktieri)* to act

spēlēties to play [plei]; *(ar kaut ko)* to toy *(with)*

spert to kick; ◇ s. soļus — to take* méasures

spīdēt to shine*

spīdīgs shíning; glóssy

spīdzināt to tòrmént

spiediens préssure ['preʃə]

spiegot to spy *(on)*

spiegt to shriek [ʃriːk]

spieķis stick; cane

spiest 1. to press; *(par apaviem)* to pinch; 2.: s. roku *(sasveicinoties)* — to shake hands *(with)*

spiesties 1. *(klāt)* to press close [kləus] *(to);* 2. *(drūzmēties)* to crowd [kraud]

spiestuve prínting-hòuse ['-haus]

spīl‖es *(vēža)* claws [klɔːz]; ◇ būt ~ēs — to be in a plight [plait]

spilgts bright [brait]; gáudy; s. piemērs — stríking exámple

spilvendrāna píllow-càse ['piləukeis]

spilvens píllow ['piləu]; *(divāna)* cúshion ['kuʃən]

spirgts brisk, lívely; s. un vesels — safe and sound [saund]

spirts spírits, álcohòl

spītīgs stúbborn

spīt‖s óbstinacy; par ~i — in spite of

splaut to spit*

spodrība cléanliness ['klen-]

spodrināt to pólish

spogulis lóoking-glàss ['-glaːs], mírror

spoks ghost [gəust]

spole *(diegu)* reel, bóbbin

sportiste spórtswòman

sportists spórtsman

sport‖s sport; ~a laukums — sports ground; ~a zāle — gymnásium, gym *sar;* ~a ziņas — sports news; nodarboties ar ~u — to go* in for sports

spožs lústrous; bright [brait]

sprādze clasp [klaːsp]

sprādziens explósion [-'pləuʒən], blast

sprāgt *(eksplodēt)* to burst*, to blow* up

sprakšķēt to cráckle
sprauga chink; *(šķēlums)* slot
spraukties: s. cauri *(pūlim)* — to squeeze [skwiːz] through; s. iekšā — to edge in
spraužamadata sáfety-pìn
spridzināt to blow* [bləu] up
spriedums 1. opínion; **2.** *(tiesas)* séntence
spriest to judge [dʒʌdʒ]
sprogains cúrly
sprosts cage [keidʒ]
spuldze bulb
stabils stáble; s. miers — lásting ['laːst-] peace [piːs]
stabs pole, post [pəust]
stabule pipe
stacija státion
stadija stage [steidʒ]
stadions stádium*
stādīt 1. to plant [plaːnt]; **2.:** s. priekšā — to íntrodúce *(to)*
stāds plant [plaːnt]
stafete rélay-ràce
staigāt to walk [wɔːk]
staipīgs víscous ['viskəs]
staipīt to stretch
stāja poise; béaring ['bɛər-]
stallis stáble
stalts státely
stampāt to pound [paund]; *(kartupeļus)* to mash
standartmāja stándardized house
standarts stándard
starot to beam [biːm]
starp *(diviem)* between; *(daudziem)* among; ◇ s. citu — by the way [wei]
starpa ínterval; *(tukša)* gap

starpbrīdis ínterval; *(skolā)* break [breik]
starpība dífference
starppilsētu- íntertòwn; s. telefona saruna — trúnkcall ['-kɔːl], lóng-dístance call
starpplanētu- ìnterplánetary; s. satiksme — space trável
starptautisks ìnternátional [ˌintə(ː)'næʃənl]
stars ray [rei], beam [biːm]
starts start; *(lidmašīnas, raķetes)* blást-off, táke-off
stāstīt to tell*
stāsts stóry
stāties to stand*; s. ceļā — to bar the way [wei]; s. darbā — to start on a job; ◇ s. spēkā — to come* into force
statistika statístics *dsk.*
statīvs stand
statuja státue ['stætjuː]
statūt‖s státùte; partijas ~i — párty rules [ruːlz]
stāvēt 1. to stand*; s. sardzē — to keep* watch; **2.** to stop; pulkstenis stāv — the clock has stopped
stāvoklis condítion; state; *(ģimenes, sabiedriskais)* státus; starptautiskais s.— ìnternátional situátion
stāvsᵃ *lietv.* *(nama)* floor [flɔː]; stórey; pirmais s. — ground floor; otrais s. — first floor
stāvsᵇ *īp. v.* steep
stāvvieta *(automašīnu)* párking-plàce
stāžs *(darba)* récord of sérvice

steidzams úrgent, préssing
steig‖a húrry ['hʌri], haste [heist]; ~ā — in a húrry
steigties to húrry ['hʌri]
stenēt to groan [grəun]
stenogrāfija shórthànd
sterils stérile
stiebrs stalk [stɔːk]
stienis bar
stieple wire
stiept 1. to draw* [drɔː]; to drag; 2. (izstiept) to stretch
stīga string
stiklplasts fíbreglass
stikls glass [glaːs]
stilbs anat shin
stils style
stingr‖s 1. strict; sevére [si'viə]; 2. (lēmums u. tml.) firm; ~a pārliecība — strong convíction
stīpa hoop
stipendija grant; (paaugstināta) féllowship ['feləu-]; scholarship ['skɔ-]
stiprs strong; s. sals — sevére frost
stirna roe [rəu]
stīvs stiff
stjuarte stéwardess ['stjuː-]
stobrs (šautenes) bárrel
stomīties to fálter ['fɔːl-], to stúmble
stostīties to stámmer
strādāt 1. to work [wəːk]; smagi s. — to toil; 2. (būt atvērtam) to be ópen
strādīgs indústrious
strādniek‖s wórker ['wəːkə]; ~u šķira — wórking class
strauj‖š 1. fast, swift; rápid; ~a attīstība — rápid growth; 2. (ātras dabas) - quíck-témpered

straume stream [striːm]
strauss óstrich
strauts brook
strāva cúrrent
strazds thrush
streikot to strike*, to go* on strike
streik‖s strike; uzsākt ~u — to go* on strike
streipu‖ot to reel, to stágger
strēlnieks rífleman ['raifl-]
strēmele strip
strīdēties to árgue ['aɪgjuː] (with); (ķildoties) to quárrel (with)
strīdīgs (par jautājumu) dispútable, contéstable
strīds árgùment, dispúte; (ķilda) quárrel ['kwɔrəl]
strūkla jet [dʒet]
strūklaka fóuntain ['fauntin]
struktūra strúcture ['strʌktʃə]
strupce‖‖š 1. blind álley; 2. pārn impásse [æm'paːs]; ◇ iedzīt kādu ~ā — to put* smb. in a spot
strups 1. stúmpy; (par degunu) snub; 2. pārn curt
strutas pus
studente [gírl-] stúdent [('gəːl)'stjuːdənt]
students stúdent ['stjuːdənt]
studēt to stúdy ['stʌdi]
studij‖as stúdies ['stʌdiz]; ~u biedrs — féllow-stùdent
stulbs dull
stumbrs trunk
stumt to push [puʃ]
stund‖a 1. hour ['auə]; ~ām — for hours;

2. *(mācību)* lésson; ~u
saraksts — tíme-tàble
stūre *(kuģa)* helm; *(auto-
mašīnas)* wheel
stūrgalvīgs óbstinate, héad-
stròng ['hed-]
stūr‖is córner; ~a sitiens
sp — córner kick
subjektīvs sùbjéctive
subtropisks súbtrópical
sūce leak [liːk]
sudrabs sílver
sūdzēt *(tiesā)* to sue [sjuː]
sūdzēties to compláin
[-'plein] *(of)*
sūdzīb‖a compláint [-'pleint];
~u grāmata — compláints
book; iesniegt ~u — to
make* (lodge) a compláint
suga spécies* ['spiːʃiːz]
suka brush; zobu s. — tóoth-
brùsh; drēbju s. — clóthes-
brúsh ['kləuðz-]
sukāt *(matus)* to brush
sūklis sponge [spʌndʒ]
sūknēt to pump
sūknis pump
sūkt to suck
sūkties to ooze [uːz]
sula juice [dʒuːs]
sulīgs júicy ['dʒuːsi], súccu-
lent ['sʌkju-]
summa sum
sūnas moss
suns dog; *(medību)* hound
[haund]
suņabūda kénnel
sūtīt to send*; s. pa pastu —
to send* by post [pəust],
to mail [meil]
sūtniecība émbassy
sūtnis àmbássador
suvenīrs sóuvenir ['suːvəniə]

svaigs fresh
svaine síster-in-law
svainis bróther-in-law
['brʌðərinlɔː]
svarcēlājs wéight-lífter
['weit-]
svarcelšana *sp* wéight-lífting
['weit-]
svari scales
svarīg‖s impórtant; tas nav
~i — it does not mátter
svārki **1.** *(viriešu)* coat
[kəut]; **2.** *(sieviešu)* skirt
svars weight [weit]
svārstīties *pārn* to hésitàte
['heziteit], to wáver
svece cándle
svečturis cándlestick
sveicien‖s **1.** gréeting; at-
ņemt ~u — to retúrn
smb.'s gréeting; **2.** regárds
dsk.; love [lʌv]; sūtīt
~us — to send* one's
love; nodod viņai manus
~us — remémber me to
her, give her my kind re-
gárds
sveicināt to greet
sveiki! **1.** *(sasveicinoties)*
how do you do!; **2.** *(at-
vadoties)* gòod-býe [gud-
'bai]!; so long!
sveķi résin ['rezin]
svelme heat [hiːt]
svērt to weigh [wei]
svešinieks stránger ['strein-
dʒə]; fóreigner ['fɔrinə]
sveš‖s strange [streindʒ];
fóreign ['fɔrin]; ~as ze-
mes — fóreign lands
svešvaloda fóreign ['fɔrin]
lánguage ['læŋgwidʒ]
svētdiena Súnday ['sʌndi]

svētki hóliday ['hɔlədi]; fès-
tívity
svēts sácred ['seikrid]
sviedri sweat [swet], pèr-
spirátion
sviest to throw* [θrəu]; to
fling*
sviestmaize bread [bred] and
bútter; sándwich ['sæn-
widʒ]
sviests bútter
svilpe whístle ['wisl]

svilpot to whístle ['wisl]
svinēt to célebràte
svinības fèstívity
svinīgs sólemn ['sɔləm]
svins lead [led]
svira léver ['levə]
svīst to sweat [swet], to
perspíre
svītra 1. line; 2. *(audumā)*
stripe
svītrains striped
svītrot to cross out

Š š

šā thus; ne šā, ne tā —
néither ['naiðə] this way
[wei] nor another
šad: š. un tad — now and
then
šādi thus, in this way [wei]
šāds such
šahists chéss-plàyer ['-,pleiə]
šah‖s chess; ~a partija —
game of chess; ~a tur-
nīrs — chess tóurnament
['tuə-]
šahta mine
šakālis jáckàl ['dʒækɔil]
šalkt to rústle
šalle scarf; *(vilnas)* múffler
šampanietis chàmpágne
[ʃæm'pein]
šampūns shampóo
šaržs càrtóon
šaub‖as doubt [daut]; bez
~ām — no doubt
šaubīgs suspícious [səs-
'piʃəs]
šaubīties to doubt [daut]

šaurs nárrow ['næ-]; *(par
apaviem, apģērbu)* tight
[tait]
šausmas hórror ['hɔrə], tér-
ror ['terə]
šausmīgs áwful, hórrible
['hɔrəbl], térrible ['terəbl]
šaut to shoot* *(at)*, to fire
(at)
šautene gun; rífle ['raifl]
šāviens shot
šedevrs másterpiece
šefība pátronage ['pætrə-
nidʒ]
šefs chief [tʃiːf]
šeit here
šejien‖e: no ~es — from
here
šīferis slate
šiliņš shílling
šinelis gréatcòat ['greit-
'kəut]
šis this; līdz šim — till now
šķaudīt to sneeze
šķautne edge [edʒ]
šķēle slice [slais]

šķelmīgs ímpish, róguish ['rəugiʃ]

šķelt to split*, to cleave* [kliːv]

šķemba splínter; shíver ['ʃivə]

šķēpmešana *sp* jávelin ['dʒævlin] thrówing ['θrəuiŋ]

šķēps spear [spiə]; *(sportā)* jávelin ['dʒævlin]

šķēres scíssors ['sizəz]

šķērsām acróss, crósswìse

šķērsiela síde-strèet, bý-street

šķēr‖slis óbstacle; ~š|u skrējiens *sp* — húrdle-ràce ['həːdl-]

šķērsot to cross

šķībs slánting ['slaɪnt-], oblíque [ə'bliːk]

šķīdonis slush

šķidrs líquid ['likwid]; flúid ['flu(ı)id]

šķidrums líquid ['likwid]; flúid ['flu(ı)id]

šķīdums solútion [-'luː-]

šķiedra fíbre ['faibə]; mākslīgā š. — àrtifícial fíbre

šķielēt to squint

šķiest *(naudu, spēkus)* to waste

šķiltavas cìgarétte-lìghter [-,laitə]

šķindēt to chink; *(par glāzēm)* to clink

šķiņķis ham

šķipsna *(matu)* whisp

šķiraᵃ sort, kind [kaind]

šķir‖ab *pol* class [klaɪs]; strādnieku š. — wórking ['wəːk-] class; ~u cīņa — class strúggle

šķirn‖e 1. sort; kind [kaind]; **2.** *(mājdzīvnieku)* race, breed; ~es lopi — pédigree cáttle

šķirot to sort

šķirstīt to turn over [the páges], to leaf [liːf]

šķiršanās 1. párting; **2.** *(laulībā)* divórce

šķirt 1. to part; **2.** *(laulību)* to divórce

šķirties 1. to part; **2.** *(laulibā)* to divórce

šķist to seem, to appéar [ə'piə]; šķiet — it seems

šķīst to dissólve [di'zɔlv]

šķīvis plate

šķūnis shed; *(labības)* barn

šļakstēt to splash

šļūkt to shúffle

šļupstēt to lisp

šļūtene hose

šņākt 1. to hiss; **2.** *(par jūru u. tml.)* to roar [rɔɪ]

šņaukt: š. degunu — to blow* [bləu] one's nose

šņukstēt to sob

šodien todáy [tə'dei]

šoferis dríver; taksometra š. — táxi-drìver

šogad this year

šokolād‖e chócolate ['tʃɔkəlit]; ~es tāfele — bar of chócolate

šonakt toníght [tə'nait]

šoreiz this time, for this once [wʌns]

šorīt this mórning

šorti shorts

šoseja híghway ['haiwei]

šovakar toníght [tə'nait]

šprotes sprats

štābs héadquárters ['hed-'kwɔːtəz]

štatsª staff [staɪf]; *(perso-*
nāls) pèrsonnél
štatsᵇ state
šujmašīna séwing-machìne
  ['səuiŋmə,ʃiɪn]
šūna cell [sel]
šūpoles swing
šūpot to swing*, to rock
šūpoties to swing*, to rock;
  to sway [swei]
šūpulis crádle ['kreidl]

šūpu|dziesma lúllabỳ
šūpu|tīkls hámmock
šurp here; š. turp — to and
  fro
šūt to sew [səu]
šuve seam [siɪm]
šuvēja dréssmàker
šveicars pórter, dóor-kèeper
  ['dɔɪ,kiɪpə]
šveic‖ietis (~iete) Swiss

Tt

tāª that
tāᵇ so; thus; ak tāl — oh
  [əu], I see!; tā? — in-
  déed?; tā sakot — so to
  say [sei]; un tā tālāk —
  and so on
tabaka tobáccò
tablete táblet
tabula táble
taču: nāc t.! — do come!;
  tas t. nav tiesa — it's not
  true [truɪ], is it?
tad then; kā t.! — of course
  [kɔɪs]!
tādēj thérefòre ['ðɛəfɔɪ]
tād‖s such; ~ā veidā —
  thus; ~ā gadījumā — in
  that case
tadžik‖s (~iete) Tàdjík [taɪ-
  'dʒik]
tāfele bláckbòard ['-,bɔɪd]
tagad now, at présent
  ['preznt]
tagadne 1. the présent
  ['preznt]; 2. *gram* présent
  ['preznt] tense
tahta couch [kautʃ]

taisīt to make*; t. ciet — to
  shut*; t. va|ā — to ópen
taisīties to get* réady ['redi]
  (for); to be góing *(to)*
taisni straight [streit]
taisnīb‖a truth [truɪθ];
  jums t. — you are right
  [rait]; ~u sakot — to tell
  the truth
taisnīgs just [dʒʌst]
taisns straight [streit]
taka path [paɪθ]
taksometr‖s táxi; braukt ar
  ~u — to go* by táxi
taktisks táctful
takt‖s time; sist ~i — to
  beat* [biɪt] time
tālāk fárther ['faɪðə]; iet
  t. — to go* on; ko t.? —
  what next?
talants tálent ['tæ-], gift
talk‖a: iet ~ā — to give*
  a hand
tāllēkšana *sp* long jump
tālredzīgs *pārn* fár-síghted
  ['-'saitid]
tāls remóte; t. ce|š — long
  way [wei]

tālsaruna trúnk-càll ['-ˌkɔːl]
tālsatiksm‖e: ~es vilciens — lóng-dìstance train
tālu far
tamlīdzīgs: kaut kas t. — sómething like this; nekas t. — nothing of the kind [kaind]
tankkuģis tánker
tanks tank
tante aunt [ɑːnt]
tapa plug
tāpat in the same way [wei]; t. vien — just [dʒʌst] so
tāpēc *sk* tādē]
tapetes wáll-pàper ['wɔːl-]
tapt to become*
tārps worm [wəːm]
tas that; it; t. pats — the same; tieši t. — the very thing
tās those
tase cup
tātad so, then
taukains gréasy ['griːzi]; óily
tauki fat; grease [griːs]
taupīg‖s thrífty; dzīvot ~i — to práctise ecónomy
taupīt to save
taure trúmpet
tauriņš bútterflỳ
tauste touch [tʌtʃ]
taustīt to touch [tʌtʃ]; to feel*
tauta péople ['piːpl]
tautasdziesma fólk-song ['fəuk-]
tautastērps nátional cóstume
tautīb‖a nàtionálity; kādas ~as viņš ir? — what is his nàtionálity?
tautisks nátional ['næʃənl]

tauv‖a rope; vilkt ~ā — to tow
tavs your; yours
te here
teātr‖is théatre ['θiətə]; ~a afiša — pláybill
tecēt to flow [fləu]
tehnika 1. ènginéering; technólogy; modernā t. — advánced technólogy; 2. *(darba paņēmieni)* tèchníque [tek'niːk]; 3. *(mašīnas)* machínery; drošības t. — sáfety méasures
tehniķis tèchnícian [tek-'niʃən]
tehnisk‖s téchnical ['tek-]; ~ā apkope — sérvicing
teicami very well, éxcellently
teiciens expréssion
teika tale, légend
teikt to tell*; to say* [sei]
teikums séntence
tēja tea [tiː]
tējkanna téapòt ['tiː-]
tējkarote téa-spòon ['tiː-]
tekstilpreces téxtiles, téxtile fábrics
tekstilrūpniecība téxtile índustry
teksts text
telefon‖s télephòne; phone *sar;* runāt pa ~u — to speak* [spiːk] on the phone; ~a saruna — télephòne call [kɔːl]; ~a kabīne — públic cállbox; télephòne box *amer;* ~a abonentu saraksts — télephòne diréctory; tevi sauc pie ~a — you are wánted on the phone
telegrafēt to wire
telegrāf‖s 1. télegràph

['-grɑɪf]; wíreless; **2.** *(ie-stāde)* télegràph óffice; ~a aǵentūra — news áǵency

telegramm‖a wire; sūtīt ~u — to send* a wire

telekss télex

televīzij‖a télevìsion, TV ['tiːˌ'viː]; télly *sar;* ~as pārraide — télevìsion bróadcast; ~as raidī-jums — télecast, tèle-show; krāsainā t. — cól-our ['kʌlə] télevìsion; pārraidīt pa ~u — to télevise, to télecast

televizor‖s télevìsion (TV ['tiːˌ'viː]) set, télly *sar;* skatīties ~u — to watch [wɔtʃ] télevìsion

tēlnieks scúlptor

tēlot 1. to descríbe; **2.** *(uz skatuves)* to act, to per-fórm

tēlotājmāksla fine art

telpa 1. space [speis]; **2.** *(dzīvojamā u. tml.)* room; uzgaidāmā t. — wáiting-ròom; kāpņu t. — stáircase

tēls ímage ['imidʒ]

telts tent

te‖‖š calf [kɑɪf]; ~a gaļa — veal [viːl]

tēma theme [θiːm]

temats súbject; tópic

tēmēt to aim [eim] *(at)*

temperatūr‖a témperature; paaugstināta t. — high [hai] témperature; mērīt ~u — to take* the tém-perature

temps pace [peis], rate; speed

tendence téndency *(to)*

tenis‖s ténnis; ~a lau-kums — ténnis-còurt; spē-lēt ~u — to play ténnis

tenkas góssip

tenors ténor ['tenə]

teorija théory ['θiəri]

tērauds steel

tērēt to spend*; to waste [weist]

teritorija térritory ['teri-]

termiņš term, date

termofors hót-wáter ['-'wɔɪtə] bóttle

termometrs thermómeter

termoss thérmos, vácuum flask

terors térror ['terə]

tērps clothes [kləuðz] *dsk.;* *(sieviešu)* dress

testaments will

tēvija nátive land; Lielais Tēvijas karš — the Great [greit] Pàtriótic War [wɔɪ]

tēviņš male

tēvocis úncle ['ʌŋkl]

tēvs fáther ['fɑɪðə]

tēvvārds pàtronýmic

ticams crédible; maz t., ka... — it is ùnlíkely that...

ticēt to belíeve [-'liːv]

ticība 1. faith [feiθ], belíef [-'liːf]; **2.** *(konfesija)* relíg-ion, creed; kristīgā t. — Chrístian faith

tie they; those

tieksme dìsposítion [-'ziʃən] *(to);* ìnclinátion *(to)*

tiekties to strive* *(for);* to be inclíned *(to)*

ties‖aᵃ court [kɔɪt]; ~as spriedums — vérdict; no-dot ~ai — to bring* to tríal

tiesab truth [truːθ]; tas nav t. — it is not true [truː]
tiesāt 1. to try; 2. *(sportā)* to referée, to úmpire
tiesības right [rait]; *(atļauja)* lícence ['laisəns]; braukšanas t. — dríving lícence
tiesnesis 1. judge [dʒʌdʒ]; 2. *(sportā)* referée, úmpire
tiesām réally ['riəli]
tieši diréctly; straight [streit]; *pārn* just [dʒʌst]
tieš‖s diréct; ∼ās satiksmes vilciens — through train
tievs thin
tīģeris tíger
tik so; t. un tā — all the same; esiet tik laipns! — be so kind!
tikai ónly, but
tikko 1. hárdly; 2. *(nupat)* just [dʒʌst]; 3. *(tiklīdz)* as soon as; 4. *(gandrīz)* álmòst ['ɔːlməust]
tīkliņš net; iepirkumu t. — stríng-bàg
tīkls 1. net; web; zirnekļa t. — cóbwèb; 2. *(dzelzceļu u. tml.)* nétwòrk ['netwəːk]
tikmēr méanwhìle ['miːnwail]; t., kamēr — untíl, till
tīkot to cóvet ['kʌvit]; to lay* [lei] claim [kleim] *(to)*
tikpat as much as; as many as; t. ilgi — just [dʒʌst] as long; t. labi — as well
tikšķēt to tick
tikt to get* *(to)*; t. līdzi — to keep* pace [peis]

(with); t. cauri — to get* through; t. vaļā — to get* rid *(of)*; t. iekšā — to get* in; t. galā — to mánage ['mænidʒ]
tikumīgs vírtuous ['vəːtjuəs]
tikums vírtue ['vəːtjuː]
tilpums capácity; vólume
tilts bridge; dzelzceļa t. — ráilway bridge; gaisa t. — víaduct
tint‖e ink; ∼es traips — ínkblòt
tintnīca ínk-pòt
tipisks týpical
tipogrāfija prínting-hòuse ['printiŋˌhaus]
tips type
tipveida- 1. sámple *(attr.)*, módel *(attr.)*; t. līgums — módel cóntract; 2. *(standartveida-)* stándard, stándardìzed; t. celtniecība — stándardìzed búilding
tirānija týranny
tirāns týrant
tirāža print; grāmatas t. — edítion; laikraksta t. — círculátion of the páper; aizņēmuma t. — dráwing of the loan [ləun]
tirdzniecīb‖a trade; ∼as līgums — commércial tréaty ['triːti]; ∼as kuģis — mérchant ship
tirgotājs mérchant, trádesman
tirgoties to trade *(in)*
tirgus márket
tīrīgs clean [kliːn], cléanly ['klenli]
tīrīšana cléaning ['kliːn-]; ķīmiskā t. — drý-cléaning

tīrīt to clean [kliːn]; **t. zo-
bus** — to clean [kliːn]
(brush) one's teeth
tirpt to grow* numb [nʌm]
tīr‖s clean [kliːn]; pure; ~a
sirdsapziņa — good
(clear) cónscience ['kɔn-
ʃəns]; ◇ ~ās muļķības —
sheer [ʃiə] nónsense
tīrums field [fiːld]
tīrvilnas- púre-wòol (attr.)
tīšām inténtionally, on púr-
pose ['pəːpəs]
tīšs inténtional, delíberate
tīt 1. to wind*; 2. (ietit) to
wrap
tītars túrkey
tituls títle ['taitl]
tomāts tomátò [tə'maːtəu]
tomēr still, yet
tonis tone
tonna ton [tʌn]
toreiz at that time
tornis tówer ['tauə]
torte fáncy cake; (augļu)
tart
tost‖s toast [təust]; uzsaukt
~u — to drink* smb.'s
health [helθ]
toveris tub
trac‖is row [rau]; sarīkot
~i — to kick up a row
tradīcija tradítion
traģēdija trágedy ['trædʒ-]
traģisks trágic ['trædʒ-]
traips spot, stain [stein]
trakot to rage [reidʒ]
trak‖s mad, crázy; padarīt
~u — to drive* mad
traktorists tráctor-dríver
tractors tráctor
traleris tráwler ['trɔːlə]
tramdīt to chase [tʃeis]
about

tramvaj‖s tram; **iekāpt**
~ā — to get* on the tram,
to take* the tram; braukt
ar ~u — to go* by tram
translācija bróadcàst ['brɔːd-
kaːst]; trànsmíssion
translēt to bróadcàst ['brɔːd-
kaːst]; to transmít
transportēt to convéy
transportlīdzekļi means
[miːnz] of convéyance
transports tránspòrt
tranšeja trench
tranzistors trànsístor rádio,
tránny sar
tranzīts tránsit
tranzītvīza tránsit vísa
trāpīt to hit*
trase route; gaisa t. — áir-
route ['ɛəruːt]; áirway
['ɛəwei]
traucējums distúrbance
traucēt to distúrb
trauk‖s véssel; ~i — plates
and díshes; tējas ~i —
téa-things; porcelāna
~i — chína vsk.; ~u ska-
pis — drésser
trauksm‖e alárm; sacelt
~i — to raise [reiz] an
alárm; gaisa t. — áir-raid
['ɛə-] wárning
trausls 1. frágile ['frædʒail];
2. (par veselību) délicate
trekns fat; (par ēdienu) rich
treneris tráiner, coach
[kəutʃ]
trenēties to train [trein]
[ònesélf]
treniņlaukums tráining-
gròunds
treniņš tráining
treniņtērps tráck-suit
trests trust

trešais third
trešdaļa a (one) third
trešdiena Wédnesday
['wenzdi]
treškārt thírdly
tribīne 1. plátform; 2. *(stadionā)* stand
trīcēt to trémble, to shake*
trīcošs trémbling
triecienbrigāde shóck-brigàde
triecien‖s blow [bləu], stroke; ar vienu ~u — at one stroke
trieka stroke
trikotāža 1. *(audums)* knítted fábric; *(vilnas)* jérsey; 2. *(izstrādājumi)* knítted goods *dsk.,* knítwear
triks trick
trimda éxile ['eksail]
trīs three
trīsas shíver ['ʃivə]; thrill
trīscīņa *sp* tríple event, tríple còmbinátion
trīsdesmit thírty
trīsdesmitais thírtieth
trīspadsmit thírtéen
trīspadsmitais thírtéenth
trīsstūris triángle
trīt to shárpen; ◇ t. mēli — to wag one's tongue [tʌŋ]
triumfs tríumph
trofeja tróphy ['trəufi]
troksn‖is noise; sacelt ~i — to make* a noise
trokšņot to make* a noise
trolejbuss trólley-bùs
tro‖nis throne; atteikties no ~ņa — to ábdicàte
tropi the trópics
tropisks trópic[al]
trose wire rope (cable)

trūcīg‖s 1. *(nabadzīgs)* poor; 2. *(nepietiekams)* scánty; ~a informācija — scánty informátion
trūdēt to decáy [-'kei]
trūkt to be short *(of),* to lack
trūkums 1. *(nabadzība)* póverty, need; 2. *(nepietiekams daudzums)* lack; shórtage; 3. *(defekts)* fault, deféct
truls blunt
trumpis trump
trusis rábbit
tu you
tualet‖e 1. *(apģērbs)* dress; 2. *(ģērbšanās)* tóilet, dréssing; ~es piederumi — tóilet árticles, tóilet-set *vsk.;* ~es ziepes — tóilet soap; 3. *(telpa)* lávatory, tóilet; vīriešu t. — men's room; sieviešu t. — ládies' room
tuberkuloze tùbèrculósis
tukls córpulent; òbése [əu'biːs]
tuksnesis désert ['dezət]
tūkstotis thóusand ['θauzənd]
tukš‖s 1. émpty; 2. *(par sarunu)* ídle; ◇ ~i solījumi — hóllow prómises; ~a atrunāšanās — mere excúse [-'kjuːs]
tūlīt at once [wʌns]
tulkojums trànslátion
tulkot to trànsláte
tulpe túlip
tulzna blíster
tūļīgs slow [sləu]
tumsa dárkness
tumst to grow* dark

tumšs dark
tunelis túnnel; gājēju t. —
súbway
tupele slípper; *(koka)* clog
tur there
turbīna túrbine ['təɪ-]
turboreaktīv‖s túrbo-jet
(attr.); ~ais dzinējs —
túrbo-jet éngine ['endʒin];
~a lidmašīna — túrbo-jet
áircraft ['eə-]
turēt to hold* [həuld]; to
keep*; ◇ t. vārdu — to
keep* one's word; t. ļaunu
prātu — to bear* a grudge
[grʌdʒ]
turēties to hold* [həuld]
[on] *(to);* ◇ t. kopā —
to keep* togéther
turīgs prósperous, wéll-to-dó
tūrisms tóurism ['tuər-];
kalnu t. — móuntain
['mauntin] wálking
tūrist‖s tóurist ['tuər-]; ~u
bāze — tóurist centre
turkmēn‖is (~iete) Túrkmen,
Túrkoman
tur‖ks (~ciete) Turk
turnīrs tóurnament ['tuə-];
šaha t. — chess tóurna-
ment
turpinājums continuátion;
(stāsta) séquel; t. sekos —
to be contínued

turpināt to contínue, to go*
on
turpināties to contínue, to
last, to go* on, to be in
prógress
turpmāk hencefórth
turpretī whèreás
turza páper-bàg
tuša 'Indian ink
tuvāk néarer ['niərə], clóser
['kləusə]
tuvāk‖ais néarest ['niər-],
clósest ['kləus-]; ~ajā
laikā — befóre long
tuvinieki one's péople
['piːpl]
tuvoties to appróach
[ə'prəutʃ]
tuvredzīgs shórt-síghted
['-'saitid]
tuvs near [niə], close
[kləus]
tuvu near [niə], close
[kləus] by
tvaikonis stéamer ['stiːmə];
(okeāna) líner
tvaiks steam [stiːm]
tveicīgs súltry
tvertne básin; contáiner
[-'teinə]; atkritumu t. —
dústbin
tvīkt to be fláming

Uu

ubagot to beg
ūdens wáter ['wɔːtə]; dze-
ramais ū. — drínking
wáter
ūdenskritums wáterfàll
['wɔːtəfɔːl]

ūdenslīdējs díver
ūdensnecaurlaidīgs wáter-
proof ['wɔːtəpruːf]
ūdenspolo *sp* wáter pólo
ūdenssports aquátics *dsk.*

ūdensvads 1. *(dzīvoklī)* rúnning wáter; **2.** *(pilsētā)* wáter-supplý

ūdeņra‖dis hýdrogen ['haidridʒən]; ~ža bumba — 'H-bòmb ['eitʃ,bɔm]

ugun‖s 1. fire; **2.** *(gaismas avots)* light [lait]; automašīnas ~is — héadlights ['hedlaits]

ugunsdrošs fírepròof ['faiəpruːf]

ugunsdzēsēj‖s fíreman; ~u mašīna — fíre-èngine ['faiər,endʒin]

ugunsgrēks fire

ugunskur‖s fire; *(liels)* bónfìre; sakurt ~u — to make* a fire

ukrain‖is (~iete) Ukráinian [juː(ı)'kreinjən]

un and

ungār‖s (~iete) Hùngárian

universāls ùnivérsal; u. līdzeklis — cúre-àll

universālveikals depártment store[s]

universitāte ùnivérsity

untumains whímsical ['wimzikəl]

upe ríver ['rivə]

upurēt to sácrifice

upur‖is 1. sácrifice; nest ~i — to make* a sácrifice; **2.** *(cietušais)* víctim; ◇ krist par ~i — to fall* [fɔːl] a prey *(to)*

urāns ùránium

urbis bórer, drill

urbt to bore, to drill

urīns úrine

urrā! hurráh ['huˈraɪ]!

ūsas moustáche [məs'taɪʃ]

ūtrupe áuction ['ɔːkʃən]

uts louse [laus]

uz 1. to; iet uz skolu — to go* to school; **2.** on; uz krēsla — on the chair [tʃeə]; **3.** for; uz laiku — for a time; **4.** in; uz ielas — in the street; ◇ uz labu laimi — at rándom; uz mata — exáctly

uzacs éyebròw ['aibrau]

uzaicinājums ìnvitátion

uzaicināt to invíte

uzaudzināt to bring* up

uzaugt to grow* up

uzbaroties to put* [put] on weight [weit]

uzbāzīgs obtrúsive [-'truːsiv]

uzbek‖s (~iete) 'Uzbék [,uːz'bek]

uzbērt to strew* [struː] *(upon);* u. sāli — to salt [sɔːlt]; u. cukuru — to súgar ['ʃugə]

uzbērums *(dzelzceļa)* embánkment

uzbraukt 1. *(augšā)* to go* (drive*) up; **2.** *(virsū)* to run* *(into)*

uzbrucējs 1. attácker; **2.** *sp* fórward; centra u. — centre fórward

uzbrukt to attáck

uzbrukums attáck

uzbudināt to ágitàte

uzbūve strúcture

uzcelt 1. to lift, to raise [reiz]; **2.** *(ēku)* to build* [bild]

uzcelties to get* up; to rise* [raiz]

uzcirsties to dress up

uzcītīgs díligent

uzdāvināt to give*; to presént [-'zent] *(with)*

uzdevum‖s 1. task [taːsk];
dot ~u — to set* a task;
2. *(matemātikā)* próblem
['prɔb-]; izrēķināt ~u —
to solve a próblem
uzdot to give*; to set*; u.
jautājumu — to ask a
quéstion ['kwestʃən]; u.
mīklu — to set* a ríddle;
u. uzdevumu — to set* a
task [taːsk]
uzdrázties *(virsū)* to run*
(into)
uzdrošināties to dare*
uzdzīvot to rével ['revl]
uzgaidīt to wait [weit]
uzglabāt to keep*, to pre-
sérve [-'zəːv]
uzgleznot to paint [peint]
uzgriezt *(radio)* to tune in;
(pulksteni) to wind*
[waind] up; *(telefona nu-
muru)* to díal
uzjautrināt to amúse, to
cheer [tʃiər] up
uzkāpt to climb [klaim], to
ascénd [ə'send]
uzkavēties to stay [stei]
uzklāt: u. galdu — to lay*
[lei] the táble; u. gultu —
to make* the bed
uzklausīt to lend* an ear
[iə] *(to)*
uzkliegt to shout [ʃaut]
(at)
uzkopt to tídy up; u. ista-
bu — to do* one's room
uzkožamais snack
uzkrāsot to paint [peint]
uzkrāt to accúmulàte, to
store; u. pieredzi — to gain
expérience [-'piəriəns]
uzkraut to load [ləud]

uzkrist to drop *(on)*, to fall*
(on)
uzkrītošs stríking
uzlabojums impróvement
[-'pruːv-]
uzlabot to impróve [-'pruːv];
to perféct
uzlaikot *(citam)* to fit on;
(sev) to try on
uzlasīt to pick up
uzlauzt to break* [breik]
ópen
uzlēkt 1. to jump [dʒʌmp]
up; 2. *(par sauli, mēnesi)*
to rise*
uzliesmot to blaze up; to
catch* fire
uzlikt to put* [put] on
uzlīmēt to stick* on, to
paste [peist] on
uzlīt to spill*
uzlūkot to look *(at)*
uzmācīgs obtrúsive, impórtu-
nate
uzmanīb‖a atténtion; saistīt
~u — to attráct atténtion;
pievērst ~u — to pay
[pei] atténtion
uzmanīg‖s atténtive; ~i! —
look out!
uzmanīt to look *(after)*; to
keep* an eye *(on)*
uzmanīties to be cáreful
uzmaukt to put* [put] on
uzmest 1. to throw* [θrəu]
up; 2. to sketch; u. plā-
nu — to óutlìne ['autlain]
a plan; ◊ u. acis — to
cast* [kaːst] a glance
[glaːns] *(at, on)*
uzmetums sketch, draft
[draːft]; *(melnraksts)*
rough [rʌf] cópy ['kɔpi]
uzminēt to guess [ges]
uzmodināt to wake*

uzmosties to wake* up
uzmundrināt to cheer [tʃiə] up
uznākt 1. to come* [kʌm] up; **2.** (*pārņemt*) to seize [siːz]; **3.** (*sākties*) to begin*
uzņēmīgs énterprìsing
uzņemšan‖a 1. (*viesu*) recéption; **2.** (*mācību iestādē*) enrólment [-'rəul-]; ~as komisija — seléction commíttee; ~as pārbaudījumi — éntrance exàminátions; **3.:** filmas u. — shóoting a film
uzņemt 1. (*viesus*) to recéive [-'siːv]; **2.** (*mācību iestādē*) to enról [l] [-'rəul]; **3.** (*fotografēt*) to phótogràph; u. filmu — to shoot* a film; **4.:** u. ātrumu — to gáther speed
uzņemties to ùndertáke*; u. atbildību — to assúme the respònsibílity (*for*)
uzņēmums 1. énterprìse; **2.** (*fotогrāfija*) snápshòt
uzpilēt to drop
uzplaukt 1. to blóssom out; **2.** *pārn* to flóurish ['flʌriʃ]
uzplaukums flóurishing ['flʌriʃ-], pròspérity
uzplūds flood; surge; jūtu u. — flood of emótion
uzpurnis múzzle
uzpūst to blow* [bləu]; u. elpu — to breathe [briːð] (*on*)
uzpūtīgs concéited [-'siːtid]
uzrādīt to show* [ʃəu], to prodúce
uzrakstīt to write* [down]
uzraksts ìnscríption

uzraudzība sùpervísion
uzraudzīt to súpervìse
uzraugs súpervisor
uzreiz at once [wʌns]
uzruna addréss
uzrunāt to addréss
uzsākt to begin*, to start
uzsaukt 1. to hail [heil]; **2.:** u. tostu — to propóse the health [helθ] (*of*)
uzsegt to cóver ['kʌvə]
uzsildīt to warm [wɔːm] up
uzsist: u. uz pleca — to tap (pat) on the shóulder ['ʃəul-]
uzskait‖e 1. accóunting, càlculátion; (*preču*) stócktáking; **2.** règistrátion; stàties ~ē — to be régistered; ~es kartīte — récord card [kaːd]
uzskaitīt to enúmeràte
uzskat‖e: ~es līdzekļi — vísual aids [eidz]
uzskatīt to regárd (*as*); to consíder [-'sidə]; u. kaut ko kā pašu par sevi saprotamu — to take* smth. for gránted ['graːn-]
uzskats opínion, view [vjuː]; pasaules u. — world [wəːld] óutlook
uzskriet 1. (*augšā*) to run* up; **2.** (*virsū*) to run* into; u. uz sēkļa — to run* agróund
uzslava praise [preiz]
uzslavēt to praise [preiz]
uzsmaidīt to smile (*at*)
uzspiest 1. to press; **2.** *pārn* to impóse [-'pəuz] (*on*); to force (*on*)
uzspridzināt to blow* [bləu] up; to blast [blaːst]

uzstādīt to put* [put] up, to set* up
uzstājīgs insístent
uzstāšanās 1. *(publiska)* speech; 2. *(uz skatuves)* perfórmance
uzstāties *(publiski)* to speak* [spiːk]; *(par aktieri)* to perfórm
uzsūkt to absórb
uzsvārcis óveràll ['əuvərɔːl]; *(ārsta)* smock
uzsvars stress, áccent ['æks-]
uzšķirt to ópen ['əupən]
uztaisīt to make*
uzticams relíable [-'laiəbl]
uzticēt to entrúst *(to)*
uzticēties to trust
uzticīb‖a cónfidence, trust; baudīt kāda ~u — to enjóy [-'dʒɔi] smb.'s cónfidence; ~as cienīgs — trústwòrthy
uzticīgs fáithful ['feiθ-], lóyal
uztraukt to excíte
uztraukties to be excíted
uztraukums excítement
uzturēšan‖ās stay [stei]; pastāvīga ~ās vieta — résidence ['rezi-]
uzturēt to suppórt, to keep*; u. ģimeni — to suppórt a fámily; u. kārtībā — to keep* in órder

uzturēties to stay [stei]; *(pastāvīgi)* to resíde [-'zaid]
uzturs food, nóurishment ['nʌriʃ-]
uztvert to percéive [-'siːv], to còmprehénd
uzupurēties to sácrifìce ònesélf
uzvalks suit [suːt]
uzvar‖a víctory; gūt ~u — to gain [gein] a víctory
uzvārds fámily name
uzvarēt to gain [gein] a víctory *(over)*
uzvārīt to boil
uzvedums perfórmance
uzvelt 1. *(augšā)* to roll up; 2. *(virsū)* to roll *(on);* ◇ u. vainu — to lay* [lei] the blame *(on)*
uzvesties to beháve; slikti u. — to mísbeháve
uzvešanās beháviour, cónduct
uzvilkt 1. pull [pul] up; 2. *(uzģērbt)* to put* [put] on; 3. *(uzgriezt)* to wind* [waind] up
uzziedēt to blóssom out
uzziest to smear *(with),* to spread* [spred] *(on)*
uzzīmēt to draw* [drɔː]
uzzināt to find* [faind] out; to learn [ləːn]
uzziņa certíficate

Vv

vabole béetle; bug *amer*
vāc‖ietis (~iete) Gérman
vadīb‖a 1. léadership ['liːdə-], guídance ['gaidəns]; ~as pults — con-
tról desk; 2. *(uzņēmuma u. tml.)* mánagers *dsk.*
vadīt 1. to lead* [liːd]; 2. *(uzņēmumu u. tml.)* to mánage; to run*; v. sa-

pulci — to be in the chair
[tʃeə]; 3. (automašīnu
u. tml.) to drive*
vadītājs 1. chief [tʃiːf], head
[hed]; (sapulces) cháir-
man ['tʃeə-]; 2. (automa-
šīnas u. tml.) dríver
vadmala cloth
vadonis léader ['liːdə]
vads wire
vadzis peg
vafele wáfer
vaga fúrrow ['fʌrəu]
vagons cárriage ['kæridʒ];
car amer
vai 1. (saiklis) whéther, if;
or; 2. (jautājumā netulko):
vai viņš ir tur? — is he
there?
vaibsts féature ['fiːtʃə]
vaicāt to ask [aːsk] (for,
about)
vaidēt to moan [məun]
vaigs cheek
vaimanāt to lamént
vain‖a fault; guilt [gilt]; tā
ir mana v. — I am to
blame; ◇ kas ~as? —
what is the mátter?
vainags crown [kraun],
wreath [riːθ]
vainīgs gúilty ['gil-]; kas
v.? — who is to blame?
vainot to blame
vairāk more; v. neko —
nothing else
vairākkārt repéatedly
[-'piːtid-]
vairogs shield [ʃiːld]
vairoties biol to breed
vairs: v. ne — no more; tā
v. nedari! — don't do it
any more!
vairums majórity [-'dʒɔ-]

vajadz‖ēt 1. to need, to
want; 2. to have to; must;
◇ tā tev ~ēja! — that
serves you right [rait]!
vajadzīb‖a necéssity; need;
want; (pieprasījums) re-
quírement [-'kwaiə-]; ~as
gadījumā — in case of
need; pēc ~as — to
requirement; nav nekādas
~as to darīt — there is
no need to do it
vajadzīgs necéssary
vajāt to pursúe; to haunt
vājība wéakness ['wiːk-]
vāj‖š weak [wiːk], féeble;
~a veselība — délicate
(poor) health
vakar yésterday ['jestədi]
vakariņas súpper
vakar‖s 1. évening ['iːv-];
vakar ~ā — last [laːst]
night [nait]; 2. (sarīko-
jums) párty, sócial
['səuʃəl]
vakarskola níght-schòol
['naitskuːl]
vakartērps évening ['iːv-]
dress
vāks 1. lid; 2. (grāmatas)
cóver ['kʌvə]
vākt to colléct
valde board [bɔːd]
valdība góvernment ['gʌvn-]
valdīt 1. to góvern ['gʌvən],
to rule [ruːl]; 2. (dominēt)
to preváil [-'veil]
valdnieks góvernor ['gʌ-
vənə], rúler ['ruːlə]
valdonīgs dòminéering
valdošs 1. rúling ['ruːl-];
2. (dominējošs) prévalent
valdzinošs chárming
valdziņš stitch

valgans moist, húmid
valgs rope; *(lopiem)* téther
valis whale
valkāt to wear* [wɛə]
valoda lánguage ['læŋgwidʒ]; dzimtā v. — nátive lánguage, móther ['mʌðə] tongue [tʌŋ]
valodnieks línguist
valsis waltz [wɔːls]
valst‖s state; ~s iekārta — polítical sýstem
valūta cúrrency ['kʌr-]
va‖‖a léisure ['leʒə]; man nav ~as — I have no time
va‖ā 1.: vērt v. — to ópen; 2.: palaist v. — to set* free; laid mani v.! — let me go!; tikt v. — to get* rid *(of)*
va‖ējs ópen
va‖īgs loose [luːs]
va‖sirdīgs frank
vanags hawk
vandīt to rúmmage ['rʌmidʒ]
vann‖a bath [baːθ]; iet ~ā — to have a bath
var‖‖a 1. pówer ['pauə]; nākt pie ~as — to come* to pówer; 2. víolence; ar ~u — by force
varavīksne ráinbòw ['reinbəu]
varbūt perháps, máybè ['meibiː]
varde frog
vārdnīca díctionary ['dikʃənri]
vārd‖s 1. word [wəːd]; goda v.! — upon my word!; 2. *(cilvēka)* name; ◊ ~u sakot — in a word
varens míghty ['maiti]
varēt to be áble; can

vārgs síckly
variants vérsion
vārīg‖s délicate, frail [freil]; ◊ ~a vieta — ténder spot; aizskart kādu ~ā vietā — to cut* smb. to the quick [kwik]
vārīt to boil; *(ēdienu)* to cook; to make*
vārīties to boil
vārna crow [krəu]
varonība héròism ['herəuizəm]
varonīgs heróic
varonis hérò ['hiərəu]; Sociālistiskā Darba V. — Hérò of Sócialist Lábour
varoŋdarb‖s feat [fiːt], heróic deed; veikt ~u — to perfórm a feat
vārpa ear [iə]
varš cópper
vārt‖i 1. gate; 2. *sp* goal [gəul]; gūt ~us — to score [a goal]
vārtīties to wállow; to loll about
vārtsargs *sp* góalkeeper ['gəulkiːpə]
vasara súmmer
vasarnīca súmmer-hòuse, búngalow
vasks wax [wæks]
vat‖e cótton wool; ~es sega — quilt
vāvere squírrel
vazāt to drag about; to drággle
vāze vase [vaːz]; *(zema)* bowl [bəul]
važ‖as chains [tʃeinz]; iekalt ~ās — to chain
vecākais *lietv.*: klases v. — form cáptain; kursa v. — course léader ['liːdə]

vecākaisᵇ *ip. v.* **1.** (*pēc ve-cuma*) ólder; élder; v. brā-lis — élder bróther; **2.** (*pēc stāvokļa*) sénior

vecāki párents

vecāmāte grándmòther ['græn,mʌðə]

vecmodīgs óld-fáshioned ['əuld-]

vecs old [əuld]

vectēvs grándfàther ['grænd-fɑːðə]

vecums old [əuld] age [eidʒ]

vedekla dáughter-in-law ['dɔːtərinlɔː]

vēders stómach ['stʌmək]

vēdināt to air [ɛə]

veicināt to fávour

veidlap‖a form; izpildīt ~u — to fill in a form

veidot to form, to shape

veid‖s **1.** form, shape; **2.** (*darbības*) mánner, way, mode; dzīves v. — mode of life; kādā ~ā? — how?; tādā ~ā — thus

veikalnieks shópkèeper

veikals shop, store; apavu v. — fóotwear shop; rūp-niecības preču v. — drý-goods

veikls deft; cléver ['kle-]

veiksm‖e succéss; labu ~i! — good luck!

veiksmīgs succéssful

veikt to cárry ['kæri] out

veikties to get* on, to do well

vējbakas chícken-pòx

vējdēlis *sp* wíndsùrfer ['-,səːfə], wíndglìder

vējš wind [wind]

vēl still; yet; v. ne — not yet; v. viens — one more; v. tagad — éven now; v. un v. — more and more

vēlāk láter [on]

vēlams desírable [di'zaiə-rəbl]; wélcome

veldze refréshment

vēlējums wish

vēlēšanas eléction[s]; (*balsu nodošana*) bállot

vēlēšanās wish (*for*), desíre (*for*); pēc paša v. — at one's own requést [-'kwest]

vēlētᵃ to eléct

vēlētᵇ to wish; v. laimēs — to congrátulàte

vēlētājs vóter; eléctor

vēl‖ēties to wish, to want; kā ~aties — as you like

velnišķīgs dévilish

velns dévil; ◇ v. lai pa-rauj! — damn it!

velobrauciens cýcle-ràce ['saiklreis]

velodroms cýcle-track ['saikl-træk]

velosipēdists cýclist ['saik-list]

velosipēds bícycle ['baisikl], bike *sar*

vēlreiz once [wʌns] more

vēls late

velt to roll [rəul]

velti in vain [vein]; par v. — free of charge [tʃɑːdʒ]

veltīg‖s vain [vein], fútile; ~as cerības — vain hopes [həups]; ~as pūles — fútile éfforts

veltīt to dédicàte; (*sevi*) to devóte

vēlu late; **◇ agri vai v. —** sóoner or láter

velve vault

vel‖a línen ['linin]; únderwèar ['ʌndəweə]; gultas v. — bédclòthes ['bedkləuðz]; **~as** mazgātava — láundry; **~as** mazgājamā mašina — wáshing-machíne; **~as** pulveris — sóap-pòwder ['səup-]

vemt to vómit

vēna vein

ventilācija vèntilátion

ventilators fan

vērā: ņemt v. — to take* into considerátion; likt v. — to bear* [beər] in mind [maind]

vergs slave

vērīb‖a: griezt **~u** — to take* nótice *(of)*

vēriens scope

vērīgs obsérvant [-'zəɪvənt]

vērot to obsérve [-'zəɪv], to watch [wɔtʃ]

vērpt to spin*

vēr‖sis ox*; **~ša** gaļa — beef

vērst to diréct *(towards);* v. kāda uzmanību — to draw* smb.'s atténtion *(to)*

vērsties 1. *(pie)* to turn *(to);* 2.: v. plašumā — to expánd

vērt 1.: v. vaļā — to ópen; v. ciet — to close [kləuz]; 2. *(krelles)* to string*; v. adatā diegu — to thread [θred] a néedle

vērtēt to válue ['væljuɪ]

vērtība válue ['væljuɪ]

vērtīgs váluable ['væljuəbl]

vērts worth [wəɪθ]; nav v. — it is not worth while [wail]

vērtslietas váluables ['væljuəblz]

veselīb‖a health [helθ]; **~as** kopšana — hýgìene ['haidʒiɪn]; dzert uz kāda **~u** — to drink* smb.'s health

veselīgs héalthy ['helθi]

vesels 1. well *(predic.);* es esmu v. — I am well; 2. *(neskarts)* intáct; whole [həul]; 3. *(pilns)* whole [həul]; v. mēnesis — a whole month [mʌnθ]

veseļoties to recóver [-'kʌvə]

veseris hámmer

vēss cool

vest 1. to condúct, to lead* [liɪd]; 2. *(ar transportlīdzekli)* to take*; 3.: v. sarunas — to negótiate [ni'gəuʃieit]

veste vest

vēstniecība émbassy

vēsts news [njuɪz] *vsk.*

vēstule létter

vēsture hístory

vēsturisks histórical

veterinārārsts véterinary, vet *sar*

vētra storm; témpest

vētrains stórmy

vēzis 1. cráwfish; 2. *med* cáncer

vezums cart

vicināt to swing*

vide envíronment; apkārtējās **~s** aizsardzība — protéction of the envíronment

vidēj‖s míddle; mean [miːn]; áverage ['ævəridʒ]; ~ā izglītība — sécondary èducátion

videoieraksts vídeotape recórding

videomagnetofons vídeotape recórder

vidū in the míddle (of)

vidus míddle

vidusskola sécondary school; high [hai] school amer

viedoklis point of view [vjuː]

vieglatlētika track and field [fiːld] àthlétics dsk.

viegli 1. lightly ['lait-]; slíghtly ['slait-]; **2.** (bez grūtibām) éasily ['iːzi-]

vieglprātīgs líght-mìnded ['laitmaindid], frívolous ['fri-]

viegl‖s 1. light [lait]; slight [slait]; **2.** éasy ['iːzi]; ~ā mūzika — light músic

viela mátter, súbstance

vien: ko v. — whàtéver; kas v. — whoéver; kur v. — whèréver; kad v. — whènéver

vienādi alíke; símilarly

vienād‖s idéntical [ai'den-] (with); the same (as); ~a lieluma- — of the same size

vienaldzīgs indífferent (to)

vienalga all the same; man v. — I don't care; v.! — it does not mátter!

vienība únit

vienīg‖s ónly ['əunli]; ~ais bērns — the ónly child*; viens v. — a síngle

vienisprātis: būt v. — to be of thn same opínion (with)

vienkārši símply; tas ir v. — it is símple

vienkārš‖s símple, plain [plein]; ~a barība — plain food

vienlīdzība èquálity [i(ː)-'kwɔ-]

vienlīdzīgs équal l'iːkwəl] (to)

vienmēr álways; kā v. — as úsual ['juːʒəl], as éver

vienmērīgs éven ['iːvən]; régular ['regjulə]

vienmuļš monótonous

vienošan‖ās agréement; panākt ~os — to come* to terms

vienoties to agrée (on); to come* to an agréement, to come* to terms

vienots ùníted; joint

vienpadsmit eléven [i'levn]

vienpadsmitais eléventh [i'levnθ]

vienprātīgs ùnánimous [ˌ ju(ː)'næniməs]

vien‖s one; v. otru — each [iːtʃ] other; one another; v. pats — alóne; pa ~am — one by one; ◇ visi kā v. — like one man*; ~ā balsī — with one accórd [ə'kɔːd]

vientiesīgs símple-mínded ['-'main-]

vientulība sólitùde ['sɔli-tjuːd]

vientuļš lónely

viesības párty

vies‖is guest [gest]; iet pie kāda ~os — to vísit smb., to go* to see smb.

viesistaba dráwing-ròom
viesizrāde guest [gest] per-fórmance
viesmīlīgs hóspitable
viesmīlis wáiter ['weitə]
viesnīca hòtél
viesoties to stay [stei] (*with*)
viet‖a 1. place [pleis]; spot; atrašanàs v. — locátion; the whéreabouts ['weə-]; 2. (*darbs*) job; 3. (*telpa*) room; space; atbrīvot ~u — to make* room; 4. (*teātrī, kino*) seat [siːt]; ◇ uz ~as — on the spot; jūsu ~ā — in your place
vietēj‖s lócal; ~a saruna — lócal call [kɔːl]; v. ražo-jums — home [həum] pró-duce ['-djuːs]; ~ais laiks — lócal time
vietnieks súbstitùte
vietniekvārds *gram* prónoun ['prəunaun]
vijole viòlín; fíddle *sar*
vijolīte víolet
vijolnieks víolinist ['vaiə-]
vilcien‖sᵃ train [trein]; pie-pilsētas v. — lócal train; shúttle ['ʃʌtl] train *amer;* braukt ar ~u — to go* by train; nokavēt ~u — to miss one's train
vilcien‖sᵇ (*rakstura*) trait [treit]; ◇ vispārīgos ~os — in géneral óut-lìnes ['aut-]
vilcināties to hésitate ['hezi-teit]
vīleᵃ file
vīleᵇ (*drēbju*) seam [siːm]
vilinošs témpting

vilks wolf [wulf]
vilkt 1. to pull [pul], to draw*; (*pa zemi*) to drag; v. kājas — to shúf-fle; 2. (*mugurā*) to put* [put] on
vilkties 1. to drag ònesélf alóng; 2. (*ilgt*) to last [laːst]; (*par laiku*) to drag on
viln‖a wool; ~as izstrādā-jumi — wóollens, wóollen goods
vilnis wave
viltīgs cúnning, sly
viltot to fálsify ['fɔːl-]; to forge
viltots false [fɔːls]; forged
vindsērfings *sp* windsùrfing
vingrinājums éxercìse ['ek-səsaiz]
vingrināties to práctise ['præktis]
vingrošana gymnástics
vingrot to do gymnástics
vingrs ágile ['ædʒail]
vinnēt to win*
vīnogas grapes
vīns wine
viņa she
viņš he
violets víolet
vīramāte móther-in-law
vīratēvs fáther-in-law
vīrietis man*
vīrišķīgs mánly
virkne row [rəu], line; noti-kumu v. — succéssion of evénts
virpa lathe [leið]
virpulis whírlwind ['wəːl-wind]
virs over; above
vīrs húsband ['hʌz-]

virsa top
virsnieks ófficer
virsotne súmmit
virspuse súrface
virsraksts héading ['hed-], títle ['taitl]; *(laikrakstā)* héadlìne
virsrok‖a úpper hand; gūt ~u — to gain [gein] the úpper hand
virsū on, on top *(of)*; uzkāpt v. kaut kam — to step on smth.
virtuv‖e kítchen; ~es piederumi — kítchen uténsils [juː'tensilz]
virve rope
virzien‖s 1. diréction, course [kɔːs]; taisnā ~ā — in a bée-line; 2. *pārn* cúrrent, trend
virzīt to move [muːv]; v. uz priekšu — to advánce [-'vaːns], to push [puʃ] on
virzīties to move [muːv]; v. uz priekšu — to advánce [-'vaːns]
visai ráther ['raːðə]; partícularly [pə'tikjuləli]
visi éverybòdy, éveryòne; v. kopā — all togéther
viskijs whísky ['wiski]
vislabāk best of all
vislabākais the very best

vismaz at least [liːst]
vispār in géneral
vispārējs géneral, ùnivérsal
vispārināt to géneralìze
vispasaules- world [wəːld] *(attr.)*; wórld-wìde ['wəːld-waid]
vispirms first of all
vispusīgs mány-síded
vis‖s all, the whole [həul]; ◇ ~ā visumā — on the whole [həul]; ~u labul — gòod-býel, so longl
Vissavienības- 'All-'Union
vista hen; *kul* fowl [faul]
vīstoklis búndle
visur éverywhère
vīt to wind* [waind]
vitamīns vítamin
vītols willow
vizbulīte anémone [ə'neməni]
vīzdegunīgs árrogant ['ærə-]
vizēt to glímmer
vizināties to take* a drive
vizīte vísit ['vizit], call [kɔːl]
vjetnam‖ietis (~iete) Vìetnamése |,vjetnə'miːz]
VĻKJS Y.C.L., Lénìnist Young [jaŋ] Cómmunist League [liːg]
volejbols vólley-bàll ['-bɔːl]
vulgārs vúlgar, cómmon
vulkāns vòlcánò

Zz

zābaks boot
zādzība theft
zaglis thief [θiːf]
zagt to steal* [stiːl]

zāģēt to saw*
zāģis saw
zaigot to glímmer
zaimot to blàsphéme

zaķis hare [hɛə]
zāle^a *(telpa)* hall [hɔːl]
zāle^b grass [grɑːs]
zāles médicine
za|ot to be vérdant; *(augt)* to grow*
za|‖š green; ∼ā zona — green belt
za|um‖i 1. greens; 2. gréenery; izbraukt ∼os — to go* for an óuting, to go* out of town
zārks cóffin
zarna intéstine
zars bough [bau], branch [brɑːntʃ]; *(ziedošs)* spray
zaudējums 1. loss; *(laika)* waste; 2. *(sportā)* deféat [-'fiːt]
zaudēt to lose* [luːz]; z. laiku — to waste [weist] time; z. prātu — to go* mad; z. drosmi — to lose* heart [hɑːt]
zeķbikses tights
zeķe stócking; *(vīriešu)* sock
zeķturis suspénder-bèlt
zelts gold [gəuld]
zem únder; benéath [-'niːθ]
zeme 1. earth [əːθ]; *(augsne)* soil; 2. land; cóuntry ['kʌntri]; dzimtā z. — nátive land; 3. *(planēta)* the Earth [əːθ]
zemene stráwberry
zemeslode globe
zemessaurums ísthmus
zemestrīce éarthquàke ['əːθkweik]
zemisks base, mean [miːn]
zemkopība ágricùlture
zemnieks péasant ['pezənt]
zems low [ləu]

zemūdene súbmarìne ['-məriːn]
zēns boy, lad
zibens líghtning ['laitn-]; z. spēriens — stroke [strouk] of líghtning
zibsnīt to flash
zīdainis ínfant
zīds silk; mākslīgais z. — ráyon ['reiɔn]
ziede óintment
ziedēt to blóssom, to flówer ['flauə]
ziedkāposti cáuliflower
ziedojums donátion
ziedot 1. to sácrifice *(to)*; 2. to dònáte
zieds flówer ['flauə]; *(kokam)* blóssom
ziema wínter
ziemeļi north
ziemeļpols North Pole
ziep‖es soap [səup]; ∼ju gabals — cake of soap
zilbe *gram* sýllable
zīle^a *ornit* títmòuse ['titmaus]
zīle^b ácorn ['eikɔːn]
zilonis élephant
zils blue [bluː]
zīm‖e 1. sign [sain]; 2.: ļauna z. — ill ómèn; 3. sígnal; dot ∼i — to make* signs
zīmējums dráwing
zīmēt to draw*
zīmīgs signíficant
zīmogs seal [siːl]
zīmulis péncil
zināms‖s 1. known [nəun]; darīt ∼u — to make* known; cik man z. — as far as I know; 2. cértain; ∼ā mērā — to a cértain extént

zināšanas knówledge
['nɔlidʒ]
zināt to know* [nəu]; da-
būt z. — to learn* [ləːn];
z. no galvas — to know*
by heart [haːt]
zinātne scíence ['saiəns]
zinātnieks scíentist
['saiəntist]
zinātnisk‖s scièntífic
ˌ[ˌsaiən-]; ~i pētnie-
cisks darbs — reséarch
[-'səːtʃ] work [wəːk];
~ās pētniecības insti-
tūts — reséarch ínstitute;
~ā fantastika — scíence
fíction
ziņ‖a news [njuːz] vsk.;
méssage ['mesidʒ]; ~as —
informátion; laika ~as —
wéather-repórt; ~u bi-
rojs — inquíry [in'kwaiəri]
óffice; ◇ nekādā ~ā —
by no means [miːnz]
ziņkāre curiósity
ziņkārīgs cúrious, inquísitive
[-'kwizi-]
ziņojums informátion; nótice
['nəutis]
ziņot to repórt
zirgs horse
zirneklis spíder
zirnis pea [piː]
zīst to suck
zivs fish
znots són-in-law ['sʌninlɔː]
zobārsts déntist
zobens sword [sɔːd]
zobalīgs bántering
zoboties to bánter, to make*
fun (of)

zobrats cóg-whèel
zob‖s tooth; ~u sāpes —
tóothàche ['tuːθeik]; griezt
~us — to gnash one's
teeth; sakost ~us — to
clench one's teeth; man sāp
z. — I have a bad tooth
zods chin
zole sole
zona zone
zooloģisk‖s zòológical
[ˌzəuə'lɔdʒikəl]; ~ais
dārzs — the Zoo [zuː]
zoss goose*
zupa soup [suːp]
zust to disappéar [ˌ-'piə]
zutis eel
zvaigzne star
zvanīt to ring*; z. kādam pa
telefonu — to ring* smb.
up
zvans bell; durvju z. — dóor-
bell; telefona z. — téle-
phòne call [kɔːl]
zvej‖a físhing; ~as kuģis —
físher; físhing-boat; ~as
piederumi — físhing-táckle
zvejnieks físherman
zvejot to fish
zvērāda fur
zvērests oath [əuθ]
zvērēt to swear* [sweə]
zvērisks brútal ['bruːtl]
zvērs beast [biːst]
zviedr‖s (~iete) Swede
[swiːd]
zviegt to neigh [nei]
zvīļot to spárkle
zvīņas scales
zvirbulis spárrow ['spæ-]

Žž

žagars switch, rod

žagas híccough ['hikʌp], híc-cùp

žagata mágpie ['-pai]

žagoties to híccough ['hikʌp], to híccùp

žakete jácket; coat [kəut]

žalūzija Venétian blind

žanrs genre [ʒãːŋr]

žargons slang

žaunas gills

žaut to hang* out

žāvas yawn [jɔːn]

žāvāties to yawn [jɔːn]

žāvē‖t to dry; (gaļu, zivis — dūmos) to smoke; to cure in smoke; matu ~ja-mais — háir-drỳer ['hɛə-]

žāvēts dried [draid]; (par gaļu) smoked

žēl: cik ž.! — what a píty; man ž. — I am sórry

žēlabains pétulant

žēlastīb‖a mércy; píty; bez ~as — without mércy

želatīns gèlatíne [ˌdʒelə-'tiːn], jélly

želeja jélly

žēlot 1. to píty; 2.: nežēlot spēkus — to spare no éf-forts

žēls pláintive ['pleint-]

žēlsirdība compássion, mércy

žēlsirdīgs compássionate, mérciful

žestikulēt to gestículàte

žests gésture ['dʒestʃə]

žetons badge

žigls nímble

žilbinošs dázzling

žilbt to be dázzled

žilete sáfety rázor

žirgts spríghtly ['sprait-]

žņaugt to stràngle

žogs fence; (dzīvžogs) hedge; pīts ž. — húrdle

žokejcepure cap

žoklis jaw [dʒɔi]

žonglēt to júggle

žonglieris júggler

žūksnis (naudas) wad [wɔd]

žults bile

žūpot to booze

žūrija júry ['dʒuəri]

žurka rat

žurnālists jóurnalist ['dʒəɪ-], préssman

žurnāls jóurnal ['dʒəɪnl], màgazíne [ˌ-'ziːn]

žūt to dry

žvadzēt to clink, to chink

ĢEOGRĀFISKIE NOSAUKUMI

Saīsinājumi

ez. — ezers
gp. — galvaspilsēta
p. — pilsēta
u. — upe

Abidžana *gp.* ʻAbidján
[ˌæbiʼdʒɑːn]

Abudabi *gp.* Abú Dhábi
[ɑɪʼbuːʼðæbiː]

Adisabeba *gp.* ʻAddis ʻAbaba

Afganistāna ʻAfgánistàn
[æfʼgænistæn]

Āfrika ʻAfrica [ʼæfrikə]

Aizkaukāzs Tránscàucásia
[ʼtrænzkɔːʼkeizjə]

Akra *gp.* Accrá

Albānija ʻAlbánia [æl-
ʼbeinjə]; **Albānijas Tautas
Sociālistiskā Republika** the
Péople's [ʼpiːplz] Sócialist
Repúblic of ʻAlbánia

Alma-Ata *gp.* ʼAlma-ʼAta

Alpi *(kalni)* the Alps

Altajs *(kalni)* the Altái
[ælʼtai]

Alžīra *gp.* ʻAlgíers [æl-
ʼdʒiəz]

Alžīrija ʻAlgéria [ælʼdʒiəriə];
**Alžīrijas Tautas Demokrā-
tiskā Republika** ʻAlgérian
Péople's [ʼpiːplz] Dèmo-
crátic Repúblic

Amazone *u.* the ʼAmazon

Amerika América [əʼmerikə];
**Amerikas Savienotās Val-
stis** the ʼUníted States of
América, the U. S. A.

Ammāna *gp.* Ammán
[əʼmɑːn]

Amsterdama *gp.* ʼAmster-
dám

Amudarja *u.* the ʼAmu Dárya

Amūra *u.* the Amúr [əʼmuə]

Andi *(kalni)* the ʼAndès
[ʼændiːz]

Andora *(arī gp.)* Andórra

Angara *u.* the ʼAngara

Anglija ʼEngland [ʼiŋglənd]

Angola Angóla

Ankara *gp.* ʼAnkara

Antarktīda the ʼAntárctic
[æntʼaiktik] Cóntinent

Antarktika ʼAntárctic
[æntʼaiktik] Régions

Apenīni *(kalni)* the ʼApen-
nines

Apvienotie Arābu Emirāti
the ʼUníted ʼArab [ʼærəb]
Emírates [eʼmiə-]

Arābijas jūra the Arábian
[əʼreibjən] Sea [siː]

Argentīna ʼArgentína
[ˌaidʒənʼtiːnə]

Arhangeļska *p.* ʼArkhángelsk

Arktika the ʼArctic [ʼaiktik]

Armēnija ʼArménia [aiʼmiː-
njə]; **Armēnijas Padomju
Sociālistiskā Republika** the

'Arménian Sóvièt Sócialist Repúblic
Asmara *p.* 'Asmárà
Astrahaŋa *p.* 'Astrakhan
Asuāna *p.* 'Aswán [ˌæsu'æn]
Asunsjona *gp.* 'Asunción [ˌəsunsi'əun]
Ašhabada *gp.* 'Ashkhabàd
Atēnas *gp.* 'Athens ['æθinz]
Atlantijas okeāns the Atlántic 'Ocean ['əuʃən]
Austrālija Austrália [ɔs-'treiljə]; Austrālijas Savienība the Cómmonwèalth ['kɔmənwelθ] of Austrália
Austrija 'Austria ['ɔstriə]
Azerbaidžāna 'Azerbaiján [ˌaɪzəbai'dʒaɪn]; Azerbaidžānas Padomju Sociālistiskā Republika the 'Azerbaiján Sóvièt Sócialist Repúblic
Āzija 'Asia ['eiʃə]
Azovas jūra the Sea [siː] of 'Azov

Babelmandeba [jūras] šaurums Bab el Mándèb
Bagdāde *gp.* Bàg[h]dád
Baikāls *ez.* Baikál
Baku *gp.* Bakú
Balkāni (*kalni*) the Bálkans
Balkānu pussala the Bálkan Península
Baltā jūra the White Sea [siː]
Baltijas jūra the Báltic ['bɔːltik] Sea [siː]
Baltkrievija Byèlorússia [ˌbjeləu'rʌʃə]; Baltkrievijas Padomju Sociālistiskā Republika the Byèlorússian Sóvièt Sócialist Repúblic
Bamako *gp.* Bamakó

Bandarseribegavana *gp.* Bándarsèribegavána
Bangi *gp.* Bangúi
Bangkoka *gp.* Bàngkók
Bangladeša Bángladésh; the Péople's ['piːplz] Repúblic of Bángladésh
Barbadosa Barbádos [baɪ'beidəuz]
Barenca jūra the Bárents Sea [siː]
Barselona *p.* Bàrcelóna
Beiruta *gp.* Beirút [bei'ruːt]
Belgrada *gp.* Bèlgráde
Beliza Belíze
Belǵija Bélgium ['beldʒəm]
Bengālija Bèngál [beŋ'gɔːl]
Bengālijas [jūras] līcis the Bay [bei] of Bèngál [beŋ'gɔːl]
Bēringa jūra the Béring Sea [siː]
Bēringa [jūras] šaurums the Béring Strait [streit]
Berlīne *gp.* Berlín
Berne *gp.* Bern[e]
Birma Búrma ['bəːmə]
Birmingema *p.* Bírmingham
Bisau *gp.* Bíssau
Bogota *gp.* Bògotá [ˌbəugə'taɪ]
Bolīvija Bolívia [bə'liviə]
Bombeja *p.* Bòmbáy
Bonna *gp.* Bonn
Bosfors (*jūras šaurums*) Bósporus
Botnijas [jūras] līcis the Gulf of Bóthnia
Brazavila *gp.* Brázzaville ['bræzəvil]
Brazilija Brazil [brə'zil]
Brazilja *gp.* Brasília [-'ziljə]
Bridžtauna *gp.* Brídgetowr
Brisele *gp.* Brússels
Budapešta *gp.* Búdapést

Buenosairesa *gp.* Buénos 'Airès ['bwenəs'aiəriz]
Bukareste *gp.* Búcharèst
Bulgārija Bùlgária [bʌl-'gɛəriə]; **Bulgārijas Tautas Republika** the Péople's ['piːplz] Repúblic of Bùlgária
Burkina Faso Burkiná Fasó [bu(r)ki'naːfʌ'sɔː]
Burundi Burúndi [bu'ruːndi]
Butana Bhután
Bužumbura *gp.* Bùjumbúra [ˌbuːdʒəm'buərə]

Ceilona Ceylón [si'lɔn]; *sk* Šrilanka
Centrālāfrikas Republika the Céntral 'African ['æfrikən] Repúblic

Čada Chad
Čehoslovakija Czéchòslòvákia ['tʃekəusləu'vækiə]; **Čehoslovakijas Sociālistiskā Republika** the Czéchòslòvák Sócialist Repúblic
Čikāga *p.* Chicágo
Čīle Chíle ['tʃili]
Čukču jūra the Chúkchee ['tʃuktʃi] Sea [siː]

Daka *gp.* Dáka ['dækə]
Dakara *p.* Dakár
Damaska *gp* Damáscus [də'maːskəs]
Dānija Dénmàrk ['denmaːk]
Dardaneļi *(jūras šaurums)* the Dàrdanélles
Daresalama *gp.* Dár es Saláam, Dáressalám ['daːressə'laːm]
Daugava *u.* the Dáugava
Deli *gp.* Délhi

Dienvidāfrikas Republika the Repúblic of South [sauθ] 'Africa
Dienvidslāvija Yúgòslávia ['juːgəu'slaːvjə]; **Dienvidslāvijas Sociālistiskā Federatīvā Republika** the Sócialist Féderal Repúblic of Yúgòslávia
Dņepra *u.* the Dníeper ['dniːpə]
Dominikanas Republika the Domínican [də'minikən] Repúblic
Dona *u.* the Don
Donava *u.* the Dánùbe ['dænjuːb]
Drēzdene *p.* Drésden
Dublina *gp.* Dúblin
Dušanbe *gp.* Dyushambé
Džakarta *gp.* Jakárta
Dženova *p.* Génova ['dʒenəuə]
Džordžtauna *gp.* Géorgetown

Edinburga *p.* 'Edinburgh ['edinbərə]
Ēģipte 'Egypt ['iːdʒipt]; **Ēģiptes Ārābu Republika** the 'Arab Repúblic of 'Egypt
Eiropa 'Europe ['juərəp]
Ekvadora 'Ecuadór [ˌekwə'dɔː]
Ekvatoriālā Gvineja `Equatórial Guínea ['gini]
Elbe *u.* the Elbe
Entebe *p.* Entébbe
Erevāna *gp.* Yérevan
Eritreja `Eritréa [ˌeri'triə]
Etiopija `Ethiópia [ˌiːθi'əupjə]
Etna *(vulkāns)* 'Etna

Filadelfija *p.* Philadélphia
Filipīnas the Phílippines
Francija France [fraɪns]
Frītauna *gp.* Fréetown
Frunze *gp.* Frúnze

Gabona Gabón [gaɪ'bɔ̃ŋ]
Gaborone *gp.* Gàboróne
[ˌgaɪbə'rəuni]
Gambija Gámbia
Gana Ghána ['gaɪnə]
Ganga *u.* the Gángès
['gændʒiːz]
Gibraltāra [jūras] šaurums
the Strait [streit] of Gib-
ráltar [dʒi'brɔːltə]
Glāzgova *p.* Glásgòw
['glaɪsgəu]
Gobi *(tuksnesis)* the Góbi
Golfa straume the Gulf
Stream [striːm]
Grenlande *(sala)* Gréenland
Griekija Greece [griːs]
Gruzija Géorgia ['dʒɔːdʒjə];
Gruzijas Padomju Sociā-
listiskā Republika the
Géorgian Sóvièt Sócialist
Repúblic
Gvadalupe Guàdelóupe
[ˌgwaɪdə'luːp]
Gvatemala Guàtemála
[ˌgwæti'maːlə]
Gviāna Guiána [gi'aɪnə]
Gvineja Guínea ['gini]
Gvineja-Bisau Guínea-
Bissáu ['ginibi'sau]

Hāga *p.* the Hague [heig]
Haiti Háiti ['heiti]
Hanoja *gp.* Hanói
Havaju salas the Hàwáiian
[haɪ'waiiən] 'Islands
['ailəndz]

Havana *gp.* Havána
Helsinki *gp.* Hélsinki
Himalaji *(kalni)* the Hìma-
láya[s] [ˌhimə'leɪə(z)]
Hirosima *p.* Hìróshima
Holivuda *p.* Hóllywood
Hondurasa Hòndúras [hɔn-
'djuərəs]; *sk* Beliza
Honkonga *p.* Hong Kong;
sk Sjangana
Hošimina *gp.* Ho Chi Minh
Hudzona līcis Húdson
['hʌdsn] Bay [bei]

Igaunija 'Estónia [es'təunjə];
Igaunijas Padomju Sociā-
listiskā Republika the
'Estónian Sóvièt Sócialist
Repúblic
Indija 'India ['indjə]
Indijas okeāns the 'Indian
'Ocean ['əuʃən]
Indoķīna 'Indochína
['indəu'tʃainə]
Indonēzija 'Indònésia
['indəu'niːzjə]
Insbruka *p.* 'Innsbruck
Irāka Iráq [i'raɪk]
Islamabada *gp.* 'Islamabád
Irāna Irán [i'raɪn]
Irija 'Ireland ['aiələnd]
Islande 'Iceland ['aislənd]
Itālija 'Italy ['itəli]
Izraēla 'Israel ['izreiəl]

Japāna Japán [dʒə'pæn]
Japāņu jūra the Sea [siː]
of Japán
Jaunde *p.* Yàoundé [ˌjaɪuːn-
'dei]
Jaunzēlande New Zéaland
['ziːlənd]
Java *(sala)* Jáva ['dʒaɪvə]

Jemena Yémen ['jemən]; **Jemenas Arābu Republika** the Yémen 'Arab Repúblic; **Jemenas Tautas Demokrātiskā Republika** the Péople's ['piːplz] Dèmocrátic Repúblic of Yémen
Jeņiseja *u.* the Yénisei
Jeruzaleme *p.* Jerúsalem [dʒə'ruːsələm]
Jordānija Jórdan ['dʒɔːdn]

Kaboverde Cábo Vérde ['kʌvuː'vəːdə]
Kabula *gp.* Kábul ['kɔːbl]
Kaira *gp.* Cáirò ['kaiərəu]
Kalkuta *p.* Càlcútta
Kama *u.* the Káma
Kamčatka *(pussala)* Kamchátka
Kamerūna Cámeroon ['kæməruːn]
Kampala *gp.* Kampála [kaːm'paɪlaɪ]
Kampučija Kampuchéa [,kæmpu'tʃiːə]
Kanāda Cánada ['kænədə]
Kanbera *gp.* Cánberra
Kannas *p.* Cannes [kæn]
Karači *p.* Karáchi
Karakasa *gp.* Carácas
Karības jūra the Càribbéan [,kæri'bi(ɪ)ən] Sea [siː]
Karpati *(kalni)* the Càrpáthians
Kaspijas jūra the Cáspian Sea [siː]
Katmandu *gp.* Kátmàndú
Kaukāzs the Cáucasus
Kauņa *p.* Káunas
Kazahija Kàzàkhstán [,kaɪ,zaɪk'stæn]; **Kazahijas Padomju Sociālistiskā Republika** the Kàzákh Sóvièt Sócialist Repúblic
Kembridža *p.* Cámbridge
Kenija Kénya ['kiːnjə]
Kigali *gp.* Kigáli [ki'gaɪli]
Kijeva *gp.* Kíev
Kipra Cýprus ['saiprəs]
Kirgīzija Kirghízia [kə'giːzjə]; **Kirgīzijas Padomju Sociālistiskā Republika** the Kírghiz Sóvièt Sócialist Repúblic
Kišiņeva *gp.* Kìshinév
Kito *p.* Quítò ['kiːtəu]
Klusais okeāns the Pacífic 'Ocean ['əuʃən]
Kolombo *gp.* Colómbò [kə'lʌmbəu]
Kolumbija 1. Colómbia [kə'lɔmbiə]; 2. *p.* Colúmbia [kə'lʌmbiə]; 3. *u.* the Colúmbia
Konakri *gp.* Cónacry ['kɔnə-]
Kongo Cóngò ['kɔŋgəu]; **Kongo Tautas Republika** the Péople's ['piːplz] Repúblic of the Cóngò
Kopenhāgena *gp.* Còpenhágen [,kəupn'heigən]
Kordiljeri *(kalni)* the Còrdilléras [,kɔːdi'ljeərəz]
Koreja Koréa [kə'riə]; **Korejas Tautas Demokrātiskā Republika** the Koréan [kə'riən] Péople's ['piːplz] Dèmocrátic Repúblic
Kostarika Cósta Ríca ['kɔstə'riːkə]
Kotdivuāra Côte d'Ivoire ['kɔtdivuaɪ]
Krievija Rússia ['rʌʃə]; **Krievijas Padomju Federatīvā Sociālistiskā Republika** the Rússian ['rʌʃən] Sóvièt

Féderative Sócialist Repúblic
Krima *(pussala)* the Crìméa [krai'miə]
Kualalumpura *gp.* Kuála Lúmpur ['kwaːləˈlumpuə]
Kuba Cúba ['kjuːbə]
Kuriļu salas the Kuríl[e] [ku'riːl] 'Islands ['ailəndz]
Kuveita *(ari gp.)* Kuwáit [ku'weit]
Kvebeka Quebéc [kwi'bek]

Ķīna Chína ['tʃainə]; **Ķīnas Tautas Republika** Chínése ['tʃai'niːz] Péople's ['piːplz] Repúblic

Labās Cerības rags the Cape of Good Hope
Lādogas ezers Lake Ládoga
Lagosa *gp.* Lágòs
Lamanšs the 'English ['iŋgliʃ] Chánnel, the Chánnel, La Manche [laɪ'mãːŋʃ]
Laosa Laos [lauz]
Lapasa *gp.* La Paz [laɪ'pæz]
Laptevu jūra the Láptev Sea [siː]
Latīņamerika Látin América [ə'merikə]
Latvija Látvia ['lætviə]; **Latvijas Padomju Sociālistiskā Republika** the Látvian Sóvièt Sócialist Repúblic
Leipciga *p.* Léipzig ['laipzig]
Libāna Lébanon ['lebənən]
Libērija Lìbéria [lai'biəriə]
Librevila *gp.* Librevílle [ˌliːbrə'viːl]

Lielbritānija Great [greit] Brítain ['britn]; **Lielbritānijas un Ziemeļīrijas Apvienotā Karaliste** the 'Uníted Kíngdom of Great Brítain and Nórthern 'Ireland
Lietuva Lithuánia [ˌliθju(ː)-'einjə]; **Lietuvas Padomju Sociālistiskā Republika** the Lìthuánian Sóvièt Sócialist Repúblic
Lihtenšteina Líechtenstein
Lilongve *gp.* Lilóngwe
Lima *gp.* Líma ['liːmə]
Lisabona *gp.* Lísbon ['lizbən]
Liverpūle *p.* Líverpòol
Lome *gp.* Lomé [ˌlɔ'mei]
Londona *gp.* Lóndon ['lʌndən]
Losandželosa *p.* Los 'Angelès [lɔs'ændʒiliːz]
Luksemburga *(ari gp.)* Lúxembùrg ['lʌksəmbəːg]
Lusaka *gp.* Lusáka [luɪ-'saːkə]

Ļena *u.* the Léna
Ļeņingrada *p.* Léningrad

Madagaskara Màdagáscar
Madrasa *p.* Madrás [mə-'draːs]
Madride *gp.* Madríd
Magelāna [jūras] šaurums the Strait [streit] of Magéllan
Malabo *gp.* Malábo
Malaja Maláya [mə'leɪə]
Malāvi Maláwi [maɪ'laɪwi]
Male *gp.* Mále

Mali Máli ['maːliː]
Malta Málta ['maːltə]
Managva *gp.* Manágua [məˈnaːgwə]
Manama *gp.* Manáma
Mančestra *p.* Mánchester ['mæntʃistə]
Mandžūrija Mànchúria [mænˈtʃuəriə]
Manila *gp.* Maníla
Maputu *gp.* Mapúto [-ˈpuː-təu]
Maroka Maróccò [məˈrɔkəu]
Maseru *gp.* Máseru [-zəruː]
Maskata *gp.* Múscat ['mʌs-kæt]
Maskava *gp.* Móscow
Mauritānija ˋMauritánia [ˌmɔːriˈteiniə]
Mazāzija 'Asia ['eiʃə] Mínor ['mainə]
Mbabane *gp.* Mbabáne
Mehiko *gp.* Méxicò Cíty ['siti]
Meksika Méxicò
Meksikas [jūras] līcis the Gulf of Méxicò
Melburna *p.* Mélbourne ['melbən]
Melnā jūra the Black Sea [siː]
Milāna Milán
Minhene *p.* Múnich ['mjuː-nik]
Minska *gp.* Minsk
Misisipi *u.* the Mìssissíppi
Misūri *u.* the Missóuri [-ˈzuəri]
Mogadiša *p.* Mògadíscio [-ˈdiʃəu]
Moldāvija Mòldávia [mɔlˈdeivjə]; Moldāvijas Padomju Sociālistiskā Republika the Mòldávian Sóvièt Sócialist Repúblic

Monako Mónaco
Monblāns *(kalns)* Mont Blanc [mɔ̃ːmˈblãːŋ]
Mongolija Mòngólia [mɔŋ-ˈgəuljə]; Mongolijas Tautas Republika the Mòngólian Péople's ['piːplz] Repúblic
Monreāla *p.* Mòntreál [ˌmɔntriˈɔːl]
Monrovija *gp.* Monróvia
Montevideo *gp.* Mòntevidéò [ˌmɔntiviˈdeiəu]
Moroni *gp.* Moróni [-ˈrəuni]
Mozambika Mòzambíque

Nagasaki *p.* Nàgasáki
Nairobi *gp.* Nairóbi
Namībija Namíbia [næˈmibiə]
Naso *gp.* Nássau [ˈnæsɔː]
Ndžamena *gp.* N'Djaména [ndʒaːˈmeinə]
Neapole *p.* Náples ['neiplz]
Nepāla Nepál [niˈpɔːl]
Niameja *gp.* Niaméy [njaːˈmei]
Nīderlande the Nétherlands ['neðələndz]
Nigēra Níger ['naidʒə]
Nigērija Nigéria [naiˈdʒiəriə]
Nikaragva Nicarágua [ˌnikəˈrægjuə]
Nikosija *gp.* Nicosía [ˌnikəu-ˈsiːə]
Nīla *u.* the Nile [nail]
Nirnberga *p.* Núremberg ['njuərəmbəːg]
Norvēģija Nórway ['nɔːwei]
Nuakšota *gp.* Nouákchòtt ['nwaːkˌʃɔːt]
Nukualofa *gp.* Nùkualófa

Neva *u.* the Néva
Ņujorka *p.* New York

Oba *u.* the Ob
Odesa *p.* Odéssa
Ohotskas jūra the Sea [siː] of 'Okhótsk
Oksforda *p.* 'Oxford
Oslo *gp.* 'Oslò ['ɔzləu]
Otava *gp.* 'Ottawa

Padekalē *(jūras šaurums)* the Strait [streitʲ] of Dóver ['dəuvə]
Padomju Savienība, Padomju Sociālistisko Republiku Savienība the Sóvièt 'Union, the 'Union of Sóvièt Sócialist Repúblics
Pakistāna Pàkistán [ˌpɑːkisʲtɑːn]
Pamirs *(kalni)* the Pamírs [pə'miəz]
Panama *(arī gp.)* Pànamá [ˌpænə'mɑɪ]
Panamas kanāls the Pànamá Canál
Papua-Jaungvineja Pápua ['pæpjə] New Guínea ['gini]
Paragvaja Páraguay ['pærəgwai]
Paramaribo *gp.* Pàramáribo
Parīze *gp.* Páris
Pekina *gp.* Pèkín [piː'kin]
Peru Perú [pə'ruː]
Phenjana *gp.* Pyóngyáng ['pjəɪŋ'jaɪŋ]
Pireneji *(kalni)* the Pỳrenées [ˌpirə'niːz]
Pireneju pussala the Pỳrenéan [ˌpirə'niːən] Península
Pnompeņa *gp.* Pnòmpénh [nɔm'pen]

Polija Póland ['pəulənd];
Polijas Tautas Republika the Pólish Péople's ['piːplz] Repúblic
Portluī *gp.* Port Lóuis ['luːis]
Portmorsbi *gp.* Port Móresby
Portofspeina *gp.* Port of Spain
Portonovo *gp.* Pórto-Nóvo
Portoprensa *gp.* Pòrt-au-Prínce [ˌpɔːtəu'prins]
Portsaida Port Said [pɔːt-'said]
Portugāle Pórtugal ['pɔːtjugəl]
Potsdama *p.* Pótsdàm
Prāga *gp.* Prague [prɑːg]
Praja *gp.* Práia
Pretorija *gp.* Pretória
Puertoriko Puértò-Rícò ['pwəːtəu'riːkəu]

Rabata *gp.* Rabát [rə'bɑːt]
Ranguna *gp.* Ràngóon [ræŋ'guːn]
Reikjavika *gp.* Réykjavik ['reikjaviːk]
Reina *u.* the Rhine [rain]
Rīga *gp.* Ríga
Riodežaneiro *p.* Rìò de Janéirò ['riːəudədʒə'niərəu]
Roma *gp.* Rome
Ruanda Rwánda [ruː'ændə]
Rumānija R[o]umánia [ru(ː)'meinjə]; **Rumānijas Sociālistiskā Republika** the Sócialist Repúblic of R[o]umánia

Sahalīna *(sala)* Sàkhalín
Sahāra *(tuksnesis)* the Sahára [sə'hɑɪrə]

Salvadora El Sálvador
[el'sælvədɔɪ]
Sana gp. Saná
Sanfrancisko p. San Fran-
císcò
Sanhose gp.   San José
[,sænhɔ'zei]
Sanhuana gp.   San Juan
[sæn'hwaɪn]
Sanmarīno San Marínò
[,sænmə'riːnəu]
Sanpaulu p. São 'Paulo
[sauŋ'pauluː]
Sansalvadora gp. San Sal-
vadór
Santjago gp. Santiágò
[,sænti'aɪgəu]
Santodomingo gp.   Sánto
Domíngò
Santomē gp São Tomé
[,sauŋtə'mei]
Santomē un Prinsipi São
Tomé e Príncipe
[,sauŋtə'meiəii'prinsipi]
Sarkanā jūra the Red Sea
[siː]

Sauda Arābija Sàúdi Arábia
[saɪ'uːdiə'reibjə]
Seišeᶅu Salas (valsts) the
Seychélles [sei'ʃelz]
Sēna u. the Seine
Senegala Sènegál
[,seni'gɔɪl]
Sentdžordžesa gp.   Saint
Géorge's
Sevastopole p. Sèvastópol
Sibīrija Sìbéria [sai'biəriə]
Sidneja p. Sýdney ['sidni]
Singapūra (arī gp.) Sìnga-
póre
Sīrija Sýria ['siriə]; **Sīrijas
Arābu Republika** the Sý-
rian 'Arab Repúblic

Sjerraleone Síerra Leóne
['siərəli'əun]
Skageraks (jūras šaurums)
the Skágerràck ['skæ-
gəræk]
Skandināvija Scàndinávia
[,skændi'neivjə]
Skotija Scótland ['skɔtlənd]
Sofija gp. Sófia
Solsberi gp. Sálisbury
['sɔːlzbəri]
Somālija Sòmáli [səu'maːli]
Somija Fínland ['finlənd]
Somu [jūras] līcis the Gulf
of Fínland
Spānija Spain [spein]
Stambula p. 'Istànbúl
Stokholma gp. Stóckhòlm
['stɔkhəum]
Sudāna the Sùdán [suɪ'daɪn]
Suecas kanāls the Súez
['suːiz] Canál
Sukre gp. Súcre
Suva gp. Súva

Šanhaja p. Shàngháí
[ʃæŋ'hai]
Šefīlda p. Shéffield
['ʃefiːld]
Šrilanka Sri Lánka
Šveice Switzerland
['switsələnd]

Tadžikija Tàjìkistán
[taɪ,dʒiki'staɪn]; **Tadžikijas
Padomju Sociālistiskā Re-
publika** the Tàjík Sòvièt
Sócialist Repúblic
Taivana (sala) Taiwán
Taizeme Tháiland ['tailænd]
Tālie Austrumi the Far East
[iːst]
Tallina gp. Tállin [n]

Tanganjika Tànganyíka
[‚tæŋgə′njiːkə]
Tanzānija Tànzanía
[‚tænzə′niə]
Tasmānija (sala) Tàsmánia
Taškenta gp. Tashként
Tbilisi gp. Tbilísi
Tegusigalpa p. Tègùcigálpa
[-′gaːlpaː]
Teherāna gp. Teherán
[tiə′raːn]
Telaviva gp. Tél Avív
[′telaː′viːv]
Temza u. the Thames [temz]
Tibeta Tibét [ti′bet]
Timpu gp. Thímphu
Tirāna gp. Tirána [ti′raːnə]
Tjanšans (kalni) Tíen Shán
[′tiən′faːn]
Togo Tógò [′təugəu]
Tokija gp. Tókyò [′təukjəu]
Toronto p. Toróntò
Trinidada un Tobago Trínidad and Tobágo
Tripole gp. Tripólì
Tunisa gp. Túnis
Tunisija Tunísia [tjuː′niziə]
Turcija Túrkey [′təːki]
Turkmēnija Tùrkmènistán
[‚təːk‚meni′staːn]; Turkmēnijas Padomju Sociālistiskā Republika the Tùrkmén Sóvièt Sócialist Repúblic
Tuvie Austrumi the Near [niə] East [iːst]

Uganda Ugánda [juː′gændə]
Ukraina the Ukráine [juː-′krein]; Ukrainas Padomju Sociālistiskā Republika the ‵Ukráinian Sóvièt Sócialist Repúblic

Ulanbatora gp. ′Ulàn Bátòr
Ungārija Húngary [′hʌŋgəri]; Ungārijas Tautas Republika the Hùngárian Péople's [′piːplz] Repúblic
Urāli (kalni) the ′Urals [′juərəlz]
Urugvaja ′Uruguay [′urugwai]
Uzbekija ‵Uzbèkistán [uz-‚beki′staːn]; Uzbekijas Padomju Sociālistiskā Republika the ‵Uzbék Sóvièt Sócialist Repúblic

Vācija Gérmany [′dʒəːməni]; Vācijas Demokrātiskā Republika the Gérman Dèmocrátic Repúblic; Vācijas Federatīvā Republika Féderal Repúblic of Gérmany
Vaduca gp. Vadúz [faɪ′duːts]
Vagadugu gp. Oùagadóugou [‚waːgə′duːgəu]
Valleta gp. Valléta
Varšava gp. Wársaw [′wɔːsɔɪ]
Vašingtona gp. Wáshington [′wɔʃiŋtən]
Vatikāns the Vátican
Velingtona gp. Wéllington
Velsa Wales [weilz]
Venecuēla Vènèzuéla [‚venə′zwiːlə]
Vezuvs (vulkāns) Vesúvius [vi′suːvjəs]
Vidējie Austrumi the Míddle East [iːst]
Vidusāzija Céntral ′Asia [′eifə]

Vidusjūra the Mèditerránean [ˌmeditə'reinjən] Sea [siː]
Viļņa *gp.* Vílnius
Vīne *gp.* Víenna [vi'enə]
Visla *u.* Vístula ['vistjulə]
Vjentjana *gp.* Vientíane [vjæŋ'tjaːn]
Vjetnama Viétnám ['vjət-'næm]; **Vjetnamas Sociālistiskā Republika** the Sócialist Repúblic of Viétnám
Vladivostoka *p.* Vlàdivóstok
Volga *u.* the Vólga
Volgograda *p.* Vólgograd
Zaira Zaíre [zaɪ'iə(r)]

Zambija Zámbia ['zɑːmbiə]
Zanzibāra Zànzibár [ˌzænzi'baː]
Ziemeļamerika North América
Ziemeļjūra the North Sea [siː]
Ziemeļu Ledus okeāns the 'Arctic 'Ocean ['əuʃən]
Zimbabve Zimbábwe
Zviedrija Swéden ['swiːdn]

Ženēva *p.* Genéva [dʒi-'niːvə]

ANGĻU DARBIBAS VĀRDU
NEREGULĀRĀS PAMATFORMAS

Infinitive	*Past Indefinite*	*Past Participle*
awáke	awóke	awóke, awáked
be	was; *(dsk.)* were	been
bear [bɛə]	bore	borne *(nests);* born *(piedzimis)*
beat	beat	béaten
becóme	becáme	becóme
begín	begán	begún
bend	bent	bent
bet	bet, bétted	bet, bétted
bid	bade, bid	bídden, bid
bind	bound [baund]	bound
bite	bit	bítten, bit
bleed	bled	bled
blow [bləu]	blew	blown [bləun]
break [breik]	broke	bróken
bring	brought [brɔːt]	brought
bróadcàst	bróadcàst, bróadcàsted	bróadcàst, bróadcàsted
build [bild]	built [bilt]	built
burn	burnt, burned	burnt, burned
burst	burst	burst
buy [bai]	bought [bɔːt]	bought
can	could [kud]	—
cast [kaːst]	cast	cast
catch	caught [kɔːt]	caught
chide	chid	chídden, chid
choose	chose	chosen
cleave *(šķelt)*	clove, cleft	clóven, cleft
cling	clung	clung
come [kʌm]	came	come
cost	cost	cost
creep	crept	crept
cut	cut	cut
dare [dɛə]	dared [dɛəd], durst [dəist]	dared

ANGĻU LIETVĀRDU DAUDZSKAITĻA
NEREGULĀRĀS FORMAS

álgà — álgae [ˈæiɑːˌlⁱ]
análysis — análysès
   [əˈnælisiːz]
áxis — áxès [ˈæksiːz]

bacíllus — bacíllì
bàctérium — bàctéria
básis — básès [ˈbeisiːz]

cáecum — cáeca
child — chíldren
crísis — crísès [ˈkraisiːz]
currículum — currícula

deer — deer

dìagnósis — dìagnósès
   [ˌdaiəgˈnəusiːz]
díscus — díscì [ˈdiskai]

fócus — fócì
foot — feet
fórmula — fórmulas, fórmu-
   lae

man — men
mouse — mice

núcleus — núcleì [ˈnjuːkliai]

ox — óxen

phenómenon — phenómena

sálmon [ˈsæmən] — sálmon
sànatórium — sànatória
sériès [ˈsiəriːz] — sériès
sheep — sheep
spéciès [ˈspiːʃiːz] — spéciès
stádium — stádia, stádiums

términus — términuses, tér-
   minì
thésis — thésès [ˈθiːsiːz]
tooth — teeth

wóman [ˈwumən] — wómen
   [ˈwimin]

deal [diːl]	dealt [delt]	dealt
dig	dug	dug
do	did	done
draw	drew	drawn
dream [driːm]	dreamed [dremt], dreamt [dremt]	dreamed, dreamt
drink	drank	drunk
drive	drove	dríven
eat [iːt]	ate [et]	éaten
fall [fɔːl]	fell	fallen
feed	fed	fed
feel	felt	felt
fight [fait]	fought [fɔːt]	fought
find [faind]	found [faund]	found
flee	fled	fled
fling	flung	flung
fly	flew	flewn [fləun]
forbíd	forbáde, forbád	forbídden
forgét	forgót	forgótten
forgíve	forgáve	forgíven
forsáke	forsóok	forsáken
freeze	froze	frózen
get	got	got, gótten
give	gave	gíven
go	went	gone
grind [graind]	ground [graund]	ground
grow	grew	grown [grəun]
hang	hung; (*pakārties vai pakārt, kādu sodot*) hánged	hung; (*pakārties vai pakārt, kādu sodot*) hánged
have	had	had
hear [hiə]	heard [həːd]	heard
hide	hid	hídden, **hid**
hit	hit	hit
hold [həuld]	held	held
hurt	hurt	hurt
keep	kept	kept
kneel	knelt	knelt
knit	knítted, knit	knítted, knit
know [nəu]	knew	known [nəun]
lay [lei]	laid [leid]	laid
lead [liːd]	led	led

lean [liːn]	leaned [lent], leant [lent]	leaned, leant
leap [liːp]	leapt [lept], leaped [lept]	leapt, leaped
learn [ləːn]	learnt [ləːnt], learned [ləːnd]	learnt, learned
leave [liːv]	left	left
lend	lent	lent
let	let	let
lie [lai]	lay [lei]	lain
light [lait]	lit, lighted	lit, lighted
lose [luːz]	lost	lost
make	made	made
may [mei]	might [mait]	—
mean [miːn]	meant [ment]	meant
meet	met	met
mistáke	mistóok	mistáken
mow [məu]	mowed	mowed, mown
must	—	—
òvercóme	òvercáme	òvercóme
òvertáke	òvertóok	òvertáken
pàrtáke	pàrtóok	pàrtáken
pay [pei]	paid [peid]	paid
put [put]	put	put
read [riːd]	read [red]	read
rend	rent	rent
ride	rode	rídden
ring	rang	rung
rise	rose	rísen ['rizn]
run	ran	run
saw	sawed	sawn, sawed
say [sei]	said [sed]	said
see	saw	seen
seek	sought [sɔːt]	sought
sell	sold [səuld]	sold
send	sent	sent
set	set	set
sew [səu]	sewed	sewn [səun], sewed
shake	shook	sháken
shall	should [ʃud]	—
shave	shaved	shaved, sháven
shine	shone [ʃɔn]; (spodrināt apa-vus) shined	shone [ʃɔn]; (spodrināt apa-vus) shined
shoot	shot	shot

show [ʃəu]	showed	shown [ʃəun], showed
shrink	shrank, shrunk	shrunk, shrúnken
shut	shut	shut
sing	sang	sung
sink	sank	sunk
sit	sat	sat
sleep	slept	slept
smell	smelt, smelled	smelt, smelled
sow [səu]	sowed	sown [səun], sowed
speak [spiːk]	spoke	spóken
spell	spelt, spelled [spelt]	spelt, spelled
spit	spat, spit	spat, spit
spoil	spoilt, spoiled [spɔilt]	spoilt, spoiled [spɔilt]
wake	woke, waked	waked, wóken, woke
wear [wɛə]	wore	worn [wɔin]
weave [wiːv]	wove	wóven
weep	wept	wept
will	would [wud]	—
win	won [wɔn]	won
wind [waind]	wound [waund]	wound
withdráw	withdréw	withdráwn
withstánd	withstóod	withstóod
wring	wrung	wrung
write	wrote	wrítten

ENGLISH-LATVIAN
DICTIONARY

PRIEKŠVĀRDS

Angļu-latviešu un latviešu-angļu vārdnīcā pavisam ir ap 16 000 vārdu, 8000 pirmajā daļā un 8000 otrajā daļā.

Vārdnīca domāta skolu jaunatnei, kā arī lasītājiem, kas mācās angļu valodu.

Vārdnīcā ievietotie vārdi plaši lietoti sadzīvē, tūrisma ceļojumos, kā arī sastopami presē. Tajā atspoguļota arī visvairāk izplatītā frazeoloģija.

Angļu vārdu rakstība dota pēc Oxford Student's Dictionary of Current English (1978); fonētiskā transkripcija — pēc Daniel Jones, Everyman's English Pronouncing Dictionary, 13th ed. edited by A. C. Gimson (1972). No vairākiem angļu vārdu izrunas variantiem šajā vārdnīcā parādīts tikai pirmais D. Džounsa vārdnīcas variants.

VĀRDNĪCAS LIETOTĀJIEM

Angļu pamatvārdi sakārtoti alfabēta secībā.

Fonētiskā transkripcija parādīta visiem pamatvārdiem, kā arī lietvārdu daudzskaitļa nekārtnajām formām, nekārtno darbības vārdu *Past Indefinite* un *Past Participle* formām, īpašības un apstākļa vārdu nekārtnajām komparatīva un superlatīva formām un vietniekvārdu *this* un *that* daudzskaitļa formām.

Vārda daļa, kas atrodas aiz tildes (~), pievienojama tai pamatvārda daļai, kas atrodas zīmes ‖ priekšā, piem.:

abilit‖y ['əbiliti] ... spēja; prasme; to the best of one's ~ies (*jālasa:* abilities).

Ja pamatvārds piemēros atkārtojas nemainītā veidā, tas parasti ir saīsināts, dodot tikai sākuma burtu ar punktu, piem.:

business ['biznis] *n* ... b. hours — darba laiks...

Homonīmi doti kā atsevišķi šķirkļi, ikvienu no tiem apzīmējot ar mazajiem latīņu burtiem a, b, c utt. augšējā labajā stūrī, piem.:

eara [iə] *n* 1. auss...

earb [iə] *n* vārpa.

Ar pustrekniem romiešu cipariem parādītas dažādās vārdu šķiras, ja to izstrādājums dots vienā šķirklī, piem.:

dance [dɑːns] I *n* deja...; II *v* dejot.

Ar pustrekniem arābu cipariem apzīmētas vārda atsevišķās nozīmes, piem.:

chill [tʃil] ... 1. vēsums; aukstums; 2. saaukstēšanās...

Ja angļu vārdkopai vai izteicienam ir vairākas nozīmes, tās apzīmētas ar gaišu arābu ciparu un apaļo iekavu, piem.:

clear [kliə] .... to c. off — 1) tikt vaļā *(no kā);* 2) noskaidroties *(par laiku).*

Kvadrātiekavās doti fakultatīvie vārdi vai fakultatīvas vārda daļas, piem.:

fine [fain] ... f. art[s] ... (*jālasa:* fine art *vai* fine arts).

Apaļajās iekavās stāviem burtiem doti varianti, piem.:
faith [feiθ] ... to shake (shatter) smb.'s f. (*jālasa:* to shake smb.'s faith *vai* to shatter smb.'s faith).

Apaļajās iekavās slīpiem (kursīviem) burtiem iespiestais teksts ir skaidrojums, piem.:
get-up ['getʌp] ... *(grāmatas)* apdare.

Idiomātiskie izteicieni, kas neiederas nevienā no dotajām nozīmēm, ievietoti aiz romba (◇) visa izstrādājuma vai attiecīgās vārdu šķiras izstrādājuma beigās, piem.:
neck [nek] *n* kakls; ◇ to break one's n. — lauzt sev kaklu.

Starp tulkojumiem, kas ir tuvi sinonīmi, likts komats; ja nozīmes atšķirība starp tulkojumiem ir lielāka, tie atdalīti cits no cita ar semikolu.

Ja angļu pamatvārds vai kāda no tā nozīmēm vieni paši nav tulkojami, bet lietojami tikai raksturīgos savienojumos, tad aiz pamatvārda vai nozīmes cipara likts kols, kam seko attiecīgais savienojums ar tulkojumu, piem.:
feature ['fiːtʃə] ... 3.: f. film — mākslas filma.

Lietvārdu daudzskaitļa nekārtnās formas, īpašības un apstākļa vārdu nekārtnās salīdzināmās pakāpes un darbības vārdu nekārtnās pamatformas parādītas apaļajās iekavās aiz pamatvārda, piem.:
foot [fut] *n* (*pl* feet [fiːt]) ...
good [gud] ... II *a* (*comp* better ['betə]; *sup* best [best]) ...
meet [miːt] *v* (*p un p. p.* met [met]) ...

Rekcija angļu vārdiem dota tikai tajos gadījumos, kad tā angļu un latviešu valodā nesakrīt, piem.:
middle ['midl] I *n* ... in the m. (*of*) — vidū...

Nepieciešamības gadījumā angļu vārdiem pievienoti stilistiskie un lietošanas sfēras apzīmējumi.

Vārdnīcas beigās dots svarīgāko ģeogrāfisko nosaukumu saraksts un angļu valodā biežāk lietojamo saīsinājumu saraksts.

SAISINĀJUMI

a	— adjective, īpašības vārds	*mat*	— matemātika
adv	— adverb, apstākļa vārds	*med*	— medicīna
amer	— amerikānisms	*mil*	— militārs termins
anat	— anatomija	*mod. v*	— modal verb, modālais darbības vārds
arhit	— arhitektūra	*mūz*	— mūzika
astr	— astronomija	*n*	— noun, lietvārds
av	— aviācija	*num*	— numeral, skaitļa vārds
biol	— bioloģija	*p*	— past tense, pagātne
bot	— botānika	*pārn*	— pārnestā nozīmē
comp	— comparative degree, pārākā pakāpe	*partic*	— particle, partikula
conj	— conjunction, saiklis	*pers.*	— person, persona
ek	— ekonomika	*piem.*	— piemēram
el	— elektrība	*pl*	— plural, daudzsk.
filoz	— filozofija	*pol*	— politisks termins
fiz	— fizika	*p.p.*	— past participle, pagātnes divdabis
fiziol	— fizioloģija		
glezn	— glezniecība	*predic*	— used predicatively, lietots predikatīvi
gram	— gramatika		
ģeogr	— ģeogrāfija		
ģeol	— ģeoloģija	*prep*	— preposition, prepozīcija
inf	— infinitive, nenoteiksme		
int	— interjection, izsauksmes vārds	*pres.*	— present tense, tagadne
		pron	— pronoun, vietniekvārds
jur	— jurisprudence		
jūrn	— jūrniecība	*saīs.*	— saīsinājums
kul	— kulinārija	*sar*	— sarunvalodā lietots vārds vai izteiciens
ķim	— ķīmija		
lauks	— lauksaimniecība		
lit	— literatūra		

sing	— singular, vienskaitlis	*teātr*	— teātra termins
sk	— skaties	*tehn*	— tehnika
smb.	— somebody, kāds	*tekst*	— tekstil- rūpniecība
smth.	— something, kaut kas	*u. c.*	— un citi
		u. tml.	— un tamlīdzīgi
sp	— sports	*v*	— verb, darbības vārds
sup	— superlative degree, vis- pārākā pakāpe	*vēst*	— vēsture
		zool	— zooloģija

ANGĻU ALFABĒTS

A a	B b	C c	D d	E e	F f
G g	H h	I i	J j	K k	L l
M m	N n	O o	P p	Q q	R r
S s	T t	U u	V v	W w	X x
Y y	Z z				

Aa

a [ei, ə] **1.** *gram. nenoteiktais artikuls līdzskaņa priekšā:* a town — pilsēta; **2.** viens; in a month — pēc [viena] mēneša; ◇ A 1 ['ei'wʌn] — pirmšķirīgs; lielisks

abandon [ə'bændən[*v* **1.** pamest, atstāt; **2.** atteikties *(no)*

abbreviation [ə,briːvi'eiʃən] *n* saīsinājums

abby ['æbi] *n* abatija; Westminster a. — Vestminsteras abatija

ABC [,eibiː'siː] *n* **1.** alfabēts; **2.** ābece; pamati

ABC-book [,eibiː'siːbuk] *n* ābece

abdomen ['æbdəmen] *n* vēderdobums; vēders

abduct [æb'dʌkt] *v* nolaupīt *(bērnu, sievieti)*

abilit‖y [ə'biliti] *n* **1.** spēja; prasme; to the best of one's ~ies — cik labi vien iespējams; **2.** spējas; talants

able ['eibl] *a* **1.** spējīgs; apdāvināts; **2.:** to be a. — varēt; spēt; will you be a. to come? — vai jūs varēsit atnākt?

aboard [ə'bɔːd] *adv* uz klāja

abolish [ə'bɔliʃ] *v* atcelt *(piem., likumu)*

abolition [,æbəu'liʃən] *n* *(piem., likuma)* atcelšana

A-bomb ['eibɔm] *n* atombumba

about [ə'baut] **I** *adv* **1.** apkārt; to look a. — palūkoties apkārt; **2.** gandrīz; a. ready — gandrīz gatavs; **3.** netālu; tuvumā; **II** *prep* **1.** apkārt; travel a. the world — ceļojums apkārt pasaulei; **2.** ap; a. three o'clock — ap pulksten trim; **3.** par; I'll see a. it — es par to parūpēšos

above [ə'bʌv] **I** *adv* **1.** augšā; **2.** iepriekš; as stated a. — kā iepriekš minēts; **II** *prep* **1.** virs; a. the sea level — virs jūras līmeņa; **2.** pāri par; a. three tons — pāri par trim tonnām; ◇ a. all — pirmkārt

above-mentioned [ə'bʌv-'menʃənd] *a* iepriekšminētais

abridge [ə'bridʒ] *v* saīsināt *(piem., tekstu)*

abroad [ə'brɔːd] *adv* ārzemēs; uz ārzemēm; from a. — no ārzemēm; to go a. — braukt uz ārzemēm abrupt [ə'brʌpt] *a* 1. pēkšņs; spējš; a. turn — spējš pagrieziens; 2. kraujš, stāvs

absence ['æbsəns] *n* 1. prombūtne; 2. trūkums; a. of information — informācijas trūkums; ◇ a. of mind — izklaidība

absent ['æbsənt] *a* 1. promesošs; to be a. — nebūt klāt; 2. izklaidīgs

absentee [,æbsən'tiː] *n (darba)* kavētājs

absent-minded ['æbsənt-'maindid] *a* izklaidīgs

absolute ['æbsəluːt] *a* 1. pilnīgs, absolūts; 2. *(par varu)* absolūts, neierobežots; 3. neapšaubāms

absolutely ['æbsəluːtli] *adv* 1. pilnīgi, absolūti; 2. neapšaubāmi

absorb [əb'sɔːb] *v* uzsūkt, absorbēt; ◇ ~ed in thoughts — domās nogrimis

abstain [əb'stein] *v* atturēties; to a. from drinking — nedzert *(alkoholiskos dzērienus)*

abstract ['æbstrækt] I *n* īss apskats; anotācija; konspekts; II *a* abstrakts; a. art — abstraktā māksla

absurd [əb'səːd] *a* absurds, bezjēdzīgs; don't be a.! — nemuļķojies!

absurdity [əb'səːditi] *n* absurds, bezjēdzība

abundance [ə'bʌndəns] *n* pārpilnība; bagātība

abundant [ə'bʌndənt] *a* pārpilns; bagāts; a. in coal — oglēm bagāts

abuse [ə'bjuːz] *v* 1. ļaunprātīgi izmantot; 2. apvainot

abyss [ə'bis] *n* bezdibenis

acacia [ə'keiʃə] *n* akācija

academic [,æka'demik] *a* akadēmisks; the a. year — mācību gads universitātē

academician [ə,kædə'miʃən] *n* akadēmiķis

academy [ə'kædəmi] *n* 1. akadēmija; 2. *(augstākā vai vidējā)* mācību iestāde; military a. — karaskola

accelerate [ək'seləreit] *v* 1. paātrināt; 2. paātrināties

acceleration [ək,selə'reiʃən] *n* 1. paātrināšana, akselerācija; 2. *fiziol* akcelerācija

accelerator [ək'seləreitə] *n* 1. *tehn* akselerators; 2. *ķīm* katalizators

accent ['æksənt] *n* 1. uzsvars, akcents; 2. izruna, akcents

accept [ək'sept] *v* 1. pieņemt; to a. an offer — pieņemt priekšlikumu; 2. atzīt; to a. the fact — samierināties ar faktu

accepted [ək'septid] *a* vispārpieņemts; a. truth — vispāratzīta patiesība

access ['ækses] *n* pieeja; piekļūšana; easy of a. — viegli pieejams

accessible [æk'sesəbl] *a* pieejams; sasniedzams

accident ['æksidənt] *n* 1. nelaimes gadījums; avārija; to have an a. — ciest nelaimes gadījumā; 2. gadījums; nejaušība; by a. — nejauši

accidental [ˌæksi'dentl] *a* ga-
dījuma-; nejaušs
accomodate [ə'kɔmədeit] *v*
izvietot; iekārtot *(piem.,*
viesnīcā)
accommodation [ə,kɔmə'dei-
ʃən] *n* dzīvojamās telpas;
apmešanās vieta; a. with
every convenience — telpas
ar visām ērtībām; no a.l —
brīvu vietu navl *(piem.,*
viesnīcā)
accompaniment [ə'kʌmpəni-
mənt] *n mūz* pavadījums
accompanist [ə'kʌmpənist] *n*
mūz pavadītājs
accompany [ə'kʌmpəni] *v*
1. pavadīt; 2. *mūz* pavadīt
accomplish [ə'kʌmpliʃ] *v*
[pa]veikt; [pa]beigt
accord [ə'kɔːd] I *n* 1. sa-
skaņa, harmonija; vienprā-
tība; with one a. — vien-
prātīgi; of one's own a. —
labprātīgi; 2. vienošanās;
II *v (with)* saskanēt, har-
monēt
accordance [ə'kɔːdəns] *n* sa-
skaņa; atbilstība; in a.
with — saskaņā ar
according [ə'kɔːdiŋ] *prep:* a.
to TASS — pēc TASS zi-
ņām
accordingly [ə'kɔːdiŋli] *adv*
1. tādējādi; 2. atbilstoši
accordion [ə'kɔːdjən] *n* akor-
deons
account [ə'kaunt] *n* 1. rē-
ķins; konts; a. current —
tekošais konts; to settle
one's a. — norēķināties;
2. labums; peļņa; to turn
to a. — gūt labumu; 3. ie-
mesls; pamats; on a. of —

dēļ; on this a. — šī iemes-
la dēļ; 4. nozīme; of
small a. — nenozīmīgs; ◇
on no a. — nekādā ziņā;
to call to a. — saukt pie
atbildības; to take into
a. — ņemt vērā
accountant [ə'kauntənt] *n*
grāmatvedis
accumulate [ə'kjuːmjuleit] *v*
1. uzkrāt; 2. uzkrāties
accuracy ['ækjurəsi] *n* rūpī-
gums; precizitāte
accurate ['ækjurit] *a* rūpīgs;
precīzs
accusation [ˌækju(ː)'zeiʃən] *n*
apsūdzība; to bring an a.
against smb. — apsūdzēt
kādu
accuse [ə'kjuːz] *v* apsūdzēt
accustom [ə'kʌstəm] *v:* to a.
oneself *(to)* — pieradinā-
ties
ace [eis] *n* 1. acs *(kāršu vai*
kauliņu spēlē); 2. dūzis
(kāršu spēlē); ◇ within an
a. of smth. — par matu no
kā
ache [eik] I *n (smeldzošas)*
sāpes; II *v* sāpēt; smelgt;
my tooth ～s — man sāp
zobs
achieve [ə'tʃiːv] *v* sasniegt;
to a. one's purpose — sa-
sniegt mērķi; to a. suc-
cess — gūt panākumus
achievement [ə'tʃiːvmənt] *n*
.sasniegums
acid ['æsid] I *n* 1. skābe;
2. *sl* LSD *(narkotika);* II *a*
skābs; a. drops — skābās
karameles
acknowledge [ək'nɔlidʒ] *v*
1. atzīt; 2. apliecināt

acknowledgement [ək'nɔlidʒmənt] n 1. atzīšana; 2. apliecinājums; 3. atzinība; pateicība

acorn ['eikɔːn] n [ozol] zīle

acoustic [ə'kuːstik] a akustisks

acoustics [ə'kuːstiks] n akustika

acquaint [ə'kweint] v iepazīstināt; to be ~ed with smb. — būt pazīstamam ar kādu; to get ~ed with smb. — iepazīties ar kādu; to a. oneself with smth. — iepazīties ar ko

acquaintance [ə'kweintəns] n 1. pazīšanās; to make smb.'s a. — iepazīties ar kādu; I'm very happy to make your a. — man ļoti patīkami ar jums iepazīties; 2. paziņa; an a. of mine — mans paziņa

acquire [ə'kwaiə] v iegūt

acre ['eikə] n akrs

acrobat ['ækrəbæt] n akrobāts

acrobatic [,ækrəu'bætik] a akrobātisks

acrobatics [,ækreu'bætiks] n akrobātika

across [ə'krɔs] I adv pāri; to put a. — pārcelt pāri (ar prāmi); II prep pār; to run a. the street — pārskriet pār ielu

act [ækt] I n 1. rīcība; solis; 2. (parlamenta) lēmums; likums; 3. (lugas) cēliens; II v 1. darboties; rīkoties; 2. tēlot (lomu)

action ['ækʃən] n 1. darbība; to bring into a. — iedar-

bināt; 2. rīcība; 3. jur prasība; to bring an a. again. smb. — iesniegt prasību pret kādu; 4. kauja; to go into a. — uzsākt kauju; to be killed in a. — krist kaujā

active ['æktiv] a 1. aktīvs, darbīgs; 2.: a. voice gram — darāmā kārta

activit‖y [æk'tiviti] n 1. akti vitāte, darbīgums; 2. nodarbošanās; leisure ~ies — nodarbošanās brīvajā laikā

actor ['æktə] n aktieris

actress ['æktris] n aktrise

actual ['æktʃuəl] a īsts; patiess; reāls; a. fact — patiess fakts

actualit‖y [,æktʃu'æliti] n 1. īstenība; realitāte; 2.: ~ies pl — faktiskie apstākļi

actually ['æktʃuəli] adv īstenībā; patiesībā

acute [ə'kjuːt] a 1. ass (par sāpēm); 2. spalgs, griezīgs (par skaņu); 3. šaurs (par leņķi)

ad [æd] sar saīs. no advertisement

adapt [ə'dæpt] v 1. piemērot, pielāgot; to a. oneself — pielāgoties; 2. adaptēt (tekstu)

add [æd] v 1. pielikt; pievienot; that doesn't a. up to much — tas nebūt nav daudz; 2. mat saskaitīt

addenda pl no addendum

addendum [ə'dendəm] n (pl addenda [ə'dendə]) (grāmatas) pielikums

addict ['ædikt] *n:* drug a. — narkomāns

adding-machine ['ædiŋmə-ʃiːn] *n* aritmometrs

addition [ə'diʃən] *n* 1. *mat* saskaitīšana; 2. pielikums; papildinājums; ◇ in a. to — turklāt

address [ə'dres] I *n* 1. adrese; 2. uzruna; runa; II *v* 1. uzrunāt; 2. adresēt

addressee [,ædrə'siː] *n* adresāts

adequate ['ædikwit] *a* pietiekams

adhesive [əd'hiːsiv] *a* lipīgs; a. tape — līmlente

adjective ['ædʒiktiv] *n gram* īpašības vārds, adjektīvs

adjourn [ə'dʒəːn] *v* atlikt *(piem., sēdi)*

adjust [ə'dʒʌst] *v* 1. sakārtot; a. your tie! — sakārtojiet kaklasaiti!; 2. piemērot, pielāgot; 3. noregulēt

ad-lib ['æd'lib] *sar* I *n* improvizācija; II *a* improvizēts; III *v* improvizēt

ad-man ['ædmən] *n* reklāmaģents

administer [əd'ministə] *v* 1. pārvaldīt; vadīt; 2. uzlikt *(sodu)*

administration [əd,minis'treiʃən] *n* 1. pārvaldīšana; vadīšana; 2. *(soda)* uzlikšana; 3. *amer* valdība

admiral ['ædmərəl] *n* admirālis

admiralty ['ædmərəlti] *n* admiralitāte

admiration [,ædmə'reiʃən] *n* apbrīna

admire [əd'maiə] *v* apbrīnot

admirer [əd'maiərə] *n* pielūdzējs

admission [əd'miʃən] *n* 1. uzņemšana *(piem., skolā);* a. by examinations — uzņemšana ar eksāmeniem; 2. ielaišana; a. by ticket — ieeja ar biļetēm; a free — ieeja brīva; 3. atzīšana; a. of guilt — vainas atzīšana

admit [əd'mit] *v* 1. uzņemt *(piem., skolā);* 2. ielaist *(telpā);* 3. atzīt *(faktu)*

admittance [əd'mitəns] *n* ieeja; no a.! — ieeja aizliegta! *(uzraksts)*

adopt [ə'dɔpt] *v* 1. adoptēt; 2. izmantot *(metodi);* 3. pieņemt *(lēmumu)*

adult ['ædʌlt] *n* pieaugušais; ~s only! — tikai pieaugušajiem! *(uzraksts)*

advance [əd'vɑːns] I *n* 1. virzīšanās uz priekšu; 2. progress; 3. avanss; ◇ in a. — iepriekš; II *v* 1. virzīties uz priekšu; 2. progresēt; 3. izmaksāt avansu; 4. pārcelt uz agrāku laiku *(piem., konferenci)*

advanced [əd'vɑːnst] *a* 1. progresīvs; 2.: a. studies — augstākie kursi

advantage [əd'vɑːntidʒ] *n* 1. priekšrocība; to gain a. *(over)* — gūt virsroku; 2. labums; izdevīgums; to take a. *(of)* — izmantot *(savā labā)*

adventure [əd'ventʃə] *n* 1. piedzīvojums; a. story — piedzīvojumu stāsts; 2. riskants pasākums; avantūra

adverb ['ædvəːb] *n gram* apstāk|a vārds, adverbs

advertise ['ædvətaiz] *v* reklamēt

advertisement [əd'vəːtismənt] *n* reklāma; sludinājums

advice [əd'vais] *n* padoms; to give a. — dot padomu; to take a. — uzklausīt padomu; on his a. — sekojot viņa padomam

advise [əd'vaiz] *v* dot padomu; ieteikt; to a. on — konsultēt *(kādā jautājumā)*

adviser [əd'vaizə] *n* padomdevējs; konsultants; legal a. — juriskonsults

advisory [əd'vaizəri] *a* konsultatīvs

advocate I *n* ['ædvəkit] 1. aizstāvis; piekritējs; 2. advokāts; II *v* ['ædvəkeit] aizstāvēt; atbalstīt

aerate ['eiəreit] *v* 1. vēdināt; ventilēt; 2. gāzēt; ~d water — gāzēts ūdens

aerial ['ɛəriəl] I *n* antena; II *a* gaisa-; a. reconnaissance — gaisa izlūkošana

aerobics [ɛə'rəubiks] *n pl* aerobika

aesthetic [iːs'θetik] *a* estētisks

aesthetics [iːs'θetiks] *n* estētika

affair [ə'fɛə] *n* lieta; darīšana; mind your own ~s! — nejaucies citu darīšanās!; foreign ~s — *(valsts)* ārlietas; home ~s — *(valsts)* iekšlietas

affect [ə'fekt] *v* ietekmēt

affection [ə'fekʃən] *n (for)* pieķeršanās *(kādam)*; mīlestība

affectionate [ə'fekʃnit] *a* mīlošs; your a. son — tavs mīlošais dēls *(vēstules nobeigumā)*

affirm [ə'fəːm] *v* apstiprināt

affirmative [ə'fəːmətiv] *a* apstiprinošs

afford [ə'fɔːd] *v* atļauties; I can't a. it — es to nevaru atļauties

Afghan ['æfgæn] I *n* 1. afgānis; afgāniete; 2. afgāņu valoda; II *a* afgāņu-

afraid [ə'freid] *a* nobijies; to be a. *(of)* — baidīties *(no)*

afresh [ə'freʃ] *adv* no jauna, atkal

African ['æfrikən] I *n* afrikānis; afrikāniete; II *a* afrikāņu-

after ['aːftə] I *adv* pēc tam; soon a. — drīz pēc tam; II *prep* pēc; a. supper — pēc vakariņām; day a. day — dienu no dienas; ◇ a. all — galu galā; III *conj* pēc tam kad; a. we arrived — pēc tam kad mēs bijām atbraukuši

afternoon ['aːftə'nuːn] *n* pēcpusdiena; in the a. — pēcpusdienā; good a.! — labdien! *(satiekoties dienas otrajā pusē)*

afterwards ['aːftəwədz] *adv* pēc tam, vēlāk

again [ə'gen] *adv* atkal, no jauna; once a. — vēlreiz; ◇ now and a. — laiku pa laikam

against [ə'genst] *prep* pret;
a. the wind — pret vēju;
those a.? — kurš ir pret?;
◇ a. a rainy day — ne-
baltām dienām

age [eidʒ] *n* 1. vecums; gadi;
awkward a. — pusaudža
vecums; 2. pilngadība; to
be under a. — būt nepiln-
gadīgam; to come of a. —
sasniegt pilngadību; 3. laik-
mets; periods; stone a. —
akmens laikmets; the
Middle Ages — Viduslaiki;
4. *sar* mūžība; I have not
seen you for ages — ne-
esmu redzējis jūs veselu
mūžību

agency ['eidʒənsi] *n* aģen-
tūra; news a. — telegrāfa
aģentūra

agenda [ə'dʒendə] *n (sa-
pulces)* darba (dienas)
kārtība; item of the a. —
darba kārtības jautājums

agent ['eidʒənt] *n* aģents;
pārstāvis

aggravate ['ægrəveit] *v* pa-
sliktināt; saasināt

aggression [ə'greʃən] *n* ag-
resija

agitate ['ædʒiteit] *v* 1. sa-
traukt; uzbudināt; 2. aģi-
tēt

agitation [,ædʒi'teiʃən] *n*
1. satraukums; uzbudinā-
jums; 2. aģitācija

agitator ['ædʒiteitə] *n* aģi-
tators

ago [ə'gəu] *adv* pirms;
years a. — pirms daudziem
gadiem; long a. — sen

agony ['ægəni] *n* 1. agonija;
2. mokas; ciešanas

agrarian [ə'greəriən] *a* ag-
rārs

agree [ə'griː] *v* 1. *(with, to)*
piekrist; I a. with you —
es jums piekrītu; I don't a.
to it — es tam nepiekrītu;
let's a. on the following —
vienosimies par sekojošo;
2. atbilst; saskanēt

agreeable [ə'griːəbl] *a* patī-
kams

agreement [ə'griːmənt] *n*
1. [savstarpēja] saskaņa;
saprašanās; to come to an
a. — vienoties; 2. vienoša-
nās; līgums; trade a. —
tirdzniecības līgums

agricultural [,ægri'kʌltʃərəl]
a lauksaimniecības-; a. en-
gineering — agrotehnika;
a. chemistry — agroķīmija

agriculture ['ægrikʌltʃə] *n*
lauksaimniecība

agronomist [əg'rɔnəmist] *n*
agronoms

agronomy [ə'grɔnəmi] *n* ag-
ronomija

ahead [ə'hed] *adv* uz priek-
šu; priekšā; go a.! — tur-
piniī; who's a.? *sp* — kas
uzvar?

aid [eid] **I** *n* 1. palīdzība;
2. palīgs; 3.: ~s *pl* — pa-
līglīdzekļi; training ~s —
mācību līdzekļi; visual
~s — uzskates līdzekļi;
II *v* palīdzēt

aim [eim] **I** *n* 1. mērķis
(šaušanai); to take a. —
tēmēt; 2. mērķis; nolūks;
II *v* 1. *(at)* tēmēt, mērķēt;
2. *(at)* tiekties

air [εə] **I** *n* 1. gaiss; a. ser-
vice — gaisa satiksme; to
gc by a. — braukt ar

lidmašīnu; to be on the
a. — tikt raidītam pa ra-
dio; 2. izskats; izturēšanās;
II *a* gaisa-; aviācijas-; a.
fleet — gaisa flote; III *v*
vēdināt

airbase ['ɛəbeis] *n* aviobāze

airbed ['ɛəbed] *n* piepūša-
mais matracis

air-conditioned ['ɛəkən,diʃ-
ənd] *a* ar kondicionētu
gaisu

air-conditioning ['ɛəkən,diʃə-
niŋ] *n* gaisa kondicionē-
šana

aircraft ['ɛəkrɑːft] *n* 1. lid-
mašīna; 2. aviācija

air-defence ['ɛədi,fens] *n*
pretgaisa aizsardzība

airfield ['ɛəfiːld] *n* lidlauks

airline ['ɛəlain] *n* aviolīnija

airliner ['ɛəlainə] *n* gaisa
laineris

airmail ['ɛəmeil] *n* gaisa
pasts

airplane ['ɛəplein] *n* lidma-
šīna

airport ['ɛəpɔːt] *n* lidosta

air-raid ['ɛəreid] *n* uzlido-
jums; a.-r. warning —
gaisa trauksme; a.-r. shel-
ter — patvertne

air-route ['ɛəruːt] *n* gaisa
trase

alarm [ə'lɑːm] I *n* trauk-
sme; to give the a. — sa-
celt trauksmi; II *v* sacelt
trauksmi

alarm-clock [ə'lɑːmklɔk] *n*
modinātājpulkstenis

Albanian [æl'beinjən] I *n*
1. albānis; albāniete; 2. al-
bāņu valoda; II *a* albāņu-

alcohol ['ælkəhɔl] *n* alko-
hols, spirts

alcoholic [,ælkə'hɔlik] I *n*
alkoholiķis; II *a* alkoho-
lisks

ale [eil] *n* alus

Algerian [æl'dʒiəriən] I *n*
alžīrietis; alžīriete; II *a*
alžīriešu-

alien ['eiljən] I *n* svešzem-
nieks; ārzemnieks; II *a*
1. ārzemju-; 2. svešs; ne-
pieņemams

alike [ə'laik] *a* vienāds; lī-
dzīgs; they are very much
a. — viņi ir ļoti līdzīgi

alimony ['æliməni] *n* ali-
menti

alive [ə'laiv] *a* 1. dzīvs; no
man a. — neviens pa-
saulē; 2. mundrs; a. and
kicking — sveiks un ve-
sels

all [ɔːl] I *n* viss; visi;
that's a. — tas ir viss;
II *a* 1. viss; a. one's
life — visu savu mūžu;
2. jebkāds; beyond a.
doubt — bez jebkādām
šaubām; in a. respects —
visādā ziņā; III *adv* pil-
nīgi, gluži; a. alone —
1) pilnīgi viens; 2) pat-
stāvīgi; ◊ a. the same —
vienalga; at a. — vispār;
once for a. — reizi par vi-
sām reizēm; a. but — gan-
drīz vai; he is not a.
there — viņš nav pie pilna
prāta; a. right! — labi!;
I'm quite a. right — 1) man
viss kārtībā; 2) es jūtos
labi

alley [ˈæli] *n* 1. šaura ieliņa; 2. aleja

allow [əˈlau] *v* 1. atļaut; 2. pieļaut; to a. for — ievērot; ņemt vērā

allowance [əˈlauəns] *n (naudas)* pabalsts; ◇ to make a. for — ņemt vērā

all-round [ˈɔːlˈraund] *a* vispusīgs, daudzpusīgs

all-rounder [ˈɔːlˈraundə] *n* 1. vispusīgi attīstīts cilvēks; 2. *sp* desmitcīņnieks

all-time [ˈɔːltaim] *a* nepārspēts

all-wool [ˈɔːlˈwul] *a* tīrvilnas-

all‖y *n* [ˈælai] sabiedrotais; II *v* [əˈlai] apvienot; to a. oneself *(with)* — apvienoties; to be ~ied *(to)* — būt tuvam (radniecīgam)

almighty [ɔːlˈmaiti] *a* visvarens

almost [ˈɔːlməust] *adv* gandrīz

alone [əˈləun] *a* viens pats; ◇ to let smb. a. — likt kādu mierā; let a. — nemaz nerunājot par

along [əˈlɔŋ] I *adv* 1. uz priekšu; 2. līdz; come a.! — nāc līdz!; ◇ all a. — visu laiku; to get a. with smb. — labi satikt ar kādu; to get a. with smth. — veiksmīgi tikt galā ar ko; II *prep* gar; pa; a. the road — pa ceļu

alongside [əˈlɔŋˈsaid] *adv* blakus, līdzās

aloud [əˈlaud] *adv* skaļi; skaļā balsī

alphabet [ˈælfəbit] *n* alfabēts

already [ɔːlˈredi] *adv* jau

also [ˈɔːlsəu] *adv* arī

alter [ˈɔːltə] *v* 1. mainīt, grozīt; to a. one's mind — pārdomāt; 2. mainīties, grozīties

alteration [ˌɔːltəˈreiʃən] *n* pārmaiņa; grozījums

although [ɔːlˈðəu] *conj* kaut gan, lai gan

altitude [ˈæltitjuːd] *n* augstums; at high a. — lielā augstumā

altogether [ˌɔːltəˈgeðə] *adv* pilnīgi; viscaur; it's a. bad — tas nekam neder

always [ˈɔːlwəz] *adv* vienmēr

am [æm, əm] *1. pers. pres. sing no v* to be

amalgamated [əˈmælgəmeitid] *a* apvienots; saliedēts; a. trade union — apvienotā arodbiedrība

amateur [ˈæmətə(ı)] *n* amatieris

amaze [əˈmeiz] *v* pārsteigt; radīt izbrīnu

amazement [əˈmeizmənt] *n* pārsteigums; izbrīns

ambassador [æmˈbæsədə] *n* sūtnis

amber [ˈæmbə] *n* dzintars

ambiguous [æmˈbigjuəs] *a* 1. divdomīgs; 2. neskaidrs

ambition [æmˈbiʃən] *n* 1. godkāre; 2. centieni; mērķis

ambitious [æmˈbiʃəs] *a* godkārīgs

ambulance ['æmbjuləns] *n*
ātrās palīdzības mašīna
American [ə'merikən] **I** *n*
amerikānis; amerikāniete;
II *a* amerikāņu-; amerikā-
nisks
amiable ['eimjəbl] *a* drau-
dzīgs; laipns
ammunition [,æmju'niʃən] *n*
mil munīcija
among [ə'mʌŋ] *prep* vidū;
starp; a. friends — draugu
vidū
amount [ə'maunt] **I** *n*
1. daudzums; a large a. of
work — daudz darba;
2. [kop] summa; **II** *v (to)*
sasniegt *(summu)*; the bill
~s to £ 10 — rēķins sa-
sniedz desmit mārciņas
ample ['æmpl] *a* 1. plašs;
ietilpīgs; 2. pietiekams;
there is a. time yet — vēl
ir daudz laika
amuse [ə'mjuːz] *v* uzjautri-
nāt; kavēt laiku
amusement [ə'mjuːzmənt] *n*
izprieca; izklaidēšanās; a.
park — atrakciju parks
amusing [ə'mjuːziŋ] *a* uz-
jautrinošs; amizants
an [æn, ən] *gram nenoteik-
tais artikuls patskaņa vai
neizrunājamā h priekšā:*
an umbrella — lietussargs;
an hour — stunda
analyse ['ænəlaiz] *v* anali-
zēt
analyses *pl no* analysis
analysis [ə'næləsis] *n (pl
analyses [ə'næləsiːz])* ana-
līze

anatomy [ə'nætəmi] *n* ana-
tomija
anchor ['æŋkə] *n* enkurs; to
cast (drop) the a. — iz-
mest enkuru
ancient ['einʃənt] *a* sens;
antīks; a. art — antīkā
māksla
and [ænd, ənd] *conj* 1. un;
boys a. girls — zēni un
meitenes; 2. bet; I'll go a.
you stay here — es iešu,
bet jūs palieciet šeit
angel ['eindʒəl] *n* eņģelis
anger ['æŋgə] *n* dusmas
angleᵃ ['æŋgl] *n* 1. leņķis;
2. viedoklis
angleᵇ ['æŋgl] *v* makšķerēt
angler ['æŋglə] *n* makšķer-
nieks
Anglican ['æŋglikən] *a* an-
glikāņu-
angry ['æŋgri] *a* dusmīgs;
to be a. with smb. — dus-
moties uz kādu
animal ['æniməl] **I** *n* dzīv-
nieks; lops; **II** *a* dzīvnie-
ku-; lopu-; a. husbandry —
lopkopība
animated ['ænimeitid] *a*
dzīvs; rosīgs; a. discus-
sion — dzīva diskusija;
◇ a. cartoon — multipli-
kācijas filma
ankle ['æŋkl] *n* potīte
anniversary [,æni'vəːsəri] *n*
gadadiena
announce [ə'nauns] *v* 1. pa-
sludināt; paziņot; 2. pie-
teikt *(apmeklētāju)*
announcement [ə'naunsmənt]
n sludinājums; paziņojums

announcer [ə'naunsə] *n* diktors

annoy [ə'nɔi] *v* kaitināt; how very ~ing! — cik nepatīkami!, cik žēl!

annual ['ænjuəl] *a* ikgadējs; gada-; a. income — gada ienākumi

another [ə'nʌθə] *pron* 1. cits; that is a. thing — tas ir gluži kas cits; 2. vēl viens; a. cup of tea? — vai vēlaties vēl vienu tasi tējas?

answer ['ɑ:nsə] I *n* atbilde; in a. *(to)* — atbildot *(uz)*; II *v* atbildēt

ant [ænt] *n* skudra

antarctic [ænt'ɑ:ktik] *a* antarktisks; A. Circle — dienvidu polārloks

anthem ['ænθəm] *n* himna; national a. — valsts himna

anti-aircraft ['ænti'eəkrɑ:ft] *a mil* pretgaisa-; zenīt-; a.-a. defence — pretgaisa aizsardzība

antiballistic ['æntibə'listik] *a* pretraķešu-; a. missile — pretraķete

antibiotic ['æntibai'ɔtik] I *n* antibiotika; II *a* antibiotisks

anticipate [æn'tisipeit] *v* 1. aizsteigties priekšā; 2. paredzēt; nojaust

anticipation [æn.tisi'peiʃən] *n* aizsteigšanās priekšā; thanking you in a. — iepriekš pateikdamies *(vēstules nobeigumā)*

anti-fascist ['ænti'fæʃist] I *n* antifašists; II *a* antifašistisks

antique [æn'ti:k] *a* sens; antīks

anxiety [æŋ'zaiəti] *n* 1. nemiers; bažas; 2. dedzīga vēlēšanās

anxious ['æŋkʃəs] *a* 1. norūpējies; nobažījies; 2. tāds, kas ļoti vēlas; I am a. to see him — es ļoti vēlos viņu redzēt

any ['eni] *pron* 1. [kaut] kāds; can you find a. excuse? — vai jums ir kāds attaisnojums?; 2. jebkurš; ikviens; in a. case — katrā ziņā

anybody ['eni,bɔdi] *pron* 1. kāds; is a. in? — vai kāds ir mājās?; 2. jebkurš, ikviens; a. will do it — jebkurš to var izdarīt

anyhow ['enihau] *adv* 1. kaut kā; 2. katrā ziņā

anyone ['eniwʌn] *pron sk* anybody

anything ['eniθiŋ] *pron* 1. kaut kas; is a. the matter? — vai kaut kas noticis?; 2. viss; choose a. you like — izvēlieties visu, kas jums patīk

anywhere ['eniwɛə] *adv* 1. kaut kur; 2. visur, jebkur

apart [ə'pɑ:t] *adv* savrup; ◇ a. from — neatkarīgi no

apartheid [ə'pɑ:θeit] *n* aparteids

apartment [ə'pɑ:tmənt] *n* 1. istaba; 2. *amer* dzī-

voklis; a. house — daudz-
dzīvokļu māja

ape [eip] *n* pērtiķis

apiece [ə'piːs] *adv* gabalā;
how much is it a.? — cik
tas maksā gabalā?

apologize [ə'pɔlədʒaiz] *v*
(for smth. to smb.) atvai-
noties

apology [ə'pɔlədʒi] *n* atvai-
nošanās; to make (offer)
an a. — atvainoties

apparatus [ˌæpə'reitəs] *n*
aparāts; ierīce

apparently [ə'pærəntli] *adv*
acīmredzot

appeal [ə'piːl] I *n* 1. aici-
nājums; uzsaukums; 2. lū-
gums; 3. pievilcība; to
have a. — būt pievilcī-
gam; II *v* 1. aicināt; ape-
lēt; 2. lūgt; 3. patikt; this
engraving ~s to me — šī
gravīra man patīk

appear [ə'piə] *v* 1. parādī-
ties; 2. uzstāties *(uz ska-
tuves)*; 3. *(par preses izde-
vumu)* iznākt, nākt klajā;
4. likties, šķist; he ~s
ill — viņš laikam ir slims

appearance [ə'piərəns] *n*
1. parādīšanās; to make
one's a. — parādīties;
2. uzstāšanās *(uz skatu-
ves)*; 3. *(preses izdevuma)*
iznākšana, nākšana kla-
jā; 4. izskats; āriene; ◊
to all ~s — spriežot pēc
visa

appendices *pl* *no* **appendix**

appendicitis [əˌpendi'saitis] *n*
med apendicīts

appendix [ə'pendiks] *n* *(pl*
appendices [ə'pendisiːz])
1. *(grāmatas)* pielikums;
2. *anat* apendikss

appetite ['æpitait] *n* apetīte,
ēstgriba

appetizer ['æpitaizə] *n* uzko-
žamais

applaud [ə'plɔːd] *v* aplaudēt

applause [ə'plɔːz] *n* aplausi

apple ['æpl] *n* ābols; ◊ a.
of discord — strīda ābols

apple-pie ['æpl'pai] *n* ābolu
pīrāgs

apple-tree ['æpltriː] *n* ābele

appliance [ə'plaiəns] *n* ierīce;
electric a. — elektroierīce;
household ~s — mājsaim-
niecības piederumi

applicant ['æplikənt] *n* pre-
tendents; kandidāts; reflek-
tants

application [ˌæpli'keiʃən] *n*
1. iesniegums; lūgums;
2. lietošana; 3. *(piem., pār-
sēja)* uzlikšana

applied [ə'plaid] *a* lietišķs;
praktisks; a. art — lietišķā
māksla; a. mathematics —
lietišķā matemātika

apply [ə'plai] *v* 1. *(for)*
griezties *(pēc palīdzības,
atļaujas u. tml.)*; 2. lietot;
to a. brakes — bremzēt;
3. uzlikt *(piem., pārsēju)*;
4. *(to)* attiekties *(uz)*

appoint [ə'pɔint] *v* 1. iecelt
(amatā); 2. noteikt *(laiku,
vietu)*

appointment [ə'pɔintmənt] *n*
1. iecelšana *(amatā)*;
2. amats; 3. norunāta tik-
šanās; to keep an a. —

ierasties norunātā vietā un laikā

appreciate [ə'priːʃieit] *v* 1. novērtēt; 2. augstu vērtēt; cienīt

apprentice [ə'prentis] *n* māceklis

approach [ə'prəutʃ] I *n* 1. tuvošanās; 2. *(arī pārn)* pieeja; II *v* 1. tuvoties; 2. griezties *(pie)*

appropriate I *a* [ə'prəupriit] *(to, for)* piemērots; atbilstošs; II *v* [ə'prəuprieit] 1. asignēt, piešķirt *(līdzekļus)*; 2. piesavināties

approval [ə'pruːvəl] *n* atzinība; atzinīgs novērtējums

approve [ə'pruːv] *v* 1. *(of)* atzīt par labu; atzinīgi novērtēt; 2. apstiprināt *(lēmumu)*

approximate [ə'prɔksimit] *a* aptuvens

apricot ['eiprikɔt] *n* aprikoze

April ['eiprəl] *n* aprīlis

apron ['eiprən] *n* priekšauts

apt [æpt] *a* 1. piemērots; a. remark — aizrādījums vietā; 2. *(at)* spējīgs; 3. *(to)* ar noslieci *(uz ko)*; a. to take fire — viegli uzliesmojošs

aqualung ['ækwɔlʌŋ] *n* akvalangs

aquatics [ə'kwætiks] *n pl* ūdenssports

Arab ['ærəb] I *n* arābs; arābiete; II *a* arābu-

Arabic ['ærəbik] I *n* arābu valoda; II *a* arābu-; A. numerals — arābu cipari

arable ['ærəbl] *a* arams; a. land — aramzeme

arbiter ['aːbitə] *n* arbitrs, šķīrējtiesnesis

arbitrary ['aːbitrəri] *a* patvaļīgs

arch [aːtʃ] *n* 1. arka; velve; 2. loks

archaic [aː'keiik] *a* arhaisks, novecojis

archery ['aːtʃəri] *n sp* loka šaušana

archipelago [ˌaːki'peligəu] *n* arhipelāgs

architect ['aːkitekt] *n* arhitekts

architecture ['aːkitektʃə] *n* arhitektūra

arctic ['aːktik] *a* arktisks; ziemeļu-; A. Circle — ziemeļu polārloks

ardent ['aːdənt] *a* dedzīgs; kvēls; a. supporter — dedzīgs piekritējs

ardour ['aːdə] *n* degsme; kvēle

arduous ['aːdjuəs] *a* grūts; smags

are [aː, ə] *1. pers. pres. pl no v* to be

area ['eəriə] *n* 1. laukums; platība; 2. rajons; apgabals

arena [ə'riːnə] *n* arēna; on the international a. — starptautiskajā arēnā

aren't [aːnt] *sar saīs. no* are not

Argentine ['aːdʒəntain] *a* argentīniešu-

Argentinean ['aːdʒəntinjən] *n* argentīnietis; argentīniete argue [ˈaːgjuː] v 1. argumentēt; pierādīt; 2. strīdēties

argument [ˈaːgjumənt] n 1. arguments; 2. strīds

aria [ˈaːriə] n ārija

arid [ˈærid] a sauss, neauglīgs *(par augsni)*

arise [əˈraiz] v (p arose [əˈrəuz]; p. p. arisen [əˈrizn]) rasties

arisen p. p. no arise

arithmetic [əˈriθmətik] n aritmētika

arm^a [aːm] n roka *(no pleca līdz plaukstai)*; to take smb. by the a. — paņemt kādu zem rokas; ◊ with open ∼s — atplestām rokām

arm^b [aːm] I n *(parasti pl)* ieroči; in ∼s — apbruņots; to take up ∼s — ķerties pie ieročiem; to lay down ∼s — nolikt ieročus; ∼s drive (race) — bruņošanās drudzis; II v 1. apbruņot; 2. apbruņoties

armament [ˈaːməmənt] n bruņošanās

armchair [ˈaːmˈtʃeə] n atzveltnes krēsls

armed [aːmd] a bruņots; a. forces — bruņotie spēki

Armenian [aːˈmiːnjən] I n 1. armēnis; armēniete; 2. armēņu valoda; II a armēņu-

army [ˈaːmi] n armija; to join the a. — iestāties karadienestā

arose p no arise

around [əˈraund] I adv 1. visapkārt; 2. tuvumā; to hang a. *sar* — būt tuvumā; II *prep* apkārt, ap

arouse [əˈrauz] v radīt *(piem., aizdomas)*

arrange [əˈreindʒ] v 1. sakārtot; 2. norunāt; vienoties

arrangement [əˈreindʒmənt] n 1. sakārtojums; kārtība; 2. noruna; vienošanās; 3.: ∼s pl — sagatavošanās darbi

arrest [əˈrest] I n arests, apcietinājums; under a. — apcietinājumā; II v arestēt, apcietināt

arrival [əˈraivəl] n ierašanās; atbraukšana

arrive [əˈraiv] v (in, at) ierasties; atbraukt

arrogance [ˈærəugəns] n augstprātība; uzpūtība

arrogant [ˈærəugənt] a augstprātīgs; uzpūtīgs

arrow [ˈærəu] n bulta

art [aːt] n māksla

article [ˈaːtikl] n 1. raksts; leading a. — ievadraksts; 2. priekšmets; prece; a. of clothing — apģērba gabals; ∼s of daily necessity — pirmās nepieciešamības priekšmeti; 3. paragrāfs; pants; 4. *gram* artikuls

artificial [ˌaːtiˈfiʃəl] a mākslīgs; a. ice — mākslīgais ledus; a. respiration — mākslīgā elpināšana

artillery [aːˈtiləri] n artilērija

artist [ˈaːtist] n mākslinieks

artistic [aːˈtistik] a māksliniecisks

as [æz, əz] *conj* 1. tā kā;
2. kad; 3. kā; do as you
please — dariet, kā jums
patīk; ◊ as if — it kā; as
for — attiecībā uz; as far
as — līdz; as well *(tei-
kuma beigās)* — arī; as
long as possible — cik ilgi
vien iespējams

ascorbic [əs'kɔːbik] *a:* a.
acid — askorbīnskābe

asha [æʃ] *n* 1. pelni; 2.: ~es
pl — pīšļi

ashb [æʃ] *n* osis

ashamed [ə'ʃeimd] *a predic*
nokaunējies; to be a. —
kaunēties

ashore [ə'ʃɔː] *adv* krastā;
krasta virzienā; to come
a. — piestāt krastā

ash-tray ['æʃtrei] *n* pelnu
trauks

Asiatic [ˌeiʃi'ætik] **I** *n* azi-
āts; aziāte; **II** *a* aziātisks

aside [ə'said] *adv* sānis;
malā; to put a. — atlikt

ask [ɑɪsk] *v* 1. jautāt; to a.
after smb.'s health — ap-
jautāties par kāda vese-
lību; may I a. your
name? — sakiet, lūdzu, —
kā jūs sauc?; 2. lūgt; 3. ie-
lūgt; uzaicināt; to a. for a
dance — uzlūgt uz deju

asleep [ə'sliːp] *a predic* gu-
ļošs; to be a. — gulēt
(miegā); to fall a. — aiz-
migt

asp [æsp] *n* apse

aspect ['æspekt] *n* 1. izskats;
āriene; izteiksme; 2. novie-
tojums; the house has a
southern a. — māja ir vēr-
sta pret dienvidiem; 3. as-

pekts; viedoklis; in all
~s — no visiem viedok-
ļiem

asphalt ['æsfælt] **I** *n* as-
falts; **II** *v* asfaltēt

ass [æs] *n* ēzelis; ◊ to make
an a. of oneself — nostā-
dīt sevi muļķīgā stāvoklī

assemble [ə'sembl] *v* 1. pul-
cēties; 2. montēt

assembly [ə'sembli] *n* 1. sa-
pulce; 2. asambleja;
3. montāža; a. line — mon-
tāžas konveijers

assert [ə'səːt] *v* 1. apgal-
vot; 2. aizstāvēt; to a. one's
rights — aizstāvēt savas
tiesības

assertion [ə'səːʃən] *n* 1. ap-
galvojums; 2. *(tiesību)*
aizstāvēšana

assist [ə'sist] *v* palīdzēt; at-
balstīt

assistance [ə'sistəns] *n* pa-
līdzība; atbalsts; to give
(render) a. — sniegt palī-
dzību

assistant [ə'sistənt] *n* pa-
līgs; asistents

associate **I** *n* [ə'səuʃiit]
1. kompanjons; partneris;
2. līdzstrādnieks; research
a. — zinātniskais līdz-
strādnieks; **II** *a* [ə'səu-
ʃiit] apvienots; **III** *v*
[ə'səuʃieit] 1. asociēties;
saistīties; 2. biedroties; sa-
ieties

association [əˌsəusi'eiʃən] *n*
1. asociācija; apvienība; A.
football — futbols; 2. bied-
rošanās; saiešanās; 3. *(ide-
ju)* asociācija; sakars

assume [ə'sjuːm] *v* **1.** pieņemt; domāt; **2.** uzņemties *(vadību);* **3.** pieņemt; ~d name — pieņemts vārds

assurance [ə'ʃuərəns] *n* **1.** apgalvojums; **2.** pašpārliecība; pašpaļāvība; **3.** apdrošināšana; life a. — dzīvības apdrošināšana

assure [ə'ʃuə] *v* **1.** apgalvot; **2.** pārliecināt; **3.** apdrošināt *(dzīvību)*

astonish [əs'tɔniʃ] *v* pārsteigt; radīt izbrīnu

astonishment [əs'tɔniʃmənt] *n* pārsteigums; izbrīns

astrakhan [ˌæstrə'kæn] *n* karakuls

astronautics ['æstrə'nɔːtiks] *n* astronautika, kosmonautika

at [æt, ət] *prep* **1.** *(norāda vietu):* at home — mājās; **2.** *(norāda laiku):* at six o'clock — pulksten sešos; **3.** *(norāda stāvokli):* at leisure — vaļas brīdī; ◇ at first — vispirms; at last — beidzot; at once — tūlīt; at least — vismaz

ate *p no* eat

atheism ['eiθiizəm] *n* ateisms

athlete ['æθliːt] *n* **1.** sportists; **2.** atlēts

athletic [æθ'letik] *a* **1.** sporta-; a field (ground) — sporta laukums; **2.** atlētisks

athletics [æθ'letiks] *n* atlētika; track-and-field a. — vieglatlētika

at-home [ət'həum] *n sar* viesu pieņemšana *(noteiktā dienā un laikā)*

atlas ['ætləs] *n* atlants

atmosphere ['ætməsfiə] *n* atmosfēra

atom ['ætəm] *n* atoms

atomic [ə'tɔmik] *a* atoma-; atomu-; a. bomb — atombumba; a. power — atomenerģija

atomizer ['ætəumaizə] *n* pulverizators

attach [ə'tætʃ] *v* **1.** piestiprināt; to a. a stamp — uzlīmēt marku; **2.**: to a. importance — piešķirt nozīmi

attachment [ə'tætʃmənt] *n* **1.** piestiprināšana; **2.** pieķeršanās *(kādam)*

attack [ə'tæk] **I** *n* **1.** uzbrukums; trieciens; **2.** *(slimības)* lēkme; **II** *v* uzbrukt

attempt [ə'tempt] **I** *n* mēģinājums; **II** *v* mēģināt

attend [ə'tend] *v* **1.** apmeklēt *(piem., skolu);* **2.** *(on, upon)* apkalpot; **3.** *(to)* rūpēties *(par);* gādāt *(par)*

attendance [ə'tendəns] *n* **1.** apmeklēšana; klātbūtne; **2.** apkalpošana; medical a. — medicīniskā apkalpošana; **3.** apmeklētība; **4.** auditorija; klausītāji

attendant [ə'tendənt] *n* **1.** pavadonis; **2.** apkalpotājs

attention [ə'tenʃən] *n* **1.** uzmanība; to pay a. *(to)* — pievērst uzmanību; **2.** gādība

attentive [ə'tentiv] *a* uzmanīgs

attic ['ætik] *n* mansards; bēniņi

attitude ['ætitjuːd] *n* attieksme; izturēšanās

attorney [ə'təːni] *n* pilnvarotais; pārstāvis

attract [ə'trækt] *v* pievilkt; saistīt; to a. attention — saistīt uzmanību

attraction [ə'trækʃən] *n* 1. pievilkšana; 2. pievilcība; 3. atrakcija

attractive [ə'træktiv] *a* pievilcīgs

attribute ['ætribjuːt] *n* 1. īpašība; raksturīga pazīme; 2. *gram* apzīmētājs

auction ['ɔːkʃən] *n* ūtrupe, izsole

audience ['ɔːdjəns] *n* 1. skatītāji; klausītāji; one of the a. — skatītājs *(no zāles)*; 2. audience, pieņemšana; to grant an a. — sniegt audienci

August ['ɔːgəst] *n* augusts

aunt [aːnt] *n* krustmāte

Australian [ɔsˈtreiljən] I *n* austrālietis; austrāliete; II *a* austrāliešu-

Austrian ['ɔstriən] I *n* austrietis; austriete; II *a* austriešu-

author ['ɔːθə] *n* autors; rakstnieks

authorit‖y [ɔ'θɔriti] *n* 1. vara; 2.: ~ies *pl* — varas orgāni; 3. autoritāte *(speciālists)*; 4. pilnvara

authorize ['ɔːθəraiz] *v* pilnvarot

autograph ['ɔːtəgrɑːf] *n* autogrāfs; may I have your a.? — vai drīkstu lūgt jūsu autogrāfu?

automatic [ɔːtə'mætik] *a* automātisks; a. pilot — autopilots

automation [ɔːtə'meiʃən] *n* 1. automatizācija; 2. automātika

autonomous [ɔ'tɔnəməs] *a* autonoms

autumn ['ɔːtəm] *n* rudens

available [ə'veiləbl] *a* 1. pieejams; dabūjams; by all a. means — visiem iespējamiem līdzekļiem; 2. derīgs; tickets a. for one day only — vienai dienai derīgas biļetes

avenue ['ævinjuː] *n* 1. aleja; 2. avēnija, prospekts

average ['ævəridʒ] I *n* caurmērs; on the a. — caurmērā; II *a* caurmēra-; vidējs; a. output — vidējā izstrāde

aviation [eivi'eiʃən] *n* aviācija

avoid [ə'vɔid] *v* izvairīties

awake [ə'weik] I *a predic* pamodies; II *v* (*p* awoke [ə'wəuk]; *p. p.* awoke [ə'wəuk] *vai* awaked [ə'weikt]) 1. uzmodināt; 2. pamosties

award [ə'wɔːd] I *n* godalga; II *v* piešķirt *(godalgu)*

aware [ə'wɛə] *a predic:* to be a. *(of)* — apzināties; saprast

away [ə'wei] *adv* **1.** prom; to go a. — doties prom; **2.** *(norāda uz nepārtrauktu darbību):* to talk a. — nepārtraukti runāt; ◇ right a. — tūlīt

awful ['ɔ:ful] *a* šausmīgs

awfully ['ɔ:fli] *adv sar* ārkārtīgi, ļoti; I'm a. sorry — man ļoti žēl

awkward ['ɔ:kwəd] *a* **1.** ne-

veikls, lempīgs; **2.** neērts, neveikls *(par stāvokli)*

awoke *p no* awake II

axe [æks] *n* cirvis

axes *pl no* axis

axis ['æksis] *n (pl* axes ['æksi:z]) ass

Azerbaijani ['aızə(ı)bai'dʒɑ:ni] *n* **1.** azerbaidžāːis; azerbaidžāniete; **2.** azerbaidžāņu valoda

Bb

baby ['beibi] *n* bērns; mazbērns; b. elephant — zilonēns; b. car — mazlitrāžas automašīna

baby-sitter ['beibi,sitə] *n* aukle *(vecāku prombūtnes laikā)*

bachelora ['bætʃələ] *n* vecpuisis

bachelorb ['bætʃələ] *n* bakalaurs

bacilli *pl no* bacillus

bacillus [bə'siləs] *n (pl* bacilli [bə'silai]) bacilis

back [bæk] **I** *n* **1.** mugura; to turn one's b. upon smb. — uzgriezt kādam muguru; **2.** *(krēsla)* atzveltne; **3.** mugurpuse; b. of the head — pakausis; **4.** *sp* aizsargs; ◇ to get (put) smb.'s b. up — aizkaitināt kādu; what's at the b. of it? — kas aiz tā slēpjas?; **II** *a* pakaļējais; b. entrance — pagalma ieeja; **III** *v* **1.** kāpties atpakaļ; to b. the car — padot

mašīnu atpakaļ; **2.** atbalstīt; **IV** *adv* atpakaļ; to come b. — atgriezties

backbone ['bækbəun] *n* mugurkauls

background ['bækgraund] *n* **1.** fons; dibenplāns; **2.** cēlonis; pamats; **3.** sagatavotība; kvalifikācija

backstroke ['bækstrəuk] *n sp* peldēšana uz muguras

backtalk ['bæktɔ:k] *n* nekaunīga atbilde

backward ['bækwəd] **I** *a* **1.** atpakaļējs *(par kustību);* **2.** atpalicis; **II** *adv* atpakaļ

bacon ['beikən] *n* bekons; speķis

bad [bæd] *a (comp* worse [wə:s]; *sup* worst [wə:st]) **1.** slikts, ļauns; b. name — slikta reputācija; b. luck — neveiksme; b. mistake — rupja kļūda; b. language — lamas; **2.** bojāts *(par pārtiku);* to go b. — sabojāties; **3.** slims; b. leg —

slimā kāja; **4.** *(par sāpēm)*
stiprs; b. headache — stip-
ras galvassāpes
bade *p no* **bid**
badge [bædʒ] *n* nozīme; že-
tons
badger [ˈbædʒə] *n* āpsis
badly [ˈbædli] *adv (comp*
worse [wəːs]; *sup* worst
[wəːst]) **1.** slikti, ļauni;
2. stipri, ļoti; I want it
b. — man tas ļoti vaja-
dzīgs
bag [bæg] *n* **1.** maiss;
2. soma; ◇ b. and bag-
gage — ar visu iedzīvi
baggage [ˈbægidʒ] *n amer*
bagāža; b. car — bagāžas
vagons; b. room — bagā-
žas glabātava
baggage-man [ˈbægidʒmæn]
n amer (bagāžas) nesējs
bait [beit] *n* ēsma
bake [beik] *v* **1.** cept; **2.** cep-
ties; **3.** sauļoties
baker [ˈbeikə] *n* maiznieks
bakery [ˈbeikəri] *n* maizes
ceptuve
balance [ˈbæləns] **I** *n* **1.** sva-
ri; **2.** līdzsvars; to keep
one's b. — saglabāt līdz-
svaru; to lose one's b. —
zaudēt līdzsvaru; b. of
power *pol* — spēku sa-
mērs; **II** *v* līdzsvarot; ~d
diet — racionāla ēdien-
karte
balance-beam [ˈbælənsbiːm] *n*
sp līdzsvara baļķis
balcony [ˈbælkəni] *n* bal-
kons
bald [bɔːld] *a* plikgalvains
balla [bɔːl] *n* bumba

ballb [bɔːl] *n* balle *(deju*
vakars)
ball-bearing [ˈbɔːlˈbeəriŋ] *n*
tehn lodīšu gultnis
ballet [ˈbælei] *n* balets
ballet-dancer [ˈbæliˌdɑːnsə]
n baletdejotājs; baletdejo-
tāja
ballet-master [ˈbæliˌmɑːstə] *n*
baletmeistars
ballistik [bəˈlistik] *a* ballis-
tisks; b. rocket — ballistis-
kā raķete
balloon [bəˈluːn] *n* gaisa ba-
lons
ballot [ˈbælət] **I** *n* **1.** balso-
šana;. balotēšana; **2.** vēlē-
šanu biļetens; **II** balsot;
balotēt
ballot-box [ˈbælətbɔks] *n* vē-
lēšanu urna
ballot-paper [ˈbælətˌpeipə] *n*
vēlēšanu biļetens
ballpoint-pen [ˈbɔːlpɔintˈpen]
n lodīšu pildspalva
bamboo [bæmˈbuː] *n* bam-
buss, bambusniedre
ban [bæn] **I** *n* **1.** aizlie-
gums; under a b. — aiz-
liegts; **II** *v* aizliegt
banana [bəˈnɑːnə] *n* **1.** ba-
nānkoks; **2.** banāns
banda [bænd] *n* **1.** lente;
saite; **2.** *(radioviļņu)* dia-
pazons
bandb [bænd] *n* **1.** orķestris;
2. banda
bandage [ˈbændidʒ] **I** *n* pār-
sējs; **II** *v* pārsiet
bang [bæŋ] *n* rībiens; klau-
dziens; to shut the door
with a b. — aizcirst durvis
banisters [ˈbænistəz] *n pl*
margas

banjo [ˈbændʒəu] *n* bandžo

bankᵃ [bæŋk] *n* **1.** (*upes*) krasts; **2.** valnis; uzbērums

bankᵇ [bæŋk] *n* banka

banknote [ˈbæŋknəut] *n* banknote

bankrupt [ˈbæŋkrʌpt] I *n* bankrotētājs; II *a* bankrotējis; to go b. — bankrotēt

bankruptcy [ˈbænkrəpʦi] *n* bankrots

banner [ˈbænə] *n* karogs

banquet [ˈbæŋkwit] *n* bankets

bantam-weight [ˈbæntəmweit] *n sp* vieglākais svars

barᵃ [baɪ] I *n* **1.** stienis; stienītis; b. of chocolate — šokolādes tāfele; b. of soap — ziepju gabals; **2.** bulta, aizšaujamais; **3.** (*paceļamā*) barjera; **4.** šķērslis; kavēklis; to let down the ∼s — novērst šķēršļus; II *v* **1.** aizbultēt (*durvis*); **2.** aizšķērsot; **3.** aizliegt

barᵇ [baɪ] *n* **1.** barjera (*tiesas zālē*); prisoner at the b. — apsūdzētais uz apsūdzēto sola; **2.**: the B. — advokatūra

barᶜ [baɪ] *n* **1.** (*bufetes*) lete; **2.** bārs

barbecue [ˈbaɪbikjuɪ] I *n* **1.** restes (*gaļas cepšanai*); **2.** (*uz restēm*) cepta gaļa; **3.** pikniks; II *v* cept gaļu (*uz restēm*)

barbell [ˈbaɪbel] *n sp* stienis

bare [bɛə] *a* kails; neapsegts

barefoot [ˈbɛəfut] *adv* basām kājām

barely [ˈbɛəli] *adv* **1.** tikai; **2.** tikko

bargain [ˈbaɪgin] I *n* **1.** darījums; to strike a b. — noslēgt darījumu; **2.** izdevīgs pirkums; II *v* kaulēties

barge [baɪdʒ] *n* liellaiva

barkᵃ [baɪk] *n* (*koka*) miza

barkᵇ [baɪk] I *n* riešana; rejas; II *v* riet

barley [ˈbaɪli] *n* mieži

barmaid [ˈbaɪmeid] *n* bāra apkalpotāja

barman [ˈbaɪmən] *n* bārmenis

barn [baɪn] *n* klēts; šķūnis

barrack [ˈbærək] *n* **1.** baraka; **2.**: ∼s *pl* — kazarmas

barrel [ˈbærəl] *n* **1.** muca; **2.** (*šautenes*) stobrs

barren [ˈbærən] *a* **1.** neauglīgs; **2.** bezsaturīgs; tukšs

barrier [ˈbæriə] *n* **1.** barjera; **2.** šķērslis; kavēklis

barrister [ˈbæristə] *n* advokāts

baseᵃ [beis] *n* **1.** pamats; atbalsta punkts; **2.** bāze; naval b. — jūras kara bāze

baseᵇ [beis] *a* zemisks; nekrietns

baseball [ˈbeisbɔːl] *n* beisbols

basement [ˈbeismənt] *n* **1.** (*celtnes*) pamats; **2.** [pus]pagraba stāvs

bases *pl no* **basis**

basic [ˈbeisik] *a* pamata-; b. principles — pamatprincipi; b. industry — 1) rūpniecības pamatnozare; 2) smagā rūpniecība

basin ['beisn] *n* **1.** bļoda; trauks; **2.** baseins; ūdenskrātuve

basis ['beisis] *n* (*pl* bases ['beisiːz]) pamats; on this b. — pamatojoties uz to

bask [baːsk] *v* gozēties; sildīties; to b. in the sun — sauļoties

basket ['baːskit] *n* grozs

basketball ['baːskitbɔːl] *n* basketbols

bass-relief ['bæsriˌliːf] *n* bareljefs

batᵃ [bæt] *n* sikspārnis

batᵇ [bæt] *n* nūja

batᶜ [bæt] *v:* not to b. an eyelid — ne acu nepamirkšķināt

bath [baːθ] *n* vanna; pelde; to take a b. — iet vannā

bathe [beið] **I** *n* peldēšanās; to have a b. — izpeldēties; **II** *v* peldēties

bathing ['beiðiŋ] *n* peldēšanās

bathing-costume ['beiðiŋˈkɔstjuːm] *n* peldkostīms

bathrobe ['baːθrəub] *n* peldmētelis

bathroom ['baːθrum] *n* vannas istaba

bathtub ['baːθtʌb] *n* vanna

baton ['bætən] *n* **1.** (*policista*) steks; **2.** (*diriģenta*) zizlis

battery ['bætəri] *n* **1.** *mil* baterija; **2.** *el* baterija; galvaniskais elements

battle ['bætl] *n* kauja; cīņa

bay [bei] *n* līcis; joma

be [biː] *v* (*p sing* was [wɔz, wəz]; *pl* were [wəː, wə];

p. p. been [biːn, bin]) **1.** būt, pastāvēt; **2.** būt, atrasties; where are my books? — kur ir manas grāmatas?; **3.** būt, notikt; what's up? — kas noticis?; **4.** maksāt; how much is it? — cik tas maksā?; **5.** (*v* — *saitiņa*): he is a teacher — viņš ir skolotājs; **6.** (*kā palīgverbs*): 1) veido ilgstošos laikus: he is reading — viņš pašlaik lasa; 2) veido pasīvu: he was given a book — viņam tika iedota grāmata; **7.** (*ar inf izsaka vajadzību*): I am to do it at once — man tas jāizdara tūlīt; to be **about** — posties; to be **back** — atgriezties; to be **in** — būt mājās; to be **on** — (*par filmu, lugu*) tikt izrādītam; to be **out** — nebūt mājās; to be **up** — būt nomodā; ◇ how are you? — kā jums klājas?; here you are! — 1) lūdzu! (*pasniedzot ko*); 2) te nu bija!

beach [biːtʃ] *n* pludmale

beacon ['biːkən] *n* **1.** bāka; **2.** signāluguns

bead [biːd] *n* **1.** krellīte, pērlīte; ~s — krelles; **2.** piliens

beak [biːk] *n* knābis

beam [biːm] **I** *n* **1.** sija; baļķis; **2.** (*gaismas*) stars; **II** *v* izstarot (*gaismu*)

bean [biːn] *n* **1.** pupa; **2.** *sl* pauris; **3.** *sl* skanošais *(nauda);* ◇ full of ~s — dzīvespriecīgs

beany ['biːni] *a sl* 1. dzīvespriecīgs; jautrs; 2. jucis; ķerts

bearᵃ [beə] *n* lācis

bearᵇ [beə] *v* (*p* bore [bɔɪ]; *p. p.* borne [bɔːn]) 1. nest; 2. izturēt; paciest; I can't b. him — es viņu neciešu; 3. (*p. p.* born [bɔːn]) dzemdēt; to be born — piedzimt; ◇ to b. in mind — paturēt prātā; to b. resemblance — būt līdzīgam

beard [biəd] *n* bārda

beast [biːst] *n* zvērs; dzīvnieks; b. of prey — plēsīgs zvērs; b. of burden — nastu nesējs dzīvnieks

beastly ['biːstli] *a sar* briesmīgs, šausmīgs; b. weather — briesmīgs laiks

beat [biːt] I *n* 1. sitiens; 2. *mūz* takts; 3. *sar* grāvējs; II *v* (*p* beat [biːt]; *p. p.* beat [biːt] *vai* beaten ['biːtn]) 1. sist; dauzīt; 2. sakaut; uzvarēt; 3. pukstēt (*par sirdi);* 4. *sar* pārspēt; it ~s everything — tas pārspēj visu

beaten ['biːtn] I *a* 1. sakauts; uzvarēts; 2. iemīts; b. track — iemīta taka; II *v p. p. no* beat II

beautiful ['bjuːtəful] *a* skaists

beauty ['bjuːti] *n* 1. skaistums; 2. skaistule

beauty-salon ['bjuːti'sælɔn] *n* skaistumkopšanas salons

beaver ['biːvə] *n* bebrs

became *p no* become

because [bi'kɔz] *conj* 1. tādēļ ka; tā kā; 2.: b. of — dēļ; b. of illness — slimības dēļ

become [bi'kʌm] *v* (*p* became [bi'keim]; *p. p.* become [bi'kʌm]) 1. kļūt, tapt; 2. (*of)* notikt; what has b. of him? — kas ar viņu noticis?; 3. piestāvēt (*par apģērbu)*

bed [bed] *n* 1. gulta; guļvieta; to go to b. — iet gulēt; 2. dobe; 3. (*upes)* gultne

bed-clothes ['bedkləuðz] *n pl* gultas veļa

bedding ['bediŋ] *n* gultas piederumi

bedroom ['bedrum] *n* guļamistaba; single b. — istaba ar vienu gultu; double b. — istaba ar divām gultām

bed-sitting-room ['bed'sitiŋrum] *n* (*apvienota)* dzīvojamā un guļamistaba

bedtime ['bedtaim] *n* gulētiešanas laiks

bee [biː] *n* bite

beech [biːtʃ] *n* dižskābardis

beef [biːf] *n* liellopu gaļa

beefsteak ['biːf'steik] *n* bifšteks

beehive ['biːhaiv] *n* bišu strops

beekeeping ['biː'kiːpiŋ] *n* biškopība

been *p. p. no* be

beer [biə] *n* alus

beeswax ['biːzwæks] *n* vasks

beet [biːt] *n* biete

beetle ['biːtl] *n* vabole

before [bi'fɔː] I *adv* agrāk; long b. — sen; II *prep* pirms; the day b. yesterday — aizvakar; III *conj* pirms; iekams; ◇ b. long — drīz

beforehand [bi'fɔːhænd] *adv* iepriekš

beg [beg] *v* lūgt; lūgties; b. your pardon! — piedodiet, lūdzu!; I b. to differ — atļaujiet nepiekrist

began *p no* begin

beggar ['begə] *n* ubags

begin [bi'gin] *v* (*p* began [bi'gæn]; *p. p.* begun [bi'gʌn]) 1. sākt; 2. sākties; ◇ to b. with — vispirms

beginner [bi'ginə] *n* iesācējs

beginning [bi'giniŋ] *n* sākums

begun *p. p. no* begin

behalf [bi'hɑːf] *n:* on b. of smb. — kāda vārdā

behave [bi'heiv] *v* 1. uzvesties; izturēties; to b. oneself — uzvesties, kā pieklājas; 2. *tehn* darboties; strādāt

behaviour [bi'heivjə] *n* 1. uzvešanās; 2. *tehn* darbība

behind [bi'haind] I *adv* aizmugurē; II *prep* aiz

being ['biːiŋ] *n* 1. eksistence; to call into b. — radīt; to come into b. — rasties; 2. radījums; human b. — cilvēks; ◇ for the time b. — pašlaik

Belgian ['beldʒən] I *n* beļģietis; beļģiete; II *a* beļģu-

belief [bi'liːf] *n* 1. (*in*) ticība; 2. pārliecība; to the best of my b. — cik man zināms

believe [bi'liːv] *v* 1. ticēt; 2. domāt; uzskatīt; I b. so — man tā šķiet *(atbildē)*; to make b. — izlikties

bell [bel] *n* zvans; to answer the b. — atvērt durvis *(zvanam atskanot)*

bellboy ['belbɔi] *n* izsūtāmais zēns *(viesnīcā)*

belly ['beli] *v* vēders

belong [bi'lɔŋ] *v* piederēt

belongings [bi'lɔŋiŋz] *n pl* manta; iedzīve

beloved [bi'lʌvd] I *n* mīļotais; mīļotā; II *a* iemīļots

below [bi'ləu] I *adv* apakšā; zemāk; as said b. — kā tālāk minēts; II *prep* zem; b. zero — zem nulles

belt [belt] I *n* 1. josta; siksna; 2. josla; 3. *(konveijera)* lente; II *v* apjozt

bench [bentʃ] *n* 1. sols; 2. darbgalds

bend [bend] I *n* līkums; II *v* (*p un p.p.* bent [bent]) 1. [sa]liekt; [sa]locīt; 2. [sa]liekties; [sa]locīties

beneficial [ˌbeni'fiʃəl] *a* labvēlīgs; izdevīgs

benefit ['benifit] *n* 1. labums; izdevīgums; 2. pabalsts; sickness b. — slimības pabalsts

bentᵃ [bent] *n* tieksme; nosliece

bentᵇ *p un p. p. no* bend II

beret ['berei] *n* berete

berry ['beri] *n* oga

berth [bə:θ] *n* 1. koja *(uz kuģa)*; 2. guļvieta *(vagonā)*

beside [bi'said] *prep* blakus; līdzās

besides [bi'saidz] *adv* bez tam; turklāt

best [best] I *n* vislabākais; at b. — labākajā gadījumā; to do one's b. — darīt visu iespējamo; II *a (sup no* good II, well I) 1. vislabākais; 2. vislielākais; the b. part — lielākā daļa; III *adv (sup no* well II) 1. vislabāk; 2. visvairāk

best-seller ['best‚selə] *n* best-sellers

bet [bet] I *n* derības; II *v (p un p. p.* bet [bet] *vai* betted ['betid]) saderēt; ◇ you b.! — protams!

betray [bi'trei] *v* nodot

betrayal [bi'treiəl] *n* nodevība

better ['betə] I *a (comp no* good II, well I) labāks; ◇ the b. part — vairākums; II *adv (comp no* well II) labāk; all the b. — jo labāk

between [bi'twi:n] *prep* starp; b. you and me — starp mums [runājot]

beware [bi'weə] *v* sargāties; b. of the dog! — sargieties no suņa! *(uzraksts)*

beyond [bi'jɔnd] I *adv* tālumā; viņā pusē; II *prep* aiz, viņpus; ◇ b. belief — neticami; b. hope — bezcerīgi

bias ['baiəs] *n* 1. slīpums; 2. *(against)* aizspriedums

biathlon [bai'æθlɔn] *n sp* divcīņa

bib [bib] *n (mazbērna)* krūšautiņš

Bible ['baibl] *n* bībele

bicycle ['baisikl] *n* velosipēds

bid [bid] *v (p* bade [beid]; *p. p.* bidden ['bidn]) solīt *(cenu)*

bidden *p. p. no* bid

big [big] *a* liels; b. repair — kapitālremonts; ◇ b. talk — lielība

bike [baik] *n sar* velosipēds

bikini [bi'ki:ni] *n* divdaļīgs peldkostīms

bilberry ['bilbəri] *n* mellene

bilingual [‚bai'liŋgwəl] *a* divvalodu-

billᵃ [bil] *n* knābis

billᵇ [bil] *n* 1. likumprojekts; 2. rēķins; 3. saraksts; b. of fare — ēdienkarte; 4. afiša; 5. *amer* banknote

billiards ['biljədz] *n* biljards

billion ['biljən] *n* 1. biljons; 2. *amer* miljards

billy-goat ['biligəut] *n* āzis

bind [baind] *v (p un p. p.* bound [baund]) 1. [sa]-siet; apsiet; 2. iesiet *(grāmatu)*; 3. uzlikt par pienākumu; to b. oneself — uzņemties saistības; to be bound to take action — būt spiestam rīkoties

binding ['baindiŋ] I *n* iesējums; II *a (par noteikumu)* saistošs

binge [bindʒ] *n sar* uzdzīve, iedzeršana

binoculars [bi'nɔkjuləz] *n pl* binoklis

biography [bai'ɔgrəfi] *n* biogrāfija
biology [bai'ɔlədʒi] *n* bioloģija
birch [bəːtʃ] *n* bērzs
bird [bəːd] *n* putns; b. of passage — gājputns; b. of prey — plēsīgs putns; ◇ queer b. — savādnieks
biro ['baiərəu] *n* lodīšu pildspalva *(firmas nosaukums)*
birth [bəːθ] *n* 1. dzimšana; 2. dzemdības; to give b. *(to)* — dzemdēt
birth-control ['bəːθkən,trəul] *n* dzimstības ierobežošana
birthday ['bəːθdei] *n* dzimšanas diena
birthpill ['bəːθpil] *n* pretapaugļošanās tablete
birthplace ['bəːθpleis] *n* dzimšanas vieta
birthrate ['bəːθreit] *n* dzimstība
biscuit ['biskit] *n* [sauss] cepums
bishop ['biʃəp] *n* 1. bīskaps; 2. laidnis *(šahā)*
bita [bit] *n* kumoss; gabaliņš; a [little] b. — mazliet; not a b. — nemaz; ◇ wait a b.! — uzgaidi mirkli!
bitb [bit] *n (zirga)* laužņi
bitc *p no* bite II
bitch [bitʃ] *n* 1. kuce; 2. *sl* paklīdene
bite [bait] I *n* 1. kodiens; 2. kumoss; to have a b. — uzkost; II *v (p* bit [bit]; *p. p.* bitten ['bitn]) iekost
bitten *p. p. no* bite II

bitter ['bitə] *a* 1. rūgts; 2. ass; skarbs; b. words — skarbi vārdi
black [blæk] *a* 1. melns; b. earth — melnzeme; 2. melnādains
blackbird ['blækbəːd] *n* melnais strazds
blackboard ['blækbɔːd] *n* tāfele
blackmail ['blækmeil] I *n* šantāža; II *v* šantažēt
blackout ['blækaut] *n* aptumšošana
blacksmith ['blæksmiθ] *n* kalējs
bladder ['blædə] *n* 1. *(bumbas)* kamera; 2. *anat* pūslis
blade [bleid] *n* 1. *(naža)* asmens; 2. *(skrūves)* lāpstiņa
blame [bleim] I *n* vaina; to bear the b. *(for)* — uzņemties vainu *(par); to* lay the b. *(on)* — uzvelt vainu; II *v* vainot; who is to b.? — kurš ir vainīgs?
blank [blæŋk] *a* 1. tukšs; neaprakstīts; 2. tukšs; bezsaturīgs; b. look — truls skatiens
blanket ['blæŋkit] *n (vilnas)* sega
blast [blɑːst] *n* 1. *(vēja)* brāzma; 2. sprādziens; ◇ at full b. — pilnā sparā
blast-furnace ['blɑːst'fəːnis] *n* domna
blast-off ['blɑːst'ɔf] *n (kosmosa kuģa)* starts
blaze [bleiz] I *n* 1. liesma; in a b. — liesmās; 2. *(dusmu)* uzliesmojums; ◇ go

to ∼s! — ej pie velna!; II *v* liesmot

blazer ['bleizə] *n* bleizers

bleach [bli:tʃ] I *n* balināšanas līdzeklis; II *v* balināt

bled *p un p. p. no* **bleed**

bleed [bli:d] *v* (*p un p. p.* bled [bled]) asiņot

blend [blend] I *n* 1. (*šķirņu*) maisījums; 2. (*krāsu, toņu*) pāreja; saplūsme; II *v* (*p un p. p.* blended ['blendid] *vai* blent [blent]) 1. sajaukt; samaisīt; 2. sajauktiles; 3. saplūst (*par krāsām, toņiem*)

blender ['blendə] *n* (*virtuves*) maisāmā mašīna

blent *p. p. no* **blend** II

blew *p no* **blow**b

blinda [blaind] *a* akls; ◇ b. alley — strupceļš

blindb [blaind] *n* (*loga*) aizlaidne

blindman's-buff ['blaind- mænz'bʌf] *n* aklās vistiņas (*rotaļa*)

blink [bliŋk] *v* mirkšķināt

blister ['blistə] *n* čulga

blizzard ['blizəd] *n* sniega vētra

bloc [blɔk] *n pol* bloks; apvienība

block [blɔk] I *n* 1. klucis; bluķis; 2. (*pilsētas*) kvartāls; 3. aizsprostojums; (*satiksmes*) sastrēgums; 4.: ∼s *pl* — (*rotaļu*) klucīši; II *v* aizsprostot (*ceļu*)

blockade [blɔ'keid] *n* blokāde; to run the b. — pārraut blokādi

block-buster ['blɔk,bʌstə] *n* 1. lielkalibra bumba; 2. *sl* supergrāvējs (*kinofilma*)

blond [blɔnd] I *n* gaišmatis; II *a* blonds, gaišmatains

blonde [blɔnd] *n* gaišmate

blood [blʌd] *n* asinis; b. pressure — asinsspiediens; b. test — asinsanalīze; b. transfusion — asinspārliešana; ◇ in cold b. — aukstasinīgi

blood-poisoning ['blʌd,pɔizniŋ] *n* asinssaindēšanās

blood-vessel ['blʌd,vesl] *n* asinsvads

bloom [blu:m] I *n* 1. zieds; 2. ziedēšana; in full b. — pilnos ziedos; 3. plaukums; II *v* 1. ziedēt; 2. plaukt

blossom ['blɔsəm] I *n* zieds; II *v* ziedēt

blot [blɔt] I *n* 1. (*tintes*) traips; 2. kauna traips; II *v* notraipīt; to b. out — izdzēst

blotting-paper ['blɔtiŋ,peipə] *n* dzēšlapa

blouse [blauz] *n* blūze

blowa [bləu] *n* sitiens; at a b. — ar vienu sitienu; to come to ∼s — sākt kauties

blowb [bləu] *v* (*p* blew [blu:]; *p. p.* blown [bləun]) pūst; to b. one's nose — šņaukt degunu; to b. up — uzspridzināt

blown *p. p. no* **blow**b

blow-up ['bləu'ʌp] *n* 1. fotopalielinājums; 2. *sl* izgāšanās

blue [blu:] *a* 1. gaišzils; 2. *sar* grūtsirdīgs; nomākts;

to look b. — izskatīties no-
māktam
bluebell ['bluːbel] *n bot*
pulkstenīte
blues [bluːz] *n* 1. grūtsir-
dība; nomāktība; 2. *mūz*
blūzs
blunder ['blʌndə] *n* rupja
kļūda
blunt [blʌnt] *a* truls, neass
blurb [bləːb] *n sl* 1. izdev-
niecības reklāma *(uz grā-
matas vāka)*; 2. īsa anotā-
cija
blush [blʌʃ] *v* nosarkt
boarda [bɔːd] I *n* 1. dēlis;
2. *(kuģa, lidmašīnas)*
borts; on b. — uz klāja;
II *v* 1. apšūt ar dēļiem;
2. uzkāpt *(uz kuģa)*; iekāpt
(lidmašīnā)
boardb [bɔːd] *n* valde; pa-
dome
boarding-house ['bɔːdiŋhaus]
n pansija
boarding-school ['bɔːdiŋ-
skuːl] *n* internātskola
boast [bəust] I *n* lielība;
II *v* lielīties
boat [bəut] I *n* laiva; ku-
ģis; to go by b. — braukt
ar kuģi; II *v* braukt ar
laivu
boat-race ['bəutreis] *n* ai-
rēšanas sacīkstes
boatswain ['bəusn] *n* boc-
manis
bobbysox ['bɔbisɔks] *n pl
amer* īsās zeķes
bobbysoxer ['bɔbi,sɔksə] *n
amer sar* pusaudze
bobsled, bobsleigh ['bɔbsled,
'bɔbslei] *n sp* bobslejs

body ['bɔdi] *n* 1. ķermenis;
celestial b. — debess ķer-
menis; 2. rumpis; 3. kor-
puss; 4. *(cilvēku)* grupa;
b. of electors — vēlētāji;
◇ in a b. — pilnā sa-
stāvā
bog [bɔg] *n* purvs
boila [bɔil] *n* augonis
boilb [bɔil] *v* 1. vārīt; 2. vā-
rīties
boiler ['bɔilə] *n* [tvaika]
katls
bold [bəuld] *a* 1. drošs,
drosmīgs; 2. nekaunīgs
bolt [bəult] I *n* bulta, aiz-
šaujamais; ◇ a b. from the
blue — zibens spēriens no
skaidrām debesīm; II *v*
aizbultēt
bomb [bɔm] I *n mil* bum-
ba; II *v* bombardēt
bomber ['bɔmə] *n av* bumb-
vedējs
bond [bɔnd] *n* 1. saistības;
2. obligācija; bona; 3. sai-
te; saites; ~s of friend-
ship — draudzības saites
bone [bəun] *n* 1. kauls;
2. asaka
bonfire ['bɔn,faiə] *n* uguns-
kurs
bonus ['bəunəs] *n* prēmija
booby ['buːbi] *n* muļķis,
stulbenis
book [buk] I *n* grāmata; II
v pasūtīt; nopirkt *(biļeti)*;
all the seats are ~ed —
visas biļetes pārdotas
bookcase ['bukkeis] *n* grā-
matskapis
booking-office ['bukiŋ,ɔfis]
n (transporta) biļešu kase;

advance b.-o. — biļešu iepriekšpārdošanas kase

book-keeper [′buk,kiːpə] *n* grāmatvedis

book-keeping [′buk,kiːpiŋ] *n* grāmatvedība

booklet [′buklit] *n* brošūra

bookseller [′buk,selə] *n* grāmatu pārdevējs

bookshop [′bukʃɔp] *n* grāmatveikals

boom [buːm] *n* 1. *ek* bums, straujš uzplaukums; 2. skaļa reklāma; kņada

booster [′buːstə] *n tehn* pastiprinātājs; b. rocket — nesējraķete

boot [buːt] *n* 1. zābaks; 2. *(automašīnas)* bagāžnieks; ◇ to get the b. — tikt atlaistam no darba

border [′bɔːdə] I *n* 1. robeža; 2. mala; II *v* (*on, upon*) robežoties

boreᵃ [bɔː] I *n* urbums; II *v* urbt

boreᵇ [bɔː] I *n* 1. garlaicīgs cilvēks; 2. garlaicīga nodarbošanās; II *v* apnikt

boreᶜ *p no* bearᵇ

born [bɔːn] I *a* dzimis; he is a b. poet — viņš ir dzimis dzejnieks; II *p. p. no* bearᵇ

borne *p. p. no* bearᵇ

borrow [′bɔrəu] *v* aizņemties

bosom-friend [′buzəmfrend] *n* sirdsdraugs

boss [bɔs] *n sar* saimnieks; uzņēmējs

botany [′bɔtəni] *n* botānika

both [bəuθ] I *pron* abi; II *conj*: b. ... and ... — gan ..., gan ...; he speaks b. English and French — viņš runā gan angliski, gan franciski

bother [′bɔðə] *v* 1. apgrūtināt; traucēt; 2. raizēties; don't b.! — nerūpējieties!

bottle [′bɔtl] *n* pudele

bottle-feeding [′bɔtl,fiːdiŋ] *n (zīdaiņa)* mākslīgā barošana

bottom [′bɔtəm] *n* 1. *(jūras, upes, trauka)* dibens; 2. apakša; from top to b. — no augšas līdz apakšai; ◇ from the b. of one's heart — no visas sirds

bought *p un p. p. no* buy

bound *p un p. p. no* bind

boundary [′baundəri] *n* robeža

boundless [′baundlis] *a* bezgalīgs

bouquet [bu(ː)′kei] *n (puķu)* pušķis

bourgeois [′buəʒwɑː] I *n* buržujs; II *a* buržuāzijas-; buržuāzisks

bourgeoisie [‚buəʒwɑː′ziː] *n* buržuāzija

bowᵃ [bau] I *n* palocīšanās *(sveicinot)*; II *v* palocīties *(sveicinot)*

bowᵇ [bəu] *n* 1. *(šaujamais)* loks; 2. *(vijoles)* lociņš; 3. sasieta lente

bowels [′bauəlz] *n pl* zarnas; iekšas

bowl [bəul] *n* 1. kauss; 2. bļoda; trauks

bowling [′bəuliŋ] *n* ķegļu spēle

bowls [bəulz] *n* ķegļi; ķegļu spēle; a game of b. — ķegļu partija

boxa [bɔks] *n* 1. kārba; kaste; 2. *teātr* loža

boxb [bɔks] I *n* 1. sitiens; b. on the ear — pļauka; 2. bokss; II *v* 1. iesist ar dūri; 2. boksēties

boxer ['bɔksə] *n* bokseris

boxing ['bɔksiŋ] *n* bokss

box-office ['bɔks,ɔfis] *n* (*teātra*) kase

boy [bɔi] *n* zēns; puisis

boyfriend ['bɔifrend] *n* draugs; pielūdzējs

bra [braɪ] *n sar* krūšturis

braces ['breisiz] *n pl* bikšturi

bracket ['brækit] *n* 1. iekava; 2. grupa; kategorija; age b. — vecumgrupa

brain [brein] *n* 1. smadzenes; 2.: ~s *pl* — prāta spējas; ♦ to rack one's ~s — lauzīt galvu

brake [breik] I *n* bremze; b. light — stopsignāls; II *v* bremzēt

branch [braɪntʃ] *n* 1. zars; 2. nozare; 3. filiāle; 4. (*ceļa, upes*) atzarojums

brand [brænd] *n* 1. fabrikas marka; 2. šķirne; of the best b. — augstākā labuma-

brand-new ['brænd'njuː] *a* gluži jauns

brandy ['brændi] *n* brendijs, konjaks

brass [braɪs] *n* 1. misiņš; b. band — pūtēju orķestris; 2. *sar* nauda; 3. *sar* nekaunība

brassiere ['bræsiə] *n* krūšturis

brave [breiv] *a* drosmīgs, drošsirdīgs

bravery ['breivəri] *n* drosme, drošsirdība

Brazilian [brə'ziljən] I *n* brazīlietis; brazīliete; II *a* brazīliešu-

breach [briːtʃ] *n* 1. caurums; robs; 2. (*likuma*) pārkāpums; b. of promise — solījuma laušana

bread [bred] *n* maize; b. and butter — 1) ∠viestmaize; 2) iztika; to make one's b. — pelnīt iztiku; ♦ daily b. — dienišķā maize

breadbin ['bredbin] *n* maizes kaste

breadth [bredθ] *n* platums; ♦ to a hair's b. — uz mata

break [breik] I *n* 1. caurums; robs; 2. pārtraukums, starpbrīdis; 3.: b. of day — rītausma; II *v* (*p* broke [brəuk]; *p. p.* broken ['brəukən]) 1. salauzt; sasist; 2. salūzt; saplīst; 3. pārkāpt (*likumu*); 4. pārspēt (*rekordu*); to b. down — sabrukt; to b. in — ielauzties; to b. out — (*par karu, epidēmiju*) uzliesmot; sākties

breakdown ['breikdaun] *n* 1. sabrukums; nervous b. — nervu sabrukums; 2. avārija

breakfast ['brekfəst] *n* brokastis

breakneck ['breiknek] *a*: at b. speed — galvu reibinošā ātrumā

breakthrough ['breik'θru:] *n*
1. *mil* pārrāvums; 2. liels
sasniegums (atklājums)
breakwater ['breik,wɔːtə] *n*
viļņlauzis; mols
bream [briːm] *n* plaudis
breast [brest] *n* krūts; krū-
tis
breast-stroke ['bresʈstrəuk]
n sp brass
breath [breθ] *n* elpa; out
of b. — aizelsies; to bate
(hold) one's b. — aizturēt
elpu; to take b. — atvilkt
elpu; below (under) one's
b. — čukstus; second b. —
1) otrā elpa *(sportā);*
2) *pārn* jaunu spēku pie-
plūdums
breathe [briːð] *v* elpot; ◇
to b. new life *(into)* —
iedvest jaunus spēkus
breathing ['briːðiŋ] *n* elpo-
šana; b. space — atelpa
bred *p un p. p. no* **breed II**
breed [briːd] **I** *n (dzīv-
nieku)* šķirne; suga; **II** *v*
(p un p. p. bred [bred])
1. audzēt *(lopus);* 2. au-
dzināt
breeze [briːz] *n* viegls vē-
jiņš, brīze
bribe [braib] **I** *n pārn* ku-
kulis; **II** *v* [pie]kukuļot
bribery ['braibəri] *n* [pie]-
kukuļošana
brick [brik] *n* 1. ķieģelis;
2. *sar* lāga zēns
bricklayer ['brik,leiə] *n* mūr-
nieks
bride [braid] *n* līgava; jaun-
laulātā
bridegroom ['braidgrum] *n*
līgavainis; jaunlaulātais

bridge [bridʒ] *n* tilts
bridle ['braidl] **I** *n* iemaukti;
II *v* 1. uzlikt iemauktus;
2. iegrožot; savaldīt
brief [briːf] *a* īss; ◇ in b. —
īsumā
briefcase ['briːfkeis] *n* mape
briefs [briːfs] *n pl* 1. īsās
bikses; 2. īsās apakšbikses
bright [brait] *a* 1. spilgts;
b. colours — spilgtas krā-
sas; 2. attapīgs; gudrs;
it's a b. ideal — tā ir lie-
liska doma!
brilliant ['briljənt] *a* 1. spožs;
2. lielisks; izcils
brim [brim] *n (trauka)* ma-
la; full to the b. — pilns
līdz malām
bring [briŋ] *v (p un p. p.*
brought [brɔːt]) atnest;
atvest; to b. about — ra-
dīt; izraisīt; to b. back —
1) atnest atpakaļ; 2) at-
saukt atmiņā; to b.
down — pazemināt *(ce-
nas);* to b. in — nest
(peļņu); to b. up — iz-
audzināt
brisk [brisk] *a* 1. dzīvs;
mundrs; rosīgs; 2. *(par
dzērienu)* dzirkstošs
British ['britiʃ] **I** *n:* the
B. — briti, angļi; **II** *a*
britu-, angļu-
broad [brɔːd] *a* 1. plats;
2. skaidrs; nepārprotams;
b. hint — nepārprotams
mājiens; b. Scotch —
stiprs skotu akcents; ◇ in
b. daylight — gaišā dienas
laikā

broadcast ['brɔːdkɑːst] I *n* radiopārraide; II *v* pārraidīt pa radio

broke *p no* break II

broken ['breukən] I *a* 1. salauzts; 2. izputināts; izputējis; 3. lauzīts *(par valodu)*; in b. French — lauzītā franču valodā; II *p. p. no* break II

broker ['breukə] *n* mākleris; starpnieks

bronchitis [brɔŋ'kaitis] *n* bronhīts

bronze [brɔnz] I *n* bronza; II *a* bronzas-; III *v* bronzēt

brook [bruk] *n* strauts

broom [brum] *n* slota

broth [brɔθ] n buljons

brother ['brʌðə] *n* brālis; b. in arms — ieroču biedrs

brotherhood ['brʌðəhud] *n* brālība; b. of nations — tautu brālība

brother-in-law ['brʌðərinlɔː] *n* svainis

brought *p un p. p. no* bring

brow [brau] *n* uzacs; to bend (knit) one's ~s — saraukt uzacis

brown [braun] *a* brūns; b. bread — rupjmaize

bruise [bruːz] *n* zilums, sasitums

brunette [bruː'net] *n* tumšmate

brush [brʌʃ] I *n* 1. suka; 2. ota; II *v* 1. tīrīt ar suku; 2. sukāt *(matus)*; to b. up — 1) notīrīt; 2) atsvaidzināt *(zināšanas)*

brutal ['bruːtl] *a* brutāls, rupjš

bubble ['bʌbl] *n* burbulis; b. gum — uzpūšamā košļājamā gumija

bucket ['bʌkit] *n* spainis

buckle ['bʌkl] *n* sprādze

buckwheat ['bʌkwiːt] *n* griķi

bud [bʌd] I *n* pumpurs; II *v* pumpuroties

Buddhism ['budizəm] *n* budisms

budget ['bʌdʒit] *n* budžets

buffalo ['bʌfələu] *n* bifelis

buffet ['bufei] *n* bufete, bārs

bug [bʌg] *n* 1. blakts; 2. kukainis

buggy ['bʌgi] *n sp* bagijs

bugle ['bjuːgl] *n* rags; taure

build [bild] *v (p un p. p.* built [bilt]) celt; būvēt; to b. up — 1) apbūvēt; 2) veidot; uzkrāt; to b. up forces — koncentrēt spēkus

builder ['bildə] *n* celtnieks

building ['bildiŋ] *n* 1. celtne, ēka; 2. celtniecība

building-society ['bildiŋsə'saiəti] *n* dzīvokļu celtniecības kooperatīvs

built *p un p. p. no* build

built-in ['bilt'in] *a* iebūvēts *(sienā)*

bulb [bʌlb] *n* 1. *bot* sīpols; 2. spuldze

Bulgarian [bʌl'gɛəriən] I *n* 1. bulgārs; bulgāriete; 2. bulgāru valoda; II *a* bulgāru-

bulk [bʌlk] *n* liels apjoms; liels daudzums; to sell in b. — pārdot vairumā

bulky ['bʌlki] *a* liels; masīvs

bull [bul] *n* bullis

bullet ['bulit] *n* lode
bulletin ['bulitin] *n* biļetens
bullfight ['bulfait] *n* vēršu cīņa
bully ['buli] *n* kauslis; huligāns
bun [bʌn] *n* smalkmaizīte
bunch [bʌntʃ] *n* saišķis; b. of keys — atslēgu saišķis; b. of grapes — vīnogu ķekars
bundle ['bʌndl] *n* sainis; pauna
bungalow ['bʌŋgələu] *n* bungalo, *(vienstāva)* vasarnīca
burden ['bəːdn] *n* 1. nasta; krava; 2. *pārn* nasta; slogs; a. b. of care — rūpju nasta
bureau [bjuə'rəu] *n* 1. birojs; 2. rakstāmgalds
bureaucratic [,bjuərəu'krætik] *a* birokrātisks
burglar ['bəːglə] *n* kramplauzis
burial ['beriəl] *n* bēres, apbedīšana
Burmese [bəː'miːz] I *n* 1. birmietis; birmiete; 2. birmiešu valoda; II *a* birmiešu-
burn [bəːn] I *n* apdegums; II *v* (*p un p. p.* burnt [bəːnt]) 1. [sa] degt; apdegt; 2. [sa] dedzināt; apdedzināt
burning ['bəːniŋ] *a* 1. degošs; 2.: b. question — aktuāls jautājums
burnt *p un p. p. no* burn II
burst [bəːst] I *n* sprādziens; b. of laughter — smieklu šalts; II *v* (*p un p. p.* burst [bəːst]) sprāgt; to

b. in — iedrāzties; to b. out — uzliesmot; sākties *(par karu, epidēmiju)*
bury ['beri] *v* 1. apglabāt, apbedīt; 2. paslēpt; to b. one's face in one's hands — aizklāt seju rokām
bus [bʌs] *n* autobuss; to go by b. — braukt ar autobusu
bush [buʃ] *n* krūms; krūmājs
business ['biznis] *n* 1. nodarbošanās; profesija; what's his b.? — ar ko viņš nodarbojas?; 2. darīšanas; to come on b. — atnākt darīšanās; mind your own b.! — nejaucies citu darīšanās!; 3. bizness; b. hours — darba laiks *(uzņēmumā)*
businessman ['biznismən] *n* biznesmenis
bust [bʌst] *n* 1. krūšutēls; 2. *(sievietes)* krūtis
busy ['bizi] *a* 1. aizņemts; nevaļīgs; the line is b. — [telefona] līnija aizņemta; 2. dzīvs; rosīgs
but [bʌt] I *prep* izņemot; all b. one — visi, izņemot vienu; the last b. one — priekšpēdējais; II *conj* bet; ◇ I cannot b. agree — es nevaru nepiekrist
butcher ['butʃə] *n* miesnieks; the ~'s — gaļas veikals
butter ['bʌtə] I *n* sviests; II *v* uzziest sviestu
butterfly ['bʌtəflai] *n* 1. tauriņš; 2. tauriņstils *(peldēšanā)*

buttocks ['bʌtəks] *n pl* sē-
žamvieta
button ['bʌtn] **I** *n* **1.** poga;
2. *(kontakta, zvana)* poga;
to press the b. — piespiest
pogu; **II** *v* aizpogāt
buttonhole ['bʌtnhəul] *n* pog-
caurums
buy [bai] *v (p un p. p.*
bought [bɔ:t]) **1.** [no]-
pirkt; **2.** *amer* izmaksāt;
I'll b. you a lunch! — es
izmaksāšu tev pusdienas!
buyer ['baiə] *n* pircējs
by [bai] **I** *adv* **1.** blakus; lī-
dzās; **2.** garām; to pass
by — paiet garām; **II** *prep*
1. *(norāda vietu)* pie; by
the river — pie upes;
2. *(norāda laiku)* līdz; by
tomorrow — līdz rītdienai;
3. *(norāda darbības veidu)*

ar; no; by bus — ar auto-
busu; by heart — no gal-
vas; **4.** *(norāda darītāju):*
a novel by Cronin — Kro-
nina romāns; ◇ by the
way — starp citu; by no
means — nekādā ziņā
bye-bye ['bai'bai] *int sar*
paliec sveiks!
Byelorussian [,bjeləu'rʌʃən] **I**
n **1.** baltkrievs; baltkrie-
viete; **2.** baltkrievu valoda;
II *a* baltkrievu-
bypass ['baipɑ:s] **I** *n* apved-
ceļš; **II** *v* apbraukt
by-product ['bai,prɔdʌkt] *n*
blakusprodukts
bystander ['bai,stændə] *n*
aculiecinieks
bystreet ['baistri:t] *n* sān-
iela

Cc

cab [kæb] *n* taksometrs
cabbage ['kæbidʒ] *n* kāposti
cabin ['kæbin] *n* **1.** kajīte;
2. kabīne
cabinet ['kæbinit] *n* **1.** ska-
pītis ar atvilktnēm *(vēs-
tuļu, dokumentu glabāša-
nai);* **2.** ministru kabinets;
valdība
cable ['keibl] **I** *n* **1.** kabelis;
2. tauva; **3.** telegramma;
II *v* telegrafēt
café ['kæfei] *n* kafejnīca
cafeteria [,kæfi'tiəriə] *n* ka-
fetērija
cage [keidʒ] *n* būris; krātiņš

cake [keik] *n* **1.** kūka; torte;
2. gabals; c. of soap —
ziepju gabals; ◇ ~s and
ale — līksmība
calculate ['kælkjuleit] *v* **1.**
kalkulēt, aprēķināt; **2.** do-
māt; uzskatīt
calculator ['kælkjuleitə] *n*
kalkulators
calendar ['kəlində] *n* **1.** ka-
lendārs; **2.** kalendārais
plāns; c. of events — sa-
cīkšu kalendārs
calf [kɑ:f] *n* (*pl* calves
[kɑ:vz]) teļš
call [kɔ:l] **I** *n* **1.** sauciens;
kliedziens; **2.** izsaukums;

3. apmeklējums; to pay a c. — apmeklēt; within c. — tuvumā; **II** *v* 1. [pa] saukt; **2.** nosaukt, what do you c. it in Latvian? — kā to sauc latviski?; **3.** izsaukt; **4.** apmeklēt; to c. **for** — prasīt; to c. **off** — atsaukt; to c. **up** — 1) iesaukt *(karadienestā);* 2) piezvanīt *(pa telefonu);* ◇ to c. to order — saukt pie kārtības; to c. names — lamāties

call-box [ˈkɔːlbɔks] *n* telefona kabīne

calling [ˈkɔːliŋ] *n* profesija; nodarbošanās

calm [kaːm] *a* kluss; mierīgs

calves *pl no* calf

came *p no* come

camel [ˈkæməl] *n* kamielis

camera [ˈkæmərə] *n* 1. fotoaparāts; 2. kinokamera; kinoaparāts

camera-man [ˈkæmərəmæn] *n* kinooperators

camp [kæmp] I *n* nometne; II *v* dzīvot nometnē; to c. **out** — pārgulēt teltī

campaign [kæmˈpein] *n* kampaņa

camp-bed [ˈkæmpˈbed] *n* saliekamā gulta

camping [ˈkæmpiŋ] *n* kempings

campus [ˈkæmpəs] *n* universitātes (skolas) teritorija

canᵃ [kæn] I *n* 1. kanna; 2. konservu kārba; II *v* konservēt

canᵇ [kæn] *mod. v (p* could [kud]*)* varēt; spēt; prast; c. you swim? — vai tu

proti peldēt?; I c. speak English — es runāju angliski

Canadian [kəˈneidjən] I *n* kanādietis; kanādiete; II *a* kanādiešu-

canal [kəˈnæl] *n (mākslīgi veidots)* kanāls

cancel [ˈkænsəl] *v* 1. atcelt; anulēt; 2. izsvītrot; 3. dzēst *(markas)*

cancer [ˈkænsə] *n med* vēzis

candid [ˈkændid] *a* vaļsirdīgs; atklāts; ◇ c. camera — slēptā kamera

candidacy [ˈkændidəsi] *n* kandidatūra

candidate [ˈkændidit] *n* kandidāts

candle [ˈkændl] *n* svece

candlestick [ˈkændlstik] *n* svečturis

candy [ˈkændi] *n* 1. stiklene; 2. *amer* konfektes; saldumi

cane [kein] *n* 1. niedre; 2. *(niedres)* spieķis; c. chair — pīts krēsls

canned [kænd] *a* konservēts; c. goods — konservi; ◇ c. music — ierakstu mūzika

cannon [ˈkænən] *n* lielgabals

cannot [ˈkænət] *mod v.* can *nolieguma forma*

canoe [kəˈnuː] *n* kanoe; smailīte

can-opener [ˈkænəupnə] *n* konservu kārbu atgriežamais

can't [kaːnt] *sar saīs. no* cannot

canteen [kænˈtiːn] *n (rūpnīcas, uzņēmuma)* ēdnīca

canvas ['kænvəs] *n* 1. audekls; brezents; 2. glezna; audekls
cap [kæp] *n* 1. cepure; žokejcepure; 2. peldcepure
capable ['keipəbl] *a* spējīgs; apdāvināts; ◇ c. of improvement — labojams
capacity [kə'pæsiti] *n* 1. tilpība; tilpīgums; filled to c. — pārpildīts līdz pēdējai iespējai; 2. stāvoklis; in the c. of diplomat — kā diplomāts; 3. *tehn* jauda
cape [keip] *n* zemesrags
capitala ['kæpitl] *n* kapitāls
capitalb ['kæpitl] I *n* 1. galvaspilsēta; 2. lielais burts; II *a* 1. lielais *(par burtu)*; 2. *sar* lielisks; ◇ c. punishment — nāvessods
capitalism ['kæpitəlizəm] *n* kapitālisms
capitalist ['kæpitəlist] I *n* kapitālists; II *a* kapitālistisks
captain ['kæptin] *n* kapteinis
caption ['kæpʃən] *n* 1. *(raksta)* virsraksts; 2. paraksts *(zem ilustrācijas)*
capture ['kæptʃə] *v* sagrābt
car [kaː] *n* 1. automašīna; 2. *(tramvaja, amer arī dzelzceļa)* vagons
caravan ['kærəvæn] *n* 1. karavāna; 2. autofurgons
carbon-paper ['kaːbən,peipə] *n* kopējamais papīrs
card [kaːd] *n* 1. *(spēļu)* kārts; 2. karte; calling c. — vizītkarte; invitation c. — ielūgums; ◇ c. index — kartotēka

cardboard ['kaːdbɔːd] *n* kartons
cardiac ['kaːdiæk] *n med* sirdslīdzeklis
cardigan ['kaːdigən] *n* vilnas jaka
cardinala ['kaːdinl] *n* kardināls
cardinalb ['kaːdinl] *a* galvenais; pamata-; c. numbers — pamata skaitļa vārdi; ◇ four c. points — četras debespuses
care [kɛə] I *n* 1. rūpes; gādība; medical c. — medicīniskā palīdzība; to take c. *(of)* — rūpēties; 2. piesardzība; uzmanība; take c.! — uzman[iet]ies!; II *v* 1. *(for)* rūpēties; gādāt; 2. *(about)* raizēties; I don't c. — man vienalga
career [kə'riə] *n* 1. karjera; 2. nodarbošanās; profesija; c. guidance — profesionālā orientācija
carefree ['kɛəfriː] *a* bezrūpīgs
careful ['kɛəful] *a* 1. rūpīgs; gādīgs; 2. piesardzīgs; uzmanīgs; be c.! — uzmanies!
careless ['kɛəlis] *a* neuzmanīgs; paviršs
caress [kə'res] I *n* glāsts; II *v* glāstīt
cargo ['kaːgəu] *n (kuģa)* krava; c. ship — tirdzniecības kuģis
caricature [,kærikə'tjuə] *n* karikatūra
carnation [kaː'neiʃən] *n* neļķe

carnival ['kɑːnivəl] *n* karnevāls

carousal [kə'rauzəl] *n* iedzeršana

carp [kɑːp] *n* karpa

carpenter ['kɑːpintə] *n* namdaris

carpet ['kɑːpit] *n* paklājs

carriage ['kærɪdʒ] *n* 1. ekipāža; rati; 2. *(pasažieru)* vagons; 3. pārvadāšana; transports

carrier ['kæriə] *n* 1. nesējs; 2. *amer* pastnieks; 3. *(motocikla)* blakusvāģis; 4. *med* baciļu nēsātājs; 5.: c. rocket — nesējraķete

carrot ['kærət] *n* burkāns

carry ['kæri] *v* 1. vest; pārvadāt; 2. nest; iznēsāt; 3. balstīt *(par kolonnām);* 4. izturēties; uzvesties; 5. aizraut; to c. **away** — aiznest; to c. **on** — turpināt; to c. **out** — realizēt; ◇ to c. **the day** — gūt uzvaru

cart [kɑːt] *n* rati; divriči

cartoon [kɑː'tuːn] *n* 1. karikatūra; 2. *(arī* animated c.) multiplikācijas filma

cartoonist [kɑː'tuːnist] *n* karikatūrists

cartridge ['kɑːtrɪdʒ] *n* 1. patrona; 2. *amer* kasete

carve [kɑːv] *v* griezt *(kokā, kaulā);* kalt *(akmenī)*

caseᵃ [keis] *n* 1. gadījums; in any c. — jebkurā gadījumā; in c. he comes — gadījumā, ja viņš atnāk; just in c. — katram gadījumam; 2. *jur* lieta; 3. *med* slimības gadījums; 4. *gram* locījums

caseᵇ [keis] *n* 1. kaste; kārba; 2. futrālis; maksts

case-history ['keis,histəri] *n* slimības vēsture

cash [kæʃ] *n* 1. nauda; he is in c. — viņam ir nauda; 2. *(arī* ready c.) skaidra nauda; to pay in c. — maksāt skaidrā naudā; c. on delivery — ar pēcmaksu; c. register — kases aparāts

cashier [kæ'ʃiə] *n* kasieris

cassette [kə'set] *n* kasete; c. recorder — kasešu magnetofons

cast [kɑːst] **I** *n* 1. metiens, sviediens; 2. veidne; 3. *(rakstura)* veidojums; c. of mind — domāšanas veids; 4. *teātr* tēlotāju sastāvs; **II** *v (p un p. p.* cast [kɑːst]) 1. mest, sviest; to c. anchor — izmest enkuru; to c. a look — uzmest skatienu; 2. sadalīt *(lomas);* ◇ to c. light — ieviest skaidrību

castle ['kɑːsl] *n* 1. pils; 2. tornis *(šahā)*

casual ['kæʒjuəl] *a* 1. nejaušs; 2. gadījuma rakstura-; c. worker — gadījuma darbu strādnieks; 3. paviršs; 4. *(par apģērbu)* ikdienas-; for c. wear — ikdienas valkāšanai

casualt‖y ['kæʒjuəlti] *n* 1. nelaimes gadījums; 2. nelaimes gadījumā cietušais; 3.: ∼ies *pl* — zaudējumi, upuri *(karā);* c. clearing station — evakuācijas punkts; c. list — krituŝo un ievainoto saraksts

cat [kæt] *n* kaķis; ◇ to let the c. out of the bag — izpļāpāt noslēpumu

catalogue ['kætələg] *n* katalogs

catastrophe [kə'tæstrəfi] *n* katastrofa

catch [kætʃ] I *n* loms; II *v* (*p un p. p.* caught [kɔːt]) 1. noķert; saķert; 2. pagūt; paspēt; to c. the train — pagūt uz vilcienu; 3. saslimt; aplipt; to c. [a] cold — saaukstēties; 4. uztvert *(domu);* to c. up — panākt

catchword ['kætʃwəːd] *n* modes vārds

catchy ['kætʃi] *a* 1. viegli iegaumējams *(par melodiju);* 2. āķīgs

category ['kætigəri] *n* kategorija; šķira

cathedral [kə'θiːdrəl] *n* katedrāle

catholic ['kæθəlik] I *n* katolis; II *a* katoļu-

cattle ['kætl] *n* liellopi

Caucasian [kɔː'keizjən] I *n* kaukāzietis; kaukāziete; II *a* kaukāziešu-

caught *p un p. p. no* catch II

cauliflower ['kɔliflauə] *n* ziedu kāposti

cause [kɔːz] I *n* 1. cēlonis; 2. iemesls; pamats; 3. *pārn* lieta; the c. of peace — miera lieta; II *v* būt par cēloni; radīt; to c. trouble — radīt nepatikšanas

caution ['kɔːʃən] *n* 1. piesardzība; 2. brīdinājums

cave [keiv] *n* ala

caviar[e] ['kæviaː] *n* kaviārs

cavity ['kæviti] *n* caurums; dobums

cayenne [kei'en] *n* sarkanie pipari

cease [siːs] *v* beigt; pārtraukt; to c. working — pārtraukt darbu

ceiling ['siːliŋ] *n* griesti

celebrate ['selibreit] *v* svinēt

celebration [ˌseli'breiʃən] *n* svinības

celebrity [si'lebrəti] *n* 1. slava; 2. slavenība

celery ['seləri] *n* selerija

cell [sel] *n* 1. *(cietuma)* kamera; 2. *biol* šūna; 3. *el* elements

cellar ['selə] *n* pagrabs

cemetery ['semitri] *n* kapsēta

censorship ['sensəʃip] *n* cenzūra

census ['sensəs] *n (statistiska)* skaitīšana; population c. — tautskaite

cent [sent] *n* cents; per c. — procents

centenary [sen'tiːnəri] *n* 1. gadsimts; 2. simtgade

centigrade ['sentigreid] *a* simtgrādu-; c. thermometre — Celsija termometrs

central ['sentrəl] *a* centrāls; galvenais; c. heating — centrālapkure

centre ['sentə] *n* 1. centrs; shopping c. — tirdzniecības centrs; c. of gravity — smaguma centrs; 2. *sp*

centra spēlētājs; c. forward — centra uzbrucējs
century [ˈsentʃuri] *n* gadsimts
ceramics [siˈræmiks] *n* keramika
cereal [ˈsiəriəl] I *n (parasti pl)* 1. graudaugi; 2. miltu ēdiens; II *a* graudu-; miltu-
ceremony [ˈseriməni] *n* ceremonija
certain [ˈsəːtn] *a* 1. drošs; neapšaubāms; 2. pārliecināts; to feel c. — būt pārliecinātam; to make c. *(of)* — pārliecināties; 3. zināms; kāds; under c. circumstances — zināmos apstākļos; ◊ for c. — droši
certainly [ˈsəːtnli] *adv* bez šaubām, protams
certificate [səˈtifikit] *n* apliecība; birth c. — dzimšanas apliecība
chain [tʃein] *n* ķēde; ◊ ch. reaction — ķēdes reakcija
chair [tʃeə] *n* 1. krēsls; take a ch., pleasel — sēdieties, lūdzul; 2. katedra; profesūra; 3. priekšsēdētāja vieta; to be in the ch. — vadīt sapulci; to take *(or* leave) the ch. — atklāt *(vai* slēgt) sapulci
chair-bed [ˈtʃeəˈbed] *n* dīvānkrēsls
chairman [ˈtʃeəmən] *n* priekšsēdētājs
chalk [tʃɔːk] *n* krīts
challenge [ˈtʃælindʒ] *n* 1. izaicinājums *(uz sacen-*

sību); 2. sarežģīta problēma, grūts uzdevums
chamber [ˈtʃeimbə] *n (parlamenta)* palāta; ◊ ch. music — kamermūzika
champagne [ʃæmˈpein] *n* šampanietis
champion [ˈtʃæmpjən] *n* 1. čempions; 2. cīnītājs; aizstāvis; ch. of peace — miera cīnītājs
championship [ˈtʃæmpjənʃip] *n* 1. meistarsacīkstes; čempionāts; world ch. — pasaules meistarsacīkstes; 2. čempiona nosaukums; to contend for the ch. — cīnīties par pirmo vietu
chance [tʃaːns] *n* 1. gadījums; nejaušība; by ch. — nejauši; 2. iespēja; izdevība; to take one's ch. — izmēģināt laimi; not the least ch. — nekādu izredžu
chancellor [ˈtʃaːnsələ] *n* kanclers
change [tʃeindʒ] I *n* 1. pārmaiņa; for a ch. — pārmaiņas pēc; 2. *(veļas)* kārta; 3. sīknauda; *(mainot)* izdotā nauda; 4. pārsēšanās *(citā satiksmes līdzeklī);* no ch. for Riga — līdz Rīgai bez pārsēšanās; II *v* 1. mainīt; pārmainīt; to ch. colour — nosarkt *vai* nobālēt; to ch. one's mind — pārdomāt; 2. pārģērbties; 3. izmainīt *(naudu);* 4. pārsēsties *(citā satiksmes līdzeklī);* to ch. down — ieslēgt mazāku ātrumu; to ch. up — ieslēgt lielāku ātrumu

channel ['tʃænl] *n* 1. jūras šaurums; the [English] Ch. — Lamanšs; 2. kanāls; 3. *(informācijas)* avots

chap [tʃæp] *n sar* puisis; nice ch. — lāga zēns; old ch.l — veco zēnl

chapter ['tʃæptə] *n (grāmatas)* nodaļa

character ['kæriktə] *n* 1. raksturs; 2. raksturīga pazīme; 3. reputācija; 4. *lit* tēls, raksturs; 5. burts; rakstu zīme; Chinese ~s — ķīniešu hieroglifi

characteristic [,kəriktə'ristik] *a* raksturīgs

characterize ['kæriktəraiz] *v* raksturot

charcoal ['tʃaːkəul] *n* 1. kokogle; 2. ogles zīmulis

charge [tʃaːdʒ] I *n* 1. lādiņš; 2. cena; maksa; ~s *pl* — izdevumi; free of ch. — bezmaksas-; 3. pārziņa; aizbildniecība; 4. apsūdzība; II *v* 1. uzlādēt *(ieroci, akumulatoru);* 2. ņemt maksu; what do you ch. for it? — cik jūs prasāt par to?, cik tas maksā?; 3. *(with)* uzticēt; uzdot 4. apsūdzēt

charity ['tʃæriti] *n* 1. labdarība; 2. žēlsirdība

charm [tʃaːm] I *n* burvīgums; pievilcība; II *v* apburt; valdzināt

charming ['tʃaːmiŋ] *a* burvīgs; valdzinošs

chart [tʃaːt] *n* 1. *(jūras)* karte; 2. diagramma; tabula

chase [tʃeis] I *n* pakaļdzīšanās; vajāšana; to give ch. — dzīties pakaļ; II *v* dzīties pakaļ

chat [tʃæt] I *n* tērzēšana; II *v* tērzēt

chatterbox ['tʃætəbɔks] *n* pļāpa

cheap [tʃiːp] *a* lēts

cheat [tʃiːt] *v* krāpt; blēdīties

check [tʃek] I *n* 1. kavēklis; 2. kontrole; pārbaude; 3. *(garderobes)* numurs; 4. šahs *(šahā);* 5. *amer* čeks; II *v* 1. aizkavēt; aizturēt; 2. kontrolēt; pārbaudīt; 3. pieteikt šahu *(šahā);* to ch. in — reģistrēties *(viesnīcā);* to ch. out — atbrīvot numuru *(viesnīcā);* to ch. up — pārbaudīt

check-in ['tʃekin] *n* reģistrācija *(lidostā);* ch.-in counter — pasažieru reģistrācijas vieta

checkmate ['tʃekmeit] I *n* šahs un mats; II *v* pieteikt matu *(šahā)*

check-out ['tʃekaut] *n* kontrole *(pie izejas pašapkalpes veikalā)*

check-up ['tʃekʌp] *n* pārbaude

cheek [tʃiːk] *n* 1. vaigs; 2. nekaunība

cheekbone ['tʃiːkbəun] *n* vaiga kauls

cheer [tʃiə] I *n* piekrišanas (urā) saucıens; II *v* 1. uzmundrināt; ch. upl — galvu augšāl; 2. sveikt ar gavilēm

cheerio ['tʃiəri'əu] *int sar*
1. uz jūsu veselību!;
2. visu labu!

cheese [tʃiːz] *n* siers

chemical ['kemikəl] I *n:* ~s
pl — ķimikālijas; II *a* ķī-
misks; ķīmijas-; ch. ferti-
lizers — minerālmēsli

chemise [ʃə'miːz] *n* (sie-
viešu) krekls

chemist ['kemist] *n* 1. ķīmi-
ķis; 2. aptiekārs; ~'s
[shop] — aptieka

chemistry ['kemistri] *n* ķī-
mija; inorganic ch. — ne-
organiskā ķīmija

cheque [tʃek] *n* čeks; to
cash a ch. — saņemt
naudu pret čeku; to draw
a ch. — izrakstīt čeku

cheque-book ['tʃekbuk] *n*
čeku grāmatiņa

cherry ['tʃeri] *n* ķirsis; ch.
brandy — ķiršu liķieris

chess [tʃes] *n* šahs

chess-board ['tʃesbɔːd] *n*
šaha galdiņš

chessman ['tʃesmæn] *n* šaha
figūra

chess-player ['tʃes,pleiə] *n*
šahists

chest [tʃest] *n* 1. kaste;
lāde; ch. of drawers — ku-
mode; medicine ch. — mā-
jas aptieciņa; 2. *anat*
krūšukurvis

chestnut ['tʃesnʌt] I *n* kas-
tanis; II *a* kastaņkrāsas-

chew [tʃuː] *v* košļāt

chewing-gum ['tʃuː(ː) iŋgʌm]
n košļājamā gumija

chicken ['tʃikin] *n* 1. cālis;
2. vista *(ēdiens);* ch.
soup — vistas buljons

chief [tʃiːf] I *n* 1. vadītājs;
priekšnieks; šefs; 2. *(cilts)*
virsaitis; II *a* galvenais;
pamata-; ch. problem —
galvenā problēma

chiefly ['tʃiːfli] *adv* galveno-
kārt

child [tʃaild] *n* (*pl* children
['tʃildrən]) bērns; from a
ch. — no bērnu dienām

childhood ['tʃaildhud] *n* bēr-
nība

children *pl no* child

Chilean ['tʃiliən] I *n* čīlietis;
čīliete; II *a* čīliešu-

chill [tʃil] I *n* 1. vēsums;
aukstums; 2. saaukstēša-
nās; to catch a ch. — sa-
aukstēties; II *a* vēss; III *v*
1. atdzesēt; 2. stindzināt

chimney ['tʃimni] *n* skurste-
nis

chin [tʃin] *n* zods

china ['tʃainə] I *n* porce-
lāns; II *a* porcelāna-; ch.
shop — porcelāna izstrā-
dājumu veikals

Chinese ['tʃai'niːz] I *n*
1. ķīnietis; ķīniete; 2. ķī-
niešu valoda; II *a* ķī-
niešu-

chip [tʃip] *n* 1. skaida;
šķila; 2. šķemba; lauska;
3.: ~s *pl sar* — *(salmiņos
sagriezti)* cepti kartupeļi;
fish and ~s — zivs ar
ceptiem kartupeļiem

chocolate ['tʃɔkəlit] *n* 1. šo-
kolāde; 2.: ~s *pl* — šoko-
lādes konfektes

choice [tʃɔis] *n* izvēle; a.
wide ch. — plaša izvēle;
to make one's ch. — izvē-

lēties; ◇ I have no ch. — man nav citas izejas
choir ['kwaiə] *n* koris
choir-master ['kwaiə,maːstə] *n* kormeistars
choke [tʃəuk] *v* 1. žņaugt; 2. smacēt
choose [tʃuːz] *v* (*p* chose [tʃəuz]; *p. p.* chosen ['tʃəuzn]) 1. izvēlēties; 2. *sar* gribēt; vēlēties; he did not ch. to do it — viņš nevēlējās to darīt
chop [tʃɔp] I *n* (*cūkas, jēra*) karbonāde; II *v* [sa] cirst
chopper ['tʃɔpə] *n sar* helikopters
chordᵃ [kɔːd] *n anat* saite; vocal ~s — balss saites
chordᵇ [kɔːd] *n* akords
choreography [,kɔri'ɔgrəfi] *n* horeogrāfija
chorus ['kɔːrəs] *n* 1. koris; in ch. — korī; 2. piedziedājums (*korim*)
chose *p no* choose
chosen *p. p. no* choose
Christian ['kristjən] I *n* kristietis; kristiete; II *a* kristīgs; Ch. name — [priekš]-vārds
Christmas ['krisməs] *n* Ziemsvētki
Christmas-tree ['krisməstriː] *n* Ziemsvētku eglīte
chronic ['krɔnik] *a* hronisks
chronicle ['krɔnikl] *n* hronika
chum [tʃʌm] *n* biedrs; draugs
church [tʃəːtʃ] *n* baznīca; ch. service — dievkalpojums
churchyard ['tʃəːtʃ'jaːd] *n* kapsēta

cigar ['si'gaɪ] *n* cigārs
cigarette [,sigə'ret] *n* cigarete; papiross; have a c.! — smēķējiet!
cigarette-case [,sigə'retkeis] *n* cigarešu etvija
cigarette-holder [,sigə'ret-,həuldə] *n* iemutis
cinder ['sində] *n* izdedži
Cinderella [,sində'relə] *n* Pelnruškīte
cinder-track ['sindətræk] *n* (*ar izdedžiem nobērts*) skrejceļš
cine-camera ['sini,kæmərə] *n* kinokamera, kinoaparāts
cine-film ['sinifilm] *n* kinolente
cinema ['sinəmə] *n* 1. kino, kinematogrāfija; 2. kinoteātris
cinema-goer ['sinəmə,gəuə] *n* kinoskatītājs
cinnamon ['sinəmən] *n* kanēlis
cipher ['saifə] I *n* 1. šifrs; in c. — šifrēts; 2. arābu cipars; 3. nulle; II *v* šifrēt
circle ['səːkl] I *n* 1. riņķis; aplis; 2. (*parasti pl*) aprindas; ruling ~s — valdošās aprindas; 3. cikls; 4. *teātr* balkons; II *v* riņķot
circuit ['səːkit] *n* 1. riņķojums; 2. apkārtmērs; 3. *el* ķēde; short c. — īssavienojums
circulate ['səːkjuleit] *v* 1. cirkulēt; 2. būt apgrozībā (*par naudu*)
circulation [,səːkju'leiʃən] *n* 1. cirkulācija; 2. (*naudas*)

apgrozība; 3. *(laikrakstu, žurnālu)* tirāža

circumstance [ˈsəːkəmstəns] *n* 1. apstāklis; gadījums; under no ~s — nekādā gadījumā; 2.: ~s *pl* — materiālais stāvoklis; reduced ~s — grūti materiālie apstākļi

circus [ˈsəːkəs] *n* cirks

citizen [ˈsitizn] *n* pilsonis

citizenship [ˈsitiznʃip] *n* pavalstniecība

city [ˈsiti] *n* 1. lielpilsēta; 2.: the C. — Sitija *(Londonas tirdzniecības un darījumu rajons)*

civil [ˈsivl] *a* 1. pilsoņu-; c. rights — pilsoņtiesības; c. war — pilsoņkarš; 2. civil-; c. service — civildienests; c. case *jur* — civillieta; c. engineering — celtniecība

civilian [siˈviljən] **I** *n* 1. civilpersona; 2.: ~s *pl* — civiliedzīvotāji; **II** *a* civil-; c. clothes — civilapģērbs

civilization [ˌsivilaiˈzeiʃən] *n* civilizācija

clad *p un p. p. no* **clothe**

claim [kleim] **I** *n* 1. prasība; pretenzija; to lay c. *(to)* — pieprasīt *(to, kas pienākas)*; 2. reklamācija; **II** *v* 1. [pie] prasīt; pretendēt; to c. damages — pieprasīt atlīdzību par zaudējumiem; 2. apgalvot

clap [klæp] *v* plaukšķināt, aplaudēt

clarinet [ˌklæriˈnet] *n* klarnete

clash [klæʃ] **I** *n* 1. žvadzoņa; 2. sadursme; c. of views — domstarpības; **II** *v* 1. žvadzēt; 2. nonākt sadursmē

clasp [klɑːsp] **I** *n* 1. sprādze; 2. apkampiens; 3. rokasspiediens; **II** *v* 1. sasprādzēt; 2. apkampt; 3. spiest *(roku)*

clasp-knife [ˈklɑːspnaif] *n* savāžamais nazis

class [klɑːs] **I** *n* 1. *pol* šķira; working c. — strādnieku šķira; 2. grupa; kategorija; 3. klase *(skolā);* 4. *(mācību)* stunda; kurss; to take ~es in cookery — mācīties kulinārijas kursos; 5. *biol* klase; **II** *a* šķirisks; šķiru-; c. struggle — šķiru cīņa; **III** *v* klasificēt; šķirot

class-consciousness [ˈklɑːsˈkɔnʃəsnis] *n* šķiras apziņa

class-fellow [ˈklɑːsfeləu] *n* klases biedrs

classic [ˈklæsik] **I** *n* klasiķis; **II** *a* klasisks

classify [ˈklæsifai] *v* klasificēt

classroom [ˈklɑːsrum] *n* klase *(telpa)*

clause [klɔːz] *n* 1. *gram* teikums; 2. *(līguma)* pants

claw [klɔː] *n* 1. *(zvēra)* nags; 2. *(vēža)* spīles

clay [klei] *n* māls; māli

clean [kliːn] **I** *a* 1. tīrs; spodrs; 2. balts, neaprakstīts; 3. *pārn* neaptraipīts; **II** *v* tīrīt; spodrināt;

to c. **up** — uzkopt *(telpu, teritoriju)*

clear [kliə] **I** *a* 1. skaidrs; c. sky — skaidras debesis; 2. dzidrs; caurspīdīgs; 3. brīvs *(par ceļu)*; 4. vesels, pilns; a c. month — veselu mēnesi; ◊ to get c. away — tikt vaļā; **II** *v* ,1. novākt; notīrīt; to c. the table — nokopt galdu; 2. atbrīvot *(ceļu, vietu)*; 3. noskaidroties *(par laiku)*; 4. pārvarēt *(šķērsli)*; to c. **away** — 1) nokopt *(galdu)*; 2) izkliedēt *(šaubas)*; to c. **off** — 1) tikt vaļā *(no kā)*; 2) noskaidroties *(par laiku)*

clench [klentʃ] *v* 1. sažņaugt *(dūri)*; 2. sakost *(zobus)*

clergy ['kləːdʒi] *n* garīdzniecība

clergyman ['kləːdʒimən] *n* garīdznieks

clerk [klɑːk] *n* ierēdnis; kantora darbinieks

clever ['klevə] *a* gudrs

client ['klaiənt] *n* 1. klients; 2. *(pastāvīgs)* pircējs

cliff [klif] *n* klints; krauja

climate ['klaimit] *n* klimats

climb [klaim] *v* kāpt; rāpties; to c. a mountain — uzkāpt kalnā

cling [kliŋ] *v (p un p. p.* clung [klʌŋ]) *v* pieķerties; pielipt

clinic ['klinik] *n* klīnika

clipᵃ [klip] *n* saspraude

clipᵇ [klip] *v* 1. cirpt; apgriezt; 2. izgriezt *(piem., no avīzes)*

clipping ['klipiŋ] *n (avīzes)* izgriezums

cloak [kləuk] *n* apmetnis; mantija

cloakroom ['kləukrum] *n* ģērbtuve

clock [klɔk] **I** *n (galda, sienas, torņa)* pulkstenis; **II** *v* uzrādīt laiku *(sportā)*

clock-face ['klɔkfeis] *n* ciparnīca

clockwise ['klɔkwaiz] *adv* pulksteņrādītāja virzienā

closeᵃ [kləus] **I** *a* 1. slēgts; 2. smacīgs; 3. tuvs; ciešs; c. contact — cieša saskare; 4. uzmanīgs; rūpīgs; c. investigation — rūpīga izmeklēšana; ◊ c. season — taupāmais laiks; **II** *adv* tuvu; c. upon — gandrīz

closeᵇ [kləuz] **I** *n* beigas; noslēgums; **II** *v* 1. slēgt; 2. beigt; to c. a discussion — beigt diskusiju

close-up ['kləus'ʌp] *n kino* tuvplāns

closing-time ['kləuziŋtaim] *n (veikalu, iestāžu)* slēgšanas laiks

cloth [klɔθ] *n* audums; drāna; dish c. — trauklupata

clothe [kləuð] *v (p un p. p.* clothed [kləuðd] *vai* clad [klæd]) apģērbt; to c. oneself — apģērbties

clothes [kləuðz] *n pl* apģērbs; drēbes

clothes-brush ['kləuðzbrʌʃ] *n* drēbju suka

clothes-line ['kləuðzlain] *n* veļas aukla

cloud [klaud] *n* mākonis

clover ['kləuvə] *n* āboliņš

clown [klaun] *n* klauns
cluba [klʌb] *n* 1. runga;
2. *(hokeja)* nūja
clubb [klʌb] *n* klubs
clumsy ['klʌmzi] *a* neveikls
clung *p* *un* *p.* *p.* *no* cling
cluster ['klʌstə] *n* 1. ķekars;
c. of grapes — vīnogu ķe-
kars; 2. *(koku)* skupsna;
puduris
coacha [kəutʃ] *n* 1. kariete;
2. *(pasažieru)* vagons;
3. *(tūristu)* autobuss
coachb [kəutʃ] I *n* treneris;
II *v* trenēt
coal [kəul] *n* ogle; akmeņ-
ogles
coalfield ['kəulfiːld] *n* ak-
meņogļu baseins
coal-mine ['kəulmain] *n* ogļ-
raktuves
coarse [kɔːs] *a* rupjš
coast [kəust] I *n* *(jūras)*
krasts; piekraste; II *v*
braukt pa slīpu ceļu *(ar
izslēgtu motoru)*
coat [kəut] *n* 1. mētelis;
2. *(sieviešu)* kostīmjaka;
3.: c. of arms — ģerbonis
cobble ['kɔbl] *n* bruģak-
mens
cobweb ['kɔbweb] *n* zirnekļ-
tīkls
coca-cola ['kəukə'kəulə] *n*
kokakola
cock [kɔk] *n* gailis
cockney ['kɔkni] *n* 1. kok-
nejs *(Londonas austrum-
daļas dialekts)*; 2. kokne-
jietis *(Londonas austrum-
daļas iedzīvotājs)*
cocktail ['kɔkteil] *n* koktei-
lis
cocoa ['kəukəu] *n* kakao

coconut ['kəukənʌt] *n* kokos-
rieksts
cod [kɔd] *n* menca
code [kəud] *n* 1. kodekss;
criminal c. — kriminālko-
dekss; 2. kods; šifrs; Morse
c. — Morzes ābece
co-ed ['kəu'ed] *n* sar kopap-
mācības skolas skolēns
co-education ['kəu,edju(ː)-
keiʃən] *n* kopapmācība
coexistence ['kəuig'zistəns]
n līdzāspastāvēšana; peace-
ful c. — mierīga līdzās-
pastāvēšana
coffee ['kɔfi] *n* kafija; white
c. — kafija ar pienu
coffee-grinder ['kɔfi,graində]
n kafijas dzirnaviņas
coffee-pot ['kɔfipɔt] *n* kafij-
kanna
coffin ['kɔfin] *n* zārks
cognac ['kɔnjæk] *n* konjaks
coin [kɔin] *n* monēta; small
c. — sīknauda
coincide [,kəuin'said] *v* sa-
krist
coincidence [kəu'insidəns] *n*
sakritība
cold [kəuld] I *n* 1. auk-
stums; 2. saaukstēšanās;
c. in the head — iesnas;
to catch c. — saaukstē-
ties; II *a* auksts; to be
c. — salt
collaborate [kə'læbəreit] *v*
sadarboties
collaboration [kə,læbə'reiʃən]
n sadarbība
collapse [kə'læps] I *n* 1. sa-
brukšana;   sagrūšana;
2. *(plānu, cerību)* sabru-
kums; 3. *med* kolapss; II *v*

1. sabrukt; sagrūt; **2.** zaudēt spēkus

collapsible [kə'læpsəbl] *a (par krēslu, divriteni)* saliekams

collar ['kɔlə] *n* **1.** apkakle; apkaklīte; **2.** kakla siksna

collarbone ['kɔləbəun] *n anat* atslēgas kauls

colleague ['kɔliːg] *n* kolēģis; kolēģe

collect [kə'lekt] *v* **1.** [sa]vākt; **2.** kolekcionēt; krāt; to c. stamps — krāt markas; **3.** pulcēties; sanākt

collection [kə'lekʃən] *n* **1.** [sa]vākšana; **2.** kolekcionēšana; krāšana; **3.** kolekcija

collective [kə'lektiv] *a* kolektīvs; c. agreement — kolektīvs līgums; c. farm — kolhozs; c. farmer — kolhoznieks

collector [kə'lektə] *n* **1.** *(nodokļu)* ievācējs; **2.** kolekcionārs

college ['kɔlidʒ] *n* koledža; what c. are you from? — kur jūs studējat?

collie ['kɔli] *n* Skotijas aitu suns, kollijs

collier ['kɔliə] *n* ogļracis

colliery ['kɔljəri] *n* ogļraktuves

collision [kə'liʒən] *n* sadursme

colloquial [kə'ləukwiəl] *a* sarunu- *(par valodu, vārdu, izteicienu)*

colonel ['kəːnl] *n* pulkvedis

colonial [kə'ləunjəl] *a* koloniāls; koloniju-

colonize ['kɔlənaiz] *v* kolonizēt

colonizer ['kɔlənaizə] *n* kolonizators

colony ['kɔləni] *n* kolonija

colour ['kʌlə] *n* **1.** krāsa; nokrāsa; **2.** krāsa; krāsviela; **3.** *(sejas)* sārtums; to lose one's c. — nobālēt; **4.** kolorīts; **5.:** c. film — krāsaina filma

colourcast ['kʌləkaːst] *n* krāsains televīzijas raidījums

colt [kəult] *n* kumeļš

column ['kɔləm] *n* **1.** *arhit, mil* kolonna; **2.** stabs; stabiņš; c. of mercury — dzīvsudraba stabiņš; **3.** sleja

columnist ['kɔləmnist] *n amer* feļetonists

comb [kəum] **I** *n* ķemme; **II** *v* ķemmēt

combat ['kɔmbət] *n* kauja; cīņa

combination [,kɔmbi'neiʃən] *n* kombinācija

combine I *n* ['kɔmbain] **1.** kombains; **2.** kombināts; sindikāts; **II** *v* [kəm'bain] **1.** apvienot; **2.** apvienoties; **3.** kombinēt

combustion [kəm'bʌstʃən] *n* [sa]degšana; c. engine *tehn* — iekšdedzes dzinējs

come [kʌm] *v (p* came [keim]; *p. p.* come [kʌm]) **1.** atnākt; atbraukt; c. and see us — nāciet pie mums ciemos; **2.** kļūt; to c. true — piepildīties; to c. about — notikt; to c. across — nejauši satikt; to c. along — iet līdz; c. along! — nāc!; to c.

back — atgriezties; to c.
in — ienākt; to c. **off** —
1) notrūkt; 2) norisinā-
ties; to c. **out** — 1) iz-
nākt *(par grāmatu);*
2) izrādīties; ◇ to c. to
know — uzzināt; to c.
true — piepildīties; c.
what may — lai notiek
kas notikdams

comedy ['kɔmidi] *n* komē-
dija

comfort ['kʌmfət] I *n* 1. mie-
rinājums; 2. komforts; II *v*
mierināt

comfortable ['kʌmfətəbl] *a*
ērts; komfortabls; are you
c.? — vai jums ir ērti?

comforter ['kʌmfətə] *n*
1. silta vilnas šalle;
2. *amer* vatēta sega

comic ['kɔmik] *a* komisks;
jocīgs; c. [strip] — ko-
mikss

command [kə'maːnd] I *n*
1. komanda; pavēle; 2. pa-
vēlniecība; to be in c.
(of) — komandēt; 3. *(va-
lodas)* prasme; II *v* 1. pa-
vēlēt; 2. komandēt

commander [kə'maːndə] *n*
komandieris; pavēlnieks

comment ['kɔment] I *n* do-
mas *(par ko);* atsauksme;
II *v* izteikt domas *(par ko)*

commentary ['kɔməntəri] *n*
1. komentāri; running c. —
[radio] reportāža; 2. diktora
teksts *(filmā)*

commentator ['kɔmenteitə] *n*
[radio] komentētājs

commerce ['kɔmə(ː)s] *n*
tirdzniecība, komercija

commercial [kə'məːʃəl] I *n*
reklāmraidījums; II *a* tirdz-
niecības-; c. treaty — tirdz-
niecības līgums

commission [kə'miʃən] *n*
1. pilnvarojums; 2. komi-
sija; komiteja; 3. komisija;
komisijas nauda; 4. uz-
devums; here's a c. for
you! — lūk, jums uzde-
vums!

commit [kə'mit] *v* 1. izda-
rīt *(noziegumu, pašnāvī-
bu);* 2. nodot; atdot; to
c. to flames — iesviest
ugunī

committee [kə'miti] *n* komi-
teja; komisija

commodity [kə'mɔditi] *n* pa-
tēriņa priekšmets; prece

common ['kɔmən] *a* 1. ko-
pējs; kopīgs; 2. vienkāršs;
parasts; ◇ c. sense — ve-
selais saprāts

commonplace ['kɔmənpleis]
a banāls, nodrāzts

commonwealth ['kɔmənwelθ]
n valsts; republika; the
British C. of Nations —
Britu nāciju sadraudzība

commune ['kɔmjuːn] *n* ko-
mūna

communicate [kə'mjuːnikeit]
v 1. *(to)* paziņot; darīt zi-
nāmu; 2. sazināties

communication [kə͵mjuːni-
'keiʃən] *n* 1. paziņojums;
2. sakari; satiksme; lines of
c. — satiksmes ceļi; 3. sa-
zināšanās

communism ['kɔmjunizəm] *n*
komunisms

communist ['kɔmjunist] I n
komunists; II a komunis-
tisks
community [kə'mjuːniti] n
1. kopiena; 2. sabiedrība;
3. *(interešu)* kopība; 4. ap-
dzīvota vieta; mikrorajons;
c. centre — sabiedriskais
centrs
commutation [ˌkɔmju'teiʃn] n
ikdienas braukšana uz dar-
bu *(no piepilsētas uz cen-
tru);* c. card — braukša-
nas kartīte
commute [kə'mjuːt] v braukt
ik dienas uz darbu *(no pie-
pilsētas uz centru)*
compact I n ['kɔmpækt] pū-
dernīca *(ar presētu pūde-
ri);* II a [kəm'pækt] kom-
pakts; blīvs
companion [kəm'pænjən] n
1. biedrs; 2. ceļabiedrs; pa-
vadonis
company ['kʌmpəni] n 1. sa-
biedrība; kompānija; to
keep c. *(with)* — saieties;
2. *ek* sabiedrība; 3. viesi;
I am expecting c. this
night — es gaidu viesus
šovakar; 4. *(teātra)* trupa;
stock c. — pastāvīga trupa
comparative [kəm'pærətiv] a
1. salīdzinošs; c. method —
salīdzinoša metode; 2. re-
latīvs
compare [kəm'peə] v salīdzi-
nāt
comparison [kəm'pærisn] n
salīdzinājums; in c. with —
salīdzinājumā ar; beyond
[all] c. — ne ar ko nesa-
līdzināms; degrees of c.

gram — salīdzināmās pa-
kāpes
compartment [kəm'paːtmənt]
n 1. nodalījums; 2. kupeja
compass ['kʌmpəs] n kom-
pass
compassion [kəm'pæʃən] n
līdzjūtība
compatriot [kəm'pætriət] n
tautietis
compel [kəm'pel] v piespiest;
likt
compensate ['kɔmpenseit] v
atlīdzināt, kompensēt *(zau-
dējumus)*
compete [kəm'piːt] v 1. sa-
censties; 2. konkurēt
competition [ˌkɔmpi'tiʃən] n
1. sacensība; sacīkstes;
chess c. — šaha turnīrs;
2. konkurence; 3. konkurss
competitioner [ˌkɔmpi'tiʃənə]
n sacīkšu dalībnieks
competitor [kəm'petitə] n
sāncensis; konkurents
compile [kəm'pail] v 1. kom-
pilēt; 2. sastādīt *(vārdnī-
cas u. tml.);* 3. vākt *(ma-
teriālus, faktus)*
complain [kəm'plein] v *(of)*
sūdzēties; žēloties *(piem.,
par sāpēm)*
complaint [kəm'pleint] n
1. sūdzība; 2. kaite; sli-
mība
complete [kəm'pliːt] I a
pilns; pilnīgs; c. [set of]
works — pilns kopoto rak-
stu krājums; II v pabeigt
completely [kəm'pliːtli] adv
pilnīgi
complex ['kɔmpleks] I n
komplekss; II a sarežģīts,
komplicēts

complexion [kəm'plekʃən] n
sejaskrāsa

compliance [kəm'plaiəns] n
piekrišana; in c. with —
saskaņā ar

complicate ['kɔmplikeit] v
sarežģīt

compliment I n ['kɔmpli-
mənt] 1. komplimentis; to
pay a c. — pateikt kom-
plimentu; 2.: ~s pl — ap-
sveikums; sveicieni; give
him my ~s! — pasveici-
niet viņu no manis!; with
~s — ar sveicienu (vēstu-
les nobeigumā); II v
['kɔmpliment] 1. teikt
komplimentus; 2. (on) ap-
sveikt

comply [kəm'plai] v 1. pie-
krist; 2. izpildīt (lūgumu)

compose [kəm'pəuz] v
1. sastādīt; 2. sacerēt;
komponēt; 3. nomierināt;
to c. oneself — nomieri-
nāties

composed [kəm'pəuzd] a
mierīgs; nosvērts

composer [kəm'pəuzə] n
komponists

composition [,kɔmpə'ziʃən] n
1. kompozīcija; 2. sastāvs;
3. skaņdarbs; 4. (skolas)
sacerējums

compound ['kɔmpaund] a
salikts

comprehensive [,kɔmpri-
'hensiv] a vispusīgs; vis-
aptverošs; c. school — vis-
pārizglītojošā skola

compress I n ['kɔmpres]
komprese; II v [kəm'pres]
saspiest

comprise [kəm'praiz] v
ietvert; saturēt; this dic-
tionary ~s 8000 words —
šajā vārdnīcā ir 8000 vār-
du

compromise ['kɔmprəmaiz] I
n kompromiss; II v 1. iet
kompromisa ceļu; 2. kom-
promitēt

compulsory [kəm'pʌlsəri] a
piespiedu-; obligāts; c. edu-
cation — obligātā izglī-
tība

computer [kəm'pjuːtə] n
[elektroniskā] skaitļošanas
mašīna, [elektroniskais]
skaitļotājs

comrade ['kɔmrid] n biedrs

conceal [kən'siːl] v [no]-
slēpt; noklusēt

concentrate ['kɔnsəntreit] v
1. koncentrēt; 2. koncentrē-
ties

concentration [,kɔnsən-
'treiʃən] n koncentrācija;
c. camp — koncentrācijas
nometne

conception [kən'sepʃən] n
koncepcija; uztvere

concern [kən'səːn] I n
1. rūpes; bažas; to feel
c. — bažīties; 2. līdzdalība;
interese; 3. darīšana; it is
no c. of mine — tā nav
mana darīšana; 4. kon-
cerns; uzņēmums; II v
1. attiekties; as ~s — kas
attiecas uz; 2. rūpēties; ba-
žīties

concerned [kən'səːnd] a 1. ie-
interesēts; 2. norūpējies; c.
look — norūpējies izskats

concerning [kən'səːniŋ] prep
attiecībā uz

concert ['kɔnsət] *n* koncerts
concession [kən'seʃən] *n*
1. piekāpšanās; mutual
~s — savstarpēja piekāp-
šanās; 2. *ek* koncesija
concise [kən'sais] *a* īss;
koncentrēts
conclude [kən'kluːd] *v* 1. pa-
beigt; 2. noslēgt; to c. a
treaty — noslēgt līgumu;
3. secināt
conclusion [kən'kluːʒən] *n*
1. nobeigums; to bring to
a c. — pabeigt; 2. secinā-
jums; slēdziens; to come to
a c. — nākt pie slēdziena;
to draw a c. — secināt
concrete ['kɔŋkriːt] I *n* be-
tons; II *a* konkrēts
concussion [kən'kʌʃən] *n*
(smadzeņu) satricinājums
condemn [kən'dem] *v* noso-
dīt
condense [kən'dens] *v* 1. kon-
densēt; sabiezināt; ~d
milk — kondensēts (iebie-
zināts) piens; 2. kondensē-
ties; sabiezēt
condition [kən'diʃən] *n* 1. no-
teikums, nosacījums; on
c. — ar noteikumu; 2. stā-
voklis; in good c. — labā
stāvoklī; 3.: ~s *pl* — ap-
stākļi; under existing ~s —
pašreizējos apstākļos
condolence [kən'dəuləns] *n*
līdzjūtība; to present
one's ~s — izteikt savu
līdzjūtību

conduct I *n* ['kɔndʌkt] 1. uz-
vešanās; 2. vadīšana; II *v*
[kən'dʌkt] 1.: to c. one-
self — uzvesties; 2. vadīt;
3. diriģēt

conductor [kən'dʌktə] *n*
1. konduktors; 2. diriģents;
3. *fiz* vadītājs
cone [kəun] *n* 1. konuss; ice-
cream c. — saldējums va-
feļu glāzītē; 2. čiekurs
confectionery [kən'fekʃnəri]
n 1. konditoreja; 2. kondi-
torejas izstrādājumi
confer [kən'fəː] *v* 1. *(on)* pie-
šķirt *(grādu);* 2. *(with)*
konsultēties
conference ['kɔnfərəns] *n*
konference, apspriede
confess [kən'fes] *v* 1. atzīt
(vainu); atzīties; 2. sūdzēt
grēkus
confession [kən'feʃən] *n*
1. *(vainas)* atzīšana; atzī-
šanās; 2. grēksūdze
confidence ['kɔnfidəns] *n*
1. uzticēšanās; uzticība; to
place c. in smb. — uzticē-
ties kādam; 2. paļāvība;
pārliecība; 3. pašpaļāvība
confident ['kɔnfidənt] *a*
1. paļāvīgs; pārliecināts;
2. pašpaļāvīgs
confidential [,kɔnfi'denʃəl] *a*
konfidenciāls; slepens
confine [kən'fain] *v* 1. iero-
bežot; 2. ieslodzīt cietumā
confinement [kən'fainmənt] *n*
1. ierobežojums; 2. ieslo-
dzījums; 3. dzemdības
confirm [kən'fəːm] *v* apstip-
rināt
confirmation [,kɔnfə'meiʃən]
n apstiprinājums
conflict ['kɔnflikt] *n* kon-
flikts; sadursme
confuse [kən'fjuːz] *v* 1. sa-
jaukt; 2. apmulsināt

confusion [kən'fjuːʒən] *n*
1. nekārtība; juceklis;
2. apmulsums

congratulate [kən'grætjuleit]
v (on, upon) apsveikt *(ar)*

congratulation [kən‚grætju-
'leiʃən] *n* 1. apsveikšana;
2. *(parasti pl)* apsveikums;
my ~s! — apsveicu!

congress ['kɔŋgres] *n* 1. kon-
gress; 2.: the C. — ASV
kongress

conifer ['kəunifə] *n* skuju-
koks

conjugate ['kɔndʒugeit] *v*
gram locīt *(darbības vār-
du)*

conjunction [kən'dʒʌŋkʃən]
n 1. savienojums; 2. *gram*
saiklis

connect [kə'nekt] *v* 1. sa-
vienot; saistīt; 2. savieno-
ties; saistīties

connection [kə'nekʃən] *n*
1. savienojums; 2. sakars;
saistība; in this c. — šai
sakarā; in c. with — sa-
karā ar; 3. *(vilcienu, ku-
ģu)* saskaņots saraksts;
to miss a c. — nokavēt
pārsēšanos

conquer ['kɔŋkə] *v* iekarot;
uzvarēt

conqueror ['kɔŋkərə] *n* ieka-
rotājs; uzvarētājs

conquest ['kɔŋkwest] *n*
1. iekarošana; 2. iekaro-
jums

conscience ['kɔnʃəns] *n*
sirdsapziņa; good (clear)
c. — tīra sirdsapziņa; bad
(evil) c. — netīra sirds-
apziņa

conscientious [‚kɔnʃi'enʃəs] *a*
apzinīgs; godīgs

conscious ['kɔnʃəs] *a* 1. pie
samaņas esošs; 2.: to be c.
(of) — apzināties; he was
c. of his guilt — viņš ap-
zinājās savu vainu

consciousness ['kɔnʃəsnis] *n*
1. samaņa; to lose c. —
zaudēt samaņu; to recover
c. — atgūt samaņu; 2. ap-
ziņa

consent [kən'sent] I *n* piekri-
šana; by common c. — vi-
siem piekrītot; II *v* pie-
krist

consequence ['kɔnsikwəns] *n*
1. sekas; to take the ~s —
atbildēt par sekām; in c. —
rezultātā; 2. nozīme; svarī-
gums; of no c. — nesva-
rīgs

consequently ['kɔnsikwəntli]
adv tātad

conservation [‚kɔnsə'veiʃn] *n*
konservācija, saglabāšana;
nature c. — dabas aizsar-
dzība

conservative [kən'səːvətiv] I
n konservatīvais; II *a* kon-
servatīvs

conservatoire [kən'səːvətwɑː]
n konservatorija

consider [kən'sidə] *v* 1. ap-
svērt; apdomāt; 2. uzska-
tīt

considerable [kən'sidərəbl]
a ievērojams; liels

consideration [kən'sidə-
'reiʃən] *n* 1. apsvēršana;
apdomāšana; 2. apsvē-
rums; to take into c. —
ņemt vērā; in c. of — ievē-
rojot

consist [kən'sist] *v (of)* sa-
stāvēt
consistent [kən'sistənt] *a*
konsekvents, izturēts
consolation [,kənsə'leiʃən] *n*
mierinājums; c. prize —
veicināšanas prēmija
console [kən'səul] *v* mierināt
consolidate [kən'sɔlideit] *v*
1. nostiprināt; 2. nostipri-
nāties
consonant ['kɔnsənənt] *n*
gram līdzskanis
conspicuous [kən'spikjuəs] *a*
uzkrītošs
conspiracy [kən'spirəsi] *n* sa-
zvērestība
conspire [kən'spaiə] *v* rīkot
sazvērestību
constant ['kɔnstənt] *a* pa-
stāvīgs, konstants
constellation [,kɔnstə'leiʃən]
n zvaigznājs
constipation [,kɔnsti'peiʃən]
n (vēdera) aizcietējums
constituency [kən'stitjuənsi]
n 1. vēlētāji; 2. vēlēšanu
apgabals
constituent [kən'stitjuənt] **I**
n 1. sastāvdaļa; 2. vēlē-
tājs; **II** *a* 1. sastāv-; c.
part — sastāvdaļa; 2. vēlē-
šanu-; 3. likumdošanas-; c.
assembly — satversmes sa-
pulce
constitute ['kɔnstitjuːt] *v*
1. veidot; sastādīt; 2. ie-
celt; pilnvarot
constitution [,kɔnsti'tjuːʃən]
n 1. konstitūcija; 2. ķer-
meņa uzbūve
construct [kən'strʌkt] *v*
1. celt, būvēt; 2. radīt; vei-
dot

construction [kən'strʌkʃən] *n*
1. celtniecība, būvniecība;
2. celtne; 3. konstrukcija
constructive [kən'strʌktiv] *a*
1. celtniecības-; 2. kon-
struktīvs; c. suggestion —
konstruktīvs priekšlikums
consult [kən'sʌlt] *v* konsul-
tēties; to c. a doctor —
griezties pie ārsta; to c. a
dictionary — meklēt
[vārdu] vārdnīcā
consultation [,kɔnsəl'teiʃən]
n 1. konsultācija; 2. *(ār-
stu)* konsilijs
consulting [kən'sʌltiŋ] *a*
konsultējošs; c. physi-
cian — konsultējošais
ārsts; c. room — ārsta ka-
binets
consume [kən'sjuːm] *v* pa-
tērēt
consumer [kən'sjuːmə] *n* pa-
tērētājs; c. goods — plaša
patēriņa preces
consumption [kən'sʌmpʃən] *n*
patērēšana; patēriņš
contact ['kɔntækt] *n* kon-
takts; saskare; to come
into c. — nākt saskarē; to
make c. — nodibināt saka-
rus
contagious [kən'teidʒəs] *a*
(par slimību) infekcijas-;
lipīgs
contain [kən'tein] *v* saturēt;
ietvert
container [kən'teinə] *n* kon-
teiners
contemporary [kən'tempə-
rəri] **I** *n* 1. laikabiedrs;
2. vienaudzis; **II** *a* mūs-
dienu-

contempt [kən'tempt] *n* nicinājums; to hold in c. — nicināt; to show c. *(for)* — izrādīt nicinājumu

contend [kən'tend] *v* 1. cīnīties; 2. strīdēties

contenta ['kɔntənt] *n (parasti pl)* saturs; table of ~s — satura rādītājs

contentb [kən'tent] I *a* apmierināts; II *v* apmierināt

contest I *n* ['kɔntest] 1. strīds; 2. sacensība; II *v* [kən'test] 1. strīdēties; 2. sacensties

continent ['kɔntinənt] *n* kontinents

continual [kən'tinjuəl] *a* nemitīgs; nerimstošs

continuation [kən,tinju'eiʃən] *n* turpinājums

continue [kən'tinju(ː)] *v* 1. turpināt; 2. turpināties; to be ~d — turpinājums sekos

continuous [kən'tinjuəs] *a* nepārtraukts

contract ['kɔntrækt] *n* kontrakts, līgums

contradict [,kɔntrə'dikt] *v* 1. būt pretrunā; 2. noliegt; atsaukt

contradiction [,kɔntrə'dikʃən] *n* 1. pretruna; 2. atsaukums

contrary ['kɔntrəri] I *n* pretējība; on the c. — gluži otrādi; II *a* pretējs; c. wind — pretvējš; III *adv* pretēji; c. to common sense — pretēji veselajam saprātam

contrast I *n* ['kɔntraːst] kontrasts; pretstats; in c. with smth. — pretstatā kam; II *v* [kən'traːst] 1. pretstatīt; 2. kontrastēt

contribute [kən'tribju(ː)t] *v* 1. veicināt; sekmēt; 2. ziedot *(naudu);* 3. dot ieguldījumu *(piem., zinātnē);* 4. darboties līdzi *(laikrakstā u. tml.)*

contribution [,kɔntri'bjuːʃən] *n* 1. palīdzība; 2. *(naudas)* ziedojums; 3. devums; ieguldījums *(piem., zinātnē);* 4. raksts *(laikrakstam);* 5. kontribūcija

control [kən'trəul] I *n* 1. vadība; push-button c. *tehn* — pogvadība; 2. kontrole; pārbaude; 3. ierobežošana; regulēšana; II *v* 1. vadīt; 2. kontrolēt; pārbaudīt; 3. ierobežot; regulēt; to c. one's weight — rūpēties par savu svaru

controversy ['kɔntrəvəːsi] *n* strīds; diskusija; facts beyond c. — neapstrīdami fakti

convalescence [,kɔnvə'lesns] *n* atveseļošanās

convenience [kən'viːnjəns] *n* 1. ērtība; piemērotība; at your c. — kā jums ērtāk; 2.: ~s *pl* — ērtības

convenient [kən'viːnjənt] *a* ērts; piemērots; c. time — piemērots laiks

convention [kən'venʃən] *n* 1. sanāksme; 2. līgums; konvencija

conventional [kən'venʃənl] *a* konvencionāls; vispārpieņemts

conversation [,kɔnvə'seiʃən] *n* saruna

conversion [kən'vəːʃən] *n* 1. pārvēršana; 2. pārvēršanās

convert [kən'vəːt] *v (into)* pārvērst

convey [kən'vei] *v* 1. pārvadāt; transportēt; 2. paziņot; 3. izteikt *(domu);* it does not c. anything — tas neko neizsaka

conveyer [kən'veiə] *n* konveijers

convict ['kɔnvikt] *n* notiesātais; katordznieks

conviction [kən'vikʃən] *n* 1. pārliecība; to carry c. — pārliecināt; būt pārliecinošam; 2. *jur* notiesāšana

convince [kən'vins] *v (of)* pārliecināt

cook [kuk] I *n* pavārs; ķēkša; II *v* 1. vārīt; gatavot ēdienu; 2. vārīties

cookery ['kukəri] *n* kulinārija

cookery-book ['kukəribuk] *n* pavārgrāmata

cool [kuːl] I *a* 1. vēss; dzestrs; 2. mierīgs; aukstasinīgs; to keep c. — saglabāt aukstasinību; II *v* 1. atdzesēt; 2. atdzist

co-operate [kəu'ɔpəreit] *v* sadarboties

co-operation [kəu,ɔpə'reiʃən] *n* 1. sadarbība; 2. kooperācija

co-operative [kəu'ɔpərətiv] I *n* kooperatīvs; II *a* 1. ko-

pējs; apvienots; 2. kooperatīvs; kooperācijas-

co-ordinate [kəu'ɔːdineit] *v* koordinēt; saskaņot

cope [kəup] *v* tikt galā

copper ['kɔpə] *n* varš

copy ['kɔpi] I *n* 1. kopija; 2. eksemplārs; 3. reprodukcija; 4. rokraksts; manuskripts; fair (clean) c. — tīrraksts; rough (foul) c. — melnraksts; II *v* nokopēt

copy-book ['kɔpibuk] *n* burtnīca

copyright ['kɔpirait] *n* autortiesības

cord [kɔːd] *n* aukla; virve; ◇ vocal ~s — balss saites

cordial ['kɔːdjəl] *a* sirsnīgs

cords [kɔːdz] *n pl sar (rupja)* velveta bikses

cork [kɔːk] I *n* korķis; II *v* aizkorķēt

cork-screw ['kɔːkskruː] *n* korķvilķis

corna [kɔːn] *n* 1. grauds; 2. graudaugi; labība; 3. *(ari* Indian c.) *amer* kukurūza

cornb [kɔːn] *n* varžacs

corner ['kɔːnə] I *n* 1. stūris; kakts; at the c. — uz stūra; round the c. — aiz stūra; 2. *sp* stūra sitiens; II *v* iedzīt strupceļā

cornflower ['kɔːnflauə] *n* rudzupuķe

corpse [kɔːps] *n* līķis

correct [kə'rekt] I *a* pareizs; II *v* [iz]labot; koriģēt

correction [kə'rekʃən] *n* 1. labošana; 2. labojums

correspond [,kɔris'pɔnd] *v* 1. *(to)* atbilst; 2. *(with)* sarakstīties

correspondence [ˌkɔris-
'pɔndəns] *n* 1. atbilstība;
2. sarakstīšanās; c. cours-
es — neklātienes kursi;
by c. — neklātienē
correspondent [ˌkɔris'pɔn-
dənt] *n* korespondents
corrupt [kə'rʌpt] I *a* 1. sa-
maitāts; izvirtis; 2. pēr-
kams; piekukuļojams; II *v*
1. samaitāt; demoralizēt;
2. piekukuļot
corruption [kə'rʌpʃən] *n*
1. samaitāšana; demorali-
zēšana; 2. pērkamība; ko-
rupcija
cosmetik [kɔz'metik] I *n*
kosmētika; II *a* kosmētisks
cosmodrome ['kɔzmədrəum]
n kosmodroms
cosmonaut ['kɔzmənɔɪt] *n*
kosmonauts
cosmonautics [ˌkɔzmə-
'nɔɪtiks] *n* kosmonautika
cost [kɔst] I *n* cena; vēr-
tība; ✧ at any c., at all
~s — par katru cenu;
II *v* (*p un p. p.* cost
[kɔst]) [iz]maksāt; what
does it c.? — cik tas mak-
sā?
costume ['kɔstjuːm] *n* kos-
tīms
cosy ['kəuzi] *a* mājīgs, omu-
līgs
cot [kɔt] *n* 1. bērnu gultiņa;
2. *amer* saliekamā gulta;
3. *jūrn* koja
cottage ['kɔtidʒ] *n* kotedža;
vasarnīca
cotton ['kɔtn] I *n* 1. kok-
vilna; 2. kokvilnas audums;
II *a* kokvilnas-

cotton-wool ['kɔtn'wul] *n*
vate
couch [kautʃ] *n* tahta; kušete
cough [kɔf] I *n* klepus; II *v*
klepot
could *p no* can[b]
council ['kaunsl] *n* padome;
town c. — municipalitāte
counsel ['kaunsəl] I *n* 1. ap-
spriede; to take c. — ap-
spriesties; 2. padoms; to
give good c. — dot labu
padomu; 3. advokāts; II *v*
dot padomu
count [kaunt] I *n* rēķins; to
lose c. — sajaukt rēķinu;
II *v* skaitīt; saskaitīt; to
c. on — paļauties (*uz ko*)
counter[a] ['kauntə] *n* lete
counter[b] ['kauntə] I *n* *sp*
pretsitiens; II *a* pretējs;
III *v* 1. darboties pretī;
2. *sp* dot pretsitienu
counter-intelligence ['kauntə-
rin,telidʒəns] *n* pretizlūko-
šana; pretizlūkošanas die-
nests
country ['kʌntri] *n* 1. zeme;
valsts; 2. dzimtene; 3. lauki
(*pretstatā pilsētai*); in the
c. — uz laukiem; 4.: c.
music — kantrīmūzika
country-house ['kʌntri'haus]
n 1. lauku māja (īpašums);
2. ārpilsētas māja; vasar-
nīca
countryman ['kʌntrimən] *n*
1. tautietis; 2. lauciņieks
county ['kaunti] *n* 1. grāfiste
(*Anglijā*); 2. apgabals
(*ASV*)
couple ['kʌpl] I *n* 1. pāris;
divi; 2. pāris (*vīrs un sie-*

*va); married c. — precēts
pāris;* **II** *v* savienot
coupon ['kuːpən] *n* kupons;
talons; petrol (gas) ~s —
benzīna taloni
courage ['kʌridʒ] *n* drosme,
drošsirdība; to pluck up
c. — saņemt drosmi
courageous [kə'reidʒəs] *a*
drosmīgs, drošsirdīgs
course [kɔːs] *n* 1. kurss; vir-
ziens; 2. gaita; ritums; c.
of events — notikumu gai-
ta; 3. *(lekciju, apmācību)*
kurss; c. of treatment —
ārstēšanās kurss; 4. ēdiens;
a dinner of three ~s —
pusdienas ar trim ēdie-
niem; ◇ of c. — protams
court [kɔːt] **I** *n* 1. tiesa;
2. galms; 3. spēļu laukums;
II *v* parādīt uzmanību
(sievietei)
courteous ['kəːtjəs] *a* pie-
klājīgs; laipns
courtesy ['kəːtisi] *n* pieklā-
jība; laipnība
cousin ['kʌzn] *n* 1. brālēns;
2. māsīca
cover ['kʌvə] **I** *n* 1. pār-
valks; pārsegs; 2. vāks;
3. aploksne; 4. *(grāmatas)*
vāks; iesējums; **II** *v* 1. ap-
klāt, apsegt; 2. apslēpt
(jūtas); 3. noiet; nobraukt
(attālumu); 4. aptvert; at-
tiekties *(uz ko)*
cow [kau] *n* govs
coward ['kauəd] *n* gļēvulis
cowardice ['kauədis] *n* gļē-
vulība
cowboy ['kaubɔi] *n* kovbojs
coy [kɔi] *a* kautrīgs; bikls

crab [kræb] *n* krabis, jūras
vēzis
crack [kræk] *v* 1. krakšķēt;
2. [sa] plaisāt; iesprāgt;
3. šķelt *(riekstus);* ◇ to
c. a joke — palaist joku
cracker ['krækə] *n* 1. sauss
cepums; 2. petarde; 3.: ~s
pl — riekstu knaibles
cradle ['kreidl] *n* šūpulis
craft [krɑːft] *n* 1. amats,
arods; 2. kuģis; kuģi
craftsman ['krɑːftsmən] *n*
amatnieks
cram [kræm] *v* 1. piebāzt;
2. iekalt, iemācīties
crane [krein] *n* 1. dzērve,
2. celtnis
crash [kræʃ] **I** *n* 1. blīk-
šķis; rībiens; 2. krahs;
bankrots; **II** *v* 1. noblīk-
šķēt; norībēt; 2. bankrotēt
crash-helmet ['kræʃ,helmit]
n aizsargcepure
crawl [krɔːl] **I** *n (arī* c.
stroke) *sp* krauls; **II** *v* rā-
pot; līst
crayfish ['kreifiʃ] *n (upes)*
vēzis
crayon ['kreiən] *n* 1. krāsu
zīmulis; pastelis; 2. krāsu
zīmuļa (pasteļa) zīmējums
craze [kreiz] *n* mānija; aiz-
raušanās; the latest c. —
pēdējais modes kliedziens
crazy ['kreizi] *a* 1. ārprātīgs;
jucis; 2. *(about)* aizrāvies
(ar); to be c. about ski-
ing — aizrauties ar slēpo-
šanu
creak [kriːk] **I** *n* čīkstoņa;
II *v* čīkstēt

cream [kriːm] *n* **1.** *(saldais)* krējums; sour c. — skābais krējums; **2.** krēms

crease [kriːs] **I** *n* **1.** kroka; **2.** iegludināta vīle *(biksēm);* **II** *v* **1.** burzīties; **2.** iegludināt vīli *(biksēm)*

create [kri(ː)'eit] *v* **1.** radīt; **2.** izraisīt

creation [kri(ː)'eiʃən] *n* **1.** radīšana; **2.** *(mākslas)* darbs

creative [kri(ː)'eitiv] *a* radošs; c. work — radošs darbs

creature ['kriːtʃə] *n* radījums; dzīva būtne

crèche [kreiʃ] *n* mazbērnu novietne

credentials [kri'denʃəlz] *n pl* **1.** mandāts; pilnvara; **2.** akreditēšanās raksts

credible ['kredəbl] *a* ticams

credit ['kredit] *n* **1.** ticība; uzticēšanās; to give c. *(to)* — ticēt; **2.** kredīts; on c. — uz kredīta; to allow c. — piešķirt kredītu; **3.** gods; it does you c. — tas dara jums godu; **4.** *amer* ieskaite

creed [kriːd] *n* **1.** *rel* ticība; **2.** pārliecība, kredo

creep [kriːp] *v (p un p. p.* crept [krept]) **1.** rāpot; līst; **2.** *(par ložņaugu)* vīties

creeper ['kriːpə] *n* ložņaugs

crept *p un p. p. no* creep

crew [kruː] *n* **1.** *(kuģa)* komanda (apkalpe); **2.** brigāde

criketᵃ ['krikit] *n* circenis

cricketᵇ ['krikit] *n* krikets; ◇ it's not c. — tas nav godīgi

crime [kraim] *n* noziegums; c. fiction — kriminālliteratūra

criminal ['kriminl] **I** *n* noziedznieks; war c. — kara noziedznieks; **II** *a* noziedzīgs; krimināls; c. action — krimināllieta; c. law — krimināltiesības

crimson ['krimzn] *a* tumšsarkans

cripple ['kripl] **I** *n* kroplis; **II** *v* sakropļot

crises *pl no* crisis

crisis ['kraisis] *n (pl* crises ['kraisiːz]) krīze; economic c. — ekonomikas krīze

critic ['kritik] *n* kritiķis

critical ['kritikəl] *a* kritisks

criticism ['kritisizəm] *n* kritika

criticize ['kritisaiz] *v* kritizēt

crocodile ['krɔkədail] *n* krokodils

crony ['krəuni] *n* sirdsdraugs

crook [kruk] *n* **1.** āķis; **2.** *(ceļa, upes)* līkums; **3.** *sar* krāpnieks, blēdis

crooked ['krukid] *a* **1.** saliekts; līks; **2.** negodīgs; blēdīgs

crop [krɔp] **I** *n* **1.** raža; heavy c. — bagāta raža; **2.** *(augoša)* labība; **3.** *lauks* kultūra; technical (industrial) ~s — tehniskās kultūras; **II** *v* **1.** novākt ražu; **2.** dot ražu; to c. up — negaidīti rasties

cross [krɔs] I n krusts; II a
sar dusmīgs; īgns; he is c.
with you — viņš ir dus-
mīgs uz tevi; III v krus-
tot; šķērsot; to c. the
street — šķērsot ielu; to
c. out — izsvītrot

crossbar ['krɔsbaɪ] n (fut-
bola vārtu) šķērskoks

crossbreed ['krɔsbriːd] n
biol krustojums, hibrīds

crosscountry ['krɔs'kʌntri]
a apvidus-; lauku-; c.
roads — lauku ceļi; c.
race — kross

crossing ['krɔsing] n 1. krus-
tojums; šķērsojums; 2. (ie-
las, dzelzceļa) pāreja; pār-
brauktuve

crossroads ['krɔsrəudz] n ce-
ļu krustojums

crossword ['krɔswəɪd] n
krustvārdu mīkla

crow [krəu] n vārna

crowd [kraud] I n pūlis;
drūzma; II v pulcēties;
drūzmēties

crown [kraun] n 1. kronis;
2. (karaļa) vara; tronis

crucial ['kruːʃəl] a izšķirošs;
kritisks

crude [kruːd] a 1. jēls; ne-
apstrādāts; c. oil — neat-
tīrīta nafta; 2. rupjš; ne-
aptēsts (par cilvēku, ma-
nierēm)

cruel [kruəl] a nežēlīgs; ciet-
sirdīgs

cruelty ['kruəlti] n nežēlība;
cietsirdība

cruise [kruːz] n jūras brau-
ciens

cruiser ['kruːzə] n kreiseris

crumb [krʌm] n (maizes)
drupata

crumple ['krʌmpl] v 1. bur-
zīt; 2. burzīties

crush [krʌʃ] I n 1. spieša-
nās; drūzmēšanās; 2. augļu
sula; 3. sar aizraušanās;
to have a c. on smb. —
stipri aizrauties ar kādu;
II v 1. saspiest; 2. saburz-
zīt; 3. satriekt; sagraut;
~ing defeat — pilnīga sa-
grāve

crust [krʌst] n garoza

cry [krai] I n 1. kliedziens;
sauciens; 2. raudas; II v
1. kliegt; saukt; 2. raudāt

cub [kʌb] n (plēsīga zvēra)
mazulis, kucēns

Cuban ['kjuːbən] I n kubie-
tis; kubiete; II a kubiešu-

cube [kjuːb] mat I n kubs;
II v kāpināt kubā

cuckoo ['kukuː] n dzeguze

cucumber ['kjuːkʌmbə] n
gurķis

cuff [kʌf] n aproce

cuff-link ['kʌflink] n aproču
poga

culprit ['kʌlprit] n apsūdzē-
tais; vainīgais

cultivate ['kʌltiveit] v 1. kul-
tivēt; 2. attīstīt (spējas)

culture ['kʌltʃə] n kultūra

cunning ['kʌniŋ] a viltīgs

cup [kʌp] n 1. tase; will you
have a c. of coffee? — vai
vēlaties tasi kafijas?;
2. kauss; c. tournament —
kausa izcīņa

cupboard ['kʌbəd] n trau-
ku skapis, bufete

curds [kəɪdz] n pl biezpiens

cure [kjuə] I *n* 1. ārstnie-cisks līdzeklis; 2. ārstē-šana; ārstniecisks kurss; II *v* 1. [iz] ārstēt; 2. kon-servēt *(gaļu)*

curiosity [ˌkjuəri'ɔsiti] *n* 1. ziņkārība; 2. zinātkāre; 3. dīvainība

curious ['kjuəriəs] *a* 1. ziņ-kārīgs; 2. zinātkārs; I'm c. to know — man ļoti gri-bētos zināt; 3. dīvains

curl [kəːl] I *n* sproga; II *v* 1. sasprogot; 2. sprogoties

curler ['kəːlə] *n (matu)* rullītis

currant ['kʌrənt] *n* 1. ko-rinte; 2.: black c. — upene; red c. — jāņoga

currency ['kʌrənsi] *n* 1. iz-platība; sastopamība; 2. valūta; nauda; c. ex-change — valūtas maiņa

current ['kʌrənt] I *n* 1. strau-me; tecējums; 2. *(notiku-mu)* gaita; 3. *el* strāva; II *a* 1. izplatīts; 2. paš-reizējs; c. events — paš-reizējie notikumi

curse [kəːs] I *n* 1. lāsts; 2. lādēšanās; lamāšanās; II *v* 1. nolādēt; 2. lādē-ties; lamāties

curtain ['kəːtn] *n* 1. aizkars; 2. priekškars; to lift the c. — pacelt priekškaru; to drop the c. — nolaist priekškaru

curve [kəːv] I *n* 1. līkne, līka līnija; 2. *(ceļa)* lī-kums; II *v* 1. izliekt; 2. izliekties; 3. *(par ceļu)* aizlocīties

cushion ['kuʃən] *n* dīvān-spilvens

custom ['kʌstəm] *n* 1. paraža; 2. ieradums; 3.: ∼s *pl* — muitas nodoklis, muita; ∼s inspection — muitas kon-trole

customer ['kʌstəmə] *n* pir-cējs, klients

custom-house ['kʌstəmhaus] *n* muitnīca

cut [kʌt] I *n* 1. iegriezums; 2. *(zobena u. tml.)* cirtiens; 3. *(apģērba)* piegriezums; 4. *(cenu)* pazeminājums; ◇ short c. — īsākais ceļš; II *v (p un p. p.* cut [kʌt]) 1. iegriezt; c. glass — kristāls; 2. no-griezt; to have one's hair c. — nogriezt matus; 3. cirst, skaldīt; 4. pļaut; 5. krustoties *(par līnijām);* 6. pazemināt *(cenas);* to c. down — samazināt *(izde-vumus);* to c. in — iejauk-ties *(sarunā)*

cutlet ['kʌtlit] *n* 1. gaļas šķēle; 2. karbonāde

cutting ['kʌtiŋ] I *n (avīzes)* izgriezums; II *a* ass; grie-zīgs

cybernetics [ˌsaibəː'netiks] *n* kibernētika

cycle ['saikl] I *n* 1. cikls; 2. *sar* velosipēds; II *v* braukt ar velosipēdu

cycle-track ['saikl'træk] *n* ve-lotreks

cycling ['saikliŋ] *n* riteņ-braukšana

cyclist ['saiklist] *n* riteņ-braucējs

cyclone ['saikləun]　*n* ciklons

cypress ['saipris]　*n* ciprese

Czech [tʃek]　I　*n*　1. čehs; čehiete; 2. čehu valoda; II　*a* čehu-

Czechoslovak ['tʃekəu-'sləuvæk]　*a* čehoslovaku-

Dd

dad, daddy [dæd, 'dædi]　*n sar* tētis

daffodil ['dæfədil]　*n* [dzeltenā] narcise

dagger ['dægə]　*n* duncis

daily ['deili]　I　*n* dienas avīze; II　*a* ikdienas-; d. [living] needs — ikdienas vajadzības; III　*adv* ik dienas, katru dienu

dainty ['deinti]　*n* gardums, delikatese

dairy ['dɛəri]　*n* 1. pienotava; 2. piena veikals; d. produce — piena produkti

daisy ['deizi]　*n* margrietiņa

dam [dæm]　I　*n* dambis, aizsprosts; II　*v* aizdambēt, aizsprostot

damage ['dæmidʒ]　I　*n* 1. bojājums; 2. zaudējums; 3.: ～s *pl jur* — atlīdzība par zaudējumiem; II　*v* 1. sabojāt; 2. nodarīt zaudējumus

damn [dæm]　I　*n* lāsts; ◇ I don't care a d. — man par to ne silts, ne auksts; II　*v* nolādēt; d. it! — nolādēts!

damp [dæmp]　*a* mitrs; drēgns

dance [dɑːns]　I　*n* 1. deja; d. group — deju ansamblis; 2. deju vakars; dejas; II　*v* dejot

dancer ['dɑːnsə]　*n* dejotājs; dejotāja

dandelion ['dændilaiən]　*n* pienene

Dane [dein]　*n* dānis; dāniete

danger ['deindʒə]　*n* briesmas

dangerous ['deindʒrəs]　*a* bīstams

Danish ['deiniʃ]　I　*n* dāņu valoda; II　*a* dāņu-

dare [dɛə]　*v* (*p* dared [dɛəd] *vai* durst [dəːst]; *p. p.* dared [dɛəd]) uzdrošināties, uzdrīkstēties; how d. you! — kā jūs uzdrošināties!; ◇ I d. say — man šķiet

daring ['dɛəriŋ]　I　*n* drosme, bezbailība; II　*a* drosmīgs, bezbailīgs

dark [dɑːk]　I　*n* tumsa; before d. — pirms tumsas iestāšanās; II　*a* 1. tumšs; to get d. — satumst; 2. melnīgsnējs; ◇ to keep smth. d. — turēt ko noslēpumā

darkness ['dɑːknis]　*n* tumsa

darling ['dɑːliŋ]　*n* mīļotais; mīļotā

darn [dɑːn]　*v* lāpīt *(zeķes)*

dash [dæʃ]　I　*n* 1. drāšanās; 2. *sp (īsdistanču)* skrējiens; 3. uzbrukums; trieciens; 4. enerģija; uzņēmība; 5. domuzīme; **II** *v* drāzties

data *pl no* **datum**

datea ['deit] **I** *n* **1.** datums; what's the d. today? — kāds šodien datums?; **2.** laiks; out of d. — novecojis; up to d. — moderns; **3.** *sar* satikšanās; to make a d. — norunāt satikšanos; **II** *v* datēt; the castle ~s from the 18th century — pils celta 18. gadsimtā

dateb [deit] *n* datele

datum ['deitəm] *n (pl* data ['deitə]) *(parasti pl)* dati; ziņas

daughter ['dɔːtə] *n* meita

daughter-in-law ['dɔːtərinlɔ] *n* vedekla

dawn [dɔːn] **I** *n* rītausma; at d. — rītausmā; **II** *v* aust; it ~s — aust gaisma

day [dei] *n* diena; by d. — dienā; d. by d. — ik dienas; d. in, d. out — dien- dienā; the d. before yesterday — aizvakar; the d. after tomorrow — parīt; this d. week — pēc nedē- ļas; some d. — kādreiz; in ~s to come — nākotnē

daybreak ['deibreik] *n* rīt- ausma

daylight ['deilait] *n* dienas gaisma

day-shift ['deiʃift] *n* dienas maiņa

day-time ['deitaim] *n* die- na; in the d.-t. — dienā

dead [ded] *a* miris; nedzīvs; ◆ d. failure — pilnīga ne- veiksme

deadlock ['dedlɔk] *n* bezize- jas stāvoklis; strupceļš

deaf [def] *a* kurls; ◆ to turn a d. ear *(to)* — laist gar ausīm

deaf-and-dumb ['defən'dʌm] *a* kurlmēms

deafmute ['def'mjuːt] *n* kurl- mēmais

deal [diːl] **I** *n* **1.** daudzums; a great d. *(of)* — daudz; **2.** darījums; vienošanās; to make a d. — noslēgt darī- jumu; **II** *v (p un p. p.* dealt [delt]) **1.** izdalīt; iz- sniegt; **2.** *(in)* tirgoties *(ar);* **3.** izturēties; apieties; **4.** *(with)* aplūkot *(jautā- jumu)*

dealer ['diːlə] *n* tirgotājs

dealing ['diːliŋ] *n* **1.** izturē- šanās; **2.:** ~s *pl* — **1)** da- rīšanas; **2)** tirdznieciski darījumi

dealt *p un p. p. no* **deal**

dean [diːn] *n* dekāns; d.'s office — dekanāts

dear [diə] *a* **1.** dārgs; mīļš; D. Sir — cienītais kungs *(uzruna vēstulē);* **2.** dārgs; vērtīgs

death [deθ] *n* nāve

death-rate ['deθreit] *n* mir- stība

debate [di'beit] **I** *n* diskusija; debates; **II** *v* diskutēt; debatēt

debt [det] *n* parāds; to run into d. — iekrist parādos

debtor ['detə] *n* parādnieks

decade ['dekeid] *n* gadu des- mits

decanter [di'kæntə] *n* karafe

decathlon [di'kæθlɔn] *n sp* desmitcīņa

decay [di'kei] I *n* 1. pūšana, trūdēšana; 2. pagrimums; II *v* 1. pūt, trūdēt; 2. pagrimt

decease [di'siːs] I *n* nāve; II *v* mirt

deceive [di'siːv] *v* krāpt; maldināt

December [di'sembə] *n* decembris

decent ['diːsnt] *a* piedienīgs; pieklājīgs

deception [di'sepʃən] *n* krāpšana; blēdība

decide [di'said] *v* izlemt; izšķirt

decimal ['desiməl] I *n* decimāldaļskaitlis; II *a* decimāls; d. fraction — decimāldaļskaitlis

decision [di'siʒən] *n* lēmums; to come to a d. — nolemt

decisive [di'saisiv] *a* izšķirošs; d. blow — izšķirošais trieciens

deck [dek] *n (kuģa)* klājs

declaration [ˌdeklə'reiʃən] *n* paziņojums; deklarācija

declare [di'kleə] *v* 1. paziņot; deklarēt; 2.: have you anything to d.? — vai jums ir kas muitojams?

decline [di'klain] I *n* 1. pagrimums; panīkums; 2. *(veselības stāvokļa)* pasliktināšanās; II *v* 1. noraidīt; atteikt; 2. pagrimt; panīkt; 3. *(par veselības stāvokli)* pasliktināties; 4. *gram* deklinēt

decorate ['dekəreit] *v* 1. dekorēt; 2. veikt mājas re-

montu; 3. apbalvot *(ar ordeni)*

decoration [ˌdekə'reiʃən] *n* 1. dekorēšana; 2. dekorējums, rotājums; 3. *(mājas)* remonts; 4. ordenis; goda zīme

decrease I *n* ['diːkriːs] mazināšanās; krišanās; II *v* [diː'kriːs] mazināties; kristies

decree [di'kriː] I *n* dekrēts; II *v* izdot dekrētu

dedicate ['dedikeit] *v (to)* veltīt

deed [diːd] *n* darbība; rīcība; in word and d. — vārdos un darbos

deep [diːp] I *a* 1. dziļš; d. sleep — dziļš miegs; 2. *(par krāsu)* tumšs; piesātināts; 3. *(par balsi, skaņu)* zems; ◇ in d. waters — ķezā; II *adv* dziļi

deer [diə] *n (pl* deer [diə]*)* briedis

defeat [di'fiːt] I *n* sakāve; to suffer [a] d. — ciest sakāvi; II *v* 1. sakaut; uzvarēt; 2. sagraut *(piem., cerības)*

defect [di'fekt] *n* defekts; trūkums

defective [di'fektiv] *a* 1. nepilnīgs; nepilnvērtīgs; 2. bojāts

defence [di'fens] *n* aizstāvēšana; aizsardzība

defend [di'fend] *v* 1. aizstāvēt; aizsargāt; 2. aizstāvēties; aizsargāties

defensive [di'fensiv] I *n* aizsardzība; to act (be, stand) on the d. — aizsar-

gāties; II *a* aizsardzības-;
d. measures — aizsardzības pasākumi

deficiency [di'fiʃənsi] *n* trūkums, deficīts

define [di'fain] *v* noteikt; definēt

definite ['definit] *a* noteikts;
d. article *gram* — noteiktais artikuls

definition [,defi'niʃən] *n* definīcija

defrost [,di'frɔst] *v* atkausēt *(apledojumu)*

defroster [di:'frɔstə] *n* pretapledojuma līdzeklis

degenerate I *n* [di'dʒenərit] deģenerāts; izdzimtenis;
II *a* [di'dʒenərit] deģenerējīes; III *v* [di'dʒenəreit] deģenerēties

degree [di'griː] *n* 1. grāds;
five ~s below zero — pieci grādi zem nulles; 2. pakāpe; by ~s — pakāpeniski; to a certain d. — zināmā mērā; 3. [zinātnisks] grāds; to take one's d. — iegūt [zinātnisku] grādu; 4. *gram* salīdzināmā pakāpe

delay [di'lei] I *n* aizkavēšana; novilcināšana; without d. — nekavējoties; II *v* aizkavēt; novilcināt

delegate I *n* ['deligit] delegāts; II *v* ['deligeit] deleģēt, sūtīt

delegation [,deli'geiʃən] *n* delegācija; on the d. — delegācijas sastāvā

deliberate [di'libərit] *a* 1. iepriekš nodomāts; tīšs;
2. piesardzīgs

delicacy ['delikəsi] *n* 1. smalkums; izsmalcinātība;
2. smalkjūtība; delikātums;
3. gardums; delikatese

delicate ['delikit] *a* 1. smalks; izsmalcināts; 2. smalkjūtīgs; delikāts; 3. *(par veselību)* trausls; 4. *(par krāsām)* maigs

delicatessen [,delikə'tesn] *n* gastronomijas veikals

delicious [di'liʃəs] *a* 1. brīnišķīgs; 2. gards

delight [di'lait] I *n* prieks; patika; bauda; to take d. *(in)* — rast prieku; II *v* sajūsmināt; iepriecināt

delightful [di'laitful] *a* burvīgs; apburošs

deliver [di'livə] *v* 1. piegādāt *(pastu, preces);* 2. nolasīt *(lekciju);* teikt *(runu)*

delivery [di'livəri] *n (pasta, preču)* piegāde

demand [di'maːnd] I *n* 1. prasība; 2. *ek* pieprasījums; in d. — pieprasīts; on d. — pēc pieprasījuma; II *v* 1. prasīt; 2. pieprasīt

democracy [di'mɔkrəsi] *n* demokrātija

democratic [,demə'krætik] *a* demokrātisks

demographic [,diːmɔ'græfik] *a* demogrāfisks; d. explosion (outburst) — demogrāfiskais sprādziens

demolish [di'mɔliʃ] *v* sagraut

demonstrate ['demənstreit] *v* demonstrēt

demonstration [ˌdemǝns-
'treiʃǝn] n 1. demonstrē-
šana; 2. demonstrācija
denial [di'naiǝl] n 1. no-
liegums; 2. atteikums
denounce [di'nauns] v de-
nuncēt; apsūdzēt
dense [dens] a biezs; blīvs
density ['densiti] n biezums;
blīvums
dentist ['dentist] n zobārsts
deny [di'nai] v 1. noliegt;
2. atteikt; noraidīt; 3. at-
teikties; to d. one's
words — atteikties no sa-
viem vārdiem
depart [di'paɪt] v 1. aiziet;
aizbraukt; 2. (par vilcienu)
atiet
department [di'paɪtmǝnt] n
1. nodaļa; d. store — uni-
versālveikals; 2. resors;
departaments; 3. amer mi-
nistrija; State D. — Valsts
departaments (ASV ārlietu
ministrija); 4. fakultāte
departure [di'paɪtʃǝ] n 1. aiz-
iešana; aizbraukšana; to
take one's d. — aizbraukt;
2. (vilciena) atiešana
depend [di'pend] v (on,
upon) 1. būt atkarīgam;
2. paļauties; you may d.
on him — jūs varat uz
viņu paļauties; ◇ it [all]
~s — grūti pateikt
dependence [di'pendǝns] n
1. atkarība; 2. paļāvība
depict [di'pikt] v 1. zīmēt;
2. attēlot, aprakstīt
deplore [di'plɔɪ] v nožēlot;
apraudāt
deposit [di'pɔzit] I n 1. no-
guldījums (bankā); 2. ie-

maksa; 3. nogulsnes;
4. geol slānis, atradne;
II v 1. noguldīt (naudu);
2. iemaksāt; 3. nogulsnēt
depot ['depǝu] n 1. nolik-
tava; 2. ['diɪpǝu] amer
(dzelzceļa) stacija
depress [di'pres] v nospiest,
nomākt
depression [di'preʃǝn] n
1. nospiestība, nomāktība;
2. ek depresija
deprive [di'praiv] v (of) at-
ņemt
depth [depθ] n dziļums; ◇
in the d. of one's heart —
sirds dziļumos
deputy ['depjuti] n vietnieks
derrick ['derik] n 1. celtnis;
2. urbjtornis
describe [dis'kraib] v at-
tēlot, aprakstīt
description [dis'kripʃǝn] n
attēlojums, apraksts;
beyond d. — neaprak-
stāms
desert I n ['dezǝt] tuksne-
sis; II v [di'zǝɪt] 1. pa-
mest; atstāt; 2. dezertēt
deserter [di'zǝɪtǝ] n dezer-
tieris
deserve [di'zǝːv] v pelnīt
(uzslavu, sodu)
design [di'zain] I n 1. pro-
jekts; plāns; 2. zīmējums;
raksts; 3. nodoms; iecere;
II v 1. projektēt; konstru-
ēt; 2. iecerēt
designer [di'zainǝ] n projek-
tētājs; konstruktors
desirable [di'zaiǝrǝbl] a vē-
lams
desire [di'zaiǝ] I n vēlēša-
nās; II v vēlēties

desk [desk] *n* 1. rakstāmgalds; 2. *(skolas)* sols

despair [dis'pɛə] *n* izmisums; to fall into d. — krist izmisumā

desperate ['despərit] *a* izmisīgs

despise [dis'paiz] *v* nicināt

despite [dis'pait] *prep* par spīti; d. our efforts — par spīti mūsu pūlēm

despotic [des'pɔtik] *a* despotisks

dessert [di'zəɪt] *n* saldais ēdiens

destination [,desti'neiʃən] *n* [gala] mērķis

destiny ['destini] *n* liktenis

destroy [dis'trɔi] *v* sagraut

destruction [dis'trʌkʃən] *n* sagraušana

detach [di'tætʃ] *v* atdalīt; atšķirt

detached [di'tætʃt] *a* atsevišķs; savrups; d. house — savrupmāja

detachment [di'tætʃmənt] *n* *mil* nodaļa

detail ['diːteil] *n* sīkums; detaļa; to go into ~s — iedziļināties sīkumos; in d. — sīkī

detain [di'tein] *v* aizkavēt; sorry to have ~ed you — piedodiet, ka aizkavēju jūs

detect [di'tekt] *v* atklāt; uziet

detective [di'tektiv] I *n* detektīvs; II *a* detektīv-; d. novel — detektīvromāns

détente [dei'tɑːnt] *n* *(starptautiskā)* saspīlējuma mazināšana

detergent [di'təɪdʒənt] *n* mazgāšanas līdzeklis

determination [di,təɪmi-'neiʃən] *n* 1. noteikšana; 2. noteiktība; apņēmība

determine [di'təɪmin] *v* 1. noteikt; 2. nolemt; izšķirties

devastate ['devəsteit] *v* izpostīt

develop [di'veləp] *v* 1. attīstīt; 2. attīstīties; 3. izveidot

development [di'veləpmənt] *n* 1. attīstība; 2. izveide; 3.: ~s *pl* — notikumi; to meet unexpected ~s — sadurties ar neparedzētiem apstākļiem

device [di'vais] *n* 1. ierīce; mehānisms; 2. plāns; shēma; projekts; 3. devīze; emblēma

devil ['devl] *v* velns

devise [di'vaiz] *v* izgudrot

devote [di'vəut] *v* veltīt, ziedot; to d. oneself *(to)* — nodoties

devoted [di'vəutid] *a* uzticīgs

devotion [di'vəuʃən] *n* uzticība

dew [djuɪ] *n* rasa

diagnoses *pl no* diagnosis

diagnosis [,daiəg'nəusis] *n* *(pl* diagnoses [,daiəg-'nəusiːz]) diagnoze; to make a d. — noteikt diagnozi

dial ['daiəl] I *n* 1. ciparnīca; 2. *(telefona aparāta)* ciparripa; II *v* uzgriezt telefona numuru

dialectical [,daiə'lektikəl] a dialektisks; d. materialism — dialektiskais materiālisms

diameter [dai'æmitə] n diametrs

diamond ['daiəmənd] n 1. dimants; briljants; 2. mat rombs

diarrh[o]ea [,daiə'riə] n med caureja

diary ['daiəri] n dienasgrāmata; to keep a d. — rakstīt dienasgrāmatu

dictate [dik'teit] v diktēt

dictation [dik'teiʃən] n diktāts

dictatorship [dik'teitəʃip] n diktatūra

dictionary ['dikʃənri] n vārdnīca

did p no do

die [dai] v [no] mirt

diet ['daiət] n 1. uzturs; ēdiens; 2. diēta

differ ['difə] v 1. atšķirties; 2. (from, with) nepiekrist; nebūt vienisprātis; I beg to d. — atļaujiet man nepiekrist

difference ['difrəns] n 1. atšķirība; it makes no d. — tam nav nozīmes; 2. starpība; 3. nesaskaņas; domstarpības; to settle the d. — nokārtot strīdu

different ['difrənt] a 1. atšķirīgs; citāds; 2. dažāds

difficult ['difikəlt] a grūts; smags

difficulty ['difikəlti] n 1. grūtības; 2. šķērslis; kavēklis

dig [dig] v (p un p. p. dug [dʌg]) rakt

digest I n ['daidʒest] īss izklāsts; II v [di'dʒest] 1. sagremot (barību); 2. izprast

digestion [di'dʒestʃən] n gremošana

digital ['didʒitl] a cipara-; ciparu-; d. computer — ciparu skaitļošanas mašīna; d. watch — elektroniskais pulkstenis

dignity ['digniti] n 1. cieņa; 2. tituls

dike [daik] n 1. grāvis; 2. dambis; aizsprosts

diligence ['dilidʒəns] n uzcītība; čaklums

diligent ['dilidʒənt] a uzcītīgs; čakls

dill [dil] n dilles

dim [dim] n 1. nespodrs; blāvs; 2. neskaidrs; miglains; d. idea — neskaidrs priekšstats

dime [daim] n amer desmitcentu monēta

dimension [di'menʃən] n 1. dimensija; 2.: ~s pl — apmērs; apjoms

diminish [di'miniʃ] v 1. samazināt; 2. samazināties

dine [dain] v pusdienot; to d. out — pusdienot ārpus mājas

diner ['dainə] n amer 1. restorānvagons; 2. ceļmalas kafejnīca

dining-car ['dainiŋkaı] n restorānvagons

dining-room ['dainiŋrum] n ēdamistaba

dinner ['dinə] n pusdienas; to have (take) d. — pusdienot

dip [dip] I *n* 1. iemērkšana; iegremdēšana; 2. ieniršana; to have a d. — ienirt; 3. *(kulinārijas)* pasta; II *v* 1. iemērkt; iegremdēt; 2. ienirt

diploma [di'pləumə] *n* diploms

diplomacy [di'pləuməsi] *n* diplomātija

diplomatic [,diplə'mætik] *a* diplomātisks; d. body (corps) — diplomātiskais korpuss

direct [di'rekt] I *a* 1. taisns; 2. tiešs; d. influence — tieša ietekme; d. speech *gram* — tiešā runa; II *v* 1. parādīt ceļu; will you, please, d. me to the post-office? — sakiet, lūdzu, kā nokļūt līdz pastam?; 2. vērst; virzīt; to d. one's attention *(to)* — vērst savu uzmanību *(uz ko)*

direction [di'rekʃən] *n* 1. virziens; in the d. *(of)* — virzienā *(uz)*; 2. norādījums; instrukcija; ~s for use — lietošanas pamācība

directly [di'rektli] *adv* 1. taisni; 2. tūlīt; nekavējoties; I'll see you d.! — acumirklī!

directory [di'rektəri] *n* adrešu grāmata; telephone d. — telefona abonentu saraksts

dirt [dəɪt] *n* netīrumi, dubļi

dirty ['dəɪti] *a* netīrs

disability [,disə'biliti] *n* nespēja; nevarība; darba nespēja; d. pension — invaliditātes pensija

disabled [dis'eibld] *a* sakropļots; darba nespējīgs; d. soldier — kara invalīds; d. worker — darba invalīds

disadvantage [,disəd'vɑːntidʒ] *n* 1. neizdevīgs stāvoklis; to be at a d. — būt neizdevīgā stāvoklī; 2. zaudējums

disagree [,disə'griɪ] *v* nebūt vienisprātis; nepiekrist

disappear [,disə'piə] *v* pazust, nozust; izzust

disappoint [,disə'pɔint] *v* likt vilties

disapproval [,disə'pruːvəl] *n* neatzīšana *(par labu)*

disapprove [,disə'pruːv] *v* neatzīt *(par labu)*

disarm [dis'ɑːm] *v* 1. atbruņot; 2. atbruņoties

disarmament [dis'ɑːməmənt] *n* atbruņošanās

disaster [di'zɑːstə] *n* posts; nelaime

disastrous [di'zɑːstrəs] *a* postošs; nelaimi nesošs

disc [disk] *n* 1. disks; 2. skaņuplate; d. jockey — diskžokejs

discharge [dis'tʃɑːdʒ] *v* 1. izkraut; 2. izšaut; 3. atbrīvot *(no darba)*

discipline ['disiplin] *n* disciplīna

disco ['diskəu] *n sar* diskotēka

discontent [,diskən'tent] I *n* neapmierinātība; II *v* neapmierināt; he was ~ed with his job — darbs viņu neapmierināja

discord ['diskɔːd] *n* 1. nesaskaņa; strīds; 2. *mūz* disonanse

discount ['diskaunt] *n* atlaide; d. price — pazemināta cena

discourage [dis'kʌridʒ] *v* laupīt drosmi

discover [dis'kʌvə] *v* atklāt

discovery [dis'kʌvəri] *n* atklājums

discreet [dis'kriːt] *a* 1. uzmanīgs; piesardzīgs; 2. diskrēts

discretion [dis'kreʃən] *n* 1. uzmanība; piesardzība; 2. rīcības brīvība; at d. — pēc sava ieskata

discriminate [dis'krimineit] *v* 1. atšķirt; izšķirt; 2. diskriminēt

discrimination [dis,krimi-'neiʃən] *n* 1. spēja atšķirt; 2. diskriminācija; racial d. — rasu diskriminācija

discus ['diskəs] *n sp* disks; d. throwing — diska mešana

discuss [dis'kʌs] *v* apspriest; pārrunāt

discussion [dis'kʌʃən] *n* apspriešana; pārrunas; diskusija

disease [di'ziːz] *n* slimība

disembark [,disim'baːk] *v* 1. nokāpt krastā; 2. izkraut (preces no kuģa)

disembarkation [,disembaː-'keiʃn] *n* izcelšanās krastā

disgrace [dis'greis] *n* kauns; negods

disguise [dis'gaiz] *v* 1. pārģērbties; maskēties; 2. slēpt; to d. one's intentions — slēpt savus nodomus

disgust [dis'gʌst] I *n* riebums; pretīgums; II *v* iedvest riebumu; to be ~ed — just riebumu

dish [diʃ] *n* 1. bļoda; šķīvis; 2.: ~es *pl* — trauki; 3. ēdiens

dishonest [dis'ɔnist] *a* negodīgs

dishwasher ['diʃ,wɔʃə] *n* trauku mazgājamā mašīna

disillusion [,disi'luʒən] *n* vilšanās

disinfect [,disin'fekt] *v* dezinficēt

disk [disk] *sk* disc

dislike [dis'laik] I *n* nepatika; netīksme; II *v* izjust nepatiku

dislocate ['disləukeit] *v* izmežģīt

dismiss [dis'mis] *v* 1. atlaist (no darba, stundām); 2. atteikties (no domas); d. it from your mind! — metiet to laukā no galvas!

disobey ['disə'bei] *v* neklausīt

disorder [dis'ɔːdə] *n* nekārtība

dispatch [dis'pætʃ] I *n* 1. (pasta) nosūtīšana; 2. ziņojums; depeša; II *v* nosūtīt (pa pastu)

dispatcher [dis'pætʃə] *n* 1. ekspeditors; 2. dispečers

dispense [dis'pens] *v* izsniegt; izdalīt; to d. with — iztikt bez

disperse [dis′pəɪs] *v* 1. izklī-
dināt; 2. izklīst
displace [dis′pleis] *v* pārvie-
tot; ~d persons — pār-
vietotās personas
display [dis′plei] **I** *n (preču)*
izstāde; **II** *v* 1. izstādīt
(preces); 2. izrādīt *(piem.,
drosmi)*
disposal [dis′pəuzəl] *n* 1. lik-
vidēšana; 2. pārziņa; rī-
cība; at your d. — jūsu rī-
cībā
dispose [dis′pəuz] *v* 1. *(of)*
likvidēt, tikt vaļā *(no);*
2. izvietot; 3. noskaņot; to
be well ~ed — būt labi
noskaņotam
dispute [dis′pjuːt] **I** *n* 1. dis-
puts; debates; 2. strīds;
beyond d. — neapstrīdams;
labour d. — darba strīds;
II *v* 1. diskutēt; apspriest;
2. strīdēties; 3. apstrīdēt
disregard [′disri′gaɪd] *v* ne-
vērīgi izturēties; ignorēt
distance [′distəns] *n* 1. at-
tālums; distance; at a d.
of three miles — triju jū-
džu attālumā; to hit the
d. — noskriet distanci;
2. tālums; in the d. — tā-
lumā; from a d. — notā-
lēm; 3. starplaiks; laika
posms
distant [′distənt] *a* tāls; at-
tāls; d. relative — attāls
radinieks; d. ages — seni
laiki
distinct [dis′tiŋkt] *a* 1. at-
šķirīgs; īpatns; 2. skaidrs;
noteikts
distinction [dis′tiŋkʃən] *n*
1. atšķirība; īpatnība;

2. izcilība; poet of d. —
izcils dzejnieks; ◇ mark
of d. — goda zīme
distinguish [dis′tiŋgwiʃ] *v*
1. atšķirt; 2. izcelt *(citu
vidū)*
distinguished [dis′tiŋgwiʃt]
a izcils; ievērojams
distort [dis′tɔːt] *v* izkropļot;
sagrozīt *(piem., faktus)*
distract [dis′trækt] *v* novērst
(piem., uzmanību)
distress [dis′tres] **I** *n* 1. bē-
das; ciešanas; 2. nelaime;
briesmas; d. signal —
briesmu signāls; **II** *v* ap-
bēdināt; sagādāt ciešanas
distribute [dis′tribju(ɪ)t] *v*
izdalīt; sadalīt
distribution [′distri′bjuɪʃən]
n sadalīšana; sadale
district [′distrikt] *n* rajons;
apgabals
distrust [dis′trʌst] **I** *n* neuz-
ticība; **II** *v* neuzticēties
disturb [dis′təɪb] *v* 1. trau-
cēt; I'm sorry to d. you —
atvainojiet par traucējumu;
2. sātraukt
ditch [ditʃ] *n* grāvis
dive [daiv] **I** *n* niršana; **II**
v nirt
diver [′daivə] *n* 1. ūdens-
līdējs; 2. daiļlēcējs
diverse [dai′vəɪs] *a* atšķi-
rīgs; dažāds
diversity [dai′vəɪsiti] *n* da-
žādība
divert [dai′vəɪt] *v* 1. novir-
zīt; 2. novērst *(uzmanību)*
divide [di′vaid] *v* 1. dalīt;
sadalīt; 2. dalīties; sada-
līties; opinions are ~d on

the question — šajā jautājumā domas dalās

diving ['daiviŋ] *n* niršana; ūdenslēkšana; springboard d. *sp* — ūdenslēkšana no tramplīna

division [di'viʒən] *n* 1. dalīšana; d. of labour *ek* — darba dalīšana; 2. daļa; nodaļa; 3. *mil* divīzija

divorce [di'vɔːs] I *n* laulības šķiršana; šķiršanās; II *v* šķirties *(no vīra, sievas)*

do [duː, du] *v (p* did [did]; *p. p.* done [dʌn]) 1. darīt; 2. sakārtot; to do the room — uzkopt istabu; 3. *(kā palīgverbu lieto jautājuma un nolieguma teikumos)*: do you smoke? — vai jūs smēķējat?; I don't speak French — es nerunāju franciski; 4. *(lieto uzsvaram)*: do come! — lūdzu, atnāciet!; to do away *(with)* — atmest; to do in — pārspēt; to do without — iztikt bez; ◇ how do you do! — sveicināti!; that will do! — diezgan!; nothing ~ing! — neko darīt!

dock [dɔk] I *n* doks; floating d. — peldošs doks; II *v* savienoties *(par kosmosa kuģiem)*

docker ['dɔkə] *n* dokers

doctor ['dɔktə] *n* 1. ārsts; 2. doktors *(zinātnisks grāds)*

document ['dɔkjumənt] *n* dokuments

documentary [,dɔkju'mentəri] *n* dokumentāla filma

doesn't ['dʌznt] *sar saīs. no* does not

dog [dɔg] *n* suns

doll [dɔl] *n* lelle

dollar ['dɔlə] *n* dolārs

dolphin ['dɔlfin] *n* delfīns

dome [dəum] *n* kupols

domestic [dəu'mestik] *a* 1. mājas-; ģimenes-; d. science — mājturība; d. servant — mājkalpotāja; 2. iekšzemes-; d. trade — iekšējā tirdzniecība; 3.: d. animals — mājdzīvnieki

dominate ['dɔmineit] *v* 1. valdīt; 2. slieties pāri *(piem., par kalniem)*

dominion [də'minjən] *n* domīnija

done *p. p. no* do

donkey ['dɔŋki] *n* ēzelis

don't [dəunt] *sar saīs. no* do not

doom [duːm] I *n* 1. liktenis; 2. bojāeja; to go to one's d. — doties drošā nāvē; II *v* nolemt *(kam neizbēgamam)*

door [dɔː] *n* durvis; ◇ next d. — kaimiņos; out of ~s — ārpus mājas; svaigā gaisā

door-keeper ['dɔː,kiːpə] *n* šveicars

dope [dəup] *n* dopings; narkotika

dot [dɔt] *n* punkts

double ['dʌbl] I *n* 1. līdzinieks, dubultnieks; 2. dubultspēle *(tenisā)*; 3. dublieris; II *a* 1. divkāršs, dubults; d. bed — divguļamā gulta; 2. divējāds; III *v* 1. divkāršot, dubultot; 2. dublēt; IV *adv* divkārši, dubulti

doubt [daut] I *n* šaubas; no d. — bez šaubām; II *v* šaubīties

doubtful ['dautful] *a* šaubīgs; apšaubāms; I am d. what I ought to do — es nezinu, ko lai dara

doubtless ['dautlis] *adv* bez šaubām

dough [dǝu] *n* (maizes) mīkla

dove [dʌv] *n* balodis; dūja

down [daun] I *adv* 1. uz leju, lejup; to climb d. — kāpt lejup; 2. lejā; the sun is d. — saule ir norietējusi; the blinds are d. — aizlaidnes ir nolaistas; II *prep* lejup pa; d. the river — lejup pa upi

downpour ['daunpɔː] *n* lietusgāze

downstairs ['daun'stǝǝz] *adv* 1. lejup (pa kāpnēm); 2. lejā; apakšējā stāvā

downtown ['dauntaun] *n* amer (pilsētas) centrs

doze [dǝuz] *v* snaust

dozen ['dʌzn] *n* ducis; ~s of times — desmitiem reižu; ◇ baker's d. — velna ducis; daily d. — rīta rosme

draft [draːft] I *n* 1. projekts; d. resolution — rezolūcijas projekts; 2. skice; uzmetums; II *v* 1. sastādīt projektu; 2. uzskicēt

drag [dræg] *v* 1. vilkt; 2. vilkties

drain [drein] I *n* 1. drena; 2. kanalizācijas caurule; II *v* drenēt; nosusināt (augsni)

dramatic [drǝ'mætik] *a* 1. dramatisks; 2. pārsteidzošs; krass; d. change — krasa pārmaiņa

drank *p* no **drink** II

drapery ['dreipǝri] *n* 1. drapējums; 2. audumi; 3. audumu veikals

drastic ['dræstik] *a* 1. (par lidzekli) stiprs; iedarbīgs; 2. radikāls; d. changes — radikālas pārmaiņas

draught [draːft] *n* 1. caurvējš; 2. malks; to drink at a d. — izdzert vienā paņēmienā; 3.: ~s *pl* — dambrete

draw [drɔː] I *n* 1. vilkšana; 2. lozēšana; loterija; 3. neizšķirta spēle; II *v* (*p* drew [druː]; *p. p.* drawn [drɔːn]) 1. vilkt; 2. izvilkt; 3. saistīt (uzmanibu, interesi); 4. zīmēt; 5. beigt neizšķirti (spēli); ◇ to d. a conclusion — izdarīt secinājumu

drawback ['drɔːbæk] *n* trūkums; vaina

drawer [drɔː] *n* atvilktne

drawing ['drɔːiŋ] *n* 1. zīmēšana; 2. zīmējums

drawn *p. p.* no **draw** II

dreadful ['dredful] *a* briesmīgs, šausmīgs

dream [driːm] I *n* sapnis; II *v* (*p un p. p.* dreamt *vai* dreamed [dremt]) sapņot

dreamt *p un p. p. no* **dream II**

dress [dres] **I** *n* tērps; kleita; evening d. — vakarkleita; d. rehearsal — ģenerālmēģinājums; **II** ' *v* 1. apģērbt; 2. apģērbties; 3. pārsiet *(ievainojumu)*

dress-circle ['dres'sɔɪkl] *n* teātr beletāža

dressing ['dresiŋ] *n* 1. ģērbšanās; 2. pārsienamais materiāls; 3. *(salātu)* mērce

dressing-gown ['dresiŋgaun] *n* rītasvārki

dressmaker ['dres,meikə] *n* šuvēja

drew *p no* **draw II**

dribble ['dribl] *v* driblēt *(bumbu)*

dried [draid] *a* žāvēts; kaltēts

drift [drift] **I** *n* 1. *(straumes)* tecējums; 2. *(sniega)* kupena; *(smilšu)* sanesa; 3. *jūrn* dreifs; **II** *v* 1. peldēt pa straumi; 2. *jūrn* dreifēt

drilla [dril] *n mil* ierindas mācība

drillb [dril] **I** *n* urbis; **II** *v* urbt

drink [driŋk] **I** *n* 1. dzēriens; soft ~s — bezalkoholiskie dzērieni; to have a d. — iedzert; padzerties; 2. *(arī* strong d.) alkoholisks dzēriens; in d. — dzērumā; **II** *v* (*p* drank [dræŋk]; *p. p.* drunk [drʌŋk]) dzert; to d. smb.'s health — dzert uz kāda veselību

drip [drip] *v* pilēt

drip-dry ['dripdrai] *a:* d.-d. shirts — ātri žūstoši krekli

drive [draiv] **I** *n* izbraukums *(automašīnā);* to go for a d. — doties izbraukumā; **II** *v* (*p* drove [drəuv]; *p. p.* driven ['drivn]) 1. dzīt; trenkt; 2. braukt *(automašīnā);* 3. vadīt *(automašīnu)*

driven *p. p. no* **drive II**

driver ['draivə] *n* [auto] vadītājs; braucējs

driving ['draiviŋ] *n* braukšana; d. licence — autovadītāja tiesības; d. school — autoskola; d. test — eksāmens autovadītāja tiesību iegūšanai

drop [drɔp] **I** *n* 1. piliens; 2. *(piem., vīna)* malks; 3.: ~s *pl med* — pilieni; 4. pazemināšanās; krišanās; d. in prices — cenu pazemināšanās; **II** *v* 1. pilēt; 2. *(nejauši)* nomest; 3. pazemināties; krist *(par cenām);* to d. in — apciemot; iegriezties

drought [draut] *n* sausums

drove *p no* **drive II**

drown [draun] *v* noslīcināt

drug [drʌg] *n* 1. zāles; medikaments; 2. narkotika; d. addict (taker) — narkomāns; d. habit — narkomānija

druggist ['drʌgist] *n* aptiekārs

drugstore ['drʌgstɔ:] *n amer* aptiekas veikals

drum [drʌm] **I** *n* bungas; **II** *v* sist bungas

drunk [drʌŋk] **I** *a* piedzēries; to get d. — piedzerties; **II** *p. p. no* **drink II**

drunkard ['drʌŋkəd] *n* dzērājs

dry [drai] **I** *a* sauss; **II** *v* 1. kaltēt, žāvēt; 2. izkalst, izžūt

dry-clean ['drai'kliːn] *v* ķīmiski tīrīt

dry-cleaners ['drai'kliːnəz] *n* ķīmiskā tīrītava

dub [dʌb] *v* dublēt *(filmu)*

duck [dʌk] *n* pīle

duct [dʌkt] *n* 1. *anat* vads; kanāls; 2. cauruļvads

due [djuː] **I** *n* 1. tas, kas kādam pienākas; to give smb. his d. — pienācīgi novērtēt kādu; 2.: ~s *pl* — nodoklis; custom ~s — muitas nodoklis; 3.: ~s *pl* — biedru nauda; party ~s — partijas biedru maksa; **II** *a* 1. pienācīgs; with d. attention — ar pienācīgu uzmanību; 2.: d. to — dēļ; d. to cold — aukstuma dēļ

dug *p un p. p. no* **dig**

dull [dʌl] *a* 1. truls, neass; 2. stulbs; 3. garlaicīgs; 4. blāvs; nespodrs

dumb [dʌm] *a* 1. mēms; d. show — pantomīma; 2. muļķīgs; stulbs

dumbbell ['dʌmbel] *n* hantele

dummy ['dʌmi] *n* 1. manekens; 2. makets

dumpling ['dʌmpliŋ] *n* 1. klimpa; 2. mīklā cepts ābols

dumps [dʌmps] *n pl sar* grūtsirdība; [down] in the

d. — nomāktā garastāvoklī

dune [djuːn] *n* kāpa

duplicate ['djuːplikit] **I** *n* dublikāts; kopija; **II** *v* izgatavot kopiju

durable ['djuərəbl] *a* 1. izturīgs; 2. ilgstošs

duration [djuə'reiʃən] *n* ilgums; of short d. — īslaicīgs

during ['djuəriŋ] *prep* laikā; d. holidays — brīvdienās

durst *p no* **dare**

dusk [dʌsk] *n* krēsla

dust [dʌst] **I** *n* putekļi; atomic d. — radioaktīvie putekļi; ◇ to throw d. in smb.'s eyes — pūst kādam miglu acīs; **II** *v* slaucīt putekļus

dustbin ['dʌstbin] *n* atkritumu spainis

duster ['dʌstə] *n* putekļu lupata

dust-jacket ['dʌst,dʒækit] *n (grāmatas)* apvāks

dustpan ['dʌstpæn] *n* saslauku liekšķere

Dutch [dʌtʃ] **I** *n* 1.: the D. — holandieši; 2. holandiešu valoda; **II** *a* holandiešu-

Dutchman ['dʌtʃmən] *n* holandietis

Dutchwoman ['dʌtʃ,wumən] *n* holandiete

duty ['djuːti] *n* 1. pienākums; to do one's d. — izpildīt savu pienākumu; 2. dienests; dežūra: to be on d. — dežurēt; off d. — ārpus darba laika; 3. nodoklis

duty-free ['djuːti'friː] *a* bez-muitas, nemuitojams

dwarf [dwɔːf] *n* 1. pundu-ris; 2. rūķis

dwell [dwel] *v (p un p. p.* dwelt [dwelt]) 1. *(at, in)* dzīvot; mājot; 2. *(on, upon)* pakavēties *(piem., pie jautājuma)*

dwelling ['dweliŋ] *n* mājok-lis

dwelling-house ['dweliŋhaus] *n* dzīvojamais nams

dwelt *p un p. p. no* dwell

dye [dai] I *n* krāsa; krās-viela; II *v (ķīmiski)* krā-sot; to have a dress ∼d — nodot kleitu krāsošanai

Ee

each [iːtʃ] *pron* 1. katrs; ik-viens; 2.: e. other — viens otru (otram)

eager ['iːgə] *a* kvēls; de-dzīgs; to be e. *(for)* — kvēli vēlēties

eagle ['iːgl] *n* ērglis

earᵃ [iə] *n* 1. auss; 2. dzir-de; an e. for music — mu-zikālā dzirde; to play by e. — spēlēt pēc dzirdes

earᵇ [iə] *n* vārpa

early ['əːli] I *a* agrs; II *adv* agri; e. in the day — agri no rīta; e. in May — maija sākumā

earn [əːn] *v* 1. nopelnīt; to e. one's living — nopelnīt iztiku; 2. izpelnīties; iemantot

earnest ['əːnist] I *n:* in e. — nopietni; II *a* nopietns

earnings ['əːniŋz] *n pl* iz-peļņa

ear-ring ['iəriŋ] *n* auskars

earth [əːθ] *n* zeme; ◇ why on e.? — kādēļ gan?

earthenware ['əːθənwɛə] *n* māla trauki; keramika

earthquake ['əːθkweik] *n* ze-mestrīce

ease [iːz] I *n* 1. miers; at-pūta; to take one's e. — atpūsties; 2. nepiespiestība; dabiskums; to feel at e. — justies nepiespiesti; to feel ill at e. — justies neveikli; ◇ at e.! *mil* — brīvi!; II *v* 1. atvieglot *(ciešanas);* remdēt *(sāpes);* 2. palaist vaļīgāk; atslābi-nāt

easel ['iːzl] *n* molberts

easily ['iːzili] *adv* viegli

east [iːst] I *n* austrumi; II *a* austrumu-; III *adv* uz austrumiem

Easter ['iːstə] *n* Lieldienas

eastern ['iːstən] *a* austrumu-

easy ['iːzi] *a* 1. viegls; viegli veicams; 2. ērts; e. dress — ērts tērps; e. chair — at-zveltnes krēsls; 3. brīvs; nepiespiests *(par izturēšanos)*

eat [iːt] *v (p* ate [et]; *p. p.* eaten ['iːtn]) ēst; I don't feel like ∼ing — man ne-gribas ēst

eaten *p. p. no* **eat**
ebb [eb] *n* bēgums
echo ['ekəu] *n* atbalss
eclipse [i'klips] *n astr* aptumsums
ecology [i'kɔlədʒi] *n* ekoloģija
economic [,iːkə'nɔmik] *a* ekonomisks
economical [,iːkə'nɔmikəl] *a* taupīgs
economics [,iːkə'nɔmiks] *n* ekonomika
economy [i(ː)'kɔnəmi] *n* 1. saimniecība, ekonomika; planned e. — plānveida saimniecība; 2. taupība, ekonomija; 3.: political e. — politekonomija
edge [edʒ] *n* 1. asmens; 2. mala; e. of a wood — mežmala
edible ['edibl] *a* ēdams
edit ['edit] *v* rediģēt
edition [i'diʃən] *n* 1. (*grāmatas u. tml.*) izdevums; pocket e. — kabatformāta izdevums; 2. metiens, tirāža
editor ['editə] *n* redaktors
editorial [,edi'tɔːriəl] I *n* ievadraksts; II *a* redaktora-; redakcijas-; e. office — redakcija (*telpas*); e. staff — redakcijas darbinieki; e. board — redakcijas koleģija
editor-in-chief ['editərin'tʃiːf] *n* galvenais redaktors
educate ['edju(ː)keit] *v* audzināt; izglītot
education [,edju(ː)'keiʃən] *n* izglītība
eel [iːl] *n* zutis

effect [i'fekt] *n* 1. sekas; rezultāts; to take e. — 1) dot rezultātus; 2) *jur* stāties spēkā; 2. iedarbība; ietekme; to carry (put) into e. — realizēt dzīvē; 3. iespaids; efekts; general e. — vispārējs iespaids; 4.: ~s *pl* — mantas
effective [i'fektiv] *a* 1. efektīvs, iedarbīgs; 2. efektīgs
efficiency [i'fiʃənsi] *n* 1. efektivitāte, iedarbīgums; 2. produktivitāte, ražīgums; 3. prasme; spēja
efficient [i'fiʃənt] *a* 1. efektīvs, iedarbīgs; 2. prasmīgs; spējīgs
effort ['efət] *n* piepūle; pūles; to make an e. — pacensties; to spare no ~s — nežēlot pūļu
egg [eg] *n* ola; soft [-boiled] e. — mīksti vārīta ola; hard-boiled e. — cieti vārīta ola; ham and ~s — šķiņķis ar ceptām olām
Egyptian [i'dʒipʃən] I *n* ēģiptietis; ēģiptiete; II *a* ēģiptiešu-
eight [eit] *num* astoņi
eighteen ['ei'tiːn] *num* astoņpadsmit
eighteenth ['ei'tiːnθ] *num* astoņpadsmitais
eighth [eitθ] *num* astotais
eightieth ['eitiiθ] *num* astoņdesmitais
eighty ['eiti] *num* astoņdesmit
either ['aiðə] I *pron* 1. viens no diviem; 2. jebkurš; II *adv* (*nolieguma teikumā*) arī; I shall

not go e. — es arī ne-
iešu; III *conj:* e. ...
or ... — vai nu ..., vai ...

elastic [i'læstik] I *n* ieve-
ramā gumija; II *a* elastīgs

elbow ['elbəu] *n* elkonis

elder ['eldə] *a (comp no
old)* vecāks; e. brother —
vecākais brālis

elderly ['eldəli] *a* pavecs,
padzīvojis

eldest ['eldist] *a (sup no
old)* visvecākais

elect [i'lekt] *v* vēlēt; ievēlēt

election [i'lekʃən] *n* vēlēša-
nas; general e. — vispārē-
jas vēlēšanas

elective [i'lektiv] *a* 1. vēlē-
šanu-; e. franchise — vē-
lēšanu tiesības; 2. *amer*
fakultatīvs

elector [i'lektə] *n* vēlētājs

electorate [i'lektərit] *n* vēlē-
tāji

electric [i'lektrik] *a* elek-
trisks; e. train — elektro-
vilciens

electrical [i'lektrikəl] *a*
elektrības-; e. engineer-
ing — elektrotehnika

electrician [ˌilek'triʃən] *n*
elektrotehniķis

electricity [ˌilek'trisiti] *n*
elektrība

electronic [ˌilek'trɔnik] *a*
elektronu-; elektronisks; e.
computer — elektroniskā
skaitļošanas mašīna, elek-
troniskais skaitļotājs

electronics [ˌilek'trɔniks] *n*
elektronika

element ['elimənt] *n* 1. ele-
ments; daļa; 2. ķīm ele-
ments; 3.: ~s *pl* — (zi-
nātnes) pamati

elementary [ˌeli'mentəri] *a*
elementārs; e. particle *fiz* —
elementārdaļiņa

elephant ['elifənt] *n* zilonis

elevate ['eliveit] *v* 1. pacelt;
2. paaugstināt *(amatā)*

elevator ['eliveitə] *n* 1. cel-
tnis; 2. *amer* lifts; 3. eleva-
tors

eleven [i'levn] *num* vienpa-
dsmit

eleventh [i'levnθ] *num* vien-
padsmitais

eliminate [i'limineit] *v* iz-
slēgt; likvidēt; novērst; to
e. a possibility — izslēgt
iespēju

elk [elk] *n* alnis

elm [elm] *n* goba

eloquent ['eləukwənt] *a* dail-
runīgs

else [els] I *adv* 1. vēl; bez
tam; what e.? — kas vēl?;
2. citādi; take care or e.
you will fall — uzmanie-
ties, citādi nokritīsiet; II
pron cits; nobody e. —
neviens cits

elsewhere ['els'wɛə] *adv* kaut
kur citur

embankment [im'bæŋkmənt]
n (izbūvēta) krastmala

embark [im'ba:k] *v* 1. kraut
kuģī; 2. kāpt uz kuģa;
3. *(on)* uzsākt

embarrass [im'bærəs] *v* ap-
mulsināt

embarrassment [im'bærəs-
mənt] *n* apmulsums

embassy ['embəsi] *n* sūtnie-
cība

embodiment [im'bɔdimənt] *n*
iemiesojums

embody [im'bɔdi] *v* 1. iemie-
sot; 2. ietvert; iekļaut

embrace [im'breis] *v* 1. ap-
kampt;   2.   apkampties;
3. ietvert

embroider [im'brɔidə] *v* iz-
šūt

embroidery [im'brɔidəri] *n*
izšuvums

emerald ['emərəld] *n* sma-
ragds

emerge [i'mə:dʒ] *v* parādī-
ties

emergency [i'mə:dʒənsi] *n*
neparedzēts gadījums; kri-
tisks stāvoklis; in case of
e. — galējas nepieciešā-
mības gadījumā; e. exit —
papildizeja; e. station —
traumatoloģijas punkts

emotion [i'məuʃən] *n* 1. sa-
viļņojums;   2.: ~s *pl* —
jūtas, emocijas

emperor ['empərə] *n* impera-
tors

emphases *pl no* emphasis

emphasis ['emfəsis] *n* (*pl*
emphases   ['emfəsi:z])
1. (*vārda, zilbes*) uzsvars;
2. uzsvērums; emfāze; to
lay special e. — īpaši uz-
svērt

emphasize ['emfəsaiz] *v* uz-
svērt

empire ['empaiə] *n* impē-
rija

employ [im'plɔi] *v* 1. nodar-
bināt; 2. izmantot; lietot

employee [,emplɔi'i:] *n* kal-
potājs

employer [im'plɔiə] *n* uz-
ņēmējs, darba devējs

employment [im'plɔimənt] *n*
nodarbinātība; darbs; out
of e. — bez darba

empty ['empti] I *a* tukšs;
II *v* iztukšot

emulation [,emju'leiʃən] *n*
sacensība

enable [i'neibl] *v* dot iespē-
ju (*ko izdarīt*); it ~s us
to conclude — tas mums
dod iespēju secināt

enamel [i'næməl] *n* emalja

encircle [in'sə:kl] *v* ielenkt

enclose [in'kləuz] *v* 1. iežo-
got; norobežot; 2. ielikt
(*aploksnē*)

encounter [in'kauntə] I *n*
1. sastapšanās; 2. sadur-
sme; II *v* 1. sastapties;
2. sadurties (*piem., ar grū-
tībām*); 3. nonākt sadur-
smē

encourage [in'kʌridʒ] *v* iedro-
šināt; uzmundrināt

end [end] I *n* 1. gals; bei-
gas; to put an e. (*to
smth.*) — darīt galu (*kam*);
at the e. — beigās; 2. mēr-
ķis; nolūks; to gain one's
e. — sasniegt mērķi; ◇ in
the e. — galu galā; II *v*
1. beigt; 2. (*in, with*) beig-
ties (*ar*)

endure [in'djuə] *v* 1. izturēt;
paciest; 2. ilgt

enemy ['enimi] *n* ienaid-
nieks; pretinieks

energetic [,enə'dʒetik] *a*
enerģisks

energy ['enədʒi] *n* enerģija

engage [in'geidʒ] *v* 1. pie-
ņemt darbā; 2. (*in*) nodar-
boties (*ar ko*); 3. sader-
nāties

engagement [in'geidʒmənt]
n 1. saderināšanās; 2. *(no-
runāta)* tikšanās
engine ['endʒin] *n* 1. motors;
dzinējs; 2. lokomotīve
engine-driver ['endʒin,draivə]
n mašīnists; lokomotīves
vadītājs
engineer [,endʒi'niə] *n*
1. inženieris; 2. mehāni-
ķis; 3. *amer* mašīnists; lo-
komotīves vadītājs
engineering [,endʒi'niəriŋ] *n*
tehnika; radio e. — radio-
tehnika; e. plant — mašīn-
būves rūpnīca
engine-room ['endʒinrum] *n*
mašīntelpa
English ['iŋgliʃ] I *n* 1. an-
gļu valoda; 2.: the E. —
angļi; II *a* anglu-
Englishman ['iŋgliʃmən] *n*
anglis
Englishwoman ['iŋgliʃ-
,wumən] *n* angliete
engrave [in'greiv] *v* [ie]-
gravēt
engraving [in'greiviŋ] *n*
gravējums; gravīra
enjoy [in'dʒɔi] *v* 1. gūt
prieku; to e. oneself — pa-
tīkami pavadīt laiku; how
did you e. the book? — kā
jums patika grāmata?; 2.:
he ~s good health — vi-
ņam ir laba veselība; to e.
popularity — būt populā-
ram
enjoyment [in'dʒɔimənt] *n*
prieks; patika
enlarge [in'lɑːdʒ] *v* 1. palie-
lināt; paplašināt; 2. palie-
lināties; paplašināties

enlist [in'list] *v* brīvprātīgi
iestāties *(karadienestā)*
enormous [i'nɔːməs] *a* mil-
zīgs
enough [i'nʌf] *adv* diezgan,
pietiekami; ◇ strangely
e. — lai cik savādi
enrich [in'ritʃ] *v* 1. bagā-
tināt; 2. mēslot *(augsni)*
enrol [I] [in'rəul] *v* 1. ierak-
stīt *(sarakstā)*; reģistrēt;
2. iesaistīties *(piem., bied-
rībā)*
ensure [in'ʃuə] *v* nodroši-
nāt; garantēt
enter ['entə] *v* 1. ieiet,
ienākt; 2. iestāties *(piem.,
skolā)*; 3. ierakstīt *(sa-
rakstā)*; to e. for — pie-
teikties *(par dalībnieku)*;
◇ to e. into negotia-
tions — uzsākt sarunas
enterprise ['entəpraiz] *n*
1. pasākums; 2. uzņēmība;
3. uzņēmums
entertain [,entə'tein] *v*
1. uzņemt *(viesus)*; 2. ka-
vēt laiku; izklaidēt
entertainment [,entə'tein-
mənt] *n* laika kavēklis;
izklaidēšanās
enthusiasm [in'θjuːziæzəm]
n entuziasms; sajūsma
enthusiast [in'θjuːziæst] *n*
entuziasts
entire [in'taiə] *a* pilnīgs;
viss
entirely [in'taiəli] *adv* pil-
nīgi; viscaur
entitle [in'taitl] *v* 1. dot no-
saukumu; likt virsrakstu;
2. *(to)* dot tiesības *(uz)*
entrance ['entrəns] *n* 1. ieie-
šana; 2. ieeja; 3. iestāša-

nās; e. fee — iestāšanās maksa; e. examinations — iestājpārbaudījumi; e. visa — iebraukšanas vīza

entry ['entri] *n* 1. ieiešana; ienākšana; 2. ieeja; 3. ieraksts; iegrāmatojums; 4. šķirklis *(vārdnīcā)*; 5. *(sacīkšu dalībnieku)* pieteikums; large e. — liels konkurss

enumerate [i'njuːməreit] *v* uzskaitīt

envelop [in'veləp] *v* 1. ietīt; 2. apņemt

envelope ['envələup] *n* aploksne

envious ['enviəs] *a* skaudīgs

environment [in'vaiərənmənt] *n* apkārtne; apkārtējā vide; e. protection — vides aizsardzība

envy ['envi] I *n* skaudība; II *v* apskaust

epic ['epik] I *n* 1. episka poēma; 2. *sar* daudzsēriju piedzīvojumu filma; II *a* episks

epidemic [ˌepi'demik] I *n* epidēmija; II *a* epidēmisks

epoch ['iːpɔk] *n* laikmets

equal ['iːkwəl] *a* 1. vienlīdzīgs; vienāds; e. rights — vienlīdzīgas tiesības; 2. *(to)* piemērots

equality [i(ı)'kwɔliti] *n* vienlīdzība

equator [i'kweitə] *n* ekvators

equip [i'kwip] *v* apgādāt *(ar ko)*

equipment [i'kwipmənt] *n* iekārta; piederumi

equivalent [i'kwivələnt] *a* ekvivalents, līdzvērtīgs

erase [i'reiz] *v* nodzēst, izdzēst

eraser [i'reizə] *n* dzēšgumija

erect [i'rekt] I *a* taisns; vertikāls; II *v* uzcelt, uzbūvēt

errand ['erənd] *n* 1. uzdevums; to run ~s — būt par izsūtāmo; 2. *amer* komandējums

erroneous [i'rəunjəs] *a* kļūdains

error ['erə] *n* kļūda; maldīšanās; to make an e. — kļūdīties

eruption [i'rʌpʃən] *n* 1. *(vulkāna)* izvirdums; 2. izsitumi

escalate ['eskəleit] *v* izvērst; to e. war — izvērst karadarbību

escalation [ˌeskə'leiʃn] *n* eskalācija, izvēršana plašumā

escalator ['eskəleitə] *n* eskalators

escape [is'keip] I *n* 1. bēgšana; 2. izglābšanās; to have a narrow e. — tikko izglābties; II *v* 1. izbēgt; 2. izglābties

especial [is'peʃəl] *a* sevišķs, speciāls; of e. importance — sevišķi svarīgs

essay ['esei] *n* eseja; apraksts

essence ['esns] *n* 1. būtība; in e. — būtībā; 2. esence

essential [i'senʃəl] *a* būtisks

establish [is'tæbliʃ] *v* 1. nodibināt; 2. iekārtot; izveidot

establishment [is'tæbliʃmənt] *n* 1. nodibināšana; 2. iestāde; uzņēmums; 3. valdošā elite

estate [is'teit] *n* 1. muiža; *(zemes)* īpašums; 2. *(apbūves)* rajons; industrial e. — rūpniecības rajons

estimate I *n* ['estimit] 1. novērtējums; 2. tāme; II *v* ['estimeit] 1. novērtēt; 2. sastādīt tāmi

Estonian [es'təunjən] I *n* 1. igaunis; igauniete; 2. igauņu valoda; II *a* igauņu-

estrangement [is'treindʒ-mənt] *n* atsvešināšanās

etching ['etʃiŋ] *n* 1. gravēšana; 2. gravīra; oforts

eternal [i(ː)'təːnl] *a* mūžīgs; e. flame — mūžīgā uguns

eternity [i(ː)'təːniti] *n* mūžība

ether ['iːθə] *n* 1. ēters; 2. ķīm ēteris

Ethiopian [ˌiːθi'əupjən] I *n* etiopietis; etiopiete; II *a* etiopiešu-

European [ˌjuərə'piː(ː)ən] I *n* eiropietis; eiropiete; II *a* eiropiešu-

evacuate [i'vækjueit] *v* evakuēt; iztukšot

evade [i'veid] *v* 1. izvairīties; 2. apiet *(piem., likumu)*

evaporate [i'væpəreit] *v* 1. iztvaikot, izgarot; 2. iztvaicēt

eve [iːv] *n* priekšvakars; New Year's E. — Jaungada vakars

even ['iːvən] I *a* 1. gluds; līdzens; 2. vienmērīgs; 3. *mat* pārskaitļa-; e. number — pārskaitlis; II *adv* pat; ◇ e. so — un tomēr

evening ['iːvniŋ] *n* vakars

event [i'vent] *n* 1. notikums; gadījums; at all ~s — katrā gadījumā; 2. rezultāts; iznākums; 3. sacensības *(noteiktā sporta veidā)*

eventually [i'ventʃuəli] *adv* galu galā

ever ['evə] *adv* 1. vienmēr; for e. — uz visiem laikiem; Yours e. — Jūsu uzticamais *(vēstules nobeigumā)*; 2. kādreiz, jebkad; ◇ thank you e. so much — ļoti pateicos

every ['evri] *pron* katrs; e. other day — ik pārdienas; ◇ e. now and then — šad un tad

everybody ['evribɔdi] *pron* ikviens; visi

everyday ['evridei] *a* ikdienas-; parasts

everyone ['evriwʌn] *pron* ikviens; visi

everything ['evriθiŋ] *pron* viss

everywhere ['evriwɛə] *adv* visur

evidence ['evidəns] *n* 1. acīmredzamība; 2. pierādījums; liecība

evident ['evidənt] *a* acīm redzams, skaidrs

evidently ['evidǝntli] *adv* acīmredzot

evil ['iːvl] **I** *n* ļaunums; **II** *a* ļauns

evoke [i'vǝuk] *v* izraisīt *(piem., simpātijas)*

exact [ig'zækt] *a* precīzs; noteikts; e. time — pareizs laiks

exactly [ig'zæktli] *adv* 1. precīzi; 2. tieši; gluži; 3. tieši tā *(atbildē)*

exaggerate [ig'zædʒǝreit] *v* pārspīlēt

exam [ig'zæm] *n sar* saīs. *no* examination 2.

examination [ig,zæmi'neiʃǝn] *n* 1. apskate; pārbaude; medical e. — medicīniskā izmeklēšana; 2. eksāmens; to take an e. — kārtot eksāmenu; to pass one's e. — nokārtot eksāmenu; to fail in an e. — izkrist eksāmenā; 3. *jur* izmeklēšana

examination-paper [ig,zæmi-'neiʃǝn'peipǝ] *n* eksāmena darbs (biļete)

examine [ig'zæmin] *n* 1. apskatīt; izmeklēt; 2. eksaminēt

example [ig'zɑːmpl] *n* piemērs; paraugs; for e. — piemēram; to set a good e. — sniegt labu paraugu

excavator ['ekskǝveitǝ] *n* ekskavators

exceed [ik'siːd] *v* 1. pārkāpt *(pilnvaras);* 2. pārsniegt; to e. speed limit — pārsniegt atļauto braukšanas ātrumu

exceedingly [ik'siːdiŋli] *adv* ārkārtīgi; ļoti

excellent ['eksǝlǝnt] *a* lielisks

except [ik'sept] *prep* izņemot

exception [ik'sepʃǝn] *n* izņēmums; with the e. *(of)* — izņemot

excess [ik'ses] *n* pārmērība; to e. — pārmērīgi

excessive [ik'sesiv] *a* pārmērīgs

exchange [iks'tʃeindʒ] **I** *n* 1. apmaiņa; cultural e. — kultūras apmaiņa; in e. for — apmaiņai pret; 2. *(naudas)* maiņa; rate (course) of e. — valūtas kurss; foreign e. — ārzemju valūta; bill of e. — vekselis; 3. birža; 4. telefona centrāle; komutators; **II** *v* 1. apmainīt; 2. apmainīties; to e. greetings — sasveicināties

excite [ik'sait] *v* uzbudināt; uztraukt

excitement [ik'saitmǝnt] *n* uzbudinājums; uztraukums

exclaim [iks'kleim] *v* iesaukties

exclamation [,eksklǝ'meiʃǝn] *n* iesaukšanās; e. mark *gram* — izsaukuma zīme

exclude [iks'kluːd] *v* izslēgt

exclusive [iks'kluːsiv] *a* 1. izņēmuma-; sevišķs; 2. vienīgais; e. occupation — vienīgā nodarbošanās

excursion [iks'kǝːʃǝn] *n* ekskursija; izbraukums; to go on an e. — doties ekskursijā

excuse I *n* [iks'kjuːs] 1. at-
vainošanās; 2. attaisno-
jums; 3. atrunāšanās; lame
e. — neveikla atrunāšanās;
II *v* [iks'kjuːz] atvainot;
piedot; e. me! — atvaino-
jiet!
execute ['eksikjuːt] *v* 1. izpil-
dīt; 2. sodīt ar nāvi; 3. at-
skaņot *(skaņdarbu)*
execution [,eksi'kjuːʃən] *n*
1. izpildīšana; realizēšana;
2. sodīšana ar nāvi;
3. *(skaņdarba)* atskaņo-
jums
executive [ig'zekjuːtiv] I *n*
izpildvara;   izpildorgāns;
II *a* 1. izpildu-; e. commit-
tee — izpildkomiteja; 2. ad-
ministratīvs
exercise ['eksəsaiz] I *n*
1. vingrinājums; 2. vingro-
jums; ◇ e. book — burt-
nīca; II *v* 1. vingrināt;
2. vingrot
exert [ig'zəːt] *v* 1. sasprin-
dzināt *(spēkus);* 2. izrādīt
(piem., ietekmi)
exertion [ig'zəːʃən] *n* 1. pie-
pūle; 2. *(ietekmes)* izrādī-
šana; e. of power — varas
izrādīšana
exhaust [ig'zɔːst] *v* izsmelt
(spēkus, pacietību)
exhaustion [ig'zɔːstʃən] *n*
(spēku) izsīkums
exhaustive [ig'zɔːstiv] *a* iz-
smeļošs; e. information —
izsmeļoša informācija
exhibit [ig'zibit] I *n* ekspo-
nāts; II *v* 1. eksponēt; iz-
stādīt; 2. izrādīt *(piem.,
drosmi)*

exhibition [,eksi'biʃən] *n* iz-
stāde
exile ['eksail] I *n* 1. trimda;
2. trimdinieks; II *v* izsūtīt
trimdā
exist [ig'zist] *v* eksistēt, būt
existence [ig'zistəns] *n* eksis-
tence, esamība
exit ['eksit] *n* 1. iziešana;
2. izeja
expand [iks'pænd] *v* 1. iz-
plesties; 2. paplašināt; iz-
vērst; 3. paplašināties; iz-
vērsties
expansion [iks'pænʃən] *n*
1. izplešanās; 2. paplaši-
nāšanās; izvēršanās; 3. eks-
pansija
expect [iks'pekt] *v* gaidīt
expectancy [iks'pektənsi] *n*
gaidīšana; gaidas; life e. —
dzīves ilgums
expectation [,ekspek'teiʃən] *n*
gaidīšana; gaidas
expedition [,ekspi'diʃən] *n*
ekspedīcija
expel [iks'pel] *v* izdzīt; iz-
raidīt
expenditure [iks'penditʃə] *n*
izdevumi
expense [iks'pens] *n* izde-
vumi; heavy ～s — lieli iz-
devumi; to cut down ～s —
samazināt izdevumus; at
smb.'s e. — uz kāda rē-
ķina
expensive [iks'pensiv] *a (par
cenu)* dārgs
experience [iks'piəriəns] I *n*
1. pieredze; to know by
e. — zināt no pieredzes;
2. pārdzīvojums; II *v* pie-
redzēt; piedzīvot

experienced [iks'piəriənst] *a*
pieredzējis; piedzīvojis

experiment I *n* [iks'perimənt]
eksperiments, mēģinājums;
II *v* [iks'periment] ekspe-
rimentēt, izdarīt mēģināju-
mus

experimental [eks,peri'mentl]
a eksperimentāls

expert ['ekspə:t] I *n* eks-
perts; lietpratējs; II *a* kva-
lificēts; lietpratīgs

expire [iks'paiə] *v* (par ter-
miņu) izbeigties

explain [iks'plein] *v* paskaid-
rot; izskaidrot

explanation [,eksplə'neiʃən] *n*
paskaidrojums; izskaidro-
jums

explode [iks'pləud] *v* 1. eks-
plodēt, sprāgt; 2. uzspri-
dzināt

exploit[a] ['eksplɔit] *n* varoņ-
darbs

exploit[b] [iks'plɔit] *v* ekspluea-
tēt; izmantot

exploitation [,eksplɔi'teiʃən]
n ekspluatācija; izmanto-
šana

explore [iks'plɔ:] *v* [iz]pē-
tīt

explorer [iks'plɔ:rə] *n* pēt-
nieks

explosion [iks'pləuʒən] *n* eks-
plozija, sprādziens; popula-
tion e. — demogrāfiskais
sprādziens

explosive [iks'pləusiv] I *n*
sprāgstviela; II *a* sprāg-
stošs

export I *n* ['ekspɔ:t] eks-
ports; II *v* [eks'pɔ:t] eks-
portēt

expose [iks'pəuz] *v* 1. pa-
kļaut (piem., saules, vēja)
iedarbībai; to e. to dan-
ger — pakļaut briesmām;
2. izstādīt (skatē, pārdo-
šanai); 3. atklāt; atmas-
kot

express [iks'pres] I *n* eks-
presis, ātrvilciens; II *a*
1. noteikts; skaidri izteikts;
2. (par sūtījumu) stei-
dzams; e. highway — auto-
strāde; III *v* izteikt (piem.,
domas)

expression [iks'preʃən] *n*
1. (jūtu) izpausme; 2. (se-
jas) izteiksme; 3. izteiciens

expressive [iks'presiv] *a* iz-
teiksmīgs

extend [iks'tend] *v* 1. iz-
stiept; 2. [iz]stiepties;
3. pagarināt; paplašināt

extension [iks'tenʃən] *n* 1. iz-
stiepšana; 2. pagarinā-
jums; paplašinājums;
3. papildtelefons (ar to
pašu numuru); papildnu-
murs (komutatorā); 4.:
University E. — populāras
lekcijas; neklātienes kursi

extensive [iks'tensiv] *a*
1. plašs; 2. lauks eksten-
sīvs

extent [iks'tent] *n* 1. ap-
joms; plašums; 2. pakāpe;
to a great e. — lielā mērā

exterior [eks'tiəriə] I *n* ār-
puse; āriene; II *a* ārpu-
ses-; ārējs

external [eks'tə:nl] *a* ārējs;
for e. use only — lieto-
jams tikai ārīgi (par zā-
lēm)

extinguish [iks'tiŋgwiʃ] *v* nodzēst *(piem., ugunsgrēku)*

extinguisher [iks'tiŋgwiʃə] *n* ugunsdzēšamais aparāts

extra ['ekstrə] I *n* 1. piemaksa; 2. *(laikraksta)* speciālizdevums; II *a* 1. papildu-; e. pay — papildu samaksa; 2. augstākā labuma-

extract I *n* ['ekstrækt] 1. ekstrakts; 2. izvilkums *(no grāmatas);* II *v* [iks'trækt] 1. izvilkt; izraut *(piem., zobu);* 2. izspiest *(sulu)*

extramural ['ekstrə'mjuərəl] *a* neklātienes-; e. courses — neklātienes kursi

extraordinary [iks'trɔːdnri] *a* 1. neparasts; 2. ārkārtējs

extreme [iks'triːm] I *n* galējība; to run to an e. — nonākt galējībā; II *a* galējs; e. old age — dziļš vecums

extremely [iks'tri.mli] *adv* ārkārtīgi; ļoti

exult [ig'zʌlt] *v* līksmot; gavilēt

eye [ai] *n* acs

eyebrow ['aibrau] *n* uzacs

eyelash ['ailæʃ] *n* skropsta

eyelid ['ailid] *n* plakstiņš

eye-shadow ['ai,ʃædəu] *n* plakstiņu grims

eyesight ['aisait] *n* redze

eye-witness ['ai'witnis] *n* aculiecinieks

Ff

fable ['feibl] *n* fabula

fabric ['fæbrik] n drāna, audums

face [feis] I *n* 1. seja; to make ∼s — šķobīt seju; 2. sejas izteiksme; sad (long) f. — bēdīgs izskats; 3. virsma; virspuse; II *v* 1. atrasties pretī; the windows f. the sea — logi ir jūras pusē; 2. saskarties *(ar grūtībām)*

facilit‖y [fə'siliti] *n* 1. vieglums; 2.: ∼ies *pl* — iespējas; izdevība; 3.: ∼ies *pl* — iekārta; ierīces

fact [fækt] *n* fakts; in f., in point of f. — faktiski, patiesībā

faction ['fækʃən] *n pol* frakcija

factory ['fæktəri] *n* fabrika; rūpnīca

faculty ['fækəlti] *n* 1. spēja; spējas; f. of speech — runas spējas; 2. fakultāte

fade [feid] *v* 1. [no]vīst; 2. izbalēt; noplukt

fail [feil] *v* 1. ciest neveiksmi; 2. izkrist *(eksāmenā);* 3. izgāzt *(eksāmenā);* 4. trūkt; nepietikt; words f. me — man trūkst vārdu

failure ['feiljə] *n* neveiksme; neizdošanās; harvest f. — neraža; heart f. — sirdskaite

faint [feint] I *a* vājš; to feel
f. — just vājumu; II *v* no-
ģībt; zaudēt samaņu
faira [fɛə] *n* gadatirgus
fairb [fɛə] *a* 1. godīgs; tais-
nīgs; f. play — godīga
spēle; by f. means — go-
dīgā ceļā; 2. gaišmatains;
3. *(par laiku)* jauks;
skaidrs
fairly [ˈfɛəli] *adv* 1. godīgi;
taisnīgi; 2. diezgan; f.
well — diezgan labi
fairytale [ˈfɛəriteil] *n* pa-
saka
faith [feiθ] *n* 1. ticība; pa-
ļāvība; to shake (shatter)
smb.'s f. — sašķobīt kāda
ticību; 2. ticība; konfesija
faithful [ˈfeiθful] *a* uzticīgs;
uzticams
fall [fɔ:l] I *n* 1. krišana; kri-
tiens; 2. *amer* rudens;
3. *(parasti pl)* ūdenskri-
tums; II *v* (*p* fell [fel];
p. p. fallen [ˈfɔːlən])
1. krist; to f. in battle —
krist kaujā; 2. kristies;
pazemināties; 3. (*v —
saitiņa*): to f. asleep —
aizmigt; to f. ill — sa-
slimt; to f. in love —
iemīlēties
fallen *p. p. no* **fall** II
fall-out [ˈfɔːlaut] *n* radio-
aktīvie nokrišņi
false [fɔːls] *a* 1. kļūdains;
maldīgs; 2. melīgs; nepa-
tiess; 3. viltots; mākslīgs;
f. teeth — mākslīgi zobi
fame [feim] *n* slava; popu-
laritāte
familiar [fəˈmiljə] *a* 1. labi
zināms; pazīstams; to be

f. (*with*) — labi pārzināt;
2. familiārs
family [ˈfæmili] *n* 1. ģi-
mene; f. name — uzvārds;
f. man — ģimenes cilvēks;
2. dzimta; tiger f. — tīģe-
ru dzimta
famine [ˈfæmin] *n* bads
famous [ˈfeiməs] *a* slavens;
ievērojams; world f. — pa-
saulslavens
fana [fæn] *n* 1. vēdeklis;
2. ventilators
fanb [fæn] *n* *sar (sporta)*
līdzjutējs
fancy [ˈfænsi] I *n* 1. fantā-
zija; iztēle; 2. iedomu tēls;
3. *(for)* tieksme; aizrauša-
nās; to take a f. *(to)* —
aizrauties; II *a* 1. izrotāts;
neparasts; f. cakes — kū-
kas; f. dress — maskubal-
les tērps; 2. moderns; f.
goods — modes preces;
3. *amer* augstākā labuma-;
III *v* iedomāties; iztēloties
fancy-ball [ˈfænsiˈbɔːl] *n*
maskuballe
fantastic [fænˈtæstik] *a* fan-
tastisks
far [faː] I *a* (*comp* farther
[ˈfaːðə] *vai* further
[ˈfəːðə]; *sup* farthest
[ˈfaːðist] *vai* furthest
[ˈfəːðist]) tāls; II *adv*
(*comp* farther [ˈfaːðə] *vai*
further [ˈfəːðə]; *sup* far-
thest [ˈfaːðist] *vai* furthest
[ˈfəːðist]) 1. tālu; 2. daudz;
f. better — daudz labāk;
◇ so f. — līdz šim
fare [fɛə] *n* braukšanas
maksa; what is the f.? —
cik maksā biļete?

farewell ['fɛə'wel] *n* atvadas; to make one's ~s — atvadīties

farm [faːm] I *n* 1. ferma; lauku mājas; 2. saimniecība; collective f. — kolhozs; state f. — sovhozs; II *v* apstrādāt zemi

farmer ['faːmə] *n* fermeris; collective f. — kolhoznieks

farther *comp no* far I, II

farthest *sup no* far I, II

fascinate ['fæsineit] *v* apburt; valdzināt

fascism ['fæʃizm] *n* fašisms

fascist ['fæʃist] I *n* fašists; II *a* fašistu-; fašistisks

fashion ['fæʃən] *n* mode; in f. — moderns; out of f. — nemoderns; to come into f. — nākt modē

fashionable ['fæʃnəbl] *a* moderns

fashion-paper ['fæʃən,peipə] *n* modes žurnāls

fast [faːst] I *a* 1. ciešs; stingrs; f. grip — ciešs tvēriens; f. sleep — ciešs miegs; 2. ātrs; f. train — ātrvilciens; the watch is. f. — pulkstenis ir ātrāks; II *adv* 1. cieši; stingri; 2. ātri

fasten ['faːsn] *v* 1. piestiprināt; 2. aizslēgt *(durvis);* 3. aizpogāt

fastener ['faːsnə] *n* 1. saspraude; 2. aizdare

fat [fæt] I *n* tauki; speķis; II *a* 1. trekns; taukains; 2. tukls; resns

fate [feit] *n* liktenis

father ['faːðə] *n* tēvs

father-in-law ['faːðərinlɔi] *n* 1. vīratēvs; 2. sievastēvs

fatigue [fə'tiːg] *n* nogurums

fault [fɔːlt] *n* 1. trūkums, defekts; bojājums; to find f. *(with)* — pelt; 2. vaina; it's my f. — es esmu vainīgs

favour ['feivə] *n* 1. labvēlība; to win smb.'s f. — iegūt kāda labvēlību; 2. pakalpojums; ◇ in f. *(of)* — par labu *(kādam)*

favourable ['feivərəbl] *a* labvēlīgs

favourite ['feivərit] I *n* mīlulis; II *a* iemīļots

fear [fiə] I *n* bailes; for f. *(of)* — aiz bailēm *(no);* II *v* baidīties

fearless ['fiəlis] *a* bezbailīgs

feast [fiːst] *n* 1. svētki; svinības; 2. mielasts

feather ['feðə] *n (putna)* spalva

featherweight ['feðəweit] *n sp* pusvieglais svars

feature ['fiːtʃə] *n.* 1. *(parasti pl)* sejas vaibsti; 2. pazīme; īpatnība; 3.: f. film — mākslas filma

February ['februəri] *n* februāris

fed *p un p. p. no* feed

federal ['fedərəl] *a* federāls; federatīvs

federation [,fedə'reiʃən] *n* federācija

federative ['fedərətiv] *a* federatīvs

fee [fiː] *n* 1. honorārs; atalgojums; 2. maksa; en-

trance f. — 1) iestāšanās
nauda; 2) ieejas maksa
feeble ['fiːbl] *a* vārgs; ne-
spēcīgs
feed [fiːd] *v (p un p. p.*
fed [fed]) barot; ēdināt
feeding-bottle ['fiːdiŋ‚bɔtl] *n*
mazbērna pudelīte
feel [fiːl] *v (p un p. p.* felt
[felt]) 1. just; sajust;
2. justies; to f. tired —
justies nogurušam; 3. taus-
tīt; to f. the pulse — taus-
tīt pulsu; to f. one's way—
1) iet taustoties; 2) būt
piesardzīgam
feeling ['fiːliŋ] *n* 1. sajūta;
2.: ~s *pl* — jūtas; to hurt
smb.'s ~s — aizvainot
kādu
feet *pl no* **foot**
fell *p no* **fall II**
fellow ['feləu] *n* 1. biedrs;
f. in arms — ieroču biedrs;
2. *sar* puisis; good f. —
jauks puisis; old f.! —veco
zēn!
fellow-traveller ['feləu-
‚trævlə] *n* ceļabiedrs
felta [felt] *n* 1. filcs; 2.: f.
pen — flomāsters
feltb *p un p. p. no* **feel**
female ['fiːmeil] I *n* mā-
tīte; II *a* sieviešu-; f.
child — meitene
feminine ['feminin] *a* 1. sie-
viešu-; f. gender *gram* —
sieviešu dzimte; 2. sievišķīgs
fencea [fens] I *n* žogs;
green f. — dzīvžogs; II *v*
iežogot
fenceb [fens] *v* paukot
fencer ['fensə] *n* paukotājs

fencing ['fensiŋ] *n* pauko-
šana
fern [fəːn] *n* paparde
ferocious [fə'rəuʃəs] *a* nikns;
nežēlīgs; mežonīgs
ferry ['feri] *n* pārceltuve
ferry-boat ['feribəut] *n* prā-
mis
fertile ['fəːtail] *a* auglīgs; ra-
žīgs
fertilize ['fəːtilaiz] *v* mēslot
(augsni)
fertilizer ['fəːtilaizə] *n* mēs-
lojums
fervent ['fəːvənt] *a* dedzīgs;
kvēls; f. hatred — kvēls
naids
festival ['festəvəl] *n* svētki;
festivāls
fetch [fetʃ] *v* atnest; atvest;
to f. a doctor — sameklēt
ārstu
fever ['fiːvə] *n* drudzis
feverish ['fiːvəriʃ] *a* dru-
džains
few [fjuː] I *pron* daži; ne-
daudzi; a f. — daži; in a
f. words — dažos vār-
dos; II *a* maz; nedaudz;
◇ quite a f. — diezgan
daudz
fiancé [fi'aːnsei] *n* līgavai-
nis
fiancée [fi'aːnsei] *n* līgava
fibre ['faibə] *n* šķiedra
fibreglass ['faibəglaːs] *n*
stiklplasts
fiction ['fikʃən] *n* 1. izdo-
mājums, fikcija; 2. belet-
ristika; daiļliteratūra;
science f. — zinātniskā
fantastika
fidget ['fidʒit] *v* dīdīties;
grozīties

field [fiːld] *n* 1. lauks; tīrums; 2. *(darbības)* lauks; sfēra; 3. sporta laukums; f. events — sacensības vieglatlētikā

field-glasses [ˈfiːld͵glaːsiz] *n pl* lauka binoklis

fierce [fiəs] *a* nikns; nežēlīgs

fifteen [ˈfifˈtiːn] I *n* regbija spēlētāju komanda; II *num* piecpadsmit

fifteenth [ˈfifˈtiːnθ] *num* piecpadsmitais

fifth [fifθ] *num* piektais

fiftieth [ˈfiftiiθ] *num* piecdesmitais

fifty [ˈfifti] *num* piecdesmit

fifty-fifty [ˈfiftiˈfifti] *adv* uz pusēm; to go f.-f. — dalīt uz pusēm

fig [fig] *n* 1. vīģe; 2. vīģes koks; ◇ I don't care a f. — es par to nospļaujos

fight [fait] I *n* 1. cīņa; kauja; 2. kautiņš; II *v (p un p. p.* fought [fɔːt]) cīnīties; kauties

fighter [ˈfaitə] *n* 1. cīnītājs; karotājs; 2. *av* iznīcinātājs

figure [ˈfigə] *n* 1. cipars; ~s — aritmētika; 2. figūra; 3. personība

figure-skating [ˈfigə͵skeitiŋ] *n* daiļslidošana

fileᵃ [fail] I *n* vīle; II *v* vīlēt

fileᵇ [fail] I *n* 1. aktu vāki; lieta *(ar dokumentiem);* 2. ātršuvējs; 3. kartotēka; II *v* 1. reģistrēt; iešūt vākos; 2. sakārtot kartotēkā

fileᶜ [fail] *n mil* ierinda; rinda; in single f. — kolonnā pa vienam

fill [fil] *v* 1. piepildīt; 2. piepildīties; to f. in — izpildīt *(veidlapu)*

fillet [ˈfilit] *n* 1. lente; apsējs; 2. *kul* fileja

filling [ˈfiliŋ] *n* 1. piepildīšana; 2. *(degvielas)* iepildīšana; f. station — degvielas iepildes stacija; 3. plomba *(zobā);* 4. *kul* pildījums

film [film] I *n* 1. plēve; kārta; f. of mist — viegla dūmaka; 2. fotofilma; 3. [kino]filma; f. star — kinozvaigzne; f. test — kinoprove; II *v* 1. pārklāties ar plēvi; 2. filmēt, uzņemt filmā

film-strip [ˈfilmstrip] *n* diafilma

filter [ˈfiltə] I *n* filtrs; II *v* filtrēt

filter-tipped [ˈfiltətipt] *a:* f.-t. cigarette — cigarete ar filtru

fin [fin] *n (zivs)* spura

final [ˈfainl] I *n* 1. *sp* fināls; 2.: ~s *pl* — gala pārbaudījumi; II *a* gala-; beigu-; pēdējais

finally [ˈfainəli] *adv* beidzot; galu galā

finance [faiˈnæns] I *n:* ~s *pl* — finanses; II *v* finansēt

financial [faiˈnænʃəl] *a* finansu-; finansiāls

find [faind] *v (p un p. p.* found [faund]) atrast; to f. out — uzzināt; atklāt; to f. out the truth — uzzināt patiesību

fineᵃ [fain] **I** *n* soda nauda;
II *v* uzlikt naudas sodu
fineᵇ [fain] *a* 1. labs; lie-
lisks; to have a f. time —
jauki pavadīt laiku; I am
f. — es jūtos lieliski;
2. smalks; f. thread —
smalks diegs; 3.: f.
art [s] — tēlotājmāksla
finger ['fiŋgə] *n* pirksts
fingerprint ['fiŋgəprint] *n*
pirksta nospiedums
fingertip ['fiŋgətip] *n* pirksta
gals; ◇ to have at one's
~s — zināt kā savus pie-
cus pirkstus
finish ['finiʃ] **I** *n* 1. beigas;
nobeigums; 2. finišs; **II** *v*
1. beigt; pabeigt; 2. beig-
ties; 3. finišēt
Finn [fin] *n* soms; somiete
Finnish ['finiʃ] **I** *n* somu va-
loda; **II** *a* somu-
fir [fəː] *n* egle
fire ['faiə] **I** *n* 1. uguns; to
light the f. — iekurt krās-
ni; 2. ugunsgrēks; to catch
f. — aizdegties; 3. kamīns;
electric f. — elektriskā krās-
niņa (kamīns); **II** *v* 1. aiz-
dedzināt; 2. šaut
fire-alarm ['faiərə,laːm] *n*
ugunsgrēka trauksme
fire-brigade ['faiəbri,geid] *n*
ugunsdzēsēju komanda
fireman ['faiəmən] *n*
1. ugunsdzēsējs; 2. kuri-
nātājs
fireplace ['faiəpleis] *n* ka-
mīns; pavards
fireproof ['faiəpruːf] *a*
ugunsdrošs
firewood ['faiəwud] *n* mal-
ka

firework ['faiəwəːk] *n* ugu-
ņošanas raķete
firmᵃ [fəːm] *n* firma
firmᵇ [fəːm] *a* 1. ciets;
stingrs; f. ground — ciet-
zeme; 2. stingrs; nelokāms
first [fəːst] **I** *a* pirmais; f.
aid — pirmā palīdzība; f.
name — [priekš] vārds;
II *adv* 1. vispirms; f. of
all — pirmkārt; 2. pirmo-
reiz; **III** *num* pirmais; f.
floor — 1) otrais stāvs;
2) *amer* pirmais stāvs;
◇ at f. — vispirms
first-night ['fəːstnait] *n*
pirmizrāde
first-rate ['fəːst'reit] *a* pirm-
šķirīgs
fish [fiʃ] **I** *n* zivs; zivis; **II** *v*
zvejot; makšķerēt
fisherman ['fiʃəmən] *n* zvej-
nieks
fishing-rod ['fiʃiŋrɔd] *n* mak-
šķere
fist [fist] *n* dūre
fitᵃ [fit] *n* lēkme; ◇ f. of
energy — enerģijas uz-
plūdi
fitᵇ [fit] **I** *a* 1. derīgs; pie-
mērots; 2. vesels; to keep
f. — būt formā; **II** *v* derēt;
būt piemērotam
fitter ['fitə] *n* [montāžas]
atslēdznieks
five [faiv] *num* pieci
five-o'clock tea ['faivəklək-
'tiː] *n* pēcpusdienas tēja
fix [fiks] **I** *n* 1. kļūmīgs stā-
voklis; to get into a f. —
iekļūt ķezā; 2. *sar* narkoti-
kas deva; **II** *v* 1. piestipri-
nāt; nostiprināt; 2. saistīt
(*uzmanību*); pievērst (*ska-*

tienu); 3. noteikt *(cenu, termiņu);* 4. sagatavot; to f. a dinner — pagatavot pusdienas; 5. *amer* salabot; savest kārtībā; to f. **up** — iekārtot *(piem., darbā)*

flag [flæg] *n* karogs

flake [fleik] *n* pārsla

flame [fleim] I *n* liesma; to burst into ~s — uzliesmot; II *v* liesmot; degt

flank [flæŋk] *n* 1. sāns; 2. *mil* flangs

flannel ['flænl] *n* 1. vilnas flanelis; 2.: ~s *pl* — vilnas flaneļa bikses

flap [flæp] I *n* 1. plakšķis; 2. *(karoga)* plandīšanās; *(spārnu)* plivināšana; 3. *(apģērba)* atloks; II *v* 1. plakšķēt; 2. plandīt *(karogu);* plivināt *(spārnus)*

flare [fleə] I *n* 1. blāzma; 2. signālraķete; II *v* blāzmot

flash [flæʃ] I *n* 1. uzliesmojums; f. of lightning — zibens uzliesmojums; 2. *pārn (domas)* uzplaiksnījums; ◊ in a f. — vienā mirklī; II *v* 1. uzliesmot; 2. *pārn* uzplaiksnīt; to f. through one's mind — iešauties prātā

flashback ['flæʃbæk] *n kino* atskats pagātnē

flashlight ['flæʃlait] *n* 1. signāluguns; 2. *foto* magnija uzliesmojums; 3. *amer* kabatas baterija

flask [flæsk] *n* 1. plakanpudele; 2. kolba

flat[a] [flæt] *a* 1. plakans; lēzens; 2. garlaicīgs; vienmuļš

flat[b] [flæt] *n* dzīvoklis

flatter ['flætə] *v* glaimot

flattery ['flætəri] *n* glaimi

flavour ['fleivə] I *n* 1. aromāts; smarža; 2. *(patīkama)* garša; II *v* 1. piešķirt aromātu; 2. pielikt garšvielas

flaw [flɔː] *n* 1. *(virsmas)* bojājums; 2. trūkums; vaina

flax [flæks] *n* lini

flea [fliː] *n* blusa

fled *p un p. p. no* **flee**

flee [fliː] *v (p un p. p.* fled [fled]) bēgt; glābties bēgot

fleece [fliːs] *n (aitas)* vilna

fleet [fliːt] *n* 1. flote; 2. flotile

Fleming ['flemiŋ] *n* flāms; flāmiete

Flemish ['flemiʃ] I *n* flāmu valoda; II *a* flāmu-

flesh [fleʃ] *n* 1. *(jēla)* gaļa; 2. miesa; ķermenis; to lose f. — novājēt; 3. *(augļa)* mīkstums

flew *p no* **fly**[b] II

flexible ['fleksəbl] *a* lokans; elastīgs

flick [flik] *n* 1. viegls uzsitiens; *(pātagas)* plīkšķis; 2.: ~s *pl sar* — kino

flight[a] [flait] *n* lidojums

flight[b] [flait] *n* bēgšana; to take to f. — mesties bēgt

fling [fliŋ] *v (p un p. p.* flung [flʌŋ]) sviest; mest

flipper ['flipə] *n* 1. peldplēve; 2.: ~s *pl sar* — *(peldētāja)* peldpleznas

float [fləut] v peldēt (pa
ūdens virsmu)
flock [flɔk] n 1. (aitu, put-
nu) bars; 2. pūlis
flood [flʌd] I n plūdi; II v
applūdināt
floodlight ['flʌdlait] n pro-
žektors
floor [flɔ:] n 1. grīda;
2. stāvs; ground f. — pir-
mais stāvs; ◊ to take the
f. — uzstāties (sapulcē)
flour ['flauə] n milti
flourish ['flʌriʃ] v plaukt,
zelt
flow [fləu] I n tecējums;
straume; II v tecēt; plūst
flower ['flauə] I n puķe,
zieds; II v ziedēt; plaukt
flowerbed ['flauəbed] n pu-
ķu dobe
flown p. p. no flyb II
flu [flu:] n sar gripa
fluent ['flu(:)ənt] a (par
valodu) veikls; plūstošs;
to speak f. English —
brīvi runāt angliski
fluid ['flu(:)id] I n šķidr-
rums; II a šķidrs
flung p un p. p. no fling
flush [flʌʃ] v nosarkt; pie-
tvīkt
flute [flu:t] n flauta
flutter ['flʌtə] v 1. plivināt
(spārnus); 2. plivināties
(vējā)
flya [flai] n muša
flyb [flai] v (p flew [flu:];
p. p. flown [fləun]) lidot
flyer ['flaiə] n lidotājs
flyover ['flaiəuvə] n gaisa
tilts; estakāde
flyweight ['flaiweit] n sp
visvieglākais svars

foal [fəul] n kumeļš
foam [fəum] n putas
foam-rubber ['fəum,rʌbə] n
putugumija
fodder ['fɔdə] n lopbarība
fog [fɔg] n (bieza) migla
fold [fəuld] I n ieloce; kro-
ka; II v salocīt; to f. one's
arms — sakrustot rokas
folder ['fəuldə] n 1. aktu
vāki; 2. buklets; reklām-
prospekts
folding ['fəuldiŋ] a salo-
kāms; saliekams; f. bed —
saliekamā gulta
foliage ['fəuliidʒ] n lapotne
folk [fəuk] n 1. ļaudis;
2.: ~s pl — radi; my
~s — mani piederīgie
folk-dance ['fəukdɑːns] n
tautas deja
folklore ['fəuklɔ:] n folklora
folk-song ['fəuksɔŋ] n tau-
tas dziesma
follow ['fɔləu] v 1. sekot; f.
me! — sekojiet man!;
2. ievērot; sekot; to f.
smb.'s advice — sekot kāda
padomam; 3. sekot (domu
gaitai); do you f. me? —
vai jūs saprotat?; ◊ as
~s — kā tālāk minēts; it
~s — no tā izriet
follower ['fɔləuə] n sekotājs
following ['fɔləuiŋ] a seko-
jošais; nākamais
folly ['fɔli] n muļķība; ne-
prāts
fond [fɔnd] a mīlošs; to be
f. (of) — just patiku
food [fu:d] n barība; uzturs
food-stuff ['fu:dstʌf] n pār-
tikas produkti

fool [fuːl] I *n* muļķis; to make a f. of oneself — nostādīt sevi muļķīgā stāvoklī; II *v* 1. muļķoties; 2. muļķot

foolish [ˈfuːliʃ] *a* muļķīgs

foot [fut] *n* (*pl* feet [fiːt]) 1. *(kājas)* pēda; on f. — kājām; 2. pēda *(mērvienība)*; 3. apakša; at the f. of the page — lappuses apakšā

football [ˈfutbɔːl] *n* 1. futbols; 2. futbola bumba

foothold [ˈfuthəuld] *n* atbalsta punkts

footing [ˈfutiŋ] *n* 1. pamats; 2. stāvoklis *(sabiedrībā)*

footlights [ˈfutlaits] *n pl* rampas ugunis; rampa

footnote [ˈfutnəut] *n* zemteksta piezīme

footstep [ˈfutstep] *n* solis; ◇ to follow in smb.'s ~s — sekot kāda pēdās

footwear [ˈfutweə] *n* apavi

for [fɔː] I *prep* 1. priekš; it is good f. you — jums tas ir derīgi; f. sale — pārdošanai; 2. par; to pay f. the purchase — samaksāt par pirkumu; 3. dēļ; labad; aiz; f. fun — joka pēc; f. fear — aiz bailēm; f. example (instance) — piemēram; 4. *(norāda laiku)* uz; f. two weeks — uz divām nedēļām; 5. *(norāda virzienu)* uz; to start for London — doties uz Londonu; ◇ f. all I know — cik man zināms; f. all that — par spīti visam; once and f. all —

reizi par visām reizēm; II *conj* jo; tāpēc ka

forbade *p no* **forbid**

forbid [fəˈbid] *v* (*p* forbade [fəˈbeid]); *p. p.* forbidden [fəˈbidn]) aizliegt

forbidden *p. p. no* **forbid**

force [fɔːs] I *n* spēks; vara; by f. — ar varu; armed ~s — bruņotie spēki; to come into f. — stāties spēkā; to remain in f. — palikt spēkā; II *v* piespiest *(ar varu)*

forced [fɔːst] *a* piespiests; f. landing *av* — piespiedu nolaišanās; f. smile — mākslots smaids

forcemeat [ˈfɔːsmiːt] *n* maltā gaļa

forecast [ˈfɔːkɑːst] I *n* prognoze; weather f. — laika prognoze; II *v* prognozēt

foreground [ˈfɔːgraund] *n* priekšplāns

forehead [ˈfɔrid] *n* piere

foreign [ˈfɔrən] *a* ārzemju-; F. Office — ārlietu ministrija; f. policy — ārpolitika; f. language — svešvaloda

foreigner [ˈfɔrənə] *n* ārzemnieks

foreman [ˈfɔːmən] *n* meistars; priekšstrādnieks

foremost [ˈfɔːməust] *a* 1. priekšējais; 2. pats galvenais; f. authority — vislielākā autoritāte

forename [ˈfɔːneim] *n* *(cilvēka)* vārds

foresaw *p no* **foresee**

foresee [fɔːˈsiː] *v* (*p* foresaw [fɔːˈsɔː]; *p. p.* foreseen [fɔːˈsiːn]) paredzēt

foreseen *p. p. no* **foresee**

foresight [ˈfɔːsait] *n* tālredzība

forest [ˈfɔrist] *n* (*biezs*) mežs

forestry [ˈfɔristri] *n* mežsaimniecība

foretell [fɔːˈtel] *v* (*p un p. p.* foretold [fɔːˈtəuld]) paregot

foretold *p un p. p. no* **foretell**

forever [fəˈrevə] *adv* uz visiem laikiem

foreword [ˈfɔːwəːd] *n* priekšvārds; ievads

forgave *p no* **forgive**

forge [fɔːdʒ] **I** *n* smēde; kalve; **II** *v* 1. kalt (*metālu*); 2. viltot (*dokumentu*)

forgery [ˈfɔːdʒəri] *n* viltojums

forget [fəˈget] *v* (*p* forgot [fəˈgɔt]; *p. p.* forgotten [fəˈgɔtn]) aizmirst

forgetful [feˈgetful] *a* aizmāršīgs

forget-me-not [fəˈgetminɔt] *n* neaizmirstule

forgive [fəˈgiv] *v* (*p* forgave [fəˈgeiv]; *p. p.* forgiven [fəˈgivn]) piedot

forgiven *p. p. no* **forgive**

forgot *p no* **forget**

forgotten *p. p. no* **forget**

fork [fɔːk] *n* 1. dakšiņa; 2. dakšas; sakumi; 3. (*ceļa, upes*) sazarojums

form [fɔːm] **I** *n* 1. forma, veids; 2. veidlapa; 3. klase

(*skolā*); 4. sols; **II** *v* 1. piešķirt veidu; 2. veidot; izveidot

formal [ˈfɔːməl] *a* 1. formāls; oficiāls; f. call — oficiāla vizīte; 2. ārējs; f. resemblance — ārējā līdzība

formation [fɔːˈmeiʃn] *n* 1. veidošanās; 2. veidojums

former [ˈfɔːmə] *a* iepriekšējs; agrāks; in f. times — senos laikos; the f. — pirmais (*no diviem minētajiem*)

forth [fɔːθ] *adv* uz priekšu; ◇ and so f. — un tā tālāk

forthcoming [fɔːθˈkʌmiŋ] *a* gaidāmais; nākamais

fortieth [ˈfɔːtiiθ] *num* četrdesmitais

fortnight [ˈfɔːtnait] *n* divas nedēļas; this day f. — pēc divām nedēļām

fortress [ˈfɔːtris] *n* cietoksnis

fortunate [ˈfɔːtʃnit] *a* laimīgs; veiksmīgs; if one is f. — veiksmes gadījumā

fortunately [ˈfɔːtʃnitli] *adv* par laimi

fortune [ˈfɔːtʃən] *n* 1. laime; veiksme; bad f. — neveiksme; to seek one's f. — meklēt laimi; 2. liktenis; to tell ~s — zīlēt; 3. manta; bagātība; to make a f. — kļūt bagātam

forty [ˈfɔːti] *num* četrdesmit

forward [ˈfɔːwəd] **I** *n* uzbrucējs (*futbolā*); centre f. — centra uzbrucējs; **II** *a*

1. priekšējais; 2. pirmrindas-; progresīvs; f. planning — perspektīvā plānošana; III *v* 1. veicināt; paātrināt; 2. nosūtīt; IV *adv* uz priekšu; from this time f. — sākot no šā brīža

fought *p un p. p. no* fight II

foul |faul| *a* 1. netīrs; smirdīgs; 2. nekrietns; negodīgs; f. play — negodīga spēle; f. language — neķītra valoda

founda *p un p. p. no* find

foundb [faund] *v* 1. likt pamatus; dibināt; 2. pamatot; well ~ed — labi pamatots

foundation [faun'deiʃən] *n* 1. fundaments; pamats; 2. pamatojums

foundera ['faundə] *n* dibinātājs; pamatlicējs

founderb ['faundə] *n* metāllējējs

foundry ['faundri] *n* metāllietuve

fountain ['fauntin] *n* 1. avots; 2. strūklaka

fountain-pen ['fauntinpen] *n* pildspalva

four [fɔɪ] *num* četri

fourteen ['fɔɪ'tiɪn] *num* četrpadsmit

fourteenth ['fɔɪ'tiɪnθ] *num* četrpadsmitais

fourth [fɔɪθ] *num* ceturtais

fowl [faul] *n* mājputns

fox [fɔks] *n* lapsa

fox-terrier ['fɔks,teriə] *n* foksterjers

fraction ['frækʃən] *n* 1. daļa; druska; 2. daļskaitlis

fracture ['fræktʃə] *n* 1. ieplaisājums; ielūzums; 2. *med* lūzums

fragile ['frædʒail] *a* trausls

fragment ['frægmənt] *n* 1. atlūza; 2. fragments

frame [freim] I *n* 1. karkass; 2. ietvars; 3. augums; stāvs; f. of mind — noskaņojums; II *v* 1. izveidot; izstrādāt; 2. ielikt ietvarā

frame-up ['freimʌp] *n sar* provokācija

framework ['freimwəɪk] *n* 1. karkass; 2. struktūra; 3. ietvars

frank [fræŋk] *a* atklāts; vaļsirdīgs

frankfurter ['fræŋkfətə] *n* (žāvēta) desiņa

fraternal [frə'təɪnl] *a* brāļa-; brāļu-; brālīgs

fraud [frɔɪd] *n* krāpšana

free [friɪ] I *a* 1. brīvs; to get f. — atbrīvoties; to set f. — atbrīvot; 2. brīvs; neaizņemts; 3. bezmaksas-; f. education — bezmaksas izglītība; II *v* atbrīvot

freedom ['friɪdəm] *n* brīvība; neatkarība; f. of speech — vārda brīvība

freeze [friɪz] *v* (*p* froze [frəuz]; *p. p.* frozen ['frəuzn]) 1. [sa] salt; 2. sasaldēt

freight [freit] *n* 1. krava; 2. frakts (*transporta maksa*); 3. *amer* (*arī* f. train) preču vilciens

French [frentʃ] I *n* 1.: the F. — francūži; 2. franču

valoda; **II** *a* francūžu-
◇ F. brandy — konjaks
Frenchman ['frent∫mən] *n*
francūzis
Frenchwoman ['frent∫-
‚wumən] *n* francūziete
frequency ['fri:kwənsi] *n*
1. biežums; **2.** *fiz* frek-
vence
frequent I *a* ['fri:kwənt]
biežs; **II** *v* [fri'kwent]
bieži apmeklēt
frequently ['fri:kwəntli] *adv*
bieži
fresh [fre∫] *a* **1.** svaigs; f.
fruit — svaigi augļi; f.
paint! — svaigi krāsots!
(uzraksts); **2.** jauns; f.
news — jaunas ziņas; f.
shirt — tīrs krekls; **3.** ne-
pieredzējis; f. hand — iesā-
cējs
freshman ['fre∫mən] *n* pir-
mā kursa students
friction ['frik∫ən] *n* berze
Friday ['fraidi] *n* piekt-
diena
fridge [frid3] *n sar sais. no*
refrigerator
friend [frend] *n* draugs; to
make ~s with smb. — sa-
draudzēties ar kādu
friendly ['frendli] *a* drau-
dzīgs; f. match — drau-
dzības mačs
friendship ['frend∫ip] *n* drau-
dzība
fright [frait] *n* bailes; to
give smb. a f. — nobiedēt
kādu; to have a f. — izbī-
ties
frighten ['fraitn] *v* nobiedēt
frightful ['fraitful] *a* draus-
mīgs, briesmīgs

fringe [frind3] *n* **1.** bārkstis;
2. mala; **3.** *(īsi apgriezti)*
mati uz pieres
fro [frəu] *adv:* to and f. —
uz priekšu un atpakaļ
frock [frɔk] *n* kleita
frog [frɔg] *n* varde
frogman ['frɔgmən] *n* akva-
langists
from [frɔm, frəm] *prep* **1.** no;
where is he coming f.? —
no kurienes viņš ieradies?;
2. no; kopš; f. the very be-
ginning — no paša sā-
kuma; **3.** pēc; to speak f.
memory — runāt pēc at-
miņas; to judge f. appear-
ances — spriest pēc ārējā
izskata; ◇ f. time to
time — laiku pa laikam
front [frʌnt] **I** *n* **1.** priekš-
puse; priekša; in f. of the
house — mājas priekšā;
2. fronte; **II** *a* priekšējais;
f. door — parādes durvis;
f. page — titullapa
frontier ['frʌntiə] *n* robeža;
pierobeža
frost [frɔst] *n* **1.** sals;
2. salna
frost-bitten ['frɔst‚bitn] *a* ap-
saldēts
froth [frɔθ] *n* putas
frown [fraun] *v* raukt pieri
froze *p no* **freeze**
frozen *p. p. no* **freeze**
fruit [fru:t] *n* auglis; augļi;
to bear f. — dot augļus
fruitful ['fru:tful] *a* auglīgs
frustrate [frʌs'treit] *v* izjaukt
(plānus); sagraut *(cerības)*
fry [frai] *v* **1.** cept; **2.** cep-
ties

frying-pan ['fraiiŋpæn] *n* cepešpanna

fuel [fjuəl] *n* kurināmais; degviela

fugitive ['fjuːdʒitiv] *n* bēglis

fulfil [ful'fil] *v* izpildīt; to f. the quota — izpildīt normu

full [ful] *a* 1. pilns; f. to overflowing — pilns līdz malām; 2. vesels; pilns; f. hour — vesela stunda; f. moon — pilns mēness; 3. *sar* paēdis; 4.: f. stop *gram* — punkts

full-back ['fulbæk] *n sp* aizsargs

full-length ['ful 'leŋθ] *a:* f.-l. film — pilnmetrāžas filma

full-time ['ful'taim] *a:* f.-t. worker — strādnieks, kas strādā pilnu darba laiku

fully ['fuli] *adv* pilnīgi

fully-fashioned ['fuli'fæʃənd] *a* modelēts *(par adījumu);* f.-f. stockings — zeķes ar vīli

fun [fʌn] *n* joks; jautrība; for f. — pa jokam; to make f. of smb. — izjokot kādu

function ['fʌŋkʃən] I *n* funkcija; II *v* funkcionēt; darboties

fund [fʌnd] *n* 1. krājums; 2. fonds; kapitāls; 3.: ~s *pl* — naudas līdzekļi

fundamental [,fʌndə'mentl] I *n:* ~s *pl* — 1) pamatprincipi; 2) pamati; II *a* pamata-; būtisks; f. rules — pamatlikumi

funeral ['fjuːnərəl] *n* bēres

funny ['fʌni] *a* 1. jocīgs; komisks; 2. dīvains

fur [fəː] *n* 1. *(zvēra)* vilna; spalva; 2. zvērāda, kažokāda; f. coat — kažoks

furious ['fjuəriəs] *a* saniknots; negants

furnace ['fəːnis] *n* kurtuve

furnish ['fəːniʃ] *v* 1. apgādāt; 2. mēbelēt; ~ ed rooms — mēbelētas istabas

furnishings ['fəːniʃiŋz] *n pl* dzīvokļa iekārta

furniture ['fəːnitʃə] *n* mēbeles

furrow ['fʌrəu] *n* 1. vaga; 2. gramba; 3. *(dziļa)* grumba

further ['fəːðə] I *a (comp no* far I, II) 1. tālāks; 2. nākamais; till f. notice — līdz turpmākam paziņojumam; II *adv (comp no* far I, II) 1. tālāk; 2. turklāt

furthest ['fəːðist] I *a (sup no* far I, II) vistālākais; II *adv (sup no* far I, II) vistālāk

furtive ['fəːtiv] *a* slepens; to cast a f. glance — slepus paskatīties

fury ['fjuəri] *n* niknums; trakums

fuseᵃ [fjuːz] *n el* drošinātājs

fuseᵇ [fjuːz] *v* 1. kausēt *(metālu);* 2. sakust

fuss [fʌs] I *n* kņada; jezga; II *v (arī* to f. about) radīt kņadu (jezgu)

futile ['fjuːtail] *a* veltīgs, velts

future ['fjuːtʃə] **I** *n* nākotne; in f. — nākotnē; **II** *a* nākotnes-; nākamais; f. tense

gram — nākotne; f. generations — nākamās paaudzes

Gg

gab [gæb] *n sar* plāpāšana; stop your g.! — apklusti!

gadfly ['gædflai] *n* dundurs

gadget ['gædʒit] *n sar* ierīce; ietaise

gag [gæg] *n* sprūds; vīkšķis

gaily ['geili] *adv* 1. jautri; līksmi; 2. spilgti; g. dressed — spilgti ģērbies

gain [gein] **I** *n* 1. ieguvums; labums; 2.: ~s *pl* — peļņa; 3. pieaugums; g. in weight — svara pieaugums; **II** *v* 1. iegūt; to g. experience — iegūt pieredzi; to g. strength — atgūt spēkus; 2. gūt labumu; 3. būt ātrākam *(par pulksteni)*; 4. sasniegt *(galamērķi)*; to g. **on** — panākt *(skrējienā)*

gait [geit] *n* gaita

gallant ['gælənt] *a* 1. drosmīgs; varonīgs; 2. galants

gallery ['gæləri] *n* galerija

gallows ['gæləuz] *n pl* karātavas

galoshes [gə'lɔʃiz] *n* galošas

gamble ['gæmbl] **I** *n* azartspēle; **II** *v* spēlēt *(azartspēles)*

gamea [geim] *n* 1. spēle; 2. partija; g. of tennis — tenisa partija; 3.: ~s *pl* —

sacīkstes; Olympic ~s — olimpiskās spēles; ◇ the g. is up — spēle zaudēta

gameb [geim] *n* medījums

gang [gæŋ] *n* 1. *(strādnieku)* brigāde; 2. banda; 3. *sar* kompānija

gangster ['gæŋstə] *n* gangsteris, bandīts

gaol [dʒeil] *n* cietums

gap [gæp] *n* 1. sprauga; plaisa; generation g. — paaudžu plaisa; 2. *pārn* robs; to stop (fill) the g. — aizpildīt robu

garage ['gæraːʒ] *n* garāža

garbage ['gaːbidʒ] *n* atkritumi

garden ['gaːdn] *n* dārzs; botanical ~s *pl* — botāniskais dārzs

gardener ['gaːdnə] *n* dārznieks

gardening ['gaːdniŋ] *n* dārzkopība

garland ['gaːlənd] *n* vītne

garlic ['gaːlik] *n* ķiploks; ķiploki

garment ['gaːmənt] *n* apģērba gabals

garret ['gærət] *n* bēniņi; mansards

garrison ['gærisn] *n* garnizons

gas [gæs] *n* 1. gāze; 2. *amer sar* benzīns; deg-

viela; to step on the g. —
piedot gāzi

gas-cooker ['gæs,kukə] *n*
gāzes plīts

gas-main ['gæsmein] *n* gā-
zesvads

gas-mask ['gæsmaısk] *n*
gāzmaska

gasolene ['gæsəuliːn] *n amer*
benzīns

gasp [gaısp] *v* elst; to g.
for breath — tvarstīt gaisu

gate [geit] *n* vārti

gather ['gæðə] *v* 1. savākt;
salasīt; 2. sapulcēties; 3. uz-
krāt; to g. experience —
uzkrāt pieredzi; to g.
speed — uzņemt ātrumu;
to g. oneself up — saņem-
ties

gauge [geidʒ] *n* 1. mērs; ka-
liürs; 2. mēraparāts

gave *p no* **give**

gay [gei] *a* 1. jautrs; līksms;
2. spilgts; košs; 3. *sar* ho-
moseksuāls

gaze [geiz] I *n* vērīgs ska-
tiens; II *v* (*at, on*) vērīgi
skatīties

gear [giə] *n* 1. mehānisms;
aparāts; 2. *tehn* zobrata
pārnesums; in bottom g. —
ar pirmo ātrumu; in g. —
ieslēgts; out of g. — iz-
slēgts; 3. *sar* apģērbs, drē-
bes

geese *pl no* **goose**

gem [dʒem] *n* dārgakmens

gender ['dʒendə] *n* *gram*
dzimte

general ['dʒenərəl] I *n* ģe-
nerālis; II *a* vispārējs, vis-
pārīgs; g. election — vis-
pārējas vēlēšanas; g.

strike — vispārējs streiks;
in g. — parasti

generally ['dʒenərəli] *adv*
1. parasti; 2. vispār; g.
speaking — vispārēji ru-
nājot

generate ['dʒenəreit] *v* 1. ra-
žot (*piem., elektrību); 2. ra-
dīt; izraisīt

generation [,dʒenə'reiʃən] *n*
paaudze

generosity [,dʒenə'rɔsiti] *n*
1. augstsirdība; 2. devība

generous ['dʒenərəs] *a*
1. augstsirdīgs; 2. devīgs

genial ['dʒiːnjəl] *a* 1. sir-
snīgs; labsirdīgs; 2. maigs;
mērens (*par klimatu*)

genius ['dʒiːnjəs] *n* ģēnijs

genre [ʒãŋr] *n* žanrs; g.
painting — žanra gleznie-
cība

gentle ['dʒentl] *a* 1. maigs;
laipns; 2. viegls; liegs (*par
vēju); 3. dižciltīgs

gentleman ['dʒentlmən] *n*
džentlmenis

gents [dʒents] *n* *sar* vīriešu
tualete

genuine ['dʒenjuin] *a* īsts;
neviltots

geography [dʒi'ɔgrəfi] *n* ģeo-
grāfija

geology [dʒi'ɔlədʒi] *n* ģeo-
loģija

geometry [dʒi'ɔmitri] *n* ģeo-
metrija

Georgian ['dʒɔːdʒjən] I *n*
1. gruzīns; gruzīniete;
2. gruzīnu valoda; II *a*
gruzīnu-

germ [dʒəım] *n* 1. *biol* dīg-
lis; 2. mikrobs; g. war-

fare — bakterioloģiskais karš

German ['dʒəːmən] **I** *n* **1.** vācietis; vāciete; **2.** vācu valoda; **II** *a* vācu-

gesture ['dʒestʃə] *n* žests

get [get] *v (p un p. p.* got [gɔt]) **1.** iegūt; dabūt; to g. to know — uzzināt; **2.** *(to)* nokļūt; **3.** kļūt; it's getting cold — kļūst vēss; to g. angry — sadusmoties; to g. drunk — piedzerties; to g. married — apprecēties; **4.** *(konstrukcijās ar* have *nav tulkojams):* have you got a pencil? — vai jums ir zīmulis?; to g. along — 1) veikties; 2) iztikt; to g. in — pienākt *(par vilcienu);* to g. off — izkāpt; to g. on — 1) klāties; how are you ~ting on? — kā jums klājas?; 2) iekāpt; to g. up — piecelties

get-at-able [get'ætəbl] *a* pieejams

get-up ['getʌp] *n sar (grāmatas)* apdare

ghost [gəust] *n* spoks; rēgs

giant ['dʒaiənt] **I** *n* milzis; gigants; **II** *a* milzīgs

gibe [dʒaib] *v* zoboties

giddy ['gidi] *a* apreibis; I feel g. — man reibst galva

gift [gift] *n* **1.** dāvana; **2.** talants

gifted ['giftid] *a* talantīgs, apdāvināts

gigantic [dʒai'gæntik] *a* gigantisks

gimmick ['gimik] *n sar* viltība; triks; advertising

g. — viltīgs reklāmpaņēmiens

gin [dʒin] *n* džins

gingerbread ['dʒindʒəbred] *n* piparkūka

gipsy ['dʒipsi] **I** *n* **1.** čigāns; čigāniete; **2.** čigānu valoda; **II** *a* čigānu-

giraffe [dʒi'rɑːf] *n* žirafe

girl [gəːl] *n* meitene; shop g. — pārdevēja; old g.l *(uzrunā)* — mīļā!

girlfriend ['gəːlfrend] *n (zēna)* draudzene

gist [dʒist] *n* būtība; g. of the matter — lietas būtība

give [giv] *v (p* gave [geiv]; *p. p.* given ['givn]) **1.** dot; sniegt; to g. one's word — dot vārdu; **2.** dāvināt; **3.** nodot; g. her my love! — pasveiciniet viņu no manis!; **4.** *(kopā ar lietvārdu izsaka vienreizēju darbibu):* to g. a cry — iekliegties; to g. a ring — piezvanīt *(pa telefonu);* to g. permission — atļaut; to g. in — padoties; to g. up — atmest *(paradumu)*

given *p. p. no* give

glacier ['glæsjə] *n* glečers, šļūdonis

glad [glæd] *a* priecīgs; I'm g. to see you! — priecājos jūs redzēt!

gladly ['glædli] *adv* labprāt; ar prieku

glance [glɑːns] *n* acu uzmetiens; at a g. — no pirmā acu uzmetiena; to take a g. *(at)* — paskatīties

gland [glænd] *n* dziedzeris

glass [glɑːs] *n* **1.** stikls; g. fibre — stikla šķiedra; **2.** glāze; glāzīte; **3.** spogulis; **4.**: ~es *pl* — brilles

glassware [ˈglɑːswɛə] *n* stikla trauki

glasswool [ˈglɑːswul] *n* stikla vate

glaze [gleiz] *v* **1.** pārklāt ar glazūru; **2.** (*in*) iestiklot

gleam [gliːm] *n* **1.** atspīdums; atblāzma; **2.** (*cerību*) stars

glide [glaid] *v* **1.** slīdēt; **2.** *av* planēt

glider [ˈglaidə] *n av* planieris

glitter [ˈglitə] **I** *n* mirdzums; spožums; **II** *v* mirdzēt; spīdēt

globe [gləub] *n* **1.** globuss; **2.** (*stikla*) kupols; **3.**: the g. — zemeslode

gloom [gluːm] *n* **1.** tumsa; **2.** drūmums; nomāktība

gloomy [ˈgluːmi] *a* **1.** tumšs; **2.** drūms; nomākts

glorify [ˈglɔːrifai] *v* cildināt, slavināt

glorious [ˈglɔːriəs] *a* **1.** slavens; **2.** brīnišķīgs; lielisks; to have a g. time — lieliski pavadīt laiku

glory [ˈglɔːri] *n* slava

glove [glʌv] *n* cimds

glow [gləu] **I** *n* kvēle; **II** *v* kvēlot

glue [gluː] **I** *n* līme; **II** *v* līmēt

gnat [næt] *n* ods; knislis

gnaw [nɔː] *v* [ap]grauzt

go [gəu] **I** *n* **1.** kustība; gaita; to be on the go — būt kustībā; **2.** enerģija; full of go — enerģijas pilns; all the go — populārs; **II** *v* (*p* went [went]; *p. p.* gone [gɔn]) **1.** iet; staigāt; to go to school — iet skolā; **2.** braukt; to go by air — braukt ar lidmašīnu; **3.** (*savienojumos ar ģerundiju*): to go shopping — iet iepirkties; **4.** (*v — saitiņa*): to go mad — sajukt prātā; **5.** (*ar infinitīvu*): it is going to rain — taisās uz lietu; to go **ahead** — 1) virzīties uz priekšu; 2) turpināt; to go in — 1) ieiet; 2) (*for*) nodarboties (*ar*); to go **off** — 1) sprāgt; 2) izdoties; to go **on** — turpināt; to go **up** — [pa]celties; ◆ to go off the handle — zaudēt savaldīšanos; it goes without saying — pats par sevi saprotams

goal [gəul] *n* **1.** vārti (*futbolā*); to kick a g. — iesist vārtus; **2.** *pārn* mērķis

goalkeeper [ˈgəulˌkiːpə] *n sp* vārtsargs

goat [gəut] *n* kaza

go-cart [ˈgəukɑːt] *n* **1.** (*stumjamie*) ratiņi; **2.** (*salokāmie*) bērnu ratiņi

god [gɔd] *n* dievs

goggles [ˈgɔglz] *n pl* aizsargbrilles

go-kart [ˈgəukɑːt] *n sp* go-karts

gold [gəuld] **I** *n* zelts; **II** *a* zelta-; g. medal — zelta medaļa

golden ['gəuldən] *a* zelta-; zeltains; ◇ the g. mean — zelta viduscejš

goldmine ['gəuldmain] *n* zelta raktuves

gone *p. p. no* go II

good [gud] I *n* labums; to do smb. g. — darīt kādam labu; what is the g. of it? — kāda tam jēga?; ◇ for g. — uz visiem laikiem; II *a (comp* better ['betə]; *sup* best [best]) 1. labs; g. news — labas ziņas; 2. noderīgs; 3. prasmīgs; veikls; ◇ g. morning! — labrīt! g. luck! — labu veiksmi! g. sense — veselais saprāts

goodbye ['gud'bai] *int* uz redzēšanos!; sveiki!

good-looking ['gud'lukiŋ] *a* glīts; izskatīgs

good-natured ['gud'neitʃəd] *a* labsirdīgs

goodness ['gudnis] *n* krietnums; labsirdība; ◇ g. gracious! — ak dievs! g. knows! — kas to lai zina!

goods [gudz] *n pl* 1. preces; 2. mantas; g. and chattels — iedzīve

go-off ['gəu'ɔf] *n* sākums; starts

goofy ['guːfi] *a sar* stulbs

goose [guːs] *n (pl* geese [giːs]) zoss

gooseberry ['guzbəri] *n* ērkšķoga

gospel ['gɔspəl] *n* evaņģēlijs

gossip ['gɔsip] I *n* pļāpas, tenkas; II *v* pļāpāt, tenkot

got *p un p. p. no* get

govern ['gʌvən] *v* valdīt; pārvaldīt

government ['gʌvnmənt] *n* valdība

governor ['gʌvənə] *n* gubernators

gown [gaun] *n* 1. tērps; kleita; 2. talārs; mantija

grace [greis] *n* grācija

graceful ['greisful] *a* graciozs

grade [greid] *n* 1. pakāpe; 2. šķirne; 3. *amer* klase *(skolā)*

gradual ['grædʒuəl] *a* pakāpenisks

graduate I *n* ['grædʒuət] *(augstskolas)* absolvents; II *v* ['grædʒueit] *(from)* beigt *(augstskolu)*

grain [grein] *n* 1. labība; graudi; 2. grauds; graudiņš; 3. *(koka)* šķiedra

grammar ['græmə] *n* gramatika

grammar-school ['græməskuːl] *n* 1. *(humanitāra novirziena)* vidusskola; 2. *amer* vidusskolas vecākās klases

gram[me] [græm] *n* grams

granary ['grænəri] *n (labības)* noliktava; klēts

grand [grænd] *a* 1. grandiozs; 2. *sar* lielisks; ◇ g. master — lielmeistars *(šahā)*; g. piano — flīģelis

grandchild ['græntʃaild] *n* mazbērns

granddaughter [′græn‚dɔːtə]
n mazmeita
grandfather [′grænd‚faːðə] *n*
vectēvs
grandmother [′græn‚mʌðə] *n*
vecāmāte
grandson [′grænsʌn] *n* maz-
dēls
granite [′grænit] *n* granīts
grant [graːnt] I *n* 1. dāvi-
nājums; 2. dotācija; sub-
sīdija; 3. stipendija; II *v*
1. atļaut; piekrist; 2. pie-
ļaut; to take for ∼ed —
uzskatīt kā pašu par sevi
saprotamu
grape [greip] *n* vīnoga
grapefruit [′greipfruːt] *n*
greipfrūts
graph [graːf] *n* diagramma;
g. paper — milimetrpapīrs
graphic [′græfik] *a* 1. gra-
fisks; 2. uzskatāms
grasp [graːsp] *v* 1. satvert;
sagrābt; 2. aptvert; apjēgt
grass [graːs] *n* zāle
grasshopper [′graːs‚hɔpə] *n*
sienāzis
grate [greit] *v* 1. rīvēt;
2. kaitināt
grateful [′greitfʊl] *a* patei-
cīgs
grater [′greitə] *n* rīve
gratitude [′grætitjuːd] *n* pa-
teicība
gravea [greiv] *n* kaps
graveb [greiv] *a* nopietns;
svarīgs
gravel [′grævəl] *n* grants
graveyard [′greivjaːd] *n* kap-
sēta
gravity [′græviti] *n.* 1. *fiz*
smagums, gravitācija;

centre of g. — smaguma
centrs; 2. nopietnība; svarī-
gums
gravy [′greivi] *n* gaļas
mērce
gray [grei] *a sk* grey
grease I *n* [griːs] 1. tauki;
2. ziede; II *v* [griːz]
ieziest; ieeļļot; ◇ to g.
smb.'s palm — piekukuļot.
kādu
great [greit] *a* 1. liels; g.
distance — liels attālums;
a g. deal — ļoti daudz;
2. *sar* lielisks; that's g.! —
tas ir lieliski!
greatly [′greitli] *adv* ļoti;
lielā mērā
greedy [′griːdi] *a* 1. rijīgs;
2. alkatīgs; mantkārīgs
Greek [griːk] I *n* 1. grieķis;
grieķiete; 2. grieķu va-
loda; II *a* grieķu-
green [griːn] *a* 1. zaļš;
2. zaļš, nenogatavojies;
3. zaļš, nepiedzīvojis; ◇ g.
belt — zaļā zona
greenery [′griːnəri] *n* za-
ļumi; apstādījumi
greengrocery [′griːn‚grəu-
səri] *n* dārzeņu (augļu)
veikals
greenhouse [′griːnhaus] *n*
siltumnīca
green-stuffs [′griːnstʌfs] *n*
zaļumi, dārzeņi
greet [griːt] *v* sveicināt
greeting [′griːtiŋ] *n* svei-
ciens; sasveicināšanās; ∼s
telegram — apsveikuma te-
legramma
grew *p no* grow
grey [grei] *a* 1. pelēks; g.
matter — 1) (*smadzeņu*)

pelēkā viela; 2) prāts;
2. sirms; to turn g. — nosirmot
grief [griːf] *n* bēdas
grievance ['griːvəns] *n*
1. aizvainojums; pārestība;
2. sūdzība; g. committee —
konfliktu komisija
grieve [griːv] *v* 1. skumt,
bēdāties; 2. apbēdināt
grill [gril] *n* 1. grils (restes gaļas cepšanai); 2. uz
grila cepta gaļa
grill-room ['grilrum] *n* grilzāle (kur gaļu cep apmeklētāju klātbūtnē)
grin [grin] I *n* (plats)
smaids; II *v* 1. (plati)
smaidīt; 2. ņirgt
grind [graind] *v* (p un p. p.
ground [graund]) 1. saberzt (pulveri); samalt;
2. asināt, trīt; ◇ to g.
one's teeth — griezt zobus
grinder ['graində] *n* kafijas
dzirnaviņas
grip [grip] I *n* 1. tvēriens;
2. izpratne; II *v* 1. cieši satvert; 2. saistīt (uzmanību)
groan [grəun] I *n* vaids;
II *v* vaidēt; stenēt
grocer‖y ['grəusəri] *n*
1. pārtikas preču veikals;
2.: ~ies *pl* — pārtikas
preces
grog [grɔg] *n* groks
groggy ['grɔgi] *a* grīļīgs
gross [grəus] *a* 1. rupjš;
vulgārs; 2. (par barību)
vienkāršs; 3. uzkrītošs;
rupjš; g. error — rupja
kļūda; 4. bruto-; g.
weight — bruto svars
grounda *p un p. p. no* **grind**

groundb [graund] *n* 1. zeme; augsne; to fall to the
g. — nokrist zemē; g.
floor — apakšstāvs; 2. teritorija; zemes gabals;
3. (sporta) laukums; football g. — futbola laukums; 4. *pārn* pamats; to
lose g. — zaudēt pamatu;
on what ~s? — uz kāda
pamata?; 5.: ~s *pl* — padibenes; (kafijas) biezumi
groundwork ['graundwəːk] *n*
pamats; bāze
group [gruːp] I *n* grupa;
II *v* 1. grupēt; 2. grupēties
grow [grəu] *v* (p grew
[gruː]; p. p. grown
[grəun]) 1. augt; 2. audzēt; 3. (v — saitiņa) kļūt;
to g. old — novecot; to g.
pale — nobālēt; to g. up —
izaugt
grown *p. p. no* **grow**
grown-up ['grəunʌp] *n* pieaugušais
growth [grəuθ] *n* 1. aug
šana; attīstība; 2. audzē
šana; 3. *med* audzējs
grudge [grʌdʒ] *n* nenovīdība; skaudība; to bear a
g. against smb. — turēt
ļaunu prātu uz kādu
grumble ['grʌmbl] *v* kurnēt
guarantee [ˌgærən'tiː] I *n*
garantija; II *v* garantēt;
~d for six months — ar
sešu mēnešu garantiju

guard [gɑːd] I *n* 1. modrība; 2. sardze; apsardze;
g. of honour — goda sardze; to stand g. — stāvēt
sardzē; 3.: ~s *pl* — gvar

de; **II** *v* 1. sargāt; apsargāt; 2. pasargāt

guardian [′gaɪdjən] *n* aizbildnis

guerilla [gə′rilə] *n* partizāns; g. war — partizānu karš

guess [ges] **I** *n* minējums; by g. — uz labu laimi; **II** *v* 1. minēt; 2. *amer* domāt, uzskatīt

guest [gest] *n* viesis

guidance [′gaidəns] *n* vadība; under the g. of smb. — kāda vadībā

guide [gaid] **I** *n* 1. pavadonis; gids; 2. rokasgrāmata; ceļvedis; **II** *v* vadīt; vest; ~d missile — vadāmais šāviņš

guidebook [′gaidbuk] *n* ceļvedis *(grāmata)*

guilt [gilt] *n* vaina

guilty [′gilti] *a* vainīgs

guinea-pig [′ginipig] *n* jūras cūciņa

guitar [gi′taɪ] *n* ģitāra

gulf [gʌlf] *n* 1. jūras līcis; 2. bezdibenis

gull [gʌl] *n* kaija

gulp [gʌlp] *n* malks; at one g. — vienā paņēmienā

guma [gʌm] *n (parasti pl)* smaganas

gumb [gʌm] *n* gumija

gumshoes [′gʌmʃuːz] *n amer* kedas; puskedas

gun [gʌn] *n* 1. šautene; sporting g. — bise; 2. lielgabals; 3. *sar* revolveris

gunner [′gʌnə] *n* artilērists

gunpowder [′gʌn͵paudə] *n* šaujampulveris

gust [gʌst] *n (vēja)* brāzma

gut [gʌt] *n* 1. zarna; ~s *pl* — zarnas, iekšas; 2.: ~s *pl sar* — vīriškība; raksturs; 3.: ~s *pl sar* — jēga; saturs

gutter [′gʌtə] *n* noteka; ◇ the g. press — bulvāra prese

guy [gai] *n sar* puisis; regular g. — lāga zēns

gym [dʒim] *sar sais. no* **gymnasium, gymnastics**

gymnasium [dʒim′neizjəm] *n* vingrotava

gymnast [′dʒimnæst] *n* vingrotājs

gymnastics [dʒim′næstiks] *n* vingrošana

gypsum [′dʒipsəm] *n* ģipsis

gypsy [′dʒipsi] *n sk* **gipsy**

Hh

haberdashery [′hæbədæʃəri] *n* 1. galantērijas preces; 2. galantērijas preču veikals

habit [′hæbit] *n* paradums, ieradums; by h. — aiz ieraduma; to fall into a h. —

iegūt paradumu; to get out of a h. — atmest paradumu

habitual [hə′bitjuəl] *a* parasts; ierasts

had *p un p. p. no* **have**

hadn't [ˈhædnt] *sar saīs. no* had not
hailᵃ [heil] I *n* krusa; II *v:* it ~s — birst krusa
hailᵇ [heil] *v* 1. sveicināt, sveikt; 2. uzsaukt; to h. a taxi — apturēt taksometru
hair [hɛə] *n* 1. mats; mati; to cut one's h. — nogriezt matus; to have one's h. done — ieveidot matus; 2. (*dzīvnieka*) spalva; ◇ to a h. — uz mata; not to turn a h. — ne acu nepamirkšķināt
hair-breadth [ˈhɛəbredθ] *n* niecīgs attālums; ◇ within a h.-b. of death — par matu no nāves
hairbrush [ˈhɛəbrʌʃ] *n* matu suka
haircut [ˈhɛəkʌt] *n* matu griezums
hair-do [ˈhɛəduː] *n sar* matu sakārtojums
hairdresser [ˈhɛəˌdresə] *n* frizieris
hairdryer [ˈhɛədraiə] *n* matu žāvējamais aparāts
hairpiece [ˈhɛəpiːs] *n* šinjons
hairpin [ˈhɛəpin] *n* matadata; h. bend — ass (*ceļa*) pagrieziens
hair-raiser [ˈhɛəreizə] *n sar* šausmu filma
half [hɑːf] I *n* (*pl* halves [hɑːvz]) 1. puse; h. past three — pusčetri; one and a h. — pusotra; 2. *sp* puslaiks; II *adv* pus-; pa pusei; h. cooked — pusgatavs; ◇ not h. bad — gluži labi

half-back [ˈhɑːfˈbæk] *n sp* pussargs
halfpenny [ˈheipni] *n* puspenijs
half-time [ˈhɑːfˌtaim] *n* 1. (*darba*) pusslodze; 2. *sp* puslaiks
half-way [ˈhɑːfˈwei] *adv* pusceļā; ◇ to meet h.-w. — piekāpties
hall [hɔːl] *n* 1. halle; zāle; great h. — aktu zāle; 2. vestibils; 3. (*sabiedriska*) ēka; 4. universitātes kopmītne
halt [hɔːlt] I *n* apstāšanās; II *v* 1. apstāties; 2. apstādināt
halve [hɑːv] *v* dalīt uz pusēm
halves *pl no* **half I**
ham [hæm] *n* šķiņķis
hamburger [ˈhæmbəːgə] *n* 1. (*malts vai kapāts*) bifšteks; 2. maizīte ar ieceptu bifšteku
hammer [ˈhæmə] I *n* āmurs; II *v* sist, dauzīt (*ar āmuru*)
hammer-throwing [ˈhæmə-ˈθrəuiŋ] *n sp* vesera mešana
hammock [ˈhæmək] *n* guļamtīkls
hand [hænd] I *n* 1. roka; plauksta; at h. — pie rokas; h. in h. — roku rokā; to shake ~s — spiest roku (*sasveicinoties*); 2. strādnieks; 3. (*pulksteņa*) rādītājs; ◇ on the one h. — no vienas puses; on the other h. — no otras puses; a good h. (*at*) —

labs amata pratējs; II *v* iedot; pasniegt; to h. **in —** iesniegt

handbag ['hændbæg] *n* rokassoma

handball ['hændbɔːl] *n sp* rokasbumba

handbook ['hændbuk] *n* rokasgrāmata

handful ['hændful] *n* riekšava

handicap ['hændikæp] *n*
1. *sp* handikaps; 2. kavēklis, traucējums

handicraft ['hændikrɑːft] *n*
1. amats; roku darbs; 2. amata prasme

handiwork ['hændiwəːk] *n*
1. roku darbs; 2. rokdarbs

handkerchief ['hæŋkətʃif] *n* kabatlakats

handle ['hændl] I *n* rokturis; spals; II *v* 1. ņemt (turēt) rokās; 2. apieties; rīkoties

handlebar ['hændlbɑː] *n (velosipēda)* stūre

hand-made ['hænd'meid] *a* rokām darināts

handshake ['hændʃeik] *n* rokasspiediens

handsome ['hænsəm] *a* glīts, izskatīgs

handwriting ['hænd,raitiŋ] *n* rokraksts

handy ['hændi] *a* 1. veikls; 2. ērts *(lietošanā);* parocīgs; to come in h. **—** noderēt

hang [hæŋ] *v (p un p. p.* hung [hʌŋ]) 1. pakārt; uzkārt; 2. karāties; to h. **out —** izkārt; to h. **up —** nolikt *(telefona klausuli)*

hangar ['hæŋə] *n* angārs

hanger ['hæŋə] *n (drēbju)* pakaramais

hangover ['hæŋ,əuvə] *n* paģiras

happen ['hæpən] *v* 1. notikt; 2. nejauši gadīties; to h. **upon —** nejauši atrast

happening ['hæpniŋ] *n* notikums

happiness ['hæpinis] *n* laime

happy ['hæpi] *a* 1. laimīgs; h. journey! **—** laimīgu ceļu!; H. New Year! **—** Laimīgu Jauno gadu!; 2. iepriecināts; apmierināts; h. to meet you! **—** priecājos jūs redzēt!

happy-go-lucky ['hæpigəu-'lʌki] *a* bezrūpīgs

harbour ['hɑːbə] *n* osta

hard [hɑːd] I *a* 1. ciets; 2. grūts, smags; h. work **—** grūts darbs; 3. stiprs; spēcīgs *(piem., par sitienu);* 4. bargs; stingrs; ◇ h. cash **—** skaidra nauda; II *adv* 1. stipri; spēcīgi; 2. enerģiski; cītīgi; to try h. **—** neatlaidīgi censties

hardback ['hɑːdbæk] *n* iesieta grāmata

hard-boiled ['hɑːd'bɔild] *a* cieti novārīts *(par olu)*

harden ['hɑːdn] *v* 1. kļūt cietam; sacietēt; 2. rūdīt

hardly ['hɑːdli] *adv* tikko; he can h. walk **—** viņš tikko var paiet; I h. know her **—** es gandrīz nepazīstu viņu; I h. think so **—** es ļoti šaubos par to

hardship [ˈhɑːdʃip] *n* grūtī-
bas
hardware [ˈhɑːdwɛə] *n*
1. metālizstrādājumi; h.
store — saimniecības pre-
ču veikals; **2.** *(skaitļošanas
mašīnu)* iekārta; aparatūra
hare [hɛə] *n* zaķis
harm [hɑːm] **I** *n* ļaunums;
to do h. — kaitēt; I meant
no h. — es nedomāju neko
ļaunu; **II** *v* kaitēt; darīt
ļaunu
harmful [ˈhɑːmful] *a* kaitīgs
harmless [ˈhɑːmlis] *a* nekai-
tīgs
harmony [ˈhɑːməni] *n* har-
monija
harness [ˈhɑːnis] **I** *n* iejūgs;
II *v* iejūgt
harp [hɑːp] *n* arfa
harrow [ˈhærəu] *n* ecēšas
harsh [hɑːʃ] *a* **1.** spalgs;
griezīgs *(par skaņu)*;
2. bargs *(par sodu)*
harvest [ˈhɑːvist] **I** *n*
1. pļauja; ražas novākša-
na; **2.** raža; **II** *v* novākt
ražu
harvester [ˈhɑːvistə] *n* **1.** pļā-
vējs; **2.** pļaujmašīna
has [hæz, həz] *3. pers. pres.
sing no v* to have
hashish [ˈhæʃiːʃ] *n* hašišs
hasn't [ˈhæznt] *sar saīs. no*
has not
haste [heist] *n* steiga; make
h.! — pasteidzies!
hasten [ˈheisn] *v* **1.** steigties;
2. steidzināt
hasty [ˈheisti] *a* **1.** steidzīgs;
2. neapdomīgs; pārstei-
dzīgs
hat [hæt] *n* cepure, platmale

hatch [hætʃ] *v* **1.** perēt *(cā-
ļus);* **2.** izšķilties *(no olas)*
hatchery [ˈhætʃəri] *n* **1.** in-
kubators; **2.** *(zivju)* audzē-
tava
hate [heit] **I** *n* naids; **II** *v*
ienīst
hateful [ˈheitful] *a* nīstams
hatred [ˈheitrid] *n* naids
hat-stand [ˈhætstænd] *n* ce-
puru pakaramais
haughty [ˈhɔːti] *a* augstprā-
tīgs
haul [hɔːl] **I** *n* **1.** vilkšana;
2. loms; nozveja; **II** *v* vilkt
have [hæv, həv] *v (p un
p. p.* had [hæd, həd])
1. būt *(piederības nozīmē);*
I h. a very good flat —
man ir lielisks dzīvoklis;
2. izjust; izbaudīt; to h. a
pleasant time — jauki pa-
vadīt laiku; **3.** dabūt; sa-
ņemt; we had news —
mēs saņēmām ziņas; **4.** *(kā
palīgverbu lieto salikto
laiku veidošanai);* they
h. come — viņi ir ie-
radušies; **5.** *(ar infinitīvu
izsaka nepieciešamību);* I
h. to go to the dentist —
man jāiet pie zobārsta; ◊
to h. breakfast — brokas-
tot; to h. a smoke — uz-
smēķēt; to h. a talk — ap-
runāties
haven [ˈheivn] *n* **1.** osta;
2. patvērums
hawk [hɔːk] *n* vanags
hay [hei] *n* siens; to make
h. — vākt sienu
haystack [ˈheistæk] *n* siena
kaudze

hazard ['hæzəd] *n* risks; briesmas; industrial ~s — kaitīgā ražošana; ◇ at all h. — uz labu laimi

hazel ['heizl] *n* lazda

H-bomb ['eitʃbɔm] *n* ūdeņraža bumba

he [hiː, hi] *pron* viņš

head [hed] **I** *n* **1.** galva; **2.** vadītājs; **3.** priekšgals; ◇ to lose one's h. — zaudēt galvu; h. over heels — pa kaklu pa galvu; **II** *v* vadīt; būt priekšgalā

headache ['hedeik] *n* galvassāpes

heading ['hediŋ] *n* virsraksts

headlight ['hedlait] *n* (auto-mašīnas, lokomotīves) priekšējais starmetis

headline ['hedlain] *n* (avīzes raksta) virsraksts

headmaster ['hed,mɑːstə] *n* (skolas) direktors

head-nurse ['hednəːs] *n* vecākā māsa (slimnīcā)

headquarters ['hed'kwɔːtəz] *n pl* **1.** *mil* štābs; **2.** galvenā pārvalde

headway ['hedwei] *n* virzīšanās uz priekšu; to make h. — progresēt

heal [hiːl] *v* **1.** dziedināt, dziedēt; **2.** sadzīt (par brūci)

health [helθ] *n* veselība; h. service — veselības aizsardzība; infant h. centre — bērnu konsultācija; h. food *amer* — diētiskie produkti; produkti bez mākslīgiem piejaukumiem; ◇ your h.! — uz jūsu veselību!

health-resort ['helθri'zɔːt] *n* kūrorts

healthy ['helθi] *a* vesels; veselīgs

heap [hiːp] **I** *n* kaudze; grēda; **II** *v* sakraut (kaudzē)

hear [hiə] *v* (*p un p. p.* heard [həːd]) **1.** dzirdēt; **2.** klausīties; **3.** uzzināt; let me h. — paziņojiet man

heard *p un p. p. no* **hear**

hearing ['hiəriŋ] *n* dzirde

hearing-aid ['hiəriŋ'eid] *n* dzirdes aparāts

heart [hɑːt] *n* sirds; h. attack — sirdslēkme; at h. — sirds dziļumos; ◇ by h. — no galvas; to take h. — saņemt drosmi; to lose h. — zaudēt drosmi

heartburn ['hɑːtbəːn] *n* grēmas

hearth [hɑːθ] *n* **1.** pavards; kamīns; **2.** ģimenes pavards

hearty ['hɑːti] *a* sirsnīgs; draudzīgs; h. welcome — sirsnīga sagaidīšana

heat [hiːt] **I** *n* **1.** karstums; svelme; **2.** *fiz* siltums; **3.** *sp* (skriešanas) sacīkstes; **II** *v* **1.** karsēt; **2.** sakarst

heater ['hiːtə] *n* sildītājs; electric h. — elektriskais sildītājs

heather ['heðə] *n* virši

heating ['hiːtiŋ] *n* **1.** sildīšana; **2.** apkure; central h. — centrālapkure

heaven ['hevn] *n* debesis; ◇ good ~s! — ak dievs!

heavy ['hevi] *a* smags; h.
work — smags darbs; ◇
h. traffic — dzīva satik-
sme
heavyweight ['heviweit] *n*
sp smagsvars
hectare ['hektaɪ] *n* hektārs
hedge [hedʒ] *n* dzīvžogs
hedgehog ['hedʒhɔg] *n* ezis
heel [hiːl] *n* 1. papēdis;
2. (*zeķes*) pēda
height [hait] *n* 1. augstums;
2. uzkalns
heir [ɛə] *n* mantinieks
held *p un p. p. no* hold
helicopter ['helikɔptə] *n* he-
likopters
hell [hel] *n* elle
he'll [hiːl] *sar. saīs. no* he
will; he shall
hello ['he'ləu] *int* 1. sveiks!;
2. hallo!; klausos!; h.,
Brown speaking! — hallo,
Brauns pie telefona!
helm [helm] *n* stūre; stūres
rats
helmet ['helmit] *n* bruņuce-
pure, ķivere
helmsman ['helmzmən] *n*
stūrmanis
help [help] I *n* 1. palīdzība;
can I be of any h. to
you? — vai es varu jums
kā palīdzēt?; 2. mājkalpo-
tāja; II *v* 1. palīdzēt; may
I h. you? — ko jūs vēla-
ties? (*standartfrāze vei-
kalā, iestādē*); it can't be
~ed — tur nekā nevar da-
rīt; 2. piedāvāt; pasniegt
(*pie galda*); h. yourself! —
lūdzu, ņemiet!; 3. atturē-
ties; I can't h. laughing —
es nevaru nesmieties

helpful ['helpful] *a* noderīgs
helping ['helpiŋ] *n* porcija
helpless ['helplis] *a* bezpalī-
dzīgs
hem [hem] I *n* (*drēbes*) vīle;
II *v* apvīlēt (*drēbi*)
hemisphere ['hemisfiə] *n* pus-
lode
hemp [hemp] *n* kaņepes
hen [hen] *n* vista
hence [hens] *adv* 1. kopš šā
laika; 2. tātad; h. it fol-
lows — no tā izriet
her [həɪ, hə] *pron* (*papildinā-
tāja locījums no* she) 1. vi-
ņu; viņai; 2. (*piederības lo-
cījums no* she) viņas; her
book — viņas grāmata
herb [həɪb] *n* (*ārstniecības*)
augs
herd [həɪd] *n* ganāmpulks
here [hiə] *adv* 1. šeit; h. and
there — šur tur; 2. šurp;
come h.! — nāc šurp!; ◇
h. you are! — lūdzu! (*pa-
sniedzot*)
hereditary [hi'reditəri] *a*
iedzimts
heritage ['heritidʒ] *n* man-
tojums
hero ['hiərəu] *n* varonis
heroic [hi'rəuik] *a* varonīgs
heroine ['herəuin] *n* varone
heroism ['herəuizəm] *n* va-
ronība
heron ['herən] *n* dzērve
herring ['heriŋ] *n* siļķe
hers [həɪz] *pron* viņas; this
coat is h. — tas ir viņas
mētelis
herself [hə'self] *pron* 1. sev;
sevi; she knew h. well
enough — viņa pazina sevi
pietiekami labi; she washed

h. — viņa nomazgājās;
2. pati; she h. knew nothing
— viņa pati neko nezināja

he's [hi:z] *sar saīs. no* he
has; he is

hesitate [ˈheziteit] *v* svārstīties, šaubīties

hesitation [ˌheziˈteiʃən] *n*
svārstīšanās, šaubīšanās

hid *p un p. p. no* hide[b]

hidden *p. p. no* hide[b]

hide[a] [haid] *n (dzīvnieka)*
āda

hide[b] [haid] *v (p* hid [hid];
p. p. hid [hid], hidden
[ˈhidn]) **1.** paslēpt; **2.** paslēpties

hide-and-seek [ˈhaidənˈsi:k] *n*
paslēpes *(rotaļa)*

hidebound [ˈhaidbaund] *a*
aprobežots *(par cilvēku)*

hideous [ˈhidiəs] *a* riebīgs,
pretīgs

hiding [ˈhaidiŋ] *n* pēriens; to
give smb. a good h. —
kārtīgi nopērt kādu

hi-fi [ˈhaiˈfai] *sar saīs. no*
high-fidelity

high [hai] **I** *a* **1.** augsts; h.
jump *sp* — augstlēkšana;
2. augstāks; h. command
mil — augstākā pavēlniecība; h. life — augstākā
sabiedrība, augstākās aprindas; **3.** stiprs; liels; h.
wind — stiprs vējš; h.
speed — liels ātrums; ◇
h. spirits — jautrs garastāvoklis; h. words — bāršanās; h. time — pats
pēdējais laiks; **II** *adv*
1. augstu; to aim h. —

augstu mērķēt; **2.** stipri;
to run h. — bangot *(par
jūru)*

highball [ˈhaibɔ:l] *n amer*
glāze viskija ar sodu

high-board [ˈhaibɔ:d] *a:*
h.-b. diving *sp* — lēkšana
no torņa

high-fidelity [ˈhaifiˈdeliti] *a*
augstas kvalitātes-; h.-f.
recording — augstas kvalitātes ieraksts

high-grade [ˈhaigreid] *n*
augstākā labuma-

highjack [ˈhaidʒæk] *v sk*
hijack

highlight [ˈhailait] *n* **1.** gaismas efekts; **2.** būtisks moments; ◇ to be in the h. —
būt uzmanības centrā

highly [ˈhaili] *adv* **1.** ļoti;
2. augstu; h. developed —
augstu attīstīts

high-rise [ˈhairaiz] *a:* h.-r.
building — augstceltne

highway [ˈhaiwei] *n* [auto]-
maģistrāle

hijack [ˈhaidʒæk] *v* **1.** uzbrukt laupīšanas nolūkos
(automašīnām u. tml.);
2. nolaupīt lidmašīnu, nodarboties ar gaisa pirātismu

hike [haik] **I** *n (tūristu)*
pārgājiens; **II** *v* doties tūristu pārgājienā

hill [hil] *n* pakalns

him [him] *pron (papildinātāja locījums no* he) viņu;
viņam

himself [himˈself] *pron*
1. sev; sevi; he bought it
for h. — viņš to nopirka

sev; he hurt h. — viņš savainojās; 2. pats; he said so h. — viņš pats tā teica

hinder ['hində] v kavēt; traucēt

Hindi ['hindiː] n hindu valoda

hindrance ['hindrəns] n šķērslis, kavēklis

Hindu ['hin'duː] I n indietis; II a indiešu-

hinge [hindʒ] I n eņģe; II v iestiprināt eņģēs

hint [hint] I n mājiens; gentle h. — smalks mājiens; to drop a h. — dot mājienu; to take a h. — saprast mājienu; II v dot mājienu

hipa [hip] n gurns; gūža

hipb [hip] n grūtsirdība

hippie ['hipi] n hipijs

hippy ['hipi] n sk hippie

hire ['haiə] I n 1. īrēšana, nomāšana; to buy on h. purchase — pirkt uz nomaksu; 2. īres (nomas) maksa; II v īrēt, nomāt; to h. out — izīrēt

his [hiz] pron (piederības locījums no he) viņa; h. car — viņa automašīna

hiss [his] I n šņākšana; svilpšana; II v šņākt; svilpt

historic [his'tɔrik] a vēsturisks (ar vēsturisku nozīmi)

historical [his'tɔrikəl] a vēsturisks (saistīts ar vēsturi); h. monument — vēsturisks piemineklis

history ['histəri] n vēsture

hit [hit] I n 1. sitiens; 2. trāpījums; 3. panākums;

4. grāvējs (dziesma); h. parade — populārāko skaņuplašu saraksts; II v 1. iesist; 2. trāpīt

hitchhike ['hitʃhaik] v ceļot ar autostopu

hive [haiv] n (bišu) strops

hoarding ['hɔːdiŋ] n 1. pagaidu žogs (ap jaunceltni); 2. afišu dēlis

hoarfrost ['hɔː'frɔst] n sarma

hoarse [hɔːs] a aizsmacis

hobby ['hɔbi] n hobijs, vaļasprieks

hobbyhorse ['hɔbihɔːs] n 1. šūpuļzirgs; 2. pārn jājamzirdziņš

hockey ['hɔki] n hokejs; h. stick — hokeja nūja

hoe [həu] n kaplis

hog [hɔg] n vepris; cūka

hoist [hɔist] v 1. pacelt (kravu); 2. uzvilkt (karogu)

hoity-toity ['hɔiti'tɔiti] a snobisks; vīzdegunīgs

hold [həuld] v (p un p. p. held [held]) 1. turēt; to h. the line — nenolikt (telefona) klausuli; 2. aizturēt; to h. one's breath — aizturēt elpu; to h. one's tongue — turēt muti; 3. ietvert; saturēt; ◊ to h. one's ground — nepadoties

hold-up ['həuldʌp] n uzbrukums; aplaupīšana (uz ielas)

hole [həul] n 1. caurums; 2. ala; ◊ in a h. — ķezā

holiday ['hɔlədi] *n* 1. svētki; brīvdiena; 2. atvaļinājums; 3.: ~s *pl* — brīvdienas *(skolā)*

holiday-maker ['hɔlədi͵meikə] *n* atpūtnieks

hollow ['hɔləu] I *n* 1. dobums; 2. ieplaka; II *a* 1. tukšs; dobs; 2. dobjš *(par skaņu);* 3. neīsts; liekulīgs; 4. iekritis *(par vaigiem);* III *v* izdobt

holy ['həuli] *a* svēts

home [həum] I *n* 1. māja[s]; she is not at h. — viņas nav mājās; make yourself at h.! — jūtieties kā mājās!; 2. dzimtene; II *a* 1. mājas-; h. economics — mājturība; h. team *sp* — laukuma saimnieku komanda; 2. iekšzemes-; H. Office — iekšlietu ministrija *(Anglijā);* ◇ h. truth — rūgta patiesība; III *adv* uz mājām; mājup

homesick ['həumsik] *a* noilgojies pēc mājām *(dzimtenes)*

homework ['həumwəːk] *n* mājas uzdevums

honest ['ɔnist] *a* godīgs

honesty ['ɔnisti] *n* godīgums

honey ['hʌni] *n* 1. medus; 2. *sar* mīlulītis; dārgumiņš

honeycomb ['hʌnikəum] *n* medus kāre

honeymoon ['hʌnimuːn] *n* medusmēnesis

honour ['ɔnə] I *n* 1. cieņa; gods; in h. *(of)* — par godu; to give (pay) h.

(to) — parādīt godu; 2.: ~s *pl* — apbalvojumi; ordeņi; 3.: ~s *pl* — izcilība; to graduate with ~s — beigt ar izcilību *(piem., universitāti);* ◇ h. bright! — goda vārds!; II *v* cienīt; godāt

honourable ['ɔnərəbl] *a* 1. goda-; h. duty — goda pienākums; 2. godājams

hood [hud] *n* 1. kapuce; 2. *(automobiļa)* pārsegs

hoof [huːf] *n (pl* hoofs [huːfs] vai hooves [huːvz]) *(dzīvnieka)* nags

hook [huk] I *n* āķis; II *v* aizāķēt; saāķēt

hoop [huːp] *n* stīpa

hooves *pl no* **hoof**

hop [hɔp] I *n* lēciens; h., step and jump *sp* — trīssoļlēciens; II *v* lēkāt

hope [həup] I *n* cerība; II *v* cerēt

hopeful ['həupful] *a* 1. cerību pilns; 2. daudzsološs

hopeless ['həuplis] *a* bezcerīgs

hopscotch ['hɔpskɔtʃ] *n* «klases» *(rotaļa)*

horizon [hə'raizən] *n* horizonts, apvārsnis

horizontal [͵hɔri'zɔntl] *a* horizontāls

horn [hɔːn] *n* rags

horrible ['hɔrəbl] *a* šausmīgs, briesmīgs

horror ['hɔrə] *n* šausmas; h. novel — šausmu romāns

horse [hɔːs] *n* zirgs; ◇ h. opera *amer sar* — kovbojfilma horseback ['hɔːsbæk] *n:* on h. — jāšus

horseman ['hɔːsmən] *n* jātnieks

horserace ['hɔːsreis] *n* zirgu skriešanās sacīkstes

horseradish ['hɔːs‚rædiʃ] *n* mārrutks; mārrutki

horseshoe ['hɔːʃʃuː] *n* pakavs

hose [həuz] *n* šļūtene

hosiery ['həuziəri] *n* zeķes; trikotāža *(veļa)*

hospitable ['hɔspitəbl] *a* viesmīlīgs

hospital ['hɔspitl] *n* slimnīca

hospitality [‚hɔspi'tæliti] *n* viesmīlība

host [həust] *n* saimnieks, namatēvs

hostage ['hɔstidʒ] *n* ķīlnieks

hostel ['hɔstəl] *n* kopmītne; youth h. — tūrbāze

hostess ['həustis] *n* saimniece, namamāte

hostile ['hɔstail] *a* naidīgs

hostilit‖y [hɔs'tiliti] *n* 1. naidīgums; 2.: ∼ies *pl* — karadarbība

hot [hɔt] *a* 1. karsts; boiling h. — verdošs; h. dog — sviestmaize ar karstu desiņu; 2. ass; sīvs; 3. straujš; karstasinīgs; 4. ritmisks; sinkopēts *(par džezu);* ◊ h. news — pēdējās ziņas

hotbed ['hɔtbed] *n* 1. lecekts; 2. *pārn* perēklis

hotchpotch ['hɔtʃpɔtʃ] *n* savārstījums

hotel [həu'tel] *n* viesnīca

hothouse ['hɔthaus] *n* siltumnīca

hour ['auə] *n* stunda; half an h. — pusstunda; in an h. — pēc stundas

house I *n* [haus] 1. māja; nams; 2. *(parlamenta)* palāta; H. of Commons — apakšnams; H. of Lords — augšnams; ◊ to keep h. — vadīt saimniecību; II *v* [hauz] dot pajumti

housecraft ['hauskrɑːft] *n* mājsaimniecība

household ['haushəuld] *n* 1. saime; ģimene; 2. saimniecība; h. expenses — saimniecības izdevumi

housekeeper ['haus‚kiːpə] *n* saimniecības vadītāja

housemaid ['hausmeid] *n* istabene

house-warming ['haus‚wɔːmiŋ] *n* jaunā dzīvokļa iesvētīšana

housewife ['hauswaif] *n* mājsaimniece

housework ['hauswəːk] *n* mājsaimniecības darbi

housing ['hauziŋ] *n* apgāde ar dzīvokļiem; h. estate — dzīvojamo namu rajons

hovercraft ['hɔvəkrɑːft] *n* transportlīdzeklis uz gaisa spilvena

how [hau] *adv* 1. kā?; kādā veidā?; h. are you? — kā jums klājas?; h. do you like it? — kā jums tas patīk?; 2. cik; h. many, h. much? — cik?, cik daudz?;

h. old is he? — cik viņam
gadu?; h. much is it? —
cik tas maksā?; ◇ h. do
you do? — sveicināti!

however [hau'evə] I adv lai
kā, lai cik; II conj tomēr

howl [haul] v kaukt, gau-
dot

huckleberry ['hʌklbəri] n
mellene

huge [hjuːdʒ] a milzīgs

human ['hjuːmən] a cilvēka-;
cilvēcisks; h. body — cil-
vēka ķermenis; h. being —
dzīva būtne

humane [hju(ː)'mein] a hu-
māns, cilvēcīgs

humanit‖y [hju(ː)'mæniti] n
1. cilvēce; 2. humānums,
cilvēcība; 3.: the ~ies pl —
humanitārās zinātnes

humble ['hʌmbl] a 1. vien-
kāršs; necils; 2. pazemīgs

humbug ['hʌmbʌg] n 1. krāp-
šana; 2. piparmētru kon-
fekte

humid ['hjuːmid] a mikls
(par klimatu)

humiliate [hju(ː)'milieit] v
pazemot

humility [hju(ː)'militi] n pa-
zemība

humorous ['hjuːmərəs] a hu-
moristisks

humour ['hjuːmə] n 1. hu-
mors; sense of h. — hu-
mora izjūta; 2. garastā-
voklis; out of h. — sliktā
garastāvoklī

hump [hʌmp] n kupris

hundred ['hʌndrəd] num
simts

hundredth ['hʌndrədθ] num
simtais

hung p un p. p. no hang

Hungarian [hʌŋ'gɛəriən] I n
1. ungārs; ungāriete; 2. un-
gāru valoda; II a ungāru-

hunger ['hʌŋgə] n bads

hungry ['hʌŋgri] a izsalcis

hunt [hʌnt] I n 1. medības;
2. meklējumi; II v 1. me-
dīt; 2. dzenāt; vajāt

hunter ['hʌntə] n mednieks

hunting ['hʌntiŋ] n medības

hurdle ['həːdl] n sp šķērslis,
barjera; to clear the h. —
pārvarēt barjeru

hurdle-race ['həːdlreis] n sp
barjerskrējiens

hurricane ['hʌrikən] n viesuļ-
vētra

hurry ['hʌri] I n steiga; to
be in a h. — steigties; II v
1. steigties; 2. steidzināt

hurt [həːt] v (p un p. p. hurt
[həːt]) 1. ievainot; 2. aiz-
vainot; sāpināt; 3. sāpēt

husband ['hʌzbənd] n vīrs,
laulāts draugs

husk [hʌsk] n sēnala; miziņa

husky ['hʌski] a 1. sēnalains;
2. aizsmacis

hut [hʌt] n būda, mājele

hydrofoil ['haidrəfɔil] n ku-
ģis ar zemūdens spārniem

hydrogen ['haidridʒən] n
ūdeņradis; h. bomb —
ūdeņraža bumba

hydroplane ['haidrəplein] n
1. hidroplāns; 2. gliseris

hygiene ['haidʒiːn] n higiēna

hygienic [hai'dʒiːnik] a hi-
giēnisks

hypertension ['haipə'tenʃən] *n* *med* hipertonija

hyphen ['haifən] *n* defise

hypocrisy [hi'pɔkrəsi] *n* liekulība

hypocrite ['hipɔkrit] *n* liekulis

hysterical [his'terikəl] *a* histērisks

I i

I [ai] *pron* es

ice [ais] *n* ledus

iceberg ['aisbəːg] *n* aisbergs

icebreaker ['ais,breikə] *n* ledlauzis

ice-cream ['ais'kriːm] *n* saldējums

Icelander ['aisləndə] *n* islandietis; islandiete

Icelandic [ais'lændik] I *n* islandiešu valoda; II *a* islandiešu-

ice-show ['aisʃəu] *n* ledus balets

icicle ['aisikl] *n* lāsteka

icy ['aisi] *a* ledains

I'd [aid] *sar saīs. no* I had; I should; I would

idea [ai'diə] *n* 1. ideja; doma; 2. priekšstats; I hadn't the slightest i. of it — man nebija ne mazākā priekšstata par to

ideal [ai'diəl] I *n* ideāls; II *a* ideāls

identify [ai'dentifai] *v* identificēt

identity [ai'dentiti] *n* 1. identitāte; 2. personība; i. card — personas apliecība

ideological [,aidiə'lɔdʒikəl] *a* ideoloģisks

ideology [,aidi'ɔlədʒi] *n* ideoloģija

idiot ['idiət] *n* idiots

idle ['aidl] *a* 1. dīks; nenodarbināts; to stand i. — stāvēt dīkā; 2. slinks, laisks; 3. tukšs; i. talk — tukša pļāpāšana

idol ['aidl] *n* elks

if [if] *conj* 1. ja; if I were you — ja es būtu tavā vietā; 2. vai; ask him if he speaks English — pajautā viņam, vai viņš runā angliski; ◇ as if — it kā

ignorance ['ignərəns] *n* 1. izglītības trūkums; 2. neziņa

ignorant ['ignərənt] *a* 1. neizglītots; 2. nezinošs; to be i. (*of*) — nezināt

ignore [ig'nɔː] *v* ignorēt; neievērot

I'll [ail] *sar saīs. no* I shall; I will

ill [il] *a* slims; to fall i. — saslimt

ill-bred ['il'bred] *a* neaudzināts

illegal [i'liːgəl] *a* nelegāls; nelikumīgs

illiterate [i'litərit] *a* neizglītots

illness ['ilnis] *n* slimība

illuminate [i'lju:mineit] *v* iluminēt; apgaismot

illustrate ['iləstreit] *v* ilustrēt

ill-will ['il'wil] *n* nelabvēlība

I'm [aim] *sar sais. no* I am

image ['imidʒ] *n* 1. tēls; 2. atspoguļojums, attēls

imagination [i,mædʒi'neiʃən] *n* iztēle, fantāzija

imagine [i'mædʒin] *v* iedomāties, iztēloties

imitate ['imiteit] *v* imitēt, atdarināt

imitation [,imi'teiʃən] *n* 1. imitēšana, atdarināšana; 2. imitējums, atdarinājums; i. leather — mākslīgā āda

immediate [i'mi:djət] *a* 1. tiešs; i. contact — tieša saskare; 2. tuvākais; 3. tūlītējs; to take i. action — rīkoties nekavējoties

immediately [i'mi:djətli] *adv* tūlīt; nekavējoties

immense [i'mens] *a* milzīgs; neizmērojams

immensely [i'mensli] *adv sar* ļoti; ārkārtīgi

immoral [i'mɔrəl] *a* amorāls, netikumīgs

immortal [i'mɔ:təl] *a* nemirstīgs; mūžīgs; i. fame — mūžīga slava

impartial [im'pɑ:ʃəl] *a* objektīvs; taisnīgs

impatience [im'peiʃəns] *n* nepacietība

impatient [im'peiʃənt] *a* nepacietīgs

impediment [im'pedimənt] *n* kavēklis, traucējums; speech i. — valodas defekts

impenetrable [im'penitrəbl] *a* 1. necaurejams; 2. necaurredzams; i. darkness — necaurredzama tumsa

imperative [im'perətiv] I *n gram* pavēles izteiksme; II *a* 1. pavēlošs; 2. pavēles-; i. mood *gram* — pavēles izteiksme

imperfect [im'pə:fikt] *a* nepilnīgs

imperialism [im'piəriəlizəm] *n* imperiālisms

imperialistic [im,piəriə'listik] *a* imperiālistisks

impersonal [im'pə:snl] *a* bezpersonisks; i. pronoun *gram* — bezpersonas vietniekvārds

impertinence [im'pə:tinəns] *n* nekaunība

impetuous [im'petjuəs] *a* straujš; impulsīvs

implement I *n* ['implimənt] rīks, instruments; II *v* ['impliment] paveikt; realizēt

imply [im'plai] *v* netieši norādīt

impolite [,impə'lait] *a* nepieklājīgs

import I *n* ['impɔ:t] 1. imports; 2.: ~s *pl* — importpreces; II *v* [im'pɔ:t] importēt

importance [im'pɔ:təns] *n* svarīgums; nozīme; to attach i. *(to)* — piešķirt nozīmi; of no i. — nesvarīgs

important [im'pɔ:tənt] *a* svarīgs; nozīmīgs

impose [im'pəuz] *v* 1. aplikt *(ar nodokli);* 2. uzlikt *(par pienākumu)*

impossible [im'pɔsəbl] *a* neiespējams; quite i. — pilnīgi neiespējami

impress [im'pres] *v* 1. uzspiest; iespiest; 2. atstāt iespaidu

impression [im'preʃən] *n* 1. nospiedums; 2. *(grāmatas)* otrreizējs iespiedums; 3. iespaids; to make i. — atstāt iespaidu

impressive [im'presiv] *a* iespaidīgs

imprint I *n* ['imprint] 1. nospiedums; zīmogs; 2. izdevniecības ziņas *(grāmatas titullapā vai beigās);* II *v* [im'print] 1. iespiest; 2. iespiesties *(atmiņā)*

imprison [im'prizn] *v* ieslodzīt cietumā

improbable [im'prɔbəbl] *a* neticams

improve [im'pruːv] *v* 1. uzlabot; 2. uzlaboties

improvement [im'pruːvmənt] *n* 1. uzlabošana; uzlabošanās; 2. uzlabojums

impulse ['impʌls] *n* 1. stimuls; to give an i. — stimulēt; 2. impulss; to act on i. — rīkoties impulsīvi

in [in] I *adv* iekšā; to come in — ienākt; to be in — būt mājās; II *prep* 1. *(norāda vietu):* in London — Londonā; 2. *(norāda laiku):* in the evening — vakarā; in May — maijā; in an hour — pēc stun-

das; 3. *(norāda stāvokli):* in a difficulty — grūtībās; in debt — parādos; ◊ in my opinion — manuprāt; in memory *(of)* — par pieminu *(kam);* in fact — faktiski

inability [ˌinə'biliti] *n* nespēja; i. to pay — maksātnespēja

inaccurate [in'ækjurit] *a* neprecīzs

inadequate [in'ædikwit] *a* neatbilstošs; nepietiekams

inattentive [ˌinə'tentiv] *a* neuzmanīgs

inauguration [iˌnɔːgju'reiʃən] *n* svinīga *(izstādes, pieminekļa)* atklāšana

incapable [in'keipəbl] *a (of)* nespējīgs

incentive [in'sentiv] *n* stimuls, pamudinājums

incessant [in'sesnt] *a* nepārtraukts, nemitīgs

inch [intʃ] *n* colla *(2,54 cm)*

incident ['insidənt] *n* incidents; gadījums

incidental [ˌinsi'dentl] *a* nesvarīgs; nebūtisks; i. expenses — sīki izdevumi

incidentally [ˌinsi'dentli] *adv* 1. nejauši; 2. starp citu

incite [in'sait] *v* 1. kūdīt, musināt; 2. izraisīt

inclination [ˌinkli'neiʃən] *n (for, to)* tieksme; nosliece

include [in'kluːd] *v* iekļaut

including [in'kluːdiŋ] *prep* ieskaitot; to skaitā

income ['inkʌm] *n* ienākums

inconsistent [ˌinkən'sistənt] *a* nekonsekvents

inconvenient [,inkən'viːnjənt] *a* neērts; apgrūtinošs

incorrect [,inkə'rekt] *a* nepareizs, kļūdains

increase I *n* ['inkriːs] palielināšanās; pieaugums; i. in population — iedzīvotāju pieaugums; II *v* [in'kriːs] palielināties; pieaugt

incredible [in'kredəbl] *a* neticams

incurable [in'kjuərəbl] *a* neārstējams, nedziedināms

indebted [in'detid] *a (naudu, pateicību)* parādā; i. to smb. — parādā kādam

indecent [in'diːsnt] *a* nepieklājīgs

indeed [in'diːd] *adv* patiešām, patiesi

indefinite [in'definit] *a* nenoteikts; neskaidrs; the i. article *gram* — nenoteiktais artikuls

independence [,indi'pendəns] *n* neatkarība

independent [,indi'pendənt] *a* neatkarīgs

index ['indeks] *n* indekss, rādītājs

Indian ['indjən] I *n* 1. indietis; indiete; 2. indiānis; indiāniete; II *a* 1. indiešu-; 2. indiāņu-; I. corn — kukurūza; I. ink — tuša; I. summer — atvasara

india-rubber ['indjə'rʌbə] *n* 1. kaučuks; 2. dzēšgumija

indicate ['indikeit] *v* [no]-rādīt

indicative [in'dikətiv] *n gram* īstenības izteiksme

indifference [in'difrəns] *n* vienaldzība

indifferent [in'difrənt] *a* vienaldzīgs

indignation [,indig'neiʃən] *n* sašutums; i. meeting — masu protesta mītiņš

indirect [,indi'rekt] *a* netiešs; i. speech *gram* — netiešā runa

indiscreet [,indis'kriːt] *a* 1. neapdomīgs; 2. netaktisks

indispensable [,indis-'pensəbl] *a* nepieciešams

individual [,indi'vidjuəl] I *n* indivīds; cilvēks; II *a* individuāls

Indonesian [,indəu'niːzjən] I *n* indonēzietis; indonēziete; II *a* indonēziešu-

indoor ['indɔː] *a* istabas-; iekštelpu-; i. games — 1) istabas rotaļas; 2) spēles sporta zālē; i. aerial — istabas antena

indoors ['in'dɔːz] *adv* istabā; telpās; to stay i. — palikt mājās

induce [in'djuːs] *v* 1. pamudināt; piedabūt; 2. radīt; izraisīt

industrial [in'dʌstriəl] *a* industriāls, rūpniecības-; i. goods — rūpniecības preces; i. school — arodskola; i. accident — nelaimes gadījums darbā; i. crops *lauks* — tehniskās kultūras

industrious [in'dʌstriəs] *a* strādīgs; čakls

industry ['indəstri] *n* 1. industrija, rūpniecība; 2. strādīgums, čaklums

inefficient [͵ini'fiʃənt] *a*
1. nemākulīgs; 2. neefektīvs; neiedarbīgs

inertia [i'nəːʃjə] *n* 1. *fiz*
inerce; 2. inertums; kūtrums

inevitable [in'evitəbl] *a* neizbēgams, nenovēršams

inexpensive [͵iniks'pensiv] *a*
lēts

inexperienced [͵iniks-'piəriənst] *a* nepieredzējis, nepiedzīvojis

inexplicable [in'eksplikəbl] *a*
neizskaidrojams; neizprotams

infant ['infənt] *n* mazbērns; zīdainis

infantile ['infəntail] *a* 1. bērna-; bērnu-; i. disease —
bērnu slimība; 2. infantils

infantry ['infəntri] *n* mil
kājnieki

infect [in'fekt] *v* inficēt

infection [in'fekʃən] *n* infekcija

infectious [in'fekʃəs] *a* infekcijas-, lipīgs

inferior [in'fiəriə] *a* 1. zemāks (*stāvokļa, amata
ziņā*); 2. sliktāks; mazvērtīgāks; of i. quality — sliktākas kvalitātes-

infinite ['infinit] *a* bezgalīgs; neierobežots

infinitive [in'finitiv] *n gram*
infinitīvs, nenoteiksme

inflammation [͵inflə'meiʃən]
n med iekaisums

inflate [in'fleit] *v* piepūst (*ar
gāzi, gaisu*)

inflict [in'flikt] *v* 1. raidīt
(*sitienu*); 2. radīt (*sāpes,
ciešanas*); 3. uzlikt (*sodu*)

influence ['influəns] **I** *n*
(*on, upon*) ietekme; **II** *v*
ietekmēt

influenza [͵influ'enzə] *n*
med influence, gripa

inform [in'fɔːm] *v* informēt;
ziņot

informal [in'fɔːml] *a* neoficiāls; i. visit — neoficiāla
vizīte

information [͵infə'meiʃən] *n*
informācija; ziņas

ingenious [in'dʒiːnjəs] *a* atjautīgs, asprātīgs

ingratitude [in'grætitjuːd] *n*
nepateicība

ingredient [in'griːdjənt] *n*
(*vielas*) sastāvdaļa

inhabit [in'hæbit] *v* apdzīvot

inhabitant [in'hæbitənt] *n*
iedzīvotājs

inhale [in'heil] *v* ieelpot

inherit [in'herit] *v* mantot

inheritance [in'heritəns] *n*
1. mantojums; 2. iedzimtība

inhuman [in'hjuːmən] *a* necilvēcīgs

initial [i'niʃəl] **I** *n* 1. sākuma
burts; 2.: ～s *pl* — iniciāļi;
II *a* sākuma-; sākotnējs

initiative [i'niʃiətiv] *n* iniciatīva; ierosme; on one's
own i. — pēc paša ierosmes; to take the i. — parādīt iniciatīvu

injure ['indʒə] *v* 1. ievainot,
savainot; 2. aizvainot

injury ['indʒəri] *n* 1. ievainojums; 2. aizvainojums

injustice [in'dʒʌstis] *n* netaisnība; to do smb. an
i. — būt netaisnam pret
kādu

ink [iŋk] *n* tinte

ink-pot ['iŋkpɔt] *n* tintnīca

inkstand ['iŋkstænd] *n* tint-
nīca *(ar piederumiem)*

inland I *n* ['inlənd] iekš-
zeme; II *a* ['inlənd] iekš-
zemes-; i. trade — iekšējā
tirdzniecība; III *adv* [in
'lænd] zemes iekšienē

inlay ['inlei] *n* inkrustācija;
mozaīka

inn [in] *n* viesnīca; iebrau-
camā vieta

inner ['inə] *a* iekšējs

innocence ['inəsəns] *n* nevai-
nība

innocent ['inəsənt] *a* nevai-
nīgs

innovation [,inəu'veiʃən] *n*
jauninājums; jaunievedums

innovator ['inəuveitə] *n* no-
vators

innumerable [i'njuːmərəbl] *a*
neskaitāms

inoculation [i,nɔkju'leiʃən] *n*
med potēšana

in-patient ['in,peiʃənt] *n* sta-
cionārs slimnieks

inquest ['inkwest] *n* *jur* iz-
meklēšana

inquire [in'kwaiə] *v* apjau-
tāties

inquir‖y [in'kwaiəri] *n* 1. ap-
jautāšanās; to make
~ies — ievākt ziņas;
2. aptauja

inquisitive [in'kwizitiv]
1. zinātkārs; 2. ziņkārīgs

insane [in'sein] *a* psihiski
slims, nenormāls

inscription [in'skripʃən] *n*
uzraksts; ieraksts

insect ['insekt] *n* insekts, ku-
kainis

insecure [,insi'kjuə] *a* ne-
drošs

inseparable [in'sepərəbl] *a*
nešķirams, nedalāms

insert [in'səːt] *v* 1. iespraust,
iestarpināt; 2. ievietot *(slu-
dinājumu)*

inside ['in'said] I *n* iekšpuse;
iekšiene; to turn i. out —
apgriezt iekšpusi uz āru;
II *a* iekšējs; iekšpuses-; i.
track — *(skrejceļa)* iekšē-
jais celiņš; III *adv* iekšā;
iekšpusē

insignificant [,insig'nifikənt]
a nenozīmīgs, nesvarīgs

insincere [,insin'siə] *a* nepa-
tiess; neīsts

insipid [in'sipid] *a* pliekans;
bezgaršīgs

insist [in'sist] *v* *(on)* uzstāt;
pieprasīt

insistent [in'sistənt] *v* neat-
laidīgs; nepiekāpīgs

insolent ['insələnt] *a* nekau-
nīgs

inspect [in'spekt] *v* 1. *(uz-
manīgi)* aplūkot; 2. inspi-
cēt; pārbaudīt

inspection [in'spekʃən] *n*
1. apskate; 2. inspicēšana;
pārbaude

inspector [in'spektə] *n* in-
spektors

inspiration [,inspə'reiʃən] *n*
iedvesma; to draw i. —
smelt iedvesmu

inspire [in'spaiə] *v* 1. ie-
dvest; 2. iedvesmot

install [in'stɔːl] *v* 1. iekār-
tot *(darbā, amatā)*; 2. ie-
vilkt *(elektrību)*; ierīkot
(centrālapkuri)

instalment [in'stɔːlmənt] *n*
1. iemaksa *(maksas daļa);*
to pay by ~s — maksāt
pa daļām; i. selling — pār-
došana uz nomaksu;
2. *(grāmatas)* laidiens;
3. *(stāsta)* turpinājums
instance ['instəns] *n* pie-
mērs; gadījums; in this
i. — šai gadījumā; for
i. — piemēram
instant ['instənt] **I** *n* acu-
mirklis; moments; at that
very i. — šai pašā acu-
mirklī; in the i. — tūlīt,
nekavējoties; this i. — tū-
līt pat; **II** *a* **1.** tūlītējs;
2. steidzams; i. need —
steidzama vajadzība;
3. *(par mēnesi)* pašreizējs;
on the 10th i. — šā mē-
neša 10. datumā; **4.:** i. cof-
fee — šķīstošā kafija
instantly ['instəntli] *adv* tū-
līt, nekavējoties
instead [in'sted] *adv (kā vai
kāda)* vietā; i. of this — tā
vietā; i. of him — viņa
vietā
instinct ['instiŋkt] *n* in-
stinkts
institute ['institjuːt] *n* insti-
tūts
institution [ˌinsti'tjuːʃən] *n*
1. nodibināšana; ieviešana;
2. *(sabiedrisks)* institūts
instruct [in'strʌkt] *v* **1.** ap-
mācīt; **2.** instruēt
instruction [in'strʌkʃən] *n*
1. apmācība; **2.** instruktā-
ža; **2.:** ~s *pl* — norādī-
jumi
instructor [in'strʌktə] *n* in-
struktors; skolotājs

instrument ['instrumənt] *n*
instruments
insult I *n* ['insʌlt] apvaino-
jums; **II** *v* [in'sʌlt] apvai-
not
insurance [in'ʃuərəns] *n* ap-
drošināšana; i. policy —
apdrošināšanas polise
insure [in'ʃuə] *v* apdrošināt
insurrection [ˌinsə'rekʃən] *n*
sacelšanās; dumpis
intellect ['intilekt] *n* inte-
lekts; prāts
intellectual [ˌinti'lektjuəl] **I**
n inteliģents, intelektuālis;
II *a* intelektuāls; prāta-; i.
facilities — prāta spējas
intelligence [in'telidʒəns] *n*
1. intelekts; prāts; i. test —
prāta spēju pārbaude;
2. informācija; ziņas; i.
service — izlūkošanas die-
nests
intelligent [in'telidʒənt] *a*
[sa] prātīgs; gudrs
intend [in'tend] *v* būt nodo-
mājušam; what do you i.
to do? — ko jūs esat no-
domājis darīt?
intense [in'tens] *a* intensīvs;
spēcīgs; stiprs; i. cold —
stiprs sals
intensify [in'tensifai] *v*
1. intensificēt; pastiprināt;
2. pastiprināties
intention [in'tenʃən] *n* no-
doms, nolūks; without i. —
netīšām
intentional [in'tenʃənl] *a*
tīšs, nodomāts
interchange I *n* ['intə(ː)-
'tʃeindʒ] [savstarpēja] ap-
maiņa; an i. of views —
domu apmaiņa; **II** *v* [ˌin-

tə(ː)'tʃeind3] [savstarpēji]
apmainīties

intercom ['intəkɔm] *n sar*
iekšējais telefons

intercontinental [,intə'kɔnti-
'nentl] *a* starpkontinentāls

interest ['intrist] **I** *n* **1** in-
terese; to take an i. (*in*) —
intereseēties; **2.** procenti;
rate of i. — procentu lik-
me; **II** *v* interesēt

interesting ['intristiŋ] *a* in-
teresants

interfere [,intə'fiə] *v* **1.** (*in*)
iejaukties; **2.** (*with*) trau-
cēt

interference [,intə'fiərəns] *n*
1. iejaukšanās; **2.** traucē-
jumi (*radiopārraidē*)

interior [in'tiəriə] **I** *n*
1. iekšiene, iekšpuse; De-
partment of the I. — iekš-
lietu ministrija (*ASV un
Kanādā*); **2.** interjers; **II** *a*
iekšējs; iekštelpu-

interjection [,intə(ː)'dʒekʃən]
n **1.** izsauciens; **2.** *gram* iz-
sauksmes vārds

intermediary [,intə(ː)-
'miːdjəri] *n* starpnieks

intermission [,intə(ː)'miʃən]
n **1.** pārtraukums; pauze;
2. *amer* starpbrīdis

internal [in'təːnəl] *a* iek-
šējs; iekšķīgs; i. trade —
iekšējā tirdzniecība

international [,intə(ː)-
'næʃənl] *a* internacionāls,
starptautisks

internationalism [,intə(ː)-
'næʃnəlizəm] *n* internacio-
nālisms

interplanetary [,intə'plænitri]
a starpplanētu-

interpret [in'təːprit] *v* **1.** in-
terpretēt; iztulkot; **2.** tulkot
(*mutiski*)

interpretation [in,təːpri-
'teiʃən] *n* **1.** interpretē-
šana; iztulkošana; **2.** inter-
pretācija; **3.** (*mutisks*) tul-
kojums

interpreter [in'təːpritə] *n*
(*mutvārdu*) tulks

interrogate [in'terəugeit] *v*
1. jautāt; **2.** pratināt

interrupt [,intə'rʌpt] *v* pār-
traukt

interstellar [,intə'stelə] *a*
starpzvaigžņu-

interval ['intəvəl] *n* **1.** at-
starpe; **2.** intervāls; pauze

intervene [,intə(ː)'viːn] *v*
iejaukties

intervention [,intə(ː)'venʃən]
n **1.** iejaukšanās; **2.** inter-
vence

interview ['intəvjuː] **I** *n* in-
tervija; to give an i. —
sniegt interviju; **II** *v* inter-
vēt

intimacy ['intiməsi] *n* inti-
mitāte; tuvība

intimate ['intimit] *a* intīms;
tuvs; i. friend — tuvs
draugs

into ['intu, 'intə] *prep*
1. (*norāda darbības vir-
zienu*): to come i. the
room — ienākt istabā;
2. (*norāda pārvērtību*): to
turn i. ice — pārvērsties
ledū; to translate i. Eng-
lish — pārtulkot angliski

intolerable [in'tɔlərəbl] *a* ne-
ciešams

intolerant [in'tɔlərənt] *a* ne-
iecietīgs

intoxicate [in'tɔksikeit] v apreibināt

intoxication [,in,tɔksi'keiʃən] n apreibums

intransitive [in'trænsitiv] a gram nepārejošs, intransitīvs

intricate ['intrikit] a sarežģīts, komplicēts

intrigue [in'triːg] n intriga

introduce [,intrə'djuːs] v 1. iesniegt (likumprojektu); 2. ieviest; 3. iepazīstināt; stādīt priekšā; allow me to i. myself — atļaujiet stādīties priekšā; 4. ievadīt

introduction [,intrə'dʌkʃən] n 1. (likumprojekta) iesniegšana; 2. ieviešana; 3. iepazīstināšana; stādīšana priekšā; 4. ievads; priekšvārds

intrude [in'truːd] v 1. (into) ielauzties; ieiet bez atļaujas; 2. uzbāzties; uzmākties; traucēt; am I intruding? — vai es netraucēju?

invade [in'veid] v iebrukt; okupēt

invader [in'veidə] n iebrucējs; okupants

invalidᵃ ['invəlid] n slimnieks; invalīds

invalidᵇ [in'vælid] a nederīgs; spēkā neesošs

invaluable [in'væljuəbl] a nenovērtējams; dārgs

invasion [in'veiʒən] n invāzija, iebrukums

invent [in'vent] v 1. izgudrot; 2. sagudrot; to i. an excuse — sagudrot attaisnojumu

invention [in'venʃən] n 1. izgudrojums; 2. izdomājums

inventor [in'ventə] n izgudrotājs

invest [in'vest] v ieguldīt (kapitālu)

investigate [in'vestigeit] v 1. [iz]pētīt; 2. jur izmeklēt

investment [in'vestmənt] n kapitālieguldījums

inveterate [in'vetərit] a dziļi iesakņojies (piem., par paradumu); i. liar — nelabojams melis

invisible [in'vizəbl] a neredzams

invitation [,invi'teiʃən] n ielūgums

invite [in'vait] v ielūgt

involuntary [in'vɔləntəri] a nevilšs; netīšs

involve [in'vɔlv] v iesaistīt; iejaukt

inward ['inwəd] a iekšējs

iodine ['aiəudiːn] n jods

Irish ['aiəriʃ] I n 1.: the I. — īri; 2. īru valoda; II a īru-

Irishman ['aiəriʃmən] n īrs

Irishwoman ['aiəriʃ,wumən] n īriete

iron ['aiən] I n 1. dzelzs; 2. gludeklis; II a dzelzs-; III v gludināt

ironic[al] [ai'rɔnik(əl)] a ironisks

ironing-board ['aiəniŋbɔːd] n gludināmais dēlis

irony ['aiərəni] n ironija

irregular [i'regjulə] a 1. neregulārs; 2. nelīdzens

irresistible [,iri'zistəbl] a neatvairāms; nepārvarams

irresolute [i'rezəluːt] *a* neapņēmīgs

irresponsible [,iris'pɔnsəbl] *a* bezatbildīgs

irrigation [,iri'geiʃən] *n* irigācija, apūdeņošana

irritate ['iriteit] *v* kaitināt

is [iz, z, s] *3. pers. pres. sing no v* to be

island ['ailənd] *n* sala; ◇ safety (traffic) i. — drošības saliņa *(gājējiem)*

isn't ['iznt] *sar sais. no* is not

isolate ['aisəleit] *v* izolēt

issue ['iʃuː] I *n* 1. iztecēšana; izplūšana; an i. of blood — asiņošana; 2. izdevums; *(laikraksta)* numurs; today's i. — šīsdienas numurs; 3. iznākums; rezultāts; in the i. — rezultātā; 4. strīda jautājums; the i. of the day — aktuāls jautājums; II *v* 1. iztecēt; izplūst; 2. izdot; laist apgrozībā

isthmus ['isməs] *n (zemes)* šaurums

it [it] *pron* 1. tas; tā; it is I — tas esmu es; 2. *(bezpersonas teikumā netulkojams):* it is raining — līst; it is summer — ir vasara

Italian [i'tæljən] I *n* 1. itālietis; itāliete; 2. itāliešu valoda; II *a* itāliešu-

itch [itʃ] I *n* nieze; niezēšana; II *v* niezēt

item ['aitəm] *n* 1. atsevišķs priekšmets *(sarakstā);* 2. punkts; paragrāfs; 3. *(programmas)* numurs; 4.: news i. — *(avīzes)* raksts; hronika

itinerary [ai'tinərəri] *n* maršruts

its [its] *pron* tā; tās; savs

it's [its] *sar sais. no* it is

itself [it'self] *pron* 1. sev; sevi; 2. pats; pati; ◇ by i. — viens pats; in i. — pats par sevi

I've [aiv] *sar sais. no* I have

ivory ['aivəri] *n* ziloņkauls

ivy ['aivi] *n* efeja

Jj

jack ['dʒæk] *n* 1. domkrats; 2. *amer sl* nauda; to make one's j. — labi pelnīt

jackal ['dʒækɔːl] *n* šakālis

jackdaw ['dʒækdɔː] *n* kovārnis

jacket ['dʒækit] *n* 1. jaka; žakete; life j. — glābšanas veste; 2. *(vārītu kar-* tupeļu) miza; 3. *(grāmatas)* apvāks

jack-knife ['dʒæknaif] *n* savāžamais nazis

jack-towel ['dʒæk,tauəl] *n* dvielis *(uz veltnīša)*

jail [dʒeil] *n* cietums

jamᵃ [dʒæm] I *n* 1. sablīvējums; sastrēgums; traffic j. — satiksmes sastrēgums; 2. *(mehānisma)* iesprūšana; 3. traucējums *(radiopārraidē)*; 4. *sar* ķeza; ◇ j. session — džemsesija *(džeza mūziķu improvizēts koncerts)*; II *v* 1. sablīvēties; radīt sastrēgumu; 2. iesprūst *(par mehānismu)*; 3. iespiest; sabāzt; 4. traucēt *(radiopārraidi)*

jamb [dʒæm] *n* džems, ievārījums

jamboree [ˌdʒæmbə'riː] *n* 1. svinības; dzīres; 2. *(skautu)* salidojums

janitor ['dʒænitə] *n* 1. šveicars; vārtsargs; 2. *amer* sētnieks

January ['dʒænjuəri] *n* janvāris

Japanese [ˌdʒæpə'niːz] I *n* 1. japānis; japāniete; 2. japāņu valoda; II *a* japāņu-

jar [dʒɑɪ] *n* burka

jasmin[e] ['dʒæsmin] *n* jasmīns

javelin-throwing ['dʒævlin-ˌθrəuiŋ] *n sp* šķēpmešana

jaw [dʒɔɪ] *n* žoklis

jay-walker ['dʒeiˌwɔːkə] *n* neuzmanīgs gājējs

jazz [dʒæz] *n* džezs; j. band — džeza orķestris

jazzy ['dʒæzi] *a sar* stilīgs

jealous ['dʒeləs] *a* greizsirdīgs

jealousy ['dʒeləsi] *n* greizsirdība

jean [dʒiɪn, dʒein] *n* 1. džinsu audums; 2.: ~s *pl* — džinsi

jeep [dʒiːp] *n* džips *(automašīna)*

jeer [dʒiə] *v* ņirgāties

jelly ['dʒeli] *n* 1. želeja; 2. galerts

jelly-fish ['dʒelifiʃ] *n* medūza

jeopardize ['dʒepədaiz] *v* riskēt; to j. one's life — riskēt ar savu dzīvību

jerk [dʒəɪk] *n* rāviens; grūdiens

jersey ['dʒəɪzi] *n* 1. *tekst* džersijs *(adīts audums)*; 2. adīts svīteris; adīta jaka

jest [dʒest] I *n* joks; in j. — pa jokam; II *v* jokot

jet [dʒet] *n* 1. strūkla; 2. *tehn* sprausla; 3. reaktīvā lidmašīna; j. engine — reaktīvais dzinējs

jet-propelled ['dʒetprə-'peld] *a* ar reaktīvu dzinēju; j.-p. plane — reaktīvā lidmašīna

Jew [dʒuɪ] *n* ebrejs

jewel ['dʒuːəl] *n* dārgakmens

jeweller ['dʒuːələ] *n* juvelieris

jewel[l]ery ['dʒuːəlri] *n* dārglietas

Jewess ['dʒu(ː)is] *n* ebrejiete

Jewish ['dʒu(ː)iʃ] *a* ebreju-

job [dʒɔb] *n* 1. darbs; nodarbošanās; out of j. — bez darba; ◇ a bad j. — bezcerīga lieta

jocular ['dʒɔkjulə] *n* jocīgs, komisks

jogging ['dʒɔgiŋ] *n sp* lēns skrējiens

join [dʒɔin] *v* **1.** savienot;
saistīt; to j. hands — sa-
doties rokās; **2.** savieno-
ties; **3.** apvienot; to j.
forces — apvienot spēkus;
4. pievienoties; piebiedro-
ties; to j. up *sar* — iestā-
ties *(karadienestā)*
joiner [ˈdʒɔinə] *n* galdnieks
joint [dʒɔint] **I** *n* **1.** savie-
nojums; salaidums; **2.** *anat*
locītava; out of j. — iz-
mežģīts; **II** *a* kopējs, ko-
pīgs; j. efforts — kopējie
spēki; to take j. action —
rīkoties kopīgi; j. au-
thors — līdzautori
joint-stock [ˈdʒɔintstɔk] *n*
akciju kapitāls; j.-s. com-
pany — akciju sabiedrība
joke [dʒɔuk] **I** *n* joks; to
make a j. — pajokot; in
j. — pa jokam; **II** *v* jo-
kot
jolly [ˈdʒɔli] *a* jautrs
jonquil [ˈdʒɔŋkwil] *n* nar-
cise
journal [ˈdʒəːnl] *n* **1.** *(zi-
nātnisks)* žurnāls; **2.** die-
nasgrāmata
journalist [ˈdʒəːnəlist] *n*
žurnālists
journey [ˈdʒəːni] *n* ceļojums;
brauciens; to go on a j. —
doties ceļojumā
joy [dʒɔi] *n* prieks
joyful [ˈdʒɔiful] *a* priecīgs
jubilee [ˈdʒuːbili] *n* jubileja
judge [dʒʌdʒ] **I** *n* **1.** tiesne-
sis; **2.** pazinējs; lietpratējs;
II *v* **1.** tiesāt; **2.** vērtēt;
spriest
judgement [ˈdʒʌdʒmənt] *n*
1. *jur* spriedums; to pass

a j. — taisīt spriedumu;
2. vērtējums; spriedums
jug [dʒʌg] *n* krūze
juice [dʒuːs] *n* sula
juke-box [ˈdʒuːkbɔks] *n* mū-
zikas automāts
July [dʒu(ː)ˈlai] *n* jūlijs
jump [dʒʌmp] **I** *n* lēciens;
high j. *sp* — augstlēkšana;
long j. *sp* — tāllēkšana;
II *v* lēkt; lēkāt; to j.
down — nolēkt; to j. up —
palēkties
jumper[a] [ˈdʒʌmpə] *n* lēcējs
jumper[b] [ˈdʒʌmpə] *n* **1.** džem-
peris; **2.** *(parasti pl)* bēr-
nu kombinezons
junction [ˈdʒʌŋkʃən] *n* **1.** sa-
vienojums;   savienojuma
punkts; j. board — *(te-
lefona)* komutators;   j.
call — piepilsētas tele-
fona saruna; **2.** dzelzceļa
mezgls; **3.** *(ceļu)* krusto-
jums; *(upju)* sateka
June [dʒuːn] *n* jūnijs
jungle [ˈdʒʌŋgl] *n* džungļi
junior [ˈdʒuːnjə] *n* juniors,
jaunākais; **II** *a* jaunākais
(gados vai amatā)
jury [ˈdʒuəri] *n* **1.** *jur* zvē-
rinātie; **2.** žūrija
just[a] [dʒʌst] *a* **1.** taisnīgs;
2. pamatots; j. suspicions —
pamatotas aizdomas
just[b] [dʒʌst] *adv* **1.** tieši; j.
so — tieši tā; j. in time —
tieši laikā; **2.** nupat; tikko;
he has j. come — viņš tik-
ko atnācis; **3.** tikai; j.
fancy! — iedomājieties ti-
kai!; j. a moment — acu-
mirkli!

justice ['dʒʌstis] *n* 1. taisnība; taisnīgums; 2. *jur* justīcija
justify ['dʒʌstifai] *v* attaisnot
jute [dʒuːt] *n* džuta
juvenile ['dʒuːvinail] *a*

1. jauniešu-; pusaudžu-; j. labour — pusaudžu darbs; j. offender (delinquent) — mazgadīgs noziedznieks; 2. jaunatnei domāts; j. books — grāmatas jaunatnei

Kk

kangaroo [ˌkæŋgə'ruː] *n* ķengurs
Kazakh [kʌ'zaːh] I *n* 1. kazahs; kazahiete; 2. kazahu valoda; II *a* kazahu-
keel [kiːl] *n* (*kuģa*) ķīlis
keen [kiːn] *a* 1. ass (*par nazi*); 2. stiprs; griezīgs (*par vēju*); 3. ass (*par redzi*); 4. dedzīgs; aizrautīgs; k. sportsman — kaislīgs sportists; to be [dead] k. on smth. — kaislīgi aizrauties ar ko
keep [kiːp] *v* (*p un p. p.* kept [kept]) 1. turēt; glabāt; to k. a promise — turēt solījumu; to k. in mind — paturēt prātā; 2. ievērot; to k. silence — ievērot klusumu; to k. away — turēties atstatu; sargāties; to k. from — 1) atturēt no; 2) atturēties no; to k. on — turpināt (*ko darīt*); to k. on reading — turpināt lasīšanu
keeper ['kiːpə] *n* 1. glabātājs; 2. sargs

keepsake ['kiːpseik] *n* piemiņlieta
kept *p un p. p. no* keep
kernel ['kəːnl] *n* 1. (*augļa*) serde; (*rieksta*) kodols; 2. būtība; kodols
kettle ['ketl] *n* (*metāla*) tējkanna
key [kiː] I *n* 1. atslēga; 2. (*uzdevuma*) atminējums; atbilde; 3. (*klavieru*) taustiņš; II *a* galvenais; k. problem — pamatproblēma
keynote ['kiːnəut] *n* pamatdoma; vadmotīvs
kick [kik] I *n* spēriens; II *v* spert; spārdīt; to k. off — ievadīt bumbu spēlē (*no centra*)
kid [kid] *n* 1. kazlēns; 2. *sar* bērns; mazulis
kidnap ['kidnæp] *v* nolaupīt (*bērnu*); ar varu aizvest (*kādu*)
kidnapper ['kidnæpə] *n* (*bērnu*) nolaupītājs
kidney ['kidni] *n* niere

kidney-beans ['kidni'biɪnz] *n pl* pupiņas

kill [kil] *v* 1. nogalināt; 2. iznīcināt; izpostīt; ◇ to k. time — notriekt laiku

kindᵃ [kaind] *n* 1. suga; šķirne; veids; all ~s of goods — visādas preces; 2. daba; būtība; to differ in k. — atšķirties pēc būtības; ◇ nothing of the k. — nekā tamlīdzīga

kindᵇ [kaind] *a* laipns; labs; be so k.! — esiet tik laipns!; with k. regards — ar sirsnīgu sveicienu (*vēstules nobeigumā*)

kindergarten ['kində,gaɪtn] *n* bērnudārzs

kindly ['kaindli] *adv* laipni; k. let me know! — lūdzu, paziņojiet man!

kindness ['kaindnis] *n* 1. laipnība; 2. pakalpojums; to do a k. — izdarīt pakalpojumu

king [kiŋ] *n* karalis

kingdom ['kiŋdəm] *n* karaliste; karaļvalsts; animal k. — dzīvnieku valsts

king-size ['kiŋsaiz] *a* ļoti liels; k.-s. cigarettes — garas cigaretes

kipper ['kipə] *n* žāvēta siļķe

Kirghiz ['kəɪgiz] I *n* 1. kirgīzs; kirgīziete; 2. kirgīzu valoda; II *a* kirgīzu-

kiss [kis] I *n* skūpsts; II *v* skūpstīt

kitchen ['kitʃin] *n* virtuve; k. garden — sakņu dārzs

kite [kait] *n* 1. klija; 2. (*papīra*) pūķis; to fly a k. — palaist gaisā pūķi

kitten ['kitn] *n* kaķēns

knee [niː] *n* celis, ceļgals

kneel [niːl] *v* (*p un p. p.* knelt [nelt]) 1. nomesties ceļos; 2 stāvēt uz ceļiem

knelt *p un p. p. no* kneel

knew *p no* know

knife [naif] *n* (*pl* knives [naivz]) nazis

knight [nait] *n* 1. bruņinieks; 2. zirdziņš (*šahā*)

knit [nit] *v* adīt; ◇ to k. one's brows — saraukt uzacis

knitted ['nitid] *a* adīts

knitwear ['nitwɛə] *n* trikotāža

knives *pl no* knife

knock [nɔk] I *n* 1. sitiens; 2. klauvējiens; to give a k. — pieklauvēt; II *v* 1. sist; dauzīt; 2. klauvēt; to k. **down** — notriekt gar zemi; to k. **out** — 1) izsist; izdauzīt; 2) *sp* nokautēt

knock-down ['nɔk'daun] *n sp* nokdauns

knock-out ['nɔkaut] *n sp* nokauts

knot [nɔt] I *n* mezgls; II *v* sasiet mezglā; to k. one's tie — sasiet kaklasaiti

know [nəu] *v* (*p* knew [njuː]; *p. p.* known [nəun]) 1. zināt; to get to k. — uzzināt; 2. prast; 3. pazīt; ◇ to k. one's own business — nejaukties citu darīšanās

know-how ['nəuhau] *n* prasme, māka

knowledge ['nɔlidʒ] *n* zināšanas; to the best of my k. — cik man zināms

known [nəun] I *a* zināms; pazīstams; II *p. p. no* know

Korean [kə'riən] I *n* 1. korejietis; korejiete; 2. korejiešu valoda; II *a* korejiešu-

Ll

lab [læb] *sar saīs. no* laboratory

label ['leibl] I *n* etiķete; II *v* uzlīmēt etiķeti

laboratory [lə'bɔrətəri] *n* laboratorija

labour ['leibə] I *n* 1. darbs; manual l. — roku darbs; l. contract — darba līgums; 2. strādnieku šķira; ◇ L. Party — leiboristu partija; II *v* 1. *(smagi)* strādāt; 2. *(for)* pūlēties

lace [leis] *n* 1. *(kurpju)* saite; 2. mežģīnes

lack [læk] I *n* trūkums; for l. of time — laika trūkuma dēļ; II *v* trūkt; vajadzēt; he ~s evidence — viņam trūkst pierādījumu

lad [læd] *n* zēns; puisis

ladder ['lædə] *n* 1. *(pieslienamās)* kāpnes; 2. noiris valdziņš *(zeķei)*

ladies ['leidiz] *n* 1. *pl no* lady; 2. *sar* sieviešu tualete

lady ['leidi] *n* 1. dāma; lēdija; 2. *(savienojumos norāda uz sieviešu dzimumu):* l. doctor — ārste

ladybird ['leidibəid] *n* mārīte

lag [læg] I *n* atpalikšana; kavēšanās; II *v* atpalikt; kavēties

laid *p un p. p. no* lay[b]

lain *p. p. no* lie[b]

lake [leik] *n* ezers

lamb [læm] *n* jērs

lame [leim] *a* 1. klibs; 2. neveikls; nepārliecinošs; l. excuse — neveikla aizbildināšanās

lamp [læmp] *n* lampa

lamp-post ['læmppəust] *n* apgaismes stabs

lamprey ['læmpri] *n* nēģis

lampshade ['læmpʃeid] *n* abažūrs

land [lænd] I *n* 1. zeme, sauszeme; to travel by l. — ceļot pa sauszemi; to make l. *jūrn* — sasniegt krastu; 2. zeme, valsts; II *v* 1. *(par kuģi, laivu)* piestāt krastā; 2. *(par lidmašīnu)* nolaisties

landing ['lændiŋ] *n* 1. piestāšana (izcelšanās) krastā; 2. *av* nosēšanās; soft l. — *(kosmosa kuģa)* lēna nosēšanās; 3. *(kāpņu)* laukums

landlady ['læn,leidi] *n (mājas, viesnīcas)* saimniece

landlord [ˈlænlɔːd] *n*
1. muižnieks, lendlords
(*Anglijā*); 2. (*mājas, vies-
nicas*) saimnieks

landmark [ˈlændmɑːk] *n*
1. robežstabs; 2. *pārn* pa-
grieziena punkts

landowner [ˈlændˌəunə] *n*
zemes īpašnieks

landscape [ˈlændskeip] *n*
ainava; 1. gardening —
dai|dārzniecība

lane [lein] *n* 1. šaura ieliņa;
2. (*braukšanas*) josla

language [ˈlæŋgwidʒ] *n* va-
loda

lantern [ˈlæntən] *n* laterna

lapᵃ [læp] *n* klēpis

lapᵇ [læp] *n* aplis (*sacīk-
stēs*)

lard [lɑːd] I *n* cūku tauki;
II *v* speķot

large [lɑːdʒ] I *n:* at l. —
1) brīvībā; 2) sīki, deta-
lizēti; II *a* liels; plašs; on
a l. scale — plašā mē-
rogā; l. majority — [lie-
lais] vairums

largely [ˈlɑːdʒli] *adv* lielā
mērā

lark [lɑːk] *n* cīrulis

lastᵃ [lɑːst] I *a* (*sup no*
late I) 1. pēdējais; l. but
one — priekšpēdējais;
2. pagājušais; l. year —
pagājušais gads; pagāju-
šajā gadā; II *adv* (*sup no*
late II) pēdējoreiz; when
did you see them l.? —
kad jūs viņus pēdējoreiz
redzējāt?; ◇ at l. — bei-
dzot; to the l. — līdz ga-
lam

lastᵇ [lɑːst] *v* 1. ilgt; turpi-
nāties; 2. saglabāties; (*par
apģērbu*) valkāties; 3. pie-
tikt

lasting [ˈlɑːstiŋ] *a* ilgstošs;
l. peace — ilgstošs miers

latch [lætʃ] *n* bulta, aizšau-
jamais

latchkey [ˈlætʃkiː] *n* patent-
atslēga

late [leit] I *a* (*comp* later
[ˈleitə] *vai* latter [ˈlætə];
sup latest [ˈleitist] *vai* last
[lɑːst]) 1. vēls; novēlojies;
to be l. — nokavēties;
2. nesenais; pēdējais; of l.
years — pēdējos gados;
3. nelaiķa-; my l. friend —
mans nelaiķa draugs; II
adv (*comp* later [ˈleitə];
sup latest [ˈleitist] *vai* last
[lɑːst]) 1. vēlu; 2. (*arī* of
l.) pēdējā laikā; nesen

lately [ˈleitli] *adv* pēdējā
laikā; nesen

later [ˈleitə] I *a* (*comp no*
late I) vēlāks; II *adv*
(*comp no* late II) vēlāk;
l. on — vēlāk

latest [ˈleitist] I *a* (*sup no*
late I) 1. visvēlākais;
2. pēdējais; the l. fash-
ion — pēdējā mode; the l.
news — pēdējās ziņas;
II *adv* (*sup no* late II)
visvēlāk

lathe [leið] *n* virpa

lather [ˈlɑːðə] I *n* ziepju pu-
tas; II *v* ieziepēt

Latin [ˈlætin] *n* latīņu va-
loda

latitude [ˈlætitjuːd] *n* *ģeogr*
platums

latter ['lætə] *n (comp no*
late I) 1. nesenais; 2. pē-
dējais *(no minētajiem)*
lattice ['lætis] *n* režģis; l.
frame — režģu konstruk-
cija
Latvian ['lætviən] I *n* 1. lat-
vietis; latviete; 2. latviešu
valoda; II *a* latviešu-
laugh [laːf] I *n* smiekli; to
give a l. — iesmieties; II
v smieties
laughter ['laːftə] *n* smiekli;
to burst into l. — sākt
skaļi smieties
launch [lɔːntʃ] *v* 1. nolaist
ūdenī *(piem., kuģi);* 2. uz-
sākt; laist darbā; 3. pa-
laist *(raķeti)*
launching-pad ['lɔːntʃiŋ-
'pæd] *n (raķešu)* starta
laukums
launder ['lɔːndə] *v* mazgāt
un gludināt *(veļu)*
launderette ['lɔːndə'ret] *n*
pašapkalpes veļas mazgā-
tava
laundry ['lɔːndri] *n* 1. veļas
mazgātava; 2. *(mazgāja-
mā vai izmazgātā)* veļa
laureat ['lɔːriit] *n* laureāts
laurel ['lɔrəl] *n* 1. lauru
koks; 2. *(parasti pl)* lauri
lav [læv] *sar sais. no*
lavatory
lavatory ['lævətəri] *n* tuale-
tes telpa
law [lɔː] *n* 1. likums; to
break the l. — pārkāpt li-
kumu; 2. tieslietas; juris-
prudence
law-breaker ['lɔː,breikə] *n*
likumpārkāpējs; noziedz-
nieks

lawful ['lɔːful] *a* likumīgs
lawn[a] [lɔːn] *n* batists
lawn[b] [lɔːn] *n* maurs; zā-
liens
lawn-mower ['lɔːn,məuə] *n*
zālespļāvējs *(mašina)*
lawsuit ['lɔːsjuːt] *n (tiesas)*
prāva
lawyer ['lɔːjə] *n* jurists; ad-
vokāts
laxative ['læksətiv] *n* caur-
ejas līdzeklis
lay[a] *p no* lie[b]
lay[b] [lei] *v (p un p. p.* laid
[leid]) 1. likt; nolikt;
2. noklāt; izklāt; to l. the
table — klāt galdu;
3. dēt; to l. aside — no-
likt malā; to l. on — ievilkt
(gāzi, elektrību, ūdeni); to
l. up — uzkrāt
layer ['leiə] *n* kārta; slānis
lay-out ['leiaut] *n* izkārto-
jums; plānojums
laziness ['leizinis] *n* slin-
kums
lazy ['leizi] *a* slinks
lead[a] [led] *n* svins
lead[b] [liːd] I *n* 1. vadība;
to take the l. — uzņem-
ties vadību; 2. pirmā vieta
(sacīkstēs); II *v (p un
p. p.* led [led]) 1. vest;
to l. by the hand — vest
pie rokas; 2. vadīt; to l. an
army — komandēt armiju;
to l. the choir — diriģēt
kori; 3. *(to)* novest; to l.
to extremity — novest līdz
galējībai; 4. *sp* būt līderim,
būt pirmajam
leader ['liːdə] *n* 1. vadonis,
vadītājs; līderis; 2. ievad-
raksts

leadership ['liːdəʃip] *n* vadība

leading ['liːdiŋ] *a* vadošais; galvenais; l. man — galvenās lomas tēlotājs

leaf [liːf] *n* (*pl* leaves [liːvz]) 1. lapa; to come into l. — salapot; 2. (*grāmatas*) lapa

league [liːg] *n* līga, savienība

leak [liːk] I *n* sūce; II *v* sūkties cauri

leana [liːn] *a* 1. kalsns; vājš; 2. liess

leanb [liːn] *v* (*p un p. p.* leaned [liːnd] *vai* leant [lent]) 1. noliekties; 2. atspiesties; atbalstīties

leant *p un p. p. no* lean b

leap [liːp] I *n* lēciens; ◊ by ~s and bounds — pa galvu pa kaklu; II *v* (*p un p. p.* leapt [lept] *vai* leaped [lept]) lēkt

leapt *p un p. p. no* leap II

leap-year ['liːpjəː] *n* garais gads

learn [ləːn] *v* (*p un p. p.* learned [ləːnt] *vai* learnt [ləːnt]) 1. [ie]mācīties; to l. by heart — mācīties no galvas; 2. uzzināt

learnt *p un p. p. no* learn

lease [liːs] I *n* 1. (*zemes vai īpašuma*) noma; [iz]nomāšana; to take on a l. — [iz]nomāt; 2. nomas līgums; II *v* [iz]nomāt

least [liːst] I *n* vismazākais daudzums; ◊ at l. — vismaz; not in the l. — ne mazākā mērā; II *a* (*sup no* little II) vismazākais;

III *adv* (*sup no* little III) vismazāk

leather ['leðə] *n* (*izstrādāta*) āda

leathern ['leðə(ː)n] *a* ādas-

leave [liːv] I *n* 1. atļauja; 2. (*arī* l. of absence) [īpašs] atvaļinājums; prombūtne; sick l. — slimības atvaļinājums; 3. aiziešana; aizbraukšana; II *v* (*p un p. p.* left [left]) 1. aiziet; aizbraukt; doties; to l. for London — doties uz Londonu; 2. atstāt; to l. out — izlaist; ◊ to l. smb. alone — likt kādu mierā

leaves *pl no* leaf

leave-taking ['liːv,teikiŋ] *n* atvadas

lecture ['lektʃə] I *n* lekcija; II *v* lasīt lekciju

lecturer ['lektʃərə] *n* 1. lektors; 2. (*universitātes, koledžas*) pasniedzējs

led *p un p. p. no* lead b

lefta *p un p. p. no* leave II

leftb [left] I *a* kreisais; II *adv* pa kreisi; l. turn! *mil* — uz kreiso!

left-hand ['lefthænd] *a* kreisais; l.-h. side — kreisā puse

left-luggage office ['left-,lʌgidʒ'ɔfis] *n* bagāžas glabātava

leg [leg] *n* kāja

legacy ['legəsi] *n* mantojums

legal ['liːgəl] *a* 1. juridisks; l. aid bureau — juridiskā konsultācija; 2. legāls, likumīgs

legation [li'geiʃən] *n* diplomātiskā misija

legend ['ledʒənd] *n* leģenda
legible ['ledʒəbl] *a* sala-
sāms; skaidrs
legislation [ˌledʒis'leiʃən] *n*
likumdošana
legislative ['ledʒislətiv] *a*
likumdošanas-
legitimate [li'dʒitimit] *a* li-
kumīgs
leisure ['leʒə] *n* vaļasbrīdis;
at l. — brīvajā laikā
lemon ['lemən] *n* citrons;
l. squash — citrondzē-
riens
lemonade [ˌlemə'neid] *n* li-
monāde
lemon-squeezer ['lemən-
ˌskwiːzə] *n* citronspiedne
lend [lend] *v* (*p un p. p.*
lent [lent]) aizdot
length [leŋθ] *n* 1. garums; to
fall all one's l. — nokrist
garšļaukus; 2. attālums;
3. atgriezums; gabals; ◇
at l. — 1) beidzot; 2) sīki,
detalizēti
lengthen ['leŋθən] *v* 1. pa-
garināt; 2. kļūt garākam
(*piem., par dienām*)
lens [lenz] *n* 1. lēca; optisks
stikls; 2. fotoobjektīvs;
telescopic l. — teleobjektīvs
lent *p un p. p. no* lend
leopard ['lepəd] *n* leopards
leotard ['liːətaːd] *n* triko,
viņgrošanas tērps
lesbian ['lezbiən] *n* lezbiete
less [les] I *a* (*comp no*
little II) mazāks; II *adv*
(*comp no* little III) mazāk
lessen ['lesn] *v* 1. mazināt;
2. mazināties
lesson ['lesn] *n* (*mācību*)
stunda

let [let] *v* (*p un p. p.* let
[let]) 1. ļaut; will you l.
me go? — vai atļausit iet?;
l. me see — 1) es paskatī-
šos; 2) es padomāšu; 2. pa-
laist; to l. loose — palaist
vaļā; 3. izīrēt; 4. (*lieto pa-
vēles izteiksmes veidošanai
1. un 3. pers.*): l. us goǃ —
iesimǃ; l. him try — lai
viņš pamēģina; to l.
down — 1) nolaist zemē;
2) piekrāpt; to l. in — ie-
laist; to l. out — izlaist;
◇ l. alone — nemaz neru-
nājot par
letter ['letə] *n* 1. burts;
2. vēstule; l. of credit —
akreditīvs
letter-box ['letəbɔks] *n* past-
kastīte
Lettish ['letiʃ] I *n* latviešu
valoda; II *a* latviešu-
lettuce ['letis] *n* lapu sa-
lāti
level ['levl] *n* līmenis; on a
l. — vienā līmenī; ◇ on
the l. — godīgi
lexical ['leksikəl] *a* leksisks
liable ['laiəbl] *a* 1. (*for*) at-
bildīgs; 2. (*to*) disponēts;
ar noslieci (*uz*)
liar ['laiə] *n* melis
libel ['laibəl] I *n* apmelo-
jums; II *v* apmelot
liberal ['libərəl] I *n* liberā-
lis; II *a* 1. liberāls; 2. de-
vīgs; augstsirdīgs
liberate ['libəreit] *v* atbrī-
vot
liberty ['libəti] *n* brīvība; to
set at l. — atbrīvot
librarian [lai'breəriən] *n*
bibliotekārs

library ['laibrəri] *n* biblio-
tēka
lice *pl no* **louse**
licence ['laisəns] *n* atļauja;
licence; patents; driving
l. — autovadītāja tiesības
lick [lik] *v* laizīt
lid [lid] *n* 1. vāks; 2. plaksts
lieᵃ [lai] I *n* meli; II *v* me-
lot
lieᵇ [lai] *v* (*p* lay [lei]; *p. p.*
lain [lein]) 1. gulēt; 2. at-
rasties; to l. **down** — at-
gulties
lieutenant [lef'tenənt] *n* leit-
nants
life [laif] *n* (*pl* lives [laivz])
1. dzīve; 2. dzīvība; ◇
how's l.? — kā klājas?;
upon my l.! — goda vārds!
lifebelt ['laifbelt] *n* glābša-
nas josta
lifeboat ['laifbəut] *n* glābša-
nas laiva
life-insurance ['laifin-
ˌʃuərəns] *n* dzīvības ap-
drošināšana
life-saving ['laif͵seiviŋ] *a*
glābšanas-; l.-s. station —
glābšanas stacija
lift [lift] I *n* 1. [pa]celšana;
2. celtnis, lifts; II *v*
1. [pa]celt; 2. rakt (*kar-
tupeļus*); 3. *sar* zagt (*vei-
kalā*)
lightᵃ [lait] I *n* 1. gaisma;
2. gaismas avots; uguns;
traffic ~s — luksofors;
to switch the l. on — ie-
degt gaismu; will you give
me a. l.? — vai atļausit
piesmēķēt?; II *a* gaišs; III
v (*p un p. p.* lit [lit] *val*
lighted ['laitid]) 1. iedegt,

aizdegt; 2. iedegties, aiz-
degties; 3. apgaismot
lightᵇ [lait] *a* 1. viegls;
2. vieglprātīgs; nenopietns;
l. reading — viegla lasām-
viela; ◇ l. sleep — caurs
miegs
lighter ['laitə] *n* šķiltavas
light-heavyweight ['lait'hevi-
weit] *n sp* pussmagais
svars
lighthouse ['laithaus] *n* bāka
lightning ['laitniŋ] *n* zibens
lightweight ['laitweit] *n sp*
vieglais svars
likeᵃ [laik] I *a* līdzīgs; in
[a] l. manner — līdzīgā
veidā; II *adv* līdzīgi
likeᵇ [laik] *v* patikt; as you
l. — kā jums tīk; I should
l. — es gribētu
likely ['laikli] I *a* piemērots;
II *adv:* most (very) l. —
droši vien
likeness ['laiknis] *n* līdzība
lilac ['lailək] *n* ceriņi
lily ['lili] *n* lilija; l. of the
valley — maijpuķīte
limb [lim] *n* loceklis (*ekstre-
mitāte*)
limbering-up ['limbəriŋ'ʌp] *n
sp* iesildīšanās
limeᵃ [laim] *n* kaļķi
limeᵇ [laim] *n* liepa
limestone ['laimstəun] *n*
kaļķakmens
limit ['limit] I *n* robeža; to
set the l. — noteikt ro-
bežu; II *v* ierobežot
limitation [͵limi'teiʃən] *n*
ierobežojums
limp [limp] *v* klibot

lineᵃ [lain] **I** *n* **1.** līnija;
svītra; **2.** aukla; virve;
3. robežlīnija; robeža;
4. grumba; **5.** rinda;
6. *(dzelzceļa, telefona)* lī-
nija; hoid the l.i — neno-
lieciet klausuli!; **II** *v* vilkt
līniju; to l. up — 1) no-
stādīt ierindā; 2) nostāties
rindā

lineᵇ [lain] *v* **1.** izoderēt;
2. izklāt

linen ['linin] *n* **1.** audekls;
2. veļa

liner ['lainə] *n* laineris

linesman ['lainzmən] *n sp*
līnijtiesnesis

line-up ['lainʌp] *n* **1.** *(val-
stu spēku)* izvietojums;
2. *sp* komandas sastāvs;
3. *(radio, televīzijas)* pro-
grammas izkārtojums

linger ['liŋgə] *v* vilcināties,
kavēties

lining ['lainiŋ] *n* padrēbe,
odere

link [liŋk] **I** *n* **1.** *(ķēdes)*
posms; **2.** aproču poga;
3. saite; saikne; ~s o
brotherhood — brālības
saites; **II** *v* savienot; sais-
tīt

lion ['laiən] *n* lauva

lip [lip] *n* lūpa

lipstick ['lipstik] *n* lūpu zī-
mulis

liqueur [li'kjuə] *n* liķieris

liquid ['likwid] **I** *n* šķid-
rums; **II** *a* šķidrs

liquor ['likə] *n* alkoholisks
dzēriens; hard ~s — stip-
rie dzērieni

list [list] *n* saraksts; to enter
on the l. — ierakstīt sarak-
stā

listen ['lisn] *v (to)* klausī-
ties; to l. in — klausīties
radiopārraidi

lit *p un p. p. no* **light**ᵃ **III**

literal ['litərəl] *a* **1.** burtu-;
l. error — iespiedkļūda;
2. burtisks

literary ['litərəri] *a* literārs

literate ['litərit] *n* rakstpra-
tējs

literature ['litəritʃə] *n* litera-
tūra

Lithuanian [ˌliθju(ı)'einjən]
I *n* **1.** lietuvietis; lietuviete;
2. lietuviešu valoda; **II** *a*
lietuviešu-

litre ['liːtə] *n* litrs

litterᵃ ['litə] *n* nestuves

litterᵇ ['litə] *n* **1.** atkritumi;
drazas; **2.** pakaiši; **3.** *(si-
vēnu, kucēnu)* metiens

litter-bin ['litəbin] *n* atkri-
tumu tvertne

little ['litl] **I** *n* neliels dau-
dzums; a l. — mazliet; l.
by l. — maz pamazām; **II**
a (comp less [les]; *sup*
least [liːst]) mazs; l.
ones — bērni; mazuļi; **III**
adv (comp less [les]; *sup*
least [liːst]) maz

live [liv] *v* dzīvot; where
do you l.? — kur jūs dzī-
vojat?

livelihood ['laivlihud] *n* iz-
tika

lively ['laivli] *a* **1.** dzīvs;
mundrs; **2.** *(par krāsām)*
spilgts; košs

liver ['livə] *n* aknas

lives *pl no* **life**

livestock ['laivstɔk] *n* mājlopi; dzīvais inventārs

living ['liviŋ] **I** *n* **1.** iztika; to make one's l. — nopelnīt sev iztiku; **2.** dzīve, dzīvesveids; l. standard — dzīves līmenis; **II** *a* dzīvs, dzīvojošs; l. being — dzīva būtne

living-room ['liviŋrum] *n* dzīvojamā istaba

living-space ['liviŋspeis] *n* dzīves telpa

lizard ['lizəd] *n* ķirzaka

load [ləud] **I** *n* **1.** krava; **2.** nasta; smagums; l. of care — rūpju nasta; **3.** *(darba)* slodze; **II** *v* **1.** kraut, piekraut; **2.** pielādēt *(ieroci, kinokameru)*

loafa [ləuf] *n* *(pl* loaves [ləuvz]*)* klaips, kukulis

loafb [ləuf] *v* slaistīties

loan [ləun] *n* **1.** aizdevums; **2.** aizņēmums; government ~s — valsts aizņēmums

loanword ['ləunwəːd] *n val* aizguvums

loaves *pl no* **loaf**a

lobby ['lɔbi] *n* **1.** priekštelpa; foajē; **2.** *pol* kuluāri

lobster ['lɔbstə] *n* omārs, jūras vēzis

local ['ləukəl] *a* vietējais; l. committee — vietējā komiteja; l. time — vietējais laiks; l. train — piepilsētas vilciens

locality [ləu'kæliti] *n* apvidus; vieta; inhabited l. — apdzīvota vieta

locate ['ləukeit] *v* **1.** noteikt atrašanās vietu; **2.** novie-

tot; **3.:** to be ~d — atrasties

lock [lɔk] **I** *n* **1.** atslēga; **2.** *(šautenes)* aizslēgs; **3.** slūžas; **II** *v* aizslēgt

locker ['lɔkə] *n* aizslēdzams skapītis *(ģērbtuvē);* l. room — *(sportistu, strādnieku)* ģērbtuve

locksmith ['lɔksmiθ] *n* atslēdznieks

locust ['ləukəst] *n* sisenis

lodger ['lɔdʒə] *n* īrnieks

lodging ['lɔdʒiŋ] *n* **1.** mājoklis; **2.:** ~s *pl* — mēbelētas istabas

loft [lɔft] *n* **1.** bēniņi; **2.** kūtsaugša

lofty ['lɔfti] *a* **1.** augsts; **2.** cēls, cildens

log [lɔg] *n* bluķis, klucis

logic ['lɔdʒik] *n* loģika

lonely ['ləunli] *a* vientuļš

longa [lɔŋ] **I** *a* **1.** garš; l. jump *sp* — tāllēkšana; **2.** ilgs; of l. standing — ilggadējs; ◇ in the l. run — galu galā; **II** *adv* ilgi; l. before — sen pirms; l. ago — sen atpakaļ; ◇ so l.! — uz redzēšanos!; l. live! — lai dzīvo!

longb [lɔŋ] *v (for)* ilgoties

long-distance ['lɔŋ'distəns] *a* tāls; attāls; l.-d. call — starppilsētu telefona saruna; l.-d. runner *sp* — gargabalnieks

longing ['lɔŋiŋ] *n* ilgas, ilgošanās

longitude ['lɔndʒitjuːd] *n geogr* garums

long-liver ['lɔŋ,livə] *n* ilgdzīvotājs

long-play[er] ['lɔŋ'plei(ə)] *n* ilgspēlējoša skaņuplate

long-sighted ['lɔŋ'saitid] *a* tālredzīgs

long-term ['lɔŋtəːm] *a* ilgtermiņa-

look [luk] I *n* 1. skatiens; to have a l. *(at)* — paskatīties; 2.: ~s *pl* — izskats; āriene; II *v* 1. *(at)* skatīties, lūkoties; 2. izskatīties; it ~s like rain-[ing] — šķiet, ka līs; to l. after — pieskatīt; to l. for — meklēt; to l. into — ieskatīties; to l. through — izskatīt; ◇ l. here! — paklaul

looking-glass ['lukiŋglaːs] *n* spogulis

look-out ['luk'aut] *n* 1. modrība; piesardzība; to be on the l.-o. — būt piesardzīgam; 2. novērošanas punkts; 3. izredzes; ◇ that's my l.-o. — tā ir mana darīšana

loom [luːm] *n* stelles

loop [luːp] *n* cilpa

loose [luːs] *a* 1. brīvs; to break l. — izlauzties; to come l. — atraisīties; 2. vaļīgs; nesavilkts

loosen ['luːsn] *v* 1. atslābināt; 2. atraisīt

lord [lɔːd] *n* 1. kungs; valdnieks; 2. lords, pērs; 3.: L. — dievs

lorry ['lɔri] *n* kravas automašīna

lose [luːz] *v* (*p un p. p.* lost [lɔst]) 1. [pa]zaudēt; to l. one's temper — zau-

dēt savaldīšanos; 2. paspēlēt

loss [lɔs] *n* zaudējums; ◇ to be at a l. — nezināt, ko iesākt

lost *p un p. p. no* lose

lot [lɔt] *n* 1. loze; to cast (draw) ~s — lozēt; 2. liktenis; ◇ a l. of, ~s of — ļoti daudz

lotion ['ləuʃən] *n* losjons

loud [laud] I *a* skaļš; II *adv* skaļi

loud-speaker ['laud'spiːkə] *n* skaļrunis

louse [laus] *n* (*pl* lice [lais]) uts

love [lʌv] I *n* 1. mīlestība; to be in l. *(with)* — būt iemīlējies; to fall in l. *(with)* — iemīlēties; 2. mīļotais; mīļotā; ◇ to give (send) one's l. — sūtīt sveicienus; II *v* mīlēt

lovely ['lʌvli] *a* jauks

lover ['lʌvə] *n* 1. mīļākais; 2. *(mākslas, mūzikas)* cienītājs

low [ləu] I *a* 1. zems; 2. *(par balsi)* kluss; 3. nomākts; l. spirits — nomākts garastāvoklis; II *adv* zemu

lower ['ləuə] I *a* (*comp no* low) 1. zemāks; 2. apakšējais; II *v* 1. nolaist; 2. pazemināt *(piem., cenas)*; 3. krieties *(piem., par cenām)*

loyal ['lɔiəl] *a* lojāls, uzticams

loyalty ['lɔiəlti] *n* lojalitāte, uzticība

luck [lʌk] *n* laime, laimes gadījums; ill l. — neveiksme; good l.! — labu veiksmi!

luckily ['lʌkili] *adv* par laimi

lucky ['lʌki] *a* laimīgs, veiksmīgs

luggage ['lʌgidʒ] *n* bagāža

luggage-rack ['lʌgidʒræk] *n* bagāžas plaukts *(vagonā)*

luggage-van ['lʌgidʒvæn] *n* bagāžas vagons

lullaby ['lʌləbai] *n* šūpuļdziesma

lumber ['lʌmbə] *n* 1. kokmateriāli; 2. grabažas

lump [lʌmp] *n* gabals; blāķis; ◇ in l. — kopumā

lunatic ['luːnətik] **I** *n* vājprātīgais; l. asylum — psihiatriskā slimnīca; **II** *a* vājprātīgs

lunch [lʌntʃ] **I** *n* pusdienas *(dienas vidū);* lenčs; **II** *v* ēst pusdienas *(dienas vidū)*

lunch-time ['lʌntʃ,taim] *n* pusdienas pārtraukums

lung [lʌŋ] *n* plauša

lustre ['lʌstə] *n* spožums; mirdzums

luxurious [lʌg'zjuəriəs] *a* grezns

luxury ['lʌkʃəri] *n* greznība, greznums

lying-in ['laiiŋ'in] *n* dzemdības; l.-i. hospital — dzemdību nams

lynch [lintʃ] *v* linčot

lynx [liŋks] *n* lūsis

lyric ['lirik] **I** *n* lirisks dzejolis; **II** *a* lirisks

lyrics ['liriks] *n pl* lirika

Mm

machine [mə'ʃiːn] *n* mašīna

machine-gun [mə'ʃiːngʌn] *n* ložmetējs

machine-made [mə'ʃiːnmeid] *a* rūpnieciski ražots

machinery [mə'ʃiːnəri] *n* 1. mašīnas; 2. *(mašīnas)* mehānisms

machine-shop [mə'ʃiːnʃɔp] *n* mehāniskā darbnīca; mehāniskais cehs

machine-tool [mə'ʃiːntuːl] *n* darbmašīna; darbgalds

machinist [mə'ʃiːnist] *n* 1. mehāniķis; atslēdznieks; 2. mašīnists; 3. motoršuvēja

mad [mæd] *a* ārprātīgs, traks; to go m. — sajukt prātā

madam ['mædəm] *n* kundze *(uzrunā)*

made *p un p. p. no* **make**

mag [mæg] *sar saīs. no* **magazine**

magazine [,mægə'ziːn] *n* žurnāls

magic ['mædʒik] *n* maģija, burvība

magician [mə'dʒiʃən] *n* 1. burvis; 2. burvju mākslinieks

magnetic [mæg'netik] *a* magnētisks

magnificent [mæg'nifisnt]
a lielisks; krāšņs
magnify ['mægnifai] *v* pa-
lielināt; ~ing glass —
palielināmais stikls
magpie ['mægpai] *n* žagata
mahogany [mə'hɔgəni] *n*
sarkankoks
maid [meid] *n* istabene, kal-
pone; old m. — vecmeita
maiden ['meidn] I *n* jau-
nava; II *a* 1. neprecēju-
sies; 2. jaunavas-; m.
name — pirmslaulību uz-
vārds; 3. pirmais; m.
voyage — (*kuģa*) pirmais
brauciens
mail [meil] I *n* pasts; II *v*
sūtīt pa pastu
mailbox ['meilbɔks] *n amer*
pastkastīte
main [mein] I *n* 1. (*ūdens,
gāzes*) vads; 2.: ~s *pl* —
elektrotīkls; II *a* galve-
nais; in the m. — galve-
najos vilcienos
mainland ['meinlənd] *n* ciet-
zeme, kontinents
mainly ['meinli] *adv* galve-
nokārt
maintain [mein'tein] *v* 1. pa-
turēt; saglabāt; 2. uzturēt;
to m. one's family — uz-
turēt ģimeni; 3. apgalvot
maize [meiz] *n* kukurūza
majesty ['mædʒisti] *n* 1. ma-
jestātiskums; 2. majestāte
(*tituls*)
majora ['meidʒə] *n* majors
majorb ['meidʒə] I *a* 1. lie-
lākais; m. part — lielākā
daļa; 2. vecākais; 3. gal-
venais; m. league *sp* —

augstākā līga; 4. *mūz* ma-
žora-; II *v amer* speciali-
zēties (*mācību priekšmetā*)
majority [mə'dʒɔriti] *n*
1. pilngadība; 2. vairākums
make [meik] I *n* modelis;
marka; II *v* (*p un p. p.*
made [meid]) 1. taisīt; iz-
gatavot; ražot; to m. a
coat — uzšūt mēteli; 2. sa-
stādīt; sagatavot; to m. a
plan — izstrādāt plānu;
3. pelnīt; to m. one's liv-
ing — nopelnīt sev iztiku;
4. uzkopt; sakārtot; to m.
the bed — saklāt gultu; to
m. **for** — doties uz; to m.
off — aizmukt; to m.
out — izprast; to m. **up** —
1) sastādīt; izveidot; 2) uz-
krāsoties; ◇ to m.
friends — sadraudzēties;
to m. sure — pārliecinā-
ties; to m. smb.'s acquaint-
ance — iepazīties ar kādu;
to m. up one's mind — no-
lemt
make-up ['meikʌp] *n* grims;
kosmētika
male [meil] I *n* 1. vīrietis;
2. tēviņš; II *a* vīriešu-
malice ['mælis] *n* ļaunprā-
tība; ļaunums; to bear m.
(*to*) — turēt ļaunu prātu
malicious [mə'liʃəs] *a* ļaun-
prātīgs; ļauns
malignant [mə'lignənt] *a*
1. ļauns; 2. *med* ļaunda-
bīgs
mammal ['mæməl] *n zool*
zīdītājs
man [mæn] *n* (*pl* men
[men]) 1. cilvēks; old
m. — vecis; 2. vīrietis;

3. *(precēts)* vīrs; **m.** and
wife — vīrs un sieva; ◇
m. in the street — parasts
cilvēks; to a m. — visi kā
viens

manage ['mænidʒ] *v* 1. va-
dīt; pārzināt; 2. tikt galā

management ['mænidʒmənt]
n 1. vadīšana; pārzināša-
na; 2. vadība; direkcija,
administrācija

manager ['mænidʒə] *n* 1. va-
dītājs; direktors; 2. saim-
nieks; saimniekotājs

mane [mein] *n* krēpes

manifest ['mænifest] I *a*
acīmredzams; II *v* 1. iz-
rādīt; paust; 2. izpausties

manifesto [,mæni'festəu] *n*
manifests

mankind [mæn'kaind] *n* cil-
vēce

man-made ['mæn'meid] *a*
mākslīgs; m.-m. satellite —
mākslīgais Zemes pavado-
nis

manned [mænd] *a* pilotē-
jams; m. spaceflight —
kosmiskais lidojums ar
cilvēku uz kuģa

manner ['mænə] *n* 1. veids;
m. of life — dzīvesveids;
2.: ~s *pl* — manieres; iz-
turēšanās; to have no
~s — neprast uzves-
ties; 3.: ~s *pl* — parašas;
ieradumi; ◇ in a m. —
savā ziņā

manpower ['mænpauə] *n*
darbaspēks

manual ['mænjuəl] I *n* ro-
kasgrāmata; II *a* rokas-;
roku-; m. labour — fizisks
darbs

manufacture [,mænju'fæktʃə]
I *n* 1. ražošana; izgatavo-
šana; of home m. — vie-
tēja ražojuma-; 2. ražo-
jums; II *v* ražot; izgata-
vot; ~d goods — rūpnie-
cības preces

manufacturer [,mænju-
'fæktʃərə] *n* uzņēmējs; ra-
žotājs

manure [mə'njuə] *n* mēsli;
mēslojums

many ['meni] *a* (*comp* more
[mɔ:]; *sup* most [məust])
daudz; how m.? — cik
daudz?; m. times — daudz-
reiz

map [mæp] I *n* karte; road
m. — ceļu karte; II *v* at-
zīmēt kartē; to m. out —
izplānot

maple ['meipl] *n* kļava

Marathon ['mærəθən] *n* (*arī*
M. race) maratonskrējiens

marble ['mɑ:bl] *n* marmors

March [mɑ:tʃ] *n* marts

march [mɑ:tʃ] I *n* maršs;
II *v* maršēt; soļot

mare [mɛə] *n* ķēve

margin ['mɑ:dʒin] *n* 1. (*lap-
puses*) mala; 2. mala; ro-
beža; 3. (*laika, naudas*) re-
zerve; ◇ by a narrow
m. — tikko, ar mokām

marigold ['mærigəuld] *n*
kliņģerīte

marihuana, marijuana [,mɑː-
ri'hwɑːnə] *n* marihuāna

marine [mə'riːn] I *n* jūras
flote; merchant m. — tirdz-
niecības flote; II *a* jūras-

mariner ['mærinə] *n* jūr-
nieks; matrozis

mark [maːk] I *n* 1. zīme; birth m. — dzimumzīme; punctuation ~s *gram* — pieturzīmes; 2. mērķis; to hit the m. — trāpīt mērķī; 3. standarts; līmenis; up to the m. — atbilstošs prasībām; 4. starta līnija; starts; to get off the m. — startēt; 5. atzīme *(skolā)*; II *v* 1. markēt *(preces);* 2. atzīmēt; 3. iegaumēt; m. my words! — piemini manus vārdus!; ◊ to m. time — mīņāties uz vietas

market ['maːkit] *n* tirgus

marmalade ['maːməleid] *n* marmelāde

marriage ['mæridʒ] *n* laulības; precības

married ['mærid] *a* precējies; to get m. — apprecēties

marry ['mæri] *v* 1. precēties; 2. izprecināt

marsh [maːʃ] *n* purvs

marshal ['maːʃəl] *n* maršals

marten ['maːtin] *n* cauna

martial ['maːʃəl] *a* kara-; m. law — karastāvoklis

martyr ['maːtə] *n* moceklis; mocekle

marvellous ['maːvələs] *a* brīnišķīgs, brīnumains

Marxism ['maːksizəm] *n* marksisms

Marxist ['maːksist] I *n* marksists; II *a* marksistisks

mascara [mæs'kaːrə] *n* skropstu tuša

mascot ['mæskət] *n* talismans

masculine ['maːskjulin] *a* 1. vīriešu-; 2. vīrišķīgs

mask [maːsk] *n* maska

mason ['meisn] *n* mūrnieks

masquerade [ˌmæskə'reid] *n* maskarāde

mass [mæs] *n* 1. masa; 2.: the ~es *pl* — [ļaužu] masas; m. meeting — masu mītiņš; m. production — masveida ražošana

massacre ['mæsəkə] *n* masveida slepkavošana

massive ['mæsiv] *a* masīvs

mass-produce ['mæsprəˌdjuːs] *v* ražot masveidā

mast [maːst] *n* masts

master ['maːstə] I *n* 1. saimnieks; kungs; 2. meistars; m. of sports — sporta meistars; 3. skolotājs; 4. liels mākslinieks; meistars; old ~s — vecmeistari; 5. *(zinātņu)* maģistrs; II *v* apgūt

masterpiece ['maːstəpiːs] *n* meistardarbs, šedevrs

mastery ['maːstəri] *n* 1. meistarība; 2. pārspēks

matchᵃ [mætʃ] *n* sērkociņš

matchᵇ [mætʃ] I *n* 1. sacīkstes; mačs; football m. — futbola mačs; 2. precības; 3. partija; good m. — izdevīga partija; II *v* 1. mēroties spēkiem; 2. līdzināties *(spēka, veiklības ziņā)*; 3. saskaņēt; harmonēt; 4. pieskaņot; 5. saprecināt

matchbox ['mætʃbɔks] *n* sērkociņu kastīte

mateᵃ [meit] I *n (darba)* biedrs; II *v* pāroties

mateᵇ [meit] I *n* mats *(šahā);* II *v* pieteikt matu *(šahā)*

material [mə'tiəriəl] I *n* materiāls; viela; raw ~s — izejvielas; dress ~s — audumi; writing ~s — rakstāmpiederumi; II *a* materiāls; m. well-being — materiālā labklājība

materialistic [mə,tiəriə'listik] *a* materiālistisks

maternal [mə'təːnl] *a* mātes-; m. love — mātes mīla

maternity [mə'təːniti] *n* mātes stāvoklis; m. ward (hospital) — dzemdību nams; m. leave — dzemdību atvaļinājums

mathematics [,mæθi'mætiks] *n* matemātika

maths [mæθs] *sar saīs. no* mathematics

matter ['mætə] I *n* 1. matērija; viela; 2. saturs; būtība; form and m. — forma un saturs; 3. lieta, jautājums; m. of taste — gaumes jautājums; no laughing m. — nopietns jautājums; money ~s — naudas lietas; what's the m.? — kas noticis?; what's the m. with you? — kas jums kaiš?; ◇ as a m. of fact — patiesībā; II *v* nozīmēt; what does it m.? — kāda tam nozīme?; it doesn't m.! — nekas!

matter-of-course ['mætərəv-'kɔːs] *a* pats par sevi saprotams

matter-of-fact ['mætərəv-'fækt] *a* lietišķs

mattress ['mætris] *n* matracis; spring m. — atsperu matracis

mature [mə'tjuə] I *a* nobriedis; nogatavojies; II *v* nobriest; nogatavoties

May [mei] *n* maijs; M. Day — Pirmā Maija svētki

may [mei] *mod. v (p* might [mait]) 1. būt iespējamam; it m. be so — iespējams, ka tas tā ir; 2. drīkstēt; m. I come in? — vai drīkstu ienākt?

maybe ['meibiː] *adv* varbūt

mayor [mɛə] *n* mērs

me [miː, mi] *pron (papildinātāja locījums no* I) man; mani; it's me — tas esmu es

meadow ['medəu] *n* pļava

meal [miːl] *n* maltīte

meanᵃ [miːn] *a* 1. noplucis; nolaists; 2. nekrietns; zemisks

meanᵇ [miːn] I *n* vidus; II *a* vidējs; m. time — vidējais laiks

meanᶜ [miːn] *v (p un p. p.* meant [ment]) 1. nozīmēt; what does it m.? — ko tas nozīmē?; 2. būt nodomājušam; I didn't m. to offend you — es negribēju jūs aizvainot

meaning ['miːniŋ] *n* nozīme

meansᵃ [miːnz] *n* līdzeklis; m. of communication — sazināšanās līdzekļi; ◇ by all m. — katrā ziņā; by no m. — nekādā ziņā

means[b] [mi:nz] *n pl* naudas
līdzek|i; to live beyond
one's m. — dzīvot pāri sa-
viem līdzek|iem

meant *p un p. p. no* mean[c]

meantime ['mi:n'taim] *adv*
pa to laiku

measles [mi:zlz] *n* masalas

measure ['meʒə] **I** *n* 1. mērs;
līnear ~s — garuma mēri;
to take smb.'s m. — no-
ņemt kādam mēru; made
to m. — šūts pēc mēra;
in some m. — zināmā mē-
rā; beyond m. — pārmē-
rīgi; 2. pasākums; to take
~s — veikt pasākumus;
II *v* 1. [iz]mērīt; 2.: the
room ~s ten metres
long — istaba ir desmit
metrus gara

meat [mi:t] *n* ga|a

meatball ['mi:tbɔːl] *n* frika-
dele

meat-chopper ['mi:t,tʃɔpə] *n*
ga|asmašīna

meccano [mi'ka:nəu] *n* kon-
struktors *(rota|lieta)*

mechanic [mi'kænik] *n* me-
hāniķis

mechanical [mi'kænikəl] *a*
1. mehānisks; mašīnu-; m.
engineer — inženiermehā-
niķis; m. engineering —
mašīnbūve; 2. *pārn* mehā-
nisks; automātisks

mechanics [mi'kæniks] *n*
mehānika

mechanize ['mekənaiz] *v*
mehanizēt

meddle ['medl] *v (in, with)*
iejaukties *(cita darišanās)*

media *pl no* **medium**

medical ['medikəl] *a* medicī-
nisks, ārstniecisks; m.
aid — medicīniskā palī-
dzība; m. service — medi-
cīniskā apkalpošana; m.
treatment — ārstēšana, te-
rapija

medicine ['medsin] *n* 1. me-
dicīna; 2. zāles; to take
m. — ieņemt zāles

medicine-chest ['medsintʃest]
n [mājas] aptieciņa

medium ['mi:djəm] **I** *n (pl*
media ['mi:djə] *vai* me-
diums ['mi:djəmz]) 1. lī-
dzeklis; mass media —
masu informācijas līdzek|i;
2. vidus; happy m. —
zelta viducse|š; 3. vide;
II *a* vidējs; m. waves —
(radio) vidējie vi|ņi

meet [mi:t] *v (p un p. p.*
met [met]) 1. satikt, sa-
stapt; 2. satikties, sastap-
ties; 3. iepazīties; m. my
friend! — iepazīstieties ar
manu draugu!; pleased to
m. you! — priecājos ar
jums iepazīties; ◇ to m.
the demands — atbilst
prasībām

meeting ['mi:tiŋ] *n* 1. satik-
šanās, sastapšanās; 2. mī-
tiņš; sapulce

mellow ['meləu] *a* 1. *(par
augli)* sulīgs; ienācies;
2. sulīgs *(par krāsu)*;
3. lekns *(par augsni)*

melody ['melədi] *n* melodija

melon ['melən] *n* melone

melt [melt] *v* 1. kust; 2. kau-
sēt; ~ed cheese — kausē-
tais siers

member ['membə] *n* loceklis; biedrs; M. of Parliament — parlamenta loceklis; party m. — partijas biedrs

membership ['membəʃip] *n* 1. piederība *(kādai organizācijai)*; m. card — biedra karte; m. fee — biedru nauda; 2. biedru skaits

memorable ['memərəbl] *a* neaizmirstams

memorial ['mi'mɔːriəl] I *n* memoriāls, piemineklis; II *a* memoriāls, piemiņas-; m. plaque — memoriāla plāksne

memory ['meməri] *n* 1. atmiņa; to keep in m. — paturēt atmiņā; to the best of my m. — cik es atceros; 2. piemiņa; in m. *(of)* — par piemiņu; 3. atmiņas

men *pl no* **man**

menace ['menəs] I *n* draudi; II *v* draudēt

mend [mend] *v* 1. [sa]labot; 2. [sa]lāpīt

menses ['mensiːz] *n* *pl* menstruācijas

mental ['mentl] *a* 1. gara-; prāta-; garīgs; m. deficiency — garīga atpalicība; 2. psihisks; m. disease — psihiska slimība; m. home (hospital) — psihiatriskā slimnīca

mention ['menʃən] I *n* pieminēšana; to make m. *(of)* — pieminēt; II *v* pieminēt; don't m. it! — 1) lūdzu! *(nav vērts pateikties);* 2) nekas! *(kā atbilde uz atvainošanos);* not

to m. — nemaz nerunājot par

menu ['menjuː] *n* ēdienkarte

merchant ['məːtʃənt] I *n* tirgotājs; II *a* tirdzniecības-; m. service — tirdzniecības flote; m. ship — tirdzniecības kuģis

merciful ['məːsifʊl] *a* žēlsirdīgs; žēlīgs

merciless ['məːsilis] *a* nežēlīgs; nesaudzīgs

mercury ['məːkjuri] *n* dzīvsudrabs

mercy ['məːsi] *n* žēlsirdība; žēlastība; to have m. *(on)* — apžēloties

mere [miə] *a* tīrs; pilnīgs; m. trifle — tīrais sīkums; m. chance — tīrā nejaušība

merely ['miəli] *adv* tikai, vienīgi

meridian [mə'ridiən] *n* meridiāns

merit ['merit] *n* nopelns

merry ['meri] *a* jautrs; priecīgs; to make m. — priecāties, līksmoties

merry-go-round ['merigəu,raund] *n* karuselis

mess [mes] *n* 1. nekārtība; juceklis; to make a m. *(of)* — saputrot; 2. nepatikšanas; ķeza; to get into a m. — iekļūt ķezā

message ['mesidʒ] *n* 1. ziņa; ziņojums; 2. uzdevums; misija; 3. *(valdības)* vēstījums

messenger ['mesindʒə] *n* ziņnesis; kurjers

met *p un p. p. no* **meet**

metal ['metl] *n* metāls

metallurgy [me'tælədʒi] *n*
metalurģija

metal-worker ['metl,wəːkə] *n*
metālrūpniecības strādnieks

metcast ['metkɑːst] *n* laika
prognoze

meter ['miːtə] *n* (*elektrī-
bas, gāzes, autostāvvietas*)
skaitītājs; exposure m. —
eksponometrs

method ['meθəd] *n* metode;
paņēmiens

methodical [mi'θɔdikəl] *a*
1. metodisks; 2. sistemā-
tisks

metre ['miːtə] *n* 1. metrs;
2. pantmērs

Mexican ['meksikən] I *n*
meksikānis; meksikāniete;
II *a* meksikāņu-

mice *pl no* mouse

microphone ['maikrəfəun] *n*
mikrofons

microscope ['maikrəskəup] *n*
mikroskops

midday ['middei] *n* pusdie-
na, dienas vidus

middle ['midl] I *n* vidus; in
the m. — vidū; II *a* vidus-;
vidējais; the M. Ages —
Viduslaiki; m. class — vi-
dusšķira; buržuāzija

middle-aged ['midl'eidʒd] *a*
pusmūža-

middle-weight ['midlweit] *n*
sp vidējais svars

midget ['midʒit] *n* 1. pun-
duris; liliputs; 2.: m. car —
mazlitrāžas automašīna

midnight ['midnait] *n* pus-
nakts

mighta *p no* may

mightb [mait] *n* spēks; with
all one's m. — cik spēka

mighty ['maiti] *a* spēcīgs;
varens

mike [maik] *sar saīs. no*
microphone

mild [maild] *a* 1. maigs;
liegs; rāms; m. weather —
rāms laiks; 2. viegls (*par
baribu, dzērienu*)

mile [mail] *n* jūdze

military ['militəri] *a* kara-;
militārs; m. service — ka-
radienests

milk [milk] I *n* piens; II *v*
1. slaukt; 2. dot pienu

milking-machine ['milkiŋmə-
'ʃiːn] *n* slaukšanas aparāts

milkmaid ['milkmeid] *n* slau-
cēja

milkman ['milkmən] *n* piena
pārdevējs

milkshake ['milkʃeik] *n* pie-
na kokteilis

milk-tooth ['milktuːθ] *n* pie-
na zobs

mill [mil] *n* 1. dzirnavas;
2. fabrika

miller ['milə] *n* dzirnavnieks

millet ['milit] *n* prosa

million ['miljən] *n* miljons

millionaire [,miljə'nɛə] *n* mil-
jonārs

millstone ['milstəun] *n*
dzirnakmens

mince [mins] I *n* kapāta
gaļa; II *v* kapāt (*gaļu*)

mind [maind] I *n* 1. atmiņa;
prāts; to cross (enter)
one's m. — ienākt prātā;
to bear (keep) in m. —
paturēt prātā; 2. domas;
uzskats; to my m. — ma-
nuprāt; to change one's
m. — pārdomāt; II *v* 1. pa-
turēt prātā; iegaumēt;

2. rūpēties; pieskatīt; **3.** iebilst; būt pretī; do you m. my smoking? — vai jums nav iebildumu, ja es smēķēju?; I don't m. — es neiebilstu; ◊ never m.! — nekas!

mineᵃ [main] *pron* mans; a friend of m. — mans draugs

mineᵇ [main] **I** *n* **1.** raktuve; šahta; **2.** mīna; **II** *v* **1.** iegūt *(ogles, rūdu u. tml.);* **2.** mīnēt

miner ['mainə] *n* kalnracis; oglracis

mineral ['minərəl] **I** *n* minerāls; **II** *a* minerāl-; m. water — minerālūdens

minibus ['minibʌs] *n* mikroautobuss

miniskirt ['miniskəːt] *n* minisvārki

minister ['ministə] *n* **1.** ministrs; **2.** vēstnieks

ministry ['ministri] *n* ministrija

mink [mink] *n* **1.** ūdele; **2.** ūdeļāda

minor ['mainə] **I** *n* nepilngadīgais; **II** *a* **1.** mazsvarīgāks; nenozīmīgāks; m. league *sp* — zemākā līga; m. repairs — sīks remonts; **2.** *mūz* minora-

minority [mai'nɔriti] *n* **1.** nepilngadība; **2.** mazākums

mintᵃ [mint] *n* piparmētra

mintᵇ [mint] *n* naudas kaltuve

minus ['mainəs] **I** *n* mīnuss, mīnusa zīme; **II** *prep* mīnus

minuteᵃ ['minit] *n* **1.** minūte; just a m.! — acumirkli!; **2.:** ~s *pl* — protokols; to keep the ~s — protokolēt

minuteᵇ [mai'njuːt] *a* **1.** ļoti sīks; **2.** detalizēts

minute-book ['minitbuk] *n* protokolu grāmata

minute-hand ['minithænd] *n* minūšu rādītājs

miracle ['mirəkl] *n* brīnums

mirror ['mirə] *n* spogulis

misadventure ['misəd'ventʃə] *n* nelaime; nelaimes gadījums

miscellaneous [,misi'leinjəs] *a* dažāds; jaukts

mischief ['mistʃif] *n* **1.** ļaunums; postījums; **2.** nerātnība, palaidnība

mischievous ['mistʃivəs] *a* **1.** ļauns; kaitīgs; **2.** nerātns, palaidnīgs

miser ['maizə] *n* sīkstulis

miserable ['mizərəbl] *a* nožēlojams; nelaimīgs

misery ['mizəri] *n* nelaime; posts

misfortune [mis'fɔːtʃən] *n* nelaime

mislead [mis'liːd] *v (p un p. p.* misled [mis'led]) maldināt

misled *p un p. p. no* **mislead**

misprint ['mis'print] *n* iespiedkļūda

missᵃ [mis] **I** *n* neveiksme; kļūme; **II** *v* **1.** netrāpīt; **2.** palaist garām; to m. an opportunity — palaist garām izdevību; to m. the train — nokavēt vilcienu; 3. skumt *(pēc kāda)*

missb [mis] *n* mis, jaunkundze

missile ['misail] *n* reaktīvais šāviņš; raķete; guided m. — vadāmais šāviņš

missing ['misiŋ] *a* 1. klātneesošs; 2. [bez vēsts] pazudis

mission ['miʃən] *n* 1. misija; 2. uzdevums; komandējums

missis ['misiz] *n* misis, kundze

mis-spell ['mis'spel] *v (p un p. p.* mis-spelt ['mis'spelt]) kļūdaini rakstīt

mis-spelt *p un p. p. no* misspell

mist [mist] *n* migla; dūmaka

mistake [mis'teik] **I** *n* kļūda; pārpratums; to make a m. — kļūdīties; by m. — pārpratuma dēļ; **II** *v (p* mistook [mis'tuk]; *p. p.* mistaken [mis'teikən]) 1. kļūdīties; pārprast; 2. *(for)* noturēt *(par kādu citu)*

mistaken *p. p. no* mistake II

mister ['mistə] *n* misters, kungs

mistook *p no* mistake II

mistress ['mistrəs] *n* 1. namamāte; 2. ['misiz] misis, kundze; 3. skolotāja; 4. mīļākā

mistrust ['mis'trʌst] **I** *n* neuzticība, neuzticēšanās; **II** *v* neuzticēties

misunderstand ['misʌndə-'stænd] *v (p un p. p.* misunderstood ['misʌndə-'stud]) pārprast

misunderstanding ['misʌndə-'stændiŋ] *n* pārpratums

misunderstood *p un p. p. no* misunderstand

mitten ['mitn] *n* dūrainis

mix [miks] *v* 1. sajaukt; samaisīt; 2. *(with)* saieties; to m. up — sajaukt *(piem., jēdzienus)*

mixed [mikst] *a* jaukts; m. school — jaukta skola

mixer ['miksə] *n* mikseris

mixture ['mikstʃə] *n* 1. maisījums; 2. mikstūra *(zāles)*

moan [məun] **I** *n* vaids; **II** *v* vaidēt

mob [mɔb] *n* pūlis

mobile ['məubail] *a* mobils, kustīgs

mobilization [ˌməubilai'zeiʃən] *n* mobilizācija

mocka [mɔk] *v* izsmiet; ņirgāties

mockb [mɔk] *a* fiktīvs; viltus-

mockery ['mɔkəri] *n* izsmiekls; ņirgāšanās

mock-up ['mɔkʌp] *n* makets, modelis *(mērogā)*

mode [məud] *n* veids; paņēmiens; m. of life — dzīvesveids

model ['mɔdl] *n* 1. modelis; 2. paraugs; 3. manekens

moderate ['mɔdərit] *a* mērens

modern ['mɔdən] *a* moderns; mūsdienu-

modest ['mɔdist] *a* vienkāršs; pieticīgs

mohair ['məuhɛə] *n* mohēra

moist [mɔist] *a* mitrs; valgs

moisten ['mɔisn] *v* samitri-nāt

moisture ['mɔistʃə] *n* mit-rums; valgums

Moldavian [mɔl'deivjən] I *n*
1. moldāvs; moldāviete;
2. moldāvu valoda; II *a* moldāvu-

molea [məul] *n* dzimumzīme

moleb [məul] *n* kurmis

moment ['məumənt] *n* mo-ments, acumirklis; at the m. — pašreiz; in a m. — tūlīt

monarch ['mɔnək] *n* mon-arhs

monarchy ['mɔnəki] *n* mon-arhija

monastery ['mɔnəstəri] *n* klosteris

Monday ['mʌndi] *n* pirm-diena

monetary ['mʌnitəri] *a* nau-das-; m. unit — naudas vienība

money ['mʌni] *n* nauda; to make m. — labi pelnīt

money-box ['mʌnibɔks] *n* krājkasīte

money-order ['mʌni‚ɔːdə] *n* naudas pārvedums

Mongol ['mɔŋgɔl] I *n*
1. mongolis; mongoliete;
2. mongoļu valoda; II *a* mongoļu-

mongoose ['mɔŋguːs] *n zool* mangusts

monk [mʌŋk] *n* mūks

monkey ['mʌŋki] *n* pērtiķis; ◇ m. business — ākstība

monopoly [mə'nɔpəli] *n* mo-nopols

monotonous [mə'nɔtnəs] *a* monotons, vienmuļš

monster ['mɔnstə] *n* briesmo-nis; nezvērs

month [mʌnθ] *n* mēnesis

monthly ['mʌnθli] I *n* mē-nešraksts; II *a* ikmēneša-; m. salary — mēnešalga; III *adv* ik mēnesi

monument ['mɔnjumənt] *n* piemineklis

mooda [muːd] *n* garastāvok-lis, noskaņojums

moodb [muːd] *n gram* izteik-sme

moon [muːn] *n* mēness; m. landing — nosēšanās uz Mēness

moonlighta ['muːnlait] *n* mēness gaisma

moonlightb ['muːnlait] *v sar* strādāt blakusdarbu

moral ['mɔrəl] I *n* 1. mo-rāle; 2.: ∼s *pl* — tikumi; II *a* 1. morāls; ētisks; 2. tikumisks

more [mɔː] I *a (comp no much, many)* vairāk; some m. — vēl mazliet; II *adv* 1. *(comp no much)* vairāk; m. and m. — aizvien vai-rāk; 2. vēl; once m. — vēl-reiz; 3. *(lieto, veidojot īpa-šības un apstākļa vārdu pārāko pakāpi):* m. beauti-ful — skaistāks; ◇ m. or less — daudzmaz; all the m. — jo vairāk

moreover [mɔː'rəuvə] *adv* bez tam, turklāt

morning ['mɔːniŋ] *n* rīts; good m.! — labrīt!

morose [mə'rəus] *a* drūms; īgns

mortal ['mɔːtl] *a* mirstīgs

mortality [mɔː'tæliti] n mir-
stība
mosaic [məu'zeiik] n mozaī-
ka
Moslem ['mɔzləm] I n mu-
sulmanis; musulmaniete;
II a musulmaṇu-
mosque [mɔsk] n mošeja
mosquito [məs'kiːtəu] n mos-
kīts
moss [mɔs] n sūna
most [məust] I n lielākā
daļa; vairākums; II a (sup
no much, many) vislielā-
kais; m. people — vairums
cilvēku; III adv (sup no
much) visvairāk; the m.
beautiful — visskaistākais
mostly ['məustli] adv galve-
nokārt
motel [məu'tel] n motelis,
autopansionāts
moth [mɔθ] n kode
mother ['mʌðə] n māte; m.
tongue — dzimtā valoda
mother-in-law ['mʌθərinlɔː]
n 1. vīramāte; 2. sievas-
māte
motion ['məuʃən] n 1. kus-
tība; m. picture — kino-
filma; to set in m. —
1) iekustināt; 2) iedarbi-
nāt; 2. (mašīnas) gaita;
3. ierosinājums; priekšli-
kums (sanāksmē); the m.
is carried — priekšlikums
pieņemts
motionless ['məuʃənlis] a ne-
kustīgs
motive ['məutiv] n motīvs,
iemesls
motley ['mɔtli] a raibs
motor ['məutə] n dzinējs;
motors

motorbike ['məutəbaik] n
mopēds
motorboat ['məutəbəut] n
motorlaiva
motorcar ['məutəkaɪ] n vieg-
lā automašīna
motorcycle ['məutə͵saikl] n
motocikls
motoring ['məutəriŋ] n
1. autosports; 2. auto-
tūrisms
motorist ['məutərist] n 1. au-
tomobilists; 2. autotūrists
motorship ['məutəʃip] n mo-
torkuģis
motorway ['məutəwei] n
autostrāde
mound [maund] n paugurs;
burial m. — kapkalns
mount [maunt] v 1. kāpt
(kalnā, zirgā); 2. (par ce-
nām) celties
mountain ['mauntin] n
kalns; m. range — kalnu
grēda
mountaineer [͵maunti'niə] n
1. kalnietis; 2. alpīnists
mountaineering [͵maunti-
'niəriŋ] n alpīnisms
mourn [mɔːn] v sērot; ap-
raudāt
mournful ['mɔːnful] a sē-
rīgs; skumjš
mourning ['mɔːniŋ] n sēras
mouse [maus] n (pl mice
[mais]) pele
mousetrap ['maustræp] n
peļu slazds
moustache [məs'taɪʃ] n ūsas
mouth [mauθ] n 1. mute;
2. (upes) grīva
mouthful ['mauθful] n ku-
moss; malks

move [muːv] I *n* 1. kustība; 2. pārvākšanās *(uz citu dzīves vietu)*; 3. gājiens *(spēlē)*; II *v* 1. kustināt; 2. kustēties; will you move a little, please — pavirzieties, lūdzu; 3. pārvākties *(uz citu dzīvokli)*; 4. aizkustināt; to m. to tears — aizkustināt līdz asarām; 5. ierosināt; iesniegt *(priekšlikumu)*; 6. izdarīt gājienu *(spēlē)*; to m. in — ievākties *(dzīvokli)*

movement [ˈmuːvmənt] *n* kustība

movie [ˈmuːvi] *n* 1. kinofilma; 2.: the ~s *pl* — kino; to go to the ~s — iet uz kino

moving [ˈmuːviŋ] *a* 1. kustīgs; m. staircase — slīdošās kāpnes; 2. aizkustinošs

mow [məu] *v* (*p* mowed [məud]; *p. p.* mown [məun]) pļaut

mower [ˈməuə] *n* 1. pļāvējs; 2. pļaujmašīna

mown *p. p. no* mow

much [mʌtʃ] (*comp* more [mɔː]; *sup* most [məust]) I *a* daudz; m. time — daudz laika; II *adv* 1. ļoti; I am m. obliged to you — esmu jums ļoti pateicīgs; 2. daudz; m. better — daudz labāk

mud [mʌd] *n* dubļi

mudguard [ˈmʌdgɑːd] *n (automašīnas)* spārns

muffler [ˈmʌflə] *n (silta)* šalle

mug [mʌg] *n* kauss; krūze

mule [mjuːl] *n* mūlis

multiplication [ˌmʌltipliˈkeiʃən] *n mat* reizināšana; m. table — reizināšanas tabula

multiply [ˈmʌltiplai] *v* 1. palielināt; pavairot; 2. *mat* reizināt

multi-stage [ˈmʌltisteidʒ] *a* 1. daudzpakāpju-; m.-s. rocket — daudzpakāpju raķete; 2. daudzstāvu-

multitude [ˈmʌltitjuːd] *n* 1. liels daudzums; 2.: the m. — masas

mummya [ˈmʌmi] *n* mūmija

mummyb [ˈmʌmi] *n* māmiņa

mumps [mʌmps] *n med* cūciņa

municipal [mjuˈ(ː)ˈnisipəl] *a* municipāls; pilsētas-; m. buildings — sabiedriskās ēkas

munitions [mjuˈ(ː)ˈniʃənz] *n pl* munīcija

murder [ˈməːdə] I *n* slepkavība; II *v* noslepkavot

murderer [ˈməːdərə] *n* slepkava

murmur [ˈməːmə] I *n* murmināšana; II *v* murmināt

muscle [ˈmʌsl] *n* muskulis

museum [mjuˈ(ː)ˈziəm] *n* muzejs

mushroom [ˈmʌʃrum] *n* sēne

music [ˈmjuːzik] *n* 1. mūzika; 2. notis; to play from m. — spēlēt pēc notīm

musical [ˈmjuːzikəl] I *n* mūzikls; II *a* muzikāls

musician [mjuˈ(ː)ˈziʃən] *n* mūziķis

must [mʌst] *mod v* 1. (*iz-saka nepieciešamību*): I m. go home — man jāiet mājās; 2. (*izsaka iespēju, varbūtību*): you m. have heard about it — jūs droši vien par to esat dzirdējis; it m. be late now — tagad droši vien ir vēls

mustard ['mʌstəd] *n* sinepes; m. plaster — sinepju plāksteris

mute [mju:t] *a* mēms

mutilate ['mju:tileit] *v* sakropļot

mutiny ['mju:tini] *n* dumpis

mutton ['mʌtn] *n* aitas (jēra) gaļa

mutual ['mju:tʃuəl] *a* 1. savstarpējs; m. relations — savstarpējas attiecības; 2. kopējs; m. friend — kopējs draugs

muzzle ['mʌzl] *n* 1. purns; 2. uzpurnis

my [mai] *pron* mans; mana

myself [mai'self] *pron* 1. sev; sevi; I washed m. — es nomazgājos; 2. pats; I did it m. — es pats to izdarīju

mysterious [mis'tiəriəs] *a* noslēpumains

mystery ['mistəri] *n* noslēpums

myth [miθ] *n* mīts

Nn

nail [neil] I *n* 1. nags; 2. nagla; II *v* pienaglot

nail-varnish ['neil,va:niʃ] *n* nagu laka

naked ['neikid] *a* kails; with a n. eye — ar neapbruņotu aci; ◇ the n. truth — kaila patiesība

name [neim] I *n* 1. vārds; uzvārds; what's your n.? — kā jūs sauc?; my name is Brown — mani sauc Brauns; to know by n. — zināt vārda pēc; 2. nosaukums; what's the n. of this street? — kā sauc šo ielu?; II *v* nosaukt

name-day ['neimdei] *n* vārda diena

namely ['neimli] *adv* proti

nap [næp] I *n* snaudiens; to take a n. — nosnausties; II *v* snaust

napkin ['næpkin] *n* salvete

nappy ['næpi] *n* autiņš

narrate [nə'reit] *v* stāstīt

narrative ['nærətiv] *n* stāsts, stāstījums

narrow ['nærəu] *a* 1. šaurs; 2. ierobežots; n. circumstances — trūcīgi apstākļi

narrow-minded ['nærəu-'maindid] *a* aprobežots; aizspriedumains

nasty ['na:sti] *a* 1. nejauks; nepatīkams; n. smell — nejauka smaka; 2. neķītrs; piedauzīgs; 3. ļauns; nekrietns; to play a n. trick on smb. — izspēlēt ļaunu joku ar kādu

nation [′neiʃən] *n* nācija, tauta; all ~s of the world — visas pasaules tautas

national [′næʃənl] *a* nacionāls; tautas-; valsts-; n. emblem — valsts ģerbonis; n. anthem — valsts himna; n. economy — tautas saimniecība; n. team *sp* — valsts izlase

nationality [ˌnæʃə′næliti] *n* 1. nacionalitāte, tautība; 2. pavalstniecība

nationalize [′næʃnəlaiz] *v* nacionalizēt

nationwide [′neiʃənwaid] *a* vistautas-; vispārējs

native [′neitiv] I *n* vietējais iedzīvotājs; iezemietis; II *a* 1. dzimtais; n. land — dzimtene; n. tongue — dzimtā valoda; 2. vietējs; n. customs — vietējās paražas

native-born [′neitivbɔːn] *a* dzimis-; n.-b. American — dzimis amerikānis

natural [′nætʃrəl] *a* 1. dabas-; n. resources — dabas bagātības; n. gas — dabasgāze; 2. dabisks; n. selection *biol* — dabiskā izlase; it's quite n. — gluži dabiski

naturalize [′nætʃrəlaiz] *v* 1. dot pavalstniecību; 2. aklimatizēt *(augu, dzīvnieku)*; 3. ieviest *(paražu)*

naturally [′nætʃrəli] *adv* 1. dabiski; brīvi; 2. protams

nature [′neitʃə] *n* 1. daba; 2. raksturs; daba; by n. — no dabas; good n. — labsirdība; ill n. — slikts raksturs

naughty [′nɔːti] *a* nerātns

naval [′neivəl] *a* jūras-; flotes-; n. forces — jūras kara spēki

navigable [′nævigəbl] *a* kuģojams

navigation [ˌnævi′geiʃən] *n* navigācija, kuģošana

navy [′neivi] *n* jūras kara flote; ◇ n. blue — tumšzila krāsa

Nazi [′nɑːtsi] I *n* nacists, fašists; II *a* nacistu-, fašistu-

Nazism [′nɑːtsizm] *n* nacisms, fašisms

N-bomb [′enbɔm] *n* neitronbumba

near [niə] I *a* tuvs; the n. future — tuvā nākotne; n. resemblance — tuva līdzība; where is the ~ est taxi stand? — kur ir tuvākā taksometru stāvvieta?; II *adv* tuvu; ◇ n. at hand — pie rokas; tuvumā; n. by — netālu; III *v* tuvoties; IV *prep* pie

nearby [′niəbai] *a* tuvējs; kaimiņu-

nearly [′niəli] *adv* 1. gandrīz; 2. tuvu; n. related — tuvu radu; ◇ not n. — nepavisam ne, ne tuvu ne

near-sighted [′niə′saitid] *a* tuvredzīgs

neat [niːt] *a* tīrīgs; kārtīgs

necessary [′nesisəri] *a* ne-
pieciešams; vajadzīgs

necessity [ni′sesiti] *n* nepie-
ciešamība; vajadzība; out
of n. — nepieciešamības
spiests

neck [nek] *n* kakls; ◇ to
break one's n. — lauzt sev
kaklu

necklace [′neklis] *n* kakla-
rota

necktie [′nektai] *n* kakla-
saite

need [niːd] I *n* 1. vajadzība;
to be in n. of smth. — just
vajadzību pēc kā; 2.: ∼s
pl — vajadzības; prasības;
3. trūkums; nabadzība; II
v 1. just vajadzību; I n. a
rest — man jāatpūšas;
2. (*kā mod. v izsaka vaja-
dzību, nepieciešamību*): it
∼s to be done carefully —
tas jāizdara rūpīgi; you n.
not worry — jums nav ko
uztraukties

needle [′niːdl] *n* 1. adata;
∼′s eye — adatas acs;
2. adāmadata; 3. skuja

needlework [′niːdlwəːk] *n*
rokdarbs; izšuvums

negative [′negətiv] I *n*
1. noraidoša atbilde; 2. (*fo-
to*) negatīvs; II *a* noraidošs

neglect [ni′glekt] I *n* nevē-
rība; II *v* izturēties nevē-
rīgi; pamest novārtā; to n.
rules — neievērot noteiku-
mus

negligence [′neglidʒəns] *n*
nolaidība; nevīžība

negotiate [ni′gəuʃieit] *v* vest
sarunas

negotiation [ni͵gəuʃi′eiʃən] *n*
sarunas; to carry on ∼s —
vest sarunas

Negro [′niːgrəu] I *n* nēģeris;
II *a* nēģeru-; N. woman —
nēģeriete

neigh [nei] *v* zviegt

neighbour [′neibə] *n* kai-
miņš; kaimiņiene

neighbourhood [′neibəhud] *n*
apkaime; in the n. (*of*) —
kaimiņos; tuvumā

neighbouring [′neibəriŋ] *a*
kaimiņu-; tuvējs

neither [′naiðə] I *pron* ne
viens, ne otrs; neviens; II
adv arī ne; III *conj*: n. ...
nor ... — ne ..., ne ...;
n. you nor me — ne tu, ne
es

nephew [′nevju(ː)] *n* 1. brā-
ļadēls; 2. māsasdēls

nerve [nəːv] *n* 1. nervs; to
get on one's ∼s — krist
uz nerviem; kaitināt; to
steady ∼s — nomierināt
nervus; 2. nekaunība

nervous [′nəːvəs] *a* 1. ner-
vu-; n. system — nervu
sistēma; n. breakdown —
nervu sabrukums; 2. ner-
vozs; to feel n. — nervo-
zēt

nest [nest] *n* ligzda

net[a] [net] *n* tīkls

net[b] [net] *a* neto; tīrs; n.
profit — tīrā peļņa; n.
weight — tīrsvars

nettle [′netl] *n* nātre; nāt-
res

network [′netwəːk] *n* 1. tīk-
lojums; 2. (*dzelzceļu, ka-
nālu*) tīkls

neutral [ˈnjuːtrəl] *a* neitrāls
neutrality [nju(ː)ˈtræliti] *n*
neitralitāte
neutron [ˈnjuːtrɔn] *n fiz*
neitrons; n. bomb — neit-
ronbumba
never [ˈnevə] *adv* nekad;
one n. knows — nekad ne-
var zināt; ◇ n. mind! —
nekas!
nevermore [ˈnevəˈmɔː] *adv*
nekad vairs
nevertheless [ˌnevəðəˈles] *adv*
tomēr
new [njuː] *a* 1. jauns; n. dis-
covery — jauns atklājums;
n. potatoes — jaunie kartu-
peļi; 2. moderns; mūsdie-
nu-; n. fashions — jaunā-
kās modes; 3. *(to)* nepie-
radis
newborn [ˈnjuːbɔːn] *a* jaun-
piedzimis
newcomer [ˈnjuːˈkʌmə] *n*
jaunatnācējs
newly [ˈnjuːli] *adv* 1. nesen;
n. arrived — nesen atbrau-
kušais; 2. par jaunu, no
jauna
newly-weds [ˈnjuːliˈwedz] *n
pl* jaunlaulātie
news [njuːz] *n pl (lieto kā
sing)* ziņas; jaunumi;
what's the n.? — kas
jauns?; latest n. — pēdē-
jās ziņas; foreign n. — ār-
zemju ziņas; n. agency —
telegrāfa aģentūra
newsagent [ˈnjuːzˌeidʒənt] *n*
laikrakstu pārdevējs
newscast [ˈnjuːzkɑːst] *n* pē-
dējo ziņu pārraide

newscaster [ˈnjuːzˌkɑːstə] *n*
1. diktors; 2. radiokomen-
tētājs
newsman [ˈnjuːzmæn] *n
amer* korespondents; repor-
tieris
newspaper [ˈnjuːsˌpeipə] *n*
laikraksts; avīze
newsreel [ˈnjuːzriːl] *n* kino-
hronika; kinožurnāls
newsstand [ˈnjuːzstænd] *n*
laikrakstu kiosks
next [nekst] I *n* nākošais; n.,
pleasel — lūdzu, nākošais!;
II *a* 1. nākošais; n. chap-
ter — nākošā nodaļa; n.
time — nākošreiz; n.
year — nākošgad; 2. tuvā-
kais; kaimiņu-; my n.
neighbour — mans tuvā-
kais kaimiņš; ◇ n. to noth-
ing — gandrīz nekas;
III *adv* 1. pēc tam; what
n.? — kas tālāk?; 2. nā-
košreiz; IV *prep (to)* pie;
blakus
nice [nais] *a* jauks; patī-
kams; n. weather — jauks
laiks
nicely [ˈnaisli] *adv* 1. jauki;
2. *sar* lieliski
nickel [ˈnikl] *n* 1. niķelis;
2. *amer* piecu centu mo-
nēta
nickname [ˈnikneim] *n* ie-
sauka
niece [niːs] *n* 1. brāļameita;
2. māsasmeita
night [nait] *n* nakts; vakars;
all n. [long] — cauru nak-
ti; at n. — vakarā; in the
n. — naktī; last n. — va-
kar vakarā; tomorrow n. —

rītvakar; to stay the n. — pārnakšņot

nightdress ['naitdres] *n (sieviešu)* naktskrekls

nightfall ['naitfɔːl] *n* krēsla; nakts iestāšanās

nightingale ['naitiŋgeil] *n* lakstīgala

nightmare ['naitmeə] *n* murgi

nightschool ['naitskuːl] *n* vakarskola

nightshift ['naitʃift] *n* naktsmaiņa

nil [nil] *n* nulle; nekas; three n. — trīs pret nulli *(par spēles rezultātu)*

nine [nain] *num* deviņi

nineteen ['nain'tiːn] *num* deviņpadsmit

nineteenth ['nain'tiːnθ] *num* deviņpadsmitais

ninetieth ['naintiiθ] *num* deviņdesmitais

ninety ['nainti] *num* deviņdesmit

ninth [nainθ] *num* devītais

nip [nip] *v* [ie] kniebt

nipple ['nipl] *n* krūtsgals

nitrogen ['naitrədʒən] *n ķīm* slāpeklis

no [nəu] **I** *a* nekāds; by no means — nekādā ziņā; no man can do it — neviens to nevar izdarīt; **II** *adv* ne *(ar pārāko pakāpi)*; no more — vairs ne; no longer — ilgāk ne; ◇ no smoking! — smēķēt aizliegts! *(uzraksts);* **III** *partic* nē

noble ['nəubl] *a* dižciltīgs

nobleman ['nəublmən] *n* augstmanis

nobody ['nəubədi] *pron* neviens; n. else — vairāk neviens

nod [nɔd] **I** *n* galvas mājiens; **II** *v* 1. pamāt ar galvu; 2. snaust

noise [nɔiz] *n* troksnis; to make n. — trokšņot

noiseless ['nɔizlis] *a* kluss; nedzirdams

noisy ['nɔizi] *a* trokšņains

nominate ['nɔmineit] *v* 1. izvirzīt *(kandidātu);* 2. iecelt *(amatā)*

nomination [,nɔmi'neiʃən] *n* 1. *(kandidāta)* izvirzīšana; 2. iecelšana *(amatā)*

non-aggression ['nɔnəg-'reʃən] *n* neuzbrukšana; n.-a. pact — neuzbrukšanas līgums

non-alcoholic ['nɔn,ælkə-'hɔlik] *a* bezalkoholisks

none [nʌn] **I** *pron* neviens; n. of us — neviens no mums; n. but — neviens, izņemot; ◇ n. of that! — diezgan!; **II** *adv* nemaz; nepavisam; I am n. the better for it — man no tā nemaz nekļūst vieglāk; ◇ n. the less — tomēr

non-fiction [,nɔn'fikʃn] *n* dokumentālā literatūra, publicistika

non-interference ['nɔn,intə-'fiərəns] *n pol* neiejaukšanās

non-party [nɔn'paːti] *a* bezpartejisks

nonsense ['nɔnsəns] *n* muļķības; nieki; to talk n. — gvelzt niekus

non-smoker [ˈnɔnˈsməukə] *n*
1. nesmēķētājs; 2. nesmē-
ķētāju vagons

non-stop [ˈnɔnˈstɔp] **I** *a*
1. bezpieturu- *(brauciens)*;
2. beznosēšanās- *(lido-
jums)*; **II** *adv* nepārtraukti;
bez apstājas; to work
n.-s. — strādāt visu laiku

noodles [ˈnuːdlz] *n pl* nū-
deles

noon [nuːn] *n* dienas vidus;
at n. — pulksten divpa-
dsmitos dienā

nor [nɔː] *conj:* neither ...
n. ... — ne ... , ne ...;
neither me n. you — ne es,
ne tu

normal [ˈnɔːməl] *a* normāls;
parasts

north [nɔːθ] **I** *n* ziemeļi; **II**
a ziemeļu-; **III** *adv* uz zie-
meļiem

northern [ˈnɔːðən] *a* zie-
meļu-; n. lights — ziemeļ-
blāzma

Norwegian [nɔːˈwiːdʒən] **I** *n*
1. norvēģis; norvēģiete;
2. norvēģu valoda; **II** *a*
norvēģu-

nose [nəuz] *n* deguns; to
blow one's n. — šņaukt de-
gunu

nostril [ˈnɔstril] *n* nāss

not [nɔt] *adv* ne; ◇ n. at
all — it nemaz; n. for the
world — neparko; n. to
speak of — nemaz nerunā-
jot par

note [nəut] **I** *n* 1. piezīme;
to take ∼s — pierakstīt;
2. *(īsa)* vēstule; zīmīte;
3. nota; 4. *mūz* nots; **II** *v*

1. pierakstīt; atzīmēt; 2. ie-
vērot; pamanīt

notebook [ˈnəutbuk] *n* pie-
zīmju grāmatiņa

notecase [ˈnəutkeis] *n* kabat-
portfelis

noted [ˈnəutid] *a* ievērojams;
slavens

nothing [ˈnʌθiŋ] *pron* nekas;
n. else than — nekas cits
kā; ◇ n. of the sort — ne-
kā tamlīdzīga; n. doing! —
neko darīt!; to say n. of —
nemaz nerunājot par

notice [ˈnəutis] **I** *n* 1. pazi-
ņojums; brīdinājums; to
give smb. a month's n. —
uzteikt kādam mēnesi
iepriekš *(darbu u. tml.)*;
2. uzmanība; to take no n.
(of) — nepievērst uzma-
nību; **II** *v* ievērot

notice-board [ˈnəutisbɔːd] *n*
ziņojumu dēlis

notify [ˈnəutifai] *v* paziņot

notion [ˈneuʃən] *n* 1. priekš-
stats; 2. uzskats

notorious [nəuˈtɔːriəs] *a* bē-
dīgi slavens

notwithstanding [ˌnɔtwiθ-
ˈstændiŋ] **I** *adv* tomēr; **II**
prep par spīti

nought [nɔːt] *n* 1. nekas; to
come to n. — izjukt *(piem.,
par nodomu)*; to bring to
n. — izjaukt; 2. *mat* nulle

noun [naun] *n gram* liet-
vārds

nourish [ˈnʌriʃ] *v* barot

nourishing [ˈnʌriʃiŋ] *a* baro-
jošs

nourishment [ˈnʌriʃmənt] *n*
barība

novelᵃ [ˈnɔvəl] *n* romāns

novelb ['nɔvəl] *a* jauns; ne-bijis

novelty ['nɔvəlti] *n* 1. jau-nums; 2. jauninājums

November [nəu'vembə] *n* no-vembris

now [nau] I *n* pašreizējais brīdis; he ought to be here by n. — viņam jābūt jau šeit; II *adv* tagad, paš-laik; ◇ n. and again — laiku pa laikam

nowadays ['nauədeiz] *adv* mūsdienās

nowhere ['nəuwɛə] *adv* ne-kur

nuclear ['njuːkliə] *a* kodol-; n. energy — kodolener-ģija; n. physics — kodol-fizika; n. weapons — ko-dolieroči

nuclei *pl no* nucleus

nucleus ['njuːkliəs] *n* (*pl* nuclei ['njuːkliai]) kodols

nude [njuːd] I *n* pliknis, akts; II *a* kaiļs, pliks

nuisance ['njuːsns] *n* 1. trau-cējums; neērtība; what a n.! — cik nepatīkami!; public n. — sabiedriskās kārtības traucēšana; 2. uz-mācīgs cilvēks

numb [nʌm] *a* sastindzis; ne-jūtīgs; ◇ n. feeling — iek-šēja tukšuma sajūta

number ['nʌmbə] I *n* skaits; daudzums; a n. of — daudzi; in great ~s — lielā skaitā; 2. nu-murs; n. plate — (auto-mašīnas) numura plāksne; 3. *mat* skaitlis; II *v* 1. skaitīt; 2. numurēt

numeral ['njuːmərəl] *n* 1. cipars; 2. *gram* skaitļa vārds

numerous ['njuːmərəs] *a* liels (skaita ziņā); in n. cases — daudzos gadīju-mos

nun [nʌn] *n* mūķene

nurse [nəːs] I *n* 1. aukle; 2. zīdītāja; 3. slimnieku kopēja; medmāsa; II *v* 1. auklēt; 2. kopt (slim-nieku)

nursery ['nəːsəri] *n* 1. bērn-istaba; n. rhymes — dze-jolīši bērniem; 2. mazbērnu novietne; n. school — bēr-nudārzs

nut [nʌt] *n* rieksts

nutcrackers ['nʌt,krækəz] *n pl* riekstu knaibles

nutritious [njuː'triʃəs] *a* ba-rojošs

nutshell ['nʌtʃel] *n* rieksta čaumala; ◇ in a n. — īsu-mā

nylon ['nailən] *n* 1. neilons; 2.: ~s *pl* — neilona zeķes

Oo

oak [əuk] *n* ozols

oar [ɔː] *n* airis

oarsman ['ɔːzmən] *n* airētājs

oat [əut] *n* (*parasti pl*) auzas

outflakes ['əut'fleiks] n pl
auzu pārslas
oath [əuθ] n zvērests; to
swear (take) an o. — dot
zvērestu
oatmeal ['əutmiːl] n auzu
putra
obedience [ə'biːdjəns] n
paklausība
obedient [ə'biːdjənt] a pa-
klausīgs
obey [ə'bei] v paklausīt
objecta ['ɔbdʒikt] n 1. ob-
jekts, priekšmets; 2. mēr-
ķis; 3. gram papildinātājs
objectb [əb'dʒekt] v (to)
iebilst
objection [əb'dʒekʃən] n ie-
bildums; to raise no
~s — necelt iebildumus
objective [əb'dʒektiv] I n
1. mērķis; 2. fiz objektīvs;
II a 1. objektīvs; 2. gram
papildinātāja-; o. case —
papildinātāja locījums
obligation [,ɔbli'geiʃən] n
saistība; pienākums
oblige [ə'blaidʒ] v 1. uz-
likt par pienākumu; to be
~d to do smth. — būt
spiestam ko darīt; 2. izda-
rīt pakalpojumu; ◇ I am
much ~d to you — esmu
jums ļoti pateicīgs
observance [əb'zəːvəns] n
(likumu, paražu) ievēro-
šana
observation [,ɔbzə(ː)'veiʃən]
n 1. novērošana; to keep
under o. — novērot; 2. (pa-
rasti pl) novērojums
observatory [əb'zəːvətri] n
observatorija

observe [əb'zəːv] v 1. no-
vērot; 2. ievērot (likumus,
paražas); 3. piezīmēt
observer [əb'zəːvə] n novē-
rotājs
obstacle ['ɔbstəkl] n šķēr-
slis; kavēklis
obstacle-race ['ɔbstəklreis] n
sp šķēršļu skrējiens
obstinate ['ɔbstinit] a stūr-
galvīgs; ietiepīgs
obstruct [əb'strʌkt] v 1. aiz-
sprostot; 2. kavēt; traucēt
obtain [əb'tein] v dabūt;
iegūt
obvious ['ɔbviəs] a acīm
redzams; skaidrs
occasion [ə'keiʒən] n 1. ga-
dījums; izdevība; to choose
the o. — izvēlēties izde-
vīgu brīdi; 2. iemesls
occasional [ə'keiʒənl] a ga-
dījuma rakstura-; nejaušs
occasionally [ə'keiʒnəli] adv
palaikam
occupation [,ɔkju'peiʃən] n
1. okupācija; 2. nodarbo-
šanās; profesija
occupational [,ɔkju(ː)-
'peiʃənl] a profesionāls; o.
diseases — profesionālās
slimības
occupy ['ɔkjupai] v 1. aiz-
ņemt; apdzīvot (māju, dzī-
vokli); 2. ieņemt; okupēt
occur [ə'kəː] v 1. [at] gadī-
ties; notikt; 2. (to) ienākt
prātā; it ~red to me —
man ienāca prātā
occurrence [ə'kʌrəns] n ga-
dījums; notikums; an
everyday o. — parasta pa-
rādība

ocean [ˈəuʃən] *n* okeāns
o'clock [əˈklɔk]: it is seven
o. — pulkstenis ir septiņi;
at five o. — pulksten pie-
cos
October [ɔkˈtəubə] *n* oktob-
ris
odd [ɔd] *a* 1. nepāra-; o.
numbers — nepārskaitļi; o.
months — mēneši ar
31 dienu; 2. savāds, dī-
vains; 3. gadījuma-; o.
jobs — gadījuma darbi;
o. money — izdotā nauda,
atlikums
odds [ɔdz] *n pl* 1. priekš-
rocība; priekšroka; the o.
are in our favour — pār-
svars ir mūsu pusē; 2. iz-
redzes; ◇ to be at o. with
smb. — nesaprasties ar
kādu; what's the o.? —
kāda starpība?
odour [ˈəudə] *n* smarža, aro-
māts
of [ɔv, əv] *prep* 1. *(norāda
piederību):* works of Shake-
speare — Šekspīra darbi;
2. *(norāda īpašību):* a man
of strong will — stipras
gribas cilvēks; 3. *(norāda
iemeslu):* to die of can-
cer — mirt ar vēzi; 4. *(no-
rāda materiālu):* a dress of
silk — zīda kleita; 5. *(no-
rāda izcelšanos):* he comes
of a worker's family —
viņš nāk no strādnieku ģi-
menes
off [ɔf] I *a* 1. tāls; attāls;
o. road — attāls ceļš;
2. brīvs; day o. — brīv-
diena; II *adv* 1. *(norāda
attālināšanos):* I must be

o. — man jāiet prom; to
run o. — aizbēgt; 2. *(no-
rāda attālumu):* long way
o. — tālu; 3. *(norāda dar-
bības pārtraukšanu):* to
break o. — pārtraukt *(sa-
runu u. tml.);* to switch o.
the light — nodzēst gais-
mu; ◇ to be well o. —
dzīvot pārticīgi; to be
badly o. — ciest trūkumu;
III *prep* 1. *(norāda attā-
lumu):* a mile o. the
road — jūdzes attālumā no
ceļa; 2. *(norāda novirzī-
šanos):* to fall o. a lad-
der — nokrist no kāpnēm
offence [əˈfens] *n* 1. pārkā-
pums; legal o. — likum-
pārkāpums; criminal o. —
noziegums; 2. apvaino-
jums; to give o. *(to)* —
apvainot; to take o. *(at)* —
apvainoties; I meant no
o., no o. meant — es ne-
gribēju jūs aizvainot
offend [əˈfend] *v* 1. pārkāpt
(likumu); 2. apvainot
offender [əˈfendə] *n* likum-
pārkāpējs; old o. — reci-
dīvists
offensive [əˈfensiv] I *n* uz-
brukums; to take the
o. — pāriet uzbrukumā;
II *a* apvainojošs, aizska-
rošs
offer [ˈɔfə] I *n* piedāvā-
jums; to make an o. —
piedāvāt; II *v* piedāvāt
off-hand [ˈɔfˈhænd] I *a*
1. iepriekš neapdomāts *(ne-
sagatavots);* 2. familiārs
(par izturēšanos); II *adv*

iepriekš neapdomājot *(ne-sagatavojoties)*
off-hour ['ɔf'auə] *a* ārpus-darba- *(par laiku)*; o.-h. job — darbs, apvienojot amatus
office ['ɔfis] *n* 1. birojs; iestāde; o. hours — *(iestādes)* darba laiks; 2. *(oficiāls)* amats; the o. of chairman — priekšsēdē-tāja postenis
officer ['ɔfisə] *n* 1. virs-nieks; 2. ierēdnis
official [ə'fiʃəl] ⌐ I *n* ierēd-nis; amatpersona; II *a* dienesta-; oficiāls; o. du-ties — dienesta pienākumi
offing ['ɔfiŋ] *n* selga; in the o. — 1) atklātā jūrā; 2) tuvākajā laikā
off-street ['ɔf'striːt] *a:* o.-s. parking — automašīnu stāvvieta sānielā
often ['ɔfn] *adv* bieži
oh [əu] *int* ak!; ak tā!; vai!
oil [ɔil] I *n* 1. eļļa; 2. naīta; II *v* ieeļļot
oilcloth [ɔilklɔθ] *n* vaska-drāna
oil-colours ['ɔil,kʌləz] *n pl* eļļas krāsas
oil-painting ['ɔil'peintiŋ] *n* 1. eļļas glezniecība; 2. eļ-ļas glezna
oil-well ['ɔilwel] *n* naftas avots
ointment ['ɔintmənt] *n* ziede
old [əuld] *a* 1. vecs; o. age — vecums; how o. is she? — cik viņai ir gadu?; she is ten years o. — viņai ir desmit gadu; 2. vecs sens; an o. friend — sens

draugs; 3. pieredzējis; an o. hand *(at)* — cilvēks ar pieredzi; ◇ o. thing! — veco zēn!
old-age ['əuld'eidʒ] *a* vecu-ma-; o.-a. pension — ve-cumpensija
old-fashioned ['əuld'fæʃənd] *a* vecmodīgs
old-timer ['əuld,taimə] *n* ve-terāns
olive ['ɔliv] *n* olīva *(koks, auglis)*
olive-oil ['ɔliv'ɔil] *n* olīveļļa
Olympic [əu'limpik] *a* olim-pisks; the O. games — olimpiskās spēles
Olympics [əu'limpiks] *n pl* olimpiskās spēles; summer (winter) O. — vasaras (ziemas) olimpiskās spē-les
omelet[te] ['ɔmlit] *n* omlete
omission [ə'miʃən] *n* izlai-dums *(tekstā)*
omit [ə'mit] *v* izlaist *(piem., vārdu tekstā)*
on [ɔn, ən] I *adv* 1. tālāk; uz priekšu; to send one's luggage on — nosūtīt ba-gāžu pa priekšu; 2. *(norā-da darbības turpināšanos):* to speak on — runāt tā-lāk; 3. *(norāda aparāta vai mehānisma ieslēgša-nu):* the light is on — gaisma ir iedegta; 4. *(no-rāda izejas punktu):* from this day on — kopš šīs dienas; 5.: she had a coat on — viņai mugurā bija mētelis; ◇ what is on to-night? — ko šovakar iz-rāda?; and so on — un tā

tālāk; II *prep* 1. *(norāda vietu)* uz; pie; on the table — uz galda; to hang on the wall — karāties pie sienas; 2. *(norāda datumu, dienu):* on Friday — piektdien; 3. *(norāda stāvokli, veidu):* on sale — pārdošanā; on foot — kājām; on holiday — atvaļinājumā; ◇ on good authority — no drošiem avotiem

once [wʌns] *adv* 1. vienreiz; o. more — vēlreiz; o. for all — reizi par visām reizēm; o. in a while — paretam; 2. kādreiz, reiz; o. upon a time — reiz *(pasaku sākums);* ◇ at o. — uzreiz

one [wʌn] I *n* 1. viens, vieninieks; o. by o. — pa vienam; 2. *(lieto iepriekšminētā lietvārda vietā):* I don't like this tie, give me another o. — man nepatīk šī kaklasaite, dodiet man citu; II *pron* 1. kāds; o. day — kādu dienu; 2. *(netulkojams teikuma priekšmets):* o. must observe the rules — likumi jāievēro; o. never knows what may happen — nekad nevar zināt, kas notiks; III *num* viens

one-man ['wʌnmæn] *a* viena cilvēka-; o.-m. show — 1) viena aktiera teātris; 2) personālizstāde

oneself [wʌn'self] *pron* 1. sev; sevi; to excuse o. — atvainoties; 2. pats; one

can't do it for o. — to nevar izdarīt pats

one-way ['wʌn'wei] *a* vienvirziena-; o.-w. street — vienvirziena iela; o.-w. ticket *amer* — biļete turpceļam

onion ['ʌnjən] *n* sīpols; spring ~s — loki

onlooker ['ɔn,lukə] *n* skatītājs; vērotājs

only ['əunli] I *a* vienīgais; the o. son — vienīgais dēls; II *adv* tikai; vienīgi; if o. — ja vien; III *conj* tikai

onward ['ɔnwəd] *adv* uz priekšu

open ['əupən] I *a* 1. atvērts, vaļējs; 2. atklāts; pieejams; o. court — atklāta tiesas sēde; 3. neizšķirts; atklāts; II *v* 1. atvērt, attaisīt; 2. atvērties; 3. atklāt; to o. the debate — atklāt debates

open-air ['əupn'ɛə] *a* brīvdabas-; o.-a. theatre — brīvdabas teātris

open-hearted ['əupn,haːtid] *a* vaļsirdīgs

opening ['əupniŋ] I *n* 1. atvere; 2. sākums; II *a* sākuma-; o. night — pirmizrāde; o. time — *(veikalu)* atvēršanas laiks

opera ['ɔpərə] *n* opera

opera-glasses ['ɔpərə,glaːsiz] *n pl* binoklis

opera-house ['ɔpərəhaus] *n* operteātris

operate [ˈɔpəreit] *v* 1. darboties; 2. darbināt; 3. *(on)* operēt

operation [ˌɔpəˈreiʃən] *n* 1. darbība; to come into o. — sākt darboties; 2. operācija; to undergo an o. — pārciest operāciju; 3. *mat* darbība

operetta [ˌɔpəˈretə] *n* operete

opinion [əˈpinjən] *n* uzskats; domas; public o. — sabiedriskā doma; in my o. — manuprāt

opponent [əˈpəunənt] *n* oponents; pretinieks

opportunity [ˌɔpəˈtjuːniti] *n* izdevīgs gadījums; izdevība; to take the o. — izmantot gadījumu; to lose an o. — palaist garām izdevību

oppose [əˈpəuz] *v* 1. pretoties; to o. the resolution — noraidīt rezolūciju; 2. *(with, against)* pretstatīt

opposite [ˈɔpəzit] I *n* pretstats; II *a* pretējs; in the o. direction — pretējā virzienā; III *adv* pretī, pretim

opposition [ˌɔpəˈziʃən] *n* 1. pretošanās; pretestība; 2. opozīcija

oppress [əˈpres] *v* 1. apspiest; 2. nomākt

oppression [əˈpreʃən] *n* 1. apspiešana; 2. nomāktība

optic [ˈɔptik] *a* redzes-; optisks

optician [ɔpˈtiʃən] *n* optiķis

option [ˈɔpʃən] *n* izvēle

optional [ˈɔpʃənl] *a* neobligāts; fakultatīvs; o. subjects — fakultatīvie priekšmeti

or [ɔː] *conj* vai

oral [ˈɔːrəl] I *n* mutvārdu eksāmens; II *a* mutisks; mutvārdu-

orange [ˈɔrindʒ] I *n* apelsīns; II *a* oranžs

orbit [ˈɔːbit] I *n* orbīta; to put in o. — ievadīt orbītā; to go into o. — ieiet orbītā; II *v* 1. ievadīt orbītā; 2. ieiet orbītā

orbital [ˈɔːbitl] *a* orbitāls; o. station — orbitālā stacija

orchard [ˈɔːtʃəd] *n* augļu dārzs

orchestra [ˈɔːkistrə] *n* orķestris

orchid [ˈɔːkid] *n* orhideja

order [ˈɔːdə] I *n* 1. kārtība; secība; in alphabetical o. — alfabēta secībā; o. of the day — darba kārtība *(sapulcē)*; 2. kārtība; to keep o. — ievērot kārtību; to call to o. — saukt pie kārtības; out of o. — sabojājies; 3. rīkojums; 4. pasūtījums; made to o. — izgatavots pēc pasūtījuma; 5. ordenis; ◇ in o. to — lai; II *v* 1. sakārtot; 2. dot rīkojumu; 3. pasūtīt

ordinal [ˈɔːdinl] I *n gram* kārtas skaitļa vārds; II *a*: o. number — kārtas skaitlis

ordinary [ˈɔːdnri] *a* parasts, ikdienišķs

ore [ɔː] *n* rūda

organ [ˈɔːgən] *n* 1. orgāns; 2. ērģeles

organic [ɔːˈgænik] *a* organisks

organism [ˈɔːgənizəm] *n* organisms

organization [ˌɔːgənaiˈzeiʃən] *n* organizācija

organize [ˈɔːgənaiz] *v* organizēt

organizer [ˈɔːgənaizə] *n* organizators

oriental [ˌɔːriˈentl] *a* austrumu-; austrumniecisks

origin [ˈɔridʒin] *n* 1. sākums; pirmavots; 2. rašanās; izcelšanās

original [əˈridʒənl] I *n* oriģināls; II *a* 1. sākotnējs; pirmatnējs; 2. oriģināls

originate [əˈridʒineit] *v* 1. radīt; 2. rasties; izcelties

orphan [ˈɔːfən] *n* bārenis

ostrich [ˈɔstritʃ] *n* strauss

other [ˈʌðə] I *a* 1. cits; some o. time — kādu citu reizi; 2. *(saistībā ar lietvārdu daudzskaitlī)* pārējie; the o. students — pārējie studenti; II *pron* cits; otrs; none o. than — neviens cits kā; ◇ the o. day — nesen; some day or o. — kādreiz, agri vai vēlu

otherwise [ˈʌðəwaiz] *adv* 1. citādi; savādāk; 2. citādi; go at once, o. you will miss your train — ejiet tūlīt, citādi nokavēsiet vilcienu

otter [ˈɔtə] *n* ūdrs

ought [ɔːt] *mod. v (izsaka pienākumu, nepieciešamību):* you o. to see the new film — tev vajadzētu noskatīties jauno filmu

ounce [auns] *n* unce *(28,3 g)*

our [ˈauə] *pron* mūsu

ours [ˈauəz] *pron* mūsu; this house ir o. — tā ir mūsu māja

ourselves [ˌauəˈselvz] *pron* 1. sev; sevi; we hid o. — mēs paslēpāmies; 2. paši; we knew nothing o. — mēs paši nekā nezinājām

out [aut] I *adv* 1. ārā; he is o. — viņš ir izgājis; the book is o. — grāmata ir iznākusi; 2. *(norāda izsīkumu):* the candle is o. — svece ir izdegusi; ◇ o. and o. — caurcaurēm; II *prep:* o. of — 1) no; to take smth. o. of one's pocket — izņemt ko no kabatas; 2) ārpus; o. of town — ārpus pilsētas; 3) aiz; o. of envy — aiz skaudības; 4) bez; o. of money — bez naudas; o. of work — bez darba; ◇ that is o. of the question — par to nevar būt ne runas

outbreak [ˈautbreik] *n* 1. *(dusmu)* izvirdums; 2. *(kara, epidēmijas)* uzliesmojums

outcome [ˈautkʌm] *n* iznākums, rezultāts

outcry [ˈautkrai] *n* 1. kliedziens; 2. [sabiedrisks] protests

outdated [autˈdeitid] *a* novecojis

outdoor [ˈautdɔː] *a* ārpustelpu-; āra-; o. temperature — āra temperatūra;

o. games — spēles brīvā dabā

outdoors ['aut'dɔːz] *adv* ārā, brīvā dabā

outer ['autə] *a* ārējs; o. world — ārpasaule; o. space — kosmoss

outfit ['autfit] *n* piederumi; camping o. — tūrisma piederumi

outhouse ['authaus] *n* saimniecības ēka

outing ['autiŋ] *n* izbraukums; to go for an o. — doties izbraukumā

outlet ['autlet] *n* 1. izeja; atvere; 2. *pārn* iespēja paust *(piem., jūtas)*; 3. *ek* noiets

outline ['autlain] *n* 1. kontūra; apveids; 2. uzmetums; skice; in o. — vispārējos vilcienos

outlook ['autluk] *n* 1. skats; 2. izredzes; 3. uzskats, viedoklis; world o. — pasaules uzskats

out-of-date ['autəv'deit] *a* novecojis; vecmodīgs

outpatient ['aut,peiʃənt] *n* ambularisks slimnieks; o. treatment — ambulatoriska ārstēšana

outplay [aut'plei] *v* uzvarēt *(spēlē)*

outpoint [aut'pɔint] *v sp* uzvarēt ar punktu skaitu

output ['autput] *n* 1. produkcija; 2. ražotspēja

outrage ['autreidʒ] *n* 1. *(sabiedriskās kārtības)* smags pārkāpums; 2. vardarbība

outrageous [aut'reidʒəs] *a* vardarbīgs; briesmīgs

outset ['autset] *n* sākums; at the o. — sākumā

outside ['aut'said] I *n* ārpuse; from the o. — no ārpuses; ◇ at the [very] o. — lielākais; ne vairāk par; II *a* ārpuses-; ārējais; o. left (right) *sp* — kreisais (labais) malējais uzbrucējs; III *adv* ārpusē; IV *prep* ārpus

outsider ['aut'saidə] *n* 1. nepiederošais; 2. *sp* autsaiders

outskirts ['autskəːts] *n pl (pilsētas)* nomale; priekšpilsēta

outsmart [aut'smaːt] *v sar* pārspēt viltībā

outstanding [aut'stændiŋ] *a* izcils, ievērojams

outstrip [aut'strip] *v* 1. apdzīt; 2. pārspēt

outward ['autwəd] *a* ārējs

outworker ['aut,wəːkə] *n* mājražotājs

oven ['ʌvn] *n* cepeškrāsns

over ['əuvə] I *adv* 1. pāri; to swim o. — pārpeldēt pāri; 2. viscaur; 3. *(norāda darbības pabeigšanu)*: the meeting is o. — sapulce ir beigusies; to read the story o. — izlasīt stāstu līdz galam; 4. vēlreiz; atkal; o. and o. again — vēl un vēlreiz; II *prep* 1. virs; 2. pār; to lean o. the table — noliekties pār galdu; 3. pa; all o. the country — pa visu valsti; 4. vairāk par; o. three years — vairāk

par trim gadiem; 5. viņpus;
otrpus

overall [ˈəuvərɔːl] I *n* 1. virs-
valks; 2.: ~s *pl* — kom-
binezons; II *a* visaptve-
rošs; o. planning — ģene-
rālā plānošana

overboard [ˈəuvəbɔːd] *adv*
pār bortu; to fall o. — pār-
krist pār bortu

overcame *p no* overcome

overcast [ˌəuvəˈkɑːst] *a* ap-
mācies

overcoat [ˈəuvəkəut] *n* mē-
telis

overcome [ˌəuvəˈkʌm] *v* (*p*
overcame [ˌəuvəˈkeim];
p. p. overcome [ˌəuvə-
ˈkʌm]) 1. uzveikt, uzvarēt;
2. pārņemt (*par jūtām*)

overdue [ˌəuvəˈdjuː] *a* 1. no-
kavējies; the train is o. —
vilciens kavējas; 2. (*par
maksājumu*) nokavēts

over-estimate [ˌəuvərˈesti-
meit] *v* pārvērtēt, par aug-
stu novērtēt

overflow [ˌəuvəˈfləu] *v*
1. plūst pāri malām;
2. pārplūst (*par upi*)

overhead I *a* [ˈəuvəhed]
augšējs; gaisa-; virsze-
mes-; o. cable — virsze-
mes kabelis; II *adv*
[ˈəuvəˈhed] augšā; virs
galvas

overhear [ˌəuvəˈhiə] *v* (*p un
p. p.* overheard [ˌəuvə-
ˈhəːd]) 1. noklausīties;
2. nejauši dzirdēt

overheard *p un p. p. no*
overhear

overload [ˌəuvəˈləud] I *n*
pārslodze; II *v* pārslogot

overlook [ˌəuvəˈluk] *v* 1. ne-
ievērot; palaist garām;
2. pārredzēt; the windows
o. the garden — logi ir
dārza pusē

overnight [ˌəuvəˈnait] I *a*
1. vienas nakts-; an o.
stop — apstāšanās uz vie-
nu nakti; 2. pēkšņs; negai-
dīts; an o. sensation — ne-
gaidīta sensācija; II *adv*
1. pa nakti; to stay o. —
pārnakšņot; 2. pēkšņi; uz-
reiz

overpass [ˈəuvəpɑːs] *n amer*
gaisa tilts; estakāde

overpopulation [ˌəuvəˌpɔpju-
ˈleiʃən] *n* pārapdzīvotība

overproduction [ˌəuvəprə-
ˈdʌkʃən] *n* pārprodukcija

oversea [s] [ˌəuvəˈsiːz] I *a*
aizjūras-; ārzemju-; o.
trade — ārējā tirdzniecība;
II *adv* pāri jūrai

overshoe [ˈəuvəʃuː] *n* galoša;
bote

overtake [ˌəuvəˈteik] *v* (*p*
overtook [ˌəuvəˈtuk]; *p. p.*
overtaken [ˌəuvəˈteikən])
1. panākt; apdzīt; 2. pār-
steigt (*nesagatavotu*)

overtaken *p. p. no* overtake

overthrew *p no* overthrow

overthrow [ˌəuvəˈθrəu] *v*
(*p* overthrew [ˌəuvəˈθruː];
p. p. overthrown [ˌəuvə-
ˈθrəun]) gāzt (*piem., val-
dību*)

overthrown *p. p. no* over-
throw

overtime [ˈəuvətaim] *n*
1. virsstundas; to work
o. — strādāt virsstundas;
2. *sp* papildlaiks

overtook *p no* overtake
overture ['əuvətjuə] *n múz*
uvertīra
overwhelm ['əuve'welm] *v*
1. pārplūdināt; 2. sagraut,
satriekt *(ienaidnieku);*
3. pārņemt *(par jūtām)*
overwhelming [,əuvə'welmiŋ]
a 1. milzīgs; bezgalīgs;
2. nomācošs; o. majority —
lielum lielais vairums
overwork ['əuvəwəːk] I *n*
pārslodze; II *v* [,əuvə-
'wəːk] pārstrādāties, pār-
pūlēties
owe [əu] *v* 1. būt parādā;
how much do I o. you? —
cik es esmu jums parādā?;
2. būt pateicību parādā; we
o. that to him — par to
mums jāpateicas viņam

owing ['əuiŋ] *a:* o. to — pa-
teicoties; dēļ
owl [aul] *n* pūce
own [əun] I *a* paša; savs;
II *v* 1. piederēt; he ~s a
house — viņam pieder mā-
ja; 2. atzīt; to o. one's
faults — atzīt savus trūku-
mus
owner ['əunə] *n* īpašnieks
ownership ['əunəʃip] *n* īpa-
šuma tiesības
ox [ɔks] *n (pl* oxen ['ɔksən])
vērsis
oxen *pl no* ox
oxide ['ɔksaid] *n ķīm* oksīds
oxygen ['ɔksidʒən] *n ķīm*
skābeklis
oyster ['ɔistə] *n* austere

Pp

pace [peis] I *n* 1. solis;
2. gaita; solis; to put on
p. — pielikt soli; ◇ to
keep p. *(with)* — iet kop-
solī; to set the p. — uzdot
toni; II *v* soļot
pacific [pə'sifik] *a* mierīgs;
miermīlīgs
pack [pæk] I *n* 1. sainis;
paka; 2. *(suņu, vilku)*
bars; 3. *(kāršu)* kom-
plekts; II *v* 1. saiņot; kra-
vāt; 2. kravāties; to p.
up — sakravāties
package ['pækidʒ] *n* 1. sai-
nis; 2. iesaiņojums
packet ['pækit] *n* sainītis;
paciņa; a p. of cigaret-
tes — cigarešu paciņa

pact [pækt] *n* pakts, līgums;
non-aggression p. — neuz-
brukšanas līgums; to enter
into a p. — noslēgt lī-
gumu
pad [pæd] I *n* 1. polste-
ris; 2. piezīmju bloks;
II *v* polsterēt
paddle ['pædl] I *n* smailītes
airis; II *v* smaiļot
padlock ['pædlɔk] *n* pieka-
ramā slēdzene
page [peidʒ] *n* lappuse
paid *p un p. p. no* pay II
pail [peil] *n* spainis
pain [pein] *n* 1. sāpes;
2.: ~s *pl* — pūles; to take
~s — pielikt pūles; to

spare no ~s — nežēlot pūļu

painful ['peinful] *a* 1. sāpīgs; 2. smags; mokošs; p. problem — sasāpējis jautājums

pain-killer ['pein,kilə] *n sar* sāpes remdinošs līdzeklis

paint [peint] **I** *n* krāsa; krāsojums; **II** *v* 1. krāsot; 2. gleznot

painter ['peintə] *n* 1. gleznotājs; 2. krāsotājs

painting ['peintiŋ] *n* 1. glezniecība; 2. glezna

pair [pɛə] *n* pāris; p. of gloves — cimdu pāris

pal [pæl] *n sar* biedrs, draugs

palace ['pælis] *n* pils

pale [peil] *a* bāls

palmᵃ [paːm] *n* plauksta

palmᵇ [paːm] *n* palma

pamphlet ['pæmflit] *n* 1. brošūra; 2. pamflets

pan [pæn] *n* panna

pancake ['pænkeik] *n* pankūka

pane [pein] *n (loga)* rūts

panel ['pænl] *n* 1. panelis; 2. speciālistu grupa; p. of experts — ekspertu komisija; 3. *(radio vai televīzijas)* diskusijas dalībnieki

pang [pæŋ] *n* pēkšņas sāpes; ~s of conscience — sirdsapziņas pārmetumi

panic ['pænik] *n* panika

pansy ['pænzi] *n* 1. *bot* atraitnīte; 2. *sar* homoseksuālists

panther ['pænθə] *n* pantera

pantie-girdle ['pænti'gəːdl] *n* zeķturbiksītes

panties ['pæntiz] *n pl sar* *(sieviešu, bērnu)* biksītes

pants [pænts] *n pl* 1. *(vīriešu)* bikses; 2. apakšbiksꞔes

pantyhose ['pæntihəuz] *n amer* zeķbikses

paper ['peipə] *n* 1. papīrs; 2. laikraksts; 3.: ~s *pl* — dokumenti; 4. *(zinātnisks)* referāts; 5. *(eksāmena)* biļete

paperback ['peipəbæk] *n* brošēta grāmata

parachute ['pærəʃuːt] *n* izpletnis

parade [pə'reid] *n* parāde; skate; fashion p. — modes skate

paradise ['pærədais] *n* paradīze

paragraph ['pærəgraːf] *n* 1. rindkopa; 2. paragrāfs

parallel ['pærəlel] **I** *n* paralēle; **II** *a* paralēls; p. bars *sp* — līdztekas

paralyse ['pærəlaiz] *v* paralizēt

parcel ['paːsl] *n* 1. sainis; paka; 2. *(pasta)* sūtījums; ◊ part and p. *(of)* — *(kā)* neatņemama daļa

pardon ['paːdn] **I** *n* piedošana; I beg your p.! — lūdzu, piedodiet!; **II** *v* piedot

parents ['pɛərənts] *n pl* vecāki

park [paːk] **I** *n* 1. parks; 2. *(automašīnu)* stāvvieta; **II** *v* novietot stāvvietā *(automašīnu)*

parking ['paːkiŋ] *n (automašīnu)* stāvvieta; no

p.l — automašīnām stāvēt aizliegtsl (*uzraksts*)

parliament ['paːləmənt] *n* parlaments

parlour ['paːlə] *n* 1. maza viesistaba; 2. salons; ateljē; beauty p. — skaistumkopšanas salons

parody ['pærədi] *n* parodija

parquet ['paːkei] *n* parkets

parrot ['pærət] *n* papagailis

parsley ['paːsli] *n* pētersīlis; pētersīļi

part [paːt] **I** *n* 1. daļa; for the most p. — pa lielākai daļai; in p. — daļēji; 2.: ~s *pl* — apvidus; puse; 3. līdzdalība; to take p. (*in*) — piedalīties; 4. loma; to play a p. — tēlot lomu; 5. puse (*sarunās*); to take smb.'s p. — nostāties kāda pusē; for my p. — kas attiecas uz mani; 6.: ~s of speech *gram* — vārdu šķiras; **II** *v* 1. sadalīt; atdalīt; 2. šķirt; 3. šķirties; let's p. friendsl — šķirsimies kā draugil

partial ['paːʃəl] *a* 1. daļējs; 2. neobjektīvs

participate [paɪ'tisipeit] *v* piedalīties

participation [paɪˌtisi'peiʃn] *n* [līdz]dalība

participle ['paːtisipl] *n gram* divdabis

particular [pə'tikjulə] **I** *n* sīkums; detaļa; to go into ~s — iedziļināties sīkumos; **II** *a* 1. sevišķs; īpašs; for no p. reason — bez īpaša iemesla; 2. sīks; detalizēts; 3. izvēlīgs; not

to be p. about one's food — nebūt izvēlīgam ēšanā ▴

particularly [pə'tikjuləli] *adv* sevišķi

parting ['paːtiŋ] *n* 1. šķiršanās; atvadīšanās; at p. — šķiroties; 2. (*matu*) celiņš

partisan [ˌpaːti'zæn] *n* 1. piekritējs, atbalstītājs; 2. partizāns

partition [paɪ'tiʃən] *n* 1. atdalīšana, nodalīšana; 2. šķērssiena; 3. nodalījums (*skapī, somā*)

partly ['paːtli] *adv* daļēji

partner ['paːtnə] *n* 1. kompanjons, līdzdalībnieks; 2. (*dejas, spēles*) partneris

partridge ['paːtridʒ] *n* irbe

part-time ['paːt'taim] *a:* to be employed p.-t. — strādāt nepilnu darba dienu

part-timer ['paːt'taimə] *n* darbinieks, kas strādā nepilnu darba dienu

party ['paːti] *n* 1. partija; p. card — partijas biedra karte; p. member — partijas biedrs; 2. grupa; komanda; nodaļa; 3. sabiedrība; 4. viesības; to give a p. — sarīkot viesības

pass [paːs] **I** *n* 1. eja; ceļš; 2. (*kalnu*) pāreja; 3. (*eksāmena*) nokārtošana; 4. brīvbiļete; kontramarka; caurlaide; 5. *sp* piespēle; **II** *v* 1. iet (braukt) garām; 2. šķērsot; 3. nokārtot (*eksāmenu*); 4. padot, pasniegt; 5. (*par laiku*) paiet; time ~es quickly — laiks aizrit ātri; 6. pavadīt (*lai-*

ku); **7.** *sp* piespēlēt; to p. away — nomirt

passage ['pæsidʒ] *n* **1.** iešana; braukšana; **2.** brauciens; sea p. — jūras brauciens; to book one's p. — nopirkt kuģa biļeti; **3.** *(gājputnu)* pārlidojums; bird of p. — gājputns; **4.** eja; galerija; **5.** *(teksta)* fragments, izvilkums

passenger ['pæsindʒə] *n* pasažieris

passer-by ['paːsə'bai] *n* garāmgājējs

passion ['pæʃən] *n* **1.** kaislība; aizraušanās; **2.** *(dusmu, niknuma)* izvirdums; to fly into p. — saniknoties

passionate ['pæʃənit] *a* kaislīgs; aizrautīgs

passive ['pæsiv] *a* **1.** pasīvs; **2.** *gram* ciešamās kārtas-; p. voice — ciešamā kārta

passport ['paːspɔːt] *n* pase

password ['paːswəːd] *n* parole

past [paːst] **I** *n* pagātne; **II** *a* pagājis; **III** *adv* garām; to walk p. — paiet garām; **IV** *prep* **1.** pēc; pāri; half p. two — pustrīs; he is p. sixty — viņam ir pāri par sešdesmit; **2.** gar

paste [peist] **I** *n* **1.** *kul* mīkla; **2.** pasta; **3.** klīsteris; **II** *v* pielīmēt, uzlīmēt; salīmēt

pasteboard ['peistbɔːd] *n* kartons

pastel [pæs'tel] *n* **1.** pasteļkrīti; **2.** pasteļglezna, pastelis

pastime ['paːstaim] *n* laika kavēklis

pastry ['peistri] *n* konditorejas izstrādājumi *(kūkas, cepumi u. tml.)*

pastry-cook ['peistrikuk] *n* konditors

pasture ['paːstʃə] *n* ganības

pasty ['pæsti] *n (gaļas, ābolu)* pīrāgs

patch [pætʃ] **I** *n* **1.** ielāps; **2.** plankums; **II** *v* lāpīt; likt ielāpus

patent ['peitənt] **I** *n* patents; **II** *a* **1.** skaidrs; nepārprotams; **2.** patentēts; p. leather — lakāda

path [paːθ] *n* taka

pathetic [pə'θetik] *a* aizkustinošs; žēls

patience ['peiʃəns] *n* pacietība

patient ['peiʃənt] **I** *n* pacients, slimnieks; **II** *a* pacietīgs

patriot ['peitriət] *n* patriots

patriotic [ˌpætri'ɔtik] *a* patriotisks; the Great P. War — Lielais Tēvijas karš

patriotism ['pætriətizəm] *n* patriotisms

patrol [pə'trəul] *n* patruļa

patron ['peitrən] *n* **1.** patrons; atbalstītājs; **2.** klients

patronymic [ˌpætrə'nimik] *n* tēvvārds

pattern ['pætən] *n* **1.** modelis, paraugs; **2.** piegrieztne; **3.** *(auduma)* raksts, zīmējums

patty ['pæti] *n* pīrādziņš; plācenītis

pause [pɔːz] **I** *n* pauze; pārtraukums; **II** *v* apstāties

pave [peiv] *v* bruģēt

pavement ['peivmənt] *n* 1. ietve, trotuārs; 2. *amer* bruģis; concrete p. — betona ceļa segums

pavilion [pə'viljən] *n* paviljons

paw [pɔː] *n* ķepa, ķetna

pawnᵃ [pɔːn] *n (šahā)* bandinieks

pawnᵇ [pɔːn] **I** *n* ķīla; **II** *v* ieķīlāt

pawnshop ['pɔːnʃɔp] *n* lombards

pay [pei] **I** *n* 1. [sa]maksa; 2. alga; what's your p.? — kāda jums ir alga?; **II** *v* (*p un p. p.* paid [peid]) 1. [sa]maksāt; to p. in cash — maksāt skaidrā naudā; 2. atlīdzināt; 3. atmaksāties; 4. veltīt, parādīt (*godu u. tml.*); to p. attention — pievērst uzmanību

pay-day ['peidei] *n* algas diena

payment ['peimənt] *n* maksājums; samaksa

pea [piː] *n* zirnis; sweet ~s — puķuzirnīši

peace [piːs] *n* 1. miers; to make p. — noslēgt mieru; p. movement — miera piekritēju kustība; p. campaigner — miera piekritējs; 2. miers; klusums

peaceful ['piːsful] *a* mierīgs

peace-lover ['piːs,lʌvə] *n* miera piekritējs

peace-loving ['piːs,lʌviŋ] *a* mieru mīošs; p.-l. nations — mieru mīošas tautas

peach [piːtʃ] *n* persiks

peacock ['piːkɔk] *n* pāvs

peak [piːk] *n* 1. smaile; 2. *(kalna)* galotne; ◇ p. hours — maksimumstundas

peanut ['piːnʌt] *n* zemesrieksts

pear [pɛə] *n* bumbieris

pearl [pɔːl] *n* pērle

pearl-barley ['pɔːl'baːli] *n* grūbas

peasant ['pezənt] *n* zemnieks

peasantry ['pezəntri] *n* zemniecība

peat [piːt] *n* kūdra

pebble ['pebl] *n* olīs

peculiar [pi'kjuːljə] *a* 1. īpašs, sevišķs; 2. savāds, dīvains

peculiarity [pi,kjuːli'æriti] *n* 1. īpatnība; 2. savādība, dīvainība

pedestrian [pi'destriən] *n* gājējs; p. crossing — gājēju pāreja

peel [piːl] **I** *n (augļa, kartupeļa)* miza; **II** *v* 1. mizot; lobīt; 2. lobīties

peer [piə] *n* 1. pērs, lords; 2. līdzinieks

peg [peg] *n* 1. spunde; tapa; 2. vadzis; pakaramais

pelican ['pelikən] *n* pelikāns

pen [pen] *n* rakstāmspalva

penalty ['penlti] *n* sods; death p. — nāvessods; p. area *sp* — soda laukums; p. kick *sp* — soda sitiens

pence *pl no* penny

pencil ['pensl] *n* zīmulis

penetrate ['penitreit] *v* ie-kļūt; iespiesties

pen-friend ['penfrend] *n* vēstuļu draugs

penguin ['peŋgwin] *n* pingvīns

penholder ['pen,həuldə] *n* spalvaskāts

peninsula [pi'ninsjulə] *n* pussala

penknife ['pennaif] *n* spalvu nazītis

pen-name ['penneim] *n* pseidonīms

penny ['peni] *n* (*pl* pence [pens] penijs, penss

penny-in-the-slot ['peniinðə-'slɔt] *n* (*tirdzniecības*) automāts

pension ['penʃən] *n* pensija

pentagon ['pentəgən] *n* 1. *mat* piecstūris; 2.: the P. — Pentagons, ASV kara ministrija

pentathlon [pen'tæθlən] *n* *sp* pieccīņa

people ['piːpl] *n* 1. tauta, nācija; 2. cilvēki, ļaudis; country p. — lauku ļaudis; young p. — jaunieši; p. say that... — ļaudis runā, ka...

pepper ['pepə] *n* pipari

pepperbox ['pepəbɔks] *n* piparnīca

peppermint ['pepəmint] *n* 1. piparmētra; 2. piparmētru konfekte

per [pəː] *prep* 1. pa; caur; p. post — pa pastu; 2. uz; par; p. man — uz katru cilvēku; how much are eggs p. dozen? — cik maksā ducis olu?; sixty miles p. hour — sešdesmit jūdžu stundā

per cent [pə'sent] *n* procents

percentage [pə'sentidʒ] *n* procents; daļa

perch [pəːtʃ] *n* asaris

percolator ['pəːkəleitə] *n* kafijkanna ar sietiņu

percussion [pə'kʌʃn] *n* sitamie instrumenti

percussionist [pə'kʌʃnist] *n* bundzinieks

perfect I *a* ['pəːfikt] 1. teicams; nevainojams; 2. pilnīgs, absolūts; p. tenses *gram* — saliktie laiki; II *v* [pə'fekt] uzlabot; pilnveidot

perfection [pə'fekʃən] *n* 1. pilnveidošana; 2. pilnība

perform [pə'fɔːm] *v* 1. izdarīt; paveikt; to p. one's task — veikt savu uzdevumu; 2. izrādīt (*lugu*); atveidot (*lomu*)

performance [pə'fɔːməns] *n* 1. veikšana; 2. (*piem., skaņdarba*) atskaņojums; 3. izrāde; two ~s a day — divas izrādes dienā

perfume I *n* ['pəːfjuːm] 1. smarža, aromāts; 2. smaržas; II *v* [pə'fjuːm] iesmaržot

perhaps [pə'hæps, præps] *adv* varbūt, iespējams

period ['piəriəd] *n* 1. periods; laikposms; 2. laikmets; 3. *sar* mēnešreize

periodical [,piəri'ɔdikəl] I *n* periodisks izdevums; II *a* periodisks perish ['periʃ] v iet bojā

perm [pəːm] n sar (sais. no permanent wave) ilgviļņi

permanent ['pəːmənənt] a pastāvīgs; ilgstošs; p. residence — pastāvīga dzīvesvieta; p. wave — ilgviļņi

permission [pə'miʃən] n atļauja

permit I n ['pəːmit] 1. (rakstveida) atļauja; 2. caurlaide; II v [pə'mit] atļaut

perpendicular [,pəːpən-'dikjulə] a perpendikulārs

perpetual [pə'petʃuəl] a nepārtraukts; pastāvīgs

perplex [pə'pleks] v 1. apmulsināt; 2. sarežģīt

persecute ['pəːsikjuːt] v vajāt

perseverance [,pəːsi'viərəns] n neatlaidība

Persian ['pəːʃən] I n 1. persietis; persiete; 2. persiešu valoda; II a persiešu-

persist [pə'sist] v 1. (in) neatkāpties (no kā); to p. in one's opinion — neatkāpties no sava uzskata; 2. saglabāties; pastāvēt

persistent [pə'sistənt] a neatlaidīgs

person ['pəːsn] n persona; cilvēks; in p. — personiski

personal ['pəːsnl] a 1. personisks; p. opinion — personisks viedoklis; 2. gram personas-; p. pronoun — personas vietniekvārds

personality [,pəːsə'næliti] n personība

personnel [,pəːsə'nel] n personāls; kadri; p. department — kadru daļa

perspire [pəs'paiə] v svīst

persuade [pə'sweid] v (in) pārliecināt

pest [pest] n parazīts; kaitēklis; p. control — cīņa ar kaitēkļiem

pesticide ['pestisaid] n lauks pesticīds

pet [pet] I n 1. iemīļots mājdzīvnieks (suns, kaķis); 2. mīlulis; luteklis; p. name — mīlināmais vārds; ◇ ~'s corner — dzīvās dabas stūrītis (skolā); II v apmīļot

petal ['petl] n ziedlapa

petition [pi'tiʃən] n petīcija, lūgums

petrol ['petrəl] n benzīns; p. station — degvielas iepildes stacija

petroleum [pi'trəuljəm] n nafta

petticoat ['petikəut] n apakšsvārki

petty ['peti] a sīks; nenozīmīgs; p. larceny — sīka zādzība

pharmacy ['faːməsi] n 1. farmācija; 2. aptieka

phase [feiz] n fāze

pheasant ['feznt] n fazāns

phenomena pl no phenomenon

phenomenon [fi'nɔminən] n (pl phenomena [fi'nɔminə]) parādība, fenomens

philharmonic [,filaː'mɔnik] a: ph. society — filharmonija

philology [fi'lɔlədʒi] n filoloģija

philosophy [fi'lɔsəfi] *n* filo-
zofija
phone [fəun] *sar (saīs. no*
telephone) **I** *n* telefons; on
the ph. — pie telefona; by
the ph. — pa telefonu; to
get smb. on the ph. — sa-
zvanīt kādu; to hang up
the ph. — nolikt klausuli;
II *v* zvanīt pa telefonu
phone-booth ['fəun₁buːð] *n*
(telefona) automāts
phoney ['fəuni] *sar* **I** *n*
1. viltojums; **2.** blēdis;
krāpnieks; **II** *a* viltots; ne-
īsts
photo ['fəutəu] *n sar saīs.*
no **photograph I**
photograph ['fəutəgraːf] **I** *n*
fotogrāfija, fotoattēls; **II** *v*
fotografēt
photographer [fə'tɔgrəfə] *n*
fotogrāfs
photography [fə'tɔgrəfi] *n*
fotogrāfija, fotografēšana
phrase [freiz] *n* frāze
phrase-book ['freizbuk] *n* sa-
runvārdnīca
physical ['fizikəl] *a* fizisks;
fizikāls
physician [fi'ziʃən] *n* ārsts
physicist ['fizisist] *n* fiziķis
physics ['fiziks] *n* fizika
pianist ['piənist] *n* pianists
piano [pi'ænəu] *n* klavieres
pick [pik] *v* **1.** lasīt, plūkt
(augļus, ziedus); **2.** bak-
stīt; urbināt; **3.** knābāt;
4. izvēlēties; izmeklēt; to p.
and choose — būt izvēlī-
gam; to p. **up** — **1)** pa-
celt; **2)** uzņemt *(pasažieri);*
I'll p. you up at two — es
aizbraukšu jums pakaļ

pulksten divos; ◇ to p. a
quarrel — meklēt ķildu
pickle ['pikl] **I** *n* **1.** sālī-
jums; marināde; **2.**: ∼s
pl — marinēti dārzeņi;
II *v* sālīt; marinēt
pick-up ['pikʌp] *n* pikaps
(maza kravas automašīna)
pictorial [pik'tɔːriəl] **I** *n*
ilustrēts žurnāls; **II** *a* ilus-
trēts
picture ['piktʃə] *n* **1.** glezna;
2. ilustrācija; attēls; p.
postcard — mākslas at-
klātne; **3.**: the ∼s *pl* —
kino
picture-book ['piktʃəbuk] *n*
bilžu grāmata
picture-gallery ['piktʃə-
₁gæləri] *n* gleznu galerija
picturesque [₁piktʃə'resk] *a*
gleznains
pie [pai] *n* pīrāgs
piece [piːs] *n* **1.** gabals; daļa;
p. of land — zemes ga-
bals; to break smth. to
∼s — sasist ko druskās;
2. *(mākslas, literārs)*
darbs; p. of music — skaņ-
darbs
piece-goods ['piːsgudz] *n pl*
gabalpreces
piece-work ['piːswəːk] *n*
gabaldarbs
pier [piə] *n* **1.** mols; viļņ-
lauzis; **2.** *(tilta)* balsts
pierce [piəs] *v* izdurt, caur-
urbt
pig [pig] *n* cūka; sivēns
pigeon ['pidʒin] *n* balodis
pigsty ['pigstai] *n* cūkkūts
pike [paik] *n* līdaka
pile [pail] **I** *n* kaudze; grē-
da; **II** *v* sakraut kaudzē

pill [pil] *n* 1. pilula, zāļu zirnītis; 2.: the p. — pretapaugļošanās tabletes; to go on the p. — lietot pretapaugļošanās tabletes

pillow ['piləu] *n* spilvens

pillow-case ['piləukeis] *n* spilvendrāna

pilot ['pailət] I *n* 1. pilots, lidotājs; 2. locis; II *a* izmēģinājuma-; eksperimentāls; p. model — izmēģinājuma modelis; p. plant — eksperimentāla rūpnīca; III *v* pilotēt

pin [pin] I *n* kniepadata; II *v (up, on)* piespraust

pincers ['pinsəz] *n pl* knaibles

pinch [pintʃ] *v* 1. iekniebt; sakniebt; 2. spiest *(par apaviem)*

pine [pain] *n* priede

pineapple ['pain,æpl] *n* ananass

pink [piŋk] *a* sārts, rožains

pint [pint] *n* pinte *(0,57 l)*

pin-up ['pinʌp] *n (pie sienas piesprausta)* skaistules fotogrāfija

pioneer [,paiə'niə] *n* pioneris

pious ['paiəs] *a* dievbijīgs, dievticīgs

pip [pip] *n (augļa)* sēkla

pipe [paip] *n* 1. caurule; cauruļvads; the ~s *amer* — radiatori; 2. pīpe; 3. stabule; svilpe

pipeline ['paiplain] *n* cauruļvads

pistol ['pistl] *n* pistole

pit [pit] *n* 1. bedre; 2. šahta; karjers

pity ['piti] I *n* žēlums; līdzjūtība; to take (have) p. *(on)* — apžēloties; what a p.! — cik žēl!; II *v* žēlot; just līdzi

placard ['plækaːd] *n* plakāts; afiša

place [pleis] I *n* 1. vieta; 2. dzīvesvieta; come round to my p. tonight! — atnāc pie manis šovakar!; 3. apdzīvota vieta; 4. *sp* viena no pirmajām vietām *(sacīkstēs);* ◇ in the first p. — pirmkārt; to take p. — notikt; II *v* 1. nolikt; novietot; 2. *sp:* to be ~d — pienākt pie finiša trīs pirmo skaitā

place-name ['pleisneim] *n* vietvārds

plaid [plæd] *n (skotu)* pleds

plain [plein] I *n* līdzenums; II *a* 1. skaidrs; saprotams; 2. vienkāršs; parasts; p. food — vienkārša barība; 3. atklāts; vaļsirdīgs; in p. words — atklāti; ◇ it will be all p. sailing — viss ritēs gludi

plait [plæt] *n (matu)* pīne

plan [plæn] I *n* plāns; II *v* plānot

plane [plein] *n* 1. plakne; 2. *sar* lidmašīna

planet ['plænit] *n* planēta

plank [plæŋk] *n* dēlis

planned [plænd] *a* plānveida-; p. production — plānveida ražošana

planta [plaːnt] I *n* augs; stāds; II *v* stādīt, dēstīt

plantb [plaːnt] *n* 1. rūpnīca; fabrika; 2. iekārta

plantation [plæn'teiʃən] *n* 1. plantācija; 2. stādījumi

planter ['plɑːntə] *n* 1. plantators; 2. stādāmā mašīna

plaque [plɑːk] *n* (piemiņas) plāksne

plaster ['plɑːstə] I *n* 1. apmetums; 2. plāksteris; II *v* 1. apmest (sienas); 2. uzlikt plāksteri

plastic ['plæstik] I *n* 1. plastmasa; 2. plastika; II *a* 1. plastmasas-; 2. plastisks

plasticine ['plæstisiːn] *n* plastilīns

plate [pleit] *n* 1. šķīvis; 2. sudraba (zelta) trauki; 3. (krāsaina) ielīme; ilustrācija (uz atsevišķas lapas); 4. fotoplate; 5. (metāla) plāksne

plate-rack ['pleitræk] *n* trauku žāvējamais

platform ['plætfɔːm] *n* 1. perons; 2. (runātāja) tribīne

play [plei] I *n* 1. rotaļa; 2. luga; ◇ fair p. — godīga rīcība; p. on words — vārdu rotaļa; II *v* 1. rotaļāties; 2. spēlēt; 3. tēlot (lomu)

playback ['pleibæk] *n* (skaņu ieraksta) atskaņojums

playbill ['pleibil] *n* (teātra) afiša

playground ['pleigraund] *n* rotaļu laukums

play-off ['plei'ɔf] *n sp* izšķiroša spēle

playwright ['pleirait] *n* dramaturgs

plead [pliːd] *v* 1. *jur* aizstāvēt; 2. *jur* griezties tiesā; to p. guilty — atzīt savu vainu; to p. not guilty — noliegt savu vainu; 3. (with) ļoti lūgt; lūgties

pleasant ['pleznt] *a* patīkams, jauks

please [pliːz] *v* 1. iepriecināt; to be ~d — būt apmierinātam; 2. labpatikt; do as you p. — dariet, kā jums tīk; come in, p.! — lūdzu, nāciet iekšā!; go on, p.! — lūdzu, turpiniet!

pleasure ['pleʒə] *n* prieks; patika; to take p. in doing smth. — darīt ko ar prieku

pleat [pliːt] *n* ieloce; plisējums; ~ed skirt — plisēti svārki

pledge [pledʒ] I *n* 1. ķīla; galvojums; to put in p. — ieķīlāt; 2. solījums; apņemšanās; II *v* 1. ieķīlāt; 2. solīt; apņemties

plenty ['plenti] *n* pārpilnība; we have p. of time — mums ir ļoti daudz laika

plexiglass ['pleksiglɑːs] *n* organiskais stikls

plight [plait] *n* grūts stāvoklis; to be in a sorry p. — būt bēdīgā stāvoklī

plimsolls ['plimsəlz] *n pl* teniskurpes

plot [plɔt] I *n* 1. (neliels) zemes gabals; 2. sižets; fabula; 3. sazvērestība; intriga; II *v* rīkot sazvērestību; vērpt intrigas

plough [plau] I *n* arkls; II *v* art

pluck [plʌk] *v* plūkt

plug [plʌg] *n* 1. aizbāznis; tapa; 2. *el* kontaktdakša

plum [plʌm] *n* plūme

plumber ['plʌmə] *n* sanitār-tehniķis

plumbing ['plʌmiŋ] *n* ūdens-vads, ūdensvadu sistēma *(ēkā)*

plump [plʌmp] *a* tukls

plunder ['plʌndə] I *n* 1. laupīšana; 2. laupījums; II *v* laupīt

plunge [plʌndʒ] I *n* 1. ie-niršana; 2. iegremdēšana; II *v* 1. ienirt; 2. iegrem-dēt

plural ['pluərəl] *n gram* daudzskaitlis

plus [plʌs] I *n* pluss, plusa zīme; II *prep* plus

plywood ['plaiwud] *n* finie-ris; saplāksnis

pneumatic [nju(ː)'mætik] *a* pneimatisks

pneumonia [nju(ː)'məunjə] *n med* pneimonija, plaušu karsonis

pocket ['pɔkit] *n* kabata

pocket-boot ['pɔkitbuk] *n* piezīmju grāmatiņa

pocket-size ['pɔkitsaiz] *a* kabatformāta-; p.-s. edi-tion — kabatformāta izde-vums

poem ['pəuim] *n* poēma; dzejolis

poet ['pəuit] *n* dzejnieks

poetry ['pəuitri] *n* poēzija, dzeja

point [pɔint] I *n* 1. smaile; gals; 2. punkts; 3. būtība; galvenais; to come to the p. — nonākt pie galvenā;

◆ p. of view — uzskats; to gain one's p. — sasniegt mērķi; in p. of fact — pa-tiesībā; II *v* 1. rādīt; no-rādīt *(ar pirkstu)*; 2. tē-mēt; 3. [uz] asināt *(zī-muli)*; to p. out — norā-dīt

pointed ['pɔintid] *a* 1. ass, smails; 2. dzēlīgs

poison ['pɔizn] I *n* inde; II *v* 1. noindēt; 2. sain-dēt

poisonous ['pɔiznəs] *a* in-dīgs

polar ['pəulə] *a* polārs; p. circle — polārloks; p. bear — leduslācis

Pole [pəul] *n* polis; poliete

pole[a] [pəul] *n* kārts

pole[b] [pəul] *n* pols

polecat ['pəulkæt] *n* sesks

pole-star ['pəulstaː] *n* Polār-zvaigzne

pole-vault ['pəul,vɔːlt] *n sp* kārtslēciens

pole-vaulting ['pəul,vɔːltiŋ] *n sp* kārtslēkšana

police [pə'liːs] *n* policija

policeman [pə'liːsmən] *n* po-licists

police-station [pə'liːs'steiʃən] *n* policijas iecirknis

policy[a] ['pɔlisi] *n* politika; peace p. — miera politika

policy[b] ['pɔlisi] *n (apdroši-nāšanas)* polise

polio ['pəuliəu] *n sar* bērnu trieka

Polish ['pəuliʃ] I *n* poļu va-loda; II *a* poļu-

polish ['pɔliʃ] I *n* 1. pulē-jums; 2. politūra; shoe p. — apavu krēms; floor

p. — grīdu vasks; **II** *v*
1. pulēt; **2.** spodrināt
(apavus)
polite [pə'lait] *a* pieklājīgs
politeness [pə'laitnis] *n* pie-
klājība
political [pə'litikəl] *a* poli-
tisks
politician [,pɔli'tiʃən] *n* po-
litiķis
politics ['pɔlitiks] *n* politika
poll [pəul] **I** *n* **1.** balso-
šana; to go to the ~s —
iet vēlēt; public opinion
p. — sabiedriskās domas
aptauja; **2.** vēlētāju sa-
raksts; **3.** balsu skaits;
heavy p. — liels balsu
skaits; **II** *v* balsot
polling ['pəuliŋ] *n* balsošana
polling-booth ['pəuliŋ'bu:ð] *n*
balsošanas kabīne
pollute [pə'lu:t] *v* piesārņot
pollution [pə'lu:ʃən] *n* pie-
sārņošana
polymer ['pɔlimə] *n* ķīm po-
limērs
polytechnic [,pɔli'teknik] **I** *n*
politehnikums; **II** *a* politeh-
nisks
pomegranate ['pɔm,grænit] *n*
granātābols
pond [pɔnd] *n* dīķis
pony ['pəuni] *n* ponijs
poodle ['pu:dl] *n* pūdelis
poola [pu:l] *n* **1.** peļķe;
2. baseins
poolb [pu:l] *n* kopējs fonds;
kopēja kase
poor [puə] *a* **1.** nabadzīgs;
2. nelaimīgs; nabaga-; p.
fellow! — nabadziņš!;
3. slikts; p. health — vāja

veselība; of p. quality —
sliktas kvalitātes-
pop [pɔp] *a sar (saīs. no* **po-
pular**): p. music — popmū-
zika; p. art — popmāksla
pope [pəup] *n* pāvests
poplar ['pɔplə] *n* papele
poppy ['pɔpi] *n* magone
popular ['pɔpjulə] *a* **1.** tau-
tas-; p. government — tau-
tas valdība; **2.** populārs
popularity [,pɔpju'læriti] *n*
popularitāte
population [,pɔpju'leiʃən] *n*
iedzīvotāji
porcelain ['pɔːsəlin] *n* por-
celāns
porch [pɔːtʃ] *n* **1.** lievenis;
2. *amer* veranda; terase
pork [pɔːk] *n* cūkgaļa
porridge ['pɔridʒ] *n (auzu)*
biezputra
porta [pɔːt] *n* osta
portb [pɔːt] *n* portvīns
portable ['pɔːtəbl] *a* porta-
tīvs, pārnēsājams
portera ['pɔːtə] *n* šveicars
porterb ['pɔːtə] *n* nesējs
portion ['pɔːʃən] *n* **1.** daļa,
tiesa; **2.** porcija
portrait ['pɔːtrit] *n* portrets
Portuguese [,pɔːtju'giːz] **I** *n*
1. portugālis; portugāliete;
2. portugāļu valoda; **II** *a*
portugāļu-
pose [pəuz] **I** *n* poza; **II** *v*
1. nostādīt pozā; **2.** pozēt;
3. izvirzīt *(problēmu)*
position [pə'ziʃən] *n* **1.** po-
zīcija, vieta; **2.** pozīcija,
stāvoklis; **3.** amats, vieta
positive ['pɔzətiv] *a* **1.** po-
zitīvs; **2.** pārliecināts; I'm

quite p. about it — esmu pilnīgi pārliecināts par to

possess [pə'zes] *v* būt *(piederibas nozīmē);* he ~es a good character — viņam ir labs raksturs

possession [pə'zeʃ*ə*n] *n* īpašums; personal ~s — personiskā manta

possessive [pə'zesiv] *a* 1. īpašuma-; p. rights — īpašuma tiesības; 2. *gram* piederības-; p. case — piederības locījums

possibility [,pɔsə'biliti] *n* iespēja

possible ['pɔsəbl] *a* iespējams; as soon as p. — cik drīz vien iespējams

posta [pəust] I *n* stabs; II *v:* to p. **up** — izkārt; izlīmēt *(piem., afišas)*

postb [pəust] I *n* pasts; to send by p. — nosūtīt pa pastu; II *v* nosūtīt pa pastu; iemest pastkastītē

postc [pəust] *n* 1. vieta, amats; 2. *mil* postenis

postage ['pəustidʒ] *n* pasta izdevumi; p. stamp — past-marka

postal ['pəustəl] *a* pasta-; p. order — naudas pārvedums

postcard ['pəust*k*aːd] *n* past-karte

postcode ['pəustkəud] *n* pasta indekss

poster ['pəustə] *n* plakāts; afiša

posterity [pɔs'teriti] *n* pēcteči

postgraduate ['peust*k*grædjuit] *n* aspirants; p. studies — aspirantūra

postman ['pəust*k*mən] *n* past-nieks

postmark ['pəust*k*maːk] *n* pasta zīmogs

post-office ['pəust,ɔfis] *n* pasta nodaļa

postpone [pəust'pəun] *v* atlikt *(uz vēlāku laiku)*

post-war ['pəust'wɔː] *a* pēc-kara-

pot [pɔt] *n* 1. katls; pods; 2. *sar* marihuāna; to smoke p. — smēķēt marihuānu

potato [pə'teitəu] *n* kartupe-lis; mashed ~es — kartupeļu biezenis

pottery ['pɔtəri] *n* māla trauki; keramika

poultry ['pəultri] *n* mājputni; p. farm — putnu ferma

pound [paund] *n* 1. mārciņa *(453,6 g);* 2. mārciņa sterliņu

pour [pɔː] *v* 1. liet; 2. līt; it is ~ing — lietus līst aumaļām; to p. **out** — ieliet *(dzērienu)*

poverty ['pɔvəti] *n* naba-dzība

powder ['paudə] I *n* 1. pulveris; 2. pūderis; 3. šaujampulveris; II *v* 1. nokaisīt ar pulveri; 2. pūderēt; 3. pūderēties

powder-case ['paudəkeis] *n* pūdernīca

power ['pauə] *n* 1. spēja; purchasing p. — pirktspēja; 2. spēks; enerģija; electric p. — elektroenerģija; p. loom — mehāniskās stelles; 3. vara; 4. lielvalsts; 5. *mat* pakāpe

powerful ['pauəful] *a* spēcīgs, varens
power-station ['pauə,steiʃən] *n* elektrostacija
practical ['præktikəl] *a* praktisks
practically ['præktikəli] *adv* 1. praktiski; 2. ['præktikli] faktiski, būtībā; p. speaking — patiesību sakot
practice ['præktis] *n* 1. prakse; to put into p. — īstenot; realizēt; 2. vingrināšanās; 3. paradums; to make it a p. — padarīt par paradumu; 4. *(ārsta, advokāta)* prakse
practise ['præktis] *v* 1. praktizēt; 2. nodarboties, praktizēties; to p. medicine — strādāt par ārstu; 3. vingrināties
practitioner [præk'tiʃnə] *n* praktizējošs ārsts (jurists)
prairie ['prɛəri] *n* prērija
praise [preiz] I *n* uzslava; II *v* [uz]slavēt
pram [præm] *n sar (sais. no* perambulator) bērnu ratiņi
pray [prei] *v* 1. skaitīt lūgšanu; 2. lūgt, lūgties
prayer [prɛə] *n* lūgšana
preach [pri:tʃ] *v* spredikot; sludināt
precaution [pri'kɔ:ʃən] *n* piesardzība; to take ~s *(against)* — veikt piesardzības pasākumus
precede [pri(:)'si:d] *v* 1. notikt pirms *(kā);* 2. iet pa priekšu; atrasties priekšā
preceding [pri(:)'sidiŋ] *a* iepriekšējais

precious ['preʃəs] *a* dārgs; vērtīgs; p. stone — dārgakmens
precipice ['presipis] *n* krauja
precise [pri'sais] *a* precīzs
precision [pri'siʒən] *n* precizitāte
predecessor ['pri:disesə] *n* priekšgājējs, priekštecis
predicate ['predikit] *n gram* izteicējs
predict [pri'dikt] *v* paregot
prefab ['pri:fæb] *n sar (sais. no* prefabricated house) saliekamā māja
prefabricate ['pri:fæbrikeit] *v* ražot rūpnieciski *(būvdetaļas)*
preface ['prefis] *n* priekšvārds
prefer [pri'fə:] *v* dot priekšroku; atzīt par labāku
preferable ['prefərəbl] *a* par labāku atzīstams
preference ['prefərəns] *n* priekšroka; to give p. — dot priekšroku
prefix ['pri:fiks] *n gram* priedēklis, prefikss
pregnant ['pregnənt] *a* grūtniecības stāvoklī *(par sievieti)*
prejudice ['predʒudis] *n* aizspriedums
preliminary [pri'liminəri] *a* iepriekšējs; sagatavošanās-; p. actions — priekšdarbi
premature [,premə'tjuə] *a* priekšlaicīgs, pāragrs; p. baby — priekšlaicīgi dzimis bērns
premium ['pri:mjəm] *n* 1. prēmija; 2. apdrošināšanas maksa

prepack [ˈpriːpæk] *n* sar fasēta prece

prepacked [ˈpriːˈpækt] *a* fasēts

preparation [ˌprepəˈreiʃən] *n* 1. sagatavošana; 2. *(parasti pl)* gatavošanās; priekšdarbi; to make ~s — veikt priekšdarbus; 3. preparāts

prepare [priˈpɛə] *v* 1. [sa]gatavot; 2. [sa]gatavoties

preposition [ˌprepəˈziʃən] *n* *gram* prievārds, prepozīcija

prerecord [ˌpriːriˈkɔːd] *v* ierakstīt fonogrammā

preschool [ˈpriːskuːl] *a* pirmsskolas-; p. child — pirmsskolas vecuma bērns

prescription [prisˈkripʃən] *n* 1. priekšraksts; 2. *(ārsta)* recepte

presence [ˈprezns] *n* klātbūtne; ◇ p. of mind — aukstasinība

presentᵃ [ˈpreznt] **I** *n* tagadne; at p. — pašlaik; for the p. — pagaidām; **II** *a* 1. klātesošs; to be p. — būt klāt; 2. tagadējs; pašreizējs; p. tense *gram* — tagadne

presentᵇ **I** *n* [ˈpreznt] dāvana; to make a p. *(of)* — uzdāvināt; **II** *v* [priˈzent] 1. dāvināt; pasniegt; 2. stādīt priekšā; 3. izvirzīt; radīt *(problēmas)*

present-day [ˈprezntdei] *a* mūsdienu-

presently [ˈprezntli] *adv* drīz

preservation [ˌprezə(ː)ˈveiʃən] *n* 1. saglabāšana; 2. konservēšana

perserve [priˈzəːv] **I** *n:* ~s *pl* — konservēti augļi; ievārījums; **II** *v* 1. saglabāt; 2. konservēt

preside [priˈzaid] *v (at, over)* būt par priekšsēdētāju *(sapulcē)*

president [ˈprezidənt] *n* 1. prezidents; 2. priekšsēdētājs

presidential [ˌpreziˈdenʃəl] *a* prezidenta-; prezidentu-; p. year *amer* — prezidenta vēlēšanu gads

press [pres] **I** *n* 1. spiešana; 2. spiedne; 3.: the p. — prese; p. agency — preses aģentūra; p. conference — preses konference; 4. *poligr* iespiešana; to correct the p. — labot korektūru; **II** *v* 1. spiest; piespiest; 2. izspiest *(sulu)*; 3. gludināt; 4. steidzināt; time ~es — laiks negaida; 5.: to be ~ed for money — būt naudas grūtībās

press-corrector [ˈpreskəˌrektə] *n* korektors

pressing [ˈpresiŋ] *a* neatliekams, steidzams

pressman [ˈpresmən] *n* žurnālists

pressure [ˈpreʃə] *n* 1. spiediens; 2. grūtības; financial p. — naudas grūtības

pressure-cooker [ˈpreʃəˌkukə] *n* ātrvārītājs *(katls)*

pressure-gauge [ˈpreʃəgeidʒ] *n tehn* manometrs

pretence [pri'tens] *n* 1. izlikšanās; 2. aizbildināšanās; under the p. of — aizbildinoties ar; 3. pretenzija; to make no p. of smth. — nepretendēt uz ko

pretend [pri'tend] *v* 1. izlikties; simulēt; 2. aizbildināties; 3. *(to)* pretendēt

pretext [′pri:tekst] *n* iegansts; atruna

pretty [′priti] I *a* 1. glīts; jauks; 2. *sar* liels, prāvs; a p. penny — krietna summa; II *adv* diezgan; ◇ p. well — gandrīz

prevail [pri'veil] *v* 1. *(over)* būt pārsvarā; prevalēt; 2. gūt virsroku; pārspēt

prevent [pri'vent] *v* novērst; aizkavēt

preview [′pri:'vju:] I *n (kinofilmas, lugas)* iepriekšēja skate; II *v* iepriekš noskatīties *(kinofilmu, lugu)*

previous [′pri:vjəs] *a* iepriekšējs; agrākais

pre-war [′pri:'wɔ:] *a* pirmskara-

prey [prei] *n* 1. laupījums; beast of p. — plēsīgs zvērs; 2. upuris; to fall a p. — kļūt par upuri

price [prais] *n* cena; ◇ at any p. — par katru cenu

price-cutting [′prais,kʌtiŋ] *n* cenu pazeminājums

pricey [′praisi] *a sar* dārgs

prick [prik] I *n (adatas)* dūriens; ~s of conscience — sirdsapziņas pārmetumi; II *v* 1. [ie]-

durt; 2. izdurt; ◇ to p. up one's ears — ausīties

prickle [′prikl] *n* ērkšķis; dzelonis

pride [praid] *n* lepnums; to take a p. *(in)* — lepoties *(ar ko)*

priest [pri:st] *n* priesteris, garīdznieks

primary [′praiməri] *a* 1. primārs; sākotnējs; p. colours — pamatkrāsas; p. school — pamatskola; 2. galvenais; svarīgākais; of p. importance — sevišķi svarīgs

prime [praim] I *n* plaukums; in the p. of life — dzīves plaukumā; II *a* 1. primārs; sākotnējs; p. cause — pirmcēlonis; 2. galvenais; svarīgākais; P. Minister — premjerministrs; 3. lielisks; pirmšķirīgs

primrose [′primrəuz] *n bot* gaiļpieši

prince [prins] *n* princis

principal [′prinsəpəl] I *n* priekšnieks; II *a* galvenais; pamata-; p. sum — pamatkapitāls; p. clause *gram* — virsteikums

principle [′prinsəpl] *n* princips; in p. — principā; on p. — principa dēļ

print [print] I *n* 1. nospiedums; 2. *poligr* iespiedums; small p. — sīks iespiedums; in p. — pārdošanā *(par iespieddarbu)*; out of p. — izpārdots *(par iespieddarbu)*; 3. gravīra, estamps; 4. apdrukāts kok-

vilnas audums; II *v po-
ligr* iespiest; ~ed matter —
1) iespieddarbs; 2) ban-
drole
printing-office [ˈprintiŋˌɔfis]
n tipogrāfija
printing-press [ˈprintiŋˌpres]
n iespiedmašīna
priority [praiˈɔriti] *n* prio-
ritāte
prison [ˈprizn] *n* cietums
prisoner [ˈpriznə] *n* 1. cie-
tumnieks;   ieslodzītais;
2. gūsteknis; p. of war —
karagūsteknis
private [ˈpraivit] I *n* ie-
rindnieks; II *a* 1. privāts;
personisks; p. property —
privātīpašums; p. life —
personiskā dzīve; 2. sle-
pens; in p. — slepenībā
privilege [ˈprivilidʒ] *n* pri-
vilēģija, priekšrocība
prize [praiz] *n* godalga;
balva; to win a p. — ie-
gūt godalgu
prizewinner [ˈpraizˌwinə] *n*
godalgas ieguvējs; laureāts
probability [ˌprɔbəˈbiliti] *n*
varbūtība; iespējamība; in
all p. — ļoti iespējams
probable [ˈprɔbəbl] *a* varbū-
tējs; iespējams
probably [ˈprɔbəbli] *adv* lai-
kam; droši vien
probe [prəub] *n* 1. zonde;
space p. — kosmosa zonde;
2. automātiska zinātniski
pētnieciska stacija *(kos-
mosā)*
problem   [ˈprɔblem]   *n*
1. problēma; 2. uzdevums;
to solve a p. — atrisināt
uzdevumu

procedure -[prəˈsiːdʒə] *n* pro-
cedūra
proceed [prəˈsiːd] *v* 1. tur-
pināt; doties tālāk; let's p.
to the next item on the
agenda — pāriesim pie nā-
košā dienas kārtības pun-
kta; 2. *(from)* izrietēt
proceeding [prəˈsiːdiŋ] *n*
1. rīcība; 2.: ~s *pl* — lie-
tas izskatīšana *(tiesā);* 3.:
~s *pl* — *(zinātniskas bied-
rības)* raksti
process [ˈprɔuses] I *n* 1. pro-
cess; norise; 2. *(tehnolo-
ģisks)* process; II *v* ap-
strādāt
processing   [ˈprɔusisiŋ]   *n*
1. apstrāde; automatic data
p. — automātiska datu ap-
strāde; 2. pārstrāde; p. in-
dustry — apstrādes rūp-
niecība
procession [prəˈseʃən] *n* pro-
cesija; gājiens
proclaim [prəˈkleim] *v* pro-
klamēt, pasludināt
proclamation [ˌprɔkləˈmeiʃən]
n 1. proklamēšana, paslu-
dināšana; 2. proklamācija,
uzsaukums
produce I *n* [ˈprɔdjuːs] pro-
dukcija; II *v* [prəˈdjuːs]
1. ražot; izgatavot; 2. uz-
rādīt *(piem., dokumentu);*
3. uzvest *(lugu);* 4. ra-
dīt
producer [prəˈdjuːsə] *n* 1. ra-
žotājs; 2. režisors inscenē-
tājs; 3. *(kino)* producents
product [ˈprɔdʌkt] *n* 1. pro-
dukts, ražojums; 2. *mat*
reizinājums

production [prə'dʌkʃən] *n*
1. ražošana; izgatavošana;
2. produkcija; ražojums;
3. *(lugas)* uzvedums

productivity [ˌprɔdʌk'tiviti] *n*
produktivitāte; ražīgums;
labour p. — darba ražī-
gums

profession [prə'feʃən] *n* pro-
fesija, nodarbošanās; by
p. — pēc profesijas

professional [prə'feʃənl] I *n*
profesionālis; II *a* profe-
sionāls

professor [prə'fesə] *n* profe-
sors

profit ['prɔfit] I *n* 1. labums;
to make p. — gūt labumu;
2. peļņa; ienākums; net
p. — tīrā peļņa; II *v* gūt
labumu

profitable ['prɔfitəbl] *a* ie-
nesīgs; izdevīgs

profound [prə'faund] *a*
dziļš; pamatīgs; p. knowl-
edge — dziļas zināšanas

program [me] ['prəugræm] *n*
programma

programming ['prəugræmiŋ]
n programmēšana

progress I *n* ['prəugrəs]
1. progress; attīstība; 2. sek-
mes; panākumi; to make
p. — gūt sekmes; II *v*
[prəu'gres] 1. progresēt;
attīstīties; 2. gūt sekmes

progressive [prəu'gresiv] *a*
1. progresīvs; 2. progresē-
jošs

prohibit [prə'hibit] *v* aiz-
liegt

prohibition [ˌprəui'biʃən] *n*
aizliegums

project I *n* ['prɔdʒekt] pro-
jekts; II *v* [prə'dʒekt]
1. projektēt; 2. projicēt

projector [prə'dʒektə] *n* pro-
jekcijas aparāts

proletarian [ˌprəuli'teəriən] I
n proletārietis; II *a* prole-
tariāta-; proletārisks

proletariat [ˌprəuli'teəriət] *n*
proletariāts

prolong [prəu'lɔŋ] *v* paildzi-
nāt

prominent ['prɔminənt] *a*
1. uz āru izvirzījies; 2. iz-
cils

promise ['prɔmis] I *n* solī-
jums; to give a p. — ap-
solīt; to keep one's p. —
turēt solījumu; II *v* [ap]-
solīt

promote [prə'məut] *v* 1. pa-
augstināt *(amatā);* 2. sek-
mēt; veicināt

promotion [prə'meuʃən] *n*
1. paaugstināšana *(ama-
tā);* 2. sekmēšana; veici-
nāšana

prompta [prɔmpt] *a* ātrs;
veikls; tūlītējs

promptb [prɔmpt] *v* 1. pa-
mudināt; 2. suflēt; 3. teikt
priekšā

promptly ['prɔmptli] *adv*
1. tūlīt; nekavējoties;
2. precīzi; at five p. —
tieši piecos

pronoun ['prəunaun] *n gram*
vietniekvārds

pronounce [prə'nauns] *v*
1. izrunāt; 2. pasludināt;
paziņot; to p. sentence —
pasludināt spriedumu

pronunciation [prə'nʌnsi-
'eiʃən] *n* izruna

proof [pruːf] *n* 1. pierādījums; 2. pārbaude; to put to the p. — pārbaudīt; 3. korektūra

proof-reader ['pruːf,riːdə] *n* korektors

proof-sheet ['pruːfʃiːt] *n* korektūras sleja

prop [prɔp] I *n* 1. balsts; 2. atbalsts; II *v* atbalstīt

propaganda [,prɔpə'gændə] *n* propaganda

proper ['prɔpə] *a* 1. piemērots; piedienīgs; pienācīgs; in the p. way — pienācīgā veidā; 2. īsts; pareizs; in a p. sense of the word — vārda īstajā nozīmē; 3.: p. name (noun) *gram* — īpašvārds

properly ['prɔpəli] *adv* atbilstoši; pienācīgi; ◊ p. speaking — patiesību sakot

property ['prɔpəti] *n* 1. manta; īpašums; 2. *(rakstu-riga)* īpašība

prophecy ['prɔfisi] *n* pareģojums

prophesy ['prɔfisai] *v* pareģot

proportion [prə'pɔːʃən] *n* proporcija; samērs; in p. *(to)* — proporcionāli, atbilstoši

proposal [prə'pəuzəl] *n* 1. priekšlikums; 2. bildinājums

propose [prə'pəuz] *v* 1. ierosināt; to p. smb.'s health — uzsaukt tostu par kādu; 2. bildināt

proposition [,prɔpə'ziʃən] *n* 1. priekšlikums; ierosinājums; 2. *mat* teorēma

proprietor [prə'praiətə] *n* īpašnieks

propulsion [prə'pʌlʃən] *n* dzinējspēks

prose [prəuz] *n* proza

prosecute ['prɔsikjuːt] *v jur* iesniegt *(prasību)*

prosecution [,prɔsi'kjuːʃən] *n jur* 1. *(prasibas)* iesniegšana; 2. apsūdzība *(kā puse tiesas procesā)*

prosecutor ['prɔsikjuːtə] *n jur* 1. apsūdzētājs; public p. — prokurors; 2. prasītājs

prospect ['prɔspekt] *n* 1. perspektīva; skats; 2. *(parasti pl)* izredzes

prosper ['prɔspə] *v* zelt, plaukt

prosperity [prɔs'periti] *n* labklājība; pārticība

prosperous ['prɔspərəs] *a* 1. zeļošs, plaukstošs; 2. pārticis, turīgs; 3. laimīgs, veiksmīgs

protect [prə'tekt] *v* aizsargāt; aizstāvēt

protection [prə'tekʃən] *n* aizsardzība; aizstāvība

protest I *n* ['prəutest] protests; to make (lodge) a p. — iesniegt protestu; II *v* [prə'test] protestēt

proud [praud] *a* lepns; to be p. *(of)* — lepoties

prove [pruːv] *v* 1. pierādīt; 2. pārbaudīt; 3. izrādīties; to p. useless — izrādīties nederīgam proverb ['prɔvəːb] *n* paruna; sakāmvārds

provide [prə'vaid] *v* 1. sagādāt; 2. *(with)* apgādāt

provided [prə'vaidid] *conj* ja; ar noteikumu, ka

province ['prɔvins] *n* 1. province; 2. darbības lauks (sfēra)

provision [prə'viʒən] *n* 1. apgādāšana; 2.: ~s *pl* — pārtikas krājumi

provocation [‚prɔvə'keiʃən] *n* 1. izaicinājums; 2. provokācija

provoke [prə'vəuk] *v* 1. izraisīt; radīt; to p. doubt — radīt šaubas; 2. provocēt

proxy ['prɔksi] *n* pilnvara; by p. — ar pilnvaru

prudent ['pruːdənt] *a* apdomīgs; piesardzīgs

prune [pɾuːn] *n* žāvēta plūme

psyche ['saiki(ı)] *n* psihe

psychiatry [sai'kaiətri] *n* psihiatrija

psychology [sai'kɔlədʒi] *n* psiholoģija

pub [pʌb] *n* sar krogs

public ['pʌblik] I *n* sabiedrība; publika; in p. — atklāti, publiski; II *a* 1. sabiedrisks; publisks; p. opinion — sabiedriskā doma; p. relations — sabiedriskā informācija; p. man — sabiedrisks darbinieks; p. peace — sabiedriskā kārtība; 2. publisks; pieejams; p. library — publiska bibliotēka; p. address system — *(vietējā)* translācija

publication [‚pʌbli'keiʃən] *n* 1. publicēšana, izdošana; 2. publikācija; izdevums

publicity [pʌb'lisiti] *n* 1. atklātība; to give p. to smth. — darīt ko zināmu atklātībai; 2. reklāma; p. agent — reklāmaģents

publish ['pʌbliʃ] *v* publicēt, izdot

publisher ['pʌbliʃə] *n* izdevējs; the ~s — izdevniecība

publishing ['pʌbliʃiŋ] *a:* p. house — izdevniecība

puck [pʌk] *n (hokeja)* ripa

pudding ['pudiŋ] *n* pudiņš

puddle ['pʌdl] *n* peļķe

pull [pul] I *n* 1. vilkšana; raušana; muscle p. — muskuļu sastiepums; 2. rāviens; II *v* 1. vilkt; raut; 2. raustīt; 3. saplēst; to p. to pieces — saplēst gabalos; to p. out — izvilkt; ◊ to p. faces — vaibstīties; to p. oneself together — saņemties

pullover ['pul‚əuvə] *n* pulovers

pulp [pʌlp] *n (augļa)* mīkstums

pulse [pʌls] *n* pulss; to feel the p. — taustīt pulsu

pump [pʌmp] I *n* sūknis; II *v* sūknēt

pumpkin ['pʌmpkin] *n* ķirbis

pun [pʌn] *n* vārdu rotaļa; kalambūrs

puncha [pʌntʃ] I *n* sitiens ar dūri; II *v* sist ar dūri

punch^b [pʌntʃ] **I** *n* kompostrieris; **II** *v* kompostrēt (*biļeti*)

punch^c [pʌntʃ] *n* punšs

punch-card [ˈpʌntʃkaɪd] *n* perfokarte

punctual [ˈpʌŋktjuəl] *a* precīzs; punktuāls

punctuation [ˌpʌŋktjuˈeiʃən] *n* interpunkcija; p. marks — pieturzīmes

punish [ˈpʌniʃ] *v* sodīt

punishment [ˈpʌniʃmənt] *n* sods

pupil^a [ˈpjuːpl] *n* skolēns

pupil^b [ˈpjuːpl] *n* (*acs*) zīlīte

puppet [ˈpʌpit] *n* marionete, lelle

puppet-show [ˈpʌpitʃəu] *n* leļļu izrāde

puppy [ˈpʌpi] *n* kucēns

purchase [ˈpəːtʃəs] **I** *n* pirkums; **II** *v* [no] pirkt

pure [pjuə] *a* 1. tīrs; nesajaukts; 2. tīrasiņu-; 3. pilnīgs; tīrs; p. waste of time — tīrā laika šķiešana

purify [ˈpjuərifai] *v* attīrīt (*no piesārņojuma*)

purple [ˈpəːpl] *a* purpursarkans

purpose [ˈpəːpəs] *n* nolūks, nodoms; on p. — tīšām

purse [pəːs] *n* naudas maks

pursue [pəˈsjuː] *v* dzīties pakaļ; vajāt

pursuit [pəˈsjuːt] *n* pakaļdzīšanās; vajāšana

pus [pʌs] *n* strutas

push [puʃ] **I** *n* grūdiens; to give a p. — pagrūst; **II** *v* 1. grūst; stumt; 2. piespiest; 3. spraukties cauri

pussy-cat [ˈpusikæt] *n* kakēns, incis

put [put] *v* (*p un p. p.* put [put].) 1. nolikt; novietot; 2. ielikt; iebērt; to p. sugar into tea — iebērt cukuru tējā; 3. novest (*kādā stāvoklī*): to p. in order — sakārtot; to p. an end (*to*) — izbeigt; to p. into a rage — aizkaitināt; to p. **across** — pārcelt (*ar laivu, prāmi*); to p. **aside** — nolikt malā; to p. **down** — 1) nolikt zemē; 2) pierakstīt; to p. **off** — atlikt (*uz vēlāku laiku*); to p. **on** — uzvilkt; to p. **out** — 1) nodzēst; 2) ražot

puzzle [ˈpʌzl] **I** *n* mīkla; cross-word p. — krustvārdu mīkla; **II** *v* apmulsināt; ◆ to p. one's brains over smth. — lauzīt galvu par ko

pyjamas [pəˈdʒaɪməz] *n pl* pidžama

pyramid [ˈpirəmid] *n* piramīda

Qq

qualification [ˌkwɔlifiˈkeiʃən] *n* 1. kvalifikācija; 2. ierobežojums

qualify [ˈkwɔlifai] *v* 1. apmācīt; 2. kvalificēties; 3. noteikt; kvalificēt

quality ['kwɔliti] *n* 1. kvalitāte, labums; of high q. — augstākā labuma-; 2. īpašība

quantity ['kwɔntiti] *n* kvantitāte, daudzums

quarrel ['kwɔrəl] I *n* strīds; ķilda; to pick a q. — meklēt ķildu; II *v* strīdēties; ķildoties

quarter ['kwɔːtə] *n* 1. ceturtdaļa; 2. *(stundas)* ceturksnis; 3. *(gada)* kvartāls; 4. *(pilsētas)* kvartāls; residential q. — dzīvojamo namu kvartāls; 5.: ~s *pl* — dzīvoklis, mājoklis; to take up one's ~s with smb. — apmesties pie kāda

quarter-final ['kwɔːtə,fainl] *n sp* certurtdaļfināls

quarterly ['kwɔːtəli] *n* ceturkšņa izdevums

quartet[te] [kwɔːˈtet] *n mūz* kvartets

quay [kiː] *n (izbūvēta)* krastmala

queen [kwiːn] *n* 1. karaliene; 2. *(šahā, kāršu spēlē)* dāma

queer [kwiə] *a* savāds, dīvains

quench ['kwentʃ] *v* 1. apdzēst; 2. dzesēt *(slāpes)*

question ['kwestʃən] I *n* 1. jautājums; may I ask you a q.? — vai drīkstu jautāt?; 2. *(diskutējama)* problēma; out of the q. — pilnīgi izslēgts; 3. šaubas; beyond all q. — neapšaubāmi; II *v* 1. jautāt; 2. apšaubīt

question-mark ['kwestʃənmɑːk] *n gram* jautājuma zīme

questionnaire [,kwestiəˈnɛə] *n* aptaujas lapa, anketa

queue [kjuː] I *n* rinda; to stand in a q. — stāvēt rindā; II *v* stāvēt rindā

quick [kwik] I *a* ātrs; q. train — ātrvilciens; be q.! — pasteidzies!; II *adv* ātri

quickly ['kwikli] *adv* ātri

quicksilver ['kwik,silvə] *n* dzīvsudrabs

quiet ['kwaiət] I *n* klusums; miers; II *a* kluss; mierīgs; ◇ to keep smth. q. — turēt ko slepenībā; on the q. — slepus; III *v* 1. nomierināt; 2. nomierināties; to q. down — norimt

quilt [kwilt] *n* vatēta sega

quinsy ['kwinzi] *n* angīna

quit [kwit] *v* 1. atstāt; pamest; 2. beigt *(darbu)*

quite [kwait] *adv* 1. pilnīgi; pavisam; q. so — pilnīgi pareizi; 2. diezgan; q. a long time — diezgan ilgi

quiver ['kwivə] I *n* trīsas; II *v* trīcēt

quiz [kwiz] *n* 1. aptauja; 2. viktorīna

quotation [kwəuˈteiʃən] *n* citāts

quotation-marks [kwəuˈteiʃənˈmɑːks] *n pl gram* pēdiņas

quote [kwəut] *v* citēt

Rr

rabbit ['ræbit] *n* trusis
race[a] [reis] **I** *n* **1.** *(ātruma)*
sacīkstes; motor r. — auto-
sacīkstes; r. car — sacīkšu
automašīna; **2.** skrējiens;
Marathon r. — maraton-
skrējiens; **II** *v* sacensties
(ātrumā); to r. with smb.
for a prize — sacensties
ar kādu par balvu
race[b] [reis] *n* rase
racecourse ['reiskɔːs] *n*
1. skrejceļš; **2.** hipo-
droms
racehorse ['reishɔːs] *n* sa-
cīkšu zirgs
racer ['reisə] *n* **1.** sacīkšu
braucējs; **2.** sacīkšu auto-
mašīna
racialism ['reiʃəlizəm] *n* ra-
sisms
rack [ræk] *n* **1.** barības
galds; **2.** *(drēbju)* pakara-
mais; **3.** plaukts; bagāžas
tīkls *(vagonā, autobusā)*
racket ['rækit] *n* *(tenisa)*
rakete
racoon [rə'kuːn] *n* jenots
radar ['reidə] *n* radars, ra-
diolokators
radiant ['reidjənt] *a* **1.** iz-
starojošs; **2.** starojošs; mir-
dzošs
radiation [ˌreidi'eiʃən] *n* sta-
rojums, radiācija; r. sick-
ness — staru slimība
radiator ['reidieitə] *n* radia-
tors
radical ['rædikəl] **I** *n* **1.** *pol*
radikālis; **2.** *mat* sakne; **II**
a radikāls

radii *pl* *no* **radius**
radio ['reidiəu] *n* **1.** radio;
by r. — pa radio; accord-
ing to London r. — kā
ziņo Londonas radio; r.
engineering — radioteh-
nika; **2.** radioaparāts
radio-active ['reidiəu'æktiv] *a*
radioaktīvs
radio-activity ['reidiəuæk-
'tiviti] *n* radioaktivitāte
radiogram ['reidiəugræm] *n*
1. radiogramma; **2.** rentge-
nogramma; **3.** radiola
radioman ['reidiəumæn] *n*
radists, radiotehniķis
radish ['rædiʃ] *n* redīss; re-
dīsi
radius ['reidjəs] *n* *(pl* radii
['reidiai]) rādiuss
raft [raːft] *n* plosts
rag [ræg] *n* lupata
rage [reidʒ] *n* **1.** dusmas;
niknums; to fly into a
r. — saniknoties; **2.** *sar*
vispārēja   aizraušanās
(mode)
ragtime ['rægtaim] *n* reg-
taims   *(sinkopēts   deju
ritms)*
raid [reid] *n* *(pēkšņs)* iebru-
kums; reids
rail [reil] *n* **1.** margas;
2. *(dzelzceļa)* sliede; to
go by r. — braukt ar vil-
cienu
railroad ['reilrəud] *n* *amer*
dzelzceļš
railway ['reilwei] *n* dzelz-
ceļš

rain [rein] I *n* lietus; II *v*
līt; it ~s — līst

rainbow ['reinbəu] *n* vara-
vīksne

raincoat ['reinkəut] *n* lietus-
mētelis

rainy ['reini] *a* lietains

raise [reiz] I *n amer (al-
gas)* pielikums; II *v*
1. [pa]celt; to r. one's
hat — pacelt platmali
(sveicinot); 2. uzcelt; to r.
a monument — uzcelt pie-
minekli; 3. ierosināt; izvir-
zīt; to r. a question —
ierosināt jautājumu; 4. au-
dzēt *(labibu, lopus);* 5. pa-
augstināt *(algu)*

raisin ['reizn] *n* rozīne

rake [reik] I *n* grābeklis; II
v grābt

rally ['ræli] I *n* 1. sanāk-
sme; salidojums; mītiņš;
2. atspirgšana; 3. autoral-
lijs; II 1. [sa]pulcināt; ap-
vienot; 2. pulcēties; apvie-
noties; 3. atspirgt

ram [ræm] *n* auns

ran *pl no* run II

ranch [raːntʃ] *n* rančo, lop-
kopības ferma

random ['rændəm] *n:* at r. —
uz labu laimi

rang *p no* ring^b II

range [reindʒ] I *n* 1. rinda;
virkne; 2. amplitūda; dia-
pazons; 3. attālums; *(dar-
bibas)* rādiuss; r. of vi-
sion — redzeslauks; 4. *(in-
terešu)* loks; *(darbibas)*
sfēra; 5. pavards; II *v*
1. nostādīt rindā; 2. svār-
stīties *(noteiktās robežās)*

rank [ræŋk] I *n* 1. ierinda;
2. dienesta pakāpe; rangs;
3. kategorija; pakāpe; ◇
the r. and file — 1) *mil*
ierindnieki;   2) ierindas
biedri *(partijā);* 3) parasti
cilvēki; II *v* 1. nostādīt
ierindā; 2. nostāties ierin-
dā; 3. ierindot; 4. ierindo-
ties

ransom ['rænsəm] I *n* iz-
pirkšanas maksa; II *v* iz-
pirkt

rape [reip] I *n* izvarošana;
II *v* izvarot

rapid ['ræpid] I *n:* ~s *pl* —
krāces; II *a* ātrs; straujš

rapture ['ræptʃə] *n* sajūsma;
aizgrābtība

rare [reə] *a* rets; neparasts

rash^a [ræʃ] *a* straujš; pār-
steidzīgs

rash^b [ræʃ] *n* izsitumi

raspberry ['raːzbəri] *n* avene

rat [ræt] *n* žurka

rate [reit] I *n* 1. likme; ta-
rifs; norma; r. of ex-
change — valūtas kurss;
2. temps; ātrums; at the
r. of sixty miles an hour —
ar sešdesmit jūdžu ātrumu
stundā; 3. kvalitāte; šķi-
ra; ◇ at any r. — katrā
ziņā; at that r. — tādā
gadījumā; II *v* [no]vēr-
tēt

rather ['raːðə] *adv* 1. labāk,
drīzāk; 2. diezgan; I'm r.
tired — esmu mazliet no-
guris; 3. kā tad!, pro-
tams! *(atbildē)*

ratification [,rætifi'keiʃən] *n*
ratifikācija

ratify ['rætifai] *v* ratificēt

ration [ˈræʃən] *n* rācija,
deva; r. card — pārtikas
kartīte
rational [ˈræʃənl] *a* racio-
nāls, saprātīgs
rationalization [ˌræʃnəlai-
ˈzeiʃən] *n* racionalizācija
rattle [ˈrætl] I *n* 1. grabē-
šana; rībēšana; 2. grabu-
lis; II *v* grabēt; rībēt
raven [ˈreivn] *n* krauklis
raw [rɔː] *a* 1. jēls; 2. ne-
apstrādāts; jēls; r. ma-
terial — jēlviela, izejviela
rawhide [ˈrɔːhaid] *n* jēl-
āda
ray [rei] *n* stars
rayon [ˈreiɔn] *n* mākslīgais
zīds, viskoze
razor [ˈreizə] *n* bārdas na-
zis
reach [riːtʃ] I *n* sasniedza-
mība; within r. — sasnie-
dzams; out of r. — nesa-
sniedzams; II *v* 1. sa-
sniegt; aizsniegt; 2. (for)
sniegties; 3. pasniegt;
4. stiepties, plesties
react [ri(ː)ˈækt] *v* reaģēt
reaction [ri(ː)ˈækʃən] *n* re-
akcija
reactionary [ri(ː)ˈækʃnəri] I
n reakcionārs; II *a* reak-
cionārs
read [riːd] *v* (*p un p. p.*
read [red]) 1. lasīt; 2. rā-
dīt; the thermometer ∼s
three degrees below zero —
termometrs rāda trīs grā-
dus zem nulles
reader [ˈriːdə] *n* 1. lasītājs;
2. lasāmgrāmata; hresto-
mātija

reading [ˈriːdiŋ] *n* 1. lasī-
šana; 2. zināšanas; erudī-
cija; 3. (mērinstrumenta)
rādījums
reading-room [ˈriːdiŋrum] *n*
lasītava
ready [ˈredi] *a* gatavs; to
make r. — sagatavot; ◆ r.
money — skaidra nauda
ready-made [ˈrediˈmeid] *a*:
r.-m. clothes — gatavi ap-
ģērbi
real [riəl] *a* 1. reāls; īsts;
patiess; 2.: r. estate —
namīpašums ar zemes ga-
balu
realistic [riəˈlistik] *a* reālis-
tisks
reality [ri(ː)ˈæliti] *n* reali-
tāte, īstenība; in r. — pa-
tiesībā
realize [ˈriəlaiz] *v* 1. izprast;
aptvert; 2. realizēt
really [ˈriəli] *adv* [pa]tie-
šām
reanimation [ˈriːˈænimeiʃən]
n reanimācija, atdzīvinā-
šana
reap [riːp] *v* pļaut (labību);
ievākt (ražu)
reara [riə] *n* aizmugure; to
attack in the r. — uzbrukt
no aizmugures
rearb [riə] *v* 1. [iz] audzēt;
2. [iz] audzināt
reason [ˈriːzn] I *n* 1. cēlo-
nis; iemesls; 2. [sa] prāts;
to listen to r. — uzklausīt
saprāta balsi; to lose one's
r. — zaudēt prātu; II *v*
domāt; spriest
reasonable [ˈriːznəbl] *a*
1. saprātīgs; 2. mērens;
pieņemams (par cenu)

recall [ri'kɔːl] *v* 1. atsaukt; atcelt; 2. atcerēties

receipt [ri'siːt] *n* 1. saņemšana; 2. kvīts

receive [ri'siːv] *v* 1. saņemt; 2. uzņemt *(viesus)*

receiver [ri'siːvə] *n* 1. *(telefona)* klausule; 2. [radio]- uztvērējs

recent ['riːsnt] ● *a* nesens; jaunākais; pēdējais

recently ['riːsntli] *adv* nesen

reception [ri'sepʃən] *n* 1. saņemšana; 2. *(viesu)* uzņemšana; 3. *(radio)* uztvere

reception-desk [ri'sepʃən-desk] *n* reģistrācijas vieta *(viesnīcā)*

receptionist [ri'sepʃənist] *n* reģistrators

recess [ri'ses] *n* 1. *(sēdes vai darba)* pārtraukums; 2. *amer* brīvdienas; 3. niša

recipe ['resipi] *n* *(kulinārijas)* recepte

reciprocal [ri'siprəkəl] *a* abpusējs

recital [ri'saitl] *n* 1. izklāsts; 2. solokoncerts

recite [ri'sait] *v* 1. deklamēt; 2. uzskaitīt

reckless ['reklis] *a* pārgalvīgs; neapdomīgs

reckon ['rekən] *v* 1. skaitīt; rēķināt; 2. uzskatīt; domāt; 3. *(on)* paļauties; rēķināties

reclaim [ri'kleim] *v* 1. uzplēst *(atmatu);* apgūt *(vecaini);* 2. labot; pāraudzināt; 3. utilizēt, izmantot

recognition [ˌrekəg'niʃən] *n* 1. pazīšana; 2. atzīšana; 3. atzinība; to win r. — iegūt atzinību

recognize ['rekəgnaiz] *v* 1. pazīt; 2. atzīt

recollect [ˌrekə'lekt] *v* atcerēties

recollection [ˌrekə'lekʃən] *n* 1. atmiņa; to the best of my r. — cik es atceros; 2.: ~s *pl* — atmiņas

recommend [ˌrekə'mend] *v* ieteikt, rekomendēt

recommendation [ˌrekəmen'deiʃən] *n* ieteikums, rekomendācija

recompense ['rekəmpens] I *n* kompensācija, atlīdzība; II *v* kompensēt, atlīdzināt

reconcile ['rekənsail] *v* *(with)* samierināt; to r. oneself to one's lot — samierināties ar savu likteni

reconnaissance [ri'kɔnisəns] *n* izlūkošana

reconstruct ['riːkəns'trʌkt] *v* rekonstruēt

reconstruction ['riːkəns'trʌkʃən] *n* rekonstrukcija

record I *n* ['rekɔːd] 1. ieraksts; protokols; 2. reputācija; raksturojums; 3. skaņuplate; *(skaņu)* ieraksts; 4. rekords; to break the r. — pārspēt rekordu; II *v* [ri'kɔːd] 1. pierakstīt; 2. protokolēt; 3. ierakstīt *(skaņuplatē, lentē)*

record-holder ['rekɔːd,həuldə] *n* rekordists

record-player ['rekɔːd,pleiə] *n* *(skaņuplašu)* atskaņotājs

recover [ri'kʌvə] v 1. atgūt
(zaudēto); 2. atgūties
recovery [ri'kʌvəri] n 1. (zau-
dētā) atgūšana; 2. atgū-
šanās
recreation [,rekri'eiʃən] n
atpūta;   izprieca;   r.
ground — spēļu laukums
rectangle ['rek,tæŋgl] n
taisnstūris
recur [ri'kəː] v 1. atkārto-
ties; 2. (to) atgriezties (pie
kā); 3. no jauna ienākt
prātā
red [red] a 1. sarkans; to get
r. in the face — nosarkt;
R. Cross — Sarkanais
Krusts; 2. ruds; r. hair —
rudi mati; ◇ r. tape — bi-
rokrātisms
red-letter ['red'letə] a: r.-l.
day — svinamā diena
reduce [ri'djuːs] v samazi-
nāt; reducēt; to r. prices —
pazemināt cenas; to r.
speed — samazināt ātrumu
reduction [ri'dʌkʃən] n sa-
mazināšana;   reducēšana;
price r. — cenu pazeminā-
jums
reed [riːd] n niedre
reel [riːl] n 1. (diegu) spole;
2. (kinolentes) rullis
refer [ri'fəː] v 1. (to) nosūtīt
(pie kāda); 2. attiecināt;
3. (to) attiekties; 4. mek-
lēt (uzziņu); 5. atsaukties
(uz ko)
referee [,refə'riː] n 1. šķīrēj-
tiesnesis; 2. (sporta) ties-
nesis
reference ['refrəns] n 1. uz-
ziņa; r. book — rokasgrā-
mata; to make r, to a dic-

tionary — meklēt vārdnīcā;
2. norāde (grāmatā); 3. at-
sauksme
refill I n ['riːfil] 1. iepildī-
šana; r. of fuel — degvie-
las iepildīšana; 2. rezerves
eksemplārs; two ~s for a
ball-point pen — divi re-
zerves serdeņi lodīšu pild-
spalvai; II v ['riː'fil] ie-
pildīt (degvielu)
refine [ri'fain] v rafinēt; at-
tīrīt
reflect [ri'flekt] v 1. atstarot;
2. pārn atspoguļot; 3. pār-
domāt; apdomāt
reflection   [ri'flekʃən]   n
1. atspulgs; 2. pārn atspo-
guļojums; 3. pārdomas; on
r. — pārdomājot
reform [ri'fɔːm] I n reforma;
II v 1. reformēt; pārveidot;
2. laboties
refresh [ri'freʃ] v atsvaidzi-
nāt; atspirdzināt; to r. one-
self — atspirdzināties
refresher [ri'freʃə] n 1. sar
atspirdzinošs dzēriens; 2.:
r. course — kvalifikācijas
celšanas kursi
refreshment [ri'freʃmənt] n
1. atspirdzinājums; 2.: ~s
pl — uzkožamie; r. room —
bufete (piem., stacijā)
refrigerator [ri'fridʒəreitə] n
ledusskapis
refuge ['refjuːdʒ] n patvē-
rums; to take r. — rast pa-
tvērumu
refugee [,refju(ː)'dʒiː]   n
bēglis; emigrants
refusal [ri'fjuːzəl] n attei-
kums; noraidījums
refuseª ['refjuːs] n atkritumi

refuse[b] [ri'fjuːz] *v* 1. atteikt; noraidīt; 2. atteikties

regain [ri'gein] *v* atgūt; to r. consciousness — atgūt samaņu

regard [ri'gaːd] I *n* 1. uzmanība; rūpes; to pay no r. *(to)* — nepievērst uzmanību; 2. cieņa; 3.: ~s *pl* — sveicieni; give him my best ~s! — nododiet viņam sirsnīgus sveicienus!; ◇ in (with) r. to — attiecībā uz; II *v* 1. uzskatīt; 2. ņemt vērā; ◇ as ~s — kas attiecas uz

regarding [ri'gaːdiŋ] *prep* attiecībā uz

regardless [ri'gaːdlis] *a* nevērīgs; r. of danger — par spīti briesmām

regatta [ri'gætə] *n* regate, burāšanas (airēšanas) sacīkstes

regime [rei'ʒiːm] *n* režīms; iekārta

regimen ['redʒimən] *n (slimnieka)* režīms

regiment ['redʒimənt] *n mil* pulks

region ['riːdʒən] *n* apgabals; apvidus; rajons

register ['redʒistə] I *n* 1. *(ierakstu)* žurnāls; saraksts; reģistrs; 2. *tehn* skaitītājs; cash r. — kases aparāts; II *v* 1. reģistrēt; ierakstīt sarakstā; ~ed letter — ierakstīta vēstule; 2. reģistrēties; 3. *(par aparātu)* reģistrēt; rādīt; atzīmēt

registry ['redʒistri] *n* reģistrācija; r. office — dzimtsarakstu nodaļa

regret [ri'gret] I *n* nožēla; to my r. — par nožēlošanu; II *v* nožēlot

regular ['regjulə] *a* 1. regulārs; sistemātisks; to keep r. hours — ievērot režīmu; 2. kvalificēts; profesionāls; 3. *gram* kārtns, regulārs; 4. *sar* lāga; r. guy — lāga zēns; 5. *amer sar* pamatīgs; r. blow — pamatīgs sitiens

regulate ['regjuleit] *v* regulēt

regulation [ˌregju'leiʃən] *n* 1. regulēšana; 2. priekšraksts; noteikums; traffic ~s — satiksmes noteikumi

rehearsal [ri'həːsəl] *n (lugas)* mēģinājums; dress r. — ģenerālmēģinājums

reign [rein] *v* valdīt

reinforce [ˌriːin'fɔːs] *v* pastiprināt; ~d concrete — dzelzsbetons

reins [reinz] *n pl* groži

reject [ri'dʒekt] *v* 1. izbrāķēt; 2. noraidīt; atteikt

rejection [ri'dʒekʃən] *n* noraidījums; atteikums

rejoice [ri'dʒɔis] *v (at, in)* priecāties, līksmoties *(par)*

relate [ri'leit] *v (to)* attiecināt *(uz);* saistīt *(ar)*

related [ri'leitid] *a* radniecīgs; saistīts

relation [ri'leiʃən] *n* 1. stāstījums; 2. attiecība; saistība; in r. to — attiecībā uz; 3. *(parasti pl)* attiecības; diplomatiç ~s — diplomātiskas attiecības; **4.** radinieks; radiniece

relationship [ri'leiʃənʃip] *n* **1.** radniecība; **2.** savstarpēja attiecība (saistība)

relative ['relətiv] **I** *n* radinieks; radiniece; **II** *a* relatīvs

relax [ri'læks] *v* **1.** atslābināt; **2.** mazināt *(saspīlējumu)*

relaxation [,rilæk'seiʃən] *n* **1.** atslābšana; atslābums; **2.** *(saspīlējuma)* mazināšana; **3.** atpūta; izklaidēšanās

relay ['rilei] *n* **1.** maiņa *(darbā);* to work in ~s — strādāt maiņās; **2.** ['riːlei] *sp* stafete; r. race — stafetes skrējiens; **3.** *el* relejs; pārslēgs; r. station — retranslācijas stacija

release [ri'liːs] **I** *n* **1.** atbrīvošana; **2.** jauna filma *(kas tikko demonstrēta ekrānos);* **II** *v* **1.** atbrīvot; **2.** izlaist *(filmu uz ekrāna)*

reliable [ri'laiəbl] *a* uzticams; drošs; r. information — drošas ziņas

reliefᵃ [ri'liːf] *n* **1.** atvieglojums; **2.** pabalsts; palīdzība *(piem., dabas stihijā cietušajiem);* **3.** *(dežurantu, sardzes)* maiņa

reliefᵇ [ri'liːf] *n* reljefs

relieve [ri'liːv] *v* **1.** atvieglot *(ciešanas, sāpes);* **2.** nomainīt *(piem., dežurantus, sardzi)*

religion [ri'lidʒən] *n* reliģija

religious [ri'lidʒəs] *a* reliģiozs

relish ['reliʃ] *n* **1.** *(patikama)* garša; **2.** piedevas *(ēdienam);* **3.** bauda; patika

reluctant [ri'lʌktənt] *a* negribīgs

rely [ri'lai] *v (on, upon)* palauties

remain [ri'mein] *v* **1.** palikt pāri, atlikt; **2.** palikt

remainder [ri'meində] *n* atlikums

remains [ri'meinz] *n pl* **1.** atliekas; **2.** mirstīgās atliekas

remark [ri'maːk] **I** *n* piezīme; **II** *v* piebilst

remarkable [ri'maːkəbl] *a* ievērojams

remedy ['remidi] *n* **1.** zāles; **2.** līdzeklis

remember [ri'membə] *v* **1.** atcerēties; **2.** pasveicināt; r. me to her! — pasveicini viņu no manis!

remind [ri'maind] *v* atgādināt

reminiscence [,remi'nisns] *n* atmiņas

remittance [ri'mitəns] *n* naudas pārvedums

remnant ['remnənt] *n* atlikums; paliekas

remorse [ri'mɔːs] *n* sirdsapziņas pārmetumi

remote [ri'məut] *a* **1.** [at]-tāls; r. control — tālvadība; the r. past — tāla pagātne; **2.** vājš; nenozīmīgs; not the ~st idea — ne mazākā priekšstata

removal [ri'muːvəl] *n* 1. no-
ņemšana; novākšana; aiz-
vākšana; 2. *(traipu)* iz-
ņemšana

remove [ri'muːv] *v* 1. no-
ņemt; novākt; aizvākt;
2. izņemt *(traipus)*

renaissance [rə'neisəns] *n*
1.: the R. — Renesanse;
2. *(mākslas)* uzplaukums

render ['rendə] *v* 1. dot;
sniegt; to r. help — sniegt
palīdzību; 2. atveidot *(lo-
mu)*; atskaņot *(skaņdar-
bu)*; to r. into English —
tulkot angliski

renew [ri'njuː] *v* atjaunot

rent [rent] I *n* 1. noma,
rente; īre; 2. īres maksa;
what's your r.? — cik jūs
maksājat par dzīvokli?; II
v 1. nomāt, rentēt; īrēt;
2. iznomāt, izrentēt; izīrēt

repair [ri'pɛə] I *n* labošana;
remonts; under r. — re-
montā; closed during ~s —
slēgts remontam; r. shop —
remontdarbnīca; II *v* labot;
remontēt

repeat [ri'piːt] *v* 1. atkārtot;
2. atkārtoties

repertoire ['repətwɑː] *n* re-
pertuārs

repetition [‚repi'tiʃən] *n* at-
kārtošana; atkārtojums

replace [ri'pleis] *v* 1. atlikt
atpakaļ; 2. *(by, with)* no-
mainīt; aizstāt; impossible
to r. — neaizstājams

reply [ri'plai] I *n* atbilde;
in r. to your letter ... —
atbildot uz jūsu vēstuli ...;
II *v* atbildēt

report [ri'pɔːt] I *n* 1. ziņo-
jums; pārskats; 2. baumas;
valodas; 3. *(skolas)* lie-
cība; II *v* ziņot; sniegt
pārskatu; it is ~ed
that... — ziņo, ka...

reporter [ri'pɔːtə] *n* reportie-
ris

represent [‚repri'zent] *v*
1. attēlot; 2. pārstāvēt

representation [‚reprizen-
'teiʃən] *n* attēlojums

representative [‚repri-
'zentətiv] *n* pārstāvis

repress [ri'pres] *v* 1. ap-
spiest; 2. apvaldīt

repression [ri'preʃən] *n*
1. apspiešana; 2. represija;
3. apvaldīšana

reprimand ['reprimɑːnd] I *n*
rājiens; II *v* izteikt rā-
jienu

reprint ['riː'print] I *n (grā-
matas)* jauns (atkārtots)
izdevums; II *v* izdot no
jauna *(grāmatu)*

reproach [ri'prəutʃ] I *n* pār-
metums; II *v* pārmest

reproduce [‚riːprə'djuːs] *v*
1. reproducēt; atveidot;
2. vairoties; 3. *ek* atražot

reproduction [‚riːprə-
'dʌkʃən] *n* 1. reproducē-
šana; atveidošana; 2. re-
produkcija; 3. vairošanās;
4. *ek* atražošana

republic [ri'pʌblik] *n* repub-
lika

republican [ri'pʌblikən] I *n*
republikānis; II *a* republi-
kas-

repulse [ri'pʌls] *v* 1. atsist
(uzbrukumu); 2. noraidīt

reputation [ˌrepju(ː)-
ˈteiʃən] *n* reputācija; slava
request [riˈkwest] **I** *n* **1.** lū-
gums; prasība; **2.** pieprasī-
jums; in great r. — daudz
pieprasīts; **II** *v* lūgt; pra-
sīt
require [riˈkwaiə] *v* **1.** prasīt;
pieprasīt; **2.** just vajadzību
(pēc kā); we r. help —
mums vajadzīga palīdzība
requirement [riˈkwaiəmənt] *n*
1. prasība; **2.** vajadzība
rerun [ˈriːrʌn] *n (kinofilmas)*
atkārtots demonstrējums
rescue [ˈreskjuː] **I** *n* [iz]-
glābšana; to come to r. —
nākt palīgā; r. oper-
ations — glābšanas darbi;
II *v* [iz]glābt
research [riˈsəːtʃ] *n* **1.** pēt-
niecība; r. work — zināt-
niski pētniecisks darbs; r.
associate — zinātniskais
līdzstrādnieks; r. worker —
zinātnisks darbinieks; **2.:**
~es *pl* — pētījumi; ~es
into the causes of cancer —
pētījumi par vēža rašanos
resemblance [riˈzembləns] *n*
līdzība; to bear r. — būt
līdzīgam
resemble [riˈzembl] *v* būt lī-
dzīgam
resent [riˈzent] *v* apvaino-
ties; ņemt ļaunā
resentment [riˈzentmənt] *n*
apvainojums
reservation [ˌrezəˈveiʃən] *n*
1. ieruna; iebildums; with-
out r. — bez ierunām;
2. rezervēta vieta *(vies-
nīcā);* to make a r. —
pasūtīt vietu *(viesnīcā);*

3. rezervāts *(ASV un Ka-
nādā)*
reserve [riˈzəːv] **I** *n* **1.** re-
zerve; krājums; in r. —
krājumā; **2.** ieruna; iebil-
dums; **3.** atturība; **4.** re-
zervāts; **5.** rezerves spēlē-
tājs; **II** *v* **1.** *(for)* patau-
pīt; uzglabāt; **2.** rezervēt;
to r. a seat — iepriekš pa-
sūtīt (iegādāties) biļeti
reserved [riˈzəːvd] *a* **1.** at-
turīgs; **2.** rezervēts; r.
seats — iepriekš iegādātas
biļetes
residence [ˈrezidəns] *n*
1. dzīvesvieta; **2.** rezi-
dence
resident [ˈrezidənt] *n*
1. *(pastāvīgs)* iedzīvotājs;
2. rezidents
resign [riˈzain] *v* **1.** atkāp-
ties *(no amata);* **2.** samie-
rināties *(ar likteni)*
resignation [ˌrezigˈneiʃən] *n*
1. atkāpšanās *(no amata);*
2. atlūgums; **3.** rezignā-
cija
resist [riˈzist] *v* pretoties
resistance [riˈzistəns] *n* pre-
tošanās; pretestība; r.
movement — pretošanās
kustība; to offer r. — iz-
rādīt pretestību
resolution [ˌrezəˈluːʃən] *n*
1. lēmums; rezolūcija;
2. apņēmība
resolve [riˈzɔlv] *v* nolemt
resort [riˈzɔːt] **I** *n* **1.** cerība;
glābiņš; **2.** kūrorts; ◇ in
the last r. — ļaunākajā
gadījumā; **II** *v* **1.** *(to)*
ķerties *(pie kā);* lietot

(ko); to r. to force — lietot varu; 2. bieži apmeklēt

resource [ri'sɔːs] *n* 1. *(parasti pl)* resursi; krājumi; natural ~s — dabas bagātības; 2. atjautība

respect [ris'pekt] I *n* 1. respekts; cieņa; 2. sakarība; in this r. — šai ziņā; II *v* respektēt; cienīt

respectable [ris'pektəbl] *a* cienījams

respective [ris'pektiv] *a* attiecīgs; atbilstošs

respite ['respait] *n* īss pārtraukums; atelpa

respond [ris'pɔnd] *v* 1. atbildēt; 2. *(to)* reaģēt; atsaukties

response [ris'pɔns] *n* 1. atbilde; in r. to — atbildot uz; 2. reaģēšana; atsaukšanās

responsibility [ris,pɔnsə-'biliti] *n* 1. atbildība; 2. pienākums

responsible [ris'pɔnsəbl] *a* atbildīgs

responsive [ris'pɔnsiv] *a* atsaucīgs

restᵃ [rest] I *n* atpūta; miers; to take a r. — atpūsties; II *v* 1. atpūsties; 2. atspiest; atbalstīt

restᵇ [rest] *n:* the r. — atlikums; the r. of us — pārējie; all the r. — viss pārējais

restaurant ['restərɔ̃ːv] *n* restorāns

restless ['restlis] *a* nemierīgs

restoration [,restə'reiʃən] *n* restaurācija, atjaunošana

restore [ris'tɔː] *v* restaurēt, atjaunot

restrain [ri'strein] *v* 1. apvaldīt; 2. *(from)* atturēt

restriction [ris'trikʃən] *n* ierobežojums; without ~s — bez ierobežojumiem

result [ri'zʌlt] I *n* rezultāts; II *v* 1. *(from)* izrietēt; 2. *(in)* dot rezultātā

resume [ri'zjuːm] *v* atsākt; to r. one's work — atsākt darbu

retail I *n* ['riːteil] mazumtirdzniecība; II *v* [riː'teil] pārdot mazumā

retain [ri'tein] *v* paturēt; saglabāt

retire [ri'taiə] *v* 1. aiziet; 2. *mil* atkāpties; 3. aiziet *(pensijā)*

retreat [ri'triːt] I *n* atkāpšanās; II *v* atkāpties

return [ri'təːn] I *n* 1. atgriešanās; r. ticket — biļete atpaka|ce|am; 2. atdošana; in r. for smth. — apmaiņā pret ko; ◇ many happy ~s of the day! — daudz laimes dzimšanas dienā!; II *v* 1. atgriezties; 2. atdot; to r. a ball — atsist bumbu

reveal [ri'viːl] *v* atklāt; to r. a secret — atklāt noslēpumu

revel ['revl] *v* dzīrot; uzdzīvot

revelation [,revi'leiʃən] *n* atklājums; atklāsme

revenge [ri'vendʒ] I *n* 1. atriebība; to take one's r. on smb. — atriebties kā-

dam; **2.** revanšs; **II** *v*
1. atriebt; **2.** atriebties
reverence [ˈrevərəns] *n*
cieņa; godbijība
reverse [riˈvəɪs] **I** *n* **1.** pre-
tējais; quite the r. — gluži
pretēji; **2.** neveiksme; **3.** at-
pakaļgaita; to put the car
in r. — ieslēgt automašī-
nai atpakaļgaitu; **II** *a* pre-
tējs; apgriezts; in r. or-
der — apgrieztā kārtībā;
III *v* **1.** apgriezt otrādi;
2. mainīt
review [riˈvjuɪ] **I** *n* **1.** ap-
skats; **2.** recenzija; **II** *v*
1. izskatīt; **2.** recenzēt
revise [riˈvaiz] *v* izlabot;
pārstrādāt; ~d edition —
pārstrādāts izdevums
revive [riˈvaiv] *v* **1.** atgūt
samaņu; **2.** atdzīvināt;
3. atjaunot
revolt [riˈvəult] **I** *n* sacel-
šanās, dumpis; **II** *v* sa-
celties, sadumpoties
revolutiona [ˌrevəˈluɪʃən] *n*
revolūcija
revolutionb [ˌrevəˈluɪʃən] *n*
1. rotācija; griešanās;
2. apgrieziens
revolutionary [ˌrevəˈluɪʃnəri]
I *n* revolucionārs; **II** *a*
revolucionārs
revolve [riˈvɔlv] *v* rotēt;
griezties
reward [riˈwɔɪd] **I** *n* apbal-
vojums; **II** *v* apbalvot
rheumatism [ˈruɪmətizəm] *n*
reimatisms
rhyme [raim] *n* **1.** atskaņa;
2. dzejolis
rhythm [ˈriðəm] *n* ritms
rib [rib] *n* riba

ribbon [ˈribən] *n* lente
rice [rais] *n* rīss, rīsi
rich [ritʃ] *a* **1.** bagāts;
2. auglīgs; r. soil — aug-
līga augsne; **3.** trekns; sā-
tīgs; **4.** sulīgs (*par krāsu,
toni*)
rid [rid] *v* (*p un p. p.* rid
[rid]) atbrīvot; to get r.
(*of*) — atbrīvoties
ridden *p. p. no* ride **II**
riddle [ˈridl] *n* mīkla (*atmi-
nēšanai*)
ride [raid] **I** *n* izjājiens;
izbraukums (*piem., auto-
mašīnā, ar velosipēdu*); to
go for a r. — doties iz-
braukumā; **II** *v* (*p* rode
[rəud]; *p. p.* ridden
[ˈridn]) **1.** jāt; **2.** braukt
(*piem., automašīnā, ar ve-
losipēdu*)
rider [ˈraidə] *n* **1.** jātnieks;
2. braucējs
ridiculous [riˈdikjuləs] *a*
smieklīgs; jocīgs
riding [ˈraidiŋ] **I** *n* jāšanas
sports; **II** *a* jāšanas-; r.
horse — jājamzirgs
rifle [ˈraifl] *n* šautene
rifleman [ˈraiflmən] *n* strēl-
nieks
right [rait] **I** *n* tiesības; **II**
a **1.** pareizs; r. you are! —
pareizi!; he is r. — viņam
ir taisnība; all r.! — labi!;
2. labais; r. hand — labā
roka; **3.** (*par leņķi*)
taisns; **III** *adv* **1.** pa labi;
r. turn! *mil* — uz labo,
griezties!; **2.** pareizi; you've
got it r. — jūs pareizi sa-
pratāt; **3.** tieši; r. here —

1) tieši šeit; 2) šai mirklī;
r. now — tūlīt
right-hand ['raithænd] *a* labais; r.-h. side — labā
puse
rigid ['ridʒid] *a* 1. stīvs;
stingrs; 2. bargs; stingrs;
r. discipline — stingra
disciplīna
rim [rim] *n* mala; apmale
ringª [riŋ] *n* 1. aplis;
2. gredzens; 3. *sp* rings;
4.: ~s *pl sp* — apļi
ringᵇ [riŋ] I *n* zvanīšana;
zvans; to give a r. — piezvanīt; II *v* (*p* rang [ræŋ];
p. p. rung [rʌŋ]) 1. zvanīt; 2. skanēt; the bell
~s — skan zvans; to r.
up — piezvanīt (*pa telefonu*)
rinse [rins] *v* skalot
ripe [raip] *a* nobriedis; nogatavojies
ripen ['raipən] *v* nobriest;
nogatavoties
rise [raiz] I *n* 1. stāvums;
pakalns; 2. (*algas*) pielikums; 3. sākotne; sākums;
to give r. (*to*) — izraisīt;
II *v* (*p* rose [rəuz]; *p. p.*
risen ['rizn]) 1. [pie] celties; 2. (*par sauli, mēnesi*)
uzlēkt; 3. (*par līmeni, cenām*) kāpt, celties
risen *p. p. no* **rise** II
risk [risk] I *n* risks; to run
a r. — riskēt; II *v* riskēt
rival ['raivəl] I *n* sāncensis;
konkurents; without a r. —
ārpus konkurences; II *v*
sacensties; konkurēt
river ['rivə] *n* upe

road [rəud] *n* 1. ceļš; r.
sign — ceļa zīme; r.
map — ceļu karte;
2. iela; to cross the r. —
šķērsot ielu
roadside ['rəudsaid] *n* ceļmala
roar [rɔɪ] *v* 1. rēkt; to r.
with laughter — smieties
pilnā kaklā; 2. (*par pērkonu*) dārdēt
roast [rəust] I *n* cepetis;
II *a* cepts; III *v* 1. cept;
2. cepties
rob [rɔb] *v* [ap] laupīt
robbery ['rɔbəri] *n* laupīšana
robot ['rəubɔt] *n* robots; r.
plane — bezapkalpes lidmašīna
rockª [rɔk] *n* 1. iezis;
2. klints; ◇ on the ~s —
uz sēkļa
rockᵇ [rɔk] *v* 1. šūpot;
2. šūpoties
rockᶜ [rɔk] *n* rokmūzika
rocket ['rɔkit] *n* 1. rakete;
2. raķešdzinējs; r. plane —
reaktīvā lidmašīna
rocket-base ['rɔkit,beis] *n*
raķešbāze
rocketry ['rɔkitri] *n* raķeštehnika
rock-garden ['rɔk,gaɪdn] *n*
akmeņdārzs
rod [rɔd] *n* 1. rīkste; 2. makšķere
rode *p no* **ride** II
role [rəul] *n* loma
roll [rəul] I *n* 1. rullis;
2. saraksts; to call the r. —
izsaukt pēc saraksta; II *v*
1. ripot; velties; 2. ripināt;
velt; 3. saritināt; satīt

roll-call ['rəulkɔːl] *n* pārbaude *(izsaucot klātesošo uzvārdus)*

roller-skates ['rəulə‚skeits] *n pl* skrituļslidas

Roman ['rəumən] I *n* 1. romietis; romiete; 2. katolis; II *a* romiešu-; R. numerals — romiešu cipari

romance [rəu'mæns] *n* 1. romantika; 2. *mūz* romance

romantic [rəu'mæntik] *a* romantisks

roof [ruːf] *n* jumts

rooka [ruk] *n* kovārnis

rookb [ruk] *n (šahā)* tornis

room [ruːm] *n* 1. istaba; 2. vieta, telpa; to make r. *(for)* — atbrīvot vietu

root [ruːt] I *n* sakne; to take r. — iesakņoties; II *v* laist saknes; to r. out — izskaust

rope [rəup] *n* virve; tauva

rosea [rəuz] *n* roze

roseb *p no* rise II

rosy ['rəuzi] *a* rožains; sārts

rot [rɔt] I *n* 1. puve; 2. *sar* muļķības; to talk r. — gvelzt muļķības; II *v* pūt

rotation [rəu'teiʃən] *n* 1. rotācija; rotēšana; 2. maiņa; mija; in r. — pārmaiņus; r. of crops *lauks* — augseka

rotten ['rɔtn] *a* 1. sapuvis; bojāts; 2. *sar* riebīgs, pretīgs

rough [rʌf] *a* 1. raupjš; nelīdzens; 2. rupjš; 3. neapstrādāts; r. copy — melnraksts; 4. aptuvens; r. calculation — aptuvens aprēķins

Roumanian [ru(ː)'meinjən] I *n* 1. rumānis; rumāniete; 2. rumāņu valoda; II *a* rumāņu-

round [raund] I *n* 1. aplis; 2. apgaita; 3. cikls; virkne; 4. *sp* raunds; II *a* apaļš; III *v* 1. noapaļot; 2. apiet; apstaigāt; IV *adv* apkārt; riņķī; r. about — visapkārt; all the year r. — cauru gadu; V *prep* ap; r. the corner — ap stūri; r. the world — apkārt pasaulei

roundabout ['raundəbaut] *a* aplinku-; in a r. way — aplinku ceļā

route [ruːt] *n* maršruts

routine [ruː'tiːn] *n* ierastā kārtība; rutīna

rowa [rəu] *n* rinda

rowb [rəu] *v* airēt

rowc [rau] *n* tracis; to make a r. — sacelt traci

rowan ['rauən] *n* pīlādzis

rowing ['rəuiŋ] *n* airēšana

royal ['rɔiəl] *a* karalisks

rub [rʌb] *v* 1. berzēt; 2. berzēties; to r. out — izdzēst *(ar dzēšgumiju)*

rubber ['rʌbə] *n* 1. gumija; kaučuks; 2. dzēšgumija; 3.: ~s *pl* — galošas

rubbish ['rʌbiʃ] *n* 1. gruži; atkritumi; 2. blēņas; nieki

ruby ['ruːbi] *n* rubīns

rudder ['rʌdə] *n (kuģa, lidmašīnas)* stūre

rude [ruːd] *a* 1. rupjš; nepieklājīgs; 2. neapstrādāts; neaptēsts

14*

rug [rʌg] *n* **1.** grīdsega; **2.** pleds

Rugby ['rʌgbi] *n sp* regbijs

ruin [ruin] I *n* **1.** sabrukums; bojāeja; to bring to r. — izpostīt; **2.:** ~s *pl* — drupas; II *v* **1.** sagraut; izpostīt; **2.** pazudināt

rule [ruːl] I *n* **1.** noteikums; likums; as a r. — parasti; ~s of the game — spēles noteikumi; **2.** valdīšana; vara; II *v* **1.** valdīt; **2.** noteikt

ruler ['ruːlə] *n* **1.** valdnieks; **2.** lineāls

rum [rʌm] *n* rums

rumour ['ruːmə] *n* baumas, valodas

run [rʌn] I *n* **1.** skrējiens; at a r. — skriešus; **2.** reiss; brauciens; an hour's r. — stundas brauciens; **3.** norise; gaita; r. of events — notikumu gaita; **4.** *(motora)* darbība; **5.** attālums; ◇ in the long r. — galu galā; II *v* *(p* ran [ræn]; *p. p.* run [rʌn]) **1.** skriet; **2.** *(par autobusu, vilcienu)* kursēt; **3.** plūst; tecēt; **4.** *(par motoru)* darboties; **5.** *(par laiku)* aizritēt; **6.** *(par tekstu)* skanēt; **7.** vadīt *(uzņēmumu);* **8.** *(v — saitiņa):* to r. cold — kļūt aukstam; to r. dry — izžūt; to r. mad — sajukt prātā; to r. **across** — nejauši sastapt; to r. **away** — aizbēgt; to r. **out** — izsīkt

rung *p. p. no* **ring**ᵇ II

runner ['rʌnə] *n* skrējējs

runner-up ['rʌnər'ʌp] *n* otrās vietas ieguvējs *(sacīkstēs)*

running ['rʌniŋ] I *n* skrējiens; skriešana; II *a* **1.** skrejošs; skriešanas-; r. track — skrejceļš; **2.** plūstošs; **3.** nepārtraukts; three days r. — trīs dienas no vietas; r. commentary — radioreportāža

run-up ['rʌnʌp] *n* ieskrējiens

runway ['rʌnwei] *n av* starta ceļš

rural [ruərəl] *a* lauku-; r. scenery — lauku ainava

rush [rʌʃ] I *n* **1.** pieplūdums; **2.** traukšanās; dzīšanās; r. of armaments — bruņošanās drudzis; gold r. — zelta drudzis; **3.** steiga; **4.** liels pieprasījums; II *v* **1.** drāzties; mesties; **2.** steidzināt

rush-hours ['rʌʃ'auəz] *n pl* maksimumstundas

rusk [rʌsk] *n* sausiņš

Russian ['rʌʃən] I *n* **1.** krievs; krieviete; **2.** krievu valoda; II *a* krievu-

rust [rʌst] I *n* rūsa; II *v* rūsēt

rustle ['rʌsl] I *n* čaukstēšana; čabēšana; šalkšana; II *v* čaukstēt; čabēt; šalkt

rusty ['rʌsti] *a* sarūsējis

ruthless ['ruːθlis] *a* nežēlīgs, cietsirdīgs

rye [rai] *n* rudzi

rye-bread ['raibred] *n* rudzu maize

Ss

sable [′seibl] *n* sabulis

sack [sæk] *n* maiss; ◆ to get the s. — tikt atlaistam no darba; to give the s. — atlaist no darba

sacrifice [′sækrifais] I *n* upuris; to make a s. — ziedot; II *v* upurēt; ziedot; to s. oneself — uzupurēties

sad [sæd] *a* skumjš; bēdīgs

saddle [′sædl] I *n* segli; II *v* apseglot

saddle-horse [′sædlhɔːs] *n* jājamzirgs

safe [seif] I *n* seifs; II *a* 1. neskarts; sveiks; s. and sound — sveiks un vesels; 2. drošs; it is s. to say — var droši teikt

safeguard [′seifgɑːd] I *n* 1. garantija; drošība; 2. *tehn* aizsargierīce; II *v* garantēt; nodrošināt

safety [′seifti] *n* drošība

safety-glass [′seiftiglɑːs] *n* neplīstošs stikls

safety-pin [′seiftipin] *n* spraužamadata

safety-razor [′seifti‚reizə] *n* bārdas skuveklis

said [sed] *p un p. p. no* say II

sail [seil] I *n* 1. bura; buras; in full s. — pilnās burās; 2. [buru] kuģis; 3. jūrasbrauciens; II *v* 1. burāt; 2. *(par kuģi)* doties jūrā

sailing [′seiliŋ] *n* 1. burāšana; 2. kuģošana; navigācija

sailor [′seilə] *n* jūrnieks; matrozis

saint [seint] *n* svētais

sake [seik] *n:* for the s. of smth. — kā dēļ; for her s. — viņas labā; ◆ for goodness' s.! — dieva dēļ!

salad [′sæləd] *n* salāti

salary [′sæləri] *n (kalpotāja)* alga

sale [seil] *n* 1. pārdošana; for s. — pārdodams; on s. — pārdošanā; 2. *(arī* bargain s.) izpārdošana *(par pazeminātām cenām)*

salesman [′seilzmən] *n* pārdevējs

saleswoman [′seilz‚wumən] *n* pārdevēja

salmon [′sæmən] *n* lasis

salt [sɔːlt] *n* sāls

salt-cellar [′sɔːlt‚selə] *n* sālstrauks

salty [′sɔːlti] *a* sāļš; sālīts

salute [sə′luːt] I *n* 1. sveiciens; 2. salūts; II *v* 1. sveicināt; 2. salutēt

same [seim] I *a* tas pats; tāds pats; at the s. time — tai pašā laikā; in the s. way — tādā pašā veidā; II *pron* tas pats; the very s. — tieši tas pats; all the s. — 1) vienalga; 2) tomēr

sample [′sɑːmpl] I *n* 1. paraugs; 2. šablons; modelis; II *v* noņemt paraugu

sanatoria *pl no* **sanatorium**

sanatorium [,sænə'tɔ:riəm] *n* (*pl* sanatoria [,sænə-'tɔ:riə]) sanatorija

sand [sænd] *n* smilts; smiltis

sandal ['sændl] *n* sandale

sand-glass ['sændglɑ:s] *n* smilšu pulkstenis

sandwich ['sænwidʒ] *n* sviestmaize, sendvičs

sane [sein] *a* normāls; saprātīgs

sang *p no* sing

sanitary ['sænitəri] *a* sanitārs; higiēnisks

sanitation [,sæni'teiʃən] *n* sanitārija

sanity ['sæniti] *n* 1. normāla psihe; 2. veselais saprāts

sank *p no* sink II

Santa Claus [,sæntə'klɔ:z] *n* Ziemsvētku vecītis

sap [sæp] *n* 1. (*auga*) sula; 2. spars; enerģija

sardine [sɑi'di:n] *n* sardīne

sat *p un p. p. no* sit

satchel ['sætʃəl] *n* (*skolēna*) soma

sateen [sæ'ti:n] *n* satīns

satellite ['sætəlait] *n* 1. satelīts; 2. *astr* pavadonis; artificial Earth s. — mākslīgais Zemes pavadonis; s. town — pavadoņpilsēta

satin ['sætin] *n* atlass

satire ['sætaiə] *n* satīra

satirical [sə'tirikəl] *a* satīrisks

satisfaction [,sætis'fækʃən] *n* apmierinājums; gandarījums

satisfactory [,sætis'fæktəri] *a* apmierinošs; pietiekams

satisfy ['sætisfai] *v* 1. apmierināt; 2. atbilst (*prasībām*)

Saturday ['sætədi] *n* sestdiena

sauce [sɔ:s] *n* mērce

saucepan ['sɔ:spən] *n* kastrolis

saucer ['sɔ:sə] *n* apakštase; ◇ flying s. — lidojošais šķīvītis

sausage ['sɔsidʒ] *n* desa; cīsiņš

savage ['sævidʒ] I *n* mežonis; II *a* 1. mežonīgs; 2. nežēlīgs; cietsirdīgs

save [seiv] *v* 1. [iz] glābt; 2. krāt; taupīt; to s. up money — iekrāt naudu

savings-bank ['seiviŋz'bæŋk] *n* krājkase

sawᵃ *p no* see

sawᵇ [sɔ:] I *n* zāģis; II *v* (*p* sawed [sɔ:d]; *p. p.* sawed [sɔ:d] *vai* sawn [sɔ:n]) zāģēt

sawdust ['sɔ:dʌst] *n* zāģu skaidas

sawmill ['sɔ:mil] *n* kokzāģētava

sawn *p. p. no* sawᵇ II

sax [sæks] *n sar saīs. no* saxophone

saxophone ['sæksəfəun] *n* saksofons

say [sei] I *n* sakāmais; vārds; to have one's s. — teikt savu vārdu; II *v* (*p un p. p.* said [sed]) teikt; sacīt; they s. that... — runā, ka...; ◇ you don't s. so! — nevar būt!; that is to s. — tas ir

saying ['seiiŋ] n paruna; iz-
teiciens

scaffold ['skæfəld] n 1. sa-
statnes; 2. ešafots

scalea [skeil] n zvīņa; zvīņas

scaleb [skeil] n 1. svaru
kauss; 2.: ~s pl — svari

scalec [skeil] n 1. mērogs;
on a large s. — plašā mē-
rogā; 2. skala; 3. pakāpe;
līmenis; to be high in the
social s. — ieņemt augstu
stāvokli sabiedrībā; 4. *mūz*
toņkārta; gamma

scandal ['skændl] n 1. skan-
dāls; negods; 2. tenkas; to
talk s. — tenkot

Scandinavian [ˌskændi'neiv-
jən] I n 1. skandināvs;
skandināviete; 2. skandi-
nāvu valodas; II a skan-
dināvu-

scar [skɑː] n rēta

scarce [skɛəs] a 1. trūcīgs;
nepietiekams; 2. rets; de-
ficīta-

scarcely ['skɛəsli] adv [tik]
tikko

scare [skɛə] v nobiedēt

scarf [skɑːf] n šalle; kakl-
auts

scarlet ['skɑːlit] a spilgti
sarkans; s. fever *med* —
skarlatīna

scatter ['skætə] v 1. izkai-
sīt; izsvaidīt; 2. izklīdināt;
3. izklīst

scenario [si'nɑːriəu] n sce-
nārijs

scene [siːn] n 1. *(darbības)*
vieta; 2. *teātr* aina; 3. de-
korācija; behind the ~s —
aiz kulisēm; 4. scēna; to

make a s. — sarīkot
scēnu; 5. skats; ainava

scene-painter ['siːn,peintə] n
scenogrāfs

scenery ['siːnəri] n 1. aina-
va; 2. dekorācijas

scent [sent] I n 1. smarža;
2. smaržas; II v 1. saost;
2. sasmaržot

schedule ['ʃedjuːl] I n gra-
fiks; saraksts; according to
s. — grafikā paredzētajā
laikā; II v sastādīt grafiku

scheme [skiːm] I n 1. plāns;
projekts; 2. intriga; II v
1. kalt plānus; vērpt in-
trigas

schizo ['skiːtsəu] n sar šizo-
frēniķis; ķertais

scholar ['skɔlə] n 1. izglītots
cilvēks; zinātnieks; 2. sti-
pendiāts

scholarship ['skɔləʃip] n 1. zi-
nāšanas; erudīcija; 2. sti-
pendija

school [skuːl] n skola; to at-
tend s. — iet skolā

schoolboy ['skuːlbɔi] n skol-
nieks

schoolfellow ['skuːl,feləu] n
skolasbiedrs

schoolgirl ['skuːlgəːl] n skol-
niece

schoolmaster ['skuːl,mɑːstə]
n skolotājs

schoolmistress ['skuːl,mistris]
n skolotāja

schooltime ['skuːltaim] n
stundu laiks *(skolā)*

science ['saiəns] n zinātne;
s. fiction — zinātniskā
fantastika

scientific [ˌsaiən'tifik] a zi-
nātnisks

scientist ['saiəntist] *n* zinātnieks

sci-fi ['sai'fai] *n (saīs. no science fiction)* zinātniskā fantastika

scissors ['sizəz] *n pl* šķēres

scold [skəuld] *v* rāt, bārt

scoop [skuːp] *n* liekšķere

scooter ['skuːtə] *n* 1. motorollers; 2. skuters; 3. skrejrats

scope [skəup] *n* 1. *(izpausmes)* iespēja; vēriens; 2. redzesloks; kompetence; it's beyond my s. — tas nav manā kompetencē

scorch [skɔːtʃ] *v* apsvilināt; apdedzināt

score [skɔː] I *n* 1. iegriezums; ierobījums; 2. punktu skaits *(spēlē);* to keep the s. — skaitīt punktus; what's the s.? — kāds ir [spēles] rezultāts?; 3. divdesmit; ~s of times — neskaitāmas reizes; 4. *mūz* partitūra; II *v* 1. iegriezt; ierobīt; 2. skaitīt punktus *(spēlē);* 3. uzvarēt *(spēlē);* to s. a point — iegūt punktu; to s. a goal — iesist vārtus

scorn [skɔːn] I *n* nicinājums; II *v* nicināt

scornful ['skɔːnful] *a* nicinošs, nicīgs

Scotch [skɔtʃ] I *n* 1.: the S. — skoti; 2. skotu dialekts; 3. *sar* skotu viskijs; II *a* 1. skotu-; 2.: S. tape — līmlente

Scotchman ['skɔtʃmən] *n* skots

Scotchwoman ['skɔtʃ,wumən] *n* skotiete

scoundrel ['skaundrəl] *n* nelietis

scout [skaut] *n* 1. izlūks; 2. skauts

scramble ['skræmbl] I *n* 1. rāpšanās; 2. motobraukšanas sacīkstes *(šķēršļotā distancē);* II *v* rāpties

scrap [skræp] *n* 1. gabals; gabaliņš; strēmele; 2.: ~s *pl* — *(ēdiena)* atliekas; atkritumi

scrap-iron ['skræp,aiən] *n* metāllūžņi

scratch [skrætʃ] I *n* 1. skramba; 2. kasīšanās; 3. *sp* starta līnija; II *v* 1. ieskrambāt; 2. kasīt; 3. kasīties

scream [skriːm] I *n* [spalgs] kliedziens; spiedziens; II *v* [spalgi] kliegt; spiegt

screen [skriːn] I *n* 1. aizslietnis; 2. aizsegs; smoke s. *mil* — dūmu aizsegs; 3. ekrāns; II *v* 1. nodalīt *(ar aizslietni);* 2. demonstrēt uz ekrāna

screen-play ['skriːnplei] *n* kinoscenārijs

screw [skruː] I *n* skrūve; II *v* pieskrūvēt

screwdriver ['skruː,draivə] *n* skrūvgriezis

screwy ['skruːi] *a sar* jucis, ķerts

scipt [skript] *n* raksts; rokraksts

scriptwriter ['skript,raitə] *n (radio)* scenārists

scuba ['skuːbə] *n (zemūdens)* elpošanas aparāts

sculpture ['skʌlptʃə] n skulptūra

scurf [skəːf] n blaugznas

scythe [saið] n izkapts

sea [siː] n jūra; at s. — uz jūras; by sea — pa jūru; to go to s. — kļūt par jūrnieku; to put out to s. — doties jūrā

seagull ['siːgʌl] n kaija

seala [siːl] n ronis

sealb [siːl] I n zīmogs; II v 1. apzīmogot; 2. aizzīmogot

seam [siːm] n vīle; šuve

seaman ['siːmən] n jūrnieks; matrozis

search [səːtʃ] I n 1. meklēšana; 2. kratīšana; pārmeklēšana; II v 1. meklēt; 2. [iz]kratīt; pārmeklēt

searchlight ['səːtʃlait] n prožektors

search-party ['səːtʃ,paːti] n izlūkošanas grupa

seashore ['siːˈʃɔː] n jūras krasts; pludmale

seasickness ['siː,siknis] n jūras slimība

seaside ['siːˈsaid] n jūrmala

season ['siːzn] I n 1. gadalaiks; 2. sezona; close s. — taupāmais laiks (medniecībā); II v 1. izžāvēt (kokmateriālus); 2. pielikt garšvielas

season-ticket ['siːzn,tikit] n 1. sezonas biļete; 2. (teātra) abonements

seat [siːt] I n 1. sēdeklis; to take a s. — apsēsties; 2. sēdvieta; to book a s. — nopirkt biļeti (uz teātri,

koncertu); II v ietilpināt; this hall ~s 500 — šai zālē ir 500 vietu

seat-belt ['siːtbelt] n drošības josta

seconda ['sekənd] I a otrs; otrreizējs; on s. thoughts — pārdomājot; ◊ s. to none — nepārspēts; II num otrais; s. floor — 1) trešais stāvs; 2) amer otrais stāvs; III v atbalstīt (piem., priekšlikumu)

secondb ['sekənd] n sekunde

secondary ['sekəndəri] a 1. sekundārs; 2.: s. school — vidusskola

second-handa ['sekənd'hænd] n (pulksteņa) sekunžu rādītājs

second-handb ['sekənd'hænd] a lietots; s.-h. bookshop — antikvariāts

second-rate ['sekənd'reit] a otršķirīgs

secret ['siːkrit] I n noslēpums; to keep a s. — glabāt noslēpumu; II a slepens; the s. service — izlūkdienests

secretary ['sekrətri] n 1. sekretārs; S. General — ģenerālsekretārs; 2. ministrs; S. of State — 1) ministrs (Anglijā); 2) Valsts sekretārs, ārlietu ministrs (ASV)

section ['sekʃən] n 1. (ģeometrisks) griezums; 2. segments; daļa

secure [si'kjuə] I a 1. drošs; paļāvīgs; 2. nodrošināts; garantēts; s. old age — nodrošinātas vecumdienas;

3. dross; s. from attack —
dross pret uzbrukumu; II
v **1.** nostiprināt; **2.** no-
drošināt; garantēt; **3.** sa-
gādāt

security [si'kjuəriti] *n*
1. drošība; S. Council —
Drošības Padome; **2.** no-
drošinājums; garantija; to
give s. — garantēt; social
s. — sociālā nodrošināšana

sedative ['sedətiv] *n med*
nomierinošs līdzeklis

sediment ['sedimənt] *n* no-
gulsnes

see [siː] *v* (*p* saw [sɔː];
p. p. seen [siːn]) **1.** re-
dzēt; **2.** apskatīt, aplūkot;
to s. the sights — apska-
tīt ievērojamākās vietas;
3. saprast; I s.! — es sa-
protu!; you see... — re-
dzat..; **4.** apmeklēt, apcie-
mot; **5.** pavadīt; to s.
home — pavadīt uz mājām;
to s. in — sagaidīt
(*piem., Jaungadu*); to s.
off — pavadīt; to s. to —
parūpēties par

seed [siːd] *n* sēkla

seedy ['siːdi] *a* **1.** sēklains;
2. noplucis; **3.** nevesels

seek [siːk] *v* (*p un p. p.*
sought [sɔːt]) **1.** meklēt;
2. (*for*) tiekties

seem [siːm] *v* likties, šķist;
it ~s — liekas; he ~s to
be tired — viņš liekas no-
guris

seen *p. p. no* see

seize [siːz] *v* **1.** satvert; sa-
grābt; **2.** apķīlāt; **3.** uztvert
(*domu, jēgu*)

seldom ['seldəm] *adv* reti

select [si'lekt] **I** *a* izmeklēts;
atlasīts; **II** *v* izmeklēt; at-
lasīt

selection [si'lekʃən] *n* **1.** iz-
lase; atlase; **2.** (*preču*) iz-
vēle

self [self] *n* (*pl* selves
[selvz]) pats

self-confident ['self-
'kɔnfidənt] *a* pašpaļāvīgs

self-control ['selfkən'trəul] *n*
[paš]savaldīšanās; paš-
kontrole

self-criticism ['self'kritisizm]
n paškritika

self-defence ['selfdi'fens] *n*
pašaizsardzība

selfish ['selfiʃ] *a* egoistisks,
savtīgs

self-made ['selfmeid] *a:*
s.-m. man — cilvēks, kas
dzīvē pats visu sasniedzis

self-portrait ['self'pɔːtrit] *n*
pašportrets

self-service ['self'səːvis] *n*
pašapkalpošanās; s.-s.
shop — pašapkalpes veikals

sell [sel] *v* (*p un p. p.* sold
[səuld]) **1.** pārdot; **2.** tikt
pārdotam

seller ['selə] *n* **1.** pārdevējs;
2. daudzpieprasīta prece

sell-out ['sel,aut] *n* izpār-
dota izrāde

selves *pl no* self

semiconductor ['semikən-
'dʌktə] *n fiz* pusvadītājs

semifinal ['semi'fainl] *n sp*
pusfināls

semolina [,semə'liːnə] *n*
mannas putraimi

send [send] *v* (*p un p. p.*
sent [sent]) [no]sūtīt; to

s. one's love — sūtīt svei-
cienus; to s. for — aiz-
sūtīt pakaļ; to s. for a
doctor — aizsūtīt pēc ār-
sta; to s. in — iesniegt
sender ['sendə] n nosūtītājs
senior ['siːnjə] a vecākais
(gados vai amatā)
sensation [sen'seiʃən] n
1. sajūta; 2. sensācija
sense [sens] n 1. sajūta;
s. of humour — humora iz-
jūta; 2. saprāts; apziņa;
common s. — veselais sa-
prāts; to come to one's
~s — nākt pie prāta; to
talk s. — runāt [sa] prā-
tīgi; 3. nozīme; jēga; in a
literal s. — burtiskā no-
zīmē; it makes no s. —
tam nav jēgas
senseless ['senslis] a 1. ne-
jutīgs; bez samaņas;
2. bezjēdzīgs
sensible ['sensəbl] a [sa] prā-
tīgs
sensitive ['sensitiv] a
1. (about) jūtīgs; viegli
aizvainojams; 2. (to) ju-
tīgs; s. paper — gaism-
jutīgs papīrs
sent p un p. p. no send
sentence ['sentəns] I n 1. jur
spriedums; 2. gram tei-
kums; II v piespriest (so-
du); notiesāt
sentiment ['sentimənt] n
1. jūtas; 2. sentimentalitāte
sentry ['sentri] n sargkarei-
vis
separate I a ['seprit] 1. at-
dalīts; atšķirts; 2. atse-
višķs; II v ['sepəreit]

1. atdalīt; atšķirt; 2. atda-
līties; atšķirties
September [sep'tembə] n
septembris
sequel ['siːkwəl] n 1. tur-
pinājums; 2. sekas
sequence ['siːkwəns] n se-
cība; kārtība; s. of
events — notikumu gaita;
s. of tenses gram — laiku
secība
sergeant ['saːdʒənt] n ser-
žants
serial ['siəriəl] I n 1. ro-
māns turpinājumos; 2. se-
riāls (filma); II a sēriju-;
sērijveida-
series ['siəriːz] n sērija;
rinda
serious ['siəriəs] a nopietns
servant ['səːvənt] n kalps;
kalpone
serve [səːv] v 1. kalpot;
strādāt; 2. dienēt (armijā);
3. pasniegt (ēdienu); 4. ap-
kalpot (pircējus); 5. sp
servēt; to s. for — noderēt
par; ◇ it ~s him right! —
tā viņam vajag!
service ['səːvis] n 1. die-
nests; darbs; military s. —
karadienests; 2. apkalpo-
šana; s. station — [auto-
mašīnu] tehniskās apko-
pes stacija; 3. pakalpojums;
to do a s. — izdarīt pakal-
pojumu; to be of s. — būt
noderīgam; 4. servīze;
5. sp serve
session ['seʃən] n (parla-
menta, tiesas) sesija
set [set] I n 1. komplekts;
2. sabiedrība; aprindas;
3. aparāts; ierīce; 4. sp

sets *(tenisā);* II *v (p un
p. p.* set [set]) 1. nolikt;
novietot; 2. *(par sauli)* norietēt; 3. novest *(kādā stāvoklī);* to s. in motion —
iedarbināt; to s. in order —
sakārtot; to s. free — atbrīvot; to s. on fire — aizdedzināt; to s. up — izveidot; nodibināt

setback ['setbæk] *n* 1. šķērslis; kavēklis; 2. neveiksme; to suffer a s. — ciest
neveiksmi

settle ['setl] *v* 1. apmesties
(uz dzīvi); 2. izšķirt; nokārtot *(piem., jautājumu)*

settlement ['setlmənt] *n*
1. *(jautājuma)* izšķiršana;
nokārtošana; 2. apmetne;
kolonija

set-up ['setʌp] *n* 1. struktūra; uzbūve; 2. *sar* stāvoklis; situācija

seven ['sevn] *num* septiņi

seventeen ['sevnti:n] *num*
septiņpadsmit

seventeenth ['sevn'ti:nθ]
num septiņpadsmitais

seventh ['sevnθ] *num* septītais

seventieth ['sevntiiθ] *num*
septiņdesmitais

seventy ['sevnti] *num* septiņdesmit

several ['sevrəl] *pron* daži;
vairāki

severe [si'viə] *a* stingrs;
bargs

sew [səu] *v (p* sewed [səud];
p. p. sewed [səud] *vai*
sewn [səun]) šūt

sewer ['sjuə] *n* notekcaurule

sewerage ['sjuəridʒ] *n* kanalizācija

sewing-machine ['səuiŋmə
'ʃi:n] *n* šujmašīna

sewn *p. p. no* sew

sex [seks] *n* 1. *biol* dzimums; 2. sekss

sexual ['seksjuəl] *a* dzimuma-; seksuāls

sexy ['seksi] *a sar* seksīgs

shabby ['ʃæbi] *a* apvalkāts;
noplucis

shade [ʃeid] I *n* 1. ēna; light
and sh. *glezn* — gaism
ēna; 2. nokrāsa; 3. markīze *(audekla nojume virs
skatloga);* II *v* aptumšot

shadow ['ʃædəu] I *n* ēna;
to cast a sh. — mest ēnu;
II *v* mest ēnu; apēnot

shady ['ʃeidi] *a* 1. ēnains;
2. šaubīgs; sh. deal — šaubīgs darījums

shaft [ʃɑːft] *n* 1. rokturis;
kāts; 2. *tehn* vārpsta; ass;
3. *(lifta)* šahta

shaggy ['ʃægi] *a* pinkains

shake [ʃeik] *v (p* shook
[ʃuk]; *p. p.* shaken
['ʃeikən]) 1. kratīt; purināt; to sh. one's head —
(noraidoši) purināt galvu;
to sh. hands *(with)* —
paspiest roku *(sasveicinoties);* 2. trīcēt, drebēt; to
sh. with fear — drebēt aiz
bailēm

shaken *p. p. no* shake

shaker ['ʃeikə] *n* šeikers
(trauks kokteiļu maisīšanai)

shall [ʃæl, ʃəl] *v (p* should
[ʃud]) 1. *(palīgdarbības
vārds nākotnes veidošanai*

1. pers. sing un pl): I sh.
come — es atnākšu;
2. *(mod. v 2. un 3. pers.
sing un pl, izsaka drau-
dus, pavēli, solījumu):* you
sh. do it! — jūs to izda-
rīsit!
shallow [ˈʃæləu] *a* sekls
shame [ʃeim] *n* kauns; sh.
on you! — kaunieties!
shameful [ˈʃeimful] *a* apkau-
nojošs, kaunpilns
shameless [ˈʃeimlis] *a* ne-
kaunīgs
shampoo [ʃæmˈpuː] I *n*
1. šampūns; 2. galvas
mazgāšana; II *v* mazgāt
galvu
shan't [ʃaːnt] *sar saīs. no*
shall not
shape [ʃeip] *n* forma; [ap]-
veids; to take sh. — veido-
ties
shapeless [ˈʃeiplis] *a* bezvei-
dīgs
share [ʃeə] I *n* 1. daļa; tiesa;
2. akcija; paja; II *v* 1. [sa]-
dalīt; 2. dalīties; to sh. a
room with smb. — dzīvot
vienā istabā ar kādu
shareholder [ˈʃeə,həuldə] *n*
akcionārs; paju īpašnieks
shark [ʃaːk] *n* haizivs
sharp [ʃaːp] *a* ass
sharpen [ˈʃaːpən] *v* 1. asi-
nāt; 2. saasināt
shatter [ˈʃætə] *v* 1. sasist
druskās; 2. sagraut *(vese-
lību, cerības)*
shatterproof [ˈʃætəpruːf] *a*
neplīstošs
shave [ʃeiv] I *n* skūšana;
skūšanās; to have a sh. —
noskūties; II *v* (p shaved

[ʃeivd]; *p. p.* shaved
[ʃeivd] *vai* shaven
[ˈʃeivn]) 1. skūt; 2. skū-
ties
shaven *p. p. no* **shave** II
shaver [ˈʃeivə] *n* bārdas
skujamais
shaving-brush [ˈʃeiviŋbrʌʃ] *n*
bārdas ieziepējamā ota
shawl [ʃɔːl] *n* [plecu] šalle;
lakats
she [ʃiː, ʃi] *pron* viņa
sheda [ʃed] *n* nojume; šķū-
nis
shedb [ʃed] *v* (p un p. p.
shed [ʃed]) 1. [no]mest
(piem., lapas); 2. liet
(piem., asaras); to sh.
blood — liet asinis
sheep [ʃiːp] *n* (pl sheep
[ʃiːp]) aita
sheepskin [ˈʃiːpskin] *n* ait-
āda
sheer [ʃiə] *a* pilnīgs; galīgs;
sh. nonsense — tīrie nieki
sheet [ʃiːt] *n* 1. palags;
2. *(papīra)* loksne; music
sh. — nošu lapa
shelf [ʃelf] *n* (pl shelves
[ʃelvz]) plaukts
shell [ʃel] I *n* 1. čaula, čau-
mala; 2. gliemežvāks;
3. *(artilērijas)* šāviņš; II *v*
1. [no]lobīt; 2. apšaudīt
(ar artilērijas uguni)
shelter [ˈʃeltə] I *n* 1. pa-
tvērums; to take sh. — pa-
tverties; 2. nojume; II *v*
1. dot patvērumu; 2. pa-
tverties
shelves *pl no* **shelf**
shepherd [ˈʃepəd] *n* gans
sherry [ˈʃeri] *n* heress
(vīns)

shield [ʃiːld] **I** *n* vairogs;
II *v* aizsargāt; aizklāt

shift [ʃift] **I** *n* **1.** pārvietošana; pārbīdīšana; **2.** maiņa *(darbā);* **II** *v* **1.** pārvietot; pārbīdīt; **2.** *tehn* pārslēgt *(piem., ātrumu)*

shilling [ˈʃiliŋ] *n* šiliņš *(anglu naudas vienība)*

shin [ʃin] *n* liels, apakšstilbs

shine [ʃain] *v (p un p. p.* shone [ʃɔn]) spīdēt

ship [ʃip] **I** *n* kuģis; **II** *v* **1.** iekraut *(kuģi);* **2.** nosūtīt *(ar kuģi)*

shipboard [ˈʃipbɔːd] *n (kuģa)* klājs

shipment [ˈʃipmənt] *n* **1.** iekraušana *(kuģī);* **2.** *(kuģa)* krava

shipwreck [ˈʃiprek] *n* kuģa bojā eja

shipyard [ˈʃipjaːd] *n* kuģu būvētava

shirt [ʃəːt] *n (vīriešu)* krekls

shiver [ˈʃivə] *v* drebēt, trīcēt

shock [ʃɔk] **I** *n* **1.** trieciens; **2.** *med* šoks; **II** *v* satriekt; šokēt

shock-brigade [ˈʃɔkbriˌgeid] *n* triecienbrigāde

shocking [ˈʃɔkiŋ] *a* satriecošs; šokējošs

shock-worker [ˈʃɔkˌwəːkə] *n* triecielnnieks

shoe [ʃuː] *n* kurpe

shoelace [ˈʃuːleis] *n* kurpju saite

shoemaker [ˈʃuːˌmeikə] *n* kurpnieks

shone *p un p. p. no* shine

shook *p no* shake

shoot [ʃuːt] *v (p un p. p.* shot [ʃɔt]) **1.** šaut; nošaut; **2.** dzīt *(asnus);* **3.** fotografēt; uzņemt *(filmu)*

shop [ʃɔp] *n* **1.** veikals; **2.** darbnīca; cehs; ◇ to talk sh. — runāt par darbu

shop-assistant [ˈʃɔpəˌsistənt] *n* pārdevējs; pārdevēja

shop-lifter [ˈʃɔpˌliftə] *n* veikalu zaglis

shopping [ˈʃɔpiŋ] *n* iepirkšanās; to do sh. — iepirkties

shore [ʃɔː] *n (jūras, ezera)* krasts

short [ʃɔːt] *a* **1.** īss; sh. way off — netālu; sh. time ago — nesen; **2.** maza auguma-; **3.** nepietiekams; goods in sh. supply — deficītpreces; sh. weight — nepilnīgs svars; he is sh. of cash — viņam trūkst naudas; ◇ in the sh. run — drīzumā; at sh. notice — nekavējoties; in sh. — īsumā

shortage [ˈʃɔːtidʒ] *n (preču u. tml.)* trūkums

short-coming [ˈʃɔːtˈkʌmiŋ] *n* nepilnība; trūkums

shorten [ˈʃɔːtn] *v* **1.** saīsināt; **2.** kļūt īsākam *(par dienām)*

shorthand [ˈʃɔːthænd] *n* stenogrāfija

shortly [ˈʃɔːtli] *adv* **1.** drīz, drīzumā; **2.** īsi, īsumā

shorts [ʃɔːts] *n pl* šorti

short-sighted [ˈʃɔːtˈsaitid] *a* tuvredzīgs

short-term [ˈʃɔːttəɪm] *a* īstermiņa-

shortwave [ˈʃɔːtˈweiv] *a radio* īsviļņu-

shotᵃ [ʃɔt] I *n* 1. šāviens; 2. šāviņš; skrots; 3. šāvējs; 4. kinokadrs; II *v* pielādēt

shotᵇ *p un p. p. no* shoot

should [ʃud, ʃəd] *v* (*p no* shall) 1. (*palīgdarbības vārds 1. pers. sing un pl Future-in-the-Past veidošanai):* I said I sh. be at home — es sacīju, ka būšu mājās; 2. (*palīgdarbības vārds nosacījuma izteiksmes veidošanai):* if we had known him we sh. have spoken to him — ja mēs viņu būtu pazinuši, mēs būtu aprunājušies ar viņu; 3. (*palīgdarbības vārds vēlējuma izteiksmes veidošanai):* I sh. like to go there — es vēlētos turp aiziet; 4. (*mod. v pienākuma, nepieciešamības izteikšanai):* you sh. be more careful — tev vajadzētu būt piesardzīgākam; they sh. be there by now — viņiem vajadzētu jau būt tur

shoulder [ˈʃəuldə] *n* plecs; ◇ sh. to sh. — plecu pie pleca

shoulder-strap [ˈʃəuldəstræp] *n mil* uzplecis

shout [ʃaut] I *n* kliedziens; II *v* kliegt

shovel [ˈʃʌvl] *n* lāpsta; liekšķere

show [ʃəu] I *n* 1. parādīšana; demonstrēšana; 2. izstāde; skate; 3. izrāde; II *v* (*p* showed [ʃəud]; *p. p.* showed [ʃəud]; *vai* shown [ʃəun]) 1. parādīt; demonstrēt; 2. izrādīt (*jūtas);* to sh. in — ievest (*mājā, istabā);* to sh. off — dižoties; to sh. round — izrādīt (*pilsētu, muzeju)*

shower [ˈʃauə] *n* 1. lietusgāze; 2. duša

shown *p. p. no* show II

showy [ˈʃəui] *a* košs; efektīgs

shrank *p no* shrink

shriek [ʃriːk] I *n* spalgs kliedziens; spiedziens; II *v* spalgi kliegt; spiegt

shrink [ʃriŋk] *v* (*p* shrank [ʃræŋk]; *p. p.* shrunk [ʃrʌŋk] *vai* shrunken [ˈʃrʌŋkən]) 1. sarauties (*par audumu);* 2. vairīties (*no sabiedrības)*

shrub [ʃrʌb] *n* krūms

shrug [ʃrʌg] *v* paraustīt (*plecus)*

shrunk *p. p. no* shrink

shrunken *p. p. no* shrink

shudder [ˈʃʌdə] I *n* drebuļi; II *v* drebēt

shut [ʃʌt] *v* (*p un p. p.* shut [ʃʌt]) 1. aizvērt, aiztaisīt; 2. aizvērties, aiztaisīties; ◇ sh. up! — apklusti!

shutter [ˈʃʌtə] *n* aizvirtnis, slēģis

shuttle [ˈʃʌtl] *n* 1. atspole; 2.: sh. bus — piepilsētas autobuss; sh. service — piepilsētas satiksme

shy [ʃai] *a* kautrīgs; bikls
sick [sik] *a* 1. slims; 2.: to
feel s. — just nelabumu; to
be s. — vemt
sickle ['sikl] *n* sirpis
sick-leave ['sikliːv] *n* slimī-
bas atvaļinājums
sickness ['siknis] *n* 1. sli-
mība; 2. nelabums
sick-pay ['sikpei] *n* slimības
pabalsts
side [said] *n* 1. mala;
2. puse; the wrong (right)
s. of cloth — auduma krei-
sā (labā) puse; 3. sāni; s.
by s. — blakus
sideboard ['saidbɔːd] *n* bu-
fete; trauku skapis
sidewalk ['saidwɔːk] *n amer*
ietve
siege [siːdʒ] *n* aplenkums
sieve [siv] *n* siets
sigh [sai] I *n* nopūta; II *v*
nopūsties
sight [sait] *n* 1. redze;
2. skatiens; at first s. —
no pirmā skatiena; to
catch s. *(of)* — ieraudzīt;
3. skats; aina; ~s of the
town — pilsētas ievēroja-
mākās vietas
sightseeing ['sait,siːiŋ] *n*
ievērojamu vietu apskatī-
šana; to go s. — apskatīt
ievērojamākās vietas
sign [sain] I *n* 1. zīme; sim-
bols; 2. pazīme; II *v* 1. pa-
rakstīt; 2. parakstīties
signal ['signl] I *n* signāls;
zīme; II *v* signalizēt
signature ['signitʃə] *n* pa-
raksts
signboard ['sainbɔːd] *n* iz-
kārtne

significance [sig'nifikəns] *n*
1. nozīme; jēga; 2. svarī-
gums; nozīmīgums; of no
s. — nenozīmīgs
significant [sig'nifikənt] *a*
svarīgs; nozīmīgs
signpost ['sainpəust] *n* ceļa
rādītājs
silage ['sailidʒ] *n* skābbarība
silence ['sailəns] I *n* klusē-
šana; klusums; II *v* apklu-
sināt
silent ['sailənt] *a* kluss; s.
film — mēmā filma
silk [silk] *n* zīds
sill [sil] *n* palodze
silly ['sili] *a* muļķīgs
silver ['silvə] I *n* sudrabs;
II *a* sudraba-
similar ['similə] *a* līdzīgs;
vienāds
simple ['simpl] *a* 1. vien-
kāršs; nesarežģīts; s. frac-
tion *mat* — vienkāršs daļ-
skaitlis; 2. vientiesīgs
simultaneous [,siməl'teinjəs]
a vienlaicīgs; s. interpreta-
tion — sinhrons tulkojums
sin [sin] I *n* grēks; II *v*
grēkot
since [sins] I *adv* kopš tā
laika; I've never been there
s. — es neesmu tur bijis
kopš tā laika; II *prep* kopš;
she hasn't seen him s. last
year — viņa nav redzē-
jusi viņu kopš pagājušā
gada; III *conj* 1. kopš; it
is three weeks s. he
wrote — ir pagājušas trīs
nedēļas, kopš viņš atrak-
stīja; 2. tā kā; s. you are
ill, I shall go alone — tā

kā tu esi slims, es iešu
viens
sincere [sin'siə] a patiess;
neliekuļots; īsts
sincerely [sin'siəli] adv pa-
tiesi; neliekuļoti; Yours
s. — ar sirsnīgu sveicienu
(vēstules nobeigumā)
sing [siŋ] v (p sang [sæŋ];
p. p. sung [sʌŋ]) dziedāt
singer ['siŋə] n dziedātājs;
dziedātāja
single ['siŋgl] I n sp vien-
spēle; II a 1. viens vie-
nīgs; not a s. one — ne-
viens; 2. vienvietīgs; s.
bed — vienguļamā gulta;
s. room — istaba vienam
cilvēkam; s. ticket — biļete
turpceļam; 3. neprecējies;
III v: to s. out — atla-
sīt; izmeklēt
singular ['siŋgjulə] n gram
vienskaitlis
sink [siŋk] I n izlietne; II v
(p sank [sæŋk]; p. p. sunk
[sʌŋk]) 1. [no] grimt; 2. no-
gremdēt; 3. (par līmeni)
kristies; 4. (par pamatiem)
nosēsties
sir [səɪ] n sers, kungs
sister ['sistə] n māsa
sister-in-law ['sistərinlɔɪ] n
svaine
sit [sit] v (p un p. p. sat
[sæt]) sēdēt; to s. down —
apsēsties
site [sait] n atrašanās vieta;
building s. — būvlaukums
sitting-room ['sitiŋrum] n
dzīvojamā istaba; viesis-
taba

situated ['sitjueitid] a novie-
tots; izvietots; thus s. —
šādā stāvoklī
situation [,sitju'eiʃən] n
1. atrašanās vieta; 2. situā-
cija; stāvoklis
six [siks] num seši
sixteen ['siks'tiːn] num seš-
padsmit
sixteenth ['siks'tiːnθ] num
sešpadsmitais
sixth [siksθ] num sestais
sixtieth ['sikstiiθ] num seš-
desmitais
sixty ['siksti] num sešdes-
mit
size [saiz] n 1. lielums;
2. formāts
skate [skeit] I n slida; II v
slidot
skateboard ['skeitbɔɪd] n
skrejdēlis
skating-rink ['skeitiŋriŋk] n
slidotava
skeleton ['skelitn] n skelets
sketch [sketʃ] I n 1. skice,
uzmetums; 2. skečs; II v
skicēt
ski [skiː] I n (pl ski [skiː]
vai skis [skiːz]) slēpe; slē-
pes; II v (p un p. p. ski'd
[skiːd]) slēpot
ski'd p un p. p. no ski II
ski-joring ['skiɪ,dʒɔɪriŋ] n sp
skijorings
ski-jump ['skiɪ,dʒʌmp] n sp
lēkšana ar slēpēm no tram-
plīna
skilful ['skilful] a prasmīgs;
izveicīgs
skill [skil] n prasme; māka;
izveicība
skilled [skild] a 1. prasmīgs;
izveicīgs; 2. kvalificēts

skin [skin] **I** *n* 1. āda; 2. miza; **II** *v* [no] dīrāt ādu

skin-diver ['skindaivə] *n* akvalangists

skipping-rope ['skipiŋrəup] *n* lecamaukla

skirt [skə:t] *n* (*sieviešu*) svārki

skull [skʌl] *n* galvaskauss

sky [skai] *n* debesis

skylark ['skailɑ:k] *n* cīrulis

skyline ['skailain] *n* apveids (*uz debesu fona*)

skyscraper ['skai,skreipə] *n* debesskrāpis

slacken ['slækən] *v* 1. atslābināt; 2. atslābt

slalom ['slɑ:ləm] *n sp* slaloms; giant s. — gigantslaloms; s. racer — slalomists

slander ['slɑ:ndə] **I** *n* neslava; **II** *v* celt neslavu

slang [slæŋ] *n* slengs, žargons

slate [sleit] *n* slāneklis; šīferis

slaughter ['slɔ:tə] **I** *n* 1. slepkavošana; 2. (*lopu*) kaušana; **II** *v* 1. slepkavot; 2. kaut (*lopus*)

Slav [slɑ:v] **I** *n* slāvs; slāviete; **II** *a* slāvu-

slave [sleiv] *n* vergs

slavery ['sleivəri] *n* verdzība

sledge [sledʒ] *n* kamanas, ragavas

sleep [sli:p] **I** *n* miegs; to go to s. — iemigt; **II** *v* (*p un p. p.* slept [slept]) gulēt

sleeping-bag ['sli:piŋbæg] *n* guļammaiss

sleeping-car ['sli:piŋkɑ:] *n* guļamvagons

sleeping-pill ['sli:piŋpil] *n* miega zāles

sleepy ['sli:pi] *a* miegains

sleeve [sli:v] *n* piedurkne

slender ['slendə] *a* slaids; tievs

slept *p un p. p. no* sleep **II**

slice [slais] **I** *n* šķēle; **II** *v* [sa] griezt šķēlēs

slid *p un p. p. no* slide **II**

slide [slaid] **I** *n* 1. slīdēšana; 2. slidkalns; slidceļš; 3. diapozitīvs; slaids; **II** *v* (*p un p. p.* slid [slid]) 1. slīdēt; 2. slidināties

slide-rule ['slaidru:l] *n* logaritmiskais lineāls

slight [slait] *a* niecīgs; nenozīmīgs; s. cold — neliela apaukstēšanās

slightly ['slaitli] *adv* mazliet, nedaudz

slim [slim] *a* tievs, slaids

slip [slip] **I** *n* 1. [pa] slīdēšana; 2. kļūda; kļūme; s. of the pen — pārrakstīšanās; s. of the tongue — pārteikšanās; 3. (*sieviešu*) kombinē; **II** *v* [pa] slīdēt

slipover ['slip,əuvə] *n* pulovers, džemperis

slipper ['slipə] *n* rītakurpe

slippery ['slipəri] *a* slidens

slogan ['sləugən] *n* lozungs

slope [sləup] *n* 1. slīpums; 2. nogāze, nokalne

slot [slɔt] *n* sprauga

slot-machine ['slɔtmə,ʃi:n] *n* (*tirdzniecības*) automāts

Slovak ['sləuvæk] **I** *n* 1. slovaks; slovakiete; 2. slovaku valoda; **II** *a* slovaku-

slow [sləu] I *a* lēns, gauss; my wach is s. — mans pulkstenis ir vēlāks; II *v:* to s. **down** — palēnināt gaitu; samazināt ātrumu

sly [slai] *a* viltīgs; izmanīgs; ◇ on the s. — slepus

small [smɔːl] *a* mazs, neliels; s. **change** — sīknauda; ◇ s. **hours** — pirmās stundas pēc pusnakts

smallpox ['smɔːlpɔks] *n med* bakas

smart [smaːt] I *a* 1. veikls; ātrs; 2. apķērīgs; asprātīgs; 3. smalks; elegants; s. aleck *amer* sar — švīts; II *v* smelgt; sāpēt

smash [smæʃ] *v* 1. sasist druskās; 2. sakaut; satriekt *(ienaidnieku)*

smell [smel] I *n* 1. oža; keen s. — smalka oža; 2. smarža; smaka; II *v (p un p. p.* smelled [smeld] *vai* smelt [smelt]) 1. saost; 2. ostīt; 3. smaržot; ost

smeltᵃ *p un p. p. no* **smell** II

smeltᵇ [smelt] *v* kausēt *(rūdu)*

smile [smail] I *n* smaids; II *v* smaidīt

smock [smɔk] *n* 1. uzsvārcis; virsvalks; 2. *(bērna)* kombinezons

smoke [sməuk] I *n* dūmi; II *v* 1. dūmot; 2. kūpēt *(par lampu);* 3. smēķēt

smoke-consumer ['sməukkən-ˌsjuːmə] *n* dūmuztvērējs

smoking-car ['sməukiŋkaː] *n* smēķētāju vagons

smooth [smuːð] I *a* gluds; līdzens; II *v* nogludināt; nolīdzināt

snack [snæk] *n* uzkožamais; to have a s. — uzkost

snack-bar ['snækbaː] *n* bufete, uzkožamo bārs

snail [sneil] *n* gliemezis

snake [sneik] *n* čūska

snapshot ['snæpʃɔt] *n* momentuzņēmums

snare [sneə] *n* lamatas; slazds

snatch [snætʃ] *v* pakampt, pagrābt

sneakers ['sniːkəz] *n pl amer* puskedas

sneer [sniə] I *n* vīpsnāšana; II *v* vīpsnāt

sneeze [sniːz] I *n* šķavas; II *v* šķaudīt

snore [snɔː] I *n* krākšana; II *v* krākt

snow [snəu] I *n* 1. sniegs; 2. *sar* kokaīns; II *v* snigt; it ~s, it is ~ing — snieg

snowball ['snəubɔːl] *n* sniega pika

snowflake ['snəufleik] *n* sniegpārsla

snowman ['snəumæn] *n* sniegavīrs

snug [snʌg] *a* ērts; mājīgs

so [səu] I *adv* 1. tā; tādā veidā; just so — tieši tā; 2. tik; tādā mērā; why are you so late? — kādēļ jūs esat ieradies tik vēlu?; 3. arī; you are young and so am I — jūs esat jauns un es arī; ◇ so to say — tā sakot; so long! — sveikil; you don't say so! — ko jūs sakāt?; and so on, and so forth — un tā tālāk, un tamlīdzīgi; II *conj* tāpēc, tādēļ

soak [səuk] *v* 1. izmērcēt; samērcēt; 2. [iz]mirkt

soap [səup] I *n* ziepes; II *v* ieziepēt

sob [sɔb] *v* elsot; šņukstēt

sober ['səubə] *a* 1. neiereibis; skaidrā prātā; 2. prātīgs; nosvērts

soccer ['sɔkə] *n sar* futbols

sociable ['səuʃəbl] *a* sabiedrisks

social ['səuʃəl] *a* 1. sabiedrisks; sociāls; 2. sabiedrisks; saviesīgs

socialism ['səuʃəlizəm] *n* sociālisms

socialist ['səuʃəlist] I *n* sociālists; II *a* sociālistisks

society [sə'saiəti] *n* 1. sabiedrība; 2. biedrība

sociology [ˌsəusi'ɔlədʒi] *n* socioloģija

sock [sɔk] *n (īsā)* zeķe

soft [sɔft] *a* 1. mīksts; 2. kluss; *(par skaņu)* maigs; liegs; 3. *(par dzērienu)* bezalkoholisks

soilᵃ [sɔil] *n* zeme, augsne

soilᵇ [sɔil] *v* 1. notraipīt, notašķīt; 2. notraipīties, notašķīties

sold *p un p. p. no* sell

soldier ['səuldʒə] *n* kareivis

soleᵃ [səul] I *n* 1. pēdas apakša; 2. pazole; II *v* pazolēt

soleᵇ [səul] *a* viens vienīgs; for the s. purpose — ar vienīgu mērķi

solemn ['sɔləm] *a* nopietns; svinīgs

solid ['sɔlid] *a* 1. ciets; 2. masīvs; 3. pamatots; pārliecinošs; s. grounds — reāls pamatojums

solidarity [ˌsɔli'dæriti] *n* solidaritāte

solitary ['sɔlitəri] *a* 1. vientuļš; 2. savrups; atsevišķs

solitude ['sɔlitjuːd] *n* vientulība; vienatne

solution [sə'luːʃən] *n* 1. šķīdums; 2. atrisinājums

solve [sɔlv] *v* atrisināt

some [sʌm] I *a* 1. [kaut] kāds; s. day — kādu dienu; 2. mazliet, nedaudz; s. bread — mazliet maizes; II *pron* kāds; dažs; s. of them — daži no viņiem; s. five — kādi pieci

somebody ['sʌmbədi] *pron* kāds

somehow ['sʌmhau] *adv* kaut kā

someone ['sʌmwʌn] *pron* kāds

somersault ['sʌməsɔːlt] *n* kūlenis; to turn ~s — mest kūleņus

something ['sʌmθiŋ] *pron* kaut kas

sometimes ['sʌmtaimz] *adv* dažreiz

somewhat ['sʌmwɔt] *adv* mazliet, nedaudz

somewhere ['sʌmwɛə] *adv* kaut kur

son [sʌn] *n* dēls

song [sɔŋ] *n* dziesma

son-in-law ['sʌninlɔː] *n* znots

soon [suːn] *adv* drīz; ātri; as s. as — tiklīdz; as s. as possible — cik ātri vien iespējams

soot [sut] *n* kvēpi, sodrēji

soothe [suːð] *v* 1. mierināt;
2. atvieglot; remdēt *(sā-pes)*

sophomore ['sɔfəmɔːi] *n amer* otrā kursa students

sore [sɔː] I *n* pušums; jē-lums; II *a* 1. sāpīgs; iekai-sis; I have a s. throat — man sāp kakls; 2. sarūgti-nāts; aizvainots

sorrel ['sɔrəl] *n* skābene; skābenes

sorrow ['sɔrəu] *n* bēdas, skumjas

sorrowful ['sɔrəful] *a* bēdīgs, noskumis

sorry ['sɔri] *a predic* apbē-dināts; [I am] s.! — atvai-nojiet!; to feel s. for smb. — just līdzi kādam

sort [sɔːt] I *n* veids; suga; šķirne; ◇ nothing of the s. — nekā tamlīdzīga; what s. of a man is he? — kas viņš par cilvēku?; II *v* šķi-rot; atlasīt

so-so ['səusəu] *sar* I *a* vi-duvējs; II *adv* tā nekas

sought *p un p. p. no* **seek**

soul [səul] *n* dvēsele

sound[a] [saund] I *n* skaņa; s. system — stereofoniska atskaņošanas sistēma; II *v* skanēt

sound[b] [saund] I *a* 1. vesels; veselīgs; 2. nebojāts *(piem., par augļiem)*; 3. dziļš; ciešs *(par miegu)*; 4. sa-prātīgs *(par spriedumu)*; s. advice — prātīgs padoms; II *adv* cieši; to be s. asleep — būt cieši aizmi-gušam

sound-film ['saundfilm] *n* skaņu filma

soup [suːp] *n* zupa

sour ['sauə] *a* skābs

source [sɔːs] *n* 1. avots; *(upes)* izteka; 2. pirmsā-kums

south [sauθ] I *n* dienvidi; II *a* dienvidu-; III *adv* uz dienvidiem

southern ['sʌðən] *a* dien-vidu-

souvenir ['suːvəniə] *n* suve-nīrs

sovereign ['sɔvrin] *a* 1. aug-stākais; s. power — aug-stākā vara; 2. suverēns, neatkarīgs; s. state — su-verēna valsts

sovereignty ['sɔvrənti] *n* su-verenitāte

Soviet ['səuviət] I *n* pa-dome *(PSRS valsts varas orgāns)*; II *a* padomju-; S. power — padomju vara; the S. Union — Padomju Savienība

sow [səu] *v (p* sowed [səud]; *p. p.* sowed [səud] *vai* sown [səun]) [ap]sēt

sown *p. p. no* **sow**

space [speis] *n* 1. telpa; 2. kosmoss; 3. attālums; atstarpe; 4. laika sprīdis; within the s. of a week — nedēļas laikā

spaceflight ['speisflait] *n* li-dojums kosmosā

spaceman ['speismæn] *n* kos-monauts

spaceship ['speisʃip] *n* kos-mosa kuģis

spacious ['speiʃəs] *a* plašs; ietilpīgs

spade [speid] *n* lāpsta

Spaniard ['spænjəd] *n* spānietis; spāniete

Spanish ['spæniʃ] I *n* spāņu valoda; II *a* spāniešu-, spāņu-

spare [spɛə] I *a* rezerves-; lieks; s. parts — rezerves daļas; s. time — brīvs laiks; II *v* 1. taupīt; 2. atlicināt *(piem., laiku);* 3. pasargāt *(no kā);* saudzēt

spark [spaːk] *n* dzirkstele

sparkle ['spaːkl] *v* 1. mirdzēt; spīguļot; 2. *(par vīnu)* dzirkstīt

sparrow ['spærəu] *n* zvirbulis

spat *p un p. p. no* **spit**

speak [spiːk] *v* (*p* spoke [spəuk]; *p. p.* spoken ['spəukən]) runāt; to s. English — runāt angliski

speaker ['spiːkə] *n* 1. runātājs; orators; 2. skaļrunis

spear [spiə] *n* šķēps

special ['speʃəl] *a* speciāls; īpašs; s. correspondent — speciālkorespondents; s. issue — speciālizdevums

specialist ['speʃəlist] *n* speciālists

specialize ['speʃəlaiz] *v* specializēties

specific [spi'sifik] *a* 1. specifisks, īpašs; 2. raksturīgs; 3. noteikts, konkrēts; s. aim — noteikts mērķis; 4. *fiz* īpatnējs; s. weight — īpatnējais svars

specimen ['spesimin] *n* paraugs; eksemplārs

spectacle ['spektəkl] *n* skats

spectacles ['spektəklz] *n pl* brilles

spectator [spek'teitə] *n* skatītājs

speculate ['spekjuleit] *v* 1. *(upon)* prātot; pārdomāt; 2. *(in)* spekulēt

sped *p un p. p. no* **speed** II

speech [spiːtʃ] *n* 1. runa; to make a s. — teikt runu; 2. valoda; runas veids; parts of s. *gram* — vārdu šķiras

speed [spiːd] I *n* ātrums; at full s. — pilnā gaitā; to gather s. — uzņemt ātrumu; II *v* (*p un p. p.* sped [sped]) 1. steigties; 2. palielināt ātrumu; to s. up — paātrināt

speeding ['spiːdiŋ] *n (atļautā)* braukšanas ātruma pārsniegšana

speed-limit ['spiːd,limit] *n (braukšanas)* ātruma ierobežojums

speed-skating ['spiːdskeitiŋ] *n* ātrslidošana

speedway ['spiːdwei] *n* spīdvejs, ātrceļš

spell[a] [spel] *n* burvība, burvestība

spell[b] [spel] *v* (*p un p. p.* spelled [speld] *vai* spelt [spelt]) rakstīt (izrunāt) vārdu pa burtiem; how do you s. your name? — kā rakstāms jūsu vārds?

spelling ['speliŋ] *n* pareizrakstība

spelt *p un p. p. no* **spell**[b]

spend [spend] *v* (*p un p. p.* spent [spent]) 1. izdot; iztērēt *(naudu);* 2. pavadīt

(laiku); to s. a night —
pārnakšņot

spent *p un p. p. no* spend

sphere [sfiə] *n* 1. lode; bumba; 2. sfēra; darbības lauks

spice [spais] *n* garšviela

spider ['spaidə] *n* zirneklis

spill [spil] *v (p un p. p.*
spilled [spild] *vai* spilt
[spilt]) 1. izliet; 2. izlīt

spilt *p un p. p. no* spill

spinach ['spinidʒ] *n* spināti

spine [spain] *n anat* mugurkauls

spinster ['spinstə] *n* vecmeita

spire ['spaiə] *n (torņa)* smaile

spirit ['spirit] *n* 1. gars;
2. spoks; 3.: ∼s *pl* — garastāvoklis; high (good)
∼s — labs garastāvoklis;
low (bad) ∼s — slikts
garastāvoklis; 4.: ∼s *pl* —
alkohols, spirts

spiritual ['spiritjuəl] I *n* spiričuels *(nēģeru reliģiska
dziesma)*; II *a* garīgs

spit [spit] *v (p un p. p.* spat
[spæt]) 1. spļaut; 2. spļaudīties

spite [spait] *n* spīts; dusmas;
◊ in s. of — par spīti
(kam); nevērojot *(ko)*

splash [splæʃ] I *n* 1. šļakatas; 2. šļaksts; plunkšķis; II *v* 1. apšļakstīt;
2. šļakstēt

splendid ['splendid] *a* lielisks

splinter ['splintə] *n* 1. šķemba; 2. skabarga

split [split] I *n* 1. plaisa;
ieplaisājums; 2. šķelšanās;

II *v* 1. [sa] šķelt; 2. [sa]-
šķelties

spoil [spɔil] *v (p un p. p.*
spoilt [spɔilt] *vai* spoiled
[spɔild]) 1. [sa] bojāt;
2. [sa] bojāties

spoilt *p un p. p. no* spoil

spoke[a] [spəuk] *n (riteņa)*
spieķis

spoke[b] *p no* speak

spoken *p. p. no* speak

sponge [spʌndʒ] *n* sūklis

sponge-cake ['spʌndʒ'keik] *n*
biskvītkūka

spontaneous [spɔn'teinjəs] *a*
spontāns

spool [spuːl] *n* spole

spoon [spuːn] *n* karote

sport [spɔːt] *n* 1. sports; to
go in for ∼s — nodarboties ar sportu; ∼s
ground — sporta laukums;
2.: ∼s *pl* — sporta sacīkstes

sporting ['spɔːtiŋ] *a* 1. sporta-; s. goods *amer* — sporta piederumi; 2. sportisks;
3. riskants; pārdrošs; s.
chance — risks

sportsman ['spɔːtsmən] *n*
sportists

spot [spɔt] I *n* 1. plankums;
traips; 2. vieta; ◊ on the
s. — uz vietas; nekavējoties; II *v* 1. notraipīt;
2. notraipīties

spotlight ['spɔtlait] *n (skatuves)* prožektors; ◊ to be
in the s. — būt uzmanības
centrā

sprang *p no* spring[b] II

sprat [spræt] *n* šprote; ķilava

spray [sprei] I *n* aerosols;
II *v* apsmidzināt
spread [spred] *v (p un p. p.*
spread [spred]) 1. izklāt;
atritināt; izplest *(piem.,*
spārnus); 2. izplatīt;
3. izplatīties; 4. stiepties;
plesties *(piem., par līdze-*
numu)
springa [spriŋ] *n* pavasaris
springb [spriŋ] I *n* 1. lē-
ciens; 2. atspere; 3. avots;
II *v (p* sprang [spræŋ];
p. p. sprung [sprʌŋ])
1. lēkt; lēkāt; to s. to one's
feet — pietrūkties kājās;
2. rasties
springboard ['spriŋbɔːd] *n*
tramplīns
sprinkle ['spriŋkl] *v* apslacīt
sprung *p un p. p. no* springb
II
spur [spəː] I *n* 1. piesis;
2. pamudinājums; II *v*
1. piecirst piešus; 2. mu-
dināt; skubināt
spurt [spəːt] *n* 1. strūkla;
šalts; 2. *sp* spurts, izrā-
viens
spy [spai] I *n* spiegs; II *v*
spiegot
squad [skwɔd] *n* 1. *mil* no-
daļa; s. car *amer* — poli-
cijas automašīna; 2. *(strād-*
nieku) brigāde; 3. *amer*
(sporta) komanda
squadron ['skwɔdrən] *n*
1. *mil* eskadrons; 2. *av*
eskadriļa; 3. *jūrn* eskadra
square [skwɛə] I *n* 1. kvad-
rāts; 2. laukums; skvērs; II
a 1. kvadrātveida-; 2. *sar*
taisnīgs; godīgs; s. deal —
godīgs darījums; 3.: s. re-

fusal — kategorisks attei-
kums
squeeze [skwiːz] I *n* 1. [sa]-
spiešana; 2. spiešanās;
drūzmēšanās; II *v* 1. [sa]-
spiest; 2. izspiest; 3. iz-
spraukties *(piem., cauri pū-*
lim)
squeezer ['skwiːzə] *n (sulu)*
spiedne
squint [skwint] I *n* šķielē-
šana; II *v* šķielēt
squirrel ['skwirəl] *n* vāvere
stablea ['steibl] *a* stabils
stableb ['steibl] *n (zirgu)*
stallis
stadium ['steidjəm] *n* sta-
dions
staff [staːf] *n* 1. štats; per-
sonāls; on the s. — štatos;
2. *mil* štābs
stage [steidʒ] I *n* 1. ska-
tuve; 2. stadija; posms;
pakāpe; s. of develop-
ment — attīstības posms;
II *v* uzvest *(lugu);* insce-
nēt
stain [stein] I *n* traips; to
take out ~s — attraipot;
II *v* 1. notraipīt; 2. [no]-
krāsot; ~ed glass — krā-
sains stikls
stainless ['steinlis] *a* 1. ne-
notraipīts; 2. nerūsošs *(par*
tēraudu)
stair [stɛə] *n* 1. *(kāpņu)* pa-
kāpiens; 2.: ~s *pl* — kāp-
nes
staircase ['stɛəkeis] *n* kāpnes
stake [steik] *n* likme *(kāršu*
spēlē)
stale [steil] *a* 1. sacietējis,
sakaltis *(par maizi);* 2. sa-
smacis *(par gaisu)*

stalemate ['steil'meit] *n (ša-hā)* pats

stalk [stɔːk] *n* stublājs; stiebrs

stall [stɔːl] *n* 1. steliņģis; 2. kiosks; stends

stallion ['stæljən] *n* ērzelis

stammer ['stæmə] *v* stostīties

stamp [stæmp] I *n* 1. zīmogs, spiedogs; 2. nospiedums; 3. pastmarka; II *v* 1. apzīmogot; 2. uzlīmēt pastmarku

stamp-collector ['stæmpkə-,lektə] *n* pastmarku krājējs

stand [stænd] I *n* 1. apstāšanās; to come to a s. — apstāties; 2. vieta; pozīcija; 3. *(taksometru)* stāvvieta; 4. stends; novietne; II *v* *(p un p. p.* stood [stud]) 1. stāvēt; 2. novietot; 3. izturēt; paciest; to s. up — piecelties

standard ['stændəd] I *n* 1. karogs; 2. standarts; norma; s. of living — dzīves līmenis; II *a* standarta-; tipveida-; s. lamp — stāvlampa

standpoint ['stændpɔint] *n* viedoklis

standstill ['stændstil] *n* bezdarbība; sastingums; to come to a s. — apsīkt

staple ['steipl] *n* 1. pamatražojums; 2. pamatelements; s. food — ikdienas barība

star [staː] *n* zvaigzne

starch [staːtʃ] I *n* ciete; II *v* cietināt

stare [steə] I *n* ciešs skatiens; II *v* cieši uzlūkot

starling ['staːliŋ] *n* strazds

start [staːt] I *n* 1. sākums; to make a s. — uzsākt; 2. starts; II *v* 1. sākt; to s. a motor — iedarbināt motoru; 2. doties ceļā; 3. startēt

startle ['staːtl] *v* 1. izbiedēt; 2. pārsteigt

starvation [staː'veiʃən] *n* bads; badošanās

starve [staːv] *v* 1. ciest badu; badoties; 2. mērdēt badā

state[a] [steit] *n* 1. valsts; 2. štats

state[b] [steit] I *n* stāvoklis; II *v* 1. paziņot; 2. konstatēt

statement ['steitmənt] *n* paziņojums; apgalvojums

statesman ['steitsmən] *n* valstsvīrs

station ['steiʃən] I *n* stacija; railway s. — dzelzceļa stacija; lifeboat s. — glābšanas stacija; broadcasting s. — raidstacija; II *v* novietot; izvietot

stationery ['steiʃnəri] *n* rakstāmpiederumi

statistics [stə'tistiks] *n* statistika

statue ['stætʃuː] *n* statuja

stay [stei] I *n* 1. apstāšanās; 2. uzturēšanās; II *v* 1. palikt; uzkavēties; 2. uzturēties; viesoties

steady ['stedi] *a* 1. stingrs; noturīgs; pastāvīgs; 2. vienmērīgs; nepārtraukts

steak [steik] *n (dabisks)* bifšteks

steal [sti:l] *v (p* stole [stəul]; *p. p.* stolen ['stəulən]) [no] zagt

steam [sti:m] *n* tvaiks

steamer ['sti:mə] *n* tvaikonis

steel [sti:l] *n* tērauds

steelworks ['sti:lwə:ks] *n pl* tēraudlietuve

steep [sti:p] *a* kraujš; stāvs

steeplechase ['sti:plt∫eis] *n* 1. jāšanas sacīkstes ar šķēršļiem; 2. šķēršļu skrējiens

steer [stiə] *v* stūrēt, vadīt *(piem., automašīnu)*

steering-wheel ['stiəriŋwi:l] *n* 1. stūresrats; 2. *(automašīnas)* stūre

stem [stem] *n* 1. *(koka)* stumbrs; 2. *(auga)* stublājs; kāts; 3. *gram* celms

step [step] I *n* 1. solis; s. by s. — soli pa solim; to keep s. — iet kopsolī; 2. gaita; soļi; 3. *(kāpņu)* pakāpiens; ◇ to follow smb.'s ~s — iet kāda pēdās; to take ~s — veikt pasākumus; II *v* soļot

stepdaughter ['step,dɔ:tə] *n* pameita

stepfather ['step,fɑ:ðə] *n* patēvs

stepmother ['step,mʌðə] *n* pamāte

stepson ['stepsʌn] *n* padēls

sterna [stə:n] *a* stingrs; bargs

sternb [stə:n] *n (kuģa)* pakaļgals

stew [stju:] I *n* sautēta gaļa; II *v* sautēt *(gaļu);* ~ed fruit — kompots

steward ['stjuəd] *n* stjuarts *(uz kuģa)*

stewardess ['stjuədis] *n* stjuarte

stick [stik] I *n* nūja; spieķis; hockey s. — hokeja nūja; II *v (p un p. p.* stuck [stʌk]) 1. iedurt; 2. pielīmēt

sticky ['stiki] *a* lipīgs

stiff [stif] *a* stīvs

stiffen ['stifn] *v* kļūt stīvam; sastingt

still [stil] I *n* kinokadrs; II *a* kluss; mierīgs; s. life glezn — klusā daba; III *v* nomierināt; IV *adv* 1. vēl [aizvien]; 2. vēl *(salīdzinājumā);* s. better — vēl labāk

stimulate ['stimjuleit] *v* 1. uzbudināt; 2. stimulēt

sting [stiŋ] I *n* 1. dzelonis; 2. *(bites)* dzēliens; *(čūskas)* kodiens; II *v (p un p. p.* stung [stʌŋ]) [ie]dzelt

stir [stə:] I *n* rosība; kņada; to make a s. — radīt kņadu *(ap ko);* II *v* 1. kustināt; 2. kustēties; 3. maisīt

stitch [stit∫] I *n* 1. dūriens *(šujot);* 2. *(adījuma)* valdziņš; II *v* [no]šūt; to s. up — sašūt

stock [stɔk] *n* 1. dzimta; cilts; 2. *biol* suga, šķirne; 3. krājums; fonds; word s. — vārdu krājums; in s. — krājumā; 4. *(biržas)* akcija; s. company — akciju sabiedrība; s. exchange — birža

stock-breeding ['stɔk,briːdiŋ]
n lopkopība
stocking ['stɔkiŋ] *n (sievie-
šu)* zeķe
stocktaking ['stɔk,teikiŋ] *n*
inventarizācija
stole *p no* steal
stolen *p. p. no* steal
stomach ['stʌmək] *n* kuņģis;
vēders
stone [stəun] *n* 1. akmens;
2. *(augļa)* kauliņš
stood *p un p. p. no* stand I
stool [stuːl] *n* ķeblis
stoop [stuːp] *v* saliekties; no-
liekties
stop [stɔp] I *n* 1. apstāša-
nās; to bring to a s. —
apstādināt; 2. *(tramvaja
u. c.)* pietura; II *v* 1. ap-
stādināt; 2. apstāties;
3. aizbāzt; aizdrīvēt; to s.
a tooth — aizplombēt zobu
stop-light ['stɔplait] *n (au-
tomašīnas)* stopsignāls
stopper ['stɔpə] *n* aizbāznis
stopwatch ['stɔpwɔtʃ] *n* hro-
nometrs
storage ['stɔːridʒ] *n* 1. uz-
glabāšana; 2. noliktava
store [stɔː] I *n* 1. krājums;
2. noliktava; 3. veikals;
department s. — universāl-
veikals; II *v* 1. uzkrāt;
2. glabāt noliktavā
storey ['stɔːri] *n (ēkas)*
stāvs
stork [stɔːk] *n* stārķis
storm [stɔːm] *n* vētra
storⅡy ['stɔːri] *n* stāsts;
short — īsais stāsts;
novele; ◇ to tell ~ies —
stāstīt pasak...
stout [staut] *a* dr...us

stove [stəuv] *n* krāsns; plīts
straight [streit] I *a* 1. taisns;
2. godīgs; vaļsirdīgs; s.
talk — vaļsirdīga saruna;
II *adv* 1. taisni; 2. godīgi;
vaļsirdīgi; 3. tūlīt; nekavē-
joties
straighten ['streitn] *v* 1. iz-
taisnot; 2. iztaisnoties
strain [strein] I *n* sasprin-
dzinājums; piepūle; II *v*
1. nostiept; izstiept; 2. sa-
sprindzināt; piepūlēt
strait [streit] *n* jūras šau-
rums
strange [streindʒ] *a* 1. svešs;
nepazīstams; 2. savāds, dī-
vains
stranger ['streindʒə] *n* sveši-
nieks
strap [stræp] I *n* siksna;
II *v* piesprādzēt ar siksnu
straw [strɔː] *n* salms; salmi
strawberry ['strɔːbəri] *n* ze-
mene
stream [striːm] I *n*
1. strauts; upe; 2. strau-
me; II *v* tecēt; plūst
street [striːt] *n* iela; in the
s. — uz ielas
streetcar ['striːtˈkaː] *n amer*
tramvajs
street-sweeper ['striːt,swiːpə]
n ielu slaukāmā mašīna
strength [streŋθ] *n* 1. spēks;
2. izturība
strengthen ['streŋθən] *v*
1. pastiprināt; 2. kļūt stip-
rākam
stress [stres] I *n* 1. stress;
2. uzsvars; to lay s. *(on,
upon)* — uzsvērt; II *v* uz-
svērt

stretch [stretʃ] I *n sp*: the s. — fìniša taisne; II *a* elastīgs; s. socks — elastīgās zeķes; III *v* 1. izstiept; 2. izstiepties; 3. stiepties; plesties

stretcher [ˈstretʃə] *n* nestuves

strict [strikt] *a* 1. stingrs; bargs; 2. noteikts; precīzs

strikeᵃ [straik] *v (p un p. p.* struck [strʌk]) 1. sist; to s. a blow — iesist; 2.: to s. a match — aizdedzināt sērkociņu; 3. sist *(par pulksteni);* 4. pārsteigt

strikeᵇ [straik] I *n* streiks; to go on s. — streikot; II *v* streikot

string [striŋ] *n* 1. aukla; saite; 2. *(mūzikas instrumenta)* stīga

strip [strip] I *n* sloksne; strēmele; II *v* 1. noplēst *(mizu);* 2. noģērbt; 3. noģērbties

stripe [straip] *n* 1. svītra; 2. *mil* uzšuve

striped [straipt] *a* svītrains

strip-tease [ˈstriptiːz] *n* striptīzs

strive [straiv] *v (p* strove [strəuv] ; *p. p.* striven [ˈstrivn]) 1. censties; pūlēties; 2. cīnīties

striven *p. p. no* **strive**

stroke [strəuk] I *n* 1. sitiens; 2. vēziens; II *v* glaudīt

stroll [strəul] I *n* pastaiga; II *v* pastaigāties

strong [strɔŋ] *a* 1. stiprs; spēcīgs; 2. *(par dzērienu)* alkoholisks

strove *p no* **strive**

struck *p un p. p. no* **strike**ᵃ

structure [ˈstrʌktʃə] *n* 1. struktūra; uzbūve; 2. celtne; būve

struggle [ˈstrʌgl] I *n* cīņa; class s. — šķiru cīņa; II *v* cīnīties

stubborn [ˈstʌbən] *a* stūrgalvīgs; neatlaidīgs

stuck *p un p. p. no* **stick**ᵇ

student [ˈstjuːdənt] *n* students; studente

study [ˈstʌdi] I *n* 1. studēšana; pētīšana; 2. zinātnes nozare; 3. darbistaba; kabinets; 4. *glezn* studija; II *v* 1. studēt; pētīt; 2. mācīties, studēt

stuff [stʌf] I *n* 1. viela; materiāls; 2. nieki; blēņas; II *v* 1. piebāzt; 2. aizbāzt *(piem., ausis);* 3. *kul* pildīt

stumble [ˈstʌmbl] *v* 1. [pa]-klupt; 2. stomīties

stumbling-block [ˈstʌmbliŋblɔk] *n* piedauzības akmens

stun [stʌn] *v* apdullināt

stung *p un p. p. no* **sting**

stunt [stʌnt] *n* triks; s. man — kaskadieris

stupid [ˈstjuːpid] *a* muļķīgs; stulbs

style [stail] *n* 1. stils; 2. mode; fasons

stylish [ˈstailiʃ] *a* moderns; elegants

subdue [səbˈdjuː] *v* pakļaut; apspiest

subject I *n* [ˈsʌbdʒikt] 1. *(sarunu)* temats; jautājums; sore s. — sasāpējis jautājums; to change the s. — mainīt sarunu tematu;

2. *(mācību)* priekšmets; disciplīna; **3.** pavalstnieks; **4.** *gram* teikuma priekšmets; **II** *v* [sʌb'dʒekt] pakļaut

subjective [sʌb'dʒektiv] *a* subjektīvs

submarine [‚sʌbmə'riːn] *n* zemūdene

submerge [sʌb'məːdʒ] *v* **1.** iegremdēt; **2.** iegrimt

submit [səb'mit] *v* **1.** pakļauties; **2.** iesniegt *(izskatīšanai)*

subordinate [sə'bɔːdnit] *a* pakļauts; s. clause *gram* — palīgteikums

subscribe [səb'skraib] *v* parakstīties *(uz laikrakstiem u. tml.);* abonēt

subscriber [səb'skraibə] *n* abonents

subscription [səb'skripʃən] *n* **1.** parakstīšanās *(uz laikrakstiem u. tml.);* **2.** paraksts *(uz dokumenta)*

subsequent ['sʌbsikwənt] *a* sekojoš[ai]s

subsequently ['sʌbsikwəntli] *adv* pēc tam

subside [səb'said] *v* **1.** *(par ūdens līmeni, temperatūru)* kristies; **2.** *(par vētru)* norimt

substance ['sʌbstəns] *n* **1.** viela; matērija; **2.** būtība; in s. — pēc būtības

substantial [səb'stænʃəl] *a* būtisks; nozīmīgs

substitute ['sʌbstitjuːt] **I** *n* **1.** vietnieks; **2.** aizstājējs; surogāts; **3.** *sp* rezerves spēlētājs; **II** *v* aizstāt

subtle ['sʌtl] *a* smalks; liegs

suburb ['sʌbəib] *n* priekšpilsēta; piepilsēta

suburban [sə'bəːbən] *a* priekšpilsētas-; piepilsētas-; s. train — piepilsētas vilciens

subway ['sʌbwei] *n* **1.** *(apakšzemes)* pāreja, tunelis; **2.** *amer* metropolitēns

succeed [sək'siːd] *v* **1.** sekot *(cits citam);* nomainīt *(citam citu);* **2.** gūt sekmes; sasniegt mērķi; he ~ed in getting tickets — viņam izdevās dabūt biļetes

success [sək'ses] *n* sekmes; veiksme

successful [sək'sesful] *a* sekmīgs; veiksmīgs

succession [sək'seʃən] *n* **1.** secība; **2.** *(nepārtraukta)* virkne; in s. — pēc kārtas

successor [sək'sesə] *n* pēctecis

such [sʌtʃ] *a pron* tāds; s. as — 1) tāds, kā; 2) kā, piemēram; as s. — kā tāds

suck [sʌk] *v* **1.** zīst; **2.** sūkt

sudden ['sʌdn] **I** *n:* all of a s. — pēkšņi; **II** *a* pēkšņs

suddenly ['sʌdnli] *adv* pēkšņi

suffer ['sʌfə] *v* ciest; to s. a loss — ciest zaudējumu

suffering ['sʌfəriŋ] *n* ciešanas

sufficient [sə'fiʃənt] *a* pietiekams

sugar ['ʃugə] *n* cukurs

sugar-basin ['ʃugə‚beisn] *n* cukurtrauks

sugar-beet [ˈʃugəbiːt] *n* cukurbiete

sugar-cane [ˈʃugɔkein] *n* cukurniedre

suggest [səˈdʒest] *v* ierosināt

suggestion [səˈdʒestʃən] *n* ierosinājums; priekšlikums

suicide [ˈsjuisaid] *n* pašnāvība; to commit s. — izdarīt pašnāvību

suit [sjuːt] **I** *n* uzvalks; **II** *v* 1. būt piemērotam; derēt; 2. piestāvēt (*par apģērbu, krāsu*)

suitable [ˈsjuːtəbl] *a* piemērots; derīgs

suitcase [ˈsjuːtkeis] *n* ceļasoma

suite [swiːt] *n* 1. svīta, pavadoņi; 2. (*mēbeļu u. tml.*) komplekts; 3. luksa numurs (*viesnīcā*); 4. *mūz* svīta

sum [sʌm] **I** *n* 1. summa; s. total — kopsumma; 2. (*aritmētisks*) uzdevums; to do ~s — rēķināt uzdevumus; **II** *v* 1. summēt; 2. rezumēt

summary [ˈsʌməri] *n* kopsavilkums; pārskats

summer [ˈsʌmə] *n* vasara; s. time — vasaras laiks

summit [ˈsʌmit] *n* 1. virsotne; 2. augstākā pakāpe; s. talks — sarunas visaugstākajā līmenī

summon [ˈsʌmən] *v* izsaukt (*uz tiesu*); 2. sasaukt (*sapulci*)

sun [sʌn] *n* saule

sunbeam [ˈsʌnbiːm] *n* saules stars

sunburn [ˈsʌnbəːn] **I** *n* iedegums; **II** *v* sauļoties

Sunday [ˈsʌndi] *n* svētdiena

sunflower [ˈsʌn,flauə] *n* saulespuķe

sung *p. p. no* sing

sunk *p. p. no* sink

sunlight [ˈsʌnlait] *n* saules gaisma

sunny [ˈsʌni] *a* saulains

sunrise [ˈsʌnraiz] *n* saullēkts

sunset [ˈsʌnset] *n* saulriets

sunstroke [ˈsʌnstrəuk] *n* saules dūriens

suntan [ˈsʌntæn] *n* iedegums

superficial [ˌsjuːpəˈfiʃəl] *a* paviršs

superfluous [sjuˈ(ı)ˈpəːfluəs] *a* lieks; nevajadzīgs

superhighway [ˌsjuːpəˈhaiwei] *n* amer autostrāde

superior [sjuˈ(ı)ˈpiəriə] *a* augstāks; labāks; pārāks; of s. quality — augstākās kvalitātes-

superiority [sjuˈ(ı),piəriˈɔriti] *n* pārākums

supermarket [ˈsjuːpə,mɑːkit] *n* pašapkalpes [universāl]-veikals

supersonic [ˈsjuːpəˈsɔnik] *a* ultraskaņas-, virsskaņas-

superstition [ˌsjuːpəˈstiʃən] *n* māņticība

supervise [ˈsjuːpəvaiz] *v* uzraudzīt; pārzināt

supervision [ˌsjupəˈviʒən] *n* uzraudzība; pārziņa

supper [ˈsʌpə] *n* vakariņas

supplement I *n* [ˈsʌplimənt] papildinājums; pielikums; **II** *v* [ˈsʌpliment] papildināt

supply [sə'plai] **I** *n* 1. piegāde; apgāde; 2. krājums; **II** *v* piegādāt; apgādāt

support [sə'pɔːt] **I** *n* atbalsts; **II** *v* 1. atbalstīt; 2. uzturēt *(piem., ģimeni)*

supporter [sə'pɔːtə] *n* atbalstītājs; piekritējs

suppose [sə'pəuz] *v* pieņemt; domāt; **I** s. so — domājams; droši vien

suppress [sə'pres] *v* 1. apspiest *(piem., sacelšanos);* 2. aizliegt *(laikrakstu)*

supreme [sju(ː)'priːm] *a* augstākais; S. Soviet — Augstākā Padome

sure [ʃuə] **I** *a* 1. drošs; nekļūdīgs; s. method — drošs paņēmiens; 2. pārliecināts; to make s. — pārliecināties; ◇ for s. — droši; **II** *adv* protams; s. enough — patiešām

surely ['ʃuəli] *adv* 1. droši; nekļūdīgi; 2. protams

surface ['səːfis] *n* virsma

surf-riding ['səːf,raidiŋ] *n sp* sērfings

surgeon ['səːdʒən] *n* ķirurgs

surgery ['səːdʒəri] *n* 1. ķirurģija; 2. *(ārsta)* kabinets

surname ['səːneim] *n* uzvārds

surpass [sə'paːs] *v* pārspēt; pārsniegt

surplus ['səːpləs] **I** *n* pārpalikums; **II** *a* lieks; papildu-; s. value *ek* — virsvērtība

surprise [sə'praiz] **I** *n* 1. izbrīns; to my s. — man par izbrīnu; 2. pārsteigums; **to**

take smb. by s. — pārsteigt kādu; **II** *v* 1. radīt izbrīnu; 2. pārsteigt

surrender [sə'rendə] **I** *n* padošanās; kapitulācija; **II** *v* padoties; kapitulēt

surround [sə'raund] *v* apņemt; ieskaut

surroundings [sə'raundiŋz] *n pl* 1. apkārtne; 2. vide

survey **I** *n* ['səɪvei] 1. apskate; 2. pārskats; 3. *(topogrāfiska)* uzņemšana; **II** *v* [səɪ'vei] 1. apskatīt; 2. sniegt pārskatu

survive [sə'vaiv] *v* 1. pārdzīvot *(piem., laikabiedrus);* 2. izdzīvot, palikt dzīvam

suspect [səs'pekt] *v* turēt aizdomās

suspend [səs'pend] *v* 1. [pie]karināt; 2. atlikt; pārtraukt *(uz laiku)*

suspenders [səs'pendəz] *n pl* 1. zeķturi; 2. *amer* bikšturi

suspicion [səs'piʃən] *n* aizdomas; on s. — uz aizdomu pamata

suspicious [səs'piʃəs] *a* aizdomīgs

swallowa ['swɔləu] *n* bezdelīga

swallowb ['swɔləu] *v* norīt

swam *p no* **swim II**

swamp [swɔmp] *n* purvs

swan [swɔn] *n* gulbis

swarm [swɔːm] **I** *n (bišu)* spiets; **II** *v* 1. spietot; 2. drūzmēties

sway [swei] *v* 1. šūpot; 2. šūpoties

swear [swɛə] *v* (*p* swore [swɔ:]; *p. p.* sworn [swɔ:n]) 1. zvērēt; 2. lādēties

sweat [swet] I *n* sviedri; II *v* svīst

sweater ['swetə] *n* svīteris

Swede [swi:d] *n* zviedrs; zviedriete

Swedish ['swi:diʃ] I *n* zviedru valoda; II *a* zviedru-

sweep [swi:p] *v* (*p* un *p. p.* swept [swept]) 1. izslaucīt; 2. aiznest; aizskalot

sweet [swi:t] I *n* 1. konfekte; 2. saldais ēdiens; II *a* 1. salds; 2. jauks; s. one — mīļotais; mīļotā (*uzrunā*)

sweetmeat ['swi:tmi:t] *n* konfektes; saldumi

swell [swel] I *a sar* lielisks; kolosāls; that's s.! — tas ir vienreizējil; II *v* (*p* swelled [sweld]; *p. p.* swelled [sweld] *vai* swollen ['swəulən]) pietūkt

swept *p* un *p. p. no* sweep

swift [swift] *a* ātrs; spējš

swim [swim] I *n* 1. peldēšana; to have a s. — izpeldēties; 2. *sp* peldējums; II *v* (*p* swam [swæm]; *p. p.* swum [swʌm]) peldēt

swimming-pool ['swimiŋpu:l] *n* peldbaseins

swindle ['swindl] I *n* krāpšana; II *v* izkrāpt

swing [swiŋ] I *n* 1. šūpošanās; 2. šūpoles; ◇ in full s. — pilnā sparā; II *v* (*p* un *p. p.* swung [swʌŋ]) 1. šūpot; 2. šūpoties

Swiss [swis] I *n* šveicietis; šveiciete; II *a* šveiciešu-

switch [switʃ] I *n* 1. (*dzelzceļa*) pārmija; 2. *el* pārslēdzējs; II *v el* pārslēgt; to s. off — izslēgt (*strāvu*); to s. on — ieslēgt (*strāvu*)

switchboard ['switʃbɔ:d] *n el* komutators

swollen *p. p. no* swell

sword [sɔ:d] *n* zobens

swore *p no* swear

sworn *p. p. no* swear

swum *p. p. no* swim II

swung *p* un *p. p. no* swing II

syllable ['siləbl] *n* zilbe

symbol ['simbəl] *n* simbols

sympathize ['simpəθaiz] *v* 1. just līdzi; 2. simpatizēt

sympath‖y ['simpəθi] *n* 1. līdzjūtība; 2. simpātija; 3.: ~ies *pl* — simpātijas

symphonic [sim'fɔnik] *a* simfonisks

symphony ['simfəni] *n* simfonija; s. orchestra — simfoniskais orķestris

symptom ['simptəm] *n* simptoms

synopsis [si'nɔpsis] *n* īss apskats

synthetic [sin'θetik] *a* sintētisks

syringe ['sirindʒ] *n* šļirce

syrup ['sirəp] *n* sīrups

system ['sistim] *n* sistēma

systematic [ˌsisti'mætik] *a* sistemātisks

Tt

tab [tæb] *n* pakaramais; cilpiņa

table ['teibl] *n* **1.** galds; **2.** tabula; t. of contents — satura rādītājs

tablecloth ['teiblklɔθ] *n* galdauts

tablet ['tæblət] *n* **1.** plāksne; plāksnīte; **2.** *(zāļu)* tablete

tackle ['tækl] *n* **1.** takelāža; **2.** piederumi; fishing t. — zvejas piederumi

tact [tækt] *n* takts, taktiskums

tactful ['tæktful] *a* taktisks

tactless ['tæktlis] *a* netaktisks

Ta[d]**jik** ['taɪdʒik] **I** *n* **1.** tadžiks; tadžikiete; **2.** tadžiku valoda; **II** *a* tadžikutail

tail [teil] *n* aste

tailcoat ['teil'kəut] *n* fraka

tail-light ['teillait] *n* (*automašīnas, lidmašīnas*) pakaļējā gabarītuguns

tailor ['teilə] *n* drēbnieks

take [teik] *v* (*p* took [tuk]; *p. p.* taken ['teikən]) **1.** [pa] ņemt; **2.** saņemt; to t. prisoner — saņemt gūstā; **3.** uzņemt (*barību, zāles*); **4.** aizņemt (*vietu, laiku*); it won't t. much time — tas neaizņems daudz laika; **5.** izmantot (*satiksmes līdzekļus*); to t. a bus — braukt ar autobusu; to t. **down** — **1)** noņemt (*piem., no plaukta*); **2)** pierakstīt; to t. **off** —

1) novilkt (*piem., drēbes*); **2)** pacelties (*par lidmašīnu*); ◆ to t. action — rīkoties; to t. part — piedalīties; to t. leave — aiziet; atvadīties; to t. notice — ievērot; to t. offence — apvainoties; to t. place — notikt; t. care! — uzmanies!

taken *p. p. no* take

take-off ['teikɔ:f] *n* (*lidmašīnas*) pacelšanās

tale [teil] *n* stāsts

talent ['tælənt] *n* talants

talented ['tæləntid] *a* talantīgs

talk [tɔːk] **I** *n* saruna; small t. — nenozīmīga saruna; peace ~s — miera sarunas; **II** *v* runāt; sarunāties

tall [tɔːl] *a* liela auguma-; garš; t. building — augstceltne

tame [teim] **I** *a* pieradināts (*par dzīvnieku*); **II** *v* pieradināt (*dzīvnieku*)

tamer ['teimə] *n* (*zvēru*) dresētājs

tangerine [,tændʒə'riːn] *n* mandarīns

tank [tæŋk] *n* **1.** cisterna, tvertne; **2.** tanks

tanker ['tæŋkə] *n* tankkuģis

tapa [tæp] *n* **1.** tapa; spunde; **2.** krāns

tapb [tæp] **I** *n* (*viegls*) uzsitiens; klauvējiens; **II** *v* (*viegli*) uzsist; pieklauvēt

tape [teip] *n* lente

tape-recorder ['teipri,kɔːdə] *n* magnetofons

tapestry ['tæpistri] *n* gobelēns

taproom ['tæprum] *n* alus bārs

tar [taː] *n* darva

target ['taːgit] *n* mērķis

tarpaulin [taːpɔːlin] *n* brezents

tart [taːt] *n* pīrāgs; apple t. — ābolu pīrāgs

task [taːsk] *n* uzdevums

taste [teist] I *n* 1. garša; 2. gaume; II *v* 1. nogaršot; 2. *(of)* garšot *(pēc kā)*

tasteful ['teistful] *a* gaumīgs

tasteless ['teistlis] *a* bezgaršīgs

tasty ['teisti] *a* garšīgs

taught *p un p. p. no* teach

tax [tæks] I *n* nodoklis; II *v* aplikt ar nodokli

taxi ['tæksi] *n* taksometrs; t. rank — taksometru stāvvieta

tea [tiː] *n* tēja; t. bag — tējas maisiņš

teach [tiːtʃ] *v (p un p. p.* taught [tɔːt]) [ap]mācīt

teacher ['tiːtʃə] *n* skolotājs

teach-in ['tiːtʃin] *n sar* disputs *(par aktuāliem jautājumiem)*

teaching ['tiːtʃiŋ] *n* 1. apmācība; 2. mācība, doktrīna

teacup ['tiːkʌp] *n* tējas tase

team [tiːm] *n* 1. *(sporta)* komanda; 2. *(strādnieku)* brigāde

team-mate ['tiːmmeit] *n* 1. komandas loceklis; 2. brigādes loceklis

team-work ['tiːmwəːk] *n* 1. *(komandas locekļu)* saspēle; 2. saskaņots darbs; kopīgas pūles

tea-party ['tiː,paːti] *n* tējas vakars *(viesības)*

teapot ['tiːpɔt] *n* tējkanna *(tējas uzliešanai)*

teara [tiə] *n* asara

tearb [teə] I *n* plīsums; caurums; II *v (p* tore [tɔː]; *p. p.* torn [tɔːn]) 1. saplēst; pārplēst; 2. plīst

tease [tiːz] *v* ķircināt

technical ['teknikəl] *a* tehnisks; tehnikas-

technician [tek'niʃən] *n* tehniķis

technique [tek'niːk] *n* tehnika *(tehniski paņēmieni)*

technology [tek'nɔlədʒi] *n* 1. tehnika; 2. tehnoloģija

tedious ['tiːdjəs] *a* garlaicīgs; nogurdinošs

teenager ['tiːn,eidʒə] *n* pusaudzis; pusaudze

teens [tiːnz] *n pl* padsmiti; she is still in her t. — viņai vēl nav divdesmit gadu

teeth *pl no* tooth

telecast ['telikaːst] I *n* televīzijas raidījums; II *v* pārraidīt pa televīziju

telecommunication ['telikə-,mju(ː)ni'keiʃən] *n* tālsakari

telecontrol ['telikən,trəul] *n* tālvadība

telegram ['teligræm] *n* telegramma

telegraph ['teligrɑːf] **I** *n* telegrāfs; **t.** agency — telegrāfa aģentūra; **II** *v* telegrafēt

telephone ['telifəun] **I** *n* telefons; **t.** directory — telefona abonentu saraksts; **t.** booth *amer* — telefona kabīne; **II** *v* telefonēt

teleprinter ['teliprintə] *n* teletaips

telescope ['teliskəup] *n* teleskops

teletype ['telitaip] *n* teletaips

televiewer ['telivjuːə] *n* televīzijas skatītājs

television ['teli,viʒən] *n* televīzija

telex ['teleks] **I** *n* **1.** telekss; **2.** *(teletaipa)* telegramma; **II** *v* nosūtīt telegrammu *(pa teletaipu)*

tell [tel] *v (p un p. p.* told [təuld]) **1.** stāstīt; **2.** teikt, sacīt; **3.** atšķirt; to t. one thing from another — atšķirt vienu no otra; to t. on — ietekmēt; ◇ you can never t. — visādi gadās

telly ['teli] *n sar* televizors; what's on t.? — ko rāda pa televizoru?

temper ['tempə] *n* **1.** temperaments; raksturs; quick t. — straujš raksturs; **2.** garastāvoklis; to lose one's t. — zaudēt savaldīšanos

temperature ['tempritʃə] *n* temperatūra; to take one's t. — mērīt temperatūru; he

runs t. — viņam ir paaugstināta temperatūra

templeᵃ ['templ] *n* templis

templeᵇ ['templ] *n* deniņi

temporary ['tempərəri] *a* pagaidu-

tempt [tempt] *v* kārdināt, vilināt

temptation [temp'teiʃən] *n* kārdinājums, vilinājums

ten [ten] *num* desmit

tenant ['tenənt] *n* **1.** nomnieks; rentnieks; **2.** īrnieks

tend [tend] *v* tiekties

tendency ['tendənsi] *n* tendence, tieksme

tender ['tendə] *a* **1.** maigs; jūtīgs; **2.** vārīgs; ◇ t. spot — vārīga vieta; t. subject — kutelīgs jautājums

tennis ['tenis] *n* teniss

tennis-court ['teniskɔːt] *n* tenisa laukums

tense [tens] *n gram* laiks

tension ['tenʃən] *n* **1.** saspīlējums; international t. — starptautisks saspīlējums; **2.** *el* spriegums; high t. — augstspriegums

tent [tent] *n* telts

tenth [tenθ] *num* desmitais

term [təːm] *n* **1.** termiņš; t. of office — pilnvaru laiks; **2.** semestris; **3.** termins; **4.:** ~s *pl* — izteicieni; valoda; in simple ~s — vienkāršiem vārdiem; **5.:** ~s *pl* — vienošanās; nolīgums; to come to ~s — vienoties; **6.:** ~s *pl* — attiecības; to be on good ~s — būt labās attiecībās

terminal [´təːminl] *n* galapunkts; galastacija; bus t. — autostacija
terminate [´təːmineit] *v* 1. beigt; 2. beigties
termination [,təːmi´neiʃən] *n* beigas; nobeigums
termini *pl no* terminus
terminus [´təːminəs] *n* (*pl* termini [´təːminai]) galastacija
terrace [´terəs] *n* terase
terrible [´terəbl] *a* šausmīgs
terrify [´terifai] *v* šausmināt; iedvest šausmas
territory [´teritəri] *n* teritorija
terror [´terə] *n* 1. šausmas; 2. terors
test [test] I *n* 1. pārbaude; izmēģinājums; nuclear t. — kodolizmēģinājums; 2. kontroldarbs; 3. tests; II *v* pārbaudīt; izmēģināt
testify [´testifai] *v* 1. *jur* liecināt; nodot liecību; 2. liecināt (*par ko*)
testimony [´testiməni] *n* 1. *jur* liecība; 2. pierādījums; liecība
text [tekst] *n* teksts
textbook [´tekstbuk] *n* mācību grāmata
textile [´tekstail] I *n:* ~s *pl* — audumi, tekstilpreces; II *a* tekstil-; t. industry — tekstilrūpniecība
than [ðən] *conj* (*aiz salīdzinājuma*) nekā; par; he is older th. I — viņš ir vecāks par mani
thank [θæŋk] I *n:* ~s *pl* — pateicība; many ~s! —

liels paldies!; II *v* pateikties; th. you! — pateicos!
thankful [´θæŋkful] *a* pateicīgs
that I *pron* [ðæt] (*pl* those [ðəuz]) 1. tas; tā; th. is true — tas ir tiesa; 2. kas, kurš; II *conj* [ðət] 1. ka; 2. lai; he shouted th. all might hear — viņš kliedza, lai visi varētu dzirdēt
thaw [θɔː] I *n* atkusnis; II *v* kust
the [ðiː, ði] *patskaņa priekšā;* [ðə] *līdzskaņa priekšā* I *noteiktais artikuls;* II *adv* jo; the sooner the better — jo ātrāk, jo labāk
theatre [´θiətə] *n* teātris
theft [θeft] *n* zādzība
their [ðɛə] *pron* (*piederības locījums no* they) viņu; th. garden — viņu dārzs
theirs [ðɛəz] *pron* viņu; this car is th. — tā ir viņu automašīna
them [ðem, ðəm] *pron* (*papildinātāja locījums no* they) viņus; viņiem
theme [θiːm] *n* 1. temats; 2. *mūz* tēma
themselves [ðem´selvz] *pron pl* 1. sevi; sev; they saw th. in the film — viņi redzēja sevi filmā; 2. paši; they bought the tickets th. — viņi paši nopirka biļetes
then [ðen] I *n:* since th. — kopš tā laika; ◇ every now and th. — laiku pa laikam; II *adv* 1. tad; 2. pēc tam

theory ['θiəri] n teorija

there [ðɛə] I n: from th. — no turienes; up to th. — līdz turienei; II adv 1. tur; 2. turp, uz turieni; 3. (saistībā ar to be nav tulkojams): th. is a book on the table — uz galda ir grāmata; th. is no time to do it — nav laika to izdarīt; ◇ th. you are! — lūdzu!; te nu bija!

therefore ['ðɛəfɔɪ] adv tādēļ

thermal ['θəɪməl] a termisks; siltuma-

thermometer [θə'mɔmitə] n termometrs

thermo-nuclear ['θəɪməu-'njuɪkliə] a kodoltermisks

these pl no this

theses pl no thesis

thesis ['θiɪsis] n (pl theses ['θiɪsiɪz]) 1. tēze; 2. disertācija

they [ðei] pron viņi; viņas

thick [θik] a biezs; th. hair — biezi mati

thief [θiɪf] n (pl thieves [θiɪvz]) zaglis

thieves pl no thief

thigh [θai] n ciska, augšstilbs

thimble ['θimbl] n uzpirkstenis

thin [θin] a 1. plāns; 2. vājš, tievs

thing [θiŋ] n 1. lieta; priekšmets; 2.: ∼s pl — manta; apģērbs; 3. lieta; fakts; apstāklis; all ∼s considered — ievērojot visus apstākļus; how are ∼s? — kā klājas?

think [θiŋk] v (p un p. p. thought [θɔɪt]) 1. domāt; 2. uzskatīt; to th. fit — uzskatīt par piemērotu; to th. over — apsvērt, pārdomāt; ◇ to th. highly (of) — augstu vērtēt

third [θəɪd] num trešais

thirst [θəɪst] n slāpes; to quench one's th. — remdēt slāpes

thirsty ['θəɪsti] a izslāpis; I'm th. — man gribas dzert

thirteen ['θəɪ'tiɪn] num trīspadsmit

thirteenth ['θəɪ'tiɪnθ] num trīspadsmitais

thirtieth ['θəɪtiiθ] num trīsdesmitais

thirty ['θəɪti] num trīsdesmit

this [ðis] pron (pl these [ðiɪz]) šis; šī; th. morning — šorīt; ◇ like th. — šādi; šādā veidā; th. much — tik [daudz]

thorn [θɔɪn] n ērkšķis, dzelonis

thorough ['θʌrə] a pilnīgs; pamatīgs; rūpīgs

thoroughfare ['θʌrəfɛə] n galvenā iela; maģistrāle; no th.! — ceļš slēgts! (uzraksts)

those pl no that I

though [ðəu] I adv tomēr; tačи; II conj lai gan; as th. — it kā

thought a [θɔɪt] n doma; on second ∼s — rūpīgi pārdomājot

thought b p un p. p. no think

thoughtful [ˈθɔːtfʊl] *a* 1. domīgs; 2. uzmanīgs; iejūtīgs

thoughtless [ˈθɔːtlis] *a* 1. neapdomīgs; 2. neuzmanīgs; nevērīgs *(pret citiem)*

thousand [ˈθauzənd] I *n* tūkstotis; II *num* tūkstoš

thousandth [ˈθauzəntθ] *num* tūkstošais

thrash [θræʃ] *v* 1. sist; pērt; 2. *sp* uzvarēt; pārspēt

thread [θred] I *n* diegs; pavediens; II *v* 1. ievērt diegu *(adatā)*; 2. uzvērt *(diegā)*; 3. ielikt *(magnetofona lenti)*

threat [θret] *n* draudi

threaten [ˈθretn] *v* draudēt

three [θriː] *num* trīs

thresh [θreʃ] *v* kult *(labību)*

thresher [ˈθreʃə] *n* kuļmašīna

threshold [ˈθreʃhəuld] *n* slieksnis

threw *p no* throw II

thrift [θrift] *n* taupība; saimnieciskums

thrifty [ˈθrifti] *a* taupīgs; saimniecisks

thrill [θril] I *n* saviļņojums; II *v* saviļņot

thriller [ˈθrilə] *n* grāvējs *(filma, luga, grāmata u. tml.)*

throat [θrəut] *n* rīkle

throne [θrəun] *n* tronis

through [θruː] I *a (par satiksmi)* tiešs; th. train — tiešās satiksmes vilciens; II *adv* 1. cauri; to get th. — izkļūt cauri; to look th. — izskatīt; 2. caurcaurēm; pilnīgi; wet th. — pilnīgi slapjš; III *prep* caur; pa; to look th. the window — skatīties pa logu

throughout [θruː(ː)ˈaut] I *adv* 1. viscaur; 2. visur; II *prep:* th. the month — visu mēnesi

throw [θrəu] I *n* metiens, sviediens; II *v (p* threw [θruː] ; *p. p.* thrown [θrəun]) mest, sviest; to th. the javelin *sp* — mest šķēpu

thrown *p. p. no* throw II

thrust [θrʌst] I *n* 1. grūdiens; 2. dūriens; 3. *mil* trieciens; II *v (p un p. p.* thrust [θrʌst]) 1. [ie]grūst; to th. one's way — lauzt sev ceļu; 2. [ie]durt

thumb [θʌm] *n* īkšķis

thunder [ˈθʌndə] I *n* pērkons; II *v* dārdēt; it ~s — pērkons dārd

thunderstorm [ˈθʌndə.stɔːm] *n* pērkona negaiss

Thursday [ˈθɔːzdi] *n* ceturtdiena

thus [ðʌs] *adv* tā; tādā veidā

ticket [ˈtikit] *n* 1. biļete; 2. etiķete

ticket-collector [ˈtikitkəˈlektə] *n* biļešu kontrolieris

tickle [ˈtikl] *v* 1. kutināt; 2. kutēt

tide [taid] *n:* high t. — paisums; low t. — bēgums

tidy [ˈtaidi] I *a* kārtīgs; tīrīgs; II *v* uzkopt; sakārtot

tie [tai] I *n* 1. saite; ~s of friendship — draudzības saites; 2. kaklasaite; 3. *sp*

neizšķirta spēle; to end in
a t. — beigties neizšķirti;
II *v* 1. sasiet; 2. saistīt;
3. *sp* nospēlēt neizšķirti

tiger ['taigə] *n* tīģeris

tight [tait] *a* 1. ciešs; sa-
vilkts; t. knot — cieši sa-
vilkts mezgls; 2. blīvs;
kompakts; 3. *(par apģērbu,
apaviem)* šaurs; 4. *(gaisu,
ūdeni)* necaurlaidīgs; 5. *sar*
iedzēris, iereibis; ◇ in a t.
corner — sprukās

tights [taits] *n pl* zeķbikses

tile [tail] *n* 1. dakstiņš;
2. flīze

till [til] I *prep* līdz; t.
now — līdz šim; II *conj*
kamēr

timber ['timbə] *n* kokmate-
riāli

time [taim] *n* 1. laiks; at
the same t. — tai pašā
laikā; from t. to t. —
laiku pa laikam; in course
of t. — ar laiku; for the
t. being — pagaidām;
what's the t.? — cik pulk-
stenis?; to have a good
t. — patīkami pavadīt lai-
ku; 2. reize; every t. — ik-
reiz; three ~s two is six —
trīsreiz divi ir seši; 3. *mūz*
takts; ◇ in no t. — acu-
mirklī; take your t.! — ne-
steidzieties!

timekeeper ['taim,kiːpə] *n*
1. tabeļvedis; 2. hrono-
metrists

time-limit ['taimlimit] *n*
laika ierobežojums

time-out ['taim'aut] *n* pār-
traukums *(sporta spēlēs)*

timetable ['taim,teibl] *n*
1. *(vilcienu)* saraksts; ac-
cording to the t. — pēc sa-
raksta; 2. *(darba)* grafiks

timid ['timid] *a* kautrs; bikls

tin [tin] *n* 1. alva; 2. skārds;
3. konservu kārba

tinned [tind] *a* konservēts;
t. goods — konservi; ◇ t.
music — ierakstu mūzika

tin-opener ['tin,əupnə] *n*
konservu nazis

tint [tint] *n* nokrāsa; tonis

tiny ['taini] *a* sīks, mazs

tip*a* [tip] *n* 1. gals; 2. uz-
galis; ◇ to be on the t.
of one's tongue — būt mē-
les galā

tip*b* [tip] I *n* 1. dzeram-
nauda; 2. mājiens; II *v* dot
dzeramnaudu

tipsy ['tipsi] *a* iereibis

tiptoe ['tiptəu] *n:* on t. — uz
pirkstgaliem

tip-up ['tipʌp] *a* nolaižams;
t.-u. seat — nolaižams sē-
deklis *(piem., teātrī)*

tire ['taiə] *v* 1. nogurdināt;
2. nogurt; I'm ~d — es
esmu noguris

tiresome ['taiəsəm] *a* 1. no-
gurdinošs; 2. apnicīgs

tissue ['tiʃuː] *n anat* audi

title ['taitl] *n* 1. virsraksts;
nosaukums; 2. tituls; 3. *sp*
čempiona nosaukums; to
win the t. — kļūt par čem-
pionu

title-role ['taitlrəul] *n* titul-
loma

to [tu, tə] I *prep* 1. *(no-
rāda virzienu)* uz; pa; līdz;

to go to London — doties uz Londonu; to turn to the left — nogriezties pa kreisi; up to this place — līdz šai vietai; 2. *(norāda laiku)* līdz; from two to four — no diviem līdz četriem; 3. *(izsaka datīva attiecības):* give it to me — iedod to man; II *partic (lieto ar inf):* to be — būt

toad [təud] *n* krupis

toastᵃ [təust] I *n* grauzdiņš; II *v* grauzdēt

toastᵇ [təust] *n* tosts; to drink a t. to smb. — dzert uz kāda veselību

toaster ['təustə] *n* tosters *(grauzdēšanas ierīce)*

tobacco [tə'bækəu] *n* tabaka

toboggan [tə'bɔgən] I *n* kamaniņas; II *v* braukt ar kamaniņām

today [tə'dei] *adv* šodien

toe [təu] *n* 1. kājas pirksts; 2. *(zeķes, zābaka)* purngals

toffee ['tɔfi] *n* īriss *(konfekte)*

together [tə'geθə] *adv* kopā

toil [tɔil] I *n* smags darbs; II *v* nopūlēties

toilet ['tɔilit] *n* tualete

token ['təukən] *n* zīme; apliecinājums; in t. of remembrance — par piemiņu

told *p un p. p. no* tell

tolerant ['tɔlərənt] *a* iecietīgs

tolerate ['tɔləreit] *v* paciest; pieļaut

toll [təul] *n* 1. nodoklis *(par ceļa lietošanu);* 2. upuri; zaudējumi

tomato [tə'mɑːtəu] *n* tomāts

tomb [tuːm] *n* 1. kaps; 2. kapa piemineklis

tomorrow [tə'mɔrəu] *adv* rīt

ton [tʌn] *n* tonna

tone [təun] *n* tonis

tongs [tɔŋz] *n pl* knaibles

tongue [tʌŋ] *n* 1. mēle; 2. valoda

tonic ['tɔnik] *n* 1. tonizējošs līdzeklis; 2. tonikss *(dzēriens)*

tonight [tə'nait] *adv* šovakar; šonakt

too [tuː] *adv* 1. arī; 2. pārāk; t. expensive — pārāk dārgs; 3. ļoti; I'm only t. glad — esmu ļoti priecīgs; t. bad — ļoti žēl

took *p no* take

tool [tuːl] *n* darbarīks, instruments

tooth [tuːθ] *n (pl* teeth [tiːθ]*)* zobs

toothache ['tuːθeik] *n* zobu sāpes

toothbrush ['tuːθbrʌʃ] *n* zobu suka

toothpaste ['tuːθpeist] *n* zobu pasta

toothpick ['tuːθpik] *n* zobu bakstāmais

toothpowder ['tuːθ,paudə] *n* zobu pulveris

top [tɔp] *n* 1. virsotne; galotne; 2. virsa; augša; from t. to bottom — no augšas līdz apakšai; 3. augstākā pakāpe; kalngals; at the t. of one's voice — pilnā kaklā; to come out at the t. — iegūt pirmo vietu *(sacensībās);* II *a* 1. augšējais; 2. maksimāls; at t. speed — ar vislielāko ātrumu; t. secret — pilnīgi slepens; III *v* pārspēt; ◇ to t. it all — lai mērs būtu pilns

top-flight ['tɔpflait] *a sar* pirmšķirīgs, lielisks

topic ['tɔpik] *n* temats; the t. of the day — aktuāls jautājums

topical ['tɔpikəl] *a* 1. aktuāls; 2. tematisks

torch [tɔːtʃ] *n* 1. lāpa; 2. elektriskais lukturītis

tore *p no* tear II

torn *p. p. no* tear II

tortoise ['tɔːtəs] *n* bruņurupucis

torture ['tɔːtʃə] I *n* spīdzināšana; II *v* spīdzināt

toss [tɔs] *v* 1. mest, sviest; 2. mētāt, svaidīt; 3. mētāties, svaidīties

toss-up ['tɔsʌp] *n* lozēšana *(metot monētu)*

total ['təutl] I *n* kopsumma; II *a* 1. kopējs; summārs; 2. pilnīgs, absolūts; t. eclipse *astr* — pilns aptumsums

touch [tʌtʃ] I *n* 1. pieskaršanās; 2. tauste; 2. saskare; kontakts; to get in t. with smb. — saistīties ar kādu; II *v* 1. pieskarties; 2. aizskart, aizvainot; to t. to the quick — aizskart vārīgā vietā; 3. aizkustināt; how does it t. me? — kāds tam sakars ar mani?; to t.

down — nolaisties *(par lidmašīnu)*

touch-down ['tʌtʃ,daun] *n (lidmašīnas)* nolaišanās

touching ['tʌtʃiŋ] *a* aizkustinošs

tough [tʌf] *a* 1. ciets; sīksts; 2. stiprs; izturīgs; 3. neatlaidīgs; stūrgalvīgs

tour [tuə] I *n* ceļojums; brauciens; foreign t. — ārzemju brauciens; II *v* [ap] ceļot

tourist ['tuərist] *n* tūrists; t. agency — tūrisma birojs

tournament ['tuənəmənt] *n* turnīrs

tow [təu] *n* tauva

toward[s] [tə'wɔːd(z)] *prep* 1. *(norāda virzienu)* uz; t. the north — uz ziemeļiem; 2. *(norāda attieksmi)* pret; to be hostile t. smb. — būt naidīgi noskaņotam pret kādu; 3. *(norāda laiku)* uz; t. the end of the month — uz mēneša beigām

towel ['tauəl] *n* dvielis

towel-horse ['tauəlhɔːs] *n* dvieļu pakaramais

tower ['tauə] I *n* tornis; II *v* slieties *(pāri)*

town [taun] *n* pilsēta; t. hall — rātsnams; t. council — municipalitāte

toxic ['tɔksik] *a* indīgs

toy [tɔi] *n* rotaļlieta

trace [treis] I *n* pēdas; II *v* 1. skicēt *(plānu);* 2. pausēt, kopēt; 3. izsekot; dzīt pēdas

tracing-paper ['treisiŋ,peipə] *n* pauspapīrs

track [træk] *n* 1. pēdas; to be on the t. — būt uz pēdām; 2. taka; 3. *(dzelzceļa)* sliežu ceļš; 4. *sp* treks; skrejceļš

track-and-field ['trækən'fiːld] *n (arī* t.-a.-f. athletics) vieglatlētika

tractor ['træktə] *n* traktors

tractor-driver ['træktə,draivə] *n* traktorists

trade [treid] I *n* 1. tirdzniecība; 2. arods, profesija; II *v* tirgoties

trademark ['treidmaːk] *n* firmas zīme

trade-union ['treid'juːnjən] *n* arodbiedrība

tradition [trə'diʃən] *n* tradīcija

traffic ['træfik] *n* 1. satiksme; transports; t. lights — luksofors; t. police — autoinspekcija; t. regulations — satiksmes noteikumi; 2. *(nelegāla)* tirdzniecība; drug t. — tirdzniecība ar narkotikām

trafficator ['træfikeitə] *n (automašīnas)* virzienrādītājs

tragedy ['trædʒidi] *n* traģēdija

tragic ['trædʒik] *a* traģisks

trail [treil] *v* 1. vilkt, vazāt *(pa zemi);* 2. vilkties, vazāties *(pa zemi)*

trailer ['treilə] *n* 1. *(automašīnas)* piekabe; 2. autofurgons; 3. *(jaunas filmas)* reklāmkadri

trainᵃ [trein] *n* vilciens; goods t. — preču vilciens; passenger t. — pasažieru vilciens; to miss the t. — nokavēt vilcienu

trainᵇ [trein] *v* 1. apmācīt; 2. trenēt; 3. trenēties; 4. dresēt

trainee [trei'niː] *n* māceklis; praktikants

trainer ['treinə] *n* 1. treneris; 2. dresētājs

training ['treiniŋ] *n* 1. apmācība; 2. treniņš

trait [treit] *n* raksturīga īpašība; iezīme

traitor ['treitə] *n* nodevējs

tram [træm] *n* tramvajs

trample ['træmpl] *v* mīdīt

tranquil ['træŋkwil] *a* rāms, mierīgs

tranquillizer ['træŋkwilaizə] *n med* trankvilizators, nomierinošs līdzeklis

transaction [træn'zækʃən] *n* 1. darījums; 2.: ~s *pl* — *(zinātniskas biedrības)* protokoli; raksti

transfer I *n* ['trænsfə(ː)] 1. pārvietošana; 2. pārcelšana *(citā darbā);* 3. pārsēšanās *(piem., citā vilcienā);* 4.: ~s *pl* — novelkamās bildītes; II *v* [træns'fəː] 1. pārvietot; 2. pārcelt *(citā darbā);* 3. pārsēsties *(piem., citā vilcienā)*

transform [træns'foːm] *v* 1. pārveidot; pārvērst; 2. pārveidoties; pārvērsties

transfuse [træns'fjuːz] *v* pārliet *(piem., asinis)*

transfusion [træns'fjuːʒən] *n (asins)* pārliešana

transistor [træn'zistə] *n* tranzistors

transition [træn'siʒən] n
pāreja; t. period — pārejas
periods

transitive ['trænsitiv] a gram
transitīvs, pārejošs

translate [træns'leit] v tul-
kot

translation [træns'leiʃən] n
tulkojums

translator [træns'leitə] n tul-
kotājs

transmission [trænz'miʃən] n
1. pārraide; radio t. — ra-
diopārraide; picture t. —
televīzijas pārraide; 2. tehn
transmisija

transmitter [trænz'mitə] n
(radio) raidītājs

transparent [træns'pɛərənt] a
caurspīdīgs

transplant [træns'plɑint] v
1. pārstādīt; 2. med trans-
plantēt

transplantation [ˌtrænsplɑin-
'teiʃən] n 1. pārstādīšana;
2. med transplantācija

transport I n ['trænspɔit]
transports; II v [træns-
'pɔit] transportēt

trap [træp] n slazds; lama-
tas

travel ['trævl] I n ceļojums;
II v ceļot

traveller ['trævlə] n ceļotājs

trawl [trɔil] I n tralis; II v
zvejot ar trali

trawler ['trɔilə] n traleris

tray [trei] n paplāte

treacherous ['tretʃərəs] a no-
devīgs

treachery ['tretʃəri] n node-
vība

tread. [tred] I n soļi; gaita;
II v (p trod [trɔd]; p. p.

trodden ['trɔdn]) 1. spert
soli; iet; to t. in smb.'s
steps — iet kāda pēdās;
2. uzkāpt; uzmīt

treadle ['tredl] n pedālis

treasure ['treʒə] n bagātība;
dārgums

treat [triit] v 1. apieties; iz-
turēties; 2. apstrādāt;
3. ārstēt; 4. (to) uzcienāt
(kādu); izmaksāt

treatment ['triitmənt] n
1. apiešanās; izturēšanās;
2. apstrāde; 3. ārstēšana

treaty ['triiti] n līgums

tree [trii] n koks

tremble ['trembl] v trīcēt,
drebēt

tremendous [tri'mendəs] a
milzīgs

trench [trentʃ] n grāvis;
tranšeja

trend [trend] n tendence;
virziens

trial ['traiəl] n 1. izmēģinā-
jums; pārbaude; t. period —
pārbaudes laiks; t. flight —
izmēģinājuma lidojums;
2. jur (lietas) iztiesāšana;
(tiesas) process

triangle ['traiæŋgl] n trīsstū-
ris

tribe [traib] n cilts

tribute ['tribjuit] n 1. no-
deva; 2. (cieņas, goda
u. tml.) apliecinājums; to
pay t. — parādīt pienācīgu
cieņu (godu)

trick [trik] I n 1. viltība;
blēdība; to play a t. on
smb. — piekrāpt kādu;
2. triks; 3. (ļauns) joks;
II v pievilt; piekrāpt.

trifle ['traifl] I *n* nieks; sī-
kums; at t. — mazliet; II
v 1. niekoties; jokoties;
2. izniekot; izšķiest; to t.
away one's time — velti
izšķiest laiku

trim [trim] I *n* kārtība; ga-
tavība; in fighting t. —
kaujas gatavībā; II *v* 1. ap-
griezt; apcirpt; 2. izro-
tāt *(tērpu)*

trimming ['trimiŋ] *n (tērpa)*
rotājums

trip [trip] I *n* 1. ceļojums;
brauciens; 2. paklupšana;
II *v* 1. paklupt; 2. *sp* pa-
klupināt

triple ['tripl] *a* trīskārtējs;
t. jump *sp* — trīssoļlēciens

triumph ['traiəmf] I *n* tri-
umfs; II *v* triumfēt

triumphant [trai'ʌmfənt] *a*
1. triumfējošs; 2. uzvarošs;
uzvarām vainagots

trod *p no* tread II

trodden *p. p. no* tread II

trolley ['trɔli] *n* 1. vagonete;
2. *(tējas)* galdiņš *(uz ri-
tentiņiem)*

trolley-bus ['trɔlibʌs] *n* tro-
lejbuss

troop [truːp] *n* 1. grupa;
2.: ~s *pl* — karaspēks

trophy ['troufi] *n* 1. trofeja;
2. *(sporta)* balva

tropic ['trɔpik] *n* 1. trops,
saulgriežu loks; 2.: the ~s
pl — tropi, tropu zemes

tropical ['trɔpikəl] *a* tro-
pisks

trot [trɔt] I *n* rikši; II *v*
rikšot

trouble ['trʌbl] I *n* 1. nepa-
tikšanas; to get into t. —

iekļūt nepatikšanās; 2. rai-
zes; rūpes; to give smb.
t. — sagādāt kādam rūpes;
3. pūles; to take the t. —
uzņemties pūles; 4. kaite;
heart t. — sirdskaite; ◊
what's the t.? — kas noti-
cis?; to shoot the t. —
1) izlabot bojājumu;
2) *pol* nokārtot konfliktu;
II *v* 1. uztraukt; sagādāt
rūpes; 2. traucēt; apgrūti-
nāt; may I t. you for the
bread? — vai drīkstu pa-
lūgt maizi?

trouble-shooting ['trʌbl-
'ʃuːtiŋ] *n* bojājuma izlabo-
šana

trousers ['trauzəz] *n pl* bik-
ses

trout [traut] *n* forele

truant ['tru(ː)ənt] *n (sko-
las)* kavētājs; to play
t. — kavēt *(skolu)*

truck [trʌk] *n* kravas auto-
mašīna

true [truː] *a* 1. īsts, patiess;
it is not t. — tā nav tiesa;
to come t. — piepildīties;
2. pareizs; 3. uzticīgs

truly ['truːli] *adv* patiesi,
tiešām; Yours t. — ar pa-
tiesu cieņu *(vēstules nobei-
gumā)*

trumpet ['trʌmpit] *n* taure;
trompete

trunk [trʌŋk] *n* 1. stumbrs;
2. rumpis; 3. čemodāns;
ceļasoma; 4. *(ziloņa)* snu-
ķis; 5.: ~s *pl* — sporta
biksītes

trunk-call ['trʌŋk'kɔːl] *n*
tālsaruna

'iːkwəl] *a* 1. ne-
2. neatbilstošs;
ts
'iːvən] *a* nelī-

['ʌniks'pektid] *a*
pēkšņs
d ['ʌniks-
a nepieredzējis
['ʌniks'plɔːd] *a*

'feə] *a* 1. ne-
negodīgs
['ʌnfə'miljə] *a*
s; nezināms
['ʌn'feivərəbl]
īgs
['ʌn'finiʃt] *a*
gts; 2. neapstrā-

] *a* nepiemērots;

['ʌnfɔːsiːn] *a* ne-

[ʌn'fɔːtʃnit] *a*
īgs; 2. neveik-

['ʌn'faundid] *a*
s

[ʌn'greitful] *a*
s

n'hæpi] *a* 1. ne-
neveiksmīgs; u.
neveiksmīga iz-

ʌn'helθi] *a* ne-
kaitīgs

ːnifɔːm] I *n* for-
uniforma; II *a*

jən] *n* 1. savie-
U. Jack — britu
s karogs; 2. ap-

unique [juː'niːk] *a* unikāls
unit ['juːnit] *n* 1. vienība (*viens vesels*); 2. mērvienība; 3. elements; detaļa; u. furniture — sekciju mēbeles; kitchen u. — mazgātne
unite [juː'nait] *v* 1. apvienot; savienot; 2. apvienoties; savienoties
united [juː'naitid] *a* apvienots; savienots; U. Nations — Apvienotās Nācijas
unity ['juːniti] *n* 1. vienotība; 2. vienprātība; saliedētība
universal [ˌjuːni'vəːsəl] *a* vispārējs; u. peace — miers visā pasaulē
universe ['juːnivəːs] *n* visums
university [ˌjuːni'vəːsiti] *n* universitāte
unknown ['ʌn'nəun] *a* nepazīstams; nezināms
unless [ən'les] *conj* ja ... ne; ja vien ... ne
unlike [ʌn'laik] *a* atšķirīgs; ne tāds kā ...
unlikely [ʌn'laikli] I *a* neticams; maz ticams; II *adv* diez vai
unlimited [ʌn'limitid] *a* neierobežots
unload ['ʌn'ləud] *v* izkraut
unlooked-for [ʌn'luktfɔː] *a* negaidīts; neparedzēts
unmanned ['ʌn'mænd] *a* bezpilota- (*par kosmosa kuģi*)
unnatural [ʌn'nætʃrəl] *a* 1. nedabisks; 2. pretdabisks

trust [trʌst] I *n* 1. uzticība; 2. trests; II *v* 1. uzticēties; 2. uzticēt
truth [truːθ] *n* patiesība
truthful ['truːθful] *a* 1. patiess; 2. (*par cilvēku*) patiesīgs
try [trai] *v* 1. [pa]mēģināt; izmēģināt; 2. censties; 3. tiesāt; to t. on — pielaikot (*apģērbu*)
T-shirt ['tiːʃəːt] *n* teniskrekls
tub [tʌb] *n* 1. toveris; 2. *sar* vanna, mazgāšanās vannā
tube [tjuːb] *n* 1. caurule; 2. tūbiņa; 3. (*Londonas*) metro
tubeless ['tjuːbləs] *a* bezkameras-; t. tyre — bezkameras riepa
Tuesday ['tjuːzdi] *n* otrdiena
tulip ['tjuːlip] *n* tulpe
tune [tjuːn] I *n* melodija; out of t. — noskaņojies (*par mūzikas instrumentu*); II *v* uzskaņot (*mūzikas instrumentu*)
tunnel ['tʌnl] *n* tunelis
turbojet ['təːbəu'dʒet] *n* turboreaktīvā lidmašīna
turf [təːf] *n* velēna
Turk [təːk] *n* turks; turciete
turkey ['təːki] *n* tītars
Turkish ['təːkiʃ] I *n* turku valoda; II *a* turku-; ◊ T. towel — frotē dvielis
Turkman ['təːkmən] *n* 1. turkmēnis; turkmēniete; 2. turkmēņu valoda
turn [təːn] I *n* 1. apgrieziens; 2. pagrieziens;

3. kārta; rinda; in t., by ~s — pēc kārtas; 4. (*stāvokļa*) pārmaiņa; II *v* 1. [pa]griezt; 2. [pa]griezties; to t. the corner — nogriezties ap stūri; 3. kļūt; to t. pale — nobālēt; to t. red — nosarkt; to t. off — 1) aizgriezt (*krānu*); 2) izslēgt (*elektrību*); to t. on — 1) atgriezt (*krānu*); 2) ieslēgt (*elektrību*); to t. out — 1) padzīt; atlaist (*no darba*); 2) izlaist (*produkciju*)
turner ['təːnə] *n* virpotājs
turning-point ['təːniŋpɔint] *n* pagrieziena punkts
turnip ['təːnip] *n* rācenis
turn-out ['təːn'aut] *n* (*produkcijas*) izlaide
turnover ['təːn,əuvə] *n* 1. *ek* apgrozība; 2. (*kadru*) maiņa
turtle ['təːtl] *n* (*jūras*) bruņurupucis
tweed [twiːd] *n* *tekst* tvīds
tweezers ['twiːzəz] *n pl* pincete
twelfth [twelfθ] *num* divpadsmitais
twelve [twelv] *num* divpadsmit
twentieth ['twentiiθ] *num* divdesmitais
twenty ['twenti] *num* divdesmit
twice [twais] *adv* divreiz
twig [twig] *n* zariņš
twilight ['twailait] *n* krēsla
twinkle ['twiŋkl] *v* mirgot
twins [twinz] *n pl* dvīņi

twist [twist] v 1. sagriezt; savīt; 2. sagriezties; savīties

two [tuː] num divi

twofold ['tuːfəuld] I a divkāršs; II adv divkārt

two-way ['tuːwei] a divvirzienu- (par ielu)

type [taip] I n 1. tips; blood t. — asinsgrupa; 2. poligr burti, burtu raksts; II v rakstīt ar rakstāmmašīnu

Uu

ugly ['ʌgli] a neglīts

Ukrainian [ju(ː)'kreinjən] I n 1. ukrainis; ukrainiete; 2. ukraiņu valoda; II a ukraiņu-

ultimate ['ʌltimit] a 1. galīgs; u. result — galīgais rezultāts; 2. sākotnējs; primārs; u. cause — pirmcēlonis

umbrella [ʌm'brelə] n lietussargs

umpire ['ʌmpaiə] n 1. šķīrējtiesnesis; 2. (sporta) tiesnesis

unable ['ʌn'eibl] a nespējīgs

unanimous [ju(ː)'næniməs] a vienprātīgs; vienbalsīgs

unbearable [ʌn'bɛərəbl] a neciešams

unbeaten [ʌn'biːtn] a nepārspēts; u. record — nepārspēts rekords

unbutton [ʌn'bʌtn] v atpogāt

uncared-for ['ʌn'kɛədfɔː] a ɴolaists; novārtā pamests

typewriter ['taip,raitə] n rakstāmmašīna

typhoid ['taifɔid] n tīfs

typhoon [tai'fuːn] n taifūns

typical ['tipikəl] a tipisks

typist ['taipist] n mašīnrakstītāja

tyranny ['tirəni] n tirānija

tyrant ['taiərənt] n tirāns

tyre ['taiə] n riepa

uncertain [ʌn'səːtn] a nedrošs; nenoteikts

uncle ['ʌŋkl] n tēvocis

uncomfortable [ʌn'kʌmfətəbl] a neērts; to feel u. — justies neērti

uncommon [ʌn'kɔmən] a neparasts

unconscious [ʌn'kɔnʃəs] a 1. zaudējis samaņu; 2. neapzināts; to be u. (of) — neapzināties

uncork ['ʌn'kɔːk] v atkorķēt

uncover [ʌn'kʌvə] v atsegt; atklāt

undeniable [,ʌndi'naiəbl] a nenoliedzams; neapstrīdams; u. truth — neapstrīdama patiesība

under ['ʌndə] prep 1. zem; u. the table — zem galda; 2. (norāda uz apstākļiem, kādos notiek darbība): u. modern conditions — mūsdienu apstākļos; 3. (norāda uz zemāku pakāpi, cenu u. tml.) mazāk par; to sell

u. cost — pārdot par zemāku cenu; children u. 16 — bērni līdz 16 gadiem

under-age ['ʌndə'reidʒ] a nepilngadīgs

underclothes ['ʌndəkləuðz] n pl apakšveļa

underdeveloped ['ʌndədi'veləpt] a mazattīstīts; neattīstīts

underestimate ['ʌndər'estimeit] v par zemu novērtēt

undergo [,ʌndə'gəu] v (p underwent [,ʌndə'went]; p. p. undergone [,ʌndə'gɔn]) pārciest; to u. an operation — pārciest operāciju

undergone p. p. no undergo

underground ['ʌndəgraund] I n 1. metro [politēns]; 2. pagrīdes organizācija; pagrīde; II a 1. apakšzemes-; 2. pagrīdes-; nelegāls

underline [,ʌndə'lain] v 1. pasvītrot; 2. uzsvērt

undermine [,ʌndə'main] v 1. rakties (zem kā); 2. graut (piem., veselību)

underpass ['ʌndəpɑːs] n (gājēju) tunelis; (apakšzemes) pāreja

understand [,ʌndə'stænd] v (p un p. p. understood [,ʌndə'stud]) saprast

understanding [,ʌndə'stændiŋ] n 1. saprašana; 2. saprašanās; mutual u. — savstarpēja saprašanās; to come to an u. — atrast kopēju valodu

unequal ['ʌ... vienāds; nepiemēr...

uneven ['ʌ... dzens

unexpected negaidīts

unexperien... 'piəriəns...

unexplored neizpētīt...

unfair ['ʌ... taisns; ⲧ

unfamiliar nepazīst...

unfavourab... a nelabv

unfinished 1. nepab... dāts

unfit ['ʌn'... nederīgs

unforeseen paredzē...

unfortunat... 1. nela... smīgs

unfounded nepama...

ungrateful nepateic...

unhappy laimīgs; choice vēle

unhealthy veselīgs

uniform [... mas tē... vienvei...

union ['j... nība; h... nacionā... vienība

unnecessary [ʌn'nesisəri] *a* nevajadzīgs

unpleasant [ʌn'pleznt] *a* nepatīkams

unreasonable [ʌn'riːznəbl] *a* 1. nesaprātīgs; 2. pārmērīgi augsts *(piem., par cenu)*

unrest ['ʌn'rest] *n* 1. nemiers; satraukums; 2. nemieri; jukas

unrestricted ['ʌnris'triktid] *a* neierobežots

unsettled ['ʌn'setld] *a* 1. nenokārtots; neatrisināts; 2. *(par laiku)* nepastāvīgs

unskilled ['ʌn'skild] *a* nekvalificēts

unwell ['ʌn'wel] *a* nevesels; I'm u. — es nejūtos labi

unzip [ʌn'zip] *v* atvilkt *(rāvējslēdzēju)*

up [ʌp] **I** *a* 1. augšupejošs; 2. *(par vilcienu)* centra vai galvaspilsētas virzienā ejošs; up train — vilciens, kas dodas uz Londonu; **II** *adv* 1. augšā; augšup; 2. *(norāda tuvošanos)*: to come up — pienākt; 3. *(norāda darbības noslēgumu, rezultātu)*: to eat up — apēst; the time is up — termiņš beidzies; ◇ up to — līdz pat; up to now — līdz šim laikam; what's up? — kas noticis?; **III** *prep* 1. augšup pa; up the river — augšup pa upi; 2. pret; up the wind — pret vēju

upbringing ['ʌp,briŋiŋ] *n* audzināšana

upkeep ['ʌpkiːp] *n* uzturēšana kārtībā

uplift ['ʌplift] *n* pacilātība

upper ['ʌpə] *a* augšējs; augstākais; u. floor — augšējais stāvs; ◇ to get the u. hand — gūt virsroku

upright *a* 1. ['ʌp'rait] taisns; vertikāls; u. piano — pianīns; 2. ['ʌprait] godīgs

uproar ['ʌp,rɔi] *n* troksnis; kņada

uproot [ʌp'ruːt] *v* izraut ar saknēm

upset [ʌp'set] *v* (*p un p. p.* upset [ʌp'set]) 1. apgāzt; 2. apgāzties; 3. apbēdināt; sarūgtināt

upside-down ['ʌpsaid'daun] *adv* ačgārni; juku jukām

upstairs ['ʌp'steəz] **I** *a* augšējais, augšstāva-; u. room — augšstāva istaba; **II** *adv* 1. augšup pa kāpnēm; 2. augšstāvā

up-to-date ['ʌptə'deit] *a* moderns; mūsdienu-

uptown ['ʌptaun] *n amer* no centra attālāki kvartāli

upwards ['ʌpwədz] *adv* augšup

urban ['əːbən] *a* pilsētas-; u. population — pilsētas iedzīvotāji

urge [əːdʒ] *v* skubināt; mudināt

urgent ['əːdʒənt] *a* steidzams; neatliekams

urn [əːn] *n* urna

us [ʌs, əs] *pron (papildinātāja locījums no* we) mūs; mums

usage ['juːzidʒ] *n* 1. lietošana; 2. vārdlietojums

use I *n* [juːs] 1. lietošana; in u. — lietošanā, to be

out of u. — netikt lietotam; to come into u. — ieviesties; to make u. *(of)* — izmantot; 2. derīgums; labums; to be of u. — būt derīgam; to be of no u. — būt nederīgam; is there any u. doing it? — vai vērts to darīt?; II *v* [juːz] 1. lietot; 2. izlietot, iztērēt; 3. *(tikai p* used [juːst]) mēgt; he ~d to work at home — viņš mēdza strādāt mājās; to u. up — izlietot; iztērēt

used 1. [juːzd] *a* lietots; vecs; 2. [juːst] *a predic* pieradis; to get u. to smth. — pierast pie kā

useful [ˈjuːsfʊl] *a* noderīgs

useless [ˈjuːslis] *a* nederīgs; veltīgs; u. attempt — veltīgs mēģinājums

usher [ˈʌʃə] *n* vietu ierādītājs *(piem., kinoteātrī)*

usual [ˈjuːʒuəl] *a* parasts; as u. — kā parasti; it's the u. thing here — šeit tā ir pieņemts

usually [ˈjuːʒuəli] *adv* parasti

utensil [ju(ː)ˈtensl] *n* piederums; household ~s — saimniecības piederumi

utilit‖y [ju(ː)ˈtiliti] *n* 1. derīgums; lietderība; 2.: public ~ies *pl* — sabiedriskās labierīcības

utilize [ˈjuːtilaiz] *v* izlietot, izmantot

utmost [ˈʌtməust] I *n* viss iespējamais; to do one's u. — darīt visu iespējamo; II *a* galējs; maksimāls; with the u. care — ar vislielāko rūpību; of u. importance — ārkārtīgi svarīgs; to try one's u. — darīt visu iespējamo

utter[a] [ˈʌtə] *a* pilnīgs; absolūts; u. darkness — pilnīga tumsa

utter[b] [ˈʌtə] *v* 1. izdvest *(skaņu);* 2. izteikt; izrunāt

utterly [ˈʌtəli] *adv* pilnīgi

Uzbek [ˈuzbek] I *n* 1. uzbeks; uzbekiete; 2. uzbeku valoda; II *a* uzbeku-

V v

vacancy [ˈveikənsi] *n* 1. tukšums; 2. vakance, brīva vieta

vacant [ˈveikənt] *a* 1. tukšs; 2. brīvs, neaizņemts; is the seat v.? — vai šī vieta ir brīva?

vacation [vəˈkeiʃən] *n* 1. brīvdienas; 2. *amer* atvaļinājums

vacuum [ˈvækjuəm] *n fiz* vakuums, bezgaisa telpa; v. bottle (flask) — termoss; v. cleaner — putek|sūcējs

vague [veig] *a* nenoteikts; neskaidrs; v. resemblance — attāla līdzība

vain [vein] *a* veltīgs; in v. — veltīgi

valid ['vælid] *a* 1. likumīgs; 2. derīgs; spēkā esošs *(par biļeti, dokumentu);* 3. pamatots; to raise v. objections — celt pamatotus iebildumus

valley ['væli] *n* ieleja

valuable ['væljuəbl] *a* vērtīgs

value ['vælju:] I *n* 1. vērtība; surplus v. *ek* — virsvērtība; of no v. — nevērtīgs; 2. *mat* lielums; II *v* 1. novērtēt; 2. vērtēt; cienīt

valve [vælv] *n* 1. vārsts; ventilis; 2. *(sirds)* vārstulis; 3. elektronlampa

vanᵃ [væn] *n (sais. no* **vanguard)** avangards; to be in the v. — būt avangardā

vanᵇ [væn] *n* 1. automašīna *(preču izvadāšanai);* 2. *(bagāžas)* vagons

vanguard ['vængɑːd] *n* avangards

vanish ['væniʃ] *v* pazust; izzust

vanity ['væniti] *n* 1. iedomība; 2. niecība; 3.: v. bag (case) — kosmētikas maciņš

vapour ['veipə] *n* tvaiki, garaiņi

variable ['veəriəbl] *a* mainīgs

variety [və'raiəti] *n* 1. dažādība;   daudzveidība; 2. *biol* varietāte; 3. varietē

various ['veəriəs] *a* dažāds

varnish ['vɑːniʃ] I *n* laka; II *v* lakot

vary ['veəri] *v* 1. mainīt; 2. mainīties

vase [vɑːz] *n* vāze

vast [vɑːst] *a* 1. plašs; 2. milzīgs *(par daudzumu)*

vaultᵃ [vɔːlt] *n* velve

vaultᵇ [vɔːlt] *n sp* atbalstlēciens, kārtslēciens

veal [viːl] *n* teļa gaļa

vegetable ['vedʒitəbl] I *n* dārzenis; II *a* augu-; v. oil — augu eļļa

vehicle ['viːikl] *n* satiksmes līdzeklis

veil [veil] *n* plīvurs

vein [vein] *n* vēna

velvet ['velvit] *n* samts

velveteen ['velvi'tiːn] *n* velvets

vending-machine ['vendiŋmə-ˌʃiːn] *n* tirdzniecības automāts

vengeance ['vendʒəns] *n* atriebība

venture ['ventʃə] *v* 1. riskēt; 2. uzdrošināties

verdict ['vəːdikt] *n jur* spriedums

verify ['verifai] *v* 1. pārbaudīt; 2. apstiprināt; apliecināt

verse [vəːs] *n* 1. pants; 2. dzejolis; 3. dzeja

vertical ['vəːtikəl] *a* vertikāls

very ['veri] I *a* 1. [tas] pats; tieši tas; this v. day — tai pašā dienā; the v. man I am looking for — tieši tas cilvēks, kuru es meklēju; 2. galējs; at the v. end — pašās beigās; II *adv* ļoti

vessel ['vesl] *n* 1. trauks; 2. kuģis
veterinary ['vetərinəri] *a* veterinārs; v. surgeon — veterinārārsts
via ['vaiə] *prep* caur; v. London — caur Londonu
vibrate [vai'breit] *v* vibrēt
vice [vais] *n* netikums
vicinity [vi'siniti] *n* 1. tuvums; in the v. — tuvumā; 2. apkārtne, apkaime
victim ['viktim] *n* upuris
victory ['viktəri] *n* uzvara; to gain (win) a v. — uzvarēt
victuals ['vitlz] *n pl* pārtika, proviants
video ['vidiəu] *a:* v. recording — videoieraksts
Vietnamese [,vjetnə'miːz] I *n* vjetnamietis; vjetnamiete; II *a* vjetnamiešu-
view [vjuː] *n* 1. skats; ainava; 2. redzesloks; 3. uzskats; viedoklis; in my v. — manuprāt
viewpoint ['vjuːpɔint] *n* viedoklis
vigilance ['vidʒiləns] *n* modrība; piesardzība
vigorous ['vigərəs] *a* spēcīgs; enerģisks
vile [vail] *a* zemisks; nekrietns
village ['vilidʒ] *n* ciems
villain ['vilən] *n* nelietis, neģēlis
vindicate ['vindikeit] *v* aizstāvēt *(piem., tiesības)*
vine [vain] *n* vīnogulājs
vinegar ['vinigə] *n* etiķis
vineyard ['vinjəd] *n* vīna dārzs

violate ['vaiəleit] *v* pārkāpt *(likumu, vienošanos);* to v. traffic regulations — pārkāpt satiksmes noteikumus
violence ['vaiələns] *n* vardarbība; varmācība
violent ['vaiələnt] *a* 1. stiprs; spēcīgs; 2. vardarbīgs; varmācīgs
violet ['vaiəlit] I *n* vijolīte; II *a* violets
violin [,vaiə'lin] *n* vijole
violinist ['vaiəlinist] *n* vijolnieks
viper ['vaipə] *n* odze
virtue ['vəːtjuː] *n* 1. tikums; 2. laba īpašība; priekšrocība
visa ['viːzə] *n* vīza; entrance v. — iebraukšanas vīza; through (transit) v. — tranzītvīza; to get a v. — saņemt vīzu; to grant a v. — izsniegt vīzu
visible ['vizəbl] *a* 1. redzams; 2. acīm redzams; skaidrs
vision ['viʒən] *n* redze
visit ['vizit] I *n* apmeklējums; to pay a v. — apmeklēt; II *v* apmeklēt
visiting-card ['vizitiŋ'kaːd] *n* vizītkarte
visitor ['vizitə] *n* apmeklētājs; viesis
visual ['vizjuəl] *a* 1. redzes-; v. memory — redzes atmiņa; 2. ·uzskates-; v. aids — uzskates līdzekļi
vital ['vaitl] *a* 1. dzīvības-; vitāls; 2. būtisks; ļoti svarīgs; of v. importance — būtiski svarīgs

vivid [′vivid] *a* dzīvs; spilgts; v. imagination — spilgta iztēle

vocabulary [vəu′kæbjuləri] *n* 1. vārdu krājums; 2. vārdnīca; vārdu saraksts

vocal [′vəukəl] *a* 1. balss-; v. chords — balss saites; 2. vokāls

vocation [vəu′keiʃən] *n* 1. aicinājums; tieksme; 2. profesija, nodarbošanās

vogue [vəug] *n* 1. mode; to come into v. — nākt modē; 2. popularitāte

voice [vɔis] *n* 1. balss; 2. *gram* kārta

volcano [vɔl′keinəu] *n* vulkāns

volleyball [′vɔlibɔːl] *n* volejbols

volume [′vɔljum] *n* 1. (*grāmatas*) sējums; 2. apjoms; tilpums

voluntary [′vɔləntəri] *a* brīvprātīgs

volunteer [ˌvɔlən′tiə] I *n* brīvprātīgais; II *v* brīvprātīgi pieteikties

vomit [′vɔmit] *v* vemt

vote [vəut] I *n* 1. balsošana; to put to the v. — likt uz balsošanu; 2. balss (*vēlēšanās*); to cast a v. — balsot; II *v* balsot

voter [′vəutə] *n* vēlētājs

vow [vau] I *n* zvērests; svinīgs solījums; to make (take) a v. — dot zvērestu; II *v* zvērēt; svinīgi solīties

vowel [′vauəl] *n* patskanis

voyage [′vɔiidʒ] *n* (*jūras*) ceļojums

vulgar [′vʌlgə] *a* vulgārs

Ww

waffle [′wɔfl] *n* vafele

waffle-iron [′wɔfl‚aiən] *n* vafeļu panna

wage [weidʒ] *n* (*parasti pl*) alga; real ~s — reālā alga; living w. — iztikas minimums

wage-cut [′weidʒkʌt] *n* algu samazināšana

wage-freeze [′weidʒfriːz] *n* algu iesaldēšana

waggon [′wægən] *n* kravas rati

waist [weist] *n* viduklis

waistcoat [′weistkəut] *n* veste

wait [wait] *v* 1. (*for*) gaidīt; I'm sorry to keep you ~ing — atvainojiet, ka lieku jums gaidīt; 2. (*at*) apkalpot (*pie galda*)

waiter [′weitə] *n* oficiants

waiting-room [′weitiŋrum] *n* uzgaidāmā telpa

waitress [′weitris] *n* oficiante

wake [weik] *v* (*p* woke
[wəuk]; *p. p.* woken
['wəukən]) **1.** [pa]mosties;
2. [pa]modināt

walk [wɔːk] **I** *n* **1.** pastaiga;
to go for a w. — doties
pastaigā; **2.** gaita; **II** *v* iet;
staigāt

wall [wɔːl] *n* **1.** siena; **2.** mū-
ris; valnis

wallpaper ['wɔːl,peipə] *n* ta-
petes

walnut ['wɔːlnʌt] *n* **1.** val-
rieksts; **2.** riekstkoks

walrus ['wɔːlrəs] *n* valzirgs

waltz [wɔːls] *n* valsis

wander ['wɔndə] *v* klejot

want [wɔnt] **I** *n* **1.** trūkums;
w. of water — ūdens trū-
kums; **2.** vajadzība; **II** *v*
1. just vajadzību (*pēc kā*);
2. gribēt; vēlēties; you are
~ed on the phone — jūs
lūdz pie telefona

war [wɔː] *n* karš; at w. —
kara stāvoklī

ward [wɔːd] *n* **1.** (*slimnīcas*)
palāta; **2.** (*pilsētas*) admi-
nistratīvais rajons; **3.** aiz-
bildniecība

wardrobe ['wɔːdrəub] *n*
1. (*drēbju*) skapis; **2.** gar-
derobe, drēbes

warehouse ['wɛəhaus] *n* no-
liktava

warfare ['wɔːfɛə] *n* karadar-
bība

warm [wɔːm] **I** *a* **1.** silts;
2. sirsnīgs; w. welcome —
sirsnīga uzņemšana; **II** *v*
1. [sa]sildīt; **2.** [sa]sildī-
ties; to w. **up** — 1) sasil-
dīt; 2) *sp* iesildīties

warm-hearted ['wɔːm'haːtid]
a sirsnīgs

warming-up ['wɔːmiŋ'ʌp] *n*
sp iesildīšanās

warmth [wɔːmθ] *n* **1.** sil-
tums; **2.** sirsnība

warn [wɔːn] *v* brīdināt

warning ['wɔːniŋ] *n* brīdinā-
jums; to make a w. — brī-
dināt

warrant ['wɔrənt] *n* **1.** at-
taisnojums; **2.** (*aresta*) or-
deris

warship ['wɔːʃip] *n* karaku-
ģis

wart [wɔːt] *n* kārpa

was [wɔz, wəz] *1. un 3. pers.*
p sing no to be

wash [wɔʃ] **I** *n* **1.** mazgā-
šana; car w. — automašīnu
mazgāšana; to send clothes
to the w. — nodot veļu
mazgāšanā; **2.** mazgāša-
nās; to have a w. — no-
mazgāties; **3.** (*mazgājamā*)
veļa; **II** *v* **1.** mazgāt;
2. mazgāties; to w. **up** —
mazgāt traukus

wash-day ['wɔʃdei] *n* veļas
[mazgāšanas] diena

wash-house ['wɔʃhaus[*n* ve-
ļas mazgātava

washing-machine ['wɔʃiŋ-
mə'ʃiːn] *n* veļas mazgā-
jamā mašīna

wasp [wɔsp] *n* lapsene

waste [weist] **I** *n* **1.** (*laika,*
līdzekļu) izšķiešana; **2.** at-
kritumi; atgriezumi; lūžņi;
II *a* **1.** tuksnesīgs; neap-
dzīvots; **2.** lieks; nevaja-
dzīgs; **III** *v* šķiest (*laiku,*
līdzekļus)

wasteful ['weistful] *a* izšķēr-
dīgs

waste-paper [weist'peipə] *n*
makulatūra

waste-paper-basket [weist-
'peipə,bɑːskit] *n* papīrgrozs

waste-pipe ['weistpaip] *n*
notekcaurule

watcha [wɔtʃ] **I** *n* **1.** novēro-
šana; to keep w. — 1) vē-
rot; 2) sargāt; **2.** sargs;
II *v* novērot; to w. TV —
skatīties televizoru; ◇ to
w. one's step — rīkoties
piesardzīgi

watchb [wɔtʃ] *n (rokas vai
kabatas)* pulkstenis; by my
w. — pēc mana pulksteņa

watchful ['wɔtʃful] *a* modrs;
vērīgs

watch-maker ['wɔtʃ,meikə] *n*
pulksteņmeistars

watchman ['wɔtʃmən] *n*
sargs; naktssargs

watchword ['wɔtʃwəːd] *n*
1. parole; **2.** lozungs

water ['wɔːtə] **I** *n* ūdens; by
w. — pa ūdensceļu; ◇ to
get into hot w. — iekļūt
ķezā; to hold w. — izturēt
kritiku *(piem., par teori-
ju)*; **II** *v* **1.** aplaistīt;
2. dzirdināt *(lopus)*

water-colour ['wɔːtə,kʌlə] *n*
1. akvareļkrāsa; **2.** akva-
relis

waterfall ['wɔːtəfɔːl] *n*
ūdenskritums

watering-can ['wɔːtəriŋkæn]
n lejkanna

watering-cart ['wɔːtəriŋkɑːt]
n ielu laistāmā mašīna

watering-place ['wɔːtəriŋ-
pleis] *n* **1.** *(lopu)* dzirdi-
nātava; **2.** kūrvieta

waterlilly ['wɔːtə,lili] *n*
ūdensroze

watermelon ['wɔːtə,melən] *n*
arbūzs

water-power ['wɔːtə,pauə] *n*
hidroenerģija

waterproof ['wɔːtəpruːf] **I** *n*
lietusmētelis; **II** *a* ūdensne-
caurlaidīgs

water-skiing ['wɔːtəskiːiŋ] *n*
ūdensslēpošana

water-skis ['wɔːtəskiːz] *n pl*
ūdensslēpes

water-supply ['wɔːtəsə,plai]
n ūdensapgāde

waterworks ['wɔːtəwəːks] *n*
pl hidrotehniskas ierīces

wave [weiv] **I** *n* **1.** vilnis;
2. *(rokas)* mājiens; **II** *v*
1. *(par karogu)* plīvot;
(par zaru) šūpoties;
2. māt *(ar roku);* **3.** *(par
matiem)* cirtoties; **4.** ievei-
dot *(matus)*

wax [wæks] *n* vasks

waxwork ['wækswəːk] *n* vas-
ka figūra

way [wei] *n* **1.** ceļš; on the
w. — pa ceļam; to lose
one's w. — apmaldīties;
are you going my w.? —
vai mums ir pa ceļam?;
can you tell me the w. to
the station? — kā tikt līdz
stacijai?; **2.** veids; metode;
w. of living — dzīvesveids;
the best w. to do it — la-
bākais [veids], kā to izda-
rīt; **3.** attālums; long w.
off — tālu; ◇ by the w. —

starp citu; one w. or another — tā vai citādi

we [wiː, wi] *pron* mēs

weak [wiːk] *a* vājš

weakness ['wiːknis] *n* 1. vājums; 2. vājība

wealth [welθ] *n* 1. turība; pārticība; man of w. — turīgs cilvēks; 2. bagātība; pārpilnība

wealthy ['welθi] *a* bagāts; turīgs

weapon ['wepən] *n* ierocis; ~s of mass destruction — masu iznīcināšanas ieroči

wear [weə] I *n* 1. *(apģērba)* valkāšana; 2. nodilums; 3. apģērbs; men's w. — vīriešu apģērbi; II *v (p* wore [wɔː]; *p. p.* worn [wɔːn]) 1. valkāt *(apģērbu)*; 2. *(par apģērbu)* valkāties; 3. novalkāt; to w. **down** — nodilt; to w. **out** — 1) novalkāt; 2) novalkāties; 3) nogurdināt

weariness ['wiərinis] *n* 1. nogurums; 2 garlaicība

wearisome ['wiərisəm] *a* 1. nogurdinošs; 2. garlaicīgs

weary ['wiəri] I *a* 1. noguris; 2. nogurdinošs; II *v* 1. nogurdināt; 2. nogurt

weasel ['wiːzl] *n* zebiekste

weather ['weðə] *n (meteoroloģiskais)* laiks; w. conditions — laika apstākļi w. forecast — laika prognoze; w. report — laika ziņas

weathercock ['weðəkɔk] *n* vējrādis

weave [wiːv] *v (p* wove [wəuv]; *p. p.* woven ['wəuvən]) 1. aust; 2. pīt

weaver ['wiːvə] *n* audējs; audēja

web [web] *n* zirnekļtīkls

we'd [wiːd] *sar sais. no* 1. we had; 2. we should; we would

wedding ['wediŋ] *n* kāzas; laulības

wedding-ring ['wediŋriŋ] *n* laulības gredzens

Wednesday ['wenzdi] *n* trešdiena

weed [wiːd] I *n* nezāle; II *v* ravēt

week [wiːk] *n* nedēļa; this day w. — pēc nedēļas

weekday ['wiːkdei] *n* darbdiena

weekend ['wiːk'end] *n* nedēļas nogale

weekly ['wiːkli] I *n* iknedēļas laikraksts (žurnāls); II *a* iknedēļas-; III *adv* iknedēļu

weep [wiːp] *v (p un p. p.* wept [wept]) raudāt

weigh [wei] *v* 1. nosvērt; 2. nosvērties; 3. svērt; to w. 10 kilos — svērt 10 kilogramu; to w. **up** — apsvērt; apdomāt; ◇ to w. anchor — pacelt enkuru

weight [weit] *n* 1. svars; to put on w. — pieņemties svarā; to lose w. — novājēt; 2. svaru bumba, atsvars; 3. svarīgums; nozīmīgums

weight-lifter ['weit,liftə] *n sp* svarcēlājs

weight-lifting ['weit,liftiŋ] *n sp* svarcelšana

weighty ['weiti] *a* 1. smags; 2. svarīgs; nozīmīgs

welcome ['welkəm] I *n* (*viesu*) apsveikšana; uzņemšana; to give a warm w. — sirsnīgi uzņemt; II *a* 1. vēlams; gaidīts; w. news — patīkams jaunums; 2.: he is w. to use it — es labprāt atļauju viņam to lietot; III *v* apsveikt; uzņemt; IV *int* laipni lūdzam!; esiet sveicināti!

weld [weld] *v* metināt

welfare ['welfɛə] *n* labklājība

wellᵃ [wel] *n* aka

wellᵇ [wel] (*comp* better ['betə]; *sup* best [best]) I *a* 1. labs; all is w. — viss kārtībā; 2. vesels; II *adv* labi; w. done! — lieliski!; ◇ as w. as — kā arī; III *int* nu!

we'll [wiːl] *sar sais. no* we shall; we will

well-being ['wel'biːiŋ] *n* labklājība

well-bred ['wel'bred] *a* labi audzināts

well-grounded ['wel-'graundid] *a* 1. pamatots; 2. labi sagatavots (*kādā priekšmetā*)

well-known ['wel'nəun] *a* plaši pazīstams

well-to-do ['weltə'duː] *a* pārticis; turīgs

Welsh [welʃ] I *n* 1.: the W. — velsieši; 2. velsiešu valoda; II *a* velsiešu-

Welshman ['welʃmən] *n* velsietis

Welshwoman ['welʃ'wumən] *n* velsiete

welter-weight ['weltəweit] *n sp* pussmagais svars

went *p no* go II

wept *p un p. p. no* weep

were *p pl no* to be

we're [wiə] *sar sais. no* we are

weren't [wəːnt] *sar sais. no* were not

west [west] I *n* rietumi; II *a* rietumu-; III *adv* uz rietumiem

western ['westən] I *n* vesterns, kovbojfilma; II *a* rietumu-

wet [wet] I *a* slapjš; mitrs; II *v* saslapināt; samitrināt

we've [wiːv] *sar sais. no* we have

whale [weil] *n* valis, valzivs

what [wɔt] *pron* kas; ko; kāds; w. is this? — kas tas ir?; w. did you say? — ko tu sacīji?; w. for? — kādēļ?; w. is she like? — kāda viņa ir?; w. a lovely day! — cik jauka diena!

whatever [wɔt'evə] I *pron* jebkurš; vienalga, kas; w. happens — lai kas arī notiktu; II *a* vienalga, kāds

wheat [wiːt] *n* kvieši

wheel [wiːl] *n* ritenis

wheelbarrow ['wiːl,bærəu] *n* ķerra

wheel-chair ['wiːl'tʃɛə] *n* (*invalidu*) braucamkrēsls

when [wen] I *adv* kad; II *conj* kad; tai laikā, kad; w. speaking → runājot

whence [wens] *adv* no kurienes

whenever [wen'evə] *conj* lai kad; kad vien

where [wɛə] *adv* 1. kur; 2. kurp

whereabouts ['wɛərəbauts] *n* [aptuvena] atrašanās vieta

whereas [wɛər'æz] *conj* 1. ievērojot, ka; tā kā; 2. turpretī

wherever [wɛər'evə] *conj* lai kur; kur vien

whether ['weðə] *conj* vai; I don't know w. she likes it — es nezinu, vai viņai tas patīk

which [witʃ] I *a* kāds; kurš; w. foreign languages have you studied? — kādas svešvalodas jūs esat mācījies?; II *pron* kāds; kurš; the book w. is lying on the table — grāmata, kura atrodas uz galda

while [wail] I *n* brīdis; laika sprīdis; for a w. — uz brīdi; ◇ once in a w. — laiku pa laikam; it is worth w. — ir vērts; II *v:* to w. away one's time — notriekt laiku; III *conj* 1. kamēr; 2. toties

whim [wim] *n* iegriba

whine [wain] *v* smilkstēt; žēli gaudot

whip [wip] I *n* pātaga; II *v* 1. sist ar pātagu; 2. putot (*olas, krējumu*)

whirl [wəːl] I *n* virpulis; II *v* virpuļot

whirlpool ['wəːlpuːl] *n* atvars

whirlwind ['wəːlwind] *n* viesulis

whiskers ['wiskəz] *n pl* 1. vaigubārda; 2. (*kaķa*) ūsas

whisky ['wiski] *n* viskijs

whisper ['wispə] I *n* čuksts; in w. — čukstus; II *v* čukstēt

whistle ['wisl] I *n* 1. svilpiens; 2. svilpe; II *v* 1. svilpt; 2. svilpot

white [wait] *a* balts

whitewash ['waitwɔʃ] *n* 1. kaļķu šķīdums (*balsināšanai*); 2. balsināšana

who [huː] *pron* 1. (*jautājamais*) kas; kurš; w. is there? — kas tur ir?; 2. (*attieksmes*) kas; kurš; the boy w. came here — zēns, kas šeit ienāca

whoever [hu(ː)'evə] *pron* kas vien; lai kas (kurš)

whole [houl] I *n* viss [kopā]; kopums; on the w. — visumā; II *a* viss; vesels; the w. world — visa pasaule; 2. vesels; neskarts

whole-hearted ['houl'haːtid] *a* patiess; sirsnīgs

wholesale ['houlseil] I *n* vairumtirdzniecība; II *a* vairumtirdzniecības-; w. prices — vairumtirdzniecības cenas

wholesome ['houlsəm] *a* (*par barību, gaisu*) veselīgs

wholly ['houli] *adv* pilnīgi

whom [huːm] *pron* (*papildinātāja locījums no* who) kam; kuram; ko; kuru

whose [huːz] *pron* (*piederības locījums no* who) kā;

kura; w. house is it? — kā māja tā ir?

why [wai] *adv* kādēļ

wicked ['wikid] *a* 1. samaitāts; netikumīgs; 2. ļauns

wide [waid] **I** *a* plats; 2. plašs; w. world — plaša pasaule; **II** *adv* 1. plati; 2. plaši

widen ['waidn] *v* 1. paplašināt; 2. paplašināties

widespread ['waidspred] *a* plaši izplatīts

widow ['widəu] *n* atraitne

widower ['widəuə] *n* atraitnis

width [widθ] *n* platums

wife [waif] *n* sieva

wig [wig] *n* parūka

wild [waild] *a* 1. mežonīgs; savvaļas-; w. flowers — lauku ziedi; 2. *(par apvidu)* neapdzīvots; mežonīgs; 3. saniknots

wilderness ['wildənis] *n* mežonīgs apvidus

wild-life ['waildlaif] *n* dzīvā daba; w.-l. conservation — dzīvās dabas aizsardzība

wilful ['wilful] *a* 1. stūrgalvīgs; 2. apzināts

willᵃ [wil] *n* 1. griba; of one's own free w. — pēc paša vēlēšanās; 2. testaments

willᵇ [wil] *v* (*p* would [wud]) 1. *(kā palīgdarbības vārdu lieto 2. un 3. pers. sing un pl nākotnes formu veidošanai)*: she w. come tomorrow — viņa atnāks rīt; 2. *(kā mod. v 1. pers. izsaka solījumu, apņemšanos)*: we w. help

them — mēs viņiem palīdzēsim; 3. *(lieto jautājumos kā «lūdzu» ekvivalentu)*: w. you come in? — lūdzu, nāciet iekšā!

willing ['wiliŋ] *a* labprātīgs; w. help — labprātīga palīdzība

willingly ['wiliŋli] *adv* labprāt

willow ['wiləu] *n* vītols

win [win] *v* (*p un p. p.* won [wʌn]) uzvarēt; to w. the battle — uzvarēt kaujā; to w. the prize — iegūt godalgu

windᵃ [wind] *n* vējš

windᵇ [wind] *v* (*p un p. p.* wound [waund]) 1. aizvīties, aizlocīties *(par upi, ceļu)*; 2. satīt; aptīt; to w. yarn into a ball — satīt dziju kamolā; 3. *(arī to w. up)* uzvilkt *(pulksteni)*

windfall ['windfɔ:l] *n* vējgāze

wind-instrument ['wind-,instrumənt] *n* pūšamais instruments

windmill ['windmil] *n* vējdzirnavas

window ['windəu] *n* logs

window-dressing ['windəu-,dresiŋ] *n* skatloga dekorējums

window-pane ['windəupein] *n* loga rūts

windscreen ['windskri:n] *n* *(automašīnas)* aizsargstikls

windscreen-wiper ['windskri:n,waipə] *n* aizsargstikla tīrītājs

wine [wain] *n* vīns

wing [wiŋ] *n* spārns

wink [wiŋk] *v* 1. mirkšķināt;
2. *(par zvaigznēm)* mirgot

winner ['winə] *n* uzvarētājs;
laureāts

winter ['wintə] *n* ziema; w.
sports — ziemas sporta
veidi

wipe [waip] *v* [no] slaucīt

wire ['waiə] I *n* 1. stieple;
barbed w. — dzeloņstieple;
2. *(telefona)* vads; 3. *sar*
telegramma; to send off a
w. — nosūtīt telegram-
mu; II *v* 1. sastiprināt ar
stiepli; 2. ievilkt *(piem.,
elektrības)* vadus; 3. *sar*
telegrafēt

wisdom ['wizdəm] *n* gudrība

wise [waiz] *a* gudrs

wish [wiʃ] I *n* vēlēšanās;
with best ~es — ar vis-
labākajiem novēlējumiem;
II *v* 1. vēlēties; 2. vēlēt

wit [wit] *n* 1. prāts; 2. at-
jautība; ◇ to be at one's
~'s end — nezināt, ko
iesākt

with [wið] *prep* 1. ar; to
write w. a pencil — rak-
stīt ar zīmuli; 2. no; aiz;
to shake w. cold — drebēt
aiz aukstuma

withdraw [wið'drɔ:] *v* (*p*
withdrew [wið'dru:]; *p. p.*
withdrawn [wið'drɔ:n])
1. izņemt *(piem., naudu no
apgrozības);* 2. ņemt atpa-
kaļ *(piem., savus vārdus);*
3. *(par karaspēku)* atkāp-
ties

withdrawn *p. p. no* **withdraw**

withdrew *p no* **withdraw**

wither ['wiðə] *v* novīst; no-
kalst

within [wi'ðin] *prep:* w.
hearing — dzirdamības ro-
bežās; w. a year — gada
laikā

without [wi'ðaut] *prep* bez;
w. permission — bez at-
ļaujas; ◇ it goes w.
saying — tas ir pats par
sevi saprotams

witness ['witnis] I *n*
1. [acu] liecinieks; 2. lie-
cība; pierādījums; II *v*
1. būt par [acu] liecinieku;
2. liecināt *(tiesā)*

witty ['witi] *a* atjautīgs; as-
prātīgs

woke *p no* **wake**

woken *p. p. no* **wake**

wolf [wulf] *n* vilks

woman ['wumən] *n* (*pl*
women ['wimin]) sieviete

women *pl no* **woman**

won *p un p. p. no* **win**

wonder ['wʌndə] I *n* 1. iz-
brīns; no w. — nav [ne-
kāds] brīnums; 2. brī-
nums; to work ~s — da-
rīt brīnumus; II *v* 1. brī-
nīties; 2. interesēties; vēlē-
ties uzzināt; I w. who he
is — interesanti, kas viņš
ir

wonderful ['wʌndəful] *a* brī-
nišķīgs; apbrīnojams

won't [wəunt] *sar sais. no*
will not

wood [wud] *n* 1. mežs;
2. koks; kokmateriāls;
3. malka

woodcut ['wudkʌt] *n* kok-
griezums

woodcutter ['wud,kʌtə] n
1. mežcirtējs; 2. kokgrie-
zējs
wooden ['wudn] a koka-
woodpecker ['wud,pekə] n
dzenis
wool [wul] n 1. vilna;
2. vilnas audums
woollen ['wulən] a vilnas-
word [wəːd] n vārds; ◇ in
a w. — vārdu sakot; to be
as good as one's w. — tu-
rēt vārdu; play on ~s —
vārdu rotaļa
wording ['wəːdiŋ] n formulē-
jums
wore p no wear II
work [wəːk] I n 1. darbs; to
be out of w. — būt bez
darba; to set to w. — ķer-
ties pie darba; 2. darbs; sa-
cerējums; w. of art — māk-
slas darbs; II v 1. strādāt;
2. darboties
workday ['wəːkdei] n darb-
diena
worker ['wəːkə] n strādnieks
working ['wəːkiŋ] a darba-;
w. capacity — darba spē-
jas; w. efficiency — darba
ražīgums; w. hours —
darba laiks
works [wəːks] n rūpnīca
workshop ['wəːkʃɔp] n darb-
nīca
world [wəːld] n pasaule; all
over the w. — visā pa-
saulē
world-wide ['wəːldwaid] a
vispasaules-; 'w.-w. fame —
pasaules slava
worm [wəːm] n tārps
worn p. p. no wear II

worry ['wʌri] I n raizes; rū-
pes; II v raizēties; uztrauk-
ties
worse [wəːs] I a (comp no
bad) sliktāks; II adv
(comp no badly) sliktāk
worship ['wəːʃip] I n cienī-
šana; pielūgšana; II v cie-
nīt; pielūgt
worst [wəːst] I a (sup no
bad) vissliktākais; II adv
(sup no badly) vissliktāk;
◇ at the w. — ļaunākajā
gadījumā
worth [wəːθ] I n vērtība;
cena; II a predic vērts; it
is w. seeing — to ir vērts
apskatīt
worthless ['wəːθlis] a nevēr-
tīgs; nekam nederīgs
worthwhile ['wəːθ'wail] a
vērtīgs; w. experiment —
vērtīgs eksperiments
worthy ['wəːði] a cienīgs;
w. of praise — uzslavas
cienīgs
would [wud] v (p no will[b])
1. kā palīgdarbības vārdu
lieto 2. un 3. pers. sing un
pl 1) nākotnes pagātnē vei-
došanai: he said he w.
help us — viņš sacīja, ka
palīdzēs mums; 2) nosacī-
juma veidošanai: it w. be
better — būtu labāk;
2. (lieto atkārtotas, ar pa-
gātni saistītas darbības iz-
teikšanai): she w. sit for
hours by the fireplace —
viņa mēdza stundām ilgi
sēdēt pie kamīna
wouldn't ['wudnt] sar saīs.
no would not
wound[a] [wuːnd] I n ievaino-
jums; brūce; II v ievainot

woundb *p un p. p. no* **wind**b
wove *p no* **weave**
woven *p. p. no* **weave**
wrap [ræp] *v* ietīt
wrapper ['ræpə] *n (grāma-tas)* apvāks
wreath [ri:ð] *n* vainags
wreck [rek] I *n* 1. *(kuģa)* avārija; 2. *(kuģa)* vraks; 3. grausts; II *v* nogremdēt *(kuģi)*
wrestle ['resl] I *n sp* cīņa; cīkstēšanās; II *v* cīnīties; cīkstēties
wrestler ['reslə] *n* cīkstonis
wretched ['retʃid] *a* 1. nožēlojams; 2. slikts *(piem., par laiku)*
wring [riŋ] *v (p un p. p.* wrung [rʌŋ]) saspiest; sa-

griezt; to w. out linen — izgriezt veļu
wrinkle ['riŋkl] I *n* grumba; II *v* saraukt *(pieri)*
wrist [rist] *n* plaukstas pamats
wristwatch ['ristwɔtʃ] *n* rokas pulkstenis
write [rait] *v (p* wrote [rəut]; *p. p.* written ['ritn]) rakstīt; to w. down — pierakstīt
writer ['raitə] *n* rakstnieks
written *p. p. no* **write**
wrong [rɔŋ] I *n* netaisnība; II *a* nepareizs; kļūdains; you are w. — jūs maldāties; III *adv* nepareizi
wrote *p no* **write**
wrung *p un p. p. no* **wring**

Xx

xerography [ze'rɔgrəfi] *n* kserogrāfija
Xerox ['ziərɔks] *n* kserokss *(aparāts fotokopiju izgatavošanai)*
Xmas ['krisməs] *n sk* **Christmas**

X-ray ['eks'rei] I *n:* ~s *pl* — rentgenstari; X.-r. photograph (print) — rentgenuzņēmums; II *v* caurskatīt ar rentgenstariem
xylophone ['zailəfəun] *n* ksilofons

Yy

yacht [jɔt] *n* jahta
yachting ['jɔtiŋ] *n* burāšana
yarda [ja:d] *n* jards *(91,4 cm)*
yardb [ja:d] *n* pagalms
yawn [jɔ:n] I *n* žāvas; II *v* žāvāties

year [jə:] *n* gads; y. in, y. out — gadu no gada; all the y. round — cauru gadu
year-book ['jə:buk] *n* gadagrāmata
yearly ['jə:li] I *a* ikgadējs; II *adv* ik gadu

yeast [ji:st] *n* raugs
yell [jel] I *n* (*spalgs*) klie-
dziens; II *v* kliegt; b|aut
yellow ['jeləu] *a* dzeltens
yes [jes] *partic* jā
yesterday ['jestədi] *adv* va-
kar
yet [jet] I *adv* 1. vēl; not
y. — vēl ne; 2. līdz šim;
II *conj* tomēr
yield [ji:ld] I *n* raža; II *v*
1. dot ražu (aug|us);
2. piekāpties; pak|auties
yolk [jəuk] *n* (*olas*) dzel-
tenums
you [ju:, ju] 1. jūs; tu;
2. (*papildinātāja locijums*)
jums; jūs; tev; tevi
you'd [ju:d] *sar sais. no*
1. you had; 2. you would
young [jʌŋ] I *n* 1. (*arī* the
y.) jaunatne; books for
the y. — grāmatas jau-

natnei; 2. (*dzīvnieku*) ma-
zu|i; II *a* jauns
your [jɔ:, ju] *pron* jūsu;
tavs
you're [juə] *sar sais. no* you
are
yours [jɔ:z] *pron* jūsu; tavs;
faithfully y. — jūsu uzti-
camais (*vēstules nobei-
gumā*)
yourself [jɔ:'self] *pron* (*pl*
yourselves [jɔ:'selvz])
1. sev; sevi; 2. pats; you
said it y. — jūs pats tā
sacījāt
yourselves *pl no* yourself
youth [ju:θ] *n* 1. jaunība;
2. jauneklis; 3. jaunatne
youthful ['ju:θful] *a* jauns,
jauneklīgs
you've [ju:v] *sar sais. no*
you have

Zz

zeal [zi:l] *n* centība; de-
dzība
zealous ['zeləs] *a* centīgs; de-
dzīgs
zebra ['zi:brə] *n* zebra; ◇
z. crossing — (*gājēju*) pār-
eja
zenith ['zeniθ] *n* zenīts
zero ['ziərəu] *n* nulle
zinc [ziŋk] *n* cinks
zip-fastener ['zip,fɑ:snə] *n*
rāvējslēdzējs

zip[per] ['zip(ə)] *n sk* zip-
fastener
zodiac ['zəudiək] *n astr* zo-
diaks; signs of the z. —
zodiaka zīmes
zone [zəun] *n* zona; josla
zoo [zu:] *n* zooloģiskais
dārzs
zoology [zəu'ɔlədʒi] *n* zoolo-
ģija

ĢEOGRĀFISKIE NOSAUKUMI

Saīsinājumi

ez. — ezers
gp. — galvaspilsēta
p. — pilsēta
u. — upe

Abidjan [ˌæbiˈdʒaɪn] *gp.* Abi-
džana
Abu Dhabi [ˌaːbuːˈdaːbi] *gp.*
Abudabi
Accra [əˈkraɪ] *gp.* Akra
Addis Ababa [ˈædisæbəbə]
gp. Adisabeba
Aden [ˈeidn] *gp.* Adena
Adriatic Sea [ˌeidriˈætikˈsiː]
Adrijas jūra
Afghanistan [æfˈgænistæn]
Afganistāna; **Democratic
Republic of Afghanistan** —
Afganistānas Demokrātiskā
Republika
Africa [ˈæfrikə] Āfrika
Alaska [əˈlæskə] Aļaska
Albania [ælˈbeinjə] Albānija;
**People's Socialist Republic
of Albania** — Albānijas
Tautas Sociālistiskā Re-
publika
Algeria [ælˈdʒiriə] Alžīrija;
**Algerian People's Demo-
cratic Republic** — Alžīrijas
Tautas Demokrātiskā Re-
publika
Algiers [ælˈdʒiəz] *gp.* Alžīra
Al Kuwait [elkuˈweit] *gp.*
Elkuveita
Alma-Ata [ˈaːlməəˈtaː] *gp.*
Alma-Ata

Alps [ælps] Alpi
Amazon [ˈæməzən] *u.* Ama-
zone
America [əˈmerikə] Amerika
Amman [əˈmaːn] *gp.* Am-
māna
Amsterdam [ˈæmstəˈdæm]
gp. Amsterdama
Andes [ˈændiːz] Andi
Andorra [ænˈdɔrə] Andora
Angola [æŋˈgəulə] Angola;
**People's Republic of An-
gola** — Angolas Tautas
Republika
Ankara [ˈæŋkərə] *gp.* An-
kara
Antananarivo [ˈæntəˌnænə-
ˈriːvəu] *gp.* Antananarivu
Antarctic Continent [æntˈ-
ˈaːktikˈkɔntinənt] Antar-
ktīda
Antarctic Regions [æntˈaːktik
ˌriːdʒənz] Antarktika
Apennines [ˈæpinainz] Ape-
nīni
Apia [æˈpiə, ˈæpiə] *gp.* Apija
Arabia [əˈreibjə] Arābija
Arctic [ˈaːktik] Arktika
Arctic Ocean [ˈaːktikˈəuʃən]
Ziemeļu Ledus okeāns
Argentina [ˌaːdʒənˈtiːnə] Ar-
gentīna

Armenia [ɑː'miːnjə] Armēnija; **Armenian Soviet Socialist Republic** — Armēnijas Padomju Sociālistiskā Republika

Ashkhabad [ˌæʃkə'bɑːd] gp. Ašhabada

Asia ['eiʃə] Āzija

Asuncion [ə,sunsi'əun] gp. Asunsjona

Athens ['æθinz] gp. Atēnas

Atlantic Ocean [ət'læntik-'əuʃən] Atlantijas okeāns

Australia [ɔs'treiljə] Austrālija

Austria ['ɔstriə] Austrija

Azerbaijan [ˌæzəbai'dʒɑːn] Azerbaidžāna; **Azerbaijan Soviet Socialist Republic** — Azerbaidžānas Padomju Sociālistiskā Republika

Bag[h]dad [bæg'dæd] gp. Bagdāde

Bahama Islands [bə'hɑːmə-'ailəndz] Bahamu salas

Bahrain [bə'rein] Bahreina

Baku [bʌ'kuː] gp. Baku

Balkans ['bɔːlkənz] Balkāni

Baltic Sea ['bɔːltik'siː] Baltijas jūra

Bamako [ˌbɑːmɑː'kəu] gp. Bamako

Bandarseribegavana ['bændər,seribegə'vænə] gp. Bandarseribegavana

Bangkok [bæŋ'kɔk] gp. Bangkoka

Bangladesh ['bæŋglə'deʃ] Bangladeša; **People's Republic of Bangladesh** — Bangladešas Tautas Republika

Bangui [bɑːŋ'giː] gp. Bangi

Banjul [bɑːn'dʒuːl] gp. Bandžula

Barbados [bɑː'beidəuz] Barbadosa

Beirut [bei'ruːt] gp. Beiruta

Belgium ['beldʒəm] Beļģija

Belgrade [bel'greid] gp. Belgrada

Belize [be'liːz] Beliza

Benin [be'ni(ː)n] Benina

Berlin [bəː'lin] gp. Berlīne

Bern[e] [bəːn] gp. Berne

Bhutan [bu'tɑːn] Butāna

Birmingham ['bəːmiŋəm] p. Birmingema

Bissau [bi'sau] gp. Bisau

Bogota [ˌbɔgəu'tɑː] gp. Bogota

Bolivia [bə'liviə] Bolīvija

Bombay [bɔm'bei] p. Bombeja

Bonn [bɔn] gp. Bonna

Bosporus ['bɔspərəs] Bosfors

Botswana [bɔ'tswɑːnə] Botsvāna

Brasilia [brə'ziliə] gp. Brazilja

Brazil [brə'zil] Brazīlija

Brazzaville ['bræzəvil] p. Brazavila

Brunei [bruː'nei] Bruneja

Brussels ['brʌslz] gp. Brisele

Bucharest ['bjuːkə'rest] gp. Bukareste

Budapest ['bjuːdə'pest] gp. Budapešta

Buenos Aires ['bwenəs'aiəriz] gp. Buenosairesa

Bujumbura [ˌbuːdʒəm'buərə] gp. Bužumbura

Bulgaria [bʌl'geəriə] Bulgārija; **People's Republic of**

Bulgaria — Bulgārijas Tautas Republika
Burkina Faso [bu(r)ki'nɑːfʌ-'sɔː] Burkina Faso
Burma ['bəːmə] Birma
Burundi [bu'rundi] Burundi
Byelorussia [‚bjeləu'rʌʃə] Baltkrievija; **Byelorussian Soviet Socialist Republic** — Baltkrievijas Padomju Sociālistiskā Republika

Cabo Verde ['kʌvuː'vəɪdə] Kaboverde
Cairo ['kaiərəu] gp. Kaira
Calcutta [kæl'kʌtə] p. Kalkuta
Cambridge ['keimbridʒ] p. Kembridža
Cameroon ['kæməruːn] Kamerūna
Canada ['kænədə] Kanāda
Canberra ['kænbərə] gp. Kanbera
Cape Town, Capetown ['keiptaun] p. Keiptauna
Caracas [kə'rækəs] gp. Karakasa
Caribbean Sea [‚kæri'bi(ː)ən-'siː] Karību jūra
Carpathians [kɑː'peiθjənz] Karpati
Caspian Sea ['kæspiən'siː] Kaspijas jūra
Caucasus ['kɔːkəsəs] Kaukāzs
Central African Republic ['sentrəl 'æfrikən ri'pʌblik] Centrālāfrikas Republika
Chad [tʃæd] Čada
Chicago [ʃi'kɑːgəu] p. Čikāga
Chile ['tʃili] Čīle

China ['tʃainə] Ķīna; **Chinese People's Republic** — Ķīnas Tautas Republika
Colombia [kə'lɔmbiə] Kolumbija
Colombo [kə'lʌmbəu] gp. Kolombo
Colorado [‚kɔlə'rɑːdəu] u. Kolorādo
Comoro Islands ['kɔməurəu-'ailəndz] Komoru Salas
Conacry ['kɔnəkri] gp. Konakri
Congo ['kɔŋgəu] Kongo; **People's Republic of the Congo** — Kongo Tautas Republika
Copenhagen [‚kəupn'heigən] gp. Kopenhāgena
Costa Rica ['kɔstə'riːkə] Kostarika
Côte d'Ivoire ['kɔtdivuɑː] Kotdivuāra
Crimea [krai'miə] Krima
Cuba ['kjuːbə] Kuba
Cyprus ['saiprəs] Kipra
Czechoslovakia ['tʃekəusləu-'vækiə] Čehoslovakija; **Czechoslovak Socialist Republic** — Čehoslovakijas Sociālistiskā Republika

Dacca ['dækə] gp. Daka
Dakar ['dækɑː] gp. Dakara
Damascus [də'mɑːskəs] gp. Damaska
Danube ['dænjuːb] u. Donava
Dar es Salaam, Daressalam ['dɑːressə'lɑːm] gp. Daresalama
Delhi ['deli] gp. Deli
Denmark ['denmɑːk] Dānija

Detroit [də'trɔit] *p.* Detroita
Djibouti [dʒi'buːti] Džibuti
Doha ['dəuhə] *gp.* Doha
Dominican Republic [də'mini-kənri'pʌblik] Dominikanas Republika
Dublin ['dʌblin] *gp.* Dublina
Dyushambe [djuː'ʃaːmbə] *gp.* Dušanbe

Ecuador [ˌekwəi'dɔi] Ekvadora
Edinburgh ['edinbərə] *p.* Edinburga
Egypt ['iːdʒipt] Ēģipte; **Arab Republic of Egypt — Ēģip-tes Arābu Republika
El Salvador [el'sælvədɔi] Salvadora
England ['iŋglənd] Anglija
English Channel ['iŋgliʃ-'tʃænl] Lamanšs
Equatorial Guinea [ˌekwə-'tɔiriəl'gini] Ekvatoriālā Gvineja
Estonia [es'təunjə] Igaunija; **Estonian Soviet Socialist Republic — Igaunijas Padomju Sociālistiskā Republika
Ethiopia [ˌiːθi'əupjə] Etiopija
Europe ['juərəp] Eiropa

Federal Republic of Germany ['fedərəlri'pʌblikəv 'dʒəiːməni] Vācijas Federatīvā Republika
Fiji [fiiː'dʒiː] Fidži
Finland ['finlənd] Somija
France [fraːns] Francija
Freetown ['friːtaun] *gp.* Frītauna
Frunze ['fruːnzə] *gp.* Frunze

Gabon [gə'bɔiŋ] Gabona
Gaborone [ˌgaibə'rəuni] *gp.* Gaborone
Gambia ['gæmbiə] Gambija
Ganges ['gændʒiiz] *u.* Ganga
Georgetown ['dʒɔidʒtaun] *gp.* Džordžtauna
Georgia ['dʒɔidʒjə] Gruzija; **Georgian Soviet Socialist Republic — Gruzijas Padomju Sociālistiskā Republika
German Democratic Republic ['dʒəimən,demə'krætik-ri'pʌblik] Vācijas Demokrātiskā Republika
Ghana ['gainə] Gana
Gibraltar [dʒi'brɔiltə] Gibraltārs
Glasgow ['glaisgəu] *p.* Glāzgova
Great Britain ['greit'britn] Lielbritānija
Greece [griis] Grieķija
Greenland ['griinlənd] Grenlande
Greenwich ['grinidʒ] Griniča
Grenada [gre'neidə] Grenada
Guatemala [ˌgwæti'maːlə] Gvatemala
Guatemala [City] [ˌgwæti-'maːlə('siti)] *gp.* Gvatemala
Guiana [gi'aːnə] Gviāna
Guinea ['gini] Gvineja
Guinea-Bissau ['ginibi'sau] Gvineja-Bisau
Guyana [gai'aːnə] Gajaɪɪa

Hague [heig] *p.* Hāga
Haiti ['heiti] Haiti
Hanoi [hæ'nɔi] *gp.* Hanoja
Havana [hə'vænə] *gp.* Havana

18*

Hawaii [haɪ'waiiɪ] Havaju salas

Helsinki ['helsiŋki] *gp.* Helsinki

Himalaya [s] [‚himə'leiə(z)] Himalaji

Hiroshima [hi'rɔʃimə] *p.* Hirosima

Ho Chi Minh ['həuʃiɪ'min] *gp.* Hošimina

Holland ['hɔlənd] Holande; *sk.* Netherlands

Hollywood ['hɔliwud] Holivuda

Honduras [hɔn'djuərəs] Hondurasa; *sk.* Belize

Hong Kong [hɔŋ'kɔŋ] Honkonga; *sk.* Siangan

Hudson ['hʌdsn] *u.* Hudzona

Hudson Bay ['hʌdsn'bei] Hudzona līcis

Hungary ['hʌŋgəri] Ungārija; Hungarian People's Republic — Ungārijas Tautas Republika

Iceland ['aislənd] Islande

India ['indiə] Indija

Indian Ocean ['indjən'əuʃən] Indijas okeāns

Indonesia [‚indəu'niɪzjə] Indonēzija

Iran [i'raɪn] Irāna

Iraq [i'raɪk] Irāka

Ireland ['aiələnd] Irija

Islamabad [iz‚laɪmə'baɪd] *gp.* Islamabada

Israel ['izreiəl] Izraēla

Istambul [‚istæm'buɪl] *p.* Stambula

Italy ['itəli] Itālija

Jakarta [dʒə'kaɪtə] *gp.* Džakarta

Jamaica [dʒə'meikə] Jamaika

Japan [dʒə'pæn] Japāna

Jerusalem [dʒə'ruɪsələm] *p.* Jeruzaleme

Jordan ['dʒɔɪdn] 1) Jordānija; 2) *u.* Jordāna

Kabul ['kɔɪbl] *gp.* Kabula

Kampala [kaɪm'paɪlə] *gp.* Kampala

Kampuchea [kəm'puɪʃiə] Kampučija; People's Republic of Kampuchea ['piɪplzri'pʌblikəvkəm'puɪʃiə] Kampučijas Tautas Republika

Katmandu ['kaɪtmaɪn'duɪ] *gp.* Katmandu

Kazakhstan [‚kaɪzaɪh'staɪn] Kazahija; Kazakh Soviet Socialist Republic — Kazahijas Padomju Sociālistiskā Republika

Kenya ['kenjə] Kenija

Khart [o] um [kaɪ'tuɪm] *gp.* Hartuma

Kiev ['kijef] *gp.* Kijeva

Kigali [ki'gaɪli] *gp.* Kigali

Kinshasa [kin'ʃaɪsə] *gp.* Kinšasa

Kirg [h] izia [kəɪ'giɪzjə] Kirgīzija; Kirg [h] iz Soviet Socialist Republic — Kirgīzijas Padomju Sociālistiskā Republika

Kishinev [‚kiʃi'njɔɪf] *gp.* Kišiņeva

Korea [kə'riə] Koreja; Korean People's Democratic Republic — Korejas Tautas Demokrātiskā Republika

Kuala Lumpur ['kwɑɪlə-
'lumpuə] *gp.* Kualalum-
pura
Kuwait [ku'weit] Kuveita

Lagos ['leigɔs] *gp.* Lagosa
Laos [lauz] Laosa
La Paz [lɑɪ'pæz] *gp.* La-
pasa
Latvia ['lætviə] Latvija; Lat-
vian Soviet Socialist Re-
public — Latvijas Pa-
domju Sociālistiskā Repub-
lika
Lebanon ['lebənən] Libāna
Lesotho [lə'səutəu] Lesoto
Liberia [lai'biəriə] Libērija
Libreville [,librə'viɪl] *gp.*
Librevila
Libya ['libiə] Lībija
Liechtenstein ['liktənstain]
Lihtenšteina
Lilongwe [li'lɔŋgwi] *gp.* Li-
longve
Lima ['liɪmə] *gp.* Lima
Lisbon ['lizbən] *gp.* Lisa-
bona
Lithuania [,liθu(ɪ)'einjə] Lie-
tuva; Lithuanian Soviet
Socialist Republic — Lie-
tuvas Padomju Sociālis-
tiskā Republika
Liverpool ['livəpuɪl] *p.* Li-
verpūle
Lome [lɔɪ'mei] *gp.* Lome
London ['lʌndən] *gp.* Lon-
dona
Los Angeles [lɔs'ændʒiliɪz]
p. Losandželosa
Luanda [lu(ɪ)'ændə] *gp.* Lu-
anda
Lusaka [lu(ɪ)'sɑɪkə] *gp.* Lu-
saka

Luxemburg ['lʌksəmbəɪg]
Luksemburga

Madagascar [,mædə'gæskə]
Madagaskara
Madrid [mə'drid] *gp.* Mad-
ride
Malabo [mə'lɑɪbəu] *gp.* Ma-
labo
Malawi [mə'lɑɪwi] Malāvi
Malaysia [mə'leiziə] Malai-
zija
Maldives ['mɔɪldivz] Maldi-
vija
Male ['mɑɪlei] *gp.* Male
Mali ['mɑɪli] Mali
Malta ['mɔɪltə] Malta
Managua [mə'nɑɪgwə] *gp.*
Managva
Manama [mə'næmə] *gp.* Ma-
nama
Manchester ['mæntʃistə] *p.*
Mančestra
Manila [mə'nilə] *p.* Manila
Maputo [mə'puɪtəu] *gp.* Ma-
putu
Martinique [,mɑɪti'niɪk] Mar-
tinika
Maseru ['mæzəruɪ] *gp.* Ma-
seru
Mauritania [,mɔɪri'teinjə]
Mauritānija
Mauritius [mə'riʃəs] Maurī-
cija
Mediterranean Sea [,meditə-
'reinjən'siɪ] Vidusjūra
Melbourne ['melbən] *p.* Mel-
burna
Mexico ['meksikəu] Meksika
Mexico [City] ['meksikəu-
('siti)] *gp.* Mehiko
Minsk [minsk] *gp.* Minska

Mississippi [,misi'sipi] *u.* Misisipi

Missouri [mi'zuəri] *u.* Misūri

Mogadiscio, Mogadishu [,mɔgə'diʃəu, ,mɔgə'diʃu(ː)] *gp.* Mogadīšo

Moldavia [mɔl'deivjə] Moldāvija; Moldavian Soviet Socialist Republic — Moldāvijas Padomju Sociālistiskā Republika

Monaco ['mɔnəkəu] Monako

Mongolia [mɔŋ'gəuljə] Mongolija; Mongolian People's Republic — Mongolijas Tautas Republika

Monrovia [mən'rəuviə] *gp.* Monrovija

Montevideo [,mɔntivi'deiəu] *gp.* Montevideo

Montreal [,mɔntri'ɔːl] *p.* Monreāla

Morocco [mə'rɔkəu] Maroka

Moroni [mɔ'rəuni] *gp.* Moroni

Moscow ['mɔskəu] *gp.* Maskava

Mozambique [,məuzəm'biːk] Mozambika

Muscat ['mʌskət] *gp.* Maskata

Nairobi [,naiə'rəubi] *gp.* Nairobi

Namibia [næ'mibjə] Namībija

Nassau ['næsɔː] *gp.* Naso

Nauru [na(ː)'uːru] Nauru

N'Djamena [ndʒaː'meinə] *gp.* Ndžamena

Nepal [ni'pɔːl] Nepāla

Netherlands ['neðələndz] Nīderlande

Newcastle ['njuː,kaːsl] *p.* Ņūkāsla

New Guinea ['njuː'gini] Jaungvineja

New Orleans [njuː'ɔːliənz] *p.* Ņuorleāna

New York ['njuː'jɔːk] *p.* Ņujorka

New Zealand [njuː'ziːlənd] Jaunzēlande

Niagara Falls [nai'ægərə-'fɔːlz] Niagaras ūdenskritums

Niamey [njaː'mei] *gp.* Niameja

Nicaragua [,nikə'rægjuə] Nikaragva

Nicosia [,nikəu'si(ː)ə] *gp.* Nikosija

Niger ['naidʒə] Nigēra

Nigeria [nai'dʒiəriə] Nigērija

Nile [nail] *u.* Nīla

Norway ['nɔːwei] Norvēģija

Nouakchott [nwaːk'ʃɔːt] *gp.* Nuakšota

Noumea [nuː'meiə] *p.* Numeja

Nukualofa [,nuːkuə'lɔːfə] *gp.* Nukualofa

Ohio [əu'haiəu] *u.* Ohaio

Oman [əu'maːn] Omāna

Oslo ['ɔzləu] *gp.* Oslo

Ottawa ['ɔtəwə] *gp.* Otava

Ouagadougou [,waːgə'duːgəu] *gp.* Vagadugu

Oxford ['ɔksfəd] *p.* Oksforda

Pacific Ocean [pə'sifik'əuʃən] Klusais okeāns

Pakistan [,paɪkis'taɪn] Pakistāna

Pamirs [pə'miəz] Pamirs

Panama [,pænə'maɪ] Panama

Papua New Guinea ['pæpjuə-'njuː'gini] Papua-Jaungvineja

Paraguay ['pærəgwai] Paragvaja

Paramaribo [,pærə'mæribəu] *gp.* Paramaribo

Paris ['pæris] *gp.* Parīze

Peking [piː'kiŋ] *gp.* Pekina

Philadelphia [,filə'delfjə] *p.* Filadelfija

Philippines ['filipiːnz] Filipīnas

Pnompenh [nɔm'pen] *gp.* Pnompeņa

Poland ['pəulənd] Polija; **Polish People's Republic** — Polijas Tautas Republika

Port-au-Prince [,pɔːtəu'prins] *gp.* Portoprensa

Port Louis ['pɔːt'lu(ː)is] *gp.* Portluī

Port Moresby ['pɔːt'mɔːzbi] *gp.* Portmorsbi

Port of Spain ['pɔːtəv'spein] *gp.* Portofspeina

Porto-Novo [,pɔːtəu'nəuvəu] *gp.* Portonovo

Portugal ['pɔːtjugəl] Portugāle

Prague [praɪg] *gp.* Prāga

Praia ['praiə] *gp.* Praja

Pretoria [pri'tɔːriə] *gp.* Pretorija

Puerto Rico ['pwəːtəu'riːkəu] Puertoriko

Pyongyang ['pjəɪŋjaɪŋ] *gp.* Phenjana

Quatar ['kɔːtə] Katara

Quito ['kiːtəu] *gp.* Kito

Rabat [rə'baɪt] *gp.* Rabata

Rangoon [ræŋ'guːn] *gp.* Ranguna

Republic of South Africa [ri'pʌblikəv'sauθ'æfrikə] Dienvidāfrikas Republika

Reunion [ri(ː)'juːnjən] Rejunjona

Reykjavik ['reikjəviːk] *gp.* Reikjavika

Riga ['riːgə] *gp.* Rīga

Rio de Janeiro ['riːəudədʒə-'niərəu] *p.* Riodežaneiro

Riyadh [ri'jaːd] *gp.* Rijada

Romania [ru(ː)'meinjə] Rumānija; **Socialist Republic of Romania** — Rumānijas Sociālistiskā Republika

Rome [rəum] *gp.* Roma

Russia ['rʌʃə] Krievija; **Russian Soviet Federative Socialist Republic** — Krievijas Padomju Federatīvā Sociālistiskā Republika

Rwanda [ru(ː)'ændə] Ruanda

Saint George's [snt'dʒɔːdʒiz] *gp.* Sentdžordžesa

Salisbury ['sɔːlzbəri] *gp.* Solsberi

Sana ['sænə] *gp.* Sana

San Francisco [,sænfrən-'siskəu] *p.* Sanfrancisko

San Jose [,sænhəu'zei] *gp.* Sanhosē

San Marino [,sænmə'riːnəu] Sanmarīno

San Salvador [sæn'sælvədɔɪ] gp. Sansalvadora

Santiago [ˌsænti'aːgəu] gp. Santjago

Santo Domingo [ˌsæntədəu-'miŋgəu] gp. Santodomingo

São Tomé [ˌsauŋtə'mei] gp. Santomē

São Tomé e Principe [ˌsauŋtə'meiəii'priːŋsipi] Santomē un Prinsipi

Saudi Arabia ['saudiə'reibjə] Sauda Arābija

Scotland ['skɔtlənd] Skotija

Senegal [ˌseni'gɔːl] Senegala

Seychelles [sei'ʃelz] Seišeļu Salas

Sheffield ['ʃefiːld] p. Sefīlda

Siangan ['sjaːŋ'gaːn] Sjangana

Sierra Leone [si'erəli'əun] Sjerraleone

Singapore [ˌsiŋgə'pɔɪ] Singapūra

Sofia ['səufjə] gp. Sofija

Solomon Islands ['sɔləmən-'ailəndz] Zālamana salas

Somalia [səu'maːliə] Somālija

South Korea ['sauθkɔ'riə] Dienvidkoreja

Spain [spein] Spānija

Sri Lanka ['sri'læŋkə] Srilanka

Stockholm ['stɔkhəum] gp. Stokholma

Stratford-on-Avon ['strætfəd-ən'eivən] p. Stretforda pie Eivonas

Sucre ['suːkrei] gp. Sukre

Sudan [su(ː)'daːn] Sudāna

Suez Canal ['su(ː)izkə'næl] Suecas kanāls

Surinam [ˌsuəri'næm] Surinama

Suva ['suːvə] gp. Suva

Swaziland ['swaːzilænd] Svazilenda

Sweden ['swiːdn] Zviedrija

Switzerland ['switsələnd] Sveice

Syria ['siriə] Sīrija

Tajikistan [taɪˌdʒiki'staːn] Tadžikija; Tajik Soviet Socialist Republic — Tadžikijas Padomju Sociālistiskā Republika

Tallin [n] ['taːlin] gp. Tallina

Tanzania [ˌtænzə'niə] Tanzānija

Tashkent [tæʃ'kent] gp. Taškenta

Tbilisi [tbi'li(ː)si] gp. Tbilisi

Tegucigalpa [təˌguːsi'gaːlpə] gp. Tegusigalpa

Teh[e]ran [tiə'raːn] gp. Teherāna

Tel Aviv ['telə'viːv] gp. Telaviva

Thailand ['tailænd] Taizeme

Thames [temz] u. Temza

Thimbu, Thimphu ['θimbuː, 'θimpuː] gp. Timpu

Timor ['tiːmɔɪ] Timora

Tirana [tiː'raːnə] gp. Tirāna

Togo ['təugəu] Togo

Tokyo ['təukjəu] gp. Tokija

Tonga ['tɔŋə] Tonga

Trinidad and Tobago ['trinidædəntə'beigəu] Trinidada un Tobago

Tripoli ['tripəli] gp. Tripole

Tunis ['tjuːnis] gp. Tunisa

Tunisia [tju(ː)'niziə] Tunisija

Turkey ['təːki] Turcija

Turkmenistan [,təːkmeni-'staɪn] Turkmēnija; **Turkmen Soviet Socialist Republic** — Turkmēnijas Padomju Sociālistiskā Republika

Uganda [juː(ː)'gændə] Uganda

Ukraine [juː(ː)'kreɪn] Ukraina; **Ukrainian Soviet Socialist Republic** — Ukrainas Padomju Sociālistiskā Republika

Ulan Bator ['uːlaːn'baːtə] gp. Ulanbatora

Ulster ['ʌlstə] Olstera

Union of Soviet Socialist Republics ['juːnjənəv-'səuviet'səuʃəlistri'pʌbliks] Padomju Sociālistisko Republiku Savienība

United Arab Emirates [juː-'naitid'ærəbe'miərits] Apvienotie Arābu Emirāti

United Kingdom of Great Britain and Northern Ireland [juː'naitid'kiŋdəməv-'greit'britnən'nɔːðən-'aiələnd] Lielbritānijas un Ziemeļīrijas Apvienotā Karaliste

United States of America [juː'naitid'steitsəvə'merikə] Amerikas Savienotās Valstis

Uruguay ['urugwai] Urugvaja

Uzbekistan [,uzbeki'staɪn] Uzbekija; **Uzbek Soviet Socialist Republic** — Uzbekijas Padomju Sociālistiskā Republika

Vaduz [faɪ'duːts] gp. Vaduca

Valletta [və'letə] gp. Valleta

Venezuela [,vene'zweilə] Venecuēla

Vienna [vi'enə] gp. Vīne

Vientiane ['vjæn'tjaːn] gp. Vjentjana

Vietnam ['vjet'næm] Vjetnama; **Socialist Republic of Vietnam** — Vjetnamas Sociālistiskā Republika

Vilnius ['vilniəs] gp. Viļņa

Wales [weilz] Velsa

Warsaw ['wɔːsɔː] gp. Varšava ·

Washington ['wɔʃiŋtən] gp. Vašingtona

Wellington ['weliŋtən] gp. Velingtona

West-Berlin ['westbəː'lin] Rietumberlīne

Western Sahara ['westənsə-'haːrə] Rietumsahāra

Western Samoa ['westənsə-'məuə] Rietumsamoa

Yaounde [,jaːuːn'dei] gp. Jaunde

Yemen ['jemən] Jemena; **Yemen Arab Republic** — Jemenas Arābu Republika;

People's Democratic Republic of Yemen — Jemenas Tautas Demokrātiskā Republika

Yerevan [ˌjereˈvaɪn] *gp.* Erevāna

Yugoslavia [ˈjuːgəuˈslaːvjə] Dienvidslāvija; Socialist Federal Republic of Yugoslavia — Dienvidslāvijas Sociālistiskā Federatīvā Republika

Zaire [zɑɪˈiə(r)] Zaira

Zambia [ˈzæmbiə] Zambija

Zimbabwe [zimˈbaɪbvi] Zimbabve

BIEŽĀK LIETOJAMIE SAISINĀJUMI

a.c. alternating current — maiņstrāva

A.D. anno Domini *lat* — mūsu ēras-

AIDS acquired immune deficiency syndrome — iegūtā imūndeficīta sindroms

a.m. ante meridiem *lat* — priekšpusdienā

a.o. and others — un citi

approx approximately — aptuveni

arr arrival — ierašanās

art article — raksts

asst. assistant — asistents

atm. atmosphere — atmosfēra

Av [e]. Avenue — avēnija

a.w. atomic weight — atomsvars

B.A. Bachelor of Arts — humanitāro zinātņu bakalaurs

BBC British Broadcasting Corporation — Britu radioraidījumu korporācija

B.C. before Christ — pirms mūsu ēras

BC birth certificate — dzimšanas apliecība

b.p. boiling point — vārīšanās punkts

C centigrade — Celsija temperatūras skala

c century — gadsimts

cert. certificate — apliecība

cf. confer — salīdzini

CID Criminal Investigation Department — Kriminālmeklēšanas nodaļa

Co company — kompānija, sabiedrība

c. o., c/o care of — nodošanai *(uzraksts uz vēstulēm)*

Coll. college — koledža

cu cubic — kubisks, kubik-

d. day — diena

d.c. direct current — līdzstrāva

deg. degree — grāds

Dept. department — departaments; pārvalde

diag. diagram — diagramma

Dip. diploma — diploms

Dir. director — direktors

DPhil Doctor of Philosophy — filozofijas zinātņu doktors

Dr. doctor — doktors

E east — austrumi

e.g. exempli gratia *lat* — piemēram

eq. equivalent — ekvivalents
esp. especially — sevišķi
etc. et cetera *lat* — un tā tālāk

F Fahrenheit — Fārenheita temperatūras skala
FBI Federal Bureau of Investigation — Federālais izmeklēšanas birojs *(ASV)*
F.O. Foreign Office — ārlietu ministrija *(Anglijā)*
ft 1) foot — pēda; 2) feet — pēdas

GA General Assembly — Ģenerālā Asambleja
G.B. Great Britain — Lielbritānija
GMT Greenwich Mean Time — vidējais laiks pēc Griničas meridiāna
Gov. govt government — valdība
GPO General Post Office — galvenais pasts

h. hour — stunda
H of C House of Commons — Apakšnams *(Anglijas parlamentā)*
HE high explosive — sprāgstoša viela
H of L House of Lords — Lordu palāta *(Anglijas parlamentā)*
Hon. Honourable — godātais
HQ Headquarters — štābs
hr hour — stunda

i.e. id est *lat* — tas ir
inst. instant — šā mēneša- *(vēstulē)*
I.O.U. I owe you — esmu Jums parādā *(paraksts parādzīmē)*

Jr. junior — jaunākais, juniors

kph kilometres per hour — kilometri stundā

lb. libra *lat* — mārciņa
LP 1) Labour Party — leiboristu partija; 2) longplaying [record] — ilgspēlējoša skaņuplate
Ltd limited — ar ierobežotu atbildību

M.A. Master of Arts — humanitāro zinātņu maģistrs
MP Member of Parliament — parlamenta loceklis
mph miles per hour — jūdzes stundā
MSc Master of Science — zinātņu maģistrs

N north — ziemeļi
NATO North Atlantic Treaty Organization — Ziemeļatlantijas pakta organizācija
No., no. number — 1) numurs; 2) skaitlis
N.Y. New York — Ņujorka

OED Oxford English Dictionary — Oksfordas Angļu valodas vārdnīca

O. K. all correct — viss kārtībā

oz ounce — unce

P. parking — *(automašīnu)* stāvvieta

p. page — lappuse

Parl. Parliament — parlaments

pd. paid — samaksāts; apmaksāts

PhD Doctor of Philosophy — filozofijas zinātņu doktors

Pk. park — parks

Pl. place — vieta

PM Prime Minister — premjerministrs

p.m. post meridiem *lat* — pēcpusdienā

P.O. 1) Post Office — pasta nodaļa; 2) Postal Order — naudas pārvedums *(pa pastu)*

P.O.W. prisoner of war — karagūsteknis

pop. popular — populārs

pp. pages — lappuses

PR Public Relations — sabiedriskā informācija

Pres. President — prezidents

Prof. Professor — profesors

P.S. post scriptum *lat* — postskripts, pieraksts

P.T. physical training — fiziskā kultūra

P.T.O. please turn over — skaties otrā pusē

pw per week — nedēļā

R. river — upe

r 1) radius — rādiuss; 2) right — labais

RAF Royal Air Force — Lielbritānijas gaisa kara spēki

RC Red Cross — Sarkanais Krusts

Rd. Road — ceļš

rm. room — istaba; telpa

rpm revolutions per minute — apgriezieni minūtē

rt right — labais

S south — dienvidi

SALT Strategic Arms Limitation Talks — sarunas par stratēģisko ieroču ierobežošanu

SEATO South-East Asia Treaty Organization — Dienvidaustrumu Āzijas Valstu Organizācija

sec. secretary — sekretārs

SF Science Fiction — zinātniskā fantastika

Sn [r] senior — vecākais, seniors

Soc. Society — biedrība

Sq. Square — laukums *(nosaukumos)*

St saint — svētais

SU Soviet Union — Padomju Savienība

T temperature — temperatūra

t. time — laiks

TB, Tb tuberculosis — tuberkuloze

tel. telephone — telefons

TU trade union — arodbiedrība

TUC Trade Union Congress — arodbiedrību kongress

TV television — televīzija

U. 1) Union — savienība;
2) underground — metro
U.K. United Kingdom —
Apvienotā Karaliste
UN United Nations — Apvienotās Nācijas
UNESCO United Nations
Educational, Scientific and
Cultural Organization —
Apvienoto Nāciju Organizācija izglītības, zinātnes
un kultūras jautājumos
UNO United Nations Organization — Apvienoto Nāciju Organizācija
US United States — Savienotās Valstis
USA United States of America — Amerikas Savienotās Valstis

v. vide *lat* — skaties
vol. volume — 1) apjoms;
2) sējums
vs. versus *lat* — pret
v.v. vice versa *lat* — otrādi

W west — rietumi
w. week — nedēļa
w.c. water closet — tualete
WH White House — Baltais nams
wt weight — svars
WW World War — pasaules karš

yr. year — gads

Dictionaries from Hippocrene Books

Albanian-English Dictionary
0744 ISBN 0-87052-077-6 $14.95 paper

English-Albanian Dictionary
0518 ISBN 0-7818-0021-8 $14.95 paper

Elementary Modern Armenian Grammar
0172 ISBN 0-87052-811-4 $8.95 paper

Bulgarian-English/English-Bulgarian Dictionary
0331 ISBN 0-87052-154-4 $8.95 paper

Byelorussian-English/English-Byelorussian Dictionary
1050 ISBN 0-87052-114-4 $9.95 paper

Czech-English/English-Czech Concise Dictionary
0276 ISBN 0-87052-981-1 $9.95 paper

Czech Phrasebook
0599 ISBN 0-87052-967-6 $9.95 paper

American English For Poles
0441 ISBN 83-214-0152-X $20.00 paper

American Phrasebook For Poles
0595 ISBN 0-87052-907-2 $7.95 paper

English for Poles Self-Taught
2648 ISBN 0-88254-904-9 $19.95 cloth

English Conversations for Poles
0762 ISBN 0-87052-873-4 $9.95 paper

American Phrasebook For Russians
0135 ISBN 0-7818-0054-4 $8.95 paper

Estonian-English/English-Estonian Concise Dictionary
1010 ISBN 0-87052-081-4 $11.95 paper

Georgian-English English-Georgian Concise Dictionary
1059 ISBN 0-87052-121-7 $8.95 paper

Hungarian Basic Coursebook
0131 ISBN 0-87052-817-3 $14.95 paper

Hungarian-English/English-Hungarian Dictionary
2039 ISBN 0-88254-986-3 $9.95 cloth

Hungarian-English/English-Hungarian Concise Dictionary: with Complete Phonetics
0254 ISBN 0-87052-891-2 $7.95 paper

Polish-English/English Polish Practical Dictionary
1014 ISBN 0-87052-083-0 $11.95 paper

Polish-English English-Polish Concise Dictionary
0268 ISBN 0-87052-589-1 $7.95 paper

Polish-English English-Polish Standard Dictionary
0207 ISBN 0-87052-882-3 $14.95 paper
0665 ISBN 0-87052-908-0 $22.50 cloth

Polish Phrasebook and Dictionary
0192 ISBN 0-87052-053-9 $9.95 paper

Romanian-English/English-Romanian Dictionary
0488 ISBN 0-87052-986-2 $19.95 paper

Romanian Conversation Guide
0153 ISBN 0-87052-803-3 $19.95 paper

Romanian Grammar
0232 ISBN 0-87052-892-0 $6.95 paper

English-Russian Standard Dictionary with Phonetics
1025 ISBN 0-87052-100-4 $11.95 paper

Russian-English/English-Russian Standard Dictionary with Phonetics
0440 ISBN 0-7818-0083-8 $16.95 paper

A Dictionary of 1,000 Russian Verbs
1042 ISBN 0-87052-107-4 $9.95 paper

Russian Phrasebook and Dictionary
0597 ISBN 0-87052-965-X $9.95 paper

Slovak-English/English-Slovak Concise Dictionary
1052 ISBN 0-87052-115-2 $8.95 paper

Ukrainian-English/English Ukrainian Dictionary
1055 ISBN 0-87052-116-0 $8.95 paper

TO PURCHASE HIPPOCRENE'S BOOKS contact your local bookstore, or write to Hippocrene Books, 171 Madison Avenue, New York, NY 10016. Please enclose a check or money order, adding $3.00 shipping (UPS) for the first book, and 50 cents for each of the others.

Write also for our full catalog of maps and foreign language dictionaries and phrasebooks.